Stalingrad

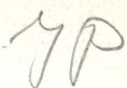

SERIE PIPER
Band 1618

Zu diesem Buch

Um keine Schlacht des Zweiten Weltkrieges ranken sich mehr Legenden als um Stalingrad. Ihr fünfzigster Jahrestag wird zum Anlaß genommen, nüchtern und umfassend über die Schlacht selbst, ihre militärischen und politischen Wirkungen auf beide Gegner, deren Verbündete und Neutrale zu informieren. Auch das Geschehen hinter der Front, das Leiden der Soldaten und der Symbolgehalt von Stalingrad werden verdeutlicht. An dem Band haben mehr als zwanzig renommierte Wissenschaftler aus acht Ländern mitgearbeitet.

Jürgen Förster, geb. 1940, ist Verfasser zahlreicher Publikationen zum Zweiten Weltkrieg und Mitherausgeber des War and Society Newsletter.

Stalingrad

Ereignis – Wirkung – Symbol

Im Auftrag des
Militärgeschichtlichen Forschungsamtes
herausgegeben von
Jürgen Förster

Piper
München Zürich

ISBN 3-492-11618-3
Originalausgabe
Dezember 1992
© R. Piper GmbH & Co. KG., München 1992
Umschlag: Federico Luci
Foto: Süddeutscher Bilderdienst
Kartographie: Zeichenstelle des
Militärgeschichtlichen Forschungsamtes, Freiburg i. Br.
Satz: Militärgeschichtliches Forschungsamt, Freiburg i. Br.
Druck und Bindung: Clausen & Bosse, Leck
Printed in Germany

Inhalt

Vorwort

Stalingrad — das ist mehr als die Ortsbezeichnung einer bedeutsamen Schlacht des Zweiten Weltkrieges. Stalingrad steht auch für ein erbittertes Ringen zweier Diktatoren, das nicht nur auf deutscher Seite weltanschauliche Züge trug. Während Hitler nach dem Scheitern seines Kriegsplanes vor Moskau die verbliebene sowjetische Wehrkraft 1942 endgültig vernichten wollte, sah Stalin in der Verteidigung der Stadt, die seinen Namen trug, ein weiteres Fanal für den »Vaterländischen Krieg«, von dem auch das Überleben des kommunistischen Systems abhing. Die Schlacht von Stalingrad, die mit einem Sieg der Roten Armee endete, hatte zwar keine kriegsentscheidende Wirkung. Sie war aber für nüchtern denkende Zeitgenossen ein unübersehbares Menetekel dafür, daß das Gesetz des Handelns schon bald auf sowjetischer Seite liegen würde.

Wie immer der einzelne auch zu sogenannten historischen Gedenktagen stehen mag, sie sind Gegenstand der Publizistik, der Medien und der Erinnerung. Das Militärgeschichtliche Forschungsamt hat zur 50. Wiederkehr des 1. September 1939 wie des 22. Juni 1941 Aufsatzsammlungen im Piper-Verlag herausgebracht. Es betrachtet diese Taschenbücher zu besonderen Ereignissen des Zweiten Weltkrieges als eine wichtige Ergänzung seines umfangreichen Grundlagenwerkes »Das Deutsche Reich und der Zweite Weltkrieg«, von dem bisher sechs Bände erschienen sind. Diese Aufsatzsammlungen bieten darüberhinaus die Gelegenheit, neue Forschungsergebnisse einem größeren Leserkreis zugänglich zu machen. Dies zeigt sich besonders auch darin, daß neben der englischen auch eine russische Übersetzung dieser Bände in Kürze vorliegen wird.

Von ganz besonderer Bedeutung ist, daß diese Taschenbücher auch ein Forum darstellen, auf dem Historiker aus der ehemaligen Sowjetunion zu Wort kommen und dramatische Ereignisse wie »Barbarossa« oder »Stalingrad« von zwei Seiten beschrieben werden können.

Ich danke dem Kollegen Jürgen Förster, daß er die Herausgabe des Bandes übernommen, die wissenschaftliche Konzeption entwickelt und bedeutende Historiker aus dem In- und Ausland gewonnen hat. Allen Autoren danke ich verbindlichst. Natürlich haben auch andere zu dieser Veröffentlichung beigetragen. An dieser Stelle möchte ich vor allem danken:

- dem Zentralen Militärarchiv in Podol'sk (Rußland) für Quellenmaterialien,
- den Übersetzern Karin Hepp, Mariashanett Müller und Karl Nicolai,
- Klaas Hartmann und Christopher Schumacher für die Mitarbeit an der Zeittafel,
- der Schriftleitung des MGFA, speziell Rolf Schindler für die Karten, Maria-Elisabeth Marschalt für den Satz sowie Gabriele Schwind für die Koordination,
- dem Piper-Verlag für die bewährte gute und reibungslose Zusammenarbeit.

Das Militärgeschichtliche Forschungsamt hat die Hoffnung, daß diese Veröffentlichung zu einem zentralen Ereignis des Zweiten Weltkrieges zur wissenschaftlichen Erkenntnis und zum Verstehen einer leidvollen Vergangenheit beitragen möge.

Dr. Günter Roth
Brigadegeneral und Amtschef
des Militärgeschichtlichen Forschungsamtes

Einführung

Stalingrad kennt jeder. In unserem Wissen vom Zweiten Weltkrieg hat die Industriestadt, die jetzt Volgograd heißt, ihren gesicherten Platz. Ebenso wie Auschwitz und Hiroshima läßt allein der Name Stalingrad eine Vielzahl von Bildern entstehen, die so verschieden sind wie die Standpunkte und Blickwinkel der Betrachter. Unbeschadet ihres schlichtweg operativen Ursprungs ist die Schlacht von Stalingrad zu einem Symbol geworden. Der Grund dafür liegt zum einen in der Härte der Auseinandersetzung. Zum anderen wurde der Kampf um die Stadt von Anfang an mit einer Legende umhüllt und für diverse Botschaften benutzt, die schon damals Antworten auf nüchterne Fragen verweigerten und die bis heute fortwirken. Umso notwendiger ist die *historische* Einsicht in das Vergangene, damit der eingetretene Wandel im Verhältnis der ehemaligen Kriegsgegner endlich eine tragfähige Basis erhält. Gerade solche historischen Gedenktage können zur Verbreitung von jüngsten Forschungsergebnissen beitragen. Neue Einsichten haben es allerdings schwer. Sie müssen sich gegen manche alte Überlieferung und gegen den fast noch zäheren Widerstand des Mißverständnisses durchsetzen.

Historische Forschung bedeutet zwar stets die Reduktion eines komplexen Geschehens, aber erst dessen Fokussierung durch den individuellen Historiker macht es für den interessierten Laien überschaubar. Darin liegen gleichermaßen Vor- und Nachteil auch dieses Taschenbuches. 21 namhafte Wissenschaftler aus acht Nationen sind in ihm vertreten, Universitätslehrer wie Mitarbeiter von Forschungsinstituten. Ihre Beiträge spiegeln den Stand der Forschung und der internationalen wissenschaftlichen Zusammenarbeit wider. Letzteres ist beileibe noch kein Normalfall. Wenngleich schon an dem ebenfalls vom Militärgeschichtlichen Forschungsamt herausgegebenen Sammelband »Zwei Wege nach Moskau« russische Militärhistoriker maßgeblich beteiligt waren und auch jetzt wieder das Geschehen auf der sowjetischen Seite dokumentieren, so ist es doch ein Novum, daß das vorliegende Taschenbuch in russischer Übersetzung erscheinen wird. Vor dem Hintergrund der Tatsache, daß die Neubearbeitung der offiziellen »Geschichte des Großen Vaterländischen Krieges« 1991 zurückgestellt worden ist, kommt ihm in den Nachfolgestaaten der ehemaligen Sowjetunion zugleich eine informative Funktion zu. Aber auch wir sollten im Auge behalten, daß es vornehmlich Aufgabe der Geschichtswissenschaft ist, die Vergangenheit zu rekonstruieren, zu beschreiben und einzuordnen, aber nicht die Politik zu ersetzen. Geschichte hat zu erklären, was geschah, nicht, was hätte sein sollen.

Dieser Sammelband ist keine Zusammenstellung bereits veröffentlichter Aufsätze anläßlich eines »Jubiläums«. In ihm erläutern renommierte Fachvertreter auch nicht zum wiederholten Male allseits bekannte Thesen. Das vorliegende Taschenbuch nimmt vielmehr die 50. Wiederkehr der Schlacht zwischen Don und Volga zum Anlaß, neueste Forschungsergebnisse internationaler Spezialisten zu den vielfältigen Ursachen, Ereignissen und Wirkungen von Stalingrad einer breiteren Öffentlichkeit zugänglich zu machen. Für die Leser dieses Gemeinschaftswerkes mag der Reiz gerade darin liegen, keine einheitliche Deutung eines komplexen Geschehens, sondern unterschiedliche Methoden, Interpretationen und interdisziplinäre Ansätze geboten zu bekommen. Der Krieg aus der Sicht des kleinen Mannes wird dabei nicht antithetisch gegen den der Politiker und Generale gesetzt, sondern es wird versucht, die Geschichte »von oben« mit der »von unten« zu verschränken. Sind es doch die Entscheidungen der eigenen Führung und das Verhalten des Gegners, die die leidvollen Erfahrungen der Soldaten an der Front oder im Hinterland verursachen. Ihre Doppelrolle als Täter und Opfer wird nämlich erst vollends sichtbar, wenn individuell erlebte Wirklichkeit mit generellen Erfahrungen verbunden werden. Deshalb kommt in diesem Sammelband die »klassische« Diplomatie- und Militärgeschichte ebenso zu Wort wie die psycho-historische Interpretation von Briefen aus Stalingrad oder die literarische Verarbeitung der Ereignisse. Die einzelnen Aufsätze lassen sich, Einzelbildern vergleichbar, mosaikartig zu einem eindrucksvollen Panorama zusammensetzen. Auf diese Weise entsteht, fünfzig Jahre danach, ein genaueres Bild von den strategischen Entscheidungen des Jahres 1942 an der Ostfront, dem operativen und taktischen Geschehen in und um Stalingrad, vom »Alltag« der Soldaten »an der Grenze des Todes« (Peter Knoch), ob an der Front oder in Gefangenschaft, sowie den politischen Wirkungen von Stalingrad im In- und Ausland als es, um im Bild zu bleiben, die Holzschnitte der Zeitgenossen oder die Radierungen nach dem Kriege vermitteln.

Das erbitterte Ringen zwischen Wehrmacht und Roter Armee haben sich tief in das Bewußtsein der deutschen und der sowjetischen Bevölkerung eingegraben. Aber nicht nur in ihres. Beide Seiten vergessen nur allzu häufig, daß in und um Stalingrad auch Italiener, Kroaten, Rumänen und Ungarn kämpften und starben. Ganz zu schweigen von jenen sowjetischen Bürgern, die als »Hilfswillige« in deutschen Einheiten dienten und mit ihren »Kameraden« in die Hände der Roten Armee fielen. Ihrer aller Schicksal wird in diesem Band thematisiert. Ebenso galt es, zählebige Legenden zu zerstören. Stalingrad war *nicht* das primäre Ziel der deutschen Sommeroffensive, die sowjetische Gegenoffensive kam für die Deutschen und ihre Verbündeten *nicht* überraschend, die Rumänen und Italiener tragen *nicht* die Alleinschuld an der Katastrophe der 6. Armee, diese litt *nicht* erst nach ihrer Einschließung an Hunger, die 6. Armee konnte *nicht* selbständig sofort aus dem Kessel ausbrechen, ihr Einsatz scheiterte *nicht* daran, daß Paulus nicht nach Süden antrat, und er hat am 31. Januar 1943 auch *nicht* kapituliert. Stalingrad markiert *weder* die Wende des Zweiten Weltkrieges *noch* den Beginn des totalen Krieges in Deutschland.

Die Instrumentalisierung der Schlacht begann auf deutscher Seite schon während der Kämpfe. Dachte man im September 1942 noch daran, Stalingrad zum Symbol des Sieges über das stalinistische System zu erklären, so galt es vier Monate später, die verheimlichte Niederlage in einen aufopferungsvollen »Heroenkampf« gegen die Deutschland und Europa drohende Bolschewisierung zu verwandeln, so Göring am 30. Januar 1943. Durch eine entsprechend »würdig« gestaltete Veröffentlichung des Oberkommandos der Wehrmacht sollte im deutschen Volk der Grundstein zu einer neuen »geistigen Haltung« gelegt werden, die in Stalingrad den »Inbegriff höchsten soldatischen Kämpfertums und bedingungsloser Opferbereitschaft« sah, so Jodl zwei Tage später. Der propagandistische Rückgriff auf den Mythos, Kampf der Nibelungen, und die Geschichte, Kampf der Spartaner bei den Thermopylen, konnte weder die leidenden Angehörigen der 6. Armee trösten noch verhindern, daß die Deutschen diese Niederlage zu Recht Hitler persönlich anlasteten. Einige Generale hatten das schon im Januar vorausgesehen und versucht, die »Führerkrise« zu einer Änderung im Oberbefehl des Heeres zu nutzen. Hitler war jedoch nicht bereit, die Verantwortung für den »Untergang« der 6. Armee zu übernehmen. Da Paulus sich dem erwarteten »heroischen« Freitod entzogen hatte, fehlte ihm ein Sündenbock. Diese Rolle mußten 1943 die Verbündeten übernehmen.

Stalingrad ist tatsächlich zu einem Symbol des Zweiten Weltkrieges geworden, allerdings in einem anderen Sinn, als es die deutsche Führung 1942/43 wollte. So wie Auschwitz für Rassenwahn und Völkermord steht und Hiroshima für die Dimension nuklearer Vernichtung, so symbolisiert Stalingrad die Übersteigerung soldatischen Kämpfens um seiner selbst willen. Aber noch mehr. Zwar war der bald folgende Fall von Tunis, operativ gesehen, eine größere Niederlage, gerieten dort mehr deutsche Soldaten in Gefangenschaft als in Stalingrad. Aber in Tunis fehlte das ideologische Element, der Sieg um jeden Preis, das »Alles oder Nichts«, der Opfergedanke. Der Kampf gegen den Bolschewismus und die Furcht vor sowjetischer Kriegsgefangenschaft machten zudem auf allen Ebenen viel mehr Energien frei als in Nordafrika. In Stalingrad war auch Hitlers und Stalins Prestige involviert. Der eine Diktator hatte sich öffentlich auf die Einnahme der bolschewistischen Vorzeigestadt festgelegt, der andere wollte sie nicht in die Hände der Faschisten fallen lassen. Die Folge des erbitterten und, spätestens ab Mitte Januar 1943, militärisch sinnlosen Ringens war, daß Stalingrad in Deutschland als psychologische Wende des Krieges angesehen wurde. Bei vielen stellte sich das Gefühl ein, daß dies der Anfang vom Ende sein könnte. Die Angehörigen der »Weißen Rose« nahmen die Katastrophe der 6. Armee zum Anlaß, in einem Flugblatt mit der »verabscheuungswürdigsten Tyrannis« abzurechnen. Goebbels dagegen versuchte, die Niederlage zur Mobilisierung aller Deutschen für den »totalen Krieg« zu nutzen. Für Stalin und die Rote Armee war Stalingrad nicht nur ein großer Sieg über die Wehrmacht und deren Verbündete, sondern bedeutete auch einen strategischen Gewinn. Die Sowjetunion wurde nun in Washington und London als gleichrangiger Partner im Krieg gegen Hitler-Deutschland anerkannt, da sie dessen Hauptlast trug. Diese Einsicht ging allerdings nach 1945 verloren, als der Kalte Krieg da und dort auch die historischen Maßstäbe veränderte.

Historische Forschung ist ein ständiger Prozeß. Deshalb kann auch der vorliegende Band keine endgültigen Antworten auf die vielen aufgeworfenen Fragen geben. Neue Zusammenhänge wurden allerdings entdeckt, da die Autoren bekannte Quellen neu interpretierten und weitere erschlossen. Ihnen gilt mein Dank.

Freiburg i. Br., im August 1992   *Jürgen Förster*

Erster Teil

Der Weg nach Stalingrad

Bernd Wegner

Vom Lebensraum zum Todesraum. Deutschlands Kriegführung zwischen Moskau und Stalingrad*

I.

Am 5. April 1942 erließ der »Führer und Oberste Befehlshaber der Wehrmacht« eine Weisung, die Ziel und Verlauf der für den Sommer des Jahres geplanten Operation gegen die Sowjetunion in groben Zügen festlegte.[1] Dem als Weisung Nr. 41 bezeichneten Dokument zufolge sollte es Ziel der deutschen Offensive sein, »die den Sowjets verbliebene lebendige Wehrkraft endgültig zu vernichten und ihnen die wichtigsten kriegswirtschaftlichen Kraftquellen soweit als möglich zu entziehen«. Zu diesem Zweck sollte »unter Festhalten an den ursprünglichen Grundzügen des Ostfeldzuges [...] bei Verhalten der Heeresmitte, im *Norden* Leningrad zu Fall« gebracht und die Landverbindung mit den Finnen hergestellt, »auf dem *Südflügel* der Heeresfront aber [der] Durchbruch in den Kaukasus-Raum« erzwungen werden. Grundgedanke der Operation »Blau« war es, diese in der Absicht einer maximalen Schwerpunktbildung in einer Reihe sich ergänzender, zeitlich von Norden nach Süden gestaffelter Teilangriffe durchzuführen, wobei der Gegner durch frühzeitig eingeleitete enge Umfassungsoperationen nach dem Vorbild der Doppelschlacht von Vjaz'ma—Brjansk im Oktober 1941 einzuschließen und zu vernichten war. Als erste dieser Teiloperationen sollte aus dem Raum südlich von Orel der Durchbruch in Richtung auf Voronež gewagt werden. Von dort würden die Panzer- und motorisierten Verbände den Angriff in Anlehnung an den Lauf des Don gegen Süden fortsetzen und einen zweiten, aus dem Raum um Char'kov nach Osten geführten Durchbruch unterstützen. In einem dritten Schritt sollten sich dann die den Don abwärts vorgehenden Kräfte bei Stalingrad mit Verbänden vereinigen, die aus dem Raum Taganrog—Artemovsk über den Donec nach Osten durchstießen. »Auf jeden Fall muß versucht werden, Stalingrad selbst zu erreichen oder es zumindest so unter die Wirkung unserer schweren Waffen zu bringen, daß es als weiteres Rüstungs- und Verkehrszentrum ausfällt.« Erst nach erfolgreichem Abschluß auch dieser dritten Operationsphase sollte sich dann der eigentliche Vorstoß in den kaukasischen Raum anschließen, um die Ölgebiete und »den Übergang über den Kaukasus selbst zu gewinnen«. Gegenüber diesen Zielen traten die Schläge gegen Leningrad und das Ingermanland zurück und wurden von der örtlichen Lageentwicklung und der Verfügbarkeit ausreichender Kräfte abhängig gemacht.

Für die Beurteilung der deutschen Absichten und Ziele im Hinblick auf den Sommer 1942 ist die Weisung Nr. 41 in mehrfachem Sinne ein Dokument von zentraler Bedeutung. Vor allem zeigt es die Entschlossenheit des deutschen Diktators, die strategische Entscheidung dieses Krieges erneut, wie schon 1941, schwerpunktmäßig auf dem östlichen Kriegsschauplatz herbeizuführen oder doch zumindest dort vorzubereiten. »Krieg wird im Osten entschieden«, notierte sich der Generalstabschef des Heeres, Generaloberst Halder, darum auch als Fazit der großen, die Weisung Nr. 41 vorbereitenden Lagebesprechung am 28. März 1942.[2] Dies war angesichts der inzwischen grundlegend veränderten Rahmenbedingungen dieses Krieges ein keineswegs selbstverständlicher Entschluß. Das Scheitern des deutschen Blitzkrieges gegen die Sowjetunion sowie der Kriegseintritt Japans und der USA, aber auch das Steckenbleiben der sowjetischen Winteroffensive und die mit dem Einsetzen der Schlammperiode im Osten erzwungene Atempause — all dies forderte in den ersten Monaten des Jahres 1942 zu einem Überdenken der gesamtstrategischen Zusammenhänge geradezu heraus. Umso bemerkenswerter ist, daß Hitler an jenem Konzept festzuhalten gewillt war, das seinen ursprünglichen Planungen für das »Barbarossa«-Unternehmen des Vorjahres zugrunde gelegen hatte. Kerngedanke dieses Konzeptes war es gewesen, die Sowjetunion durch eine schnelle Eroberung ihrer Industrie-, Rohstoff- und Wirtschaftszentren im Norden (Raum Leningrad) und Süden (Ukraine, Donecbecken, Kaukasus) niederzuringen. Wenn dies im ersten Anlauf mißlungen war, so aus der Sicht des »Führers« vor allem darum, weil er, Hitler, an dieser Zielsetzung nicht konsequent genug festgehalten, sondern sich entgegen seiner Überzeugung den Vorstellungen der Heeresführung gebeugt und die Entscheidung des Feldzuges in einem Vorstoß auf Moskau gesucht hatte. Entschlossen, diesen Fehler nicht zu wiederholen, hatte der Diktator spätestens seit Oktober 1941 in eben dem Maße, wie sich der Fehlschlag vor Moskau und, verbunden damit, die Notwendigkeit eines neuerlichen Feldzuges abzeichneten, seine Aufmerksamkeit verstärkt auf den Kaukasus als nächstes Operationsziel gerichtet.

In der Tat sprach viel für diese Option. Von den rund 30 Millionen Tonnen Erdöl, die 1938 in der Sowjetunion gefördert worden waren, stammten fast drei Viertel aus dem Raum um Baku, weitere 16 Prozent aus den nordkaukasischen Ölfeldern um Majkop, Groznyj und Dagestan; nur gut ein Zehntel war in anderen Teilen der Sowjetunion gefördert worden.[3] Selbst wenn sich, wie zu erwarten war, diese Relationen zwischenzeitlich leicht verschoben hatten, glaubte die deutsche Führung davon ausgehen zu können, daß eine Besetzung des kaukasischen Raumes die — in ihrer Landwirtschaft ebenso wie in ihrer Kriegsmaschinerie hochgradig mechanisierte und somit ölabhängige — Sowjetunion über kurz oder lang zur Einstellung des Krieges zwingen werde. Dies umso eher, als im Zuge eines deutschen Vorstoßes in den Kaukasus auch der Verlust weiterer für das Land lebenswichtiger Rohstoffe (u. a. Kohle und Manganerze) und Industrien, allen voran ein Ausfall der Koks-, Eisen- und Stahlerzeugung im Donecbecken, ferner eine Sperrung dringend benötigter Transportwege, insbesondere der Volga, zu erwarten stand.

Umgekehrt werde, so kalkulierte man in der Umgebung Hitlers, der durch die deutsche Offensive mittelfristig zu erwartende Zugewinn an industrieller Kapazität, vor allem aber an Öl, das Reich befähigen, auch einen *langen* Krieg gegen die mit schier unerschöpflichen Ressourcen ausgestatteten angelsächsischen Seemächte mit einiger Aussicht auf Erfolg bestehen zu können. Diese letztere Überlegung wurde spätestens seit der Jahreswende 1941/42 geradezu zum springenden Punkt im strategischen Kalkül des Diktators, der sich aufgrund der überraschenden Erfolge der sowjetischen Winteroffensive und des aus seiner Sicht verfrühten Kriegseintritts der USA (und zahlreicher anderer Staaten) nunmehr doch mit einem zeitlich wie geographisch entgrenzten Krieg konfrontiert sah, auf den das Reich in keiner Weise vorbereitet war.

Die Konsequenzen dieser veränderten strategischen Lage für die weiteren Operationsplanungen gegen die Sowjetunion lagen auf der Hand: Zum einen mußten 1942, drängender noch als im »Barbarossa«-Unternehmen des Vorjahres, wirtschaftliche Zielsetzungen das Gesetz des Handelns diktieren. Nicht mehr die »Zerschlagung des Bolschewismus« war mithin der primäre Zweck des zweiten, unter dem Decknamen »Blau« vorbereiteten Sommerfeldzuges gegen die Sowjetunion, sondern das vergleichsweise bescheidenere Ziel, dem Reich jenen rohstoffwirtschaftlichen Ergänzungsraum zu sichern, ohne dessen Besitz ein langer Krieg von globalen Dimensionen von vornherein aussichtslos erschien. »Wenn ich das Öl von Majkop und Groznyj nicht bekomme«, so bekannte Hitler denn auch freimütig anläßlich eines Frontbesuchs bei der Heeresgruppe Süd im Frühjahr 1942, »dann muß ich diesen Krieg liquidieren«[4].

Eine zweite gravierende Konsequenz aus der veränderten strategischen Lage bestand in dem außerordentlichen Zeitdruck, unter den die Ostoperationen seit dem vollen Eintritt der USA in den Krieg und der sich damit konkretisierenden Drohung einer »Zweiten Front« in Europa geraten waren. Mochte Hitler sich zunächst noch, geblendet von den Anfangserfolgen der japanischen Pazifikoffensive, in der Hoffnung wiegen, der asiatische Kriegsschauplatz werde das amerikanische Interesse auf absehbare Zeit von Europa ablenken und den in seinen Kräften überbeanspruchten britischen Gegner womöglich zum Rückzug aus dem europäischen Krieg zwingen, so rang er sich doch bereits im Laufe des Frühjahrs zu der ihn zunehmend beunruhigenden Auffassung durch, daß die Eröffnung einer »Zweiten Front« durch die Westalliierten im Norden, Westen oder Süden Europas wohl spätestens 1943 zu gewärtigen sei. Der damit drohenden strategischen Umklammerung Deutschlands war nur zu entgehen, wenn es gelang, noch im laufenden Jahr »im Osten reinen Tisch zu machen«[5]. Konkret bedeutete dies, daß bis zum Einsetzen des Herbstschlammes die als strategisch notwendig erachteten Ziele — in erster Linie die kaukasischen Erdölfelder — erreicht und zugleich die Rote Armee in einem Ausmaß zerschlagen sein mußte, das eine wesentliche Verkleinerung des Ostheeres gestatten würde.

Bei den fachlich zuständigen militärischen Planungsinstanzen stießen Hitlers Absichten auf Skepsis, kaum aber auf Widerspruch. Allein die Seekriegsleitung versuchte in den ersten Monaten des neuen Jahres, Hitler zu einer alternativen, dem globalen Charakter des Krieges stärker Rechnung tragenden Strategie zu bewegen. Diese zielte in ihrem Kern darauf ab, den Schwerpunkt der deutschen Anstrengungen von der Ostfront weg auf eine zangenähnlich gegen das britische Empire (Indien, Naher Osten) gerichtete deutsch-japanische Koalitionskriegführung zu verlagern. Dieser »große Plan« der Seekriegsleitung[6] — von Halder sarkastisch mit den Worten kommentiert: »Die Leute träumen in Kontinenten«[7] — war indes aus vielerlei Gründen unrealistisch und für Hitler allein darum schon keine Alternative, weil er die für entscheidend erachtete Ölfrage unbeantwortet ließ. Im übrigen eröffnete, auch dies gehörte zum strategischen Kalkül jener Monate, das vom »Führer« favorisierte Kaukasusunternehmen im Falle seines Gelingens durchaus die Option eines weiteren transkaukasischen Vorstoßes in den Nahen Osten und damit gegen eine Schlüsselstellung des britischen Weltreiches.

Daß es an konkreten Alternativen zu der von Hitler ins Auge gefaßten Offensive im Südabschnitt mangelte, heißt nicht, daß dieser Plan bei allen Beteiligten auf kritiklose Zustimmung gestoßen wäre. Im Gegenteil: Unter dem Eindruck der noch nicht überwundenen Winterkrise kam die Operationsabteilung des Generalstabs des Heeres Ende Januar zu der Auffassung, daß die Stoßkraft der Heeresgruppe Süd für eine Besetzung des gesamten kaukasischen Raumes zwischen Schwarzem und Kaspischem Meer kaum ausreichen werde. Unbehagen und Zweifel wurden offenbar auch von einigen Truppenbefehlshabern geäußert; so plädierte Generaloberst v. Küchler, der neue Oberbefehlshaber der Heeresgruppe Nord, Hitler gegenüber für einen Verzicht auf die Operation im Südabschnitt zugunsten einer umso erfolgversprechenderen Offensive gegen Leningrad, stieß mit diesem Vorschlag indes, wie zu erwarten, auf scharfe Ablehnung. Auch dem Chef der Heeresrüstung und Befehlshaber des Ersatzheeres, Generaloberst Fromm, der schon im November mit dem Gedanken an einen Friedensschluß gespielt hatte, erschien die geplante Offensive als »ein einem armen Manne gänzlich unangemessener Luxus«. Generalquartiermeister Wagner sprach im internen Kreis von »utopischen Offensivplänen«; einer ähnlich pessimistischen Einschätzung neigte auch Admiral Canaris, der Chef des Amtes Ausland/Abwehr zu. Und General Thomas, der Chef des Wehrwirtschafts- und Rüstungsamtes, forderte während jener Monate immer wieder, »daß die militärischen Operationen im Sommer 1942 sich der Treibstofflage anzupassen hätten«[8]. Indes beeindruckten Argumente solcher Art Hitler nur wenig. In einer Besprechung über die Transportlage am 23. Mai erklärte er:

»Immer wurde mir von sogenannten Fachleuten und eigentlich zur Führung berufenen Männern erklärt: das ist nicht möglich, das geht nicht. Damit kann ich mich nicht abfinden. Es gibt Probleme, die unbedingt gelöst werden müssen. Wo richtige Führer vorhanden sind, sind sie immer gelöst worden und werden auch immer gelöst werden.«[9]

So verbreitet — ganz im Gegensatz zur Situation ein Jahr zuvor — die Zweifel an einem durchschlagenden Erfolg der neuerlichen Sommeroffensive waren, so folgenlos blieben sie letzten Endes. Das lag im wesentlichen sicherlich daran, daß auch die Generale eine überzeugende Alternative zum Unternehmen »Blau« nicht anzubieten vermochten, daß es eine solche wohl auch nicht geben konnte, solange der Wille zur Unterwerfung der Sowjetunion fortbestand. Ihn in Frage zu stellen, wagte vorerst freilich noch niemand, obgleich, späteren Äußerungen Jodls zufolge, sogar den »Führer« und seinen engsten operativen Berater selber in jenen Monaten die Ahnung befiel, mit den Kämpfen des letzten Winters könnte der Kulminationspunkt dieses Krieges überschritten und ein definitiver Sieg kaum noch zu erringen sein.[10]

II.

Die düster aufflackernden Ahnungen Hitlers und die professionelle Skepsis eines Teils seiner Generalität waren nur allzu berechtigt. Tatsächlich verfügte nämlich das Deutsche Reich im Frühjahr 1942 über kein militärisches Instrument mehr, das zur erfolgreichen Durchführung großräumiger Offensiven und einer anschließenden dauerhaften Sicherung der eroberten Gebiete geeignet gewesen wäre. Das Ostheer jedenfalls war zu dieser Zeit nur noch ein Schatten jener Macht, die im Juni des Vorjahres zum Unternehmen »Barbarossa« angetreten war. Über 1,1 Millionen Mann, das heißt rund 35 Prozent seiner durchschnittlichen Gesamtstärke, hatte das Ostheer seitdem an Gefallenen, Verwundeten und Vermißten eingebüßt (Stand: 31.3.1942). Die Kampfkraft der Infanterieverbände war infolge dieser — die fechtende Truppe naturgemäß überproportional stark belastenden — Ausfälle und der völlig unzureichenden Ersatzgestellung im Vergleich zum Juni 1941 bei den Heeresgruppen Nord und Mitte auf durchschnittlich rund ein Drittel, bei der Heeresgruppe Süd auf etwa die Hälfte abgesunken. Dies war umso ernüchternder, als sich anfängliche Hoffnungen, die Gesamtzahl der Fehlstellen des Ostheeres (am 1.6.1942 rund 725000) im Laufe des Jahres nennenswert abbauen zu können, während des Frühjahrs selbst unter der Annahme einer in Zukunft spürbar geringeren Verlustquote als illusorisch erwiesen.

Nicht besser stand es um die materiellen Voraussetzungen der bevorstehenden Operationen. So hatte die Truppe infolge horrender Ausfälle an motorisierten Fahrzeugen aller Art ihre für jede großräumige Operationsführung unabdingbare Beweglichkeit weitestgehend eingebüßt. Hatte das Ostheer zu Beginn des Krieges gegen die Sowjetunion zum Beispiel über insgesamt 3648 Panzer und Sturmgeschütze verfügt, so meldete es Ende März 1942 einen Fehlbedarf von über 2000 Kampfpanzern. Die ebenfalls alarmierenden Verluste an Infanterie- und Artilleriewaffen, mehr noch aber der alle Erwartungen weit übertreffende Munitionsverbrauch hatten überdies die Feuerkraft der Verbände stark eingeschränkt. Auch hier freilich war, wie die Berechnungen des Generalquartiermeisters und des Chefs der Heeresrüstung ergaben, mit einer grundlegenden Besserung der Lage allenfalls örtlich und zeitweise zu rechnen, da die Munitionsfertigung bei den wichtigsten Kalibern den Anschluß an die Verschußzahlen bereits verloren hatte.

Was die dramatische Verschlechterung der Verhältnisse in personeller wie materieller Hinsicht für den Kampfwert der im Osten eingesetzten Verbände bedeutete, läßt sich am prägnantesten daran ablesen, daß der Generalstab des Heeres im März 1942 nur noch acht von 162 Ostdivisionen, das heißt fünf Prozent, als voll angriffsfähig einstufte; nur neun Monate früher hatte deren Anteil bei 134 von insgesamt 209 Divisionen, mithin bei 64 Prozent, gelegen.[11]

Wenn man im Generalstab des Heeres und im Wehrmachtführungsstab ebenso wie im Führerhauptquartier trotz des offenkundig katastrophalen Zustandes der deutschen Ostverbände und der daraus resultierenden Besorgnisse bereit war, sich auf das Abenteuer einer Offensive gegen die Volga und in den Kaukasus einzulassen, so vor allem darum, weil man fast einhellig davon überzeugt war, daß sich die Lage der Sowjetunion vergleichsweise noch viel schlechter, wenn nicht gar aussichtslos darstelle und die Frage des Sieges mithin im wesentlichen eine Frage des längeren Atems sei. Tatsächlich waren die Daten und Prognosen, die von den zuständigen Dienststellen in der ersten Jahreshälfte 1942 über die personelle und materielle Lage der Roten Armee und deren Regenerationsfähigkeit, über die Ernährungs- und Rohstofflage der Sowjetunion, über ihre Rüstungskapazität und die logistische Infrastruktur des Landes bereitgestellt wurden, geeignet, solche Erwartungen nach den ernüchternden Erfahrungen des Winters neu zu wecken. So etwa kam die Abteilung Fremde Heere Ost im März zu dem Schluß, daß die personellen Reserven der Roten Armee »keineswegs unerschöpflich«, die Zahl der für Neuaufstellungen noch verfügbaren Wehrfähigen vielmehr deutlich unter zwei Millionen Mann abgesunken sei, so daß bis zum Herbst mit maximal 60 neuen Schützendivisionen zu rechnen sei. Mehr oder weniger in die gleiche Richtung wiesen die Experten des Wehrwirtschafts- und Rüstungsamtes, wenn sie feststellten, »daß Rußland günstigstenfalls unter Einsatz seiner Gesamtstahlerzeugung für die reine Rüstungsfertigung vorübergehend annähernd die gleichen Ausbringungszahlen wie die deutsche Rüstungsindustrie auf dem Heeres- und Luftwaffensektor erreichen könnte«. Außerdem führe, so glaubte man, die radikale Bevorzugung der reinen Rüstungsfertigung unweigerlich zu einer »weitgehenden Zerrüttung des gesamten Produktions- und Verkehrsapparates«, so daß »schon jetzt die Kriegsgeräteausbringung gegenüber dem Stande vom Herbst 1941 abgesunken ist und noch weiter stark absinken wird«[12].

Ohne daß hier auf die vielfältigen Gründe für die abermalige Fehleinschätzung des sowjetischen Gegners näher einzugehen wäre, ist doch auf einen psychologisch wichtigen Aspekt hinzuweisen: Die unter den im Frühjahr 1942 herrschenden Umständen nicht beweisbare, aber eben auch nicht widerlegbare Einschätzung der Sowjetunion als eines trotz aller Widrigkeiten immer noch bezwingbaren Gegners war für die deutsche Führung, und zwar keineswegs für Hitler allein, gleichsam ein letzter Fluchtpunkt vor der Einsicht in die Nichtgewinnbarkeit des Krieges. Eine übermäßig kritische Beurteilung der Kräfteverhältnisse im Osten hingegen hätte nach dem Debakel des Winters zwangsläufig die als »defätistisch« verpönte Frage nach dem Sinn einer weiteren Fortsetzung des Krieges nach sich gezogen. Diese Konsequenz scheuend, zog man es in den deutschen Führungsstäben vor, den Stier bei den Hörnern zu packen und einen letzten Anlauf im Osten zu wagen.

III.

Um die personelle Basis des Ostheeres zu verbreitern, wurde der Jahrgang 1923 vorzeitig einberufen, Verwaltung und Wirtschaft »ausgekämmt« sowie sogenannte »volksdeutsche« und ausländische Freiwillige durch die Waffen-SS forciert angeworben.

Die in diesem Zusammenhang politisch bedeutsamste und militärisch folgenschwerste Entscheidung war die verstärkte Heranziehung der mit dem Reich verbündeten Staaten und ihrer Streitkräfte für die Zwecke des Ostkrieges. Unter der Parole, daß es sich um einen nicht allein deutschen, sondern »europäischen Abwehrkampf gegen den Bolschewismus« handele, in dem niemand ungestraft abseits stehen könne, wurden Italiener, Rumänen und Ungarn zur Bereitstellung weit umfangreicherer Truppenkontingente als bisher gedrängt.[13] Rein zahlenmäßig war das Ergebnis dieser diplomatischen Offensive durchaus beeindruckend. Fragwürdig war allerdings von vornherein der militärische Nutzen der neuen Kontingente, die — allzuoft schwach motiviert, unzulänglich ausgebildet und ohne Kriegserfahrung — in ihrer Waffen- und Geräteausstattung ohnehin weitestgehend von (wie sich bald zeigen sollte: voreiligen) deutschen Versprechungen abhängig waren.

In Anbetracht derartiger Unwägbarkeiten war an einen Erfolg der bevorstehenden Sommeroffensive nur unter der Voraussetzung einer eindeutigen operativen Schwerpunktbildung zu denken. Anders als bei der von drei Heeresgruppen über die ganze Front geführten »Barbarossa«-Offensive des Vorjahres, würde sich der zweite Feldzug darum von vornherein auf nur einen, nämlich den südlichen Frontabschnitt beschränken müssen. Selbst die in der Weisung Nr. 41 noch an erster

Stelle genannte Einnahme Leningrads war demgegenüber erst einmal eine Angelegenheit von sekundärer Bedeutung, an der grundsätzlich festzuhalten freilich schon deshalb geboten schien, um Finnland, den eigenwilligsten Verbündeten im Kampf gegen die Sowjetunion, nicht unnötig vor den Kopf zu stoßen. Dessenungeachtet wurden nach Abklingen der Winterkrise die Verbände beider Heeresgruppen, Mitte und Nord, unter Inkaufnahme eines wachsenden Risikos sowjetischer Ein- und Durchbrüche, weiter ausgedünnt und entmotorisiert, um wenigstens die zum Angriff bestimmten Divisionen der Heeresgruppe Süd annähernd voll ausstatten zu können.

Erschwert und verzögert wurde deren Auffrischung dadurch, daß zur Vorbereitung der Großoffensive am Südabschnitt zunächst geeignete Ausgangspositionen erkämpft werden mußten. So entwickelten sich nach Ende der frühjährlichen Schlammperiode in den Monaten Mai und Juni zunächst drei Räume zu Brennpunkten des militärischen Geschehens. Im Osten der Krim eroberte Mansteins 11. Armee, verstärkt durch das eigens von der Heeresgruppe Mitte verlegte VIII. Fliegerkorps, in der zweiten Maiwoche beinahe handstreichartig die seit September 1941 umkämpfte Halbinsel Kerč' und damit den kürzesten, nur durch eine schmale Meerenge unterbrochenen Verbindungsweg zum kaukasischen Festland. Bei vergleichsweise »geringen« eigenen Verlusten (circa 7 600 Gefallene) wurden dabei binnen weniger Tage drei sowjetische Armeen (44., 47. und 51. Armee) mit insgesamt 21 Divisionen aufgerieben; fast 170 000 Rotarmisten traten den Weg in die deutsche Kriegsgefangenschaft an.

Spektakulärer, aber auch fragwürdiger waren die sich an den Erfolg bei Kerč' anschließenden Kämpfe zur Eroberung Sevastopol's. Auch sie wurden von der 11. Armee in Verbindung mit Richthofens VIII. Fliegerkorps getragen, da die schwache deutsche maritime Präsenz im Schwarzen Meer einen Angriff auf die, wie es hieß, stärkste Festung der Welt ausschließlich von der durch drei Verteidigungszonen geschützten Landseite her erlaubte. Am 2. Juni, fünf Monate nach Abbruch der ersten Schlacht um Sevastopol', begann der deutsche Angriff mit einem fünf Tage anhaltenden Luft- und Artilleriebombardement gegen den in einem gigantischen Festungslabyrinth eingeigelten und trotz deutscher Lufthoheit über See versorgten Gegner. Nach erbittertem sowjetischen Widerstand waren einen Monat später Festung und Hafen zwar gefallen, die Stadt selber, wie das Kriegstagebuch der Armee lakonisch festhielt, aber nichts als »ein Trümmerhaufen«, bewohnt von nur mehr einem Sechstel ihrer ehemals 200 000 Einwohner.[14] Die Rote Armee verlor neben einer nicht abschätzbaren, jedenfalls in die Zehntausende gehenden Zahl von Toten erneut 95 000 Mann als Kriegsgefangene.

So eindeutig der Sieg war, so teuer war er erkauft. Eine komplette deutsche Armee war auf einem zwar nicht nebensächlichen, aber doch isolierten Kriegsschauplatz unter Inkaufnahme weit überdurchschnittlicher Verluste über Gebühr lange gebunden gewesen und mit größtem Aufwand — allein der Munitionsverbrauch von circa 50 000 Tonnen erforderte über 100 Güterzüge — versorgt worden. Hinzu kommt, daß die Schlacht um Sevastopol' den Beginn der Hauptoperation »Blau« verzögerte. So wäre vermutlich eine fortgesetzte Einschließung der Stadt durch wenige deutsche Divisionen die, von der Logik der deutschen Operationsplanung her gesehen, zeit-, kraft- und blutsparendere Lösung gewesen. Indes zählten solche Überlegungen für Hitler, vielleicht auch für Manstein, wenig. Nach den bitteren Rückschlägen des Winters nämlich brauchte die deutsche Führung Prestigesiege, und die Eroberung von Sevastopol' war ein ebenso glänzender wie die von Tobruk.

Vielleicht weniger spektakulär, aber dafür wichtiger war, was sich unmittelbar zuvor etliche 100 Kilometer weiter nördlich, im Raum Char'kov—Izjum, abgespielt hatte. Dort nämlich hätte Hitlers zweiter Sommerfeldzug Mitte Mai um ein Haar sein vorzeitiges Ende gefunden. Im Zuge ihrer Winteroffensive 1941 hatte die Rote Armee auf dem Westufer des Donec bei Izjum einen zuletzt je 100 Kilometer tiefen und breiten Brückenkopf errichten können, der gegebenenfalls einen günstigen Ausgangspunkt für weiterreichende sowjetische Operationen darstellte und eine Vielzahl deutscher Verbände (6. Armee und Armeegruppe v. Kleist) band. Die Beseitigung der Izjumer »Beule« war darum eine notwendige, in der eingangs zitierten Führerweisung Nr. 41 ausdrücklich angemahnte Voraussetzung, um die für »Blau« erforderliche Operationsfreiheit zurückzugewinnen. Bevor allerdings die nicht ohne erhebliche Divergenzen zwischen dem Oberbefehlshaber der Heeresgruppe Süd, Generalfeldmarschall v. Bock, und dem Generalstab des Heeres unter dem Decknamen »Fridericus« vorbereiteten Schläge geführt werden konnten, sahen sich Bocks Truppen am 12. Mai mit einer Großoffensive der Südwestfront unter Marschall Timošenko[15] konfrontiert. Daß diese nicht glückte, die Initiative vielmehr binnen weniger Tage auf die deutsche Seite überging, war die Folge eines von Verbänden der Armeegruppe v. Kleist aus südlicher Richtung schnell und überraschend geführten Gegenstoßes und der anschließenden schweren Führungsfehler Timošenkos. So schloß sich am 23. Mai westlich von Izjum der Ring um die Masse von vier sowjetischen Armeen (6.

und 57. Armee, Teile der 9. Armee und Armeegruppe Bobkin). Der Roten Armee gingen gewaltige Mengen an Waffen und Gerät verloren, etwa 239 000 Sowjetsoldaten gerieten in deutsche Gefangenschaft. »Von der Härte des Kampfes«, so Kleist in einer Meldung nach Abschluß der Schlacht, »zeugt das Schlachtfeld: An den Brennpunkten ist der Boden, soweit das Auge blickt, mit Kadavern von Menschen und Pferden so dicht bedeckt, daß man nur mit Mühe eine Gasse für seinen Pkw findet.«[16]

Hitler und die Heeresführung waren entschlossen, in Ausnutzung des operativ bedeutsamen deutschen Erfolges bei Char'kov noch vor Anlaufen der eigentlichen Sommeroffensive eine maximale Zahl sowjetischer Verbände zu vernichten. Diesem Ziel galten zwei weitere Operationen unter den Decknamen »Wilhelm« und »Fridericus II«, die vom 10. bis 16. Juni beziehungsweise vom 22. bis 26. Juni im Raum Volčansk—Kupjansk—Izjum durchgeführt wurden. Auch diese beiden Unternehmungen erwiesen sich insofern als voller Erfolg, als sie die Ausgangsbasis der Heeresgruppe Süd für »Blau« entscheidend verbesserten, doch erfüllten sie Hitlers Hoffnung, »die lebendige Streitkraft des Gegners«[17] vernichten zu können, nur sehr bedingt. Vielmehr zeigte die Rote Armee jetzt zunehmend, was für den deutschen Angreifer in den folgenden Monaten zu einem ernsten Problem werden sollte: die Bereitschaft zu überraschenden taktischen Rückzügen. Offenkundig habe der Gegner sich, wie Fremde Heere Ost in einer Lagebeurteilung vom 28. Juni mit spürbarer Besorgnis resümierte, von der »Taktik eines unwirtschaftlichen rücksichtslosen Menschen- und Materialeinsatzes« abgewandt und beabsichtige in Zukunft, seine »in der Front eingesetzten Kräfte den überraschend geführten deutschen Stößen und Umfassungsversuchen weitgehend zu entziehen und die deutschen Vorstöße aus der Tiefe des Raumes durch Angriffe gegen ihre Flanken aufzufangen«[18]. Für den Fall, daß ihm dies gelänge, kam Gehlens Abteilung zu dem ernüchternden Ergebnis, daß auch bei erfolgreicher Durchführung der Operation »Blau« der russische Widerstandswille ungebrochen fortbestehen werde und das russische Heer »zwar nicht wertmäßig, aber rein zahlenmäßig überlegen und schlagkräftig« bleiben werde.

Dies waren Einsichten, die so unzweideutig bislang nicht formuliert worden waren. Und doch konnten sie am Lauf der Dinge nichts mehr ändern. Am Morgen desselben Tages nämlich, an dem Gehlen die Denkschrift seiner Abteilung vorlegte, hatte die Armeegruppe v. Weichs (1. Armee, 4. Panzerarmee und ungarische 2. Armee) mit ihrem Vorstoß gegen den Don die deutsche Sommeroffensive eröffnet.

IV

Die deutschen Truppen kamen während der ersten Operationsphase zwar zügig, für die Vernichtung des sich nun beschleunigt absetzenden Gegners aber nicht schnell genug voran. So waren am 6. Juli bereits der Don überschritten und der Knotenpunkt Voronež fast kampflos besetzt worden, doch blieben — sehr zum Unwillen Hitlers und der Heeresführung — die für den weiteren Vormarsch so dringend benötigten schnellen Verbände der 4. Panzerarmee (XXXXVIII. Panzerkorps) dort aufgrund drohender Gegenangriffe auf Tage hinaus gebunden.

Auch vor der 6. Armee, deren Spitzen am 5. Juli die Tichaja Sosna, einen Nebenfluß des Don, nach Süden überschritten hatten, suchte sich der Gegner auf breiter Front abzusetzen, so daß hier ebenfalls die territorialen Ziele unerwartet schnell, der eigentliche Operationszweck aber, die Vernichtung der westlich des Don stehenden Feindkräfte, in keiner Weise erreicht wurden. Dieser durch den eindrucksvollen Raumgewinn vorerst noch verschleierte Fehlschlag war allerdings keineswegs allein die Folge kluger gegnerischer Ausweichmanöver und eventueller Führungsfehler des Oberkommandos der Heeresgruppe Süd. Vielmehr zeigte sich hier schon frühzeitig eine strukturelle Schwäche der deutschen Offensive: der Mangel an schnellen Verbänden. Die Heeresführung stand deshalb immer wieder vor dem Dilemma, sich entweder für eine Konzentration aller Angriffskräfte um den Preis einer gefährlichen Entblößung der Flanken oder aber für eine flankierende Abdeckung des Hauptstoßes unter Inkaufnahme zeitlicher Verzögerungen und eines gebremsten Angriffselans entscheiden zu müssen, da für beides die verfügbaren Kräfte nicht ausreichten. Verschärft wurde dieses Dilemma dadurch, daß sich schon jetzt Engpässe in der Versorgung der motorisierten Truppen mit Treibstoff bemerkbar machten.

Vor diesem Hintergrund überrascht nicht, daß auch die am 9. Juli beginnende zweite Operationsphase vor allem in dem Versuch bestand, einen, wie v. Bock formulierte, »Gegner einzukesseln, der nicht mehr da ist«[19]. Diese pessimistische Einschätzung bestätigte sich, als am 16. Juli auch die Schlacht um Millerovo zwar mit dem Fall der Stadt und der Vereinigung der konzentrisch angreifenden Verbände der 1. und 4. Panzerarmee endete, die beabsichtigte Einschließung der Masse der gegnerischen Kräfte gleichwohl mißlang.

Im Unterschied zum Oberbefehlshaber der Heeresgruppe, der — gleichsam als Sündenbock für die bisherigen Fehlschläge — am 13. Juli von seinem Posten abgelöst und durch Generaloberst v. Weichs ersetzt worden war, hatte Hitler die Hoffnung, die in Gang befindliche Verfolgungsoperation doch noch in einen Vernichtungssieg ummünzen zu können, keineswegs aufgegeben. Hinzu kam ein zweiter Grund, der den Diktator bewog, das Tempo der Operationen weiter zu beschleunigen und deren Führung — in endgültiger Abkehr vom traditionellen militärischen Auftragsdenken — noch straffer als bisher selbst zu übernehmen: Mit jeder Woche, die verstrich, drohte ihm die Zeit zur Erreichung seines eigentlichen Zieles, nämlich des Gewinns des kaukasischen Erdöls, davonzulaufen.

Der vom nun zunehmend nervöser agierenden »Führer« ersonnene Ausweg aus diesem Dilemma war strategisch ebenso konsequent wie operativ verhängnisvoll. Hitler entschloß sich nämlich, die zwei letzten Phasen der Gesamtoperation, das heißt den Angriff gegen die Volga bei Stalingrad und den Vorstoß in den Kaukasus, nicht, wie ursprünglich vorgesehen, hintereinander geschaltet, sondern zeitlich parallel zueinander durchzuführen. Daß seine Absicht nur um den Preis einer Halbierung der jeweiligen Angriffskräfte zu realisieren sein würde, war Hitler, von den anhaltenden sowjetischen Rückzügen in seiner chronischen Unterschätzung des Gegners bestärkt, dabei in Kauf zu nehmen bereit. Vergeblich plädierten der Generalstab des Heeres und sein Chef, Generaloberst Halder, dafür, die Offensive zunächst ganz auf den Stalingrader Großraum zu konzentrieren und den Vorstoß zum Kaukasus solange zu vertagen, bis Rückenfreiheit und Flankenschutz für dieses Unternehmen hinreichend gewährleistet seien. Die trichterförmige Ausweitung der Front nach Osten und Süden mußte nach Auffassung des OKH angesichts des Umfangs der verfügbaren Kräfte zu einer Überdehnung der Frontlinien und zu einer Überforderung der nun zur Sicherung der Don-Stellung eingesetzten verbündeten Armeen führen, die allenfalls unter der Voraussetzung zu verantworten wäre, daß der Gegner nicht angriff. Gerade diese Hoffnung aber hielt der Chef des Generalstabs des Heeres aufgrund der schon erkennbaren sowjetischen Truppenzusammenziehungen sowohl im Großraum Stalingrad als auch im südlichen Kaukasus für unbegründet.

Die Ausgabe der Weisung Nr. 45 am 23. Juli, dem Tag der Eroberung von Rostov, zeigte, daß Hitler nicht willens war, auf die im OKW ohnehin kaum unterstützten Bedenken der Heeresführung einzugehen. Vielmehr wurde der Schwerpunkt der weiteren Operationen jetzt eindeutig auf die in den Kaukasus vorstoßende Heeresgruppe A[20] verlagert. Danach sollte diese nicht nur den über den Don nach Süden entwichenen Gegner vernichten und in Verbindung damit die gesamte

Ostküste des Schwarzen Meeres in Besitz nehmen, sondern zugleich mit zwei weiteren Angriffskeilen zum einen über Majkop und Armavir vorstoßend die Pässe des westlichen Kaukasus besetzen, zum andern über Groznyj und anschließend entlang der Kaspischen Küste gegen Baku operieren.

Der Heeresgruppe B fiel demgegenüber die im großen und ganzen unveränderte Aufgabe zu, die Kaukasusoperation durch den Aufbau einer Verteidigung entlang des Don abzudecken, die bei Stalingrad »im Aufbau befindliche feindliche Kräftegruppe« zu zerschlagen (wobei Hitler nunmehr forderte, »die Stadt selbst zu besetzen«!) sowie die Volga und die Landbrücke hin zum Don abzuriegeln. Im Anschluß daran sollten ihre schnellen Verbände — und dies war ein neuer Aspekt — die Volga entlang bis Astrachan' vorstoßen, um dort gleichfalls den Hauptarm der Volga zu sperren.[21]

Spätestens mit der Weisung Nr. 45 war das Schicksal der deutschen Sommeroffensive besiegelt. Allerdings wurde dies nicht sofort augenfällig. Vor allem die Verbände der Heeresgruppe A kamen auf ihrem Weg nach Süden zunächst noch zügig voran, auch wenn sich Hitlers Erwartung, den Gegner noch vor dem Kaukasus abfangen zu können, wie von Halder prognostiziert, zunehmend als »ausgekochter Unsinn« erwies. Immerhin konnten bis zum 9. August der Schwarzmeerhafen Ejsk, der Bahnknotenpunkt Krasnodar und das Ölzentrum Majkop erreicht werden. Wenig später, um die Monatsmitte herum, versteifte sich freilich der Widerstand, durch waldreiches Hochgebirgsgelände vielerorts begünstigt, in einem Maße, das den weiteren deutschen Vormarsch bald endgültig zum Erliegen brachte. Anfang September zeichnete sich ab, daß das strategische Ziel des Feldzuges nicht erreicht werden würde. Die bis dahin in deutsche Hand gefallenen Ölquellen und Raffinerien bei Majkop erwiesen sich als derart fachmännisch zerstört, daß mit einer nennenswerten Ausbeute auf absehbare Zeit nicht zu rechnen war.

Hitler selber ist sich der kriegsentscheidenden Bedeutung seines abermaligen Scheiterns während jener Tage zweifellos bewußt geworden, zumal sich die Hiobsbotschaften auch von anderen Fronten häuften: Im Bereich der Heeresgruppe Mitte zeichnete sich die Gefahr schwerer Einbrüche ab, und im Nordabschnitt hatte eine am 27. August begonnene sowjetische Offensive die auf Mitte September terminierten eigenen Angriffsabsichten gegen Leningrad wie auch gegen die Murmanbahn zunichte gemacht. Schließlich mußte am 2. September auch eine erst drei Tage zuvor begonnene Offensive der deutsch-italienischen

Afrika-Armee an der El Alamein-Front abgebrochen und damit der letzte Versuch, die Initiative in Nordafrika wieder zu gewinnen, aufgegeben werden. Im Führerhauptquartier im ukrainischen Vinnica führte die Summe dieser Fehlschläge sehr schnell zu einer tiefgreifenden Führungskrise, deren prominenteste Opfer der Chef des Generalstabes des Heeres, Franz Halder, sowie Generalfeldmarschall List, der Oberbefehlshaber der Heeresgruppe A, wurden.[22]

V.

Im Bereich der Heeresgruppe B hatten sich die Verhältnisse unterdessen noch bedrohlicher als im kaukasischen Raum entwickelt. Schon Ende Juli war deutlich geworden, daß ein Durchbruch zum Volga-Knie und die Einnahme Stalingrads eben nicht, wie von Hitler erhofft, »in einem überraschenden Vorstoß« (Weisung Nr. 45), sondern allenfalls in langwierigen Kämpfen gegen einen umfassend vorbereiteten Gegner möglich sein würden. Selbst in der widerspruchsarmen Umgebung des »Führers« setzte sich zunehmend die Einsicht durch, daß »das Schicksal des Kaukasus [...] bei Stalingrad entschieden«[23] werde. Es war mithin nur konsequent, die Kräfte wiederum, diesmal zugunsten der Heeresgruppe B, umzuverteilen und die 4. Panzerarmee mit der Masse ihrer Verbände von der Heeresgruppe A abzuziehen. So wurde ein Loch gestopft, indem ein neues gerissen wurde, ohne daß sich am Grundübel, der mangelnden Schwerpunktbildung, Wesentliches geändert hätte. Immerhin war jetzt wenigstens die Möglichkeit gegeben, den frontalen Angriff der 6. Armee über den Don und gegen Stalingrad durch einen zweiten, aus dem Raum südlich des Don geführten Stoß zu unterstützen.

Der Vormarsch beider Armeen, deren Angriffsspitzen sich am 3. September bei Gončara, circa 20 Kilometer westlich von Stalingrad, trafen, gestaltete sich weitaus schwieriger und zeitraubender als erwartet. Verantwortlich dafür waren zum einen die nun immer spürbarer werdenden Engpässe bei der Versorgung der Truppe mit Munition, Verpflegung und Treibstoff; vor allem der Mangel an letzterem engte den Bewegungsradius der Truppe immer wieder in gefährlicher Weise ein. Hinzu kam, daß die Luftunterstützung durch das für beide Armeen zuständige, völlig überforderte VIII. Fliegerkorps immer häufiger ausblieb. Nicht geringere Sorge bereitete den Oberbefehlshabern der Fehlbestand an Infanteriekräften; gerade sie wären zum Schutz der sich mit dem Vormarsch zunehmend vertiefenden Flanken dringend erforderlich gewesen.

Wie dramatisch das Problem war, zeigte sich insbesondere an der Nordflanke der Heeresgruppe. Über 800 Kilometer weit, von der Grenze zur Heeresgruppe Mitte bis zur Volga, dehnte sich hier, dem Lauf des Don weitgehend angelehnt, eine Front, deren Verteidigung die Kraft von vier überwiegend schwachen Armeen schlichtweg überforderte und den Gegner zum Angriff geradezu einlud. Vor allem die zwischen der 2. Armee im Nordwesten und der 6. Armee im Südosten eingeschobenen Kontingente der Verbündeten (ungarische 2., italienische 8., rumänische 3. Armee) hatten Frontabschnitte zu verteidigen, deren Breite in keinem Verhältnis zur Kampfkraft ihrer völlig unangemessen ausgestatteten Verbände stand.

Den fraglos größten Anteil am immer schleppenderen Fortgang des Angriffs gegen Stalingrad hatte indessen der erbitterte Widerstand des Gegners. Zwar erlitt dieser zwischen dem 23. Juli und dem 11. August, dem Abschluß der Panzerschlacht bei Kalač, allein im Bereich der 6. Armee Verluste in einer Größenordnung von rund 57 000 Gefangenen, über 1 000 Panzern und etwa 650 Flugzeugen, erkämpfte sich aber, was unter den gegebenen Umständen schwerer wog als Blut und Stahl: Zeit. Wertvolle Tage und Wochen wurden so für den Ausbau der Verteidigung Stalingrads und die Heranführung frischer Reserven gewonnen.

Die Lage der Heeresgruppe war also zum Zeitpunkt, als sie zum Sturm auf das eigentliche Stadtgebiet von Stalingrad ansetzte, alles andere als stabil. Dessen ungeachtet zeigte sich v. Weichs bei seinem Besuch im Führerhauptquartier am 11. September noch durchaus zuversichtlich, den Angriff gegen den Stadtkern in den nächsten Tagen beginnen und binnen zehn Tagen abschließen zu können.

In der Tat häuften sich die Anzeichen eines baldigen Falls der Stadt. Am 10. September hatte das XXXXVIII. Panzerkorps nach dreitägigem Angriff auch das Volga-Ufer hart südlich der Stadt besetzen können, so daß Stalingrad nun abgeschnürt war. In den folgenden Tagen gelang es, den größten Teil der Altstadt zu erobern, auch hier die Volga zu erreichen und in das Hafengelände einzudringen. Der Strom selbst wurde währenddessen durch die Luftwaffe vermint. Nicht ganz so rasch entwickelte sich die Lage im Norden der Stadt, doch gelang es auch hier dem am 13. September zum Angriff angetretenen LI. Armeekorps, die den nördlichen Stadtkern beherrschenden Höhen zu gewinnen, den Hauptbahnhof zu nehmen und in schmalem Stoßkeil zur Volga durchzubrechen.

Endgültig waren die Kämpfe nun vom gewohnten Bewegungskrieg in eine Phase des Stellungs- beziehungsweise Festungskrieges übergegangen. Der auf kürzeste Entfernung mit beispielloser Brutalität geführte Straßen- und Häuserkampf beschleunigte das Ausbrennen der ohnehin stark abgekämpften Angriffs-, insbesondere Infanterieverbände, während die Verteidiger trotz deutscher Luftherrschaft noch immer Reserven in begrenzter Zahl über die Volga nachzuführen verstanden.

Unter diesen Voraussetzungen würde, wie die Erfahrungen der zweiten Septemberhälfte zeigten, eine totale Eroberung der Stadt viele Wochen, wenn nicht Monate in Anspruch nehmen. Da ein solcher Zeitaufwand aufgrund des bevorstehenden Herbstschlammes und der bis dahin noch zu erreichenden Winterstellungen unvertretbar schien, sah sich die deutsche Führung vor die Wahl gestellt, entweder die sich in Stalingrad rapide verschleißenden Kräfte nachhaltig zu verstärken oder aber die Kämpfe um die Volga-Metropole zugunsten eines zügigen Ausbaus von Winterstellungen im Bereich der Heeresgruppe B abzubrechen. Für die letztere, seit Anfang Oktober nicht nur vom Armeeoberkommando 6 und der Heeresgruppenführung, sondern offenbar auch von Jodl und Zeitzler, dem Nachfolger Halders als Generalstabschef des Heeres, vertretene Lösung sprachen nicht nur die teuer bezahlten Erfahrungen des vergangenen Winters, sondern auch die Tatsache, daß Stalingrad, mittlerweile in eine Ruinenlandschaft verwandelt, als Verkehrs- und Rüstungszentrum für die gegnerische Kriegführung ohnehin keine nennenswerte Bedeutung mehr besaß.

Trotz alledem folgte Hitler den Ratschlägen seiner Generale nicht, sondern erklärte am 6. Oktober, unmittelbar nachdem Paulus unter Berufung auf den Kräftemangel und die Übermüdung seiner Truppen eine vorübergehende Einstellung des Angriffs im Stadtgebiet gemeldet hatte, die »völlige Inbesitznahme« Stalingrads zur wichtigsten Aufgabe der Heeresgruppe, hinter der alle anderen Belange zurückzutreten hätten.[24]

Fragt man nach den Beweggründen für diese Entscheidung, so wird man neben einer geradezu manisch gesteigerten Rückzugsangst Hitlers ein sachlich gewichtiges Argument im Auge behalten müssen: Im Hinblick auf den bevorstehenden Winter versprach die Stadt, selbst in zerstörtem Zustand, ungleich bessere Schutz- und Unterbringungsmöglichkeiten als die offene, fast unbesiedelte Steppe. Insofern mochte die vollständige Inbesitznahme Stalingrads als eine wesentliche Voraussetzung dafür erscheinen, die 6. Armee ohne größere Gebietsaufgabe und unter erträglichen Verlusten über den Winter zu bringen und die Offensive danach aus einer günstigen Stellung heraus wieder aufzunehmen. Dieses auf den ersten Blick überzeugende Argument rührt an eine seinerzeit zentrale, durch die spätere Vernichtung der 6. Armee freilich bald obsolet gewordene Frage: War diese Armee — und waren die übrigen Armeen der Heeresgruppe B — überhaupt in einem winterfesten Zustand oder bestand wenigstens die berechtigte Hoffnung, sie in den wenigen noch verbleibenden Wochen für diesen Zweck hinreichend ausstatten zu können?

Die Indizien sprechen dagegen. Eine hier aus Platzgründen nicht detailliert darstellbare Analyse der bis zur Einschließung der 6. Armee erbrachten Transportleistungen und ihrer infrastrukturellen Rahmenbedingungen läßt vielmehr den Schluß zu, daß die Versorgungslage nicht nur dieser, sondern fast aller Armeen im Bereich der Heeresgruppe B in den Wochen vor Beginn der sowjetischen Winteroffensive insgesamt äußerst angespannt und in vielerlei Hinsicht katastrophal war. Mehr noch: Spätestens seit Ende September war klar, daß eine auch nur halbwegs ausreichende Winterbevorratung selbst bei optimaler Ausnutzung der Transportkapazitäten nicht mehr durchzuführen war. Unter diesen Umständen ließ sich gerade im Hinblick auf den Winter ganz sicher nicht länger *für*, sondern nur mehr *gegen* ein Verbleiben der 6. Armee im Raum um Stalingrad argumentieren.[25]

So waren es letztlich in der Tat wohl primär Prestigeerwägungen, die Hitler trotz aller ihm sehr wohl bewußten Gefährdungen an der restlosen Einnahme Stalingrads festhalten ließen. Vor allem die seit September zu beobachtende propagandistische Vorwegnahme des deutschen Sieges an der Volga machte es dem »Führer« in den folgenden Tagen und Wochen praktisch unmöglich, die Kämpfe um Stalingrad von sich aus abzubrechen, ohne sich damit dem Odium des Verlierers auszusetzen. Dieses Risiko aber war für den *Politiker* Hitler, der Erschütterungen der Heimatfront nicht weniger sensibel registrierte als der »*Feldherr*« Hitler die Krisen auf dem Schlachtfeld, um so weniger akzeptabel, als ein allmählicher Verfall seines für die Stabilität des Regimes so wichtigen Mythos seit den Rückschlägen des vergangenen Winters bereits unverkennbar war. Darüberhinaus brauchte der deutsche Diktator den Waffensieg in Stalingrad auch im Hinblick auf die »Weltöffentlichkeit«; vor allem das weitere Verhältnis zu den für das Reich wichtigen neutralen Staaten wie Schweden oder der Türkei sowie zu den Verbündeten würde, wie sich schon im September deutlich abzeichnete, wesentlich vom deutschen Erfolg in Stalingrad abhängen.

Ein letztes Mal schien dieser Erfolg Mitte Oktober in greifbare Nähe zu rücken, als es den vereinten Kräften des LI. Armee- und XIV. Panzerkorps gelang, nochmals größere Teile der Stadt, darunter auch die berühmte Geschützfabrik »Rote Barrikade«, sowie einen mehrere Kilometer breiten Uferstreifen einzunehmen. Danach verloren die schon bisher unendlich mühsamen deutschen Vorstöße rapide an Durchschlagskraft, nachdem die schlechten Operationsmöglichkeiten für Panzer und die fehlende Ausbildung der deutschen Verbände im Häuserkampf zu horrenden Verlusten an Menschen und Material geführt hatten. Erneute Anträge der Oberkommandos von Armee und Heeresgruppe, angesichts dieser Lage entweder weitere Kräfte nach Stalingrad zu verlegen oder die dortigen Kämpfe zwecks Erholung der Truppe wenigstens für einige Tage zu unterbrechen, wurden abgelehnt. Lediglich die Zuführung einiger weiterer Pionierbataillone wurde Anfang November bewilligt, konnte aber das Problem fehlender Infanterie in keiner Weise lösen.

So war denn die 6. Armee schon Wochen vor ihrer Einschließung eine Armee auf verlorenem Posten. Die Schlacht, in der sie geopfert wurde, war, ungeachtet ihres Ausgangs, für die ihren strategischen Zielen weiter denn je entrückte *deutsche* Kriegführung nicht mehr von Bedeutung, sehr wohl aber für die *sowjetische*. Für sie bildete die Verteidigung Stalingrads nur den Vordergrund eines Geschehens, dessen nächster Akt hinter den Kulissen bereits vorbereitet wurde. Indem Paulus' Armee in Stalingrad verblieb, hat sie an diesen Vorbereitungen zu ihrer eigenen Vernichtung selbst mitgewirkt.

Anmerkungen

[*] Der vorliegende Aufsatz basiert auf umfassenderen Forschungen, die im 6. Band der vom Militärgeschichtlichen Forschungsamt herausgegebenen Reihe »Das Deutsche Reich und der Zweite Weltkrieg« publiziert wurden (H. Boog u. a., Der globale Krieg. Die Ausweitung zum Weltkrieg und der Wechsel der Initiative 1941—1943, Stuttgart 1990, S. 761—1102). Auf detaillierte Quellen- und Literaturhinweise wird darum im folgenden verzichtet.

[1] Hitlers Weisungen für die Kriegführung 1939—1945, hrsg. von Walther Hubatsch, Koblenz [2]1983, S. 183 ff.

[2] Franz Halder, Kriegstagebuch. Tägliche Aufzeichnungen des Chefs des Generalstabs des Heeres 1939—1942, bearb. von Hans-Adolf Jacobsen, hrsg. vom Arbeitskreis für Wehrforschung, Bd 3, Stuttgart 1964, S. 420 (28. 3. 1942).

[3] Vgl. WiRüAmt/Stab Ia, Denkschrift »Die wehrwirtschaftliche Lage der UdSSR Anfang des Jahres 1942« vom 31.3.1942, Bundesarchiv-Militärarchiv Freiburg (BA-MA), Wi/ID 138.

[4] So die glaubwürdige, weil durch andere Zeugnisse untermauerte Aussage Paulus' in Nürnberg, zit. nach: Der Prozeß gegen die Hauptkriegsverbrecher vor dem Internationalen Militärgerichtshof, Nürnberg, 14. November—1. Oktober 1946, 42 Bde, Nürnberg 1947—1949, Bd 7, 1947, S. 290.

[5] Zit. nach Stab OKH, Notizen über den Vortrag des Chef HRüst u. BdE beim Führer am 23.12.1941, BA-MA, RH 14/4.

[6] Denkschrift der Seekriegsleitung vom 25.2.1942, abgedr. bei Michael Salewski, Die deutsche Seekriegsleitung 1935—1945, Bd 3, Frankfurt a.M. 1973, S. 262 ff.

[7] Halder (wie Anm. 2), Bd 3, S. 455 (12.6.1942).

[8] Thomas-Denkschrift, undatiert (Mai 1942), Institut für Zeitgeschichte (IfZ), ZS 310, Bd 2a, Bl. 68; weitere Einzelnachweise in: Das Deutsche Reich und der Zweite Weltkrieg, Bd 6 (wie Anm. *), S. 776 f., Anm. 60 bis 69.

[9] Zit. nach: Deutschlands Rüstung im Zweiten Weltkrieg. Hitlers Konferenzen mit Albert Speer 1942—1945, hrsg. von Willi A. Boelcke, Frankfurt a.M. 1969, S. 126.

[10] Ausführungen Jodls vom 13.5. und 15.5.1945, zit. nach: Kriegstagebuch des Oberkommandos der Wehrmacht (Wehrmachtführungsstab) 1940—1945, hrsg. von Percy E. Schramm, 4 Bde, Frankfurt a.M. 1961—1979, Bd 4, S. 1501 und 1503. Schon im November und Dezember 1941 hatte sich Hitler in ähnlichem Sinne geäußert; vgl. Halder (wie Anm. 2), Bd 3, S. 295 (19.11.41) und S. 333 (7.12.41).

[11] GenStdH/Org.Abt., »Beurteilung des Kampfwertes der Divisionen nach dem Stande vom 20. Juni 1941« vom 18.6.1941, BA-MA, RH 2/427, sowie dto. vom 2.4.1942 betr. »Meldungen über Beurteilung der Divisionen nach dem Stande vom 30.3.(1942)«, RH 2/429.

[12] Wie Anm. 3. — Vgl. hierzu eingehender auch meinen Aufsatz: Die Einschätzung der Sowjetunion in den deutschen Offensivplanungen gegen Stalingrad und den Kaukasus 1942, in: Commission Internationale d'Histoire Militaire, ACTA No. 13, Helsinki 1991, Bd 2, S. 189—205.

[13] Vgl. hierzu die Beiträge von Jean Ancel, Josef Borus und Gerhard Schreiber in diesem Band.

[14] AOK 11/Ia, Kriegstagebuch, 4.7.1942, BA-MA, RH 20—11/460.

[15] Vgl. hierzu den Beitrag von Anatolij Knjaz'kov in diesem Band.

[16] Zusatz Kleists zu einem Fernschreiben des III. Panzerkorps vom 29.5.1942, BA-MA, RH 20—17/125.

[17] Kriegstagebuch des OKW (wie Anm. 10), Bd 2, S. 386 (27.5.42).

[18] Abt. Fremde Heere Ost (Ia), »Gedanken über die vermutliche Kampfkraft der sowjetischen Armee bei Winterbeginn 1942« vom 28.6.1942, abgedr. in: Wolf Keilig, Das deutsche Heer 1939—1945. Gliederung, Einsatz, Stellenbesetzung, 3 Bde, Bad Nauheim 1956—1970, Bd 3, Abschn. 201/1942, S. 2—8.

[19] Generalfeldmarschall v. Bock, Tagebuch, S. 117 (7.7.1942), BA-MA, N 22/13.

[20] Am 7.7.42 war die bisherige Heeresgruppe »Süd« in die Heeresgruppen »A« und »B« aufgespalten worden.

[21] Weisung Nr. 45 vom 23.7.1942, abgedr. in: Hitlers Weisungen (wie Anm. 1), S. 196ff.

[22] Auf Bedeutung und Konsequenzen der »Septemberkrise« kann hier nicht näher eingegangen werden; vgl. dazu: Das Deutsche Reich und der Zweite Weltkrieg, Bd 6 (wie Anm. *), S. 951—961.

[23] Halder (wie Anm. 2), Bd 3, S. 493 (30.7.1942).

[24] AOK 6/FüAbt, Kriegstagebuch, 6.10.1942, BA-MA, RH 20—6/221.

[25] Zur Entwicklung der Versorgungslage vgl. neben meinen Darlegungen in: Das Deutsche Reich und der Zweite Weltkrieg, Bd 6 (wie Anm. *), S. 988ff., vor allem die vorzügliche, im Urteil freilich zurückhaltendere Analyse bei Manfred Kehrig, Stalingrad. Analyse und Dokumentation einer Schlacht, Stuttgart 1974, S. 69—86, und dessen Beitrag in diesem Band.

Entwicklung der Lage an der Ostfront vom 28.6. bis 19.11.1942

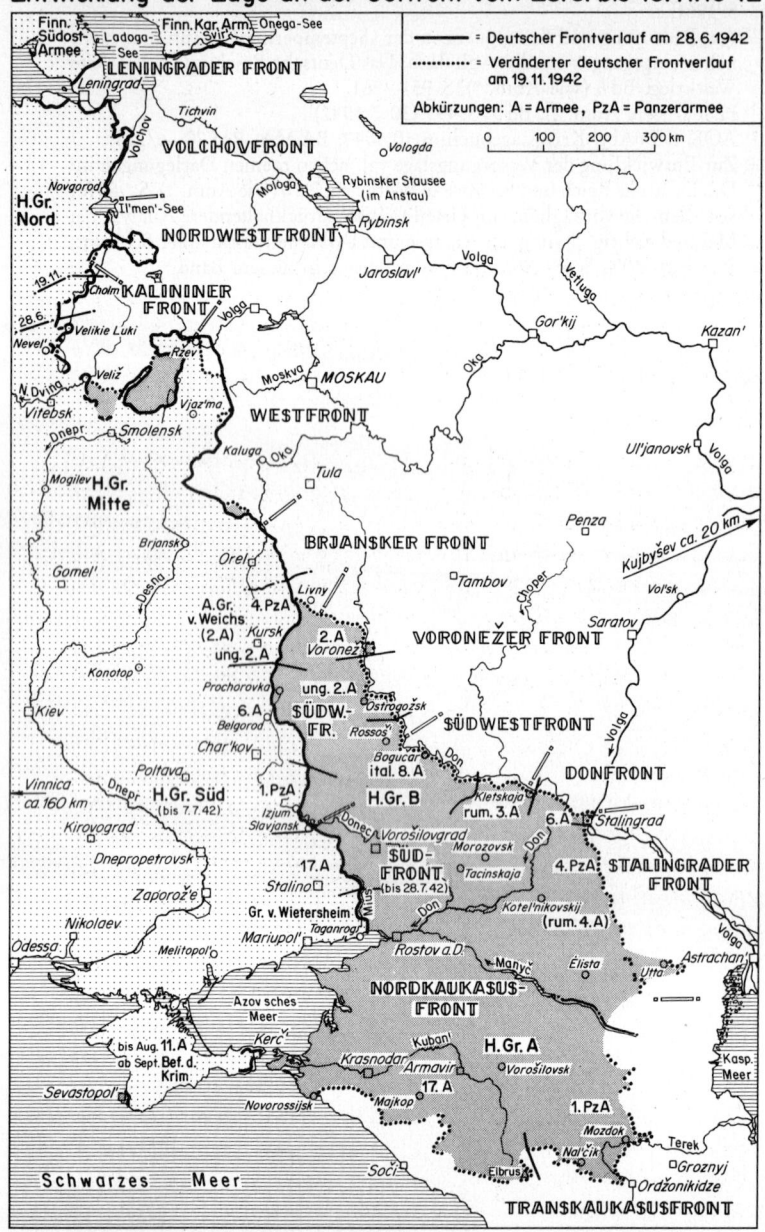

Legende:
— = Deutscher Frontverlauf am 28.6.1942
········· = Veränderter deutscher Frontverlauf am 19.11.1942

Abkürzungen: A = Armee, PzA = Panzerarmee

0   100   200   300 km

Nach: Das Deutsche Reich und der Zweite Weltkrieg, Bd 6, Stuttgart 1990; Geschichte des zweiten Weltkrieges 1939–1945 in zwölf Bänden, Berlin (Ost) 1975–1985, Kartenband.

Anatolij S. Knjaz'kov

Die sowjetische Strategie im Jahre 1942*

Der bekannte sowjetische Schriftsteller K. Simonov schrieb nach dem Sieg, als er an das Erlebte zurückdachte:

»Das Jahr 1942 [...] umfaßte eine solche Menge an Momenten der schwierigsten Lage, aus denen es, wie es schien, keinen Ausweg gab und aus denen sich dennoch einer fand, eine solche Menge an entscheidenden Veränderungen in der Frontlage — mal dramatische, mal für uns glückliche —, daß all das damals Erlebte bis heute in der Erinnerung als eine pausenlose innere Anspannung zurückbleibt [...] Wenn man versucht, sich an das Wichtigste zu erinnern, so sind ›Stalingrad‹ und ›Standhalten‹ die in der Seele verankerten wichtigsten Worte des Jahres 1942 [...]«

1942 hatte für die Sowjetunion mit großen Hoffnungen begonnen, war doch der vom 5. Dezember 1941 bis in den Januar hinein geführte Gegenangriff bei Moskau in eine allgemeine, vom Ladogasee bis zum Schwarzen Meer reichende Offensive umgeschlagen, die zwischen Januar und Mitte März 1942 mit großer Intensität geführt wurde und erst im April endgültig zum Stehen kam. Mit ihrer Winteroffensive 1941/1942 fügte die Rote Armee der Wehrmacht eine empfindliche Niederlage zu. Der Gegner wurde 150 bis 400 Kilometer nach Westen zurückgeworfen. Mehr als 60 Städte wurden befreit, und das Gebiet von Moskau und Tula, eine Reihe von Abschnitten im Gebiet von Leningrad, Kalinin, Smolensk, Orel, Kursk, Char'kov, Stalino sowie die Halbinsel Kerč' auf der Krim wurden von der Wehrmacht aufgegeben. Der Angriff der Roten Armee zwang die deutsche Führung in die Defensive. Dies war ihr erster großer Sieg über die Wehrmacht im Zweiten Weltkrieg, der die ganze Welt bewegte. Er führte zum endgültigen Zusammenbruch der »Blitzkrieg«-Strategie.

Allerdings muß gesagt werden, daß die Rote Armee dennoch keine der ihr gestellten Aufgaben, nämlich die Vernichtung des Gegners in den operativen Hauptrichtungen, vollständig zu lösen vermocht hatte. Dies war darauf zurückzuführen, daß die deutschen Truppen in der Verteidigung beträchtliche Erfolge erzielten. Der Hauptgrund aber lag bei den von der sowjetischen strategischen Führung begangenen Fehlern. Diese hatte die Ergebnisse des von der Roten Armee bei Moskau geführten Gegenangriffs überschätzt und traf im Januar 1942 die nicht ganz gerechtfertigte Entscheidung, zu einer Offensive auf breiter Front überzugehen, ohne dabei dem Gegner in einer der drei operativen Richtungen an Kräften und Mitteln überlegen zu sein.

Im Frühjahr 1942 waren beide Seiten damit beschäftigt, die Kampffähigkeit der Truppen an der Front wiederherzustellen und Pläne für die Fortführung der Operationen auszuarbeiten. Nach wie vor war die deutsche Führung davon überzeugt, daß es ihr gelänge, die strategische Initiative wieder zu ergreifen und den Krieg gegen die Sowjetunion 1942 siegreich zu beenden. Der deutsche Operationsplan ging von der Überlegung aus, daß der Verlust des kaukasischen Erdöls, der fruchtbaren Don- und Kuban'-Gebiete, der Industriezentren des Donecbeckens und Stalingrads die Sowjetunion zur Einstellung des Widerstandes zwingen würde.[1] Die enormen personellen und materiellen Möglichkeiten der sowjetischen Seite wurden dabei grob unterschätzt.

In der Tat vermochte die Sowjetunion, obwohl sie einen erheblichen Teil ihrer hochentwickelten Industriegebiete und ihrer produktiven Landwirtschaftsflächen verloren hatte, ihre Rüstungsproduktion derart zu organisieren, daß diese im zweiten Halbjahr 1941 mehr an Kriegsmaterial lieferte als das deutsche Pendant; und das obwohl noch zu Jahresbeginn die sowjetische Produktion hinter der deutschen stark zurückgeblieben war. Auch die Qualität verbesserte sich. All dies ermöglichte es, die Kampfkraft der sowjetischen Truppen zu steigern.

Am 1. Mai 1942 verfügte die sowjetische kämpfende Armee über 5,1 Millionen Mann, nahezu 3 900 Panzer, circa 45 000 Geschütze und Granatwerfer, fast 2200 Kampfflugzeuge und 140 Schiffe der Hauptklassen.[2] Die organisatorische Struktur von Armee und Flottenkräften vervollkommnete sich. Mit der Aufstellung von Panzerkorps und -armeen wurde begonnen; die Fliegerkräfte der Fronten vereinigten sich zu Luftarmeen, und die Truppen der Luftverteidigung formierten sich zu Luftverteidigungsarmeen und Luftverteidigungsfronten. Große Bedeutung wurde der Bildung von operativen Reserven und der Aktivierung der Partisanenbewegung im Rücken der Wehrmacht beigemessen. Dennoch war die sowjetische Seite dem Gegner taktisch unterlegen; ihre Kommandeure und Stäbe waren erst im Begriff, Erfahrungen in der Führung eines modernen Krieges zu gewinnen.

Zugleich blieb die strategische Lage für die Sowjetunion überaus schwierig. Die Wehrmacht blockierte noch immer Leningrad und stand nur 150 Kilometer vor Moskau. Der Umstellungsprozeß der Wirtschaft auf die Kriegsbedürfnisse war noch nicht abgeschlossen; den Truppen mangelte es an Material, Ausrüstung und insbesondere an Munition.

Eine zweite Front in Europa bestand nicht. Die Sowjetunion trug weiterhin die Hauptlast des Krieges gegen das nationalsozialistische Deutschland und seine Verbündeten. Die Rote Armee hatte zwar im Winter einen eindrucksvollen Sieg bei Moskau errungen, sich aber selbst in den schweren Schlachten stark geschwächt. Ihre operativen Reserven aller Waffengattungen waren nahezu vollständig verbraucht oder im Stadium der Aufstellung befindlich. In puncto personeller Stärke waren die gegnerischen Truppen nach wie vor überlegen.

Unter solchen Bedingungen, so könnte man meinen, mußte man sich in dem im Winter erreichten Abschnitt festsetzen, sich von den erlittenen Verlusten erholen, im rückwärtigen Raum des Landes die Aufstellung der operativen Reserven abschließen, die Truppen reorganisieren, sie technisch neu ausstatten und erst danach den Gedanken an eine große Offensive ins Auge fassen. Nicht so Stalin.

Ende Februar 1942 war er überzeugt davon, daß die deutsche Armee während der Winterschlachten »vor einer Katastrophe stand, die Initiative in unserer Hand lag und Hitlers klapprende rostige Kriegsmaschine den Ansturm der Roten Armee nicht aufhalten kann«[3]. Solche Schlußfolgerungen basierten aller Wahrscheinlichkeit nach auf den von der Hauptverwaltung für Aufklärung (GRU) gelieferten Angaben. Danach hätten die deutschen Truppen vom 22. Juni 1941 bis 1. März 1942 6,5 Millionen Mann verloren, wovon 5,8 Millionen auf das Heer entfielen, obwohl sich de facto die Gesamtverluste des Ostheeres für jenen Zeitraum auf nicht viel mehr als 1,1 Million Mann beliefen.[4] Und obwohl sich die Lage im März bis April in vielem klärte, unterschätzte der sowjetische Diktator nach wie vor die Kräfte und Möglichkeiten der deutschen Armee, erkannte bis zum Schluß nicht, mit welch starkem Gegner er es zu tun hatte und stellte den sowjetischen Truppen in seinem Befehl zum 1. Mai die schwer zu erfüllende Aufgabe, »zu erreichen, daß 1942 zum Jahr der endgültigen Zerschlagung der deutsch-faschistischen Truppen und der Befreiung des sowjetischen Landes von den hitleristischen Schuften wird«[5]. Dieses, der realen Lage an der Front und den Möglichkeiten des Landes nicht entsprechende Ziel wurde der operativ-strategischen Planung für den bevorstehenden Feldzug zugrunde gelegt.

Zu diesem Zeitpunkt hatte sich bei der sowjetischen Militärführung die feste Überzeugung gebildet, daß der Gegner mit Beendigung des Frühjahrsschlammwetters eine neue Offensive führen würde, um Revanche für die verlorenen Winterschlachten zu nehmen. Dies war auch den Informationen aller Aufklärungsarten zu entnehmen. Ihre Organe meldeten bereits am 18. März an den Generalstab, daß Deutschland Vorbereitungen treffe »für eine entschlossene Offensive an der Ostfront, die sich zuerst im Südabschnitt entwickeln und im folgenden nach Norden ausweiten würde [...] Der wahrscheinlichste Zeitpunkt für die Frühjahrsoffensive: Mitte April oder Anfang Mai 1942.«[6] In dem Aufklärungsbericht vom 23. März wurde als Ziel der bevorstehenden Offensive genannt:

»Der Hauptstoß wird auf dem Südabschnitt erfolgen und zwar mit der Zielsetzung, über Rostov nach Stalingrad und in den Nordkaukasus vorzustoßen und von dort in Richtung Kaspisches Meer. Auf diesem Wege hoffen die Deutschen, an die Quellen des kaukasischen Öls zu gelangen.«[7]

Die eigenen Aufklärungsinformationen wie auch die auf diplomatischen Kanälen eingegangenen Warnungen der Alliierten wurden jedoch nicht in vollem Umfang berücksichtigt.

In seinen Prognosen schloß Stalin die Möglichkeit eines gegnerischen Angriffs im Süden zwar nicht aus, glaubte aber, daß der Hauptstoß im Sommer 1942, wie im Herbst und Winter des Vorjahres, auf Moskau gerichtet würde. Diese Annahme stützte sich darauf, daß der Gegner im Mittelabschnitt seine stärkste Gruppierung stehen hatte — über 70 Divisionen. Die wichtige strategische, militärpolitische und wirtschaftliche Bedeutung der ganzen Moskauer Region wurde ins Feld geführt, und es wurde argumentiert, daß Angriffe in den anderen strategischen Richtungen den Deutschen nicht die siegreiche, und vor allem rasche Beendigung des Krieges ermöglichen konnten. Zugleich wurden auch die Angaben der Aufklärung, die einen Angriff auf Moskau nicht vollständig ausschlossen, ins Kalkül gezogen.[8] Die Mehrheit der Mitglieder des Hauptquartiers (Stavka) stimmte Stalins Schlußfolgerungen zu. Lediglich Armeegeneral G. K. Žukov gab seiner Mutmaßung darüber Ausdruck, daß der Gegner den Hauptstoß im Süden[9] führen könnte, vermochte jedoch nicht, seinen Standpunkt zu behaupten. Offenbar stand auch er noch unter dem Druck der Autorität des »weisen und allwissenden« Führers.

Somit wurde die deutsche Hauptstoßrichtung im bevorstehenden Feldzug vom sowjetischen Obersten Kommando, wie auch im Sommer 1941, falsch eingeschätzt. Es war bezeichnend, daß sogar im November 1942, als der Gegner tief in den Kaukasus eingedrungen war und ante portas von Stalingrad stand, der Oberste Befehlshaber weiterhin behauptete, daß »der Vorstoß der Deutschen in den Süden zu den Erdölgebieten« nicht das Haupt-, sondern das Nebenziel sei; ihre Hauptaufgabe hingegen darin bestehe, »unsere Hauptreserven in den

Süden abzulenken und die Moskauer Front zu schwächen«[10]. Es ist schwer, genau zu sagen, was hier überwog: Der für Stalin charakteristische Glaube an die Unfehlbarkeit des eigenen Urteils oder der Wunsch, sich nach dem Krieg vor dem Volk für seine Fehlentscheidungen zu rechtfertigen, die wie 1941 zu gewaltigen menschlichen Opfern und Leiden geführt hatten.

Von der falschen Prognose der Stavka über den Hauptstoß des Gegners führte der logische Faden zur Unterschätzung der Südrichtung. Die operativen Reserven, das Haupteinwirkungsmittel der obersten Führung auf den Gang eines bewaffneten Kampfes, waren im Raum Tula, Voronež, Stalingrad und Saratov verteilt — scheinbar richtig, in der Absicht, sie je nach Entwicklung der Lage in der Süd- oder Südwestrichtung einsetzen zu können. Indes waren für die Südwestrichtung wesentlich weniger operative Reserven bereitgestellt als für die Westrichtung, was später ebenfalls weitreichende negative Folgen haben sollte.

Mit der Ausarbeitung eines Operationsplans über das zweckmäßigste Vorgehen der Roten Armee unter Berücksichtigung des strategischen Ziels — Zerschlagung der Wehrmacht und Befreiung des von ihr besetzten Territoriums 1942 — wurde sogleich nach Beendigung des Winterfeldzugs begonnen. Der Generalstab schlug nach gründlicher Beurteilung der Lage vor, den Feldzug in zwei Phasen durchzuführen. In der ersten wurde es für zweckmäßig gehalten, sich an der ganzen sowjetisch-deutschen Front defensiv zu verhalten, die geplante Offensive des Gegners zu vereiteln, dessen Kräfte zu schwächen, starke Reserven zu versammeln, die Truppen personell und materiell zu verstärken, um dann in der zweiten Phase zum entschlossenen Angriff überzugehen. Diese Idee, zusammen mit den erforderlichen operativen Planungen, trug der Chef des Generalstabes, Marschall B. M. Šapošnikov, Mitte März 1942 dem Obersten Befehlshaber vor.

Es gab auch andere Vorschläge. So schlug zum Beispiel G. K. Žukov vor, im Rahmen der Defensive schon zu Beginn des Sommers eine örtlich begrenzte Angriffsoperation in der Westrichtung zu führen, die die Gruppierungen des Gegners im Raum Ržev—Vjaz'ma zerschlagen und vor Moskau zurückdrängen sollte, um damit die operative Lage der eigenen Truppen zu verbessern. Der Oberbefehlshaber der Südwestrichtung, Marschall S. K. Timošenko, begründete die Notwendigkeit, bereits im Mai eine großangelegte Operation im Süden mit den Kräften der Südwest-, der Süd- und der Brjansker-Front durchzuführen, mit dem Ziel, den Gegner an der Südflanke zu zerschlagen und die sowjetischen Truppen auf der Linie Gomel'—Kiev—Čerkassy—Pervomajsk—Nikolaev vorstoßen zu lassen.[11] Der endgültige Operationsplan für das Frühjahr und den Sommer 1942 wurde auf der gemeinsamen Sitzung von Stavka und GKO (Staatliches Verteidigungskomitee) am 28. März erörtert und bestätigt. B. M. Šapošnikov gab einen ausführlichen Bericht über den möglichen Charakter der Kampfhandlungen der Roten Armee im Sommer 1942. Er bestätigte die Meinung des Generalstabes, daß es notwendig sei, sich für die nächste Zeit auf eine aktive Verteidigung zu beschränken und die Hauptreserven des Hauptquartiers, ohne daß sie am Kampf teilnahmen, in der zentralen Richtung und zum Teil auch im Raum Voronež zu konzentrieren, aus dem mit einem Stoß des Gegners unter Umgehung Moskaus von Südwesten gerechnet wurde. Gleichzeitig verwarf der Vortragende den Vorschlag von S. K. Timošenko, davon ausgehend, daß dem sowjetischen Staat nicht die erforderlichen Reserven und materiellen Mittel für die Durchführung einer großen Operation in der Südwestrichtung zur Verfügung standen. Šapošnikov wies auch auf die große Gefahr hin, die Offensive aus dem westwärts gerichteten Frontvorsprung bei Barvenkovo zu führen, in dem sich ein beträchtlicher Teil der Truppen der Südwest- und Südfront befand.

»Wir können doch nicht untätig in unseren Verteidigungsstellungen hocken und abwarten, bis die Deutschen als Erste vorgehen!«, hielt Stalin dagegen. »Wir müssen selbst durch vorbeugende Stöße an breiter Front die Gefechtsbereitschaft des Gegners ermitteln.«[12]

Timošenko, der zu beweisen suchte, daß seine Truppen mit Sicherheit einen mächtigen Stoß im Süden führen konnten und sollten, um die gegnerischen Angriffspläne zu durchkreuzen und die Initiative zu ergreifen, wurde von V. M. Molotov, K. E. Vorošilov und L. P. Berija unterstützt. Die übrigen Sitzungsteilnehmer nickten zustimmend.[13]

Lediglich Žukov und der bei der Sitzung anwesende Vorsitzende von Gosplan (Staatliches Planungskomitee der UdSSR), N. A. Voznesenskij, hatten Zweifel an der Durchführbarkeit großer präventiver Operationen im Süden ohne zusätzliche Verstärkung der Truppen der Südwestrichtung geäußert. Žukov schlug vor, diese Reserven durch Verlegung von Truppen und Material von anderen Fronten zu schaffen und diese zeitweilig zur Verteidigung übergehen zu lassen. Stalin stimmte diesen Argumenten nicht vollends zu, sondern gab S. K. Timošenko die Genehmigung, mit den Kräften und Mitteln der Südwestrichtung eine kleinere Operation zur Zerschlagung der gegnerischen Char'kov-Gruppierung zu führen und wies den Generalstab an, diese Operation als eine innere Angelegenheit der Richtung zu betrachten und sich diesbezüglich in keinerlei Fragen einzumischen.

Die gemeinsame Sitzung von Stavka und GKO endete damit, daß Stalin zwar den auf einen Übergang der kämpfenden Armee zur Defensive zielenden Vorschlag des Generalstabes unterstützte, gleichzeitig aber den Befehl gab, demnächst eine ganze Reihe von örtlich begrenzten Angriffsoperationen auf einer Front von Murmansk bis Sevastopol' zu führen. Es war geplant, im Norden die Grenze zu Finnland wiederherzustellen, Leningrad zu entsetzen, die gegnerische Gruppierung im Raum Demjansk, Ržev—Vjaz'ma, Orel und Char'kov zu zerschlagen und die Krim zu befreien. Hiermit hatten die meisten Fronten bei genereller Ausrichtung auf die Defensive offensive Aufgaben erhalten. Ihre Operationen waren aber, so wie bei der Planung der Winteroffensive 1942, untereinander nicht abgestimmt — sowohl was den Zeitpunkt, als auch was das Ziel betraf. Ganz eindeutig reichten die der Stavka zur Verfügung stehenden Kräfte und Mittel zur Realisierung eines derart großangelegten Vorhabens nicht aus; sie wurden zersplittert. Die Führung war sich nicht einig, was an dem Operationsplan das Wichtigste war: Verteidigung oder Angriff. Und dies schlug sich in ihren operativen Entschlüssen nieder.

In der ersten Maidekade entbrannten die Kämpfe an der sowjetischdeutschen Front erneut. Sie entwickelten sich zügig und nicht zugunsten der sowjetischen Streitkräfte. Deren bei Char'kov und Ljuban' begonnene Angriffe sowie die Verteidigungsoperationen auf der Krim und im Raum Ržev—Vjaz'ma endeten mit großen Niederlagen. Auch bei Demjansk konnte der Gegner nicht vernichtet werden. Dies war allerdings auch die Folge von Fehlern, die von der mittleren und oberen Führung begangen wurden.

Die sowjetische Führung maß der Organisation des operativen Zusammenwirkens der Fronten nicht die gebührende Bedeutung bei, so daß die sowjetischen Angriffs- und Verteidigungsoperationen nicht aufeinander abgestimmt waren. Dies versetzte den Gegner in die Lage, seine Kräfte und Mittel ungehindert umzugruppieren und schnell Gegenmaßnahmen zu ergreifen. Hinzu kamen taktische Fehler der Truppe bei der Flankensicherung und bei der Organisation der Luftabwehr.

Gravierende Fehler wies auch die Arbeit einiger Front- und Armeekommandeure auf. Der Pionierausbau der Verteidigungsstreifen war nicht abgeschlossen, Kräfte zur Führung von Gegenstößen waren nicht aufgestellt worden, und Reserven der Fronten wurden übereilt und einzeln in den Kampf geworfen, wobei ihre Angriffe meistens ergebnislos blieben. Aufgrund der schwachen Aufklärung waren die Kommandeure über die reale Lage nicht immer im Bilde und trafen verspätete Entscheidungen. Häufig war die Truppenführung lahmgelegt.

Besonders folgenschwer war der Mißerfolg der sowjetischen Truppen im Raum Char'kov. Dem Oberkommando der Südwestrichtung, das energisch auf der Durchführung einer Angriffsoperation in diesem Raum bestanden hatte, war eine Reihe von Fehlern unterlaufen. Es hatte die Flanken der Stoßgruppierung nur schwach gesichert und die Panzerkorps nicht rechtzeitig eingesetzt. Als der Gegner dann einen starken Gegenstoß führte, wurde die Entscheidung über die Beendigung der Offensive in Richtung Char'kov verzögert. Verhängnisvolle Folgen hatte auch I. V. Stalins Befehl zur Fortsetzung der Offensive, der zu einem Zeitpunkt erfolgte, als sich die sowjetischen Truppen bereits in einer kritischen Lage befanden. Der deutschen Führung gelang es deshalb, die Stoßgruppierung einzuschließen und zu vernichten.

Die sowjetische Niederlage bei Char'kov, die Zerschlagung der Krim-Front und der Verlust von Sevastopol' veränderten die gesamte strategische Lage im Süden grundlegend. Die nach den Niederlagen im Winter 1941/42 angeschlagene Moral und der Kampfgeist der deutschen Soldaten wurden wieder aufgerichtet. Erneut mußte die Rote Armee, wie in den ersten Monaten des Krieges, die ganze Bitternis eines schweren Rückzugs auf sich nehmen.

Am 28. Juni begann die Hauptoperation des deutschen Sommerfeldzuges. Ihre Erfolge zwangen der sowjetischen Führung im Juli 1942 die zwar schwere, aber richtige Entscheidung auf, die Truppen der Südwest-, und dann auch der Südfront auf das Südufer des Donunterlaufs zurückzunehmen, um so unter Preisgabe von Territorium Kräfte zur Stabilisierung der Lage in den nächsten Abschnitten zu bewahren. Dies zeugte von einer ernsthaften Veränderung in den Ansichten des Obersten Befehlshabers I. V. Stalin über den Charakter des sich entwickelnden Krieges und stand im Zusammenhang mit der Übernahme der Truppenführung durch Generale wie A. M. Vasilevskij, G. K. Žukov und andere, sowie deren verstärktem Einfluß auf die sowjetische Strategie.

Ende Juli begannen für die sowjetischen Truppen im großen Donbogen und am Südufer dieses bekannten russischen Flusses zwei große Schlachten praktisch gleichzeitig: die von Stalingrad und die um den Kaukasus. Allerdings entwickelten sich die Kampfhandlungen Hunderte von Kilometern von jenem Abschnitt entfernt, den die sowjetischen Truppen noch am Ende des Frühjahrs eingenommen hatten. Riesige und sehr reiche Flächen russischen Bodens waren verloren, und das in recht kurzer Zeit. Es begann die zweite Evakuierungswelle, nun aus den Gebieten des Donecbeckens, der Volga und des Nordkaukasus. Die schon gewonnene Zuversicht des Volkes wich jetzt tiefer Niedergeschlagenheit.

Auch nach dem 23. Juli 1942, als Hitler die deutsche Sommeroffensive aufspaltete, sah die Oberste sowjetische Führung die Hauptgefahr nach wie vor darin, daß die Wehrmacht zur Volga vorstieß, um dann nach Norden einzuschwenken, Moskau vom rückwärtigen Gebiet der Volga und des Urals abzuschneiden und mit einem zusammengefaßten Stoß von Osten die Hauptkräfte der Roten Armee zu zerschlagen und die sowjetische Hauptstadt zu nehmen.[14] Darüber hinaus bestärkte die Vortäuschung eines Angriffs der Heeresgruppe Mitte unter dem Decknamen »Kreml« das sowjetische Hauptquartier in dieser falschen Annahme.[15] Die Folge war, daß schon der erste gegnerische Stoß auf Voronež von der sowjetischen Führung als Vorbereitung zum Eindrehen zwecks einer Umgehung Moskaus angesehen wurde und die Ausweitung der Offensive des Feindes im Südosten entlang des Don als Suche nach neuen, noch günstigeren Abschnitten zur Realisierung des gleichen Zieles.

Vor dem Hintergrund einer solchen Einschätzung der gegnerischen Absichten durch die Stavka wurde der Hauptteil der ihr zur Verfügung stehenden Reservearmeen im Juli 1942 in der zentralen Richtung wie auch im großen Donbogen disloziert und die anderen in den Raum Stalingrad geführt. Gleichzeitig war vorgesehen, die Verteidigung des Kaukasus mit den Kräften der aus dem Donecbecken herausgezogenen Südfront zu organisieren, die es jedoch zu Beginn der deutschen Offensive noch nicht geschafft hatten, sich von den schweren Verlusten der vorangegangenen Kämpfe zu erholen. Die Aufgabe der sowjetischen Truppen in den beiden Richtungen bestand darin, die Sommeroffensive des Gegners zum Stehen zu bringen und die Front zu stabilisieren. Konkret sollten sie nicht nur den Vorstoß der 6. Armee und der 4. Panzerarmee in Richtung Stalingrad abwehren, sondern anschließend auch deren Verbände zerschlagen, um damit die Voraussetzungen für den Übergang zur Offensive in den Rücken der in den Kaukasus vorstoßenden Heeresgruppe A zu schaffen. Die entscheidende Rolle auf dem Weg zu diesen weitreichenden Zielen sollten die an der Stalingrader Front aufgestellten zwei Panzerarmeen spielen.

Indes wurden die kühnen Pläne der sowjetischen Führung durch die besser kämpfenden und manövrierenden deutschen Truppen durchkreuzt. Nachdem die 6. Armee im großen Donbogen die Hauptkräfte der 62. Armee eingekreist und ihnen eine schwere Niederlage zugefügt hatte, erreichte sie die Westseite des äußeren Stalingrader Verteidigungsgürtels; die auf Stalingrad von Südwesten vorstoßende 4. Panzerarmee näherte sich der Südseite dieses Verteidigungsgürtels im Streifen der 64. Armee. Der Gegner war bis zu den Zugängen zur Stadt an der Volga vorgedrungen. In einer solchen Lage konnten die sowjetischen Truppen ihre aktiven Aufgaben nicht mehr durchführen: Die Gefahr einer Einnahme Stalingrads war zu groß, ja sie schien sogar unabwendbar.

Südlich des Don zogen sich in dieser Phase die Truppen der Nordkaukasusfront in zwei Gruppen ins Vorgebirge zurück. Einen großen Teil der Frontverbände bildete die Küstengruppe, die ins westliche Vorgebirge des Kamms des Großen Kaukasus über Batajsk, Krasnodar zurückging. Die Dongruppe der Nordkaukasusfront bewegte sich in Richtung Sal'sk, Stavropol', Mozdok zum Fluß Terek mit der Aufgabe, in diesem Abschnitt die Richtungen Groznyj und Ordžonikidze zu decken. Die 17. Armee des Gegners setzte der Küstengruppe nach, und die 1. Panzerarmee brach in die Sal'sker Steppen ein.

Unerwartet schnell war der Rückzug der Dongruppe beendet. Von ihren drei Armeen schwenkte eine gleich hinter dem Don seitlich der Richtung Sal'sk nach Stalingrad ab. Die andere begann kurz vor Stavropol' im Streifen der Küstengruppe nach Armavir, Majkop zurückzugehen, wobei sie die ihr zugewiesene Richtung ungedeckt ließ. Die dritte Armee handelte gemäß der ihr gestellten Aufgabe. Doch war sie nicht in der Lage, sich von den hochbeweglichen deutschen Panzerdivisionen zu lösen und wurde faktisch aufgespalten. Es schien, als würde sich der 1. Panzerarmee eine glänzende Aussicht auf einen ungehinderten Vorstoß bis zum Erdölgebiet von Groznyj und weiter nach Transkaukasien eröffnen. Doch ihre Hauptkräfte wurden umgeleitet, um den sowjetischen Streitkräften nachzusetzen, die mit dem Rückzug nach Tuapse begonnen hatten. Mit den ihr verbliebenen Verbänden konnte die 1. Panzerarmee die Offensive in Richtung Groznyj nicht ausweiten, da sie am Terek bereits auf die Nordgruppe der Transkaukasusfront stieß. Auf Anweisung der Stavka hatte diese Front das sowjetische Transkaukasien nicht nur nach Süden gegen eventuelle Angriffe aus der Türkei und dem Iran zu verteidigen, sondern auch gegen die von Norden anrückende Heeresgruppe A.

Die sowjetischen Truppen leisteten, selbst wenn sie eingekesselt waren, starken Widerstand, der den deutschen Vorstoß hemmte. Aus einer Aufklärungsmeldung des deutschen IV. Panzerkorps vom 1. August 1942 geht dies anschaulich hervor:

»Gefangenenbefragungen haben ergeben, daß am Abend des 30. Juli ein Befehl Stalins vor der Truppe verlesen wurde, demzufolge der Abschnitt Manyč bis zum letzten Blutstropfen zu halten ist. Die Hartnäckigkeit des Gegners kann daraus ersehen werden, daß einzelne Schützen im Fluß bis zum Hals im Wasser ohne jegliche Hoffnung auf einen Rückzug bis zur letzten Patrone kämpfen; und Schützen, die in Nestern sitzen, welche in einem Steindamm errichtet wurden, können nur im Nahkampf vernichtet werden. Genauso hartnäckig werden auch Feldbefestigungen und Ufer verteidigt«.[16]

Auch als die sowjetischen Truppen alle äußeren Stalingrader Verteidigungsgürtel aufgegeben hatten, konnten sie den Zusammenhalt der Kräfte bewahren, sich in die Stadt zurückziehen und diese halten.

Zur gleichen Zeit, als es der Roten Armee gelang, die Heeresgruppe A im Kaukasus zum Stehen zu bringen, versuchten die Deutschen in Stalingrad selbst, den Feldzug durch die Einnahme der Stadt zu beenden. Das Ergebnis des vom 13. bis 26. September geführten ersten Sturmangriffs war, daß die 6. Armee das Stadtzentrum eroberte und die 62. Armee von den Truppen der Stalingrader wie auch der Südostfront abschnitt. Die verzweifelten Versuche der nördlich von Stalingrad angreifenden sowjetischen Armeen, zu den Verteidigern der Stadt durchzubrechen, blieben erfolglos. Obwohl recht beträchtliche Kräfte hinzugezogen worden waren, gingen die Operationen dieser Armeen nicht über den Rahmen von Entlastungshandlungen hinaus. Der sowjetische Angriff im Raum Voronež erbrachte ebenfalls keine spürbaren Ergebnisse.

In eben jenen, durch schwere Kämpfe gekennzeichneten Tagen wurde der kühne Plan für die spätere siegreiche sowjetische Gegenoffensive geboren.[17] Die oberste Führung, Oberbefehlshaber von Fronten und Armeen sowie Kommandeure und Stäbe aller Ebenen waren nun durch die gewonnenen großen Kampferfahrungen in der Lage, die zuvor begangenen Fehler nicht einfach nur zu analysieren, sondern diese auch bei der Ausarbeitung und Durchführung neuer Gefechte und Operationen zu vermeiden. Ihr gewachsenes militärisches Können wurde zum entscheidenden Faktor, mit dem die späteren, herausragenden Erfolge erzielt wurden. Und die Aufgabe, die Ruinen Stalingrads weiter zu halten, wurde jetzt zur wichtigsten Voraussetzung der geplanten Zerschlagung des Gegners.

In Stalingrad unternahm die 6. Armee am 14. Oktober einen zweiten Sturmangriff auf die Stadt, der noch bescheidenere Ergebnisse erbrachte als der vorausgegangene. Sie konnte zwar die Stalingrader Traktorenfabrik erobern und die 62. Armee weiter aufspalten, aber einen bedeutenden Einfluß auf den Gang der Ereignisse hatte dieser

Angriff nicht. Am selben Tag gingen die deutschen Truppen auf Befehl Hitlers an der sowjetisch-deutschen Front, abgesehen vom Raum Stalingrad und vom Kaukasus, zur Verteidigung über. Dies zeigte, daß der Gegner de facto die Unmöglichkeit erkannt hatte, das für 1942 gestellte strategische Ziel zu erreichen.

Am 25. Oktober versuchte die 1. Panzerarmee erneut, nach Transkaukasien durchzubrechen, diesmal auf der Grusinischen Heerstraße über den Krestovyj-Paß in Richtung Ordžonikidze. Sie stieß allerdings nicht entlang der gut befestigten Täler vor, sondern auf Wegen und Pfaden an den Hängen des kaukasischen Vorgebirges. Dies war das letzte Aufflammen operativer Aktivität seitens des Gegners. Seine Verbände wurden nicht nur vor Ordžonikidze zum Stehen gebracht, sondern erlitten auch im Verlauf des von sowjetischen Truppen geführten Gegenstoßes beträchtliche Verluste. Die im weiteren bis Ende Dezember unternommenen Versuche der Deutschen, die Offensive in dieser Richtung auszuweiten, waren erfolglos. Der Angriffsgeist des Gegners war im Kaukasus endgültig gebrochen.

Die schweren Kämpfe der sowjetischen Truppen im Kaukasus und im Raum Stalingrad wurden durch die aktiven Handlungen der sowjetischen Gruppierungen im Mittel- und Nordabschnitt sowie durch Angriffe von Partisanen auf wichtige Objekte und Verbindungswege des Gegners erleichtert. Die Koordinierung dieses Kampfes durch das sowjetische Oberkommando trug entscheidend dazu bei, daß die Wehrmacht ab Herbst 1942 Schritt für Schritt die strategische Initiative wieder verlor.

Am 19. November 1942 war mit dem Übergang der sowjetischen Truppen zur entschlossenen Gegenoffensive bei Stalingrad der Sommer/Herbst-Feldzug, einer der schwersten des Krieges, beendet. Die von den sowjetischen Truppen in mehr als sieben Monaten geführte Defensive hatte, wenn auch mit großen Verlusten, ihre Aufgabe erfüllt. Die Rote Armee hat nach den tragischen Mißerfolgen im Frühjahr und Sommer 1942 nicht nur standgehalten, sondern auch in den Hauptkämpfen und -schlachten bei Stalingrad und im Kaukasus dem Gegner schwere Verluste zugefügt und ihn gezwungen, an der ganzen Front allmählich zur Verteidigung überzugehen. Es war dem sowjetischen Volk und seiner Armee unter gewaltiger Anspannung der Kräfte, durch Tapferkeit und Selbstaufopferung an der Front und im Hinterland gelungen, die dem Land drohende tödliche Gefahr abzuwenden.

Nach gründlicher Analyse der im Sommer und Herbst 1942 durchgeführten Operationen und rechtzeitiger Auswertung der Kampferfahrungen konnten die sowjetischen Streitkräfte die bestehenden Unzulänglichkeiten im Bereich der Vorbereitung und Führung von Verteidigungs- wie auch schon Angriffsoperationen beheben und ihre Taktik verbessern. Die Rote Armee war im Begriff, eine Angriffsarmee zu werden.

Anmerkungen

* Aus dem Russischen übersetzt von Karin Hepp.
[1] Zur deutschen Strategie 1942 vgl. den Beitrag von Bernd Wegner in diesem Band.
[2] Istorija vtoroj mirovoj vojny 1939—1945 (Geschichte des Zweiten Weltkrieges 1939—1945), Bd 5, Moskau 1975, S. 121f.
[3] I. Stalin, O Velikoj Otečestvennoj vojne Sovetskogo Sojuza (Über den Großen Vaterländischen Krieg der Sowjetunion), Moskau ⁵1948, S. 44.
[4] Vgl. Das Deutsche Reich und der Zweite Weltkrieg, Bd 6, Stuttgart 1990, S. 778 (Beitrag Wegner).
[5] I. Stalin (wie Anm. 3), S. 57f.
[6] Istorija vtoroj mirovoj vojny 1939—1945, Bd 5 (wie Anm. 2), S. 112.
[7] Ebd.
[8] Ebd.
[9] Maršal Žukov, Kakim my ego pomnim (So wie wir ihn kennen), Moskau 1988, S. 227.
[10] I. Stalin (wie Anm. 3), S. 65.
[11] A.M. Vasilevskij, Delo vsej žizni (Sache des ganzen Lebens), Moskau 1983, S. 167.
[12] Marschall G.K. Žukov, Vospominanija i razmyšlenija (Erinnerungen und Gedanken), Bd 2, Moskau 1990, S. 277f.
[13] Maršal Žukov, Kakim my ego pomnim (wie Anm. 9), S. 229.
[14] Sammelband militärhistorischer Materialien des Großen Vaterländischen Krieges, Nr. 5, Moskau 1951, S. 7.
[15] Vgl. Das Deutsche Reich und der Zweite Weltkrieg, Bd 6 (wie Anm. 4), S. 867.
[16] Zentralarchiv des Verteidigungsministeriums der UdSSR, Podol'sk (CAMO), Fond 224, Findbuch 762, Akte 5, Bl. 34.
[17] Vgl. den Beitrag von Anatolij Chor'kov in diesem Band.

Zweiter Teil

Die Schlacht um Stalingrad

Anatolij G. Chor'kov

Die sowjetische Gegenoffensive bei Stalingrad*

Am 19. November 1942 traten die sowjetischen Streitkräfte am Südabschnitt der Front zum Gegenangriff an. Diese Offensive zerfällt in drei eng miteinander verbundene und nacheinander durchgeführte Operationen mit den Decknamen »Uranus«, »Kleiner Saturn« und »Ring«. Der Analyse dieser mit Erfolg und in kurzer Zeit durchgeführten Operationen zur Zerschlagung des Gegners ist der vorliegende Aufsatz gewidmet.

I.

Den Beschluß zu einer Gegenoffensive bei Stalingrad fällte das Hauptquartier des Kommandos des Obersten Befehlshabers (Stavka) am 13. September 1942, also zu einem Zeitpunkt, als die erbittert geführten Verteidigungsgefechte um die Stadt selbst begonnen hatten. Marschall der Sowjetunion G. K. Žukov, erinnert sich:

»Nachdem wir alle möglichen Varianten erwogen hatten, beschlossen wir, I. V. Stalin folgenden Operationsplan vorzulegen: 1. den Gegner durch eine aktive Verteidigung weiter zu erschöpfen und 2. Vorbereitungen für eine Gegenoffensive zu treffen, um den Gegner im Raum Stalingrad so vernichtend zu schlagen, daß sich damit die ganze strategische Lage im Süden des Landes entscheidend zu unseren Gunsten verändern würde«.[1]

Nach intensiver Arbeit wurde der unter der Tarnbezeichnung »Uranus« laufende Plan für die Gegenoffensive ausgearbeitet. Sein Ziel war, die operative Gruppierung des Gegners im Raum Stalingrad in einem Streifen von 400 Kilometern zu zerschlagen und damit die Voraussetzungen für die folgenden Angriffsoperationen am Südflügel der sowjetisch-deutschen Front zu schaffen. An die Stelle der für die Verteidigung geltenden Losung »Keinen Schritt zurück« trat die offensive Version »Vorwärts zur totalen Zerschlagung des Feindes!«

Mit der Durchführung der Gegenoffensive beauftragte die Stavka die Südwestfront, die Don- und die Stalingrader Front (Oberbefehlshaber: die Generale N. Vatutin, K. Rokossovskij und A. Eremenko). Darüber hinaus wurden Verbände der Fernflieger hinzugezogen: die 2. Luftarmee der benachbarten Voronež-Front und die Volgaflottille.

Der Plan für die Gegenoffensive sah vor, mit den Kräften dieser drei Fronten die Verteidigung des Gegners in sieben Abschnitten zu durchbrechen, ihn im Zentrum zu binden und dann seine Hauptkräfte durch Gegenstöße in Richtung auf die Städte Kalač und Sovetskij einzukreisen. Danach sollte der Gegner zersplittert und vernichtet werden.

Dabei wurde der Südwestfront die Aufgabe gestellt, die rumänische 3. Armee zu zerschlagen und innerhalb von drei Tagen den Raum Kalač zu erreichen. Die Donfront sollte die gegnerische Gruppierung im kleinen Donbogen vernichten. Die Stalingrader Front hatte sich nach Zerschlagung des rumänischen VI. Korps (4. Panzerarmee) am Abend des zweiten Tages im Raum Kalač—Sovetskij mit der Südwestfront zu vereinigen und damit die Einkreisung der zur Volga durchgebrochenen 6. Armee zu vollenden. Somit haben die Südwest- und die Stalingrader Front die Hauptschläge gegen die deutschen und rumänischen Truppen geführt. Die Koordinierung ihrer Handlungen oblag den Vertretern der Stavka, den Generalen (und späteren Marschällen) G. K. Žukov und A. Vasilevskij.

Die sowjetische Führung ging davon aus, daß der Erfolg der Operation »Uranus« vom Überraschungsmoment und von der gründlichen Vorbereitung abhing. Die Zeit war knapp. Ein großes Problem für Führung, Stäbe und alle Truppen war, die Absicht der Operation sowie Zeitpunkt und Ort der Angriffe geheimzuhalten. Schriftverkehr, selbst verschlüsselter, wie auch Telefongespräche über die bevorstehende Operation — sei es zwischen dem Generalstab und den Fronten wie auch innerhalb der Fronten — waren kategorisch untersagt. Alle Befehle und Anordnungen ergingen nur mündlich an die ausführenden Personen. Funkgeräte waren nur auf Empfang eingestellt.

Die Stavka war bestrebt, beim Gegner den Eindruck zu erwecken, daß nicht im Süden, sondern im Mittelabschnitt der Front eine Großoffensive der Roten Armee vorbereitet wurde. Dazu trugen folgende Faktoren bei: starke Kräfte bei Moskau — 30 Prozent aller Schützen-, Panzer-, mechanisierten und Kavallerieverbände —, dann die Aufstellung von operativen Reserven östlich von Moskau sowie die Organisation und Durchführung von kleineren Angriffsoperationen sowjetischer Truppen in den Räumen der Städte Velikie Luki, Ržev, Syčevka und Žizdra.

Zur Tarnung der bevorstehenden Gegenoffensive im Süden richtete die Stavka Mitte Oktober 1942 eine falsche Direktive über Verstärkung und Vervollkommnung der Verteidigung unverschlüsselt an die Fronten — in der Hoffnung, daß sie der Gegner abfangen würde.

Die Konzentrierung der sowjetischen Truppen bei Stalingrad und die Aufstellung von Stoßgruppierungen mußten unter den Bedingungen eines offenen Steppengeländes durchgeführt werden, deshalb nur nachts und bei schlechtem Wetter, unter Beachtung strengster Tarnungsmaßnahmen. Truppenaufstellungsräume, Verbindungswege und Übersetzstellen wurden vor der Luftaufklärung und den Angriffen der gegnerischen Luftwaffe durch Jagdflieger und Bodenmittel der Luftverteidigung zuverlässig gedeckt.

Zur Verstärkung der drei Fronten wurden von der zweiten Oktoberhälfte bis Mitte November 1942 aus der Reserve der Stavka vier Panzer- und zwei mechanisierte Korps, 17 selbständige Panzerbrigaden und -regimenter, zehn Schützendivisionen und sechs -brigaden, zwei Kavalleriekorps und 230 Artillerie- und Granatwerferregimenter verlegt. Die Fronten erhielten somit 900 Panzer, 13 500 Geschütze und Granatwerfer, 1 250 Granatwerfer vom Typ »Katjuš« und 1 100 Flakgeschütze. Die Luftarmeen der Fronten verfügten über mehr als 1 000 Flugzeuge. Für den rechtzeitigen Transport der Reserven wurden zusätzlich 6 Zweigbahnen von insgesamt 1 100 Kilometern Länge gebaut, 1 958 Meter an Gleis und 293 Brücken wieder hergestellt. Allein in der Richtung Stalingrad wurden 142 000 Wagen mit Truppen und Ladung bereitgestellt.[2]

Marschall der Sowjetunion A. Vasilevskij schreibt in seinen Erinnerungen:

»Infolge einer derart raschen Kräfteverstärkung und Anhäufung strategischer Reserven wie auch unter Berücksichtigung der schweren Niederlagen, die unsere Truppen dem Gegner im Verlauf der strategischen Verteidigung zugefügt hatten, zeichnete sich in einigen Abschnitten der Stalingrader Richtung unsere Überlegenheit gegenüber dem Feind ab. Und obwohl es diese insgesamt, was die auf Stalingrad konzentrierten Fronten anging, nicht gab, [...] gelang es in den Richtungen der bevorstehenden Schläge [...] starke Stoßgruppierungen aufzustellen, die dem Feind kräftemäßig so überlegen waren, daß mit Sicherheit mit einem Erfolg gerechnet werden konnte.«[3]

Besonderes Augenmerk wurde auf die Organisation des Zusammenwirkens zwischen den Fronten gelegt. Anfang November trafen als Vertreter der Stavka die Generale G. Žukov, A. Vasilevskij und N. Voronov im Raum Stalingrad ein. Zusammen mit der Führung der Fronten, Armeen und Verbände wurde eine gewaltige Vorarbeit geleistet. Auf Karten, Modellen und direkt im Gelände wurden die Ziele der Operation verdeutlicht, die Handlungen der Infanterie, Artillerie, Panzer und Flugzeuge beim Durchbruch durch die Verteidigung und Ausweitung der Offensive koordiniert, die Gefechtsbereitschaft der Truppen überprüft und die Bereitstellungs- und Angriffsstreifen der Panzer- und mechanisierten Verbände präzisiert.

Da im Raum Stalingrad keine bedeutende Überlegenheit über den Gegner bestand, konzentrierte die sowjetische Führung entschlossen Kräfte und Mittel in den Durchbruchsabschnitten auf Kosten einer Schwächung der Nebenrichtungen. Danach erzielten die Truppen der Südwest- und der Stalingrader Front eine Überlegenheit über den Gegner, die sich personell auf das Zwei- bis Zweieinhalbfache, bei Artillerie und Panzern auf das Vier- bis Fünffache und mehr belief.

Geschickt gewählt war der Moment des Übergangs zur Gegenoffensive. Die deutschen und verbündeten Truppen hatten nach Ausschöpfung ihrer Angriffsmöglichkeiten noch keine stabile Verteidigung aufgebaut. Pioniermäßig hatte der Gegner lediglich eine taktische Zone in einer Tiefe von sechs Kilometern ausgebaut. In der operativen Tiefe gab es keine vorbereiteten Verteidigungsabschnitte. Berücksichtigt wurde auch, daß die kampffähigsten deutschen Divisionen in den Kampf um die Stadt hineingezogen worden waren, die Flanken der 6. Armee von italienischen und rumänischen Verbänden gedeckt wurden.

Die Stavka legte als Angriffstag für die Südwest- und die Donfront den 9. November fest, für die Stalingrader Front den 10. November. Da die Konzentrierung der Stoßgruppierungen der Fronten aber noch nicht abgeschlossen war, wurde der Termin für den Beginn der Gegenoffensive um zehn Tage verschoben, das heißt also auf den 19. beziehungsweise 20. November, was auf die unterschiedliche Entfernung der Truppen vom festgelegten Treffpunkt im Raum Kalač zurückzuführen war (die Truppen der Südwestfront hatten 140 Kilometer, die der Stalingrader Front 90 Kilometer zurückzulegen).

Zu Beginn der Gegenoffensive verfügten die sowjetischen Truppen bei Stalingrad über 1 106 000 Mann, 15 500 Geschütze und Granatwerfer, 1 463 Panzer und 1 350 Kampfflugzeuge. Der Gegner zählte über 1 11 000 Mann, 10 290 Geschütze und Granatwerfer, 675 Panzer und Sturmgeschütze sowie 1 216 Kampfflugzeuge. Somit belief sich das Verhältnis zwischen den sowjetischen Truppen und denen des Gegners beim Personal auf 1,1 : 1, bei Geschützen und Granatwerfern auf 1,5 : 1, bei Panzern auf 2,2 : 1 und bei der Luftwaffe auf 1,1 : 1. Daraus geht hervor, daß die Operation mit einem nur sehr geringfügigen Kräfteübergewicht der sowjetischen Seite durchgeführt wurde. Die zuweilen von Historikern geäußerte Behauptung, daß die sowjetischen Truppen in der Gegenoffensive bei Stalingrad über eine gewaltige Überlegenheit verfügt hätten, entspricht darum auch nicht der Realität.

Die Gegenoffensive begann am 19. November 1942 um 8.50 Uhr. Ihr voraus ging eine 80 Minuten dauernde Artillerievorbereitung. Als das Feuer in die Tiefe der rumänischen Verteidigung verlegt wurde, stürmten die 5. Panzerarmee unter General P. Romanenko, die 21. Armee unter General I. Čistjakov und die Stoßgruppierung der 65. Armee unter General P. Batov vor. Unter Überwindung des erbitterten Widerstandes des Gegners und Zurückschlagung seines Gegenangriffs stießen sie innerhalb der ersten zwei Stunden in einer Tiefe von zwei bis drei Kilometern vor und durchbrachen die erste Stellung des Hauptverteidigungsstreifens. Dann wurden die Panzerkorps ins Gefecht geworfen. Zusammen mit den Schützenverbänden durchbrachen sie die Verteidigung der rumänischen 3. Armee und waren gegen Ende des Tages 20 bis 35 Kilometer vorgedrungen. Nach den Panzerkorps wurden Kavalleriekorps in die Durchbruchstelle eingeführt, die den Erfolg der Panzersoldaten festigten und die Angriffsfront ausweiteten.

Am 20. November gingen die Truppen der Stalingrader Front zum Angriff über. Teile der 57. und der 51. Armee unter dem Kommando der Generäle F. Tolbuchin und N. Trufanov durchbrachen die Verteidigung der 4. Panzerarmee; in die Durchbruchstelle wurden ein mechanisiertes und ein Panzerkorps eingeführt.

Während die deutsche und verbündete Führung nach Wegen suchte, die sich abzeichnende Katastrophe abzuwenden, wurde der Angriff der sowjetischen Truppen mit Erfolg fortgesetzt. Ohne sich in Kämpfe um Orte zu verstricken, stießen die Panzer- und mechanisierten Korps geschickt manövrierend vor. Beim Gegner brach Panik aus.

Unter Ausweitung des Angriffs in südöstlicher Richtung stießen die Panzer- und mechanisierten Verbände an den ersten zwei Tagen 35 bis 40 Kilometer vor. Wiederholt führten die Rumänen Gegenangriffe. Besonders erbitterter Widerstand wurde der 5. Panzerarmee unter General P. Romanenko geleistet. Und trotzdem zwangen die Panzersoldaten, die Frontalangriffe vermieden und geschickt manövrierten, den Gegner, die vorbereiteten befestigten Stellungen aufzugeben und auf offenem Feld zu kämpfen. Nach den Panzern griff die Infanterie an. Sie vernichtete die Widerstandsnester und vollendete die Zerschlagung der rumänischen Truppengruppierungen.

Am Morgen des 20. November zerschlug das 26. Panzerkorps unter General A. Rodin Teile der rumänischen 1. Panzerdivision sowie den Stab des rumänischen V. Armeekorps und nahm viele gefangen. Unter

Fortsetzung des Vorstoßes auf Kalač und Sovetskij erreichte das Korps am nächsten Tag die Brücke über den Don. Um diese zu erobern, wurde eine kleine Abteilung unter dem Kommando von Oberstleutnant G. Filippov abgestellt. Mit eingeschalteten Scheinwerfern stürmten die sowjetischen Panzer nachts die Brücke. Da die deutsche Bewachung sie für eigene Truppen hielt, konnte die Brücke unversehrt gewonnen werden. Die Abteilung organisierte eine Rundumverteidigung und hielt die Übersetzstelle bis zum Eintreffen der Hauptkräfte. Nachdem die Verbände des 26. Panzerkorps über den Don gesetzt hatten, befreiten sie am 23. November die Stadt Kalač.

Zu diesem Zeitpunkt hatte auch ein Teil der Kräfte des 4. Panzerkorps unter General A. Kravčenko das linke Donufer erreicht. Kämpfend stieß das Korps in den Raum Sovetskij vor.

Am 23. November, fünf Tage nach dem Beginn der Gegenoffensive, vereinigten sich Panzer- und mechanisierte Truppenteile der Südwest- und der Stalingrader Front im Raum der Städte Kalač und Sovetskij. Sie schlossen 22 Divisionen und über 160 selbständige Truppenteile der 6. und 4. Panzerarmee des Gegners mit einer Gesamtstärke von 330 000 Mann ein. In der Geschichte der Kriege und der Kriegskunst gibt es kein einziges Beispiel für eine Einschließung einer so starken operativen Gruppierung bei nahezu gleichen Kräfteverhältnissen. Gleichzeitig wurden im Raum Raspopinskaja beträchtliche Kräfte rumänischer Truppen eingekreist.

Sowjetische Kavalleriekorps und Schützenverbände der 1. Garde-, der 5. Panzer- und 51. Armee bildeten unter Ausweitung des Angriffs in südwestlicher und südlicher Richtung die äußere Einschließungsfront der gesamten gegnerischen Stalingrader Gruppierung. In kurzer Zeit baute die 4. Spezialpionierbrigade entlang des Čir einen Sperrstreifen auf einer Breite von 30 Kilometern und verlegte über 20 000 Panzerminen.[4] Auch an der inneren Einschließungsfront wurden die Nahtstellen zwischen den Schützendivisionen und Armeen durch Minenfelder gesichert. Hier waren es circa 85 000 Panzer- und über 30 000 Schützenminen.

Zum ersten Mal in diesem Krieg wurde es notwendig, das Zusammenwirken zwischen den an der inneren und der äußeren Einschließungsfront handelnden Truppen sicherzustellen. Von der Hauptverwaltung für Nachrichtenwesen der Sowjetarmee waren die Grundlagen der Funkverbindung auf der »Welle der Begegnung« ausgearbeitet worden. Danach mußten die Verbände und Truppenteile, die in aufeinander zulaufender Richtung vorstießen, ihre Funkgeräte auf eine im voraus festgelegte Frequenz einstellen. Jeder Armee wurde ein Rufzeichen zugeteilt, das alle ihre Verbände und Truppenteile unter Hinzufügung eines Ziffernindexes empfingen. Dies ermöglichte es, schnell die Zugehörigkeit eines Funkgeräts zu ermitteln und die Verbindung zwischen den sich entgegenkommenden Verbänden und Truppenteilen herzustellen.[5]

Da die sowjetische Führung damit rechnete, daß der Gegner versuchen würde, aus dem »Kessel« auszubrechen, beauftragte sie die Don- und die Stalingrader Front, die feindliche Gruppierung im Zusammenwirken mit den Luftstreitkräften zu liquidieren. Zugleich beschloß das Hauptquartier, die äußere Einschließungsfront um 150 bis 200 Kilometer nach Westen zu verschieben, um es der deutschen Führung zu verwehren, die eingeschlossenen Truppen zu entsetzen. Die Südwest- und die Voronež-Front wurden angewiesen, Stöße in zwei Richtungen zu führen: den einen nach Süden auf Rostov und den anderen nach Westen in Richtung Lichaja gegen die italienische 8. Armee.

II.

Die Operation »Saturn« sollte planmäßig am 10. Dezember 1942 beginnen. Da jedoch die zu ihrer Durchführung bestimmte Konzentration von Truppen und Kampftechnik zum festgesetzten Zeitpunkt noch nicht abgeschlossen war, wurde der Angriff auf den 16. Dezember verlegt. Im Zusammenhang mit der aufgeschobenen Liquidierung der bei Stalingrad eingeschlossenen Gruppierung und dem deutschen Stoß zum Entsatz der 6. Armee wie auch in Anbetracht der realen Lage beschloß die Stavka, die Hauptstoßrichtung der angreifenden Truppen zu verändern. Nun sollte der Stoß aus dem Raum Verchnij Mamon nach Süden über Millerovo nach Rostov in den Rücken der ganzen Heeresgruppe Süd geführt werden.

In einer Direktive an die Generale N. Voronov, N. Vatutin und F. Golikov vom 13. Dezember wies das Hauptquartier darauf hin, daß die Operation »Saturn« in einer günstigen militärischen Lage konzipiert worden war, die sich nunmehr verändert hatte. Daher wurde vorgeschlagen, sie abzuändern und den Hauptstoß nicht südwärts, sondern in südöstlicher Richtung zu führen, um »die Feindgruppe bei Bokovskaja—Morozovsk in die Zange zu nehmen, ihr in den Rücken zu stoßen und sie zu vernichten«[6]. Die 1. und 3. Gardearmee der Südwestfront hatten die italienische 8. Armee und die Armeeabteilung Hol-

lidt einzukreisen und zu vernichten und dann auf Morozovsk vorzugehen. Zugleich erhielt die 6. Armee der Voronež-Front die Aufgabe,
mit einem Stoß aus dem Raum westlich von Verchnij Mamon in der
allgemeinen Richtung Kantemirovka die Flanke der Südwestfront zu
sichern. Der 5. Armee wurde befohlen, im Zusammenwirken mit der
5. Stoßarmee der Stalingrader Front den Gegner in den Räumen Nižne—Čirskaja und Tormosin zu zerschlagen, um die eingeschlossene
deutsche 6. Armee endgültig zu isolieren. Der präzisierte Plan erhielt
die Bezeichnung »Kleiner Saturn«.

Den Stoßgruppierungen der Südwestfront und des linken Flügels der
Voronež-Front standen im Abschnitt von Novaja Kalitva bis Nižne—
Čirskaja die Hauptkräfte der italienischen 8. Armee, die Armeeabteilung Hollidt und die Reste der rumänischen 3. Armee — insgesamt
circa 27 Divisionen, darunter vier Panzerdivisionen — gegenüber. Im
Vergleich zum Gegner verfügten die sowjetischen Truppen — insgesamt gesehen — über etwas weniger an Menschen und Artillerie. Doch
in den Hauptstoßrichtungen der sowjetischen Truppen wurde eine
überwältigende Überlegenheit über den Gegner erreicht, besonders was
die Zahl der Panzer angeht.

Der Angriff begann am 16. Dezember. Ab 8.00 Uhr wurde der Gegner mit starkem Artilleriefeuer belegt. Das Feuer wurde auf Flächen-
ziele gerichtet. Wegen dichten Nebels konnten die Flugzeuge bis zur
Tagesmitte nicht aufsteigen. Auch konnte das gegnerische Feuersystem
nicht völlig ausgeschaltet werden. All dies erschwerte den Sturm der
6. Armee unter Generalleutnant F. Charitonov und der 1. Gardearmee
unter Generalleutnant V. Kuznecov über den Don, der um 9.30 Uhr
einsetzte.

Nach dreitägigen erbitterten Kämpfen konnte der Durchbruch der
gegnerischen Verteidigung auf 60 Kilometer in der Breite ausgeweitet
werden. In der Tiefe stießen die angreifenden Truppen circa 40 Kilometer vor und erreichten dabei das Südufer der Bogučarka. Auch die
3. Gardearmee konnte die gegnerische Verteidigung durchbrechen.

Die sowjetischen Truppen, von der 2. und 17. Luftarmee unterstützt,
zerschlugen zwei italienische (3. und 9.) und zwei deutsche Infanteriedivisionen (294. und 298.) und fügten der italienischen 52. Infanteriedivision schwere Verluste zu.

Eilig verlegte die Führung des Gegners neue Verbände aus dem Hinterland und von benachbarten Abschnitten in die Durchbruchsstelle.
Die sowjetische Aufklärung meldete das Eintreffen von Truppenteilen der 385. und 306. Infanteriedivision wie der 27. Panzerdivision. Da-

mit der Gegner nicht eine neue Front errichten konnte, mußte das Vorstoßtempo gesteigert werden. Deshalb wurde die 6. Armee der Voronež-Front der Südwestfront unterstellt.

Die sowjetische Offensive entwickelte sich erfolgreich weiter. Die führende Rolle in dieser Operation hatten Panzer- und mechanisierte Verbände, die zügig nach Süden und Südosten in die Tiefe stießen und die zurückweichenden gegnerischen Kolonnen vernichteten. Diesen Erfolg der Panzerverbände festigte die nachfolgende Infanterie. Die Offensive fand unter den Bedingungen eines harten Winters statt. Eine tiefe Schneedecke und starker Frost erschwerten die Bewegung. Doch die beweglichen Abteilungen auf Kraftfahrzeugen, die Panzerkolonnen, die Kavallerie- und mit Ski ausgerüsteten Abteilungen schnitten die Rückzugswege des eilig zurückgehenden Gegners ab, umgingen ihn an den Flanken und stießen in seinen Rücken.

Die Truppen der 6. Armee rückten auf Kantemirovka vor. Mit einem zügigen Stoß nahm das 17. Panzerkorps unter General P. Polubojarov am 19. Dezember diesen Stützpunkt. Im »Bericht über die Kampfhandlungen des 17. Panzerkorps in der Zeit vom 16. Dezember 1942 bis 5. Januar 1943«, in dem die Angriffshandlungen des Korps vom 16. bis 23. Dezember zusammengefaßt werden, heißt es:

»Der Befehl des Oberbefehlshabers und des Obersten Hauptquartiers wurde vollständig ausgeführt. In acht Tagen ununterbrochener erbitterter Kämpfe ist das Korps unter der Einwirkung des gegnerischen Feuers und Überwindung von Panzerhindernissen 200 Kilometer tief in die gegnerische Verteidigung vorgedrungen. Widerstandsnester und Stützpunkte des Gegners zerstörend, hat es circa 200 Orte befreit und dem Gegner durch die Eroberung von reicher Beute großen Schaden zugefügt.«[7]

Ein besonders hohes Vorstoßtempo legte das 24. Panzerkorps unter dem Befehl von Generalmajor der Panzertruppen V. Badanov an den Tag, der später schrieb:

»Die Lage erforderte von den Truppen, schnell und überraschend zu handeln, rasch vorzustoßen und zügig loszuschlagen und entsprechende Fähigkeiten im Manövrieren und in der Kampfführung [...] Das 24. Panzerkorps stieß auf 2 Wegen und in 2 Staffeln vor [...] Es hatte auf Panzern aufgesessene motorisierte Infanterie [...] Um unsere Bewegung geheimzuhalten, mußten wir nachts lange Märsche unternehmen; am Tage bewegten wir uns in kleinen Gruppen voran, im überschlagenen Einsatz von einer Deckung zur anderen [...] Innerhalb von sechs Tagen waren wir mit diesem schnellen Vorstoß 240 bis 300 Kilometer vorgedrungen.«[8]

Das am 19. Dezember in den Kampf geworfene Korps hatte dabei mit Erfolg die rückwärtigen Dienste der italienischen 8. Armee zerschlagen. Am 23. Dezember abends eroberte das Korps Skosyrskaja. Obwohl Mensch und Material dringend Erholung gebraucht hätten, bekam das Korps den Befehl, unverzüglich Tacinskaja einzunehmen.

Am 24. Dezember, um 2.00 Uhr, verließen Teile des Korps mit einer kleinen Menge an Munition und Treibstoff den Raum Skosyrskaja. Im Morgengrauen ging das Korps für den Angriff auf den Bahnhof, den Ort Tacinskaja und den Flugplatz in Ausgangstellung. Da dichter Nebel herrschte, konnten sich die sowjetischen Truppen unbemerkt nähern. Das Auftauchen des Korps kam für die Deutschen überraschend. Das Flugplatzpersonal befand sich noch in den Unterständen; und die den Flugplatz und die Station Tacinskaja sichernden Flakgeschütze waren nicht besetzt. Die Garnison schlief friedlich.

Um 7.30 Uhr ging das Korps zum Angriff über. Die von Süden und Südosten vorgehende 130. Panzerbrigade unterbrach die Bahnstrecke Morozovsk—Tacinskaja und die Straßenkreuzung südostwärts von Tacinskaja. Um 9.00 Uhr erreichte die Brigade den Flugplatz, vernichtete die Flugzeuge und überrumpelte das fliegende Personal. Das 2. Panzerbataillon dieser Brigade eroberte den Bahnhof Tacinskaja und zerstörte zwei auf den Gleisen stehende Züge, der eine war mit Flugzeugen, der andere mit Treibstoff beladen. Die von Norden und Nordwesten vorstoßende 4. Gardepanzerbrigade griff die Siedlung Talovskij an und erreichte den Nordrand von Tacinskaja, ermöglichte damit den Vormarsch von zwei motorisierten Schützenkompanien in dieser Richtung. Die von Westen und Südwesten angreifende 54. Panzerbrigade stieß an den Südrand von Tacinskaja in den Flugplatzraum vor. Um 17.00 Uhr ging das Korps, nachdem Tacinskaja, der Bahnhof und der Flugplatz völlig in seiner Hand waren, in Rundumverteidigung. Damit war nicht nur die wichtigste Bahnverbindung Lichaja—Stalingrad unterbrochen, sondern auch eine wichtige Luftwaffenbasis zur Versorgung der 6. Armee besetzt.

Zwei Tage zuvor hatte die 1. Gardearmee im Raum Arbuzovka—Žuravka starke Kräfte der italienischen 8. Armee, und zwar die 3., 9. und 52., die deutsche 298. Infanteriedivision sowie die italienischen Infanteriebrigaden »23. März« und »3. Januar« eingeschlossen. Diese gegnerische Gruppierung kapitulierte am 24. Dezember. 15 000 Soldaten und Offiziere wurden gefangengenommen. In dieser Lage begann die deutsche Führung, Truppen, die eigentlich für den Entsatzstoß auf Stalingrad bestimmt waren, in den Streifen der Südwestfront zu verlegen.

Insgesamt konnte der Gegner zusätzlich acht Divisionen gegen die angreifende Südwestfront einsetzen. Die Schlacht am mittleren Don entwickelte sich noch erbitterter. Der deutsche Widerstand wuchs. Mit größter Härte wurden die Kämpfe in den Räumen südlich von Čertkovo, Millerovo, Tacinskaja und nördlich von Morozovsk geführt. Mit den neueingetroffenen Verbänden konnte der Gegner an einer Reihe von Kampfabschnitten eine Überlegenheit an Kräften, insbesondere an Panzern und Flugzeugen, bilden. Dadurch gerieten die beweglichen Verbände der Südwestfront, die losgelöst von ihren Versorgungsbasen operierten, in eine schwierige Lage.

Der Oberbefehlshaber der Front, Generaloberst N. Vatutin, befahl der 1. und 6. Gardearmee, die eingenommenen Stellungen zu halten, die Vernichtung der in den Räumen Gartmaševka und Čertkovo belagerten gegnerischen Truppen zu beenden, Millerovo zu nehmen und bis zur Linie Vološino—Nikol'skaja—Il'inka—Tacinskaja vorzugehen. Die 3. Gardearmee hatte sich mit dem 24. Panzerkorps in Tacinskaja zu vereinigen. Die nördlich von Tormosin durch hartnäckige Gefechte mit dem XXXXVIII. deutschen Panzerkorps gebundene 5. Panzerarmee hatte die frühere Aufgabe durchzuführen. Die am 26. Dezember in die Südwestfront eingegliederte 5. Stoßarmee sollte den Gegner im Raum Nižne—Čirskaja vernichten.

Ein überzeugendes Beispiel für das gewachsene militärische Können der sowjetischen Truppen ist das Vorgehen des 24. Panzerkorps. Am Tag nach der Einnahme von Tacinskaja wurde es von starken deutschen Kräften umzingelt. Im Verlauf des ganzen 27. Dezember war das Korps in schwere Verteidigungsgefechte verwickelt. Als es dem Gegner gelang, in die Stellung der 24. motorisierten Schützenbrigade einzudringen, erhielt die 130. Panzerbrigade den Auftrag zum Gegenangriff. Es entbrannte ein erbitterter Panzerkampf, infolgedessen der Gegner unter Verlust von sieben Panzern zurückwich, ungeachtet der großen Verluste jedoch die Stellungen des Korps weiterhin angriff. Um 10.00 Uhr rief General Badanov die Kommandeure der Truppenteile zusammen, die über die personellen und materiellen Verluste berichteten. Der Korpskommandeur beschloß, die Verteidigung von Tacinskaja fortzusetzen.

Das benachbarte 25. Panzer- und 1. mechanisierte Gardekorps vermochten es nicht, zum 24. Panzerkorps durchzubrechen. Der Kommandeur gab am 28. Dezember um 2.00 Uhr den Befehl, kämpfend aus der Einkreisung auszubrechen.

In jener Nacht entkam das Korps unter geringen Verlusten und zog sich nach Il'inka zurück. Aus dem Hauptquartier des Kommandos des Obersten Befehlshabers wurde N. Vatutin über direkte Verbindung von I. V. Stalin und G. K. Žukov am 28. Dezember 1942 mitgeteilt: »Sie haben richtig gehandelt, als Sie Badanov erlaubten, Tacinskaja im äußersten Fall aufzugeben.«[9]

Am Abend des 31. Dezember war die Südwestfront in einer Tiefe von circa 200 Kilometern bis zur Linie Novaja Kalitva—Vysočinov—Belovodsk—Vološino—Millerovo—Il'inka—Skosyrskaja—Černyškovskij vorgedrungen, wo sie sich festsetzte. Im Verlauf ihres Vorstoßes befreiten die sowjetischen Truppen 1264 Orte und fügten dem Gegner großen Schaden zu. Die Hauptkräfte der italienischen 8. Armee und der Armeeabteilung Hollidt sowie die rumänische 3. Armee waren zerschlagen. In diesen Kämpfen wurden 60000 Soldaten und Offiziere gefangengenommen und 368 Flugzeuge, 176 Panzer und 1927 Geschütze erbeutet.

Die erfolgreiche Operation »Kleiner Saturn« verhinderte jede Hilfe für die 6. Armee aus westlicher Richtung und schwächte den Entsatzstoß des LVII. Panzerkorps von Süden erheblich.

III.

Die Operation »Ring« bildete die Schlußphase der Schlacht von Stalingrad. Sie dauerte vom 10. Januar bis zum 2. Februar 1943. Ursprünglich war vorgesehen, den Gegner noch aus der Bewegung heraus zuerst im West- und Südteil des Einschließungsringes zu zerschlagen; dann einen Stoß von Westen nach Osten zu führen, die gegnerische Gruppierung in zwei Teile aufzuspalten und diese einzeln zu vernichten.

I. V. Stalin drängte die militärische Führung zur Realisierung ihres Planes. Die Liquidierung des »Kessels« vor Beginn eines Entsatzstoßes erschien überaus verlockend. Daher beschloß man, die 6. Armee rasch zu zerschlagen. Anfänglich wurden insgesamt »fünf bis sechs Tage«[10] für die Durchführung der Operation veranschlagt. Marschall der Sowjetunion A. Vasilevskij schrieb in seinen Erinnerungen, als er den derart kurzen Zeitraum erklärte:

»Es geht darum, daß unsere Ausgangsberechnungen, denen die Entscheidung der Stavka zur Vernichtung des eingeschlossenen Gegners aus der Bewegung folgte, einen gravierenden Fehler aufwiesen [...] Damals haben wir die Gesamtstärke der unter Paulus' Kommando stehenden eingeschlossenen Gruppierung auf 85000 bis 90000 Mann geschätzt. De facto aber zählte sie mehr als 300000. Auch unsere Vorstellungen hinsichtlich Kampftechnik, Ausrüstung, insbesondere Artillerie und Panzer, waren erheblich untertrieben.«[11]

Anfang Januar standen den sowjetischen Truppen noch 15 Infanterie-, drei motorisierte, drei Panzer- und eine Kavalleriedivision gegenüber. Darüberhinaus verfügte der Gegner über viele kleinere Truppenteile verschiedener Waffengattungen. Die Gesamtstärke belief sich nach den erbitterten Dezemberkämpfen auf 250 000 Mann, circa 5 000 Geschütze und circa 300 Panzer. Die 6. Armee hatte ihre Verteidigung stark ausgebaut. Buchstäblich alles war dafür verwendet worden — Eisenbahndämme, defekte Panzer, Lokomotiven und Waggons.

Die aussichtslose Lage der eingeschlossenen Gruppierung wurde jedoch mit jedem Tag offensichtlicher. Munition und Treibstoff gingen zur Neige; es mangelte an Lebensmitteln. Nach dem gescheiterten Entsatzstoß lösten sich alle Illusionen über Hilfe von außen in nichts auf. Versuche, die eingeschlossenen Truppen aus der Luft zu versorgen, erbrachten nicht die erhofften Ergebnisse — dank der sowjetischen Luftblockade. In einer ersten Zone wurden die gegnerischen Flugzeuge auf den hinter der äußeren Einschließungsfront gelegenen Flugplätzen vernichtet; zu diesem Zweck wurden die Front- und Fernfliegerkräfte eingesetzt. In der zweiten Zone wurde gegen die Flugzeuge in der Luft zwischen der äußeren und der inneren Einschließungsfront vorgegangen; sie war kreisförmig und in fünf Sektoren aufgeteilt, für die je eine Jagdfliegerdivision die Verantwortung trug. Die acht bis zehn Kilometer breite dritte Zone verlief um die eingeschlossene 6. Armee herum; in ihr operierte die Flakartillerie. Die 4. Zone schließlich umfaßte den gesamten Einschließungsraum. In ihr wurden die Flugzeuge in der Luft und auf den Landeplätzen von den Fliegerkräften und der Artillerie der Front vernichtet. Infolge der Luftblockade wurden mehr als 1 000 deutsche Flugzeuge vernichtet.[12]

Die Aufgabe zur Vernichtung der 6. Armee wurde ganz der Donfront (Oberbefehlshaber General K. Rokossovskij) übertragen. Das Hauptquartier verstärkte sie mit neuen Verbänden, vorwiegend Artillerie; und vom 1. Januar 1943 an wurden ihr die an der inneren Front operierende 62., 64. und 57. Armee der bald darauf in Südfront umbenannten Stalingrader Front[13] unterstellt.

Hinsichtlich des allgemeinen Kräfteverhältnisses gab es keine »gewaltige Überlegenheit« der sowjetischen Seite über den Gegner, wie von einigen Autoren behauptet wird.[14] Im Streifen der Donfront verfügten die sowjetischen Truppen am 10. Januar über 212 000 Mann, der Gegner über 250 000; an Geschützen und Granatwerfern über 6 860 beziehungsweise 4 130, an Panzern über 257 beziehungsweise 300 und an Kampfflugzeugen über 300 beziehungsweise 100. Somit war die sowjetische Seite an Geschützen und Granatwerfern (um mehr als das eineinhalbfache) überlegen, insbesondere an Flugzeugen (um das Dreifache). Der Feind war an Personal (1,2:1) und Panzern (1,2:1) überlegen.[15] Natürlich war die Kampffähigkeit der angreifenden Donfront erheblich größer als die von Paulus' eingeschlossener Armee.

In der Hauptstoßrichtung war ein entscheidendes Übergewicht an Kräften und Mitteln über den Gegner geschaffen worden. So verfügten die sowjetischen Truppen im Angriffsstreifen der 65. Armee über 62000 Mann, der Gegner über 31300 (2:1), an Geschützen und Granatwerfern über 2428 beziehungsweise 638 (4:1) und an Panzern über 127 beziehungsweise 102 (1,2 zu 1).[16]

Den Hauptstoß führte die durch Panzer und insbesondere Artillerie verstärkte 65. Armee im Zusammenwirken mit der 21. Armee unter General I. Čistjakov. Die 24. Armee unter General I. Galanin sicherte die linke Flanke.

Um sinnloses Blutvergießen zu vermeiden, forderte die sowjetische Führung Paulus am 8. Januar 1943 zur Kapitulation auf. Das Ultimatum hatte folgenden Inhalt:

»An den Befehlshaber der bei Stalingrad eingekesselten 6. deutschen Armee Generaloberst der Panzertruppe *Paulus* oder an seinen Stellvertreter

Die 6. deutsche Armee, die Einheiten der 4. Panzerarmee und die ihnen als Verstärkung beigegebenen Truppenteile sind seit dem 23. November 1942 vollständig eingekesselt. Die Truppen der Roten Armee haben um diese deutsche Armeegruppe einen stählernen Ring gezogen. Alle Hoffnungen auf Rettung Ihrer Truppen durch einen von Süden und Südwesten her geführten deutschen Angriff wurden zunichte gemacht. Die zu Ihrem Entsatz herbeigeeilten deutschen Truppen wurden durch die Rote Armee zerschlagen. Die Reste dieser Truppen ziehen sich auf Rostow zurück. Die deutschen Transport-Flugzeuge, die die eingeschlossenen deutschen Truppen auf dem Luftwege mit Hungerrationen an Lebensmitteln, Munition und Treibstoff versorgen, sind durch den erfolgreichen und stürmischen Vormarsch der Roten Armee gezwungen, ihre Flughäfen ständig zu wechseln und bis zum Kessel weite Strecken zurückzulegen. Zudem werden der deutschen Luftwaffe durch die russischen Flieger große Verluste an Transport-Flugzeugen und Besatzung zugefügt. Die Hilfe der Transport-Flugzeuge für die eingekesselten deutschen Truppen erweist sich als unwirksam.

Die Lage Ihrer eingekesselten Truppen ist schwer; sie leiden unter Hunger, Krankheiten und Kälte, obwohl der rauhe russische Winter erst begonnen hat. Die grimmigen Fröste, die eisigen Steppenwinde und Schneestürme stehen noch bevor. Ihren Soldaten fehlt es an Winterausrüstung; sie leiden unter unhygienischen, ihre Gesundheit zerstörenden Verhältnissen.

Sie als Befehlshaber, ebenso die Offiziere der eingekesselten Truppen, wissen sehr wohl, daß es keine realen Möglichkeiten mehr gibt, den Kessel zu durchbrechen. Ihre Lage ist hoffnungslos und jeder weitere Widerstand sinnlos.

Angesichts der für die deutschen Truppen aussichtslosen Lage schlagen wir Ihnen zur Vermeidung unnützen Blutvergiessens vor, folgende Kapitulationsbedingungen anzunehmen:

1) *Alle eingekesselten deutschen Truppen mit Ihnen und Ihrem Stab an der Spitze haben den Widerstand einzustellen.*

2) *Alle Wehrmachtsangehörigen haben sich organisiert zu ergeben. Alle Waffen, die gesamte technische Ausrüstung und das Heeresgut sind in unbeschädigtem Zustand zu übergeben.*

Wir garantieren allen Offizieren, Unteroffizieren und Mannschaften, die den Widerstand aufgeben, Leben und Sicherheit sowie bei Kriegsende die Rückkehr nach Deutschland, oder auf Wunsch der Kriegsgefangenen in ein beliebiges anderes Land.

Alle Wehrmachtsangehörigen der sich ergebenden Truppen behalten ihre Uniform, ihre Rangabzeichen und Orden, die persönlichen Gebrauchs- und Wertgegenstände. Den höheren Offizieren werden Degen und Seitengewehr belassen.

Den Offizieren, Unteroffizieren und Mannschaften, die sich gefangen geben, wird sofort normale Verpflegung verabreicht. Allen Verwundeten, Kranken und Frostbeschädigten wird ärztliche Hilfe zuteil.

Wir erwarten Ihre schriftliche Antwort am 9. Januar 1943 um 15 Uhr 00 Minuten *Moskauer Zeit* durch einen von Ihnen persönlich bevollmächtigten Vertreter, der in einem mit weisser Flagge kenntlich gemachten Personenkraftwagen auf der Straße von der Ausweichstelle *Konnu* zur Station *Kotlubanj* zu fahren hat.

Ihr Vertreter wird am 9. Januar 1943 um 15 Uhr 00 Minuten von bevollmächtigten russischen Offizieren im Rayon »B«, 0,5 km südöstlich der Ausweichstelle 564, erwartet.

Sollte unsere Aufforderung zur Kapitulation von Ihnen abgelehnt werden, so künden wir an, daß die Truppen der Roten Armee und der Roten Luftwaffe gezwungen sein werden, zur Vernichtung der eingekesselten deutschen Truppen zu schreiten. Die Verantwortung für deren Vernichtung tragen Sie.

Das Oberkommando der Roten Armee,
Der Vertreter des Hauptquartiers:
Generaloberst der Artillerie *Woronow*
Der Oberbefehlshaber der Don-Front:
Generalleutnant *Rokossowski*
8. Januar 1943, 15 Uhr 00 Minuten.«[17]

Dieser Appell an die Humanität wurde von der Führung der 6. Armee, die damals schon begriffen hatte, daß es keinerlei Hoffnung auf einen Ausbruch aus der Einschließung geben konnte, nicht angenommen. So wurde sie zum eigentlich Schuldigen am entsetzlichen Leid ihrer Soldaten und Offiziere infolge von Kälte und Hunger und schließlich am Tod von circa 140 000 Männern während der russischen Offensive.

Am Morgen des 10. Januar war das Wetter schön und sonnig. Um Punkt 8.05 Uhr stieg eine Serie von Leuchtraketen in die Luft, und sowjetische Artillerie eröffnete das Feuer. Im Durchschnitt kamen auf jeden Kilometer der Durchbruchsfront circa 200 Rohre.

Um 9.00 Uhr erdröhnte eine Geschoßwerfersalve — das Signal für den Angriff. Die Artillerie richtete das Feuer in die Tiefe. Auf Panzern aufgesessene Truppen stürmten den vorderen Rand, gefolgt von der Infanterie. Der Feuervorhang war auf circa eineinhalb Kilometer berechnet; dann bewegten sich viele Geschütze in Angriffsgefechtsordnung. Artilleriebeobachter von Schweren und Raketenabteilungen setzten sich in Panzer und leiteten von dort über Funk das Feuer der unterstützenden Artillerie. Nicht überall konnten die Geschütze passieren; also nahmen Panzer sie ins Schlepptau und die Bedienungsmannschaften obenauf. Als das starke Feuer der gegnerischen Panzerabwehr die Bewegungen der Einheit aufhielt, wendeten die Artilleristen ihre Geschütze und machten den Panzersoldaten und Infanteristen den Weg frei. Die Fliegerkräfte flogen Bomben- und Tiefangriffe auf Ansammlungen feindlicher Truppen und deren Stützpunkte.

Tag und Nacht wurde angegriffen. Am Abend des 12. Januar zerschlugen die 65. und 21. Armee, an ihren Flanken zusammenwirkend, zwei deutsche Infanteriedivisionen und eine motorisierte, die den sogenannten Marinovka-Vorsprung verteidigten. Sowjetische Truppen erreichten den Abschnitt des Flusses Rossoška. Der westliche Abschnitt des »Kessels« war zurückgedrängt. Gleichzeitig holten die 57. Armee unter General F. Tolbuchin und die 64. Armee unter General M. Šumilov an der Südseite des Einschließungsrings zu einem starken Schlag aus. In dieser Lage beschloß der Oberbefehlshaber der Front, die Hauptstoßrichtung in den Streifen der 21. Armee zu verlegen. Nun stieß die 65. Armee in der allgemeinen Richtung Pitomnik, Gumrak, Gorodišče das Werk »Barrikady« vor. Die 21. Armee griff den Bahnhof Voroponovo an. Auch von anderen Armeen der Front wurde der »Kessel« eingedrückt.

Im gleichen Maß, in dem sowjetische Truppen vorrückten, verschlechterte sich die Lage der 6. Armee. Aber auch für die sowjetischen Soldaten war es nicht einfach. Das Thermometer fiel auf minus 20 Grad. Die Schneestürme wurden heftiger. Tag und Nacht standen die Soldaten im Feld, im durchdringenden scharfen Wind. Heißes Essen konnte nicht immer herangeführt werden; die Soldaten aber stürmten voran. Ein Schützengraben nach dem anderen, ein befestigter Feuerpunkt nach dem anderen wurde im Kampf genommen. Jeder Schritt forderte Blutzoll.

Am Morgen des 15. Januar eroberten die vorstoßenden sowjetischen Truppen den wichtigen Flugplatz Pitomnik. Hier trafen die 65. und

24. Armee zusammen. Die Gesamtfläche des Einschließungsraumes hatte sich um die Hälfte verringert.

Nachdem der stark befestigte mittlere Verteidigungsgürtel überwunden war, erreichten die sowjetischen Truppen am 17. Januar den inneren. In dieser Operationsphase stellte General Rokossovskij der 65. und 21. Armee die Aufgabe, den »Kessel« zu spalten. Nach einer kurzen Artillerievorbereitung stürmten die Soldaten voran.

In 16 Tagen — vom 10. bis zum 25. Januar — verlor der Gegner über 100 000 Mann an Gefallenen, Verwundeten und Gefangenen. Die sowjetischen Truppen erreichten den Südwest- und Westrand von Stalingrad; in den Straßen der Stadt wurde gekämpft. Das von den Deutschen eingenommene Territorium verringerte sich noch mehr. Es umfaßte von Norden nach Süden 20 Kilometer und von Westen nach Osten insgesamt dreieinhalb Kilometer.

Am 22. Januar hatte Paulus Hitler gefragt, welche Befehle er den Truppen geben sollte, die keine Munition mehr hätten und weiter mit starker Artillerie, Panzern und Infanterie angegriffen würden. Hitlers Antwort schloß eine Kapitulation expressis verbis aus. Die Truppe habe sich bis zuletzt zu verteidigen. Die Führung der 6. Armee unterwarf sich diesem Befehl widerspruchslos und gab damit ihre Truppen dem Untergang preis.

Am 25. Januar brach die 21. Armee unter General I. Čistjakov von Westen in Stalingrad ein. Zugleich verstärkte die 62. Armee unter General V. Čujkov von Osten den Druck. In der ersten Tageshälfte des 26. Januar trafen sich die beiden Armeen, im Raum des Hügels Mamaev-Kurgan. Damit war die 6. Armee in zwei Teile aufgespalten: in einen südlichen (Mittelteil der Stadt) und einen nördlichen (Raum der Fabrik »Barrikady« und des Traktorenwerkes).

Im Zentralarchiv des Verteidigungsministeriums der UdSSR gibt es folgenden Bericht der Führung der Donfront an den Chef des Generalstabes der Roten Armee:

»27. Januar 1943. Gemäß Meldung des Befehlshabers der 57. Armee entsandte am Abend des 26. Januar der Oberbefehlshaber der eingeschlossenen 6. deutschen Armee Generaloberst Paulus seinen Parlamentär zum Kommandeur der 143. Schützenbrigade zur Führung von Verhandlungen. Die 57. Armee forderte den abgestellten Vertreter auf, schriftliche Vollmachten zwecks Führung von Verhandlungen über eine Kapitulation der 6. deutschen Armee vorzulegen.

Das endgültige Zusammentreffen zwischen den Vertretern der beiden Seiten wurde auf den 27. Januar 1943, 08.00 Uhr, an einer Stelle am Carica Fluß, festgelegt.

Von unserer Seite wurde der Kommandeur der 143. Schützenbrigade Oberstleutnant Russkich zur Führung der Verhandlungen bevollmächtigt und angewiesen, die Kapitulationsbedingungen auf der Grundlage des früher vorgelegten Ultimatums zu stellen. Gleichzeitig erhielten die Truppen der Donfront den Befehl, am 27. Januar von 08.00 Uhr an bis zur Beendigung der Verhandlungen das Feuer einzustellen, dabei alle Feuermittel der Infanterie und die ganze Artillerie in Bereitschaft zu halten, um auf den Gegner mit der Masse des ganzen Feuers loszuschlagen, im Fall seiner Weigerung zu kapitulieren, und die feindliche eingeschlossene Gruppierung ganz zu vernichten.

Am 27. Januar, 8.00 Uhr, traf der Vertreter der 57. Armee Oberstleutnant Russkich mit dem Vertreter von Generaloberst Paulus zusammen. Jener erklärte, daß vor dem Hintergrund dessen, daß General Paulus bislang noch keine Anweisungen von Hitler erhalten hatte, er es ablehne, Verhandlung über eine Kapitulation der 6. deutschen Armee zu führen, woraufhin Oberstleutnant Russkich ein Ultimatum stellte.

Da der Befehlshaber der 6. deutschen Armee eine Kapitulation abgelehnt hatte, erhielten die Truppen der Donfront den Befehl, die Kämpfe wieder aufzunehmen, um die vormals gestellte Aufgabe der vollen Vernichtung der eingeschlossenen feindlichen Gruppierung durchzuführen.

Um 10.00 bis 11.00 Uhr hatten alle Armeen der Front die Kämpfe wieder aufgenommen.«[18]

Die 64., 57. und 21. Armee gingen an die Vernichtung der südlichen Gruppierung. Durch Schläge von Südwesten und Nordwesten zogen die Angreifenden den Einkreisungsring immer enger. In der Nacht zum 29. Januar 1943 drangen Verbände der 64. Armee nach Überwindung des Flußabschnitts Carica in das Stadtzentrum ein. Am 31. Januar mußte der Gegner die Waffen niederlegen.

Bei der Liquidierung der südlichen Gruppierung nahmen Soldaten der 38. motorisierten Schützenbrigade unter Oberst I. Burmakov und des 329. Pionierbataillons unter Major A. Syčev von der 64. Armee am 31. Januar in den Kellern des Warenhauses auf dem Platz der Gefallenen Kämpfer den Stab der 6. Armee und F. Paulus, den Adolf Hitler tags zuvor zum Feldmarschall befördert hatte, gefangen.

Nun mußte auch die nördliche Gruppe der gegnerischen Truppen gezwungen werden, die Waffen zu strecken. Diese Aufgabe wurde der 62., 65. und 66. Armee übertragen. Am Morgen des 1. Februar wurde der Gegner starkem Artilleriefeuer und Luftangriffen ausgesetzt. In vielen von den Deutschen eingenommenen Abschnitten wurden weiße Fahnen geschwenkt. Am 2. Februar 1943 kapitulierte auch die nördliche Gruppe der 6. Armee. Mehr als 40 000 Soldaten und Offiziere mit General Strecker an der Spitze gaben den Widerstand auf.

An diesem Tag, um 18.30 Uhr richteten die Vertreter der Stavka, Marschall der Artillerie N. Voronov, und der Oberbefehlshaber der

Donfront, Generaloberst K. Rokossovskij, an den Obersten Befehlshaber der Streitkräfte der UdSSR, I. Stalin, folgende Gefechtsmeldung:

»In Erfüllung Ihres Befehls haben die Truppen der Donfront am 2. Februar 1943 um 16.00 Uhr die Zerschlagung und Vernichtung der eingeschlossen feindlichen Stalingrader Gruppierung beendet.

Vollständig vernichtet und teilweise gefangengenommen wurden das XI. Armeekorps, VIII. Armeekorps, XIV. Panzerkorps, LI. Armeekorps, IV. Armeekorps und das aus 22 Divisionen bestehende XXXXVIII. Panzerkorps mit der 44., 71., 76., 79., 94., 100. leichten Division, 113., 376., 295., 297., 305., 371., 384., 389. Infanteriedivision, der 3., 29. und 60. motorisierten Division, der 14., 16. und 24. deutschen Panzerdivision, der 1. Kavallerie- und 20. rumänischen Infanteriedivision.

Darüber hinaus wurden folgende Heerestruppenteile vernichtet:

a. Das 42., 44., 46., 59., 61., 65. und 72. Artillerieregiment; die I. Abteilung des 97. Artillerieregiments, die 43., 639., 733., 855., 856., 861. Artillerieabteilung; die 243. Sturmgeschützabteilung; das 2. und 51. Werferregiment; die 9., 12., 25., 30., 37., 91. Flakabteilung verschiedener Regimenter, deren übrige Truppenteile an anderen Fronten eingesetzt sind.

b. Das 45., 71., 294., 336., 652., 672., 685. und 501. selbständige Pionierbatallon und ein selbständiges unnummeriertes Pionierbataillon.

c. Das 21., 40., 540. und 539. selbständige Baubataillon.

d. Das 6. Nachrichtenregiment und vermutlich das 594. Nachrichtenregiment.

e. Die 7. und 28. Artilleriebeobachtungsabteilung.

f. Viele Brückenkolonnen und andere unterstützende Truppenteile.

Über 91 000 Mann wurden gefangengenommen, darunter mehr als 2 500 Offiziere und 24 Generäle, unter letzteren ein Generalfeldmarschall, zwei Generaloberste, die restlichen Generalleutnante und -majore.

Im Zusammenhang mit der totalen Vernichtung der eingeschlossenen gegnerischen Gruppierung wurden die Kämpfe in der Stadt und dem Raum Stalingrad eingestellt.

Die Beutezählung ist noch nicht abgeschlossen.«[19]

Die Gegenoffensive endete mit einem glänzenden Sieg der Sowjetarmee, dem nicht nur für den weiteren Verlauf des Großen Vaterländischen Krieges, sondern auch für den des Zweiten Weltkrieges insgesamt eine entscheidende Bedeutung zukam.

Unmittelbares Ergebnis der drei erfolgreich durchgeführten Operationen »Uranus«, »Kleiner Saturn« und »Ring« waren die Zerschlagung der 6. Armee und der 4. Panzerarmee sowie der rumänischen 3. und 4. Armee und der italienischen 8. Armee.

Infolge des Sieges bei Stalingrad ging die strategische Initiative sicher und endgültig auf die Sowjetarmee über. Er trug auch zur Festigung der Anti-Hitler-Koalition, zur Aktivierung der Operationen der angloamerikanischen Armeen und zur Stärkung der Widerstandsbewegung in den Ländern Europas bei.

Anmerkungen

* Aus dem Russischen übersetzt von Karin Hepp.
1 G. Žukov, Vospominanija i razmyslenija (Erinnerungen und Gedanken), Bd 2, Moskau 1978, S. 75 f.
2 Istorija vtoroj mirovoj vojny 1939—1945 (Geschichte des Zweiten Weltkrieges 1939—1945), Bd 6, Moskau 1976, S. 33, 39.
3 A. M. Vasilevskij, Delo vsej žizni (Sache des ganzen Lebens), Moskau 1983, S. 221.
4 Zentralarchiv des Verteidigungsministeriums der UdSSR, Podol'sk (CAMO), Fond 69, Findbuch 14069, Akte 151, Bl. 5.
5 CAMO, 71/12191/70/184.
6 CAMO, 132—A/2642/32/184.
7 CAMO, 665/81153/1/47.
8 Stalingradskaja epopeja (Stalingrader Epopöe), Moskau 1968, S. 626—629.
9 CAMO, 96/2011/26/206.
10 CAMO, 132—A/2642/32/220.
11 Voenno-istoričeskij žurnal, 1966, H. 1, S. 15 f.
12 Kriegskunst im zweiten Weltkrieg und in der Nachkriegsphase (Strategie und operative Kunst), Militärakademie des Generalstabes der Streitkräfte der UdSSR, Moskau 1986, S. 54 f.
13 CAMO, 132—A/2642/32/255.
14 H. Doerr, Feldzug nach Stalingrad, Moskau 1957, S. 120.
15 Velikaja pobeda na Volge (Der große Sieg an der Volga), Moskau 1965, S. 443.
16 Ebd., S. 444.
17 Deutschland im zweiten Weltkrieg, Bd 3, Berlin (Ost) 1979, S. 56 f.
18 CAMO, 206/262/180/121 f. Vgl. Manfred Kehrig, Stalingrad, Analyse und Dokumentation einer Schlacht, Stuttgart 1974, S. 539 ff.
19 CAMO, 243/616/4/40.

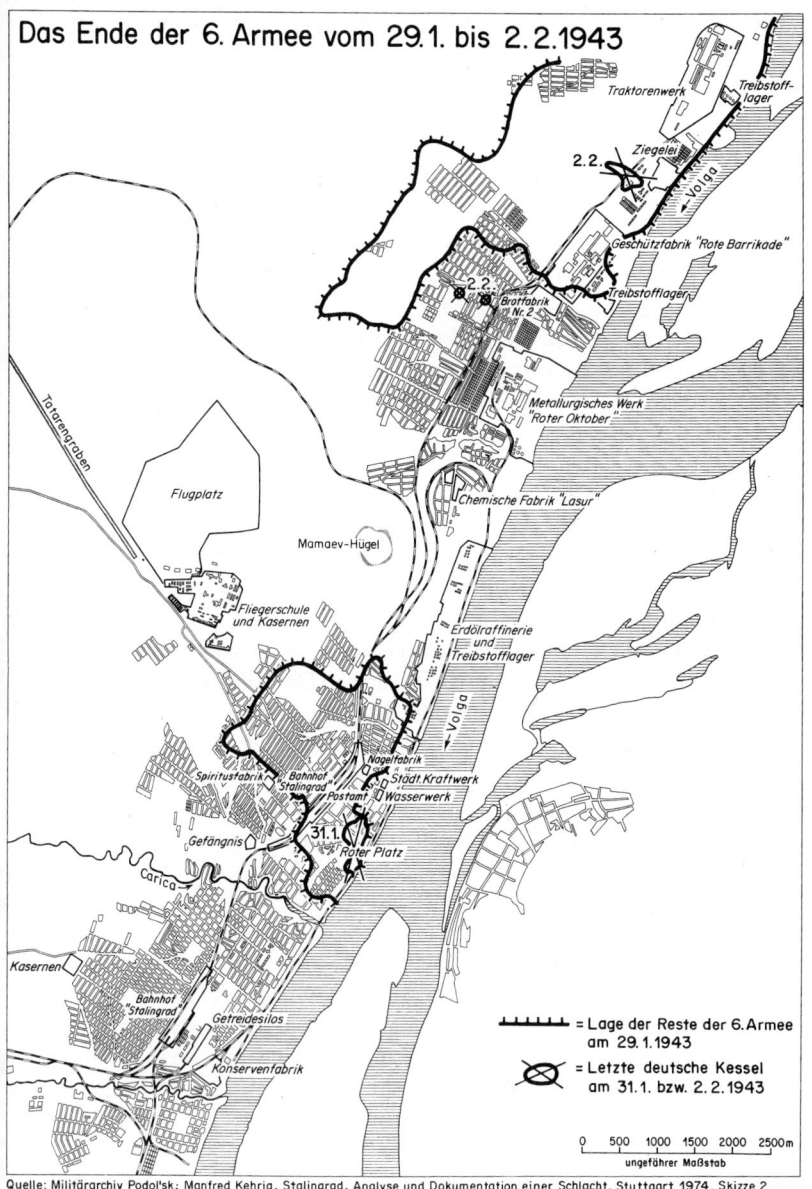

Das Ende der 6. Armee vom 29.1. bis 2.2.1943

Traktorenwerk

Treibstofflager

2.2. Ziegelei

Volga

Geschützfabrik "Rote Barrikade"

2.2. Brotfabrik Nr. 2

Treibstofflager

Metallurgisches Werk "Roter Oktober"

Tatarengraben

Flugplatz

Chemische Fabrik "Lasur"

Mamaev-Hügel

Fliegerschule und Kasernen

Erdölraffinerie und Treibstofflager

Volga

Nagelfabrik

Spiritusfabrik

Bahnhof Stalingrad

Städt. Kraftwerk

Postamt Wasserwerk

31.1. Roter Platz

Gefängnis

Carica

Kasernen

Bahnhof Stalingrad

Getreidesilos

Konservenfabrik

┼┼┼┼┼┼ = Lage der Reste der 6. Armee
am 29.1.1943

⊗ = Letzte deutsche Kessel
am 31.1. bzw. 2.2.1943

0 500 1000 1500 2000 2500m

ungefährer Maßstab

Quelle: Militärarchiv Podol'sk; Manfred Kehrig, Stalingrad. Analyse und Dokumentation einer Schlacht, Stuttgart 1974, Skizze 2.

Manfred Kehrig

Die 6. Armee im Kessel von Stalingrad

1. Die Krise ist bereits da: am Vorabend des sowjetischen Gegenangriffs

Als am 19. November 1942 frühmorgens der sowjetische Großangriff am Don gegen die verbündete rumänische 3. Armee begann, kam er für die deutsche Seite nicht unerwartet.[1] Am 29. August 1942 hatte die Abteilung Fremde Heere Ost des Generalstabs des Heeres erstmals darauf hingewiesen, daß das russische Heer zwar geschwächt, aber keineswegs zerschlagen in den Winter ginge, sich seiner Führung vielmehr zahlreiche Möglichkeiten böten, gegen die Wehrmacht und ihre Verbündeten Angriffe mit operativer Zielsetzung zu führen. Den Schwerpunkt solcher Unternehmungen sah die Abteilung im Bereich der Heeresgruppe B, wo sich mit der Wiedergewinnung Stalingrads und eines Stoßes auf Rostov herausragende militärische, wirtschaftliche und propagandistisch-politische Objekte boten. Der Gefährdung der langen, vorwiegend von Verbündeten gehaltenen Donflanke mit all ihren sich immer deutlicher abzeichnenden Unzulänglichkeiten wurde in dieser Lagebeurteilung um so mehr Gewicht beigemessen, als die Straßen- und Eisenbahninfrastruktur einen sowjetischen Aufmarsch in gleicher Weise begünstigten, wie die langgestreckten Waldgebiete ein gedecktes Heranführen der Truppen ermöglichten. An dieser — sich ja schon seit dem Juni 1942 abzeichnenden — grundsätzlichen Einschätzung der Feindlage durch die Abteilung Fremde Heere Ost änderte sich bis zum 19. November im Prinzip nichts. Eine wichtige Akzentverschiebung ergab sich dennoch seit Anfang Oktober 1942 dadurch, daß die Abteilung den Schwerpunkt sowjetischer Herbst- und Winteroperationen aufgrund der Kräfteverteilung nun eindeutig im Bereich der Heeresgruppe Mitte sah; zugleich aber wies sie darauf hin, daß daneben weiterhin mit Angriffsoperationen am Don mit ausgreifender Zielsetzung gerechnet werden müßte. Hierauf hatte vor allem der Kommandeur der Nachrichtenaufklärung 1 aufmerksam gemacht: Tiefgreifende Umgruppierungen der sowjetischen Kräfte zwischen Don und Volga, das Herausbilden von sowjetischen Brückenköpfen bei Kletskaja an der Naht zwischen der 6. Armee und der rumänischen 3. Armee und bei Serafimovič im großen Donbogen, verstärkter Brückenbau über Don und Choper deuteten auf sowjetische Angriffsabsichten in der Donflanke hin.

Bis Ende Oktober verfestigte sich der deutsche Eindruck sowjetischer Offensivvorbereitungen am Don, aber die Maßnahmen zu ihrer Abwehr blieben insgesamt bescheiden, weil Abwehrkräfte in angemessener Zahl und Stärke infolge des allgemeinen Mangels nicht bereitgestellt werden konnten. Hitlers ambivalente Haltung, einerseits öffentlich bekundete Siegeszuversicht, andererseits Sorge um das Standvermögen von Italienern und Rumänen[2] am Don, hatte immerhin die Verlegung der 22. Panzerdivision und der 298. Infanteriedivision hinter die italienische 8. Armee und die Anlage von zwei Riegelstellungen bei Kletskaja und Bol'šoj hinter der rumänischen 3. Armee zur Folge. In seiner Sorge um die Verbündeten muß man auch einen Grund für sein ständiges Drängen nach schneller Einnahme von Stalingrad sehen, um die dann freiwerdenden Panzer- und motorisierten Divisionen endlich als Reserven hinter den gefährdeten Frontabschnitten disloziert zu sehen.

Die Sorge um die lange Donflanke war natürlich auch beim Heeresgruppenkommando B wie beim Armeeoberkommando (AOK) 6 latent vorhanden. Der Ic der Heeresgruppe B, Oberst i. G. v. Freytag-Loringhoven, behandelte in einer ausführlichen Denkschrift von Anfang Oktober 1942 die Gefahr eines sowjetischen Durchbruchs am Don mit dem taktischen Ziel einer Einschließung der 6. Armee und dem operativen Ziel eines anschließenden Durchstoßes auf Rostov zur Zertrümmerung des Südflügels der deutschen Ostfront. Der Chef des Generalstabs der 6. Armee, Generalmajor Arthur Schmidt, ging von der Möglichkeit einer vorübergehenden Einschließung der 6. Armee im Winter mit »großer Selbstverständlichkeit« aus; er sah die Lage der Armee auch deshalb so kritisch, weil er von einer doppelseitigen Umfassung, also von einem gleichzeitigen Durchbruch auch im Süden der Armee bei der 4. Panzerarmee ausging. Eine solche Möglichkeit hatten Fremde Heere Ost und die Heeresgruppe B noch nicht für möglich gehalten. Schmidt wurde in seiner Auffassung vom Oberbefehlshaber der 4. Panzerarmee, Generaloberst Hoth, unter deren Leitung die rumänische 4. Armee südlich von Stalingrad in der Kalmykensteppe aufmarschierte, unterstützt; Hoth meldete der Heeresgruppe wie dem Generalstab des Heeres, es führe zur Katastrophe, wenn zwischen den rumänischen Verbänden keine deutschen Divisionen als »Korsettstangen« eingesetzt seien. Als Konsequenz aus dieser Lage in der zweiten Oktoberhälfte beantragte das Armeeoberkommando 6, die Angriffe in Stalingrad einzustellen, auf eine Don—Čir-Stellung zurückzugehen und das XIV. Panzerkorps als Reserve bereitzustellen — alles Anträge, die von Hitler ausnahmslos abgelehnt wurden. Aber auch hier kommt wieder die Ambivalenz seiner Haltung zum Ausdruck, indem er in den ersten Novembertagen die Verlegung der 6. Panzerdivision, der 306. Infanteriedivision und weiterer Infanteriedivisionen aus dem Westen in den Bereich der Heeresgruppe B befahl, wo sie als Eingreifreserven hinter der italienischen 8. Armee und der rumänischen 3. Armee bereitzuhalten waren. Dann reiste Hitler aus dem Führerhauptquartier ab, um am 8. November 1942 in München vor den alten Kämpfern seine bekannte Rede zu halten, in der er mitteilte, Stalingrad sei im Grunde schon genommen, die Sowjetarmee geschlagen.

Mit dem 7. November 1942 veränderte sich das Feindbild für die deutsche Seite jedoch dramatisch. Namentlich die Funkaufklärung vermochte erneut, den Beweis für einen Großaufmarsch sowjetischer Verbände in den Brückenköpfen von Kletskaja, Serafimovič und Bol'šoj zu erbringen, so daß die Abteilung Fremde Heere Ost die gegnerischen Kräfte als zum baldigen Angriff befähigt bezeichnete, der »sich durch Bindung starker eigener Kräfte gegebenenfalls auf den Kampf in Stalingrad auswirken kann«[3]. Auch der Chef des deutschen Verbindungsstabes zum rumänischen AOK 3, Oberst i.G. Schöne, schlug Alarm. Daraufhin befahl die Heeresgruppe B am 9. November die Verlegung des Generalkommandos XXXXVIII. Panzerkorps unter Generalleutnant Heim in den großen Don-Bogen hinter die rumänische 3. Armee, und das AOK 6 ordnete die sofortige Bildung der Gruppe Lepper an, um sie »zur Stützung des Ostflügels des rumänischen AOK 3« einsetzen zu können. Überhaupt begann sich das AOK 6 nun immer entschiedener auf die Möglichkeit eines tiefen sowjetischen Einbruchs in seine linke Flanke einzustellen. Karpovka und Kalač wurden zu »Befestigten Räumen« ausgebaut. Namentlich bei Kalač sollte der Übergang über den Don in beide Richtungen möglich bleiben. Wie unzureichend diese und andere Maßnahmen waren, zeigte sich schon in den nächsten Tagen; denn als Ziel der sowjetischen Operation wurden nach den Ergebnissen der Funkaufklärung und den Analysen der Abteilung Fremde Heere Ost nicht nur die Erzwingung eines Rückzuges der bei Stalingrad stehenden deutschen Kräfte deutlicher, sondern auch eine Ergänzung der Don-Operation durch einen Stoß vom Süden Stalingrads her und durch weitere zeitlich gestaffelte Operationen gegen die italienische 8. Armee und die ungarische 2. Armee auch das operative Ziel Rostov. Alles, was die Heeresgruppe B gegen diese umfassende Gefahr noch ins Feld führen konnte, war neben der Verlegung des Generalkommandos XVII. Armeekorps (AK) (General der Infanterie Hollidt) zum Einsatz auf den linken Flügel der rumänischen 3. Armee die Aufstellung einer 11 000 Mann starken »Alarmdivision Tschir«.

Wie gebannt blickten der Generalstab des Heeres und die Heeresgruppe B auf die sich am Don deutlich abzeichnende Angriffsbereitschaft der Roten Armee; aber südlich von Stalingrad, im Bereich der 4. Panzerarmee, entwickelte sich eine nicht minder große Gefahr. Im Brückenkopf von Beketovka und in der Seen-Enge klärte die Funkaufklärung starke sowjetische Panzer- und motorisierte Kräfte auf und deutete sie als Bereitstellung zur doppelseitigen Umfassung der deutschen Kräfte zwischen Don und Volga. Das PzAOK 4 teilte diese Auffassung ohne jede Einschränkung, aber Heeresgruppe B und Fremde Heere Ost glaubten nicht an einen sowjetischen Angriff in diesem Raum wegen der damit zusammenhängenden Aufmarsch- und Versorgungsschwierigkeiten. Erst am Abend des 19. November 1942, also am Ende des ersten sowjetischen Angriffstages am Don, wurde für sie eine gegnerische Operation aus dem Raum südlich von Stalingrad zur Gewißheit. Aber da wäre es für Gegenmaßnahmen zu spät gewesen, ganz abgesehen davon, daß der Heeresgruppe B dafür auch keine Kräfte zur Verfügung gestanden hätten. Für die Erfüllung des doppelten Auftrages, unter allen Umständen Stalingrad einzunehmen und sowjetischen Gegenangriffen mit operativer Zielsetzung wirksam zu begegnen, fehlten der Heeresgruppe einfach die Kräfte.

Das XXXXVIII. Panzerkorps hatte von der Heeresgruppe B den Auftrag erhalten, im Falle eines feindlichen Einbruchs oder Durchbruchs die Hauptkampflinie im Gegenangriff zurückzugewinnen. Das Panzerkorps beabsichtigte infolge der weit auseinanderliegenden sowjetischen Angriffsschwerpunkte bei Bol'šoj und Kletskaja, die feindlichen Angriffsgruppen unter Zusammenfassung der eigenen Kräfte nacheinander zu schlagen. Als Grundvoraussetzungen dafür nannte General Heim am 16. November das unbedingte Stehenbleiben der rumänischen Divisionen sowie die schnelle und ausreichende Versorgung des Korps mit Betriebsstoff und Munition. Wie im großen, so erwies sich auch hier die unzureichende Logistik als entscheidender Hemmschuh aller Absichten. Hinzu kam die geringe Kampfkraft des Korps. Die 22. Panzerdivision verfügte nur über 42 Panzer, die 14. Panzerdivision sollte ohne ihre Infanterieregimenter kämpfen, und die 1. rumänische Panzerdivision war im Grunde überhaupt nicht feldtauglich. Auf diese reale Lage seines Korps hatte General Heim die obere Führung immer wieder hingewiesen. In der Tat hatten die Oberkommandos der Heeresgruppe B und der im Raum von Stalingrad eingesetzten Armeen die sowjetischen Angriffsvorbereitungen und -absichten am Don[4] erkannt. Das Ausmaß des Aufmarsches — Ansatz und Umfang der Kräfte, operative Zielsetzung, moderne Führungsmethoden — war aber unterschätzt worden. Generalmajor Arthur Schmidt hat das am klarsten ausgesprochen, als er am 1. Dezember 1942 schrieb:

»Es ist falsch, jetzt einen Schuldigen für diese Not zu suchen. Wir alle haben die Gefahr nicht in dieser Größe erkannt [...] und den Russen wieder mal unterschätzt.«[5]

So kam der sowjetische Angriff am 19. November in der Tat für niemanden auf deutscher Seite überraschend.

Zu den Unzulänglichkeiten der deutschen taktischen Abwehrmaßnahmen traten solche logistischer Art in der gleichen gravierenden Weise hinzu. Schon die für die laufenden Operationen der 6. Armee notwendige Versorgung mit Betriebsstoff, Munition und Verpflegung hatte nicht nachgeschoben werden können. Die gegenüber anderen bevorzugte Armee litt solche Not, daß sich Paulus am 10. Oktober 1942 nur unter größten Bedenken zur Fortsetzung des Angriffs auf Stalingrad entschlossen hatte. Die 6. Armee verfügte zwar über eine beachtliche artilleristische Feuerkraft, aber wegen fehlender Munition war diese nicht einsetzbar. Der größte Wunsch der Soldaten war es, sich endlich wieder einmal richtig satt essen zu können. Schlimmer noch: Angesichts der angespannten Transportlage hatte auch die so dringend notwendige Winterbevorratung nicht durchgeführt werden können. Winterbekleidung überhaupt fehlte namentlich bei den verbündeten Rumänen. Es ist kennzeichnend, daß sich aus diesem, vor allem die verbündeten Truppen treffenden und die operative Handlungsfreiheit stark einengenden Versorgungsnotstand eine schwerwiegende Krise im deutschrumänischen Verhältnis überhaupt entwickelte.[6] So war die Lage der zwischen Don und Volga eingesetzten deutschen und verbündeten Armeen bereits vor Beginn des sowjetischen Angriffs operativ, logistisch und bündnispolitisch von schweren Krisen gekennzeichnet.

2. Der Knoten wird geschürzt:
die Einschließung der 6. Armee

Am 19. November 1942 morgens griffen die sowjetischen Kräfte die rumänische 3. Armee an.[7] Den zielstrebig mit Panzerkorps vorgetragenen Angriffen waren die schlecht geführten, unzureichend ausgestatteten und versorgten rumänischen Divisionen nicht gewachsen, wenngleich an manchen Stellen auch erbittert Widerstand geleistet wurde. Während der Kommandierende General des XXXXVIII. Panzerkorps den als gefährlicher beurteilten sowjetischen Angriffskeil bei Kletskaja zuerst mit allen Kräften angreifen wollte, befahl der Chef des Generalstabes des Heeres, General der Infanterie Zeitzler, der Heeresgruppe B, das Korps anzuhalten und zum Stoß auf Bol'šoj anzusetzen. Die Folge war die Aufsplitterung des Korps.

Erst mittags wurde dem AOK 6 klar, daß sich der Angriff gegen Flanke und Rücken der 6. Armee richtete. Um 21.30 Uhr entschloß sich die Heeresgruppe B, den Ernst der Lage klar erkennend, zu »radikalen Maßnahmen«: Sie befahl die Einstellung des Angriffs in Stalingrad und die Bildung einer starken gepanzerten Gruppe, die die tiefe linke Flanke schützen, die zur Versorgung lebensnotwendige Bahnverbindung Lichovskoj—Bahnhof Čir sichern und gegebenenfalls zum Angriff antreten sollte. Das AOK 6 wußte aber sehr wohl, daß diese Maßnahme erst in frühestens drei Tagen wirksam werden konnte.

Zwar war es im Verlauf des 20. November gelungen, im Westen eine dünne Abwehrfront aufzubauen, aber diese Tatsache wurde zunehmend überschattet durch den am frühen Morgen begonnenen Angriff der Stalingrader Front südlich von Stalingrad. Die scharf angreifenden gepanzerten Verbände erzielten schnell tiefe Einbrüche beim rumänischen VI. Armeekorps in der Seen-Enge sowie bei der dem deutschen IV. Armeekorps unterstehenden rumänischen 20. Infanteriedivision. Schnell zeigte sich, daß die einzige Reserve der 4. Panzerarmee, die 29. Infanteriedivision (mot), zur Bereinigung der Lage nicht ausreichen würde. Der in Berchtesgaden weilende Hitler und der in der »Wolfsschanze« verbliebene Chef des Generalstabes des Heeres erkannten am 20. November 1942 sofort die gefährliche Lage und reagierten mit einer bedeutsamen Führungsmaßnahme: Bei der Heeresgruppe Nord wurde der Stab des AOK 11 unter Generalfeldmarschall v. Manstein herausgelöst mit der Weisung, zur Entlastung der Heeresgruppe B als neues Heeresgruppenkommando Don die Führung der rumänischen 3. Armee, der 6. Armee und der 4. Panzerarmee zu übernehmen, die sowjetischen Angriffe zum Stehen zu bringen und die verlorenen Stellungen wiederzugewinnen. Wichtig für die zukünftige Entwicklung wurde die — im einzelnen auch heute noch nicht zu rekonstruierende — Entscheidung Hitlers, für die 6. Armee eine Luftversorgung vorbereiten zu lassen, die aber wohl nur für eine »vorübergehende Einschließung« der 6. Armee, nämlich bis zu einem erfolgreichen Entsatzangriff, erwogen worden ist.

Mit dem 21. November 1942 begann die entscheidende Phase zur Einschließung der 6. Armee. Der sowjetische Einbruch in die 4. Panzerarmee erweiterte sich zum Durchbruch mit dem Ziel Kalač am Don. General der Panzertruppe Paulus befahl dem XIV. Panzerkorps, einen Entlastungsangriff in südwestlicher Richtung zu führen und die im Vormarsch auf Kalač befindlichen Panzerverbände in der Flanke zu fassen. Die Sorge um die Bahnlinie zur Aufrechterhaltung der Operationsfähigkeit der 6. Armee spielte auch in den Überlegungen des Heeresgruppenkommandos B und des Generalstabes eine große Rolle. Beide Stäbe gingen nämlich mit großer Wahrscheinlichkeit von einer zumindest vorübergehenden Einschließung der 6. Armee aus, wenn das sowjetische Vordringen in den nächsten Stunden nicht aufgehalten werden konnte. Aber darauf deutete im Augenblick nichts hin. Ein erster Führerbefehl erreichte Paulus:

»6. Armee hält trotz Gefahr vorübergehender Einschließung [...] Bahnlinie möglichst lange offen halten. Über Luftversorgung folgt Befehl.«

Damit war bereits am 21. November 1942 nachmittags die Tendenz der Entscheidung Hitlers hinsichtlich der 6. Armee klar. Die unmittelbare Reaktion auf diesen Befehl ist nicht genau zu rekonstruieren. Aber am Abend reifte im AOK 6 die Erkenntnis, daß die gegnerischen Bewegungen schneller abliefen als die eigenen Gegenmaßnahmen. Die Vereinigung der von Nordwesten und Südosten auf Kalač zu angreifenden sowjetischen Panzerverbände war nicht mehr zu verhindern. Die größte Gefahr erblickten Paulus und Schmidt aber in den südlich von Stalingrad durchgebrochenen sowjetischen Verbänden. Hieraus ergab sich die Notwendigkeit, zunächst mit der Armee im Raum von Stalingrad zu igeln, um die Armee in den nächsten Tagen überhaupt am Leben zu erhalten. Dabei war es zunächst unerheblich, ob die Armee zu einem späteren Zeitpunkt ausbrechen oder den Raum von Stalingrad zu behaupten haben würde.

Von Anfang an waren die Überlegungen hinsichtlich der Inkaufnahme einer vorübergehenden Einschließung der 6. Armee auf allen Führungsebenen mit der Frage ihrer Versorgung verknüpft. Die gegen Mittag von der Heeresgruppe B an das AOK 6 übermittelte Mahnung, die Bahnlinie, Lebensader der Armee, solange wie möglich offen zu halten, läßt erkennen, wie sehr man sich bereits zu diesem Zeitpunkt auf eine Einschließung der 6. Armee eingestellt hatte. War der Landweg für die Versorgung erst einmal unterbrochen, blieb, wie Generalmajor Schmidt dem Kommandierenden General des VIII. Fliegerkorps, Generalleutnant Fiebig, am Abend des 21. November mitteilte, nur eine Versorgung der Armee durch die Luft. Schmidt und Paulus teilten zwar die Auffassung Fiebigs und des Chefs der Luftflotte 4, Generaloberst v.Richthofen, daß dies auf Dauer unmöglich sei, eine Luftversorgung blieb aber der einzige Weg, um überhaupt etwas zur Erhaltung der Kampfkraft der Armee zu tun. Als Ergebnis der operativen Überlegungen im AOK 6 wird man bis zum 21. November abends festhalten können, daß die kaum noch zu verhindernde Einschließung der Armee, ihre Bindung an den Raum von Stalingrad durch Führerbefehl und das Inaussichtstellen einer Luftversorgung wichtige Bezugspunkte für den bevorstehenden Entschluß darstellten, an Stalingrad »auf alle Fälle« festzuhalten.

Am 22. November nahm eine Vorausabteilung des sowjetischen 26. Panzerkorps die Brücke über den Don bei Kalač[8] und unterbrach damit nicht nur die logistische Versorgung der 6. Armee, sondern beeinträchtigte auch deren operative Bewegungsfreiheit. Die wenigen deutschen Kräfte in Kalač reichten nicht aus, den sowjetischen Brückenkopf einzudrücken. Das XIV. Panzerkorps hatte den befohlenen Entlastungsangriff wegen Spritmangels nicht führen können. Hätte das sowjetische Panzerkorps die Gunst der Lage ausgenutzt und mit seinen Hauptkräften beschleunigt den Uferwechsel vollzogen, wäre die Abschnürung der 6. Armee noch viel schneller erfolgt. Auch die zwei deutschen Korps auf dem Westufer des Don waren für einen Gegenangriff zu schwach, sie drohten vielmehr umfaßt zu werden und in kurzer Zeit der Vernichtung anheim zu fallen, wenn nicht alsbald der Rückzug auf das Ostufer des Flusses eingeleitet wurde.

In den Morgenstunden des 22. November reifte nach engem Gedankenaustausch mit Generaloberst Hoth und dessen Generalstabschef die Absicht des AOK 6 zum Entschluß: Igelbildung der Armee unter Schaffung der Voraussetzungen für einen späteren Durchbruch nach Südwesten. Ein sofortiger Ausbruch wurde infolge der beiden westlich des Don stehenden Korps, der Notwendigkeit, erst die Südfront zu schließen, wegen fehlenden Betriebsstoffs sowie der zunächst noch ungeklärten Mitwirkung der Heeresgruppe B, aber auch infolge des Führerbefehls vom Vortage, der die Armee an den Raum von Stalingrad gebunden hatte, ausgeschlossen. Oberstes Gebot der Armeeführung war die Erhaltung der einheitlichen Operationsführung, weshalb der Oberquartiermeister noch am Abend des 21. November dringend um Zuführung von Betriebsstoff gebeten hatte, »da hiervon die Durchführung der Absichten der Armee entscheidend« abhänge. Jeder Vorwurf, die 6. Armee habe die Möglichkeit einer Luftversorgung bereits in dieser Situation leichtfertig beurteilt, ist ungerechtfertigt. Auch die Behauptung, das AOK 6 habe allein den Führerbefehl vom Vortage zur Grundlage seiner Entscheidungsfindung gemacht, ist unzutreffend. Paulus und Schmidt waren entschlossen, gegebenenfalls in eigener Verantwortung den Kurs zu bestimmen; aber das Bewußtsein, in diesem Fall das Prinzip des Gehorsams zu verletzen, hat namentlich Paulus belastet.

Um 7.30 Uhr gab Generalmajor Schmidt fernmündlich voraus, die ersten Befehle zur Igelbildung: Danach hatten das XIV. Panzerkorps und das XI. Armeekorps nach Osten auszuweichen und Kräfte für die Abdeckung ihrer Südflanke freizumachen; das VIII. Armeekorps hatte durch Abzug von Verbänden eine Südfront aufzubauen; mittags trat das IV. Armeekorps des PzAOK 4 unter den Befehl der 6. Armee. Es hatte im Raum von Marinovka Anschluß an die Kräfte des VIII. Armeekorps zu gewinnen. Von Anfang an unterlag es keinem Zweifel, daß die Schließung der offenen Südfront absolute Priorität vor allen anderen Maßnahmen haben mußte, denn hier operierten schon mittags sowjetische Panzerverbände, bedrohten Karpovka und Marinovka und unterbrachen erneut die Bahnverbindungen nach Stalingrad.

Während also an allen Fronten der 6. Armee heftig gekämpft wurde und die ersten Maßnahmen zur Schließung der Westfront und zum Aufbau einer Südfront angelaufen waren, flog auf Befehl des Generalstabes des Heeres Paulus mit dem Stab der Armee in den sich bildenden Kessel ein, wo das neue Armeehauptquartier in Gumrak eine Bleibe fand. Nach seinem eigenen Bekunden hat Paulus noch vor dem Abflug den Oberbefehlshaber der Heeresgruppe B, Generaloberst v. Weichs, von seiner Auffassung unterrichtet, daß allein aus Gründen der Versorgung nur ein Ausbruch der Armee nach Westen in Frage komme. Dies entsprach, wie Paulus nach der Landung in Gumrak feststellte, auch der communis opinio der Kommandierenden Generale und, soweit verfügbar, der Divisionskommandeure. Vor allem mit dem das LI. Armeekorps führenden General v. Seydlitz und dessen Chef des Stabes, Oberst i. G. Clausius, hat sich der Armeeoberbefehlshaber am Nachmittag und Abend beraten, während sich Schmidt daran offensichtlich nicht beteiligte und sich um die Herstellung der Arbeitsfähigkeit des Armeestabes nach der Verlegung kümmerte.[9] Paulus beabsichtigte die Vorlage einer Lagebeurteilung an Hitler, deren Ergebnis ein Antrag auf Handlungsfreiheit sein sollte. Doch dazu kam es am 22. November noch nicht. In der Abendmeldung des AOK 6 hieß es lediglich, der Raum von Stalingrad bis zum Don solle gehalten werden, vorausgesetzt, daß es gelinge, die Südfront zu schließen und aus-

reichend Versorgungsgüter zuzufliegen; gelinge die Schließung der Südfront nicht, beantrage der Oberbefehlshaber Handlungsfreiheit, Stalingrad und die Nordfront aufzugeben, »um mit ganzer Kraft Gegner
an Südfront zwischen Don und Wolga zu schlagen und hier Anschluß
an die 4. rumänische Armee zu gewinnen«. Das Oberkommando des
Heeres (OKH) und die Heeresgruppe B waren damit über die Gene-
rallinie unterrichtet, die das Handeln des AOK 6 bestimmen würde.
Möglich, daß man in der Umgebung Hitlers von diesen Überlegungen im AOK 6 bereits Kenntnis bekommen hatte; jedenfalls ging drei
Stunden nach Abgang der Abendmeldung folgender — nunmehr schon
der dritte — Führerbefehl in Gumrak ein:

»Die Armee ist vorübergehend von russischen Kräften eingeschlossen. Ich kenne
die 6. Armee und ihren Oberbefehlshaber und weiß, daß sie sich in dieser schweren Lage tapfer halten wird. Die 6. Armee muß wissen, daß ich alles tue, um
ihr zu helfen und sie zu entsetzen. Ich werde ihr rechtzeitig meine Befehle
geben.«

Damit wurde die Armee erneut an den Raum Stalingrad gebunden.
Trotzdem begann die Führungsabteilung des AOK 6 in der Nacht mit
dem Fertigstellen der ersten Befehle für einen Ausbruch der Armee
nach Südwesten, der den Decknamen »Umbau« erhielt. Mit der Bildung der »Gruppe Hoth«, der auch die rumänische 4. Armee und die
16. Infanteriedivision (mot) unterstellt sein sollten, schuf die Heeresgruppe B die Voraussetzungen für die Durchführung einer Entsatzoperation, weshalb sie der rumänischen 4. Armee jedes weitere Absetzen nach Westen kategorisch untersagte.

Der 23. November bildete den Höhepunkt in der Entschlußfassung
über das Einigeln der 6. Armee. Auch Hitler muß die einer Entscheidung zustrebende Situation als so kritisch empfunden haben, daß er
am 22. November abends Berchtesgaden mit dem Zug Richtung Leip-
zig verließ; in seiner Begleitung befanden sich die Adjutanten, Keitel,
Jodl und der Chef des Generalstabes der Luftwaffe, Generaloberst
Jeschonnek, von dem er wohl eine vorsichtige Zusage über eine Luftversorgung der 6. Armee erhalten hatte. Die Bahnfahrt wurde alle zwei
bis drei Stunden unterbrochen, um mit General Zeitzler Verbindung
zu halten und diesen zu veranlassen, keine Entscheidung über ein Absetzen der 6. Armee bis zu seinem Eintreffen in Rastenburg zu treffen.
Paulus indessen nutzte den 23. November, um im Gedankenaustausch
mit den Kommandierenden Generalen den Ausbruch der Armee nach
Südwesten zu erörtern, mußte aber auf Weisung der Heeresgruppe B
am Vormittag des 23. November auf alle praktischen Vorbereitungen

verzichten, ohne indessen »diese Gedanken [...] ganz aus dem Auge zu verlieren«. Der Ausbruch blieb aber bei allen Maßnahmen der Kommandierenden Generale entscheidende Richtschnur und kam am Nachmittag in entsprechenden Befehlen des VIII. AK und des XIV. Panzerkorps ganz entschieden zum Ausdruck, als die Vereinigung der beiden sowjetischen Stoßteile bei Sovetskij die Notwendigkeit eines schnellen Absetzens der Armee nach Südwesten zu verlangen schien. Aber Generaloberst v. Weichs wich von seiner morgens bezogenen Grundlinie nicht ab:

»Entscheid steht noch aus. Vorsorgliche Gedanken notwendig und gemäß letztem Telefongespräch weiterführen. Ausführung nur auf Stichwort Umbau. Bis dahin bleibt alter Auftrag bestehen.«

Dazu hatte er um so mehr Grund, als ihn das Oberkommando des Heeres informiert hatte, daß Hitler jede Rückzugsbewegung generell verboten habe und Kotel'nikovskij als Aufmarschraum für eine Entlastungsoperation in Richtung Stalingrad ebenso unter allen Umständen zu halten sei wie das Don—Čir-Dreieck und der Raum von Bokovskaja »als Eckpfeiler weiterer Entschlüsse«. Diese Maßnahme bezweckte nicht nur die Schaffung günstiger Voraussetzungen für ein Freischlagen der 6. Armee, sondern betraf eine Neugliederung der Abwehr im neuralgischen Raum des Südabschnitts der Ostfront: die Abdeckung der Heeresgruppe A im Kaukasus. Ein wesentliches Mittel zur Erreichung dieses Ziels sah Generaloberst v. Weichs in einem Einbau der ausgebrochenen 6. Armee im Südabschnitt und setzte deshalb zur gleichen Zeit (18.45 Uhr) eine Meldung an das OKH ab, in der er, durch Richthofen bestärkt, in Übereinstimmung mit Paulus und unter besonderer Betonung der logistischen Lage eine Zurücknahme der 6. Armee forderte. Zweieinhalb Stunden später richtete auch Paulus noch einmal eine Lagemeldung an Hitler und erbat erneut »Handlungsfreiheit«, seine volle Übereinstimmung mit allen Kommandierenden Generalen hervorhebend.[10]

Eine Entscheidung Hitlers auf dieses konzentrierte Drängen von Heeresgruppe B, AOK 6 und Generalstab des Heeres konnte nicht vor dem 24. November frühmorgens erwartet werden. Aber am Nachmittag des 23. November muß die Absicht Hitlers, die 6. Armee bis zum Durchschlagen eines Entsatzangriffes durch die Luftwaffe versorgen zu lassen, als definitiv angesehen werden, denn da wurde Görings Entscheid bekannt, abends in Wildpark-Werder eine Besprechung abzuhalten, deren einziger Gegenstand die Organisation einer Luftbrücke sein sollte. Die Vorgänge im Führerhauptquartier in Rastenburg nach Hitlers Eintreffen abends sind im einzelnen nicht mehr genau zu rekonstruieren, doch unterrichtete Zeitzler den Oberbefehlshaber der Heeresgruppe B am 24. November um 2.00 Uhr telefonisch, er habe »den Führer davon überzeugt, daß der Ausbruch die einzige Möglichkeit zur Rettung der Armee sei«, was der Heeresgruppe in den Morgenstunden schriftlich mitgeteilt werden sollte. Dieser Eindruck muß auf einem groben Mißverständnis beruht haben, denn drei Stunden später befahl der Generalstab des Heeres, dessen Chef bekanntlich Zeitzler war, eine exakt gegenteilige Entscheidung Hitlers: Zusammenfassung der 6. Armee im Raum von Stalingrad, Versammlung einer Entsatzgruppe im Raum von Kotel'nikovskij, bis zur Wiederherstellung der Lage Versorgung der Armee durch die Luftwaffe, wozu der »Einsatz weiterer 100 Ju« anlaufen sollte. Das Mißverstehen Hitlers durch Zeitzler ist wohl nur so zu erklären, daß Hitler, des ständigen Drängens des Generalstabschefs überdrüssig und im übrigen von der langen Fahrt ermüdet, erklärte, es bleibe bei seiner Entscheidung, aber diese Lösung könne man am nächsten Tag noch einmal beraten.[11]

Der Führerentscheid vom 24. November traf die Führungsabteilungen der Heeresgruppe B wie der 6. Armee nachweislich mitten in den Vorbereitungen zur Formulierung der Befehle zum Ausbruch der Armee nach Südwesten. Aber nun, da ein eindeutiger Befehl vorlag, wie die Krise im Sinne der Obersten Führung gemeistert werden sollte, konnte keine Rede mehr von einer schwerpunktmäßigen Bearbeitung von Ausbruchsvorbereitungen sein. Für das Heeresgruppenoberkommando B wie das AOK 6 gab es hierzu jetzt um so weniger Anlaß, als Generalfeldmarschall v. Manstein am 24. November morgens bei der Heeresgruppe B eintraf, um die Übernahme des Heeresgruppenoberkommandos Don vorzubereiten, und damit auch die Führung der 6. Armee. Für diese aber ergab sich am Morgen des 24. November die Notwendigkeit eines schnellen und entschiedenen Durchführens der Führerweisung schon aus psychologischen Gründen, weil der Kommandierende General des LI. Armeekorps, v. Seydlitz, in der vorangegangenen Nacht eigenmächtig die Nordfront seines Korps weiter als befohlen zurückgenommen hatte, um der Armee die Entscheidung zum selbständig gefaßten Entschluß zum Ausbruch nach Südwesten zu erleichtern.[12] Manstein glaubte gegen Mittag, die Lage hinreichend beurteilen zu können. Im Unterschied zu Weichs und Paulus schloß er sich deren Forderung nach einem Ausbruch nicht an, »solange noch Aussicht für ausreichende Versorgung, wenigstens mit panzerbrechender Munition, Infanterie-Munition und Betriebsstoff« bestehe, ganz offensichtlich die angekündigte Luftversorgung optimistisch beurteilend. Einen Ausbruch der 6. Armee wollte er nur »äußerstenfalls« beantragen. Entscheidend an dieser Beurteilung war, daß Heeresgruppe und Armee nicht entschlossen und kompromißlos dieselbe Auffassung nach oben vertraten. Mansteins Urteil mußte Hitler in seiner Beurteilung und Entschlußbildung geradezu bestärken.

Für das AOK 6 ging mit dem Eingehen des Führerentscheids ein 36stündiges, quälendes Warten, wie die obere Führung der Krise begegnen wollte, zu Ende. Am 24. November ging der »Armeebefehl für die Weiterführung des Kampfes« an die Korps. Für die Erhaltung der Operationsfähigkeit wurde nun die Organisation der Luftversorgung vordringlich, mit deren Aufbau im Kessel der Kommandeur der 9. Flakdivision, Generalmajor Pickert, vom AOK 6 beauftragt wurde. Zugleich befahl der Oberquartiermeister der 6. Armee die Kürzung der Verpflegung um 50 Prozent und der Brotration auf 300 Gramm täglich.

Während das AOK 6 ohne offenen Widerspruch den Führerbefehl vom 24. November morgens befolgte, fand sich Seydlitz mit dieser Führerentscheidung und dem daraus resultierenden Armeebefehl nicht ab. Er legte deshalb am 25. November Paulus eine umfangreiche Beurteilung der Lage vor, deren Kernaussage darin bestand, daß eine Luftversorgung der Armee selbst unter günstigen Voraussetzungen den Bedarf nicht decken könne, daß das Beispiel Demjansk auf die völlig anders gearteten Verhältnisse in Stalingrad nicht anwendbar sei und das Gelingen eines Entsatzangriffs höchst zweifelhaft bliebe. Für Seydlitz und seinen die Denkschrift konzipierenden Chef des Stabes Clausius ergab sich daraus die Konsequenz, »einen anderen Befehl sofort herbeizuführen oder sofort einen anderen Entschluß selbst zu fassen«, für den »nach außen« die Sprachregelung benutzt werden sollte:

»Nach völliger Zerstörung des sowjetischen Rüstungszentrums Stalingrad ist die Armee unter Zerschlagung einer feindlichen Kräftegruppe von der Wolga abgesetzt worden.«

General Schmidt, wohl noch empört über die, wie er es nannte, »Meuterei« des Generals v. Seydlitz bei der Zurücknahme der Nordfront, versah die Denkschrift mit der sarkastischen Bemerkung: »Wir haben uns nicht den Kopf des Führers zu zerbrechen und General v. Seydlitz nicht den des OB!« und sorgte dafür, daß sie sogleich nach Novočerkassk ins Hauptquartier Mansteins geflogen wurde, wo sie am 28. November vorlag. Was dem Votum des Generals v. Seydlitz seinen hohen Rang verleiht, ist die noch immer lebendige sittliche Begründung für ein selbständiges Handeln in einer Krisensituation, während General Schmidt, bei aller Begabung, Tüchtigkeit und seinem intellektuellen Habitus, doch solchen Begründungen gegenüber kühl blieb — obwohl auch er die Weisungen des OKH skeptisch beurteilte. Auf Paulus hat die sich für ihn ergebende Verantwortung schwer gelastet, er fühlte sich durch die Weisungen des OKH in seiner für eine erfolgreiche Operationsführung notwendigen Entscheidungsfreiheit unnötig eingeschränkt, ja behindert, und so empfand er nicht nur die am 24. November angekündigte Kommandoübernahme durch Manstein, zu dessen Führungsqualitäten er — wie auch Schmidt — großes Vertrauen hatte, als eine positive Voraussetzung für die weitere Entwicklung, sondern Mansteins Funkspruch von diesem Tage: »Wir werden alles tun, sie herauszuhauen«, hat offensichtlich auf Seiten von Paulus auch ein besonderes Vertrauensverhältnis begründet. Jedenfalls entschloß er sich am 26. November zu einem ausführlichen Handschreiben an Manstein, in dem er die Wiederherstellung seiner vollen Handlungsfreiheit forderte und ganz speziell, bezogen auf seine aktuelle Situation, »für den alleräußersten Fall die Genehmigung zum Handeln nach Lage«. Skeptisch beurteilte Paulus die Leistungsfähigkeit der Luftwaffe und das Schlagen eines Korridors und wies Manstein in diesem Zusammenhang auf dessen eigene Verantwortung hin, indem er formulierte, »daß er in seiner Führung die Gewähr sehe, daß alles geschieht, um der 6. Armee zu helfen«. Aber diese Freiheit für ein »Handeln nach Lage« wollte Manstein Paulus nicht zugestehen und begründete dies damit, daß Hitler mit seinem Befehl zum Halten des Raums von Stalingrad dem Oberbefehlshaber der 6. Armee auch die Verantwortung für das Schicksal der Armee abgenommen habe:

»Was wird, wenn die Armee in Erfüllung des Befehls des Führers die letzte Patrone verschossen haben sollte, dafür sind Sie nicht verantwortlich.«

In der Stunde höchster Gefahr jedoch, gewissermaßen fünf Minuten vor Zwölf noch »entkommen« zu wollen, führe in jedem Fall zur Vernichtung der Armee. Deshalb gebe es nur eine Alternative: Halten bis zum letzten Schuß oder Ausbruch zu einem Zeitpunkt, zu dem die Armee hierzu noch fähig sei. Erstaunlich bleibt, daß Manstein dem Oberbefehlshaber der 6. Armee ein selbständiges Handeln »im alleräußersten Fall« nicht genehmigen wollte, obwohl er diese Freiheit gerade für sich selbst bei Hitler mit gleichen Formulierungen gefordert hatte.

Die 6. Armee, durch Führerweisung an den Raum von Stalingrad gebunden und durch Manstein zur strikten Befolgung dieses Befehls noch einmal angehalten, hatte Anfang Dezember 1942 ihre Gliederung zur Verteidigung der Kesselfronten eingenommen; sie hatte das LI. Armeekorps (General der Artillerie v. Seydlitz-Kurzbach) mit dem unterstellten XI. Armeekorps (General der Infanterie Strecker) an der Volga- und Nordfront, das VIII. Armeekorps (General der Artillerie Heitz) und das XIV. Panzerkorps (General der Panzertruppe Hube) an der Nordwest- und Westfront sowie das IV. Armeekorps (General der Pioniere Jaenecke) an der Südfront eingesetzt; als Armeereserven wurden die Reste der 384. Infanteriedivision und 14. Panzerdivision bereitgehalten. Fast alle Verbände galten als abgekämpft und nahezu unbeweglich; doch verfügte die Armee immerhin noch über 140 Panzer. Im Kessel befanden sich 260 000 Soldaten, darunter 10 000 Rumänen und 20 300 Hilfswillige sowie 50 000 Pferde.[13] Sie alle kampffähig zu halten, war Aufgabe der Logistik. Soweit es in die Zuständigkeit der 6. Armee fiel, wurden Gumrak als Hauptversorgungspunkt und Basargino neben Pitomnik als zweiter Luftversorgungsstützpunkt im Kessel aufgebaut. Da vor allem das VIII. und das XI. Armeekorps nahezu alle Versorgungslager verloren hatten, mußte durch Sperrung der Restbestände anderer Korps notdürftig ein Ausgleich geschaffen werden.

Ab dem 22. November aber blieb die 6. Armee völlig auf die Zuführung von Versorgungsgütern auf dem Luftwege angewiesen. Für die Luftflotte 4 stand von Anfang an fest[14], daß die Luftversorgung nur eine vorübergehende Maßnahme bis zum Durchschlagen des Entsatzangriffes sein könne. Ende November 1942 liefen die ersten von Göring am 23. November befohlenen Verstärkungen zu, was um so schwieriger zu realisieren gewesen war, als infolge der alliierten Landung in Nordafrika auch dorthin Lufttransportkräfte verlegt werden mußten; zu diesem Zeitpunkt verfügte der Luftversorgungsführer VIII. Fliegerkorps zwar über rund 400 Maschinen, aber der technische Klarstand lag nur bei 35 Prozent, infolge der Witterungs- und Klimaverhältnisse konnte oftmals überhaupt nicht geflogen werden, Jagdschutz für die Transportverbände war nur in seltenen Fällen möglich, die Instandsetzungsmöglichkeiten blieben gering, die eigenen Verluste an Transportmaschinen betrugen bis zum 2. Dezember bereits 36 Flugzeuge. So war es nicht überraschend, wenn zum Beispiel am 29. November lediglich 40 Tonnen Versorgungsgüter nach Stalingrad eingeflogen werden konnten. Schon Anfang Dezember war für die höheren Frontkommandostäbe von Heer und Luftwaffe außerhalb des Kessels der von Richthofen und Fiebig vorausgesagte Beweis erbracht, daß die Versorgung des Kessels mit den vom AOK 6 geforderten Nachschubgütern nicht durchzuführen war und daß erst recht der durch schlechtes Wetter bedingte Versorgungsausfall auch durch vermehrten Einsatz der Flugzeuge nicht wieder aufzuholen war. Im AOK 6 hat man diese Konsequenz aufgrund des beschränkten Informationsstandes so klar nicht gesehen. Bis zum 14. Dezember glaubte Paulus, die Widerstandsfähigkeit der 6. Armee garantieren zu können. Aber keinem Zweifel unterliegt es, daß er selbst, wie auch General Schmidt und erst recht der Oberquartiermeister der Armee in Morozovsk und dessen Vertreter im Kessel, Major i.G. v. Kunowski, eine entscheidende Steigerung der Luftversorgung, die eine »Existenzfrage der Armee« sei, überall mit Nachdruck forderten; vor allem, so drängte Schmidt, müsse der Generalquartiermeister im OKH »Klarheit über die ernste Versorgungslage der Armee« haben. Es ist zu fragen, ob die 6. Armee bei dieser schlechten Versorgungslage fähig gewesen wäre, am 26. November, wie ursprünglich geplant, oder am 2. Dezember, als die West- und Südfront geschlossen waren und das VIII. wie XI. Armeekorps auf dem Ostufer des Don ihre endgültigen Frontabschnitte übernommen hatten, nach Südwesten durchzubrechen.[15] General Schmidt hatte den Beginn einer solchen Operation nicht zuletzt von einer vorhergehenden, von der Luftwaffe durchzuführenden Ergänzung der Betriebsstoff- und Munitionsbestände abhängig gemacht. Unsere Kenntnis vom Stand der Versorgung läßt den Schluß zu, daß die Munitions- und Betriebsstofflage der 6. Armee einen Tage dauernden Durchbruchsversuch nach Südwesten mit Aussicht auf Gelingen kaum mehr erlaubt hätte. Anfang Dezember 1942 erließ Paulus einen flammenden Aufruf an die Verbände der 6. Armee, im Vertrauen auf die zugesagte Hilfe Hitlers weiterzukämpfen. Die Formulierung »Drum haltet aus, der Führer haut uns raus!« machte überall die Runde. Am 30. November 1942 war Paulus zum Generaloberst befördert worden.

3. Das Unmögliche wird versucht: der Entsatz

Mit dem Führerentscheid vom 24. November 1942 und dem kurz darauf folgenden Befehl für die weitere Kampfführung der Heeresgruppe B war festgelegt worden: Entsatz der 6. Armee durch Angriff einer vom PzAOK 4 im Raum von Kotel'nikovskij zu versammelnden gepanzerten Gruppe nach Nordosten und Erweiterung des Einschließungsringes nach Südwesten durch Angriff von Kräften der 6. Armee. Am 26. November bekräftigte Hitler in einer Weisung an Manstein noch einmal seine Entscheidung und erweiterte sie nun dahin, gegebenenfalls auch aus dem Don—Čir-Dreieck heraus in nordöstlicher Richtung auf die 6. Armee zu anzugreifen und nach erfolgtem Entsatz »durch weiteren Angriff auch die Einbruchstelle zwischen Don und Tschir wieder zu bereinigen«. Der Schwerpunkt des Entsatzangriffes sollte aber eindeutig aus dem Raum von Kotel'nikovskij geführt werden, weshalb zur Vermeidung einer Verstärkung der sowjetischen Kräfte in diesem Raum die Massierung deutscher Kräfte im Bereich der Gruppe Hollidt vorgetäuscht werden sollte.

Diesem weitausgreifenden, die aktuelle operative Lage auf dem Südflügel der Ostfront überhaupt nicht in Rechnung stellenden Auftrag setzte Manstein am 28. November seine Beurteilung der Lage unzweideutig entgegen.[16] Generaloberst v. Richthofen hatte ihm zwei Tage vorher die unzulänglichen Kräfte der Luftflotte 4 für eine Versorgung der 6. Armee vorgetragen. Paulus, Seydlitz und Pickert hatten ihre Skepsis zur Luftversorgung, letztlich die Notwendigkeit einer Zurücknahme der 6. Armee, klar zu machen versucht. Manstein hielt es für wenig sinnvoll, wenn wahrscheinlich nur eine vorübergehende Verbindung zur 6. Armee möglich werden sollte. Er forderte deshalb, zum Teil wörtliche Formulierungen von Paulus und Seydlitz aufgreifend, das planmäßige »Herausführen der Armee aus ihrer Einschließung«, um so wieder zu einer neuen, kräftesparenden Front und einer operationsfähigen Kräftegliederung zu kommen. Oberstes Ziel war dabei die Erhaltung der Kampfkraft der 6. Armee und damit die Wiedergewinnung der Initiative. Man kann aus dieser Lagebeurteilung Mansteins, mit der er sich von jener am 24. November abgegebenen klar absetzte, den Eindruck gewinnen, daß er in der von Hitler befohlenen Operation keine Lösung mehr für ein Freischlagen der 6. Armee sah, sondern in der Herstellung einer vorübergehenden Verbindung nur die Voraussetzung für ein dann notwendiges Abfließen der Armee nach Südosten. Er mochte hoffen, Hitler im Verlauf der Entsatzoperation von der Notwendigkeit einer solchen Maßnahme überzeugen zu können, und bestand deshalb am 4. und 9. Dezember auf einer eindeutigen Entscheidung des OKH, was mit der 6. Armee geschehen sollte, wenn die Verbindung zu ihr hergestellt sei — oder aber eben nicht hergestellt werden konnte. Hierauf ging Hitler jedoch nicht ein, sondern lehnte am 3. Dezember die Herausnahme der 6. Armee aus ihrer Einschließung als erstes Ziel einer Entsatzoperation kategorisch ab: Stalingrad müsse behauptet, die Verbindung mit der 6. Armee hergestellt und diese durch einen Versorgungskonvoi in ihrer Kampfkraft gestärkt werden.

Die Genesis des Operationsbefehls für den Entsatz (Deckname »Wintergewitter«) vom 1. Dezember kann, so interessant sie in vielfältiger

Hinsicht auch ist, nicht nachgezeichnet werden.[17] Das Heeresgruppen-oberkommando Don befahl der 4. Panzerarmee, mit der Masse ihrer Kräfte ostwärts des Don aus dem Raum Kotel'nikovskij anzugreifen und die sowjetischen Kräfte nach Nordosten aufzurollen; je nach Entwicklung der Feindlage sollte der Angriff zugleich aus dem Brückenkopf Verchne-Čirskij am Don oder, unter überraschendem Vorziehen der Panzerdivisionen, ausschließlich aus diesem geführt werden; westlich des Don waren Teilkräfte auf Kalač anzusetzen, um den dortigen Übergang für die 6. Armee zu öffnen. Hierfür standen dem PzAOK 4 das LVII. Panzerkorps mit der 6. und 23. Panzerdivision sowie der 15. Luftwaffen-felddivision (Raum Kotel'nikovskij) und das XXXXVIII. Panzerkorps mit der 11. Panzerdivision, 336. Infanteriedivision und 7. Luftwaffen-felddivision (Don—Čir-Dreieck) zur Verfügung. Die 17. Panzerdivision blieb unter Führungsvorbehalt des OKH. Die 6. Armee hatte unter Zusammenfassung aller Panzerkräfte zu einem von der Heeresgruppe Don befohlenen Zeitpunkt nach Südwesten durchzubrechen, um die Verbindung mit der 4. Panzerarmee herzustellen, mit Teilen auf Kalač durchzustoßen und im übrigen alle anderen Frontabschnitte zu halten. Der Angriff sollte von der Luftflotte 4 und vom rumänischen I. Flie-gerkorps unterstützt werden, der 8. Dezember Angriffsbeginn sein.

Die Vorbereitungen für den Entsatzangriff waren von immer neuen Friktionen begleitet. Von den ursprünglich vom OKH angekündig-ten 20 Divisionen für den Bereich der Heeresgruppe Don waren schließ-lich nur sieben verfügbar gemacht worden; der Anmarsch all dieser Divisionen verlief aus den verschiedensten Gründen schleppend, so daß der Angriffsbeginn immer von neuem verschoben und schließ-lich auf den 12. Dezember festgelegt werden mußte. Am nachhaltig-sten jedoch wirkten sich die sowjetischen Angriffe an allen Fronten aus, deren Ziel natürlich die erkannten deutschen Bereitstellungen waren. Das PzAOK 4 wurde so gezwungen, den Angriff am 12. Dezem-ber lediglich mit den beiden Panzerdivisionen des LVII. Panzerkorps aus dem Raum Kotel'nikovskij zu beginnen. Von ihnen war zwar die 6. Panzerdivision mit allen Kampfteilen eingetroffen, ein Großteil ihrer Ergänzungs- und Versorgungsteile fehlte aber noch, während die 23. Pan-zerdivision überhaupt keine vollwertige Division mehr war. Insgesamt konnten 101 Panzer III und 32 Panzer IV zum Einsatz gebracht wer-den. Das IV. Fliegerkorps hatte 179 Kampfmaschinen zur Unterstüt-zung des Entsatzangriffes startklar. Allen Beteiligten außerhalb des Kes-sels dürfte klar gewesen sein, daß mit eineinhalb Panzerdivisionen etwas Unmögliches gewagt wurde und nur ein Wunder helfen konnte.

Zur Besprechung der Entsatzoperationen hatte die Heeresgruppe Don am 27. November den Chef des Generalstabes, Generalmajor Schulz, und am 7. Dezember den Ia, Oberst i. G. Busse, in den Kessel entsandt. Beide Male ist, soweit die Akten Aufschluß geben, die Möglichkeit einer Herausnahme der 6. Armee aus dem Kessel, sei es nach Schlagen einer Verbindung, sei es ohne eine solche, offensichtlich nicht intensiv gesprochen worden. Schwerpunkte der Besprechung waren vielmehr das Zusammenwirken zwischen 6. Armee und 4. Panzerarmee, der Zeitpunkt des Angriffsbeginns, die Versorgungslage und die Bereitstellung der Ausfallkräfte im Kessel; letztere sollten maximal acht Bataillone und 60 bis 80 Panzer stark sein, waren aber zu diesem Zeitpunkt fast alle noch in der Front eingesetzt; der für die Panzer verfügbare Betriebsstoff reichte für 30 bis 40 Kilometer, wobei das AOK 6 20 bis 30 Kubikmeter als Reserve zurückhielt.

Die Vorbereitungen des AOK 6 für den Stoß nach Südwesten waren ebenfalls von zahlreichen Widrigkeiten gekennzeichnet. Ab dem 2. Dezember unternahmen die Verbände der Stalingrader Front Anstrengungen, den Kessel noch vor dem Wirksamwerden des Entsatzes zu zerschlagen. Bis zum 10. Dezember berannten sie pausenlos die Süd- und Südwestfront, erzielten zahlreiche Einbrüche und riefen zahllose Krisen hervor. Vor allem aber wurde die 6. Armee immer wieder gezwungen, die für den Durchbruch nach Südwesten vorgesehenen Kräfte in der Front eingesetzt zu lassen und die wenigen Reserven an Munition und Betriebsstoff für die Durchführung von Gegenangriffen zu verwenden. Mit der kräftezehrenden Bindung namentlich von gepanzerten Kräften der 6. Armee hatte die sowjetische Führung, wie im Don—Čir-Dreieck, einen wichtigen Erfolg zu verzeichnen.

Für die 6. Armee am gravierendsten entwickelte sich bis zum 12. Dezember die logistische Lage. Vom 3. bis zum 12. Dezember flog die Luftwaffe im Durchschnitt 40 Tonnen Versorgungsgüter ein — das waren nur 20 beziehungsweise sieben Prozent der als Tagesbedarf geforderten Munition und Betriebsstoffe. Ab 8. Dezember wurden die Verpflegungssätze erneut gesenkt, um ein Durchhalten der Armee bis zum 18. Dezember zu gewährleisten, zu welchem Zeitpunkt der Entsatzangriff nach dem Urteil von Paulus durchgeschlagen haben müßte. Die Armee machte nach der Aussage des Armeearztes »ein Hungerexperiment großen Stils« durch. Ab 10. Dezember gab es die ersten Todesfälle infolge Erschöpfung. Am meisten Sorge bereitete der Armeeführung, daß für den befohlenen Angriff nach Südwesten auch nicht die geringste Bevorratung hatte erfolgen können. Statt des errechneten

Bedarfs für diese Kräfte von 1 100 Kubikmeter Betriebsstoff und 800 Tonnen Munition betrug die eiserne Reserve der Armee an Betriebsstoff am 9. Dezember bekanntlich 25 Kubikmeter. Alle Anstrengungen des AOK 6, eine Steigerung der Luftzufuhr zu erreichen, fruchteten indessen nichts. Diese Situation war für das AOK 6 ein hervorragender Anschauungsunterricht dafür, was zu erwarten war, wenn der Entsatzangriff nicht durchschlug und die 6. Armee trotzdem an den Raum von Stalingrad gebunden blieb.

Am 12. Dezember morgens um 4.30 Uhr begann die Operation »Wintergewitter«. Der Angriff des LVII. Panzerkorps gewann zunächst gut an Boden, aber der Widerstand erwies sich doch als zäher und vielerorts auch erfolgreicher als erwartet. Am 14. Dezember bildete das LVII. Panzerkorps weitere Brückenköpfe über den Aksay, biß sich in den folgenden Tagen aber um Verchne-Kumskij fest. Generaloberst Hoth drängte angesichts der sich ständig verschlechternden allgemeinen Lage mit Macht auf die Fortsetzung des Angriffs »ohne jede Rücksichtnahme« gegen einen überlegenen, zum Gegenangriff übergehenden Feind. Manstein forderte bei Zeitzler, Hitler selbst solle in das Heeresgruppen-Hauptquartier kommen, um an Ort und Stelle Lage und Entschlüsse zu beurteilen; der aber dachte gar nicht daran, sondern lehnte alle Vorschläge auf Zurücknahme der 6. Armee am 15. und 17. Dezember »glatt« ab. Einen Tag später wurde die schnell abnehmende Kampfkraft des LVII. Panzerkorps in einem solchen Ausmaß offenbar, daß sich Hoth am 18. Dezember mit dem Gedanken einer Zurücknahme des Panzerkorps hinter den Aksay auseinandersetzte, wenn am nächsten Tag kein entscheidender Fortschritt erzielt werden konnte. Die Myškova glaubte er noch erreichen zu können, dann seien seine Kräfte aber erschöpft, und es würde Zeit, »daß die 6. Armee etwas unternehme«. Es wurde in der Tat überall höchste Zeit, denn von Norden und Osten erschienen die ersten neuen sowjetischen Armeen auf dem Gefechtsfeld, um Hoth in den Flanken zu packen. Am 16. Dezember war vor allen Dingen der sowjetische Angriff gegen die Front der italienischen 8. Armee angelaufen. Am 19. Dezember endlich gelang es der 6. und der zugeführten 17. Panzerdivision, zur Myškova durchzubrechen, wo sie zwei Brückenköpfe über den Fluß bildeten. Aber was zunächst wie ein ausbaufähiger Erfolg aussah, zeigte sich schon einen Tag später als das mit letzter Kraft erreichte Ziel des LVII. Panzerkorps. Weiter nach Norden Raum zu gewinnen, hielt das PzAOK 4 für ein ziemlich aussichtsloses Unterfangen, was sich in den folgenden Tagen vollauf bestätigte. Nun war die 6. Armee am Zuge.

Diese hatte ihre Vorbereitungen für einen Durchstoß nach Südwesten auf Hoth zu ab 13. Dezember intensiviert. Alle, auch die kleinsten taktischen Überlegungen, wurden von den brennenden Nöten der Betriebsstofflage beherrscht, und folglich findet sich der Zusatz, »soweit es die Betriebsstofflage erlaubt«, in zahllosen Meldungen des AOK 6 und seiner Generalkommandos. Mit komplizierten Ablösungsbewegungen gelang es schließlich, die kampfkräftige 29. Infanteriedivision (mot) ab 18. Dezember mit sechs Bataillonen zum Hauptträger des Angriffs zu machen, den das XIV. Panzerkorps aus dem Raume von Karpovka führen sollte. Angriffsbeginn sollte dann sein, wenn das LVII. Panzerkorps, voraussichtlich am 18. Dezember, die Myškova nach Norden überschritt und sich dem Raum Buzinovka näherte. Der allgemeine Zustand der 6. Armee gab Mitte Dezember allen Anlaß, an der Fähigkeit zu einem erfolgreichen Durchstoß oder gar einem Ausbruch der ganzen Armee zu zweifeln.

Die Lageentwicklung bei der 6. Armee und 4. Panzerarmee wurde ab dem 16. Dezember von dem erfolgreich fortschreitenden sowjetischen Angriff gegen die italienische 8. Armee zunehmend beeinflußt.[18] Manstein standen zur Bereinigung der Krise auf dem linken Flügel seiner Heeresgruppe nur die drei Panzerdivisionen des LVII. Panzerkorps zur Verfügung. Das aber bedeutete die Einstellung des Entsatzangriffes. Deshalb beantragte er am 17. Dezember erneut die Genehmigung zum Ausbruch der 6. Armee und wiederholte seine Anträge in den nächsten Tagen mit solcher Vehemenz, daß kein Zweifel daran erlaubt sein darf, daß die 6. Armee seine größte Sorge und ihre Rettung sein oberstes Ziel war, unter Inkaufnahme großer operativer Risiken für die Heeresgruppe. Manstein ließ seinen Ic, Major i.G. Eismann, am 18. Dezember in den Kessel einfliegen und folgende Lösungen vortragen:

Fall 1: 6. Armee macht einen Ausbruch nach Südwesten und Süden bis zur Inbesitznahme des Raumes südlich von Buzinovka — dabei Entgegenkommen der 4. Panzerarmee und schließlich Vereinigung beider Gruppen. Fall 2: Es kommt nur zu einer vorübergehenden Verbindung beider Armeen, die zum »Reinpumpen notwendigster Versorgung von Zugmitteln dient, um dann die 6. Armee als geschlossenes Paket hinter Myschkowa-Abschnitt zurückzunehmen«. Fall 3: Die Armee hält weiterhin ihre Stellungen, aber zu einem Entsatz kommt es in absehbarer Zeit nicht.[19]

Am Abend beurteilte Paulus in einem erstmals über eine Fernschreibleitung geführten Gespräch mit Manstein die Möglichkeiten klar und eindeutig: Lösung 1 könne nur mit Panzern durchgeführt werden, da

Infanterie fehle; Lösung 2 sei ohne vorherige Verbindung mit Hoth »nur im äußersten Falle« möglich und auch nur dann, wenn vorher ausreichend Betriebsstoff und Verpflegung eingeflogen sei, »um den Kräftezustand der Menschen vorher zu bessern«; Lösung 3 sei nur zu diskutieren, wenn ausreichende Versorgung und materielle Auffüllung der 6. Armee gesichert werden könne. Die Beteiligung der Generalkommandos der 6. Armee an vorbereitenden Überlegungen für Lösung 2 stellte Manstein vorerst noch zurück. Dies kann nur psychologische Gründe gehabt haben, denn wie er Zeitzler in den frühen Abendstunden mitteilte, ergäbe sich aus der Lage »hinsichtlich der Armee Paulus eine klare Forderung«, nämlich der Befehl zum Ausbruch. Dies wollte der Generalstabschef Hitler am späten Abend vortragen. Wie sehr die Zeit hierzu drängte, machte Richthofen noch einmal deutlich, als er die von Paulus geforderte Versorgungsmenge im Zusammenhang mit der Lösung 2 Manstein gegenüber für »unfliegbar« erklärte. Wie ernst Manstein seine Forderung nach Ausbruch der 6. Armee nahm, zeigt die Entwurf gebliebene und nicht an das AOK 6 abgesandte »Weisung Nr. 2«. Der Ausbruch der 6. Armee auf die Myškova zu bildet die logische Fortsetzung von Mansteins Lagebeurteilung vom 28. November 1942, in der er die »Vereinigung (der 6. Armee) mit der Heeresgruppe nach Südwesten für erforderlich« gehalten hatte. Manstein blieb am Abend des 18. Dezember unausgesetzt bemüht, beim OKH auf eine schnelle Entscheidung Hitlers zu drängen: Ein Erfolg des LVII. Panzerkorps sei zweifelhaft, man könne sich doch an fünf Fingern abzählen, wie lange Paulus noch durchhalten könne. Alle Anstrengungen müßten nun endlich auf das Freischlagen der 6. Armee konzentriert werden. Aber alle Anträge Zeitzlers und Heusingers prallten an Hitler ab, der von Göring erneut unterstützt wurde: Die Verpflegungslage der 6. Armee sei gar nicht so schlimm und Zeitzler sehe viel zu schwarz, erklärte er. Damit war Manstein jede Chance genommen, die »Weisung Nr. 2« als verbindlichen Befehl herauszugeben.

Die zahlreichen überzeugenden Bemühungen Mansteins, bei Hitler den Befehl für einen Ausbruch der 6. Armee zu bekommen, stellen ihm als Soldaten und verantwortlichen Oberbefehlshaber der Heeresgruppe Don ein glänzendes Zeugnis aus. Um so unverständlicher bleibt es, warum er nach dem Kriege in seinen Memoiren versuchte[20], der Mission des Majors Eismann beim AOK 6 am 18. Dezember ein anderes Ziel unterzuschieben. Auch von gravierenden gegensätzlichen Auffassungen im AOK 6 und einer dort verbreiteten Unfähigkeit, im Ausbruch die einzig noch mögliche Überlebenschance der Armee zu erblicken, findet sich weder in den Akten noch in den Aufzeichnungen überlebender Angehöriger des AOK 6, noch im Nachlaß Paulus ein einziger Hinweis. General Schmidt hat nach Entlassung aus sowjetischer Kriegsgefangenschaft 1955 sofort entschieden gegen die Behauptungen Mansteins Stellung bezogen, und von Paulus ist bekannt, daß die Lektüre der Erinnerungen Mansteins in diesem Punkt eine der größten menschlichen Enttäuschungen überhaupt für ihn gewesen sei. Die Darstellung Mansteins erweist sich als nachträglicher Versuch, Paulus die Verantwortung für den nicht erteilten Befehl zum Ausbruch der Armee in die Schuhe zu schieben.

Unmittelbar nach Eismanns Rückkehr aus dem Kessel am 19. Dezember rief Manstein Zeitzler an und forderte erneut kategorisch einen Befehl zum Ausbruch der 6. Armee, indem er insbesondere auf Eismanns Schilderung der prekären Versorgungslage der 6. Armee abhob, die völlig unzureichende Versorgungsleistung der Luftwaffe deutlich machte und neuerlich mit der Schlußforderung drängte: »Es bleibt nichts anderes übrig, als daß sich die Armee nach Südwesten durchkämpft.« Wenig später faßte er alle seine Argumente für einen Ausbruch auf Wunsch Zeitzlers noch einmal in einer Meldung an das OKH zusammen. Aber Hitler ließ sich Zeit, und deshalb gab Manstein um 18 Uhr einen Befehl heraus, der, anders als die »Weisung Nr. 2«, von der 6. Armee eben keinen Gesamtausbruch verlangte, sondern von ihr wie der 4. Panzerarmee nur die Vorbereitung von zwei verschiedenen Operationen forderte: 1. ein alsbaldiges Antreten zu »Wintergewitter«, das heißt Durchstoß zum LVII. Panzerkorps unter gleichzeitigem Halten des Raumes von Stalingrad, 2. Vorbereitung eines Durchstoßes zur Myškova, um nach Durchschleusen eines Versorgungskonvois anschließend mit der Armee nach Südwesten abzufließen und den Raum von Stalingrad aufzugeben (Operation »Donnerschlag«). Manstein behauptet in seinen Erinnerungen, die Heeresgruppe habe mit diesem Befehl dem AOK 6 die Chance zur Rettung gegeben, aber dieses habe die Gelegenheit nicht genutzt. Davon kann jedoch keine Rede sein. Der Befehl Mansteins hatte zwei unterschiedliche Operationen zum Gegenstand, von denen die Operation »Donnerschlag« *möglicherweise* durchzuführen, im übrigen nur vorzubereiten war und erst auf »ausdrücklichen Befehl« ausgelöst werden sollte. Im Befehl Mansteins vom 19. Dezember abends eine klare Weisung an das AOK 6 sehen zu wollen, sich völlig auf einen Ausbruch einzustellen, geht am Inhalt und an den gültigen Verhaltensweisen vorbei. Es widersprach jedenfalls der soldatischen Erziehung und Haltung von Paulus und Schmidt, aus einem Befehl die »Meinung« eines Vorgesetzten zwischen den Zeilen herauslesen zu sollen.

Mit dem 19. Dezember abends tritt die Entscheidungsbildung von OKH, Heeresgruppe Don und AOK 6 hinsichtlich der Fortführung der Entsatzoperation in ihre entscheidende Phase. In dem spät abends beginnenden Lagevortrag lehnte Hitler einen Ausbruch der 6. Armee wiederum ab und verlangte aufgrund von taktischen Erfolgen des LVII. Panzerkorps die Fortsetzung des Angriffs. Entscheidend für seine Haltung scheint aber auch die Information gewesen zu sein, daß die 6. Armee zu dieser Zeit allenfalls 30 Kilometer nach Südwesten vorstoßen könnte. Daß Hitler überhaupt mit seiner Umgebung die Aufgabe Stalingrads diskutierte, hatte wohl in der Tat, wie General Warlimont bemerkte, »dialektische Gründe«.

Im AOK 6 kreisten indessen die Gedanken um mögliche Lösungen des doppelten Auftrages der Heeresgruppe Don. Die Schwierigkeit bestand darin, daß die Operation »Wintergewitter« ein Halten der Festungsfronten mit einschloß, zu deren Behauptung die für den Durchstoß nach Südwesten vorgesehenen Panzerkräfte immer wieder eingesetzt werden mußten. Bei Durchführung der Operation »Donnerschlag« aber konnte man Einbrüche auch unbereinigt lassen und die für den Angriff notwendigen Panzerkräfte in Bereitstellungsräumen zurückhalten. Deshalb kam es für das AOK 6, aber auch für die Heeresgruppe Don entscheidend darauf an, ob überhaupt und wann Hitler die Auslösung der Operation »Donnerschlag« genehmigen würde. Voraussetzung für ein Gelingen dieses Unternehmens war es jedoch, daß das LVII. Panzerkorps seine wenigen, immer stärkerem Druck ausgesetzten Brückenköpfe an der Myškova hielt.

Am 20. Dezember sprach Manstein erstmals Zeitzler gegenüber von der Möglichkeit, das LVII. Panzerkorps auf den Westflügel ziehen zu müssen, um einen sowjetischen Durchbruch auf Rostov zu verhindern. Einen Tag später forderte er Zeitzler auf, endlich zu entscheiden, »ob die 6. Armee ausbrechen soll, solange sie noch mit dem LVII. Panzerkorps zusammenwirken kann, oder ob der Oberbefehlshaber der Luftwaffe ihre Versorgung auf lange Zeit garantiert«. Eine operative Entscheidung aber traf Hitler auch am 21. Dezember in der Mittagslage nicht, sondern erlaubte lediglich die Anfrage an das AOK 6, wie weit die Armee zur Erweiterung des Kessels nach Süden vorstoßen könne — unter gleichzeitigem Halten der übrigen Fronten. Im übrigen glaubte Göring, »Versorgung 6. Armee machen zu können. Jeschoneck ist anderer Ansicht«, wie Zeitzler Manstein mitteilte. Für diesen war nun jedenfalls klar, daß Hitler den Ernst der Lage immer noch nicht erkannt hatte und an Stalingrad festhalten wollte. General Schmidt meldete auf die Anfrage des OKH via Heeresgruppe Don, der den Angriffstruppen zur Verfügung stehende Betriebsstoff reiche für 20 Kilometer einschließlich Versammlung, ein längeres Halten in der Ausbruchsfront sei nicht möglich, da die Panzer zum Stützen der übrigen Kesselfronten immer wieder verfügbar gemacht werden müßten. Am 21. Dezember waren von den 18 deutschen Divisionen der 6. Armee 14 bedingt und zwei voll zur Abwehr geeignet, zwei Divisionen für jede Angriffsaufgabe zu verwenden; 121 Panzer III/IV sowie 33 Sturmgeschütze waren verfügbar; die Verpflegungsstärke betrug 249 000 Mann, davon 25 000 Infanteristen. Materiell und personell waren das noch ansehnliche Zahlen, aber Munitions-, Betriebsstoff- und Verpflegungsmangel verhinderten die Bildung einer angemessenen Kampfkraft. Schmidts Feststellung, daß »Donnerschlag« eine »Katastrophenlösung« sei — auch wegen des ungeklärten Schicksals von 8 000 Verwundeten —, überrascht deshalb nicht. Immerhin waren es bis zu den vordersten Linien von Hoth noch 54 Kilometer.

Am 21. Dezember um 18.40 Uhr meldete Manstein die von Schmidt gemachten Angaben über die Reichweiten und den Betriebsstoffbedarf für Versorgungsfahrten an das OKH, auch dessen Bezeichnung von »Donnerschlag« als »Katastrophenlösung«. Manstein zeigte noch einmal die Konsequenzen der Lage für die 6. Armee auf: Wenn ohne alsbaldige Vereinigung mit Hoth sowieso eine kontinuierliche, ausreichende Versorgung der 6. Armee durch die Luftwaffe nicht möglich sei, so bleibe nur deren Gesamtausbruch übrig. Als Hitler die Meldung Mansteins in der Abendlage vorgetragen wurde, beendete er jede weitere Diskussion mit dem Hinweis: Paulus habe ja nur für wenige Kilometer Betriebsstoff, also könne er doch mit der Armee gar nicht ausbrechen. Mit der gleichen Argumentation trat Hitler allen weiteren Anträgen von Zeitzler und Manstein, der 6. Armee den Ausbruch zu genehmigen, kompromißlos entgegen. 24 Stunden später war Manstein gezwungen, eine operative Entscheidung zu treffen, die für den weiteren Kampf der eingeschlossenen Armee essentielle Bedeutung hatte.

Zur Abstützung des linken Flügels der Heeresgruppe mußten nun auch Kräfte der 4. Panzerarmee herausgezogen werden. Daß dies einen Verzicht auf die Fortführung der Entsatzoperation nach sich ziehen und eine stabile, ausreichende Luftversorgung der 6. Armee auf lange Sicht mit einer Tagesleistung von 550 Tonnen zur Konsequenz haben mußte, meldete Manstein dem OKH ebenso wie seine Forderung nach einem Ausbruch der 6. Armee, wenn diese Luftversorgungsleistung pro Tag nicht zugesichert werden könne. Hitler genehmigte in der Nacht vom 22. auf den 23. Dezember zwar die Verlegung der Panzerdivisionen der 4. Panzerarmee und gab damit zu erkennen, daß er sich mit dem Scheitern des Entsatzversuchs Hoths abgefunden hatte. Im Vertrauen auf Görings erneute Zusage band er die 6. Armee aber noch fester an den Raum von Stalingrad. Am späten Nachmittag des 23. Dezember befahl das PzAOK 4 die Einstellung der Entsatzoperation »Wintergewitter« und damit das schrittweise Absetzen seiner Verbände von der Myškova nach Südwesten.

Während Manstein das OKH und Hitler als »Klugredner« bezeichnete, Richthofen sich ob seines mangelnden Gehörs bei Göring als »hochbezahlter Unteroffizier« charakterisierte und Zeitzler sich vergebens um einen schnellen Besuch Hitlers in Novočerkassk mühte, gingen die Vorbereitungen des AOK 6 für »Wintergewitter« und »Donnerschlag« weiter. Am 23. Dezember lag der handschriftliche Befehlsentwurf für »Donnerschlag« vor, in dem der Durchbruchsraum und das schrittweise Zurücknehmen der Kesselfronten exakt festgelegt waren. Am Abend unterrichtete Manstein das AOK 6 in vorsichtigen Wendungen über die »Schwächung von Fangohr« (= PzAOK 4) und bat um klare Antwort, ob die Armee, wenn keine andere Möglichkeit bliebe, »Donnerschlag« durchführen könne. Trotz aller Schwierigkeiten antwortete Paulus unmißverständlich, wenn es die Lage im Großen erfordere, was er »von hier aus nicht übersehen« könne: »dann lieber jetzt als später« und bat sogleich um Vollmacht, die Operation »Donnerschlag« einleiten zu dürfen — die Manstein jedoch noch nicht glaubte erteilen zu können. Damit war klar, daß die 6. Armee zum Ausbruch antreten wollte, wenn ein entsprechender Befehl der Heeresgruppe Don vorlag und eine ausreichende Luftversorgung für den Fall eines weiteren Haltens des Kessels nicht gewährleistet werden konnte.

Mit dem 24. Dezember aber begannen die merkwürdig dürftigen Angaben der Heeresgruppe Don zur Lage an der Myškova, das Mißtrauen des AOK 6 wachzurufen. General Schmidt stellte nun immer bohrendere Fragen nach dem Fortschreiten des Entsatzangriffs, auf die er aber keine eindeutigen Antworten bekam, dagegen viele Informationen über neu zulaufende Transportmaschinen. An diesem 24. Dezember stellte Manstein auch seine Bemühungen ein, bei Hitler die Genehmigung zum Ausbruch der 6. Armee zu erhalten. Priorität hatte nun das Abstützen seines linken Flügels, um eine neue Katastrophe zu verhindern. Der weitere Kampf der 6. Armee im Kessel bekam damit eine neue Funktion: Bindung von möglichst vielen sowjetischen Verbänden zur Verhinderung des befürchteten Stoßes auf Rostov. Diesen Auftrag hat die 6. Armee im übrigen tatsächlich ausgeführt.[21] Dies muß keine Rechtfertigung für das weitere Ausharren der 6. Armee im Kessel sein, und die Prioritätenverlagerung darf auch nicht als Aufgabe der 6. Armee durch Manstein angesehen werden. Aber alle seine Anstrengungen wurden durch die am 24. Dezember auch gegen den rechten Heeresgruppenflügel losbrechende sowjetische Offensive gegenstandslos. Am 27. Dezember erörterte Paulus mit den Kommandierenden Generalen der Korps zum letzten Mal die Möglichkeiten für ein Antreten zum »Donnerschlag«. Einen Tag später genehmigte Hitler die Zurücknahme der Heeresgruppe A aus dem Kaukasus, das Ausweichen der Heeresgruppe Don auf Don und Donec sowie die Zusammenfassung beider Heeresgruppen unter Mansteins Befehl. Die Bekräftigung der Absicht, »die 6. Armee in ihrer Festung zu erhalten und die Voraussetzung für ihre Befreiung zu schaffen«, hatte einen hohlen Klang. Der Entsatz der 6. Armee war zu einer Aufgabe zweiter Priorität geworden. Ab Mitte Februar 1943 sollte eine südöstlich von Char'kov zusammengezogene Panzergruppe erneut zum Entsatz antreten.

Das AOK 6 hatte nun die bitteren Konsequenzen aus dem Abbruch der Befreiungsoperation zu ziehen. Am 30. Dezember wurden die Generalkommandos davon in Kenntnis gesetzt, daß »Donnerschlag« vorerst nicht ausgelöst werden würde, die Verbände sich vielmehr auf einen Wochen dauernden Kampf ohne Entsatz einzustellen hätten.[22] Zu diesem Zeitpunkt verfügte die Armee über 241000 Mann, 539 Geschütze sowie 131 Panzer und Sturmgeschütze. Im Bewußtsein der Armeeführung wurde der Kampf allmählich zu einem Opfergang für die Rettung des Südflügels der Ostfront. Die Armee selbst ging in das neue Jahr mit der Hoffnung, vielleicht doch noch befreit zu werden und Heimat und Familie wiederzusehen. Ihre Führer zeigten nach außen hin Zuversicht und Durchhaltewillen; daß kaum noch Hoffnung auf Rettung vorhanden war, wußten sie. Der handschriftliche Entwurf Schmidts für die Antwort auf Hitlers Neujahrsaufruf beweist aber ein erneut aufflammendes Vertrauen zu Hitler und eine gewisse Trotzreaktion, die sich in einem »fanatischen Willen« zum Durchhalten äußerte. Damit deutete sich ein Fatalismus an, der in den nächsten Wochen immer deutlicher hervortrat.

4. Das Unvorstellbare tritt ein:
das Ende der 6. Armee

Die Lage der 6. Armee im Kessel wurde ab 24. Dezember 1942 in noch gravierenderer Weise als zuvor von der Entwicklung der Luftversorgung beeinflußt. Diese geriet durch das Vordringen sowjetischer Verbände nach Westen ins Wanken, auch wenn die Masse der verfügbaren Lufttransportkräfte nun zur Versorgung der 6. Armee eingesetzt war. Ende der 1. Januardekade waren die Luftversorgungsstütztpunkte Sal'sk, Novočerkassk, Vorošilovgrad, Stalino, Šachty, Zverevo einsatzbereit.[23] Die Zuführung von Verstärkungen litt unter dem Mangel geringer Einsatzbereitschaft, weil alles zusammengerafft war, dessen man habhaft werden konnte, darunter auch Maschinen mit gestörten technischen Anlagen und noch nicht fertig ausgebildeten Besatzungen. Am 10. Januar 1943 standen insgesamt 490 Transportmaschinen bereit mit einem Klarstand von 50 Prozent. Sie sollten nach einem neuerlichen Befehl Hitlers täglich 300 Tonnen Versorgungsgüter in den Kessel fliegen. Die Realisierung dieser Forderung ist von Richthofen und Fiebig wie auch von Manstein, nicht zuletzt mit Rücksicht auf die immer größer werdende Entfernung der Absprunghäfen zum Kessel, gleichermaßen skeptisch beurteilt worden. Vor dem Hintergrund der Erfahrung, daß bisher lediglich 25 bis 50 Prozent des Tagesbedarfs erreicht worden waren, ergab sich für Richthofen »die Schlußfolgerung für das Schicksal der 6. Armee automatisch«, eine Ansicht, die Manstein und Fiebig teilten.

Die Entwicklung der Versorgungslage der 6. Armee bestätigt die Prognose zur Genüge. In der Zeit vom 1. bis 9. Januar 1943 verschoß die Armee 629 Tonnen Munition, zugeführt wurden im gleichen Zeitraum 48,5 Tonnen, mit der Konsequenz, daß die Vorräte »gefährlich abgesunken« waren, der Feind vor der Front nicht bekämpft werden konnte und »immer frecher« wurde. Auf dem Betriebsstoffsektor ergab sich die gleiche Situation: am 8. Januar gelangen den sowjetischen Verbänden nur deshalb größere Einbrüche, weil die Sturmgeschütze infolge Spritmangels nicht bewegt werden konnten. Das Verpflegungsproblem wurde allerdings zur größten Sorge des AOK 6. Als Tagesration konnten nur noch 50 bis 100 Gramm Brot ausgegeben werden, die Truppe fing an, Hunde zu schlachten. Am 10. Januar forderte der Quartiermeister das Zufliegen von 165 Tonnen Verpflegung täglich — eine illusorische Forderung. Das AOK 6 ließ nichts unversucht, um Heeresgruppe und OKH über die Lage zu unterrichten. Unter Umgehung des Dienstweges wurden auch Meldungen in die Umgebung Hitlers, in den Generalstab des Heeres und zum Generalquartiermeister transportiert: wenn die Luftwaffe nicht bald die befohlenen 300 Tonnen täglich einfliege, »gehen wir hier einer Katastrophe entgegen«, teilte Oberstleutnant i. G. Elchlepp seinem Kameraden Toppe mit und fragte zugleich, warum eigentlich nicht mal ein hoher Offizier aus dem OKH in den Kessel käme, um sich von der katastrophalen Situation selbst ein Bild zu machen. Kunowski schilderte die Versorgungslage zutreffend: »Armee nahezu unbeweglich, hungert und friert!« Aus all diesen Reaktionen spricht die immer deutlicher werdende Erbitterung und Enttäuschung des AOK 6 über nicht eingehaltene Zusagen und unzutreffende Versprechungen; die alleinige Verantwortung für das sich abzeichnende Desaster wurde — unberechtigt, wie man fairerweise feststellen muß — der Luftwaffe angelastet. Die Besatzungen flogen auch bei kritischen Wetterbedingungen, setzten sich überall ohne Rücksicht auf die eigene Person ein und verloren bis zum 9. Januar 1943 insgesamt 254 Maschinen. Am deutlichsten wird die Stimmung in der Armee aus einem Brief des O 1 des AOK 6, Hauptmann Behr, der an den Luftwaffenadjutanten Hitlers, Oberstleutnant i. G. v. Below, unter dem 11. Januar 1943 gerichtet ist:

»fest steht, daß wir bis heute entgegen allen Befehlen und Versprechungen kaum einen Durchschnitt von 100 to täglich hereingeflogen bekommen. Und noch immer gibt es keinen einzigen voll verantwortlichen Mann, der die Sache organisiert, sei es von der Luftwaffe oder vom Heer. Alles wurschtelt hinten da irgendwie herum, befiehlt, verspricht usw., aber es gibt kein Donnerwetter und keine Wolke, die sich mal auf uns entlädt, so daß wir auch nur unseren Männern mal mehr als 100 bis 200 g Brot geben können. Du kennst meinen gesunden Optimismus. Dieser geht dahin, daß wir hier halten können und müssen, wenn wir die erforderliche [...] Versorgung kriegen. Sonst geht die Sache hier kurz und gut in den Eimer. Oder ihr müßt einen Panzerraid machen mit einigen Divisionen und einer dicken Kolonne in der Mitte unter einem anständigen Klotzer, der keine Sprüche klopft und keine geistvollen Operationen macht, wie der alte Hoth, sondern der als Retter unverzagt hier uns anständige Versorgung herbringt. Ich bin überzeugt, daß Ihr oben Euch alle erdenkbare Mühe gebt, aber ich habe doch den Eindruck, daß die Meldungen entweder bewußt oder unbewußt falsch weitergegeben werden. Vielleicht macht man sich auch zu optimistische Gedanken und denkt: Na, die haben bisher gehalten, sie werden sich schon durchwurschteln [...] und daß tausend Schwierigkeiten sich bei Luftversorgung usw. auftürmen, das muß man vorher in die Rechnung mit einbeziehen und nicht nachher feststellen.«[24]

Welche Meldungen Hitler in den Wochen täglich vorgelegt worden sind, ist nicht mehr feststellbar, aber daß sie oftmals unzutreffend waren, ergibt sich aus der Feststellung Zeitzlers gegenüber General Hube, der ihm genaue Angaben zur Luftversorgung vorgelegt hatte: Derartige klare Meldungen habe er bisher nicht erhalten — eine Bemerkung, die bei Zeitzler in der Stalingrad-Zeit nicht nur einmal zu finden ist.

Die Armee versuchte, einige bescheidene Maßnahmen zur Gewinnung infanteristischer Kräfte zu realisieren. Abgekämpfte und in der Kampfkraft stark abgesunkene Verbände wurden aufgelöst und mit anderen Einheiten, darunter auch neuaufgestellte Festungsbataillone aus Nicht-Infanteristen, zusammengefaßt. Riegelstellungen wurden in Erwartung des sowjetischen Großangriffs angelegt, an dessen Vorabend die 6. Armee noch über 95 einsatzbereite Panzer, 33 Sturmgeschütze, 176 mittlere und 134 schwere Panzerabwehrkanone, aber nur über wenig Munition verfügte. Hunger und Kälte nahezu schutzlos preisgegeben, näherte sich die im allgemeinen immer noch gute soldatische Haltung der Truppe demjenigen Punkt, wo Apathie, Hoffnungslosigkeit und Erschöpfung die Oberhand gewinnen mußten. Davon machten auch Paulus und sein Stab keine Ausnahme: dort gab es, trotz zum Teil anders lautenden Formeln, kaum einen Zweifel, daß das Schicksal der Armee besiegelt war, zumal der aus dem Führerhauptquartier am 9. Januar zurückkehrende General Hube die grotesk anmutende Nachricht mitbrachte: Anfang März werde eine neue Entsatzoperation beginnen und notfalls habe die Armee sich in einem kleinen Kessel in der Stadt zu verteidigen!

In dieser Situation begann am 10. Januar 1943 der sowjetische Großangriff zur Zerschlagung des Kessels. Ihm war am 8. und 9. Januar eine Kapitulationsaufforderung der sowjetischen Seite an die 6. Armee vorausgegangen[25], die von Paulus in Übereinstimmung mit allen Kommandierenden Generalen abgelehnt wurde; weitere vor den deutschen Linien erscheinende Parlamentäre waren durch Feuer abzuwehren. Paulus begründete seine Ablehnung mit der noch gegebenen Kampffähigkeit der 6. Armee. Wie schwach die physische und psychische Kampfkraft der Armee aber bereits geworden war, zeigte sich beim Angriff sofort. Zeitweise gestaltete sich die Lage so kritisch, daß die Armee befahl, daß jeder Soldat dort, wo er steht, »bis zur letzten Patrone kämpft«. Überall wurden hohe Verluste gemeldet. Schwere Waffen waren wegen fehlenden Sprits nicht mehr zu verschieben gewesen. Als General Pickert am Abend des 12. Januar zum Lagevortrag zu Richthofen flog, gaben Paulus und Schmidt ihm eine düstere Lagebeurteilung mit, die weder Manstein noch das OKH überraschte; denn auch dort sah man die Situation für »unhaltbar« an. Am 13. Januar flog Behr ins Führerhauptquartier, um, durch Vermittlung Belows, Hitler darauf vorzubereiten, daß Paulus nun endlich Handlungsfreiheit zugestanden werden müsse, die Kämpfe einzustellen — aber Hitler interessierte sich dafür überhaupt nicht. Am gleichen Tage billigte Zeitzler die Planung »Dietrich« der Operationsabteilung für einen im März beginnenden neuen Entsatz der 6. Armee.[26] Am Morgen des 16. Januar ging der Luftversorgungsstützpunkt Pitomnik verloren, das AOK 6 verlegte seinen Gefechtsstand in jenen der 71. Infanteriedivision in Stalingrad. Überall bot sich nun im Kessel ein Bild des Grauens: verhungernde, erfrierende Soldaten, Verwundete, die auf allen Vieren die Stadt Stalingrad zu erreichen suchten. Am Abend des 17. Januar war der Kessel um die Hälfte zusammengedrückt. Es wäre nun an der Zeit gewesen, die Kämpfe einzustellen, um allen Überlebenden, die wahrlich ihre Pflicht getan hatten, ein erträgliches Ende zu bereiten. Aber Hitler war anderer Meinung, denn am 15. Januar beauftragte er Generalfeldmarschall Milch, die Versorgung der 6. Armee durch das Einfliegen von 300 Tonnen pro Tag sicherzustellen. Milch erhielt weitreichende Vollmachten und teilte sich mit Richthofen die Führung der Luftflotte 4; er war für die Versorgungs-, jener für die Kampfaufgaben verantwortlich. Im Stabe der Luftflotte war man entsetzt über das optimistische Bild, welches Milch von der taktischen und der Versorgungslage insgesamt mitbrachte. Aber auch Milchs Einsatz änderte an der Entwicklung der Lage nichts mehr, alles kam zu spät: die Heranziehung von General Hube zur Unterstützung Milchs, wie der verstärkte Jagdschutz für die Transportverbände. Ab 23. Januar wurden die Verbände der 6. Armee nur noch durch den Abwurf von Gütern versorgt, die zu bergen die Männer schon zu schwach waren.

Dieser Tag markiert in der Luftversorgung Stalingrads nicht nur eine Zäsur wegen des Verlustes des letzten Flugplatzes im Kessel, sondern auch deshalb, weil an diesem Tage der Oberbefehlshaber der Heeresgruppe A mit Richthofen erstmals über eine Verlegung des Schwerpunktes der Lufttransportkräfte in den Kaukasus sprach. Der 6. Armee war zwar durch die Luftwaffe ebenfalls nicht mehr zu helfen, aber noch über das Ende der Kämpfe in Stalingrad hinaus warf sie auf vermutliche »Rückwanderrouten« Versorgungsgüter und Skier ab. Die Vernichtung der Armee bezeichnete Paulus später als die »fürchterlichste Tragödie der deutschen Kriegsgeschichte, weil die Luftwaffe versagt hat«; hätte er diese Unfähigkeit vorausgesehen, wäre er im November 1942 mit der Armee ausgebrochen. Aber dieses Urteil ist nur in Nuancen richtig: Paulus und sein Stab hätten ab 24. Dezember 1942 wissen müssen, daß die Versorgung einer ganzen Armee im Winter über viele

Wochen hinweg aussichtslos war. Dazu hätten ihre Erfahrungen mit der Luftversorgung bis zu diesem Zeitpunkt eigentlich ausreichend gewesen sein müssen. Aber die Schlußfolgerung des AOK 6 zielte interessanterweise aufs Grundsätzliche. Als General Hube am 19. Januar 1943 aus dem Kessel ausflog, gab er Zeitzler eine ohne Zweifel mit Paulus und Schmidt abgestimmte Lagebeurteilung: Es sei besser, die geplante Operation nicht mehr auf den Entsatz der 6. Armee abzustellen, sondern auf die Festigung der Fronten der Heeresgruppe A, Don und B, denn alle im Kessel seien sich bewußt, »daß es ein zweites Mal kein Stalingrad an einem anderen Frontteil mehr geben dürfe«. Die entscheidende Schlußfolgerung in der Lageschilderung lautete:

»Der Untergang der 6. Armee muß die Oberste Heeresführung belasten. Im Interesse des deutschen Volkes ist es untragbar, daß hierdurch das Vertrauen zum Führer untergraben wird. Es ist deshalb notwendig, daß sich der Führer immer mehr von der unmittelbaren und ins einzelne gehenden Heeresführung absetzt und damit einen anderen beauftragt.«[27]

Diese Gedankengänge trafen sich im übrigen völlig mit jenen Mansteins.

Am 22. Januar begann der entscheidende Stoß der sowjetischen Kräfte zur endgültigen Zerschlagung des Kessels. Das Ende schien nun wirklich bevorzustehen, und Paulus bat Hitler, übrigens gegen das Votum Schmidts, ihm die Erlaubnis zur Einstellung der Kämpfe zu geben. Als Hitler ablehnte, rief ihn Manstein an, um seinen gleichlautenden Antrag vorzutragen, aber auch ihm gegenüber lehnte Hitler ab: Vom Standpunkt der Ehre aus betrachtet, komme eine Kapitulation nicht in Betracht. Abends telegraphierte er der 6. Armee: Die Armee habe mit ihrem Kampf einen historischen Beitrag in dem gewaltigsten Ringen der deutschen Geschichte geleistet! Damit war der Versuch, »das Sterben zu regeln«, gescheitert. Auch im Stabe des AOK 6 machten sich jetzt Auflösungserscheinungen bemerkbar.

Am 25. Januar wurden drei Trupps, die sich aus Soldaten aller Dienstgrade zusammensetzten, von Paulus entpflichtet; sie versuchten, sich nach Westen durchzuschlagen. Kein einziger erreichte sein Ziel. Am Abend des 2. Februar 1943 befahl die Luftflotte 4 die Einstellung der Luftversorgung Stalingrad; in der Nacht zum 2. Februar folgte der entsprechende formelle Befehl Hitlers.[28]

Auch nach dem jede Kapitulation verbietenden Befehl Hitlers ging der Kampf der 6. Armee weiter. So aussichtslos der Kampf auch geworden war, Paulus konnte sich nicht entschließen, ein Ende zu machen. Am 25. Januar stellten die Reste der 297. Infanteriedivision unter Generalmajor v. Drebber als erste die Kämpfe ein. Einen Tag später machte das AOK 6 seinen letzten Stellungswechsel in das Kaufhaus Univermag im Zentrum Stalingrads, zum Nordkessel hatte es keine Verbindung mehr. Am 26. Januar trafen sich die von Süden und Westen angreifenden sowjetischen Verbände im Raum Mamaev-Hügel und »Roter Oktober« und machten so die Aufspaltung der 6. Armee in einen Süd- und Nordkessel endgültig. Ab dem 28. Januar begann sich der Kampf in Einzelaktionen aufzulösen, einen Tag später hißte der Führer des XIV. Panzerkorps, Generalleutnant Schlömer, nach mehreren vergeblichen Versuchen, von Paulus die Genehmigung zur Einstellung des Kampfes zu bekommen, auf dem GPU-Gefängnis die weiße Fahne. Im AOK 6 wie im Heeresgruppenoberkommando Don vermutete man, daß die sowjetische Führung am 30. Januar die Entscheidung erzwingen wollte, was man auf deutscher Seite unbedingt verhindert sehen wollte. Paulus wahrte bis zuletzt die Formen und sandte Hitler am 29. Januar ein Glückwunschtelegramm zum Jahrestag der Machtübernahme, das dieser einen Tag später beantwortete. Am Abend des 30. Januar hielten sich Reste der 6. Armee, darunter der Armeestab, im Kaufhaus Univermag am Roten Platz; weitere Teile, darunter die Generalkommandos VIII., IV. und LI. Armeekorps, igelten um die Pionierkaserne; der zusammengedrückte Südkessel unterstand dem Kommandeur der 71. Infanteriedivision, Generalmajor Roske, der mittlere Igel dem General der Artillerie Heitz. Der Nordkessel wurde vom XI. Armeekorps unter General der Infanterie Strecker verteidigt.[29] Am Abend dieses Tages begannen die Bemühungen General Roskes, am 31. Januar morgens mit den Sowjets zu einer Vereinbarung über die Einstellung der Kämpfe zu kommen, da sich das AOK 6 nur »als Fahrgäste« im Stab der 71. Infanteriedivision betrachtete und sich aus allen Aktionen, die Hitlers Befehl zum Kampf bis zur letzten Patrone zuwiderliefen, heraushielt. »Ich tue nichts«, hatte Paulus Seydlitz auf dessen Forderung geantwortet, wenigstens etwas zur Regelung des Endes zu tun. Am Morgen des 31. Januar 1943 um 8.45 Uhr erschien endlich, von Roske angefordert, der Chef des Stabes der 64. sowjetischen Armee, Generalmajor Laskin, zu Absprachen über die Einstellung der Kämpfe. Eine Kapitulationsurkunde wurde dabei nicht unterzeichnet. Roske unterschrieb lediglich einen letzten Tagesbefehl an die Reste seiner Division. Bis zum Abend organisierte eine deutsch-sowjetische Gruppe die Gefangennahme der deutschen Soldaten im Südkessel und ihren Marsch in die Kriegsgefangenschaft. Die Einstellung der Kampfhandlungen im von General Heitz befehligten Igel vollzog sich am gleichen Tage ohne weitere Verhandlungen mit der sowjetischen Seite: Am Morgen standen russische Soldaten vor den Unterkünften und führten die deutschen Soldaten nahezu ohne Gegenwehr in die Gefangenschaft. Am 2. Februar 1943 erlosch auch der Widerstand im Nordkessel; morgens um 10.45 Uhr begab sich der Stab des XI. Armeekorps in die Kriegsgefangenschaft.

Hitler hatte Paulus noch in der Nacht zum 31. Januar 1943 zum Generalfeldmarschall befördert, hoffend, daß sich ein solchermaßen geehrter Soldat nicht den Russen ergeben, sondern seinem Leben ein heroisches Ende setzen würde. Als er sich hierin getäuscht sah, beschimpfte er in der Mittagslage des 1. Februar Paulus und die in Gefangenschaft geratenen Generale, indem er sie der Charakterlosigkeit, Ehrlosigkeit und Feigheit zieh.

Neueren Berechnungen zufolge dürften ungefähr 113 000 deutsche und rumänische Soldaten der 6. Armee in sowjetische Kriegsgefangenschaft geraten sein. Unter ihnen befanden sich ein Generalfeldmarschall, ein Generaloberst, zwei Generale der Artillerie, ein General der Infanterie, sieben Generalleutnante, acht deutsche und zwei rumänische Generalmajore. Das war das Ende des Kampfes um Stalingrad.

Anmerkungen

[1] Zur Darstellung der Schlacht von Stalingrad vgl. Das Deutsche Reich und der Zweite Weltkrieg, Bd 6, Stuttgart 1990, S. 761f., bes. S. 962f. (Beitrag Wegner); Manfred Kehrig, Stalingrad. Analyse und Dokumentation, Stuttgart [3]1979, und Jürgen Förster, Stalingrad. Risse im Bündnis, Freiburg 1975. Immer noch lesenswert bleibt Hans Doerr, Der Feldzug nach Stalingrad, Darmstadt 1955. Auf diese Darstellungen beziehe ich mich im folgenden vor allem.

[2] Hierzu vor allem Förster (wie Anm. 1), S. 13f.

[3] Vgl. hierzu Hans-Heinrich Wilhelm, Die Prognosen der Abteilung Fremde Heere Ost 1942—1945, Stuttgart 1974, und die kritische Antwort darauf durch Hellmut Dittrich in: Militärgeschichtliche Mitteilungen (MGM), 25 (1979), S. 225ff.

[4] Vgl. den Beitrag von Anatolij Chor'kov in diesem Band.

[5] Kehrig (wie Anm. 1), S. 118.

[6] Vgl. den Beitrag von Jean Ancel in diesem Band.

[7] Im einzelnen: Das Deutsche Reich und der Zweite Weltkrieg, Bd 6 (wie Anm. 1), S. 997 (Beitrag Wegner).

[8] Zum Handstreich auf die Brücke von Kalač siehe Kehrig (wie Anm. 1), S. 170f., und den Beitrag von Anatolij Chor'kov in diesem Band.

9 Die Nachlässe GFM F. Paulus (N 372) und GL A. Schmidt (N 601) befinden sich im Bundesarchiv-Militärarchiv Freiburg (BA-MA) und enthalten hierzu interessantes Material.

10 Kehrig (wie Anm. 1), S. 206, und Das Deutsche Reich und der Zweite Weltkrieg, Bd 6 (wie Anm. 1), S. 1026 (Beitrag Wegner), mit z. T. anderer Wertung.

11 Vgl. Johannes Fischer, Über den Entschluß zur Luftversorgung Stalingrads, in: MGM, 6 (1969), S. 7—67, hier S. 59.

12 Zu diesem Vorgang Hans Martens, General v. Seydlitz, Berlin 1971, S. 8 f.

13 Zahlen nach Kehrig (wie Anm. 1), S. 271. Vgl. hierzu den Beitrag von Rüdiger Overmans in diesem Band.

14 Siehe hierzu Fischer (wie Anm. 11).

15 Dazu im einzelnen Kehrig (wie Anm. 1), S. 307 f.

16 Vgl. Dokument 67 bei Kehrig (wie Anm. 1), S. 633 f.

17 Vgl. Das Deutsche Reich und der Zweite Weltkrieg, Bd 6 (wie Anm. 1), S. 1035 f. (Beitrag Wegner).

18 Vgl. den Beitrag von Gerhard Schreiber in diesem Band.

19 Zur Mission Eismann vgl. Das Deutsche Reich und der Zweite Weltkrieg, Bd 6 (wie Anm. 1), S. 1048 (Beitrag Wegner).

20 Erich von Manstein, Verlorene Siege, Bonn 1955, S. 363 f.

21 Vgl. Vasilij Ivanovič Čujkov, Srasdenijc veka, Moskau 1978. Čujkov war der Oberbefehlshaber der 62. sowjetischen Armee in Stalingrad.

22 Vgl. Kehrig (wie Anm. 1), S. 450 f.

23 Ebd., S. 484 f.

24 Kehrig (wie Anm. 1), S. 503. Zur Lage im Kessel vgl. auch den Beitrag von Rüdiger Overmans in diesem Band.

25 Vgl. den Beitrag von Anatolij Chor'kov in diesem Band.

26 Tagebuch Oberst i. G. Graf Kielmansegg vom 15. 1. 1943, BA-MA, N 811 Graf Kielmansegg.

27 Kehrig (wie Anm. 1), S. 527.

28 Ebd., S. 526.

29 Vgl. hierzu die Skizze »Das Ende der 6. Armee vom 29. 1. bis 2. 2. 1943«.

Dritter Teil

Die Wirkung von Stalingrad
auf Deutschland

Eberhard Schwarz

Zwischen Stalingrad und Kursk.
Die Stabilisierung der Ostfront im Februar/März 1943*

I. Die Lage der Heeresgruppen B, Don und A im Januar 1943

An der deutsch-sowjetischen Front standen im Januar 1943 fünf Heeresgruppen, deren Einsätze operativ vom Generalstab des Heeres unter General der Infanterie Kurt Zeitzler geleitet wurden. Die wesentlichen Entscheidungen traf jedoch der Oberbefehlshaber des Heeres, Adolf Hitler, dessen Credo im »Halten um jeden Preis« bestand und der sogar taktische Ausweichbewegungen ohne seine ausdrückliche Genehmigung verboten hatte.[1] Das militärische Selbstbewußtsein des »Führers« hatte zwar mit Stalingrad einen schweren Schlag erlitten; jedoch war er auch jetzt nicht bereit, seinen militärischen Beratern oder Befehlshabern an der Front größere Kompetenzen einzuräumen.

Beim Jahreswechsel 1942/43, knapp sechs Wochen nach Beginn der sowjetischen Winteroffensive, zeichneten sich zwei räumlich deutlich getrennte Schwerpunkte ab: der Endkampf der 6. Armee in Stalingrad und das Ringen der Heeresgruppen B, Don und A um die Erhaltung des Südflügels der Ostfront. Die erfolgreichen Durchbrüche der italienischen 8. und ungarischen 2. Armeen (am 16. Dezember 1942 beziehungsweise am 12. Januar 1943) eröffneten der sowjetischen Führung eine weitaus größere operative Möglichkeit als die Vernichtung einer Armee: nämlich die Umfassung von drei Heeresgruppen durch einen Stoß auf den Dnepr und das Azovsche Meer. Damit verschob sich der Schwerpunkt der sowjetischen Operationen in den Raum von Char'kov und in das Donecbecken.

Ab 24. Januar 1943 war die 2. Armee Ziel eines sowjetischen Großangriffs. Wenn sich die innerhalb kürzester Zeit abgeschnittenen deutschen Korps auch durch verzweifelte Durchbrüche vor der Vernichtung retten konnten, so hatten die Sowjets doch viel erreicht: Ihre Truppen bewegten sich nahezu ungehindert in westlicher Richtung weiter und sollten bereits am 8. Februar Kursk erreichen und einnehmen.

So stellte sich die Lage der Heeresgruppe B im Januar 1943 insgesamt als ziemlich hoffnungslos dar. Generaloberst (ab 1. 2. Generalfeldmarschall) Freiherr v. Weichs sah keine Möglichkeit mehr, mit den wenigen ihm noch zur Verfügung stehenden Kräften den feindlichen Vormarsch zu verhindern. Es mußte befürchtet werden, daß die Ostfront nach der Katastrophe von Stalingrad mit der sich anbahnenden möglichen Abschnürung und Vernichtung der Heeresgruppen A und Don eine ungleich größere und nicht wieder gutzumachende Niederlage treffen könnte.

Die Heeresgruppe A unter Generaloberst (ab 1.2. Generalfeldmarschall) v. Kleist hatte Ende Dezember 1942 endlich, viel zu spät und jetzt auch nur widerwillig und halbherzig, von Hitler die Genehmigung zum Rückzug aus dem Kaukasus erhalten. Was den »Führer« am Ende wohl beeindruckte, war die Vorhersage Zeitzlers, daß dort ein »zweites Stalingrad« entstünde.[2]

Kurze Zeit später hatte Hitler seine Zusage wieder eingeschränkt und sich entschlossen, auf der Taman-Halbinsel gegenüber der Krim einen großen Brückenkopf zu halten, um von dort aus im Sommer 1943 erneut angreifen zu können. So kam es, daß von der Heeresgruppe A nur die Nordgruppe der 1. Panzerarmee (General der Kavallerie v. Mackensen) der Heeresgruppe Don unterstellt und über Rostov nach Norden herausgezogen wurde, während alle übrigen Kräfte in die »Gotenkopf-Stellung« befohlen wurden. Hier lagen sie mit einer Stärke von rund 400000 Mann vorerst fest, ohne in die entscheidenden Kämpfe zur Stabilisierung der Ostfront eingreifen zu können.

Zur Heeresgruppe Don (Generalfeldmarschall v. Manstein) gehörten im Januar 1943 außer der 6. Armee die 4. Panzerarmee und — im Don-Donecbogen sich zur Verteidigung einrichtend — die Armeeabteilungen Hollidt und (ab dem 16.1.) Fretter-Pico.

Die 4. Panzerarmee unter Generaloberst Hoth, die Anfang des Jahres in einem Dreieck zwischen Don und Manyč gestanden hatte, mußte unter dem Druck des überlegenen Gegners ihre Stellungen immer mehr nach Westen zurücknehmen und schließlich auf das Südufer des Manyč ausweichen. Das Bestreben der Sowjets war es, mit mehreren Korps einen Keil zwischen die 4. Panzerarmee und die Armeeabteilung Hollidt zu treiben und so die gesamte Heeresgruppe A und die 4. Panzerarmee von ihrer Versorgung abzuschneiden.

Vordringlichstes Ziel Mansteins, der ab Ende Januar mit der Unterstellung des Panzer AOK 1 unter seine Heeresgruppe nun das Tempo des Rückzugs dieser Truppen selbst befehlen konnte, mußte es sein, so schnell wie möglich die Divisionen Mackensens und Hoths über Rostov zurückzuholen, da der gegnerische Druck hier immer größer wurde und die Donübergänge nicht mehr lange zu halten sein würden.

II. Die Zurücknahme der Heeresgruppe Don
auf die Miusstellung

Voraussetzung dafür, daß es bei der schwierigen Lage im Januar 1943 noch einmal gelingen sollte, die Front der Heeresgruppen Don und B zu stabilisieren, konnte nur die Heranführung stärkerer Truppenkontingente aus dem Reich oder von anderen Frontabschnitten sein. Die Zurücknahme der Heeresgruppe A hatte im wesentlichen nur vier, teils schwächere Divisionen gebracht. Mit Zuführung von Verbänden aus der »Gotenkopf-Stellung« auf dem Luft- oder Wasserweg über die Krim war in absehbarer Zeit nicht zu rechnen. Die Zurücknahme der 4. Panzerarmee über den Don nach Norden brachte zwar eine Entlastung im Bereich der Heeresgruppe Don; für einen erfolgversprechenden Angriff gegen den die Heeresgruppe im Westen umfassenden Gegner konnten diese Verstärkungen jedoch nicht ausreichen.

Den Trümmern der Heeresgruppe B wurde aus Frankreich lediglich das SS-Panzerkorps mit drei Divisionen im Eiltransport zugeführt. Das Oberkommando der Heeresgruppe Mitte, das selbst um die Genehmigung kämpfte, seine überdehnte Front durch die Rücknahme des Bogens bei Ržev zu entlasten, sah sich nicht in der Lage, nennenswerte Kräfte an die Heeresgruppen B und Don abzugeben.

Bei dieser Sachlage konnte es nur folgerichtig sein, durch eine Begradigung der Front bei der Heeresgruppe Don Divisionen freizumachen, die dann dem Gegner, der im Bereich der Heeresgruppe B nahezu ungestört nach Westen vorging, entgegengeworfen werden konnten. Überlegungen, den vorspringenden Balkon im Don-Donec-Bogen zu räumen und weiter westlich eine verkürzte Front neu aufzubauen, stießen bei Hitler aber auf starken Widerstand. Den operativen Gesichtspunkten verschloß sich der »Führer« nicht, er wollte jedoch das Donecbecken aus kriegswirtschaftlichen Gründen[3] unbedingt halten. Die immer wieder von Manstein und Zeitzler vorgetragene Auffassung, daß die Don-Donec-Front mit den zur Verfügung stehenden Kräften auf Dauer nicht zu halten und daß der Verlust einer Heeresgruppe viel schlimmer sei als der Verzicht auf die Bodenschätze dieses Gebietes, wurde von Hitler nicht akzeptiert.

Wie Manstein die Situation beurteilte, zeigt die Stellungnahme, die er am 3. Februar dem OKH zuleitete.[4] Nachdem er zuerst die Lage im Süden der Ostfront schonungslos analysiert hatte, machte er dann einen Vorschlag, der ebenso genial wie kühn war: Die Heeresgruppe Don solle im hinhaltenden Kampf bis in die Linie Melitopol—Dneropetrovsk zurückgehen und so den sowjetischen Südflügel hinter sich herziehen. Sodann müsse man, gestützt auf günstige Bahnverbindungen, die nördliche Angriffsfront schlagen, die russischen Nord-Süd-Verbindungen durchschneiden, dann (unter Abdeckung nach Norden) nach Südwesten einschwenken und schließlich den Gegner zum Azovschen Meer drängen und ihn so einkesseln und vernichten.

Eine solche »große Lösung«, die bedeutete, daß die Heeresgruppe Don ein Gebiet, das in seiner längsten Ost-West-Ausdehnung 400 Kilometer weit reichte, vorübergehend aufgeben sollte, um dann in einer Gegenoffensive einen keinesfalls sicheren Erfolg zu erzielen, hatte bei Hitler keine Chance. Jedoch gelang es Manstein, als er am 6. Februar zur Berichterstattung ins »Führerhauptquartier« befohlen wurde, Hitler eine »kleine Lösung« abzuringen, nämlich die Zurücknahme der Heeresgruppe in die bereits vorbereitete »Miusstellung«, die sich vom Azovschen Meer zuerst in Anlehnung an den Mius bis zum Donec westlich Vorošilovgrad hinzog und somit einen großen Teil des wirtschaftlich wichtigen Donecbeckens in deutscher Hand beließ.[5]

Mit der Entscheidung vom 6. Februar hatte Manstein endlich Operationsfreiheit gewonnen. Von nun an nahmen auch die bis dahin so zahlreichen Interventionen Hitlers ab. Die Situation im Süden der deutschen Ostfront war so verzweifelt geworden, daß Hitler nun froh war, nicht selbst eingreifen zu müssen. General Zeitzler wirkte überdies auf den »Führer« ein, daß dieser dem Generalfeldmarschall »nicht zuviel hineinredete«[6].

Schon am 3. Februar hatte Manstein den ersten Schritt zur Stabilisierung der Lage getan. Das Oberkommando der 1. Panzerarmee, das von seiner alten Aufgabe entbunden war, übernahm den Befehl im bisherigen Abschnitt der Armeeabteilung Fretter-Pico (nun XXX. Armeekorps). General v. Mackensen bekam den Auftrag, mit diesen Armeekorps die Donecfront zu halten und mit den beiden ihm unterstellten Panzerkorps (III. und XXXX.), denen Schnelle Verbände zugeführt wurden, gegen den westlich von Slavjansk über den Donec nach Süden vordringenden Feind anzutreten.[7]

Unmittelbar nach der Rückkehr aus der »Wolfsschanze« ließ Manstein die abschnittsweise Zurücknahme seiner Heeresgruppe anlaufen.[8] Während die Divisionen der Armeeabteilung Hollidt trotz des nachrückenden Gegners mit relativ geringen Verlusten die befohlene Miusstellung einnehmen konnten, drohte das Absetzen der 4. Panzerarmee bis zuletzt zu mißlingen. Es wäre der zusammengefaßten Kraft der dort vor der Front stehenden vier russischen Armeen ein leichtes gewesen, die Donstellung der 4. Panzerarmee aufzurollen. Wider Erwarten nutzten die Sowjets die für die Heeresgruppe Don kritische Situation nicht aus. Im Zuge ihrer Rückwärtsbewegung gaben dann die deutschen Truppen in der Nacht zum 14. Februar Rostov auf, nachdem alle vom Kaukasus zurückgenommenen Teile diesen Flaschenhals passiert hatten. Die Stadt am Don war nach sechseinhalb Monaten Besatzung wieder frei.

Am 17. Februar übernahm die Armeeabteilung Hollidt den Verteidigungsabschnitt der 4. Panzerarmee zusätzlich zu ihrer eigenen Front. Das Panzer AOK 4 verlegte in sein neues Hauptquartier nach Dnepropetrovsk, von wo aus Generaloberst Hoth in Kürze die Angriffsoperationen gegen den durch die große Lücke nach Südwesten auf den Dnepr vorgehenden Gegner leiten sollte.

Die Lage im neuen Einsatzraum der 1. Panzerarmee war durch zwei Umstände äußerst gefährdet. Auf Grund der desolaten Situation bei der Heeresgruppe B konnte am linken Flügel eine Angriffsgruppe der »Südwestfront« unter Generalleutnant Popov ungehindert in südwestlicher Richtung vorgehen; bis zum 11. Februar stand sie mit starken Teilen schon dicht vor Postiševo. Da es gleichzeitig beim XXX. Armeekorps einer sowjetischen Gruppe gelungen war, bei Vorošilovgrad durchzubrechen und bis zu dem wichtigen Eisenbahnknotenpunkt Debal'cevo vorzustoßen, drohte der 1. Panzerarmee die beiderseitige Umfassung.

Im Rahmen der Rückwärtsbewegung in die Miusstellung wurde Vorošilovgrad dann am 15. Februar wegen der sich verschärfenden Lage vorzeitig geräumt. Die Kämpfe bei Debal'cevo waren langwierig und konnten erst durch das Zusammenwirken mit Kräften der Armeeabteilung abgeschlossen werden. Bis zum 18. Februar war die Miusstellung schließlich von allen beteiligten Verbänden eingenommen, und mit der Verkürzung der Front sowie der damit ermöglichten Herausziehung von Panzerverbänden war die Voraussetzungen für die Gegenoffensive zwischen Donec und Dnepr geschaffen.

III. Der Verlust von Kursk und Char'kov

Das Oberkommando der Heeresgruppe B hatte seit Stalingrad einen Schlag nach dem anderen einstecken müssen. Übriggeblieben war schließlich nur noch die 2. Armee, die aber im Januar 1943 auf Grund der dauernden Kampftätigkeit außerordentlich hohe Verluste zu beklagen hatte. Eine Meldung spricht von 6476 gefallenen, 14129 verwundeten und 13225 vermißten Soldaten sowie 4568 Soldaten mit Kälteschäden. Von den rund 50000 Pferden im Gefechtsgebiet waren während der Rückzugs- und Durchbruchskämpfe etwa die Hälfte verlorengegangen.[9] Generaloberst v. Salmuth, der Oberbefehlshaber der 2. Armee, wurde mit der Begründung, er habe eine zu pessimistische Auffassung, von seinem Posten abgelöst. Aber auch sein Nachfolger, General der Infanterie Weiß, konnte nicht verhindern, daß am 9. Februar Kursk aufgegeben werden mußte.

Bis Mitte Februar gelang es dem AOK 2 dann, mit Hilfe einer aus Frankreich zugeführten Infanteriedivision und der zurückfließenden eigenen Verbände etwa 50 Kilometer westlich von Kursk eine neue Verteidigungslinie aufzubauen, die sich jedoch nach keiner Seite hin an eine bereits bestehende Front anlehnen konnte. Mit dem Vorgehen der sowjetischen 13. und 60. Armee nach Westen hatte der linke Nachbar der 2. Armee, die zur Heeresgruppe Mitte gehörende 2. Panzerarmee, ihre Front umknicken und immer weiter nach rückwärts verlängern müssen, um die offene Flanke zu schützen. Solange nun aber die von keinerlei deutschen Truppen besetzte, 50 Kilometer breite Lücke zwischen 2. Armee und 2. Panzerarmee weiter bestand, drohte beiden Armeen die Gefahr einer gegnerischen Umfassung. Mit der Neuordnung der Befehlsverhältnisse im Süden der Ostfront übernahm dann am 14. Februar das Oberkommando der Heeresgruppe Mitte mit der Kommandogewalt über die 2. Armee gleichzeitig die alleinige Verantwortung für das Schließen dieser Lücke.

Im Südabschnitt der Heeresgruppe B hatte am 1. Februar der General der Gebirgstruppen Lanz den Befehl über alle am Oskol zwischen Slavjansk und Černjanka noch sichernden und die im Anmarsch befindlichen Verbände übernommen (Armeeabteilung Lanz). Er hatte den Auftrag, eine Umfassung der Heeresgruppe Don zu verhindern und den Raum Char'kov—Belgorod in beweglicher Kampfführung zu sichern[10]; eine Aufgabe, die nicht zu leisten war, denn mit Ausnahme der Infanteriedivision »Großdeutschland« und der zugeführten Truppen der Waffen-SS war ihre Kampfkraft gering.

Am 3. Februar mußte Kupjansk von der 298. ID aufgegeben werden, zwei Tage später ging Izjum verloren — die dort eingeschlossene 320. ID konnte nur knapp der Vernichtung entgehen —, und am 9. Februar wurde die 168. ID von einem überlegenen Gegner aus Belgorod hinausgeworfen und mußte unter großen Verlusten nach Nordwesten ausweichen.

Das nächste Ziel der Südwestfront war nun die Wiedergewinnung Char'kovs. Den vier angreifenden Armeen (6. Armee, 3. Panzerarmee, 69. Armee und 40. Armee) konnte General Lanz praktisch nur die beiden SS-Divisionen »Das Reich« und »Leibstandarte SS Adolf Hitler« und die ID »Großdeutschland« entgegenstellen. Da Hitler neben dem unbedingten Halten der Stadt nun auch noch einen Angriff in Richtung Süden befohlen hatte, wurden die wenigen Kräfte zudem verzettelt. Um seine Divisionen vor der sicheren Einschließung in Char'kov zu retten und sie für die kommenden Aufgaben kampfkräftig zu halten, gab SS-Obergruppenführer Hausser schließlich am 16. Februar entgegen ausdrücklichem »Führerbefehl« Char'kov auf und wies seine Verbände an, sich auf eine neue Kampflinie südwestlich der Stadt durchzuschlagen.[11]

Der Ungehorsam Haussers, der mit seiner sachlich notwendigen, aber persönlich riskanten Entscheidung Mut und Verantwortungsbewußtsein gezeigt hatte, blieb für ihn ohne Folgen. Wenn der verdiente Kommandierende General des SS-Panzerkorps und dienstälteste Repräsentant der Waffen-SS vor ein Kriegsgericht gestellt und bestraft worden wäre, so wäre dies einer öffentlichen Bloßstellung dieser von Hitler besonders favorisierten Elitetruppe gleichgekommen. Hieran aber konnte dem »Führer« nicht gelegen sein. »Büßen« mußte allerdings General Lanz.[12]

IV. Die Schlacht zwischen Donec und Dnepr

Da sich die Führungstätigkeit des Oberkommandos der Heeresgruppe B angesichts der Lage im wesentlichen darauf beschränken mußte, die benachbarten Heeresgruppen Don und Mitte gegen eine feindliche Umfassung zu schützen, verfügte Hitler — wohl auf Anregung von Weichs —, daß die Heeresgruppe B Mitte Februar aus der Befehlsführung auszuscheiden und die Heeresgruppe Don als Heeresgruppe Süd mit diesem Zeitpunkt den Befehl über die Armeeabteilung Lanz, die Heeresgruppe Mitte den Befehl über die 2. Armee zu übernehmen habe.[13] Das bedeutete, daß Manstein von jetzt an den entscheidenden Einfluß auf die Operationen im Süden der Ostfront hatte.

Wie sahen Mansteins Überlegungen aus? Nachdem er die Genehmigung erhalten hatte, den Don-Donec-Balkon zurückzunehmen, ging seine Planung dahin, die dann kürzere Front auf ihrer gesamten Länge vom Azovschen Meer bis zum Übergang in die Donec-Verteidigung allein durch Infanterie- und Sicherungsdivisionen besetzen zu lassen. Die hierdurch freiwerdenden Panzerdivisionen sollten dann an den linken Flügel gezogen werden — Mansteins »Rochade« —, um den in der bereits circa 160 Kilometer breiten Lücke zur Armeeabteilung Lanz vorgehenden Gegner zurückzuschlagen und die Verbindung zum Nachbarn wiederherzustellen.

Vorbedingung für diesen großen Gegenangriff, der erst nach Einnahme der Miusstellung beginnen konnte, war aber, daß vorher im gesamten übrigen Heeresgruppenbereich eine zusammenhängende, dem Gegner standhaltende Frontlinie aufgebaut wurde. Um diese Voraussetzung zu schaffen, erhielt die 1. Panzerarmee, deren Frontabschnitt zwischen Vorošilovgrad und Slavjansk lag, am 7. Februar den Auftrag, »den über den Donec vorgegangenen Feind [zu] schlagen und über den Donec zurück[zu]werfen, um den Donec in ihrem gesamten Abschnitt wiederzugewinnen«[14].

General Zeitzler, der glaubte, die Lage sei nur noch zu meistern, wenn man Manstein freie Hand geben würde, gelang es nach langem Bemühen, Hitler zu bewegen, einmal selbst ins Hauptquartier der Heeresgruppe Süd nach Zaporož'e zu fliegen und sich ein eigenes Bild von der Situation im Süden der Ostfront zu machen. In der Lagebesprechung am 18. Februar 1943 — inzwischen hatte der Gegner Pavlograd eingenommen und stand bereits 60 Kilometer vor Dnepropetrovsk — konnte Manstein Hitler die schwierige Lage seiner Heeresgruppe vermitteln:

»Wir haben hier auf einer Front von 700 Kilometern zur Zeit 341 Feindverbände gegenüber 32 eigenen, von denen die Mehrzahl durch schwerste Kämpfe weitgehend überbeansprucht ist. Wenn der Feind angesichts dieses Kräfteverhältnisses angreift, *muß* er durchbrechen.«[15]

Über die Richtung, in der nun der Gegenstoß erfolgen sollte, kam es zu einer Kontroverse zwischen Hitler und Manstein, in der sich letzterer schließlich durchsetzen konnte. Während Hitler die Meinung vertrat, die größere Gefahr liege in der Lücke nördlich Char'kov zwischen Armeeabteilung Lanz und 2. Armee, in der Teile der sowjetischen 40. Armee nach Westen durchstießen, wollte Manstein zuerst die breite Lücke zwischen 1. Panzerarmee und Armeeabteilung Lanz schließen.

Nach der Abreise Hitlers ging Manstein an die Ausführung seiner Pläne. Es kam ihm zu Hilfe, daß die sowjetische Führung die deutschen Absichten falsch einschätzte, was sich verhängnisvoll für die Südwestfront auswirken sollte.[16]

Der 1. Panzerarmee gelang es am 20. Februar, die in Richtung Stalino vorgehenden Kräfte der Panzergruppe Popov von ihrem Nachschub abzuschneiden. Damit war eine Wende am linken Flügel der 1. Panzerarmee eingeleitet. Die Panzergruppe Popov, deren Kampfgruppen in den nächsten Tagen nach und nach den massiert geführten Angriffen zum Opfer fielen, befand sich bald in einer verzweifelten Lage. Aus aufgefangenen Funksprüchen war zu ersehen, daß der größte Teil der Nachrichtenmittel ausgefallen und eine einheitliche Führung nicht mehr gegeben war. Einzelne Truppen meldeten, daß sie über keine Munition und keinen Kraftstoff mehr verfügten, teilweise herrsche Panik.[17]

Am 24. Februar konnte Mackensen melden, daß »die rote Panzerarmee Popov zerschlagen [und] zum großen Teil vernichtet ist«[18]. Durch diesen Erfolg war die drohende Gefahr einer Umfassung des Westflügels der Armee beseitigt.

Auch ein bei der Armeeabteilung Kempf — General Lanz war als Befehlshaber abgelöst worden — befohlener Angriff der SS-Division »Das Reich« von Krassnograd in südlicher Richtung auf Novo-Moskovsk verlief erfolgreich. Es gelang den Truppen der Waffen-SS in harten Kämpfen, diejenigen sowjetischen Verbände, die nach Westen bis an den Dnepr vorgedrungen waren, von ihrer rückwärtigen Versorgung abzuschneiden. Am 21. Februar konnte Pavlograd wieder eingenommen werden.

Am selben Tag übernahm das Panzer AOK 4 den Befehl in der Lücke zwischen der Armeeabteilung Kempf und der 1. Panzerarmee. Generaloberst Hoth, dem das SS-Panzerkorps und das XXXXVIII. Panzerkorps unterstellt wurden, sah die Lage optimistisch. Durch den erfolgreichen Vorstoß der SS-Division »Das Reich« war nach seiner Ansicht »der Feinddruck gegen den Dnepr im wesentlichen bereits abgefangen und erhebliche Kräfte des Gegners von dessen Masse abgeschnitten«[19]. Die Feindaufklärung hatte zudem erkannt, daß der Gegner es versäumte, Schwerpunkte zu bilden und stattdessen seine gegen den Dnepr vorgedrungenen Kräfte über den ganzen Raum verstreut hatte.

Es kam Manstein auf eine zügige Fortsetzung des Angriffs an, um den Gegner im Bereich der 1. und 4. Panzerarmee noch vor einem eventuellen Ausweichen über den Donec zu zerschlagen und mit den beiden Panzerkorps Hoths eine günstige Ausgangslage für den im Anschluß daran geplanten Stoß in die Südflanke der gegnerischen Gruppe bei Char'kov zu schaffen. Schnelles Handeln war notwendig, um dieses Ziel noch vor dem Herankommen der aus dem Raum Stalingrad erwarteten sowjetischen Verstärkungen zu erreichen.

Der 1. Panzerarmee stellte Manstein am 25. Februar 1943 die Aufgabe, mit starken Kräften gegen den vom Gegner besetzten Raum um

Slavjansk vorzustoßen und hier die Donec-Übergänge zu sperren. Die 4. Panzerarmee hatte ihren Angriff fortzusetzen und eine Front im Anschluß an die 1. Panzerarmee aufzubauen, um alsdann mit der Masse ihrer Kräfte westlich des Donec nach Norden zum Angriff Richtung Char'kov einzudrehen.[20]

Trotz starken Widerstandes verliefen die Operationen der Heeresgruppe — mit Unterstützung der Luftflotte 4 — in den nächsten Tagen im allgemeinen zügig. Am 28. Februar wurden die Höhen südlich Izjum eingenommen, und am 2. März fiel Slavjansk wieder in deutsche Hand. Drei Tage später konnte Mackensen melden, daß das III. und das XXXX. Panzerkorps den Donec an allen Stellen erreicht hatten. Nun sei, so vermerkt das Kriegstagebuch der 1. Panzerarmee, »für absehbare Zeit mit einer Pause in der beweglichen Kampfführung zu rechnen«[21].

Die 4. Panzerarmee hatte bis zu diesem Zeitpunkt im Anschluß an die Front der 1. Panzerarmee den Donec bis südlich Zmiev eingenommen und war nach Norden eingedreht. Eine starke sowjetische Kräftegruppe der 3. Panzerarmee war südlich von Paraskoveja durch die Divisionen des SS-Panzerkorps eingeschlossen und bis zum 5. März zerschlagen worden. Durch diesen Erfolg und die Einnahme der günstigen Verteidigungsstellung am Donec war nun die Grundlage für eine Fortsetzung der Angriffsoperationen geschaffen.

Während die Heeresgruppe so in ihrem südlichen Bereich die Wende einleitete, war die Lage bei der Armeeabteilung Kempf nach der Räumung von Char'kov und dem Ausweichen nach Westen zunehmend schwieriger geworden. Der Auftrag, mit den wenigen Verbänden vier sowjetische Armeen zu binden, die der neu aufgebauten Front gegenüberstanden, war auf die Dauer nicht zu erfüllen.

Am 23. Februar trat durch den Verlust von Achtyrka eine Situation ein, die zum ungestörten Vorgehen des Gegners auf Kremenčug oder Kiev und zur Umfassung der Armeeabteilung im Norden führen konnte. Manstein ordnete auf Grund dieser krisenhaften Zuspitzung die Zurücknahme des linken Flügels über die Vorskla an[22], ein Befehl, zu dem Zeitzler erst nach »hartem Kampf« die Genehmigung Hitlers erhielt.[23]

Bei der 2. Armee war am 19. Februar die »Rückzugsschlacht von Kursk« — so die Bezeichnung im Kriegstagebuch der Armee — zu Ende gegangen. Da sich die neue Verteidigungslinie weder nach Norden noch nach Süden an die Nachbararmeen anlehnte und der Gegner in den Flanken, ohne auf Widerstand zu stoßen, vorbeimarschieren konnte, bestand permanent die Gefahr einer beiderseitigen Umfassung. So war auch hier, um einer Überflügelung entgegenzuwirken, ein weiteres Zurückgehen notwendig. Durch eine der Rückwärtsbewegung der Armeeabteilung Kempf entsprechende Rücknahme ihres rechten Flügels und durch die Zuführung einer Infanteriedivision aus Frankreich gelang es der Heeresgruppe Mitte schließlich am 6. März, die Lücke zu ihren südlichen Nachbarn, wenn auch vorerst in einem weit nach Westen verlaufenden Bogen, zu schließen.

Mit dem Aufbau der neuen Verteidigungslinie, die sich an den Flußlauf des Psël anlehnte, war eine notwendige Vorbedingung für die schon bald einsetzende gemeinsame Operation von 2. Armee und Armeeabteilung Kempf zum Wiedervordrücken der Front geschaffen.

V. Die Schlacht um Char'kov

Der 5. März bedeutete für die Manstein unterstellten Verbände in mehrfacher Hinsicht einen Einschnitt. Die Heeresgruppe Süd besaß auf Grund des Vorgehens der 4. Panzerarmee und der Rücknahme des linken Flügels der Armeeabteilung Kempf nun eine geschlossene Nordfront, die von Zen'kov, der Grenze zur Heeresgruppe Mitte, bis zum Übergang in die Miusstellung nordwestlich Vorošilovgrad über 400 Kilometer in fast gerader Linie verlief. Da sich zudem diese Front zu mehr als der Hälfte an den Donec anlehnte, konnte sie unter dem Gesichtspunkt der Kräfteersparnis fast als ideal bezeichnet werden. Die oberste Führung dachte jedoch nicht daran, in dieser Linie stehenzubleiben.

Bei der 4. Panzerarmee stand der 5. März im wesentlichen unter dem Zeichen des Abschlusses der bisherigen Operationen und der Umgliederung zu neuen Aufgaben. Für die Armeeabteilung Kempf bedeutete dieser Tag insofern eine Wende, als nun das Ausweichen nach Westen ein Ende gefunden hatte; und die 1. Panzerarmee hatte in ihrem Abschnitt zu diesem Zeitpunkt überall den Donec erreicht.

Für die Armeeabteilung Hollidt ging an diesem Tag ein Kapitel zu Ende. Sie erhielt mit Wirkung vom 6. März die Bezeichnung 6. Armee. Damit, so führte General Hollidt in seinem Tagesbefehl aus, übernehme die Armee

»die Überlieferung der ruhmreichen alten 6. Armee, die sich bei Stalingrad auf alle Zeiten unsterblichen Ruhm erworben hat und das ewige Vorbild deutschen Soldatentums und Heldentums geworden ist«.[24]

Manstein schließlich stand am 5. März vor der Entscheidung, wie nun der Gegenangriff weiterzuführen sei. Hitler hatte ihm durch Zeitzler ausrichten lassen, als nächstes Ziel die Wiedereinnahme von Char'kov durch eine Umfassung der Stadt von Osten anzustreben. Manstein, dessen Überlegungen in die gleiche Richtung gingen, mußte die Art des weiteren Vorgehens von der Wetterentwicklung abhängig machen. Nachdem sein ursprünglicher Plan, die Truppen ostwärts des Donec vorzuführen und dann nach Westen über den Fluß angreifen zu lassen, schon dem einsetzenden Tauwetter zum Opfer gefallen war, drohte der Schlamm nun auch diese engere Umfassung westlich des Donec zu gefährden.

So gab Manstein der 4. Panzerarmee zunächst den Befehl, in Richtung Norden den Mža-Abschnitt zu gewinnen. Am 6. März traten rechts das XXXXVIII. und links das SS-Panzerkorps auf einer Gesamtbreite von 60 Kilometern zum Angriff an. Auf Grund des unerwartet zügigen Vorgehens gewannen die Kommandierenden Generale den Eindruck, daß der Gegner mit der Masse seiner Kräfte zurückging und lediglich starke Nachhuten den deutschen Angriffsspitzen entgegenstellte. Nachdem am 7. März die 4. Panzerarmee den Mža-Abschnitt überall erreicht und auch die Armeeabteilung Kempf, entsprechend dem Vorwärtskommen des rechten Nachbarn, ihre Front gegen starken Widerstand vorgedrückt hatte, mußte nun die Frage, wie der Angriff weiterzuführen sei, endgültig entschieden werden.

Hoth, zu einer Stellungnahme aufgefordert, kam bei Abwägung aller Vor- und Nachteile zu dem Ergebnis, daß es wegen des Tauwetters und der zunehmenden Verschlammung der Wege das beste sei, »am Mža-Abschnitt zu halten und die Operation überhaupt zu beenden«[25]. Auch mußte, da sich die Heeresgruppe Mitte zu diesem Zeitpunkt außerstande sah, mit einem Vorstoß der 2. Armee in südöstlicher Richtung den Bewegungen der Heeresgruppe Süd entgegenzukommen, bei einem weiteren Vorgehen der 4. Panzerarmee eine weit vorgestaffelte Nase in der ansonsten günstig verlaufenden Frontlinie entstehen. Diese zu verteidigen, würde aber beträchtlich mehr Kräfte benötigen als die jetzt eingenommenen Stellungen am Mža.

Die Bedenken Hoths mußten schließlich zurücktreten, da Hitler die Wiedereinnahme Char'kovs, wie Zeitzler Manstein mitteilte, »aus politischen Gründen« wünschte.[26] Hinzu kam, wie Manstein in seinen Erinnerungen schreibt, daß der Name Char'kov »einen magischen Anreiz auf die Truppe und die mittlere Führung« ausgeübt habe[27], eine Feststellung, die sicherlich auch auf den Feldmarschall selbst zutraf.

Mit seinem Befehl vom 7. März[28], in dem schließlich der 4. Panzerarmee der Vorstoß beiderseits Ljubotin bis zum Udy-Abschnitt und dem Angriffsflügel der Armeeabteilung Kempf das Vordringen auf Ol'šany zur Aufgabe gemacht wurde, ging Manstein ein nicht geringes Risiko ein. Zwar hatten die Meteorologen für die nächsten Tage Frost vorausgesagt, doch bei einem möglichen Wiedereintreten des Tauwetters mußte man mit der Notwendigkeit rechnen, den Angriff einzustellen und dann in weitaus ungünstigerer Lage zu stehen, als es nun am Mža-Abschnitt der Fall war.

Da die Temperaturen tatsächlich leicht unter dem Gefrierpunkt blieben und die aufgeweichten Straßen und Wege wieder befahrbar geworden waren, kamen die deutschen Divisionen relativ gut voran. Am 9. März nahm das SS-Panzerkorps Ljubotin und das XXXXVIII. Panzerkorps das hart umkämpfte Taranovka, und schon am Morgen des 11. März traten die SS-Divisionen zum Angriff auf Char'kov an. Während die »Totenkopf«-Division den Raum Char'kov nach Norden abdeckte, stießen »Das Reich« von Westen und die »Leibstandarte SS Adolf Hitler« von Norden her gegen heftigen Widerstand bis an die Stadtränder vor, wobei es zu schweren und für die Waffen-SS verlustreichen Kämpfen kam.

Der Ansatz der Kräfte durch Obergruppenführer Hausser entsprach nicht dem Befehl Hoths, der ebenso wie Manstein vermeiden wollte, daß sich das Panzerkorps in Char'kov festbiß. Wie schon bei der Aufgabe der Stadt vier Wochen zuvor kam es auch hier wieder zu einem Konflikt zwischen dem Kommandierenden General des SS-Panzerkorps und seinen Vorgesetzten. Erst auf wiederholtes Drängen gehorchte Hausser und gliederte so um, daß die Division »Das Reich« aus dem Kampf herausgelöst und auf die Ostseite der Stadt geführt werden konnte. Bis zum Abend des 14. März wurde dann Char'kov nach harten Gefechten, in denen — wie Hausser später schrieb — »dem Feinde Straßenzug um Straßenzug« entrissen werden mußte[29], vollständig eingenommen.

Während mit der Rückeroberung Char'kovs ein für Hitler wie das Heer wichtiger Prestigeerfolg errungen wurde, hatte das XXXXVIII. Panzerkorps den Befehl zur Einkesselung und Vernichtung der sowjetischen Kräfte, die noch südlich und südostwärts der Stadt standen, erhalten. Bis zum 18. März konnten mit Hilfe der Luftwaffe die letzten gegnerischen Kessel zerschlagen werden. Mit der Einnahme der Donec-Stellungen zwischen Zmiev und Čuguev hatte die Front der Heeresgruppe Süd in einem weiteren Abschnitt ihre vorerst endgültige Gestalt erhalten.

Am Morgen des 18. März trat die 4. Panzerarmee mit der Masse des SS-Panzerkorps auf Belgorod an. Das Vorgehen entwickelte sich für die deutschen Truppen überraschend günstig. Der Gegner wich zurück und setzte dem Angriff nur noch »unzusammenhängenden, aber örtlich zähen Widerstand«[30] entgegen, so daß bereits gegen Mittag die ersten Panzer in Belgorod eindringen konnten.

Der Armeeabteilung Kempf, die mit zwei Divisionen zwischen den Flüssen Lopan' und Vorskla nach Nordosten vorging, stellten sich nur noch Nachhuten entgegen. Die Masse der hier noch befindlichen sowjetischen Verbände versuchte, sich vor dem zweifellos in seiner Kampfkraft überschätzten deutschen Vorstoß über die Linie Belgorod–Tomarovka (westlich Belgorod an der Vorskla) abzusetzen.

Zur Gewinnung von Tomarovka, dem Eckpfeiler in der neuen Front, befahl Manstein ein Zusammenwirken zwischen 4. Panzerarmee und Armeeabteilung Kempf. Gleichzeitig beantragte er beim OKH ein Vorgehen des Südflügels der Heeresgruppe Mitte, da die linke Flanke der Armeeabteilung Kempf sonst ungeschützt sei. In einem Telefongespräch mit Zeitzler gab sich Manstein sicher, »daß der Russe vor der angreifenden 2. Armee zurückgehen wird, da er Angst hat, umzingelt zu werden«[31]. Auch glaubte der Oberbefehlshaber auf Grund seiner Lagebeurteilung, »daß Heeresgruppe Mitte jetzt ohne Schwierigkeiten Kursk nehmen könnte«[32].

Da Feldmarschall von Kluge die eigene Lage anders beurteilte und hierbei die Unterstützung Hitlers fand, kam es zu einer Kompromißlösung zwischen den Vorstellungen der beiden Heeresgruppenoberkommandos. Die am rechten Flügel der 2. Armee eingesetzten Infanteriedivisionen kämpften sich bis in die Linie Sumy–Tomarovka vor, wodurch die Verbindung zur Armeeabteilung Kempf gehalten wurde; zu einem weiteren Vorrücken, so versicherte Kluge, fehlten seiner Heeresgruppe die Kräfte.

Am 22. März kamen die Kämpfe im Süden der Ostfront mit der Einnahme der befohlenen Verteidigungslinie durch die Verbände der 4. Panzerarmee, der Armeeabteilung Kempf und der 2. Armee zu einem vorläufigen Abschluß. Damit war auch der zweite Teil des deutschen Gegenangriffs, die »Schlacht um Char'kov«, beendet. Mit der Entscheidung Hitlers, auf eine sofortige Weiterführung der Angriffsoperationen zu verzichten, trat die von der Truppe dringend benötigte Ruhepause ein.

Schlußbetrachtung

Die durch Manstein geleiteten Operationen am Südflügel der Ostfront hatten in nur vier Wochen der deutschen Seite noch einmal einen militärischen Erfolg gebracht. Nicht nur die Abschnürung hatte verhindert werden können; es waren im Gegenstoß auch erhebliche Raumgewinne erzielt und dem Gegner empfindliche Verluste beigebracht worden (fast 20 000 Gefangene und mehr als 50 000 Tote, über 3 000 Geschütze und über 1 400 Panzerfahrzeuge).[33] Durch die gelungene Stabilisierung im Bereich der Heeresgruppen Süd und Mitte bestand nun wieder eine geschlossene Front vom Schwarzen Meer bis zur Ostsee.

Freilich, die Stellungen, in denen die Armeen Mansteins nun lagen, waren fast dieselben, aus denen heraus neun Monate zuvor die große Offensive gegen den Kaukasus und die Volga ihren Ausgang genommen hatte. So war trotz des zuletzt noch errungenen Sieges die Gesamtbilanz der Winterkämpfe 1942/43 für die deutsche Seite erschütternd. Die Männer in der Umgebung Hitlers mußten erkennen, daß der »Endsieg« in immer größere Ferne rückte.

Hitler jedoch war zu Kompromissen nicht bereit.[34] Stattdessen begann dann am 5. Juli 1943 mit dem »Unternehmen Zitadelle« zur Gewinnung des Kursker Bogens die letzte deutsche Offensive im Osten. Ihr Scheitern war nach Stalingrad ein weiteres Signal dafür, daß die Zeit der Siege für die Wehrmacht ein für allemal vorüber war. Von jetzt an ging es nur noch zurück. Hitler und seine Generale hatten an der Ostfront das Gesetz des Handelns endgültig verloren.

Anmerkungen

[*] Der folgende Beitrag ist eine Zusammenfassung meines Buches: Die Stabilisierung der Ostfront nach Stalingrad. Mansteins Gegenschlag zwischen Donec und Dnepr im Frühjahr 1943, Göttingen, Zürich 1986 (= Studien und Dokumente zur Geschichte des Zweiten Weltkrieges, Bd 17).

[1] Vgl. Führerbefehl, OKH GenStdH OpAbt (I) Nr. 11154/42 vom 8.9.1942, Bundesarchiv-Militärarchiv Freiburg (BA-MA), N 63/12.

[2] Vgl. Kurt Zeitzler, Die ersten beiden planmäßigen großen Rückzüge des deutschen Heeres an der Ostfront im Zweiten Weltkrieg, in: Wehrkunde, 9 (1960), S. 109—117.

[3] Zur Bedeutung des Donecbeckens für die deutsche Kriegswirtschaft vgl. Georg Thomas, Geschichte der deutschen Wehr- und Rüstungswirtschaft (1918—1943/45), hrsg. von Wolfgang Birkenfeld, Boppard 1966, S. 514 f.

[4] Text nach KTB HGr Don, BA-MA, RH 19 VI/39.

[5] Über seine Besprechung mit Hitler vgl. Erich von Manstein, Verlorene Siege, Frankfurt a.M. 1966, S. 437 ff.

[6] Vgl. Kurt Zeitzler, Das Ringen um die großen Entscheidungen im Zweiten Weltkrieg, BA-MA, N 63/80, Bl. 50 f.

[7] Vgl. HGr Don Ia, Nr. 390/43 vom 1.2.1943, BA-MA, RH 19 VI/13. Abgedruckt bei Schwarz, Stabilisierung (wie Anm. *), Anlage E 1.

[8] Vgl. HGr Don Ia, Nr. 513/43 vom 10.2.1943, BA-MA, 34885/5, und Schwarz, Anlage E 3.

[9] Vgl. AOK 2 Ia Nr. 424/43 vom 11.3.1943 an OKH/GenStdH/OpAbt, BA-MA, 31811/72.

[10] Vgl. HGr B Ia Nr. 491/43 vom 31.1.1943, BA-MA, 31811/33.

[11] Zu diesem Sachverhalt vgl. KTB AOK 8 vom 12.2.—16.2.1943, BA-MA 36188/8, sowie Das Deutsche Reich und der Zweite Weltkrieg, Bd 6, Stuttgart 1990, S. 1073 ff. (Beitrag Wegner).

[12] Vgl. Charles B. Burdick, Hubert Lanz. General der Gebirgstruppe 1896—1982, Osnabrück 1988, S. 173 ff.

[13] Vgl. FS des OKH/OpAbt mit Weisung für weitere Kampfführung vom 12.2.1943, in: KTB HGr Don, BA-MA, RH 19 VI/39.

[14] Ebd.

[15] Lagebesprechung vom 18.2.1943, abgedr. bei Schwarz, Stabilisierung (wie Anm. *), Anlage C 1.

[16] Vgl. W.P. Morosow, Westlich von Woronesh. Kurzer militärischer Abriß der Angriffsoperationen der sowjetischen Truppen in der Zeit von Januar bis Februar 1943, Berlin (Ost) 1959, S. 157. Vgl. auch Geschichte des Großen Vaterländischen Krieges der Sowjetunion, hrsg. vom Institut für Marxismus-Leninismus beim Zentralkomitee der Kommunistischen Partei der Sowjetunion, 6 Bde, Berlin (Ost) 1962—1968. Bd 3: Der grundlegende Umschwung im Verlauf des Großen Vaterländischen Krieges, 1964, S. 141 f., wo in erster Linie Stalin die Schuld an der Fehleinschätzung der deutschen Absichten und den daraus resultierenden falschen Entscheidungen zugewiesen wird, und den Beitrag von Valentin Pron'ko in diesem Band.

[17] Vgl. KTB PzAOK 1 vom 23.2.1943, BA-MA, RH 21—1/87.

[18] PzAOK 1 Ia vom 24.2.1943 an HGr Süd, BA-MA, RH 21—1/90.

[19] KTB PzAOK 4 vom 21.2.1943, BA-MA, 34888/1.

[20] HGr Süd Ia Nr. 771/43 vom 25.2.1943, abgedr. bei Schwarz, Stabilisierung (wie Anm. *), Anlage E 9.

[21] KTB PzAOK 1 vom 5.3.1943, BA-MA, RH 21—1/87.

[22] HGr Süd Ia Nr. 731/43 vom 23.2.1943, abgedr. bei Schwarz, Stabilisierung (wie Anm. *), Anlage E 8.

[23] Anruf Mansteins bei Gen. Zeitzler am 24.2., BA-MA, RH 19 VI/42.

[24] Vgl. Armee-Tagesbefehl vom 6.3., BA-MA, 32741/1.

[25] Vgl. KTB PzAOK 4 vom 7.3.1943, BA-MA, 34888/1.

[26] Vgl. Telefongespräch Manstein — Zeitzler am 7.3.1943, BA-MA, RH 19 VI/43.

[27] Manstein, Verlorene Siege (wie Anm. 5), S. 466.

[28] HGr Süd Ia Nr. 923/43 vom 7.3.1943, abgedr. bei Schwarz, Stabilisierung (wie Anm. *), Anlage E 11.

[29] Paul Hausser, Waffen-SS im Einsatz, Preuß. Oldendorf 1953, S. 82.

[30] KTB HGr Süd vom 18.3.1943, BA-MA, RH 19 VI/41.

[31] Telefongespräch vom 18.3.1943, ebd., RH 19 VI/43, HGr Süd.

[32] Ebd.

[33] So der deutsche Wehrmachtsbericht am 20.3.1943. Die Höhe der deutschen Verluste ist in den Akten nur teilweise festgehalten. Hitler gab bei der Lagebesprechung am 10.3. im Hauptquartier der Heeresgruppe Süd eigene Verluste in Höhe von 20000 Toten »in der letzten Zeit« an (vgl. KTB HGr Süd/Ia, BA-MA, RH 19 VI/41). Hausser gibt als Gesamtverluste des SS-Panzerkorps (d.h. Tote, Verwundete und Vermißte) »365 Offiziere, 11154 Unteroffiziere und Männer« an, vgl. Hausser, Waffen-SS (wie Anm. 29), S. 83.

[34] Zu den Chancen eines deutsch-sowjetischen Sonderfriedens vgl. die gleichlautende Studie von Ingeborg Fleischhauer, Berlin 1986, und die Besprechung in: Militärgeschichtliche Mitteilungen, 48 (1990), S. 231 f.

Hans Umbreit

Das unbewältigte Problem.
Der Partisanenkrieg im Rücken der Ostfront

»Daß der deutsche Mensch in seiner Breite noch nicht reif ist für die Behandlung fremder Völker«[1], war eine Einsicht, die bei manchen deutschen Einzelpersönlichkeiten oder Dienststellen nicht erst gegen Ende des Krieges aufkam. Der Beweis war angesichts der Verhältnisse, die sich in den besetzten Territorien auf dem Gebiet der Sowjetunion immer mehr zuungunsten der Deutschen entwickelten, nicht schwer zu führen. Eineinhalb Jahre nach dem Überfall auf den östlichen Nachbarn befand sich die Wehrmacht auf dem Rückzug, war das Prestige des Siegers mit dem Verlust seiner 6. Armee bei Stalingrad weitgehend geschwunden und das Ende der deutschen Herrschaft bereits abzusehen.

Das Verdienst an dieser nicht mehr umkehrbaren Entwicklung kam nicht nur den regulären Streitkräften der Roten Armee zu. Ein gewisser Anteil war auch der unaufhaltsam anwachsenden Partisanenbewegung zuzuschreiben, zu deren Unterdrückung oder wenigstens Begrenzung sich die Besatzungsmacht nicht mehr imstande sah. Für die Nachdenklichen auf deutscher Seite — und ihre Zahl war nicht einmal gering — stand dabei außer Zweifel, daß eigene Fehleinschätzungen, Versäumnisse und Fehler die ungünstige Situation entweder ausgelöst oder doch wenigstens mit herbeigeführt hatten. Hitler verwarf allerdings alle Vorschläge für eine Änderung der deutschen Politik — soweit sie ihn überhaupt erreichten. Im übrigen wären sie zu spät gekommen.

Bedenkenlose Planung

Mit dem Auftreten von Freischärlern hatte die Wehrmacht bei jeder Besetzung eines Landes gerechnet, und sie war darauf vorbereitet, alle Widerstände gegebenenfalls gewaltsam zu unterdrücken. Dazu vertraute die militärische Führung zunächst auf die abschreckende Wirkung von Einschüchterungsmethoden, soweit sie — wie Standgerichtsbarkeit, Geiselnahme und -erschießung — durch das Kriegsvölkerrecht noch nicht ausdrücklich untersagt waren. Für den künftigen deutschen »Lebensraum« im östlichen Europa, gegenüber den als »minderwertig« angesehen slawischen Bevölkerungen, hielt Hitler dagegen rechtliche Erwägungen für entbehrlich, und von militärischer Seite blieb massiver Widerspruch aus.

Der Chef des Generalstabes des deutschen Heeres, Generaloberst Franz Halder, erhob keine Einwände, als ihm Hitler am 17. März 1941 seine Absicht eröffnete, die sowjetische Intelligenz zu beseitigen.[2] Der »Führer« sah die »Anwendung brutalster Gewalt« als notwendig an, und die Vertreter des Heeres waren zufrieden, daß dieses unerfreuliche »Geschäft« im wesentlichen den nachfolgenden SS- und Polizeiformationen zufallen sollte, denen beträchtliche Kompetenzen bei der Durchführung der Besatzungspolitik eingeräumt worden waren. Die Heeresführung hatte die Idee des Rassenkrieges akzeptiert, und sie schlug eine Sonderregelung für politische Kommissare vor, denen eine verfahrenslose Liquidierung zugedacht war wie allgemein den Kommunisten, Juden und anderen »radikalen Elementen«. Die blutige Unterdrückung des Widerstands unter Ausmerzung der tatsächlichen oder nur möglichen Gegner diente zugleich dem Zweck, Völker zu dezimieren, an deren Weiterexistenz innerhalb der angestrebten »neuen Ordnung« die nationalsozialistischen Ideologen wenig Interesse hatten.

Die Truppe wurde angewiesen, durch »ein rücksichtsloses und energisches Durchgreifen« gegen den bolschewistischen »Todfeind des nationalsozialistischen deutschen Volkes«[3] jede Art von Widerstand im besetzten Gebiet schonungslos zu ersticken und durch die Art ihres Auftretens weiterer feindlichen Aktionen seitens der Bevölkerung vorzubeugen. Einige Mühe hatte die Wehrmacht, Hitlers Forderung nach Einschränkung der Gerichtsbarkeit nachzukommen. Verschiedene Entwürfe, darunter einer der Heeresführung, mündeten schließlich in den »Erlaß über die Ausübung der Kriegsgerichtsbarkeit im Gebiet ›Barbarossa‹ und über besondere Maßnahmen der Truppe«[4] ein, den der Chef des Oberkommandos der Wehrmacht (OKW) im Auftrag Hitlers am 13. Mai 1941 herausgab. Mit der Bestimmung, daß Straftaten der Zivilbevölkerung nicht von deutschen Kriegs- und Standgerichten abgeurteilt werden sollten, blieb für die Einwohner nicht einmal ein Rest an Rechtssicherheit. Daß Freischärler von der Truppe im Kampf oder »auf der Flucht« auszuschalten waren, hatte bereits Tradition.[5] Verhängnisvoll in ihren Folgen und zugleich entlarvend für den Charakter des Ostkrieges war die Anordnung, einer Straftat verdächtigte Personen lediglich einem deutschen Offizier vorzuführen, der über ihren Tod oder ihr Weiterleben zu entscheiden hatte. Offiziere vom Bataillonskommandeur aufwärts durften kollektive Maßnahmen gegen ganze Ortschaften verhängen, aus denen auf die Truppe geschossen worden war. Wie den Einheiten erläutert wurde, war dabei an die Erschießung einer größeren Anzahl von Männern gedacht. Als Freischärler sollten auch »Hetzer, Flugblattverteiler, Saboteure«[6] gelten. Für Straftaten deutscher Soldaten gegen Landeseinwohner wurde der Verfolgungszwang durch die Wehrmachtjustiz aufgehoben, was der Oberbefehlshaber des Heeres nachträglich noch geringfügig korrigierte. Der Willkür waren keine Grenzen gesetzt. Die Einschränkung der Kriegsgerichtsbarkeit blieb zwar nicht ganz ohne Widerspruch von seiten der Truppe, aber der Erlaß vom 13. Mai 1941 gab dennoch den Rahmen ab, in dem sich die Bekämpfung des tatsächlichen oder vermeintlichen Widerstands in der Folgezeit bewegen sollte.

»Kriegsbrauch mit östlichen Mitteln«

Wegen der Weite des Raumes, der die eigenen Ordnungskräfte überforderte, und wegen der angenommenen »Hinterhältigkeit« der Gegenseite glaubten sich die Deutschen in den besetzten Ostgebieten zu besonderer Härte berechtigt. Sie hatten nicht verhindern können, daß sich viele Rotarmisten der Gefangenschaft entzogen hatten und in unwegsame Gebiete geflüchtet waren. Dort konnten sie für das deutsche Ostheer zur Gefahr werden[7], zumal schnell bekannt wurde, daß Stalin Anfang Juli 1941 zu einem Partisanenkrieg gegen die Eindringlinge aufgerufen hatte.

Die üblichen Sicherheitsmaßnahmen wie Einziehung der Waffen, Sperrstunden, Versammlungsverbot, Auflösung von Vereinen und der Partei, Strafandrohung für Widerstandsakte aller Art, Passierscheinzwang beim Verlassen des Wohnorts blieben ohne große Wirkung. Die Truppe nahm Geiseln fest, internierte Wehrfähige, ordnete Zwangsarbeiten und die Bewachung ihrer rückwärtigen Verbindungen durch die Bevölkerung an und verließ sich immer mehr auf den drakonischen »Kriegsbrauch mit östlichen Mitteln«, den ihr der Oberstkriegsgerichtsrat im Oberkommando des Heeres (OKH) von Anfang an empfohlen hatte.[8] Das Oberkommando der 2. Armee forderte die Einrichtung von Konzentrationslagern für »alle Elemente, [...] die zu einer heimlichen Unterstützung von Banden befähigt sind«[9]. Die angestrebte Befriedung des eroberten Raumes rangierte über der Rechtmäßigkeit der Methoden; die »östlichen Mittel« paßten sich der rassistischen Bewertung der Slawen als »Untermenschen« an, die im künftigen deutschen »Lebensraum« höchstens noch als Arbeitskräfte geduldet werden sollten. Da trotz der kontinuierlichen Rekrutierung landeseigener Hilfstruppen, zunächst in den baltischen Ländern, in Weißrußland und in der Ukraine, eigene Kräfte nie in ausreichender Anzahl zur Verfügung standen, ja sogar mit den kampfkräftigsten Sicherungstruppen immer wieder Lücken in der Front gestopft werden mußten, wurde Abschreckung zur gängigen Methode, um mehr Sicherheit zu erzwingen. Auf Befehl des Chefs des OKW, Generalfeldmarschall Wilhelm Keitel, war der Bevölkerung durch Terror »die Lust zur Widersetzlichkeit zu nehmen«[10]. Mitte September 1941 beschrieb er das Ausmaß der Vergeltung — 50 bis 100 Kommunisten für jeden getöteten deutschen Soldaten —, das ihm gegenüber der kommunistischen Aufstandsbewegung in den besetzten Gebieten angemessen schien.[11] »Der Schrecken vor den deutschen Gegenmaßnahmen muß stärker sein als die Drohung der umherirrenden bolschewistischen Restteile«, verlangte der Oberbefehlshaber der 6. Armee, Generalfeldmarschall Walter v. Reichenau, am 10. Oktober 1941[12], und er forderte auch die Bestrafung derjenigen, die Anschläge hätten verhindern oder melden können. Nicht nur Saboteure und Partisanen, sondern auch deren Helfer und lediglich Verdächtige wurden ebenso wie Geiseln und willkürlich ergriffene »Sühnepersonen« liquidiert, Dörfer abgebrannt und sämtliche Einwohner erschossen[13], sowohl von der SS und Polizei wie von Einheiten der Wehrmacht. Ein Vorschlag des Chefs der Sicherheitspolizei und des SD vom Frühjahr 1942, einen noch größeren Handlungsspielraum bei der Verhängung von Kollektivstrafen zu schaffen, stieß bei den Reichskommissaren auf Ablehnung. Reinhard Heydrich wollte den Höheren SS- und Polizeiführern die Möglichkeiten geben, bei Handlungen, die gegen die Deutschen oder gegen die öffentliche Ordnung gerichtet waren, sogar gegen Personen vorgehen zu können, die solche Aktionen vielleicht gutheißen oder fördern könnten oder die mit den Tätern verwandt waren.[14] In der Praxis waren SS und Polizei kaum daran zu hindern, nach derartigen Regeln zu verfahren.

Vergeblicher Terror

Auch durch Gewaltmaßnahmen war die Ausbreitung des bewaffneten Widerstands nicht lange aufzuhalten, der ab 1942 von Moskau aus mit beträchtlichem personellem und materiellem Aufwand gesteuert wurde. Die Leitung übte die Rote Armee aus, ab Ende 1942 ein besonderer zentraler Stab für die Partisanenkriegführung.[15] Schienen und Brükkensprengungen nahmen zu, große truppenleere Gebiete wurden von den Partisanen kontrolliert und die wirtschaftliche Ausnutzung den Deutschen nahezu unmöglich gemacht; die rückwärtigen Verbindungen waren gefährdet. Immer mehr wurden die Aktionen der Partisanen auf die Operationen und Bedürfnisse der regulären sowjetischen Truppen abgestimmt und richteten sich vornehmlich gegen die deutschen Versorgungslinien. Nachträglich sprach Hitler von »schweren Beeinträchtigungen unserer Kampfkraft«, die zahlreichen Wehrmachtangehörigen schon im ersten Winter des Ostfeldzuges das Leben gekostet hätten.[16] Die Wehrmacht mußte zunehmend Kampftruppen einsetzen, um durch »schärfstes Zufassen«[17] gegen die »Banditen«, »Plünderer«, »Räuber« oder »Mordbrenner« vorzugehen. Zur Benutzung dieser Bezeichnungen war die deutsche Presse im Dezember 1941 angewiesen worden[18] — anstelle des einigermaßen neutralen Namens »Partisan«, dessen Gebrauch Himmler in einem Sonderbefehl vom 31. Juli 1942 und wenig später auch das OKH den Befehlshabern untersagten.

Der Einsicht, daß der »Knüppel auf den Kopf« auf die Dauer keine geeignete Methode darstellte, konnte sich aber auch Reichspropagandaminister Joseph Goebbels nicht ganz verschließen.[19] Für einzelne Militär- oder Zivilbehörden hatte das von vornherein festgestanden, und sie hatten sich um ein vernünftiges Verhältnis zur einheimischen Bevölkerung bemüht.[20] Das OKH hatte schon im Herbst 1941 empfohlen, das tatkräftige und unbarmherzige Vorgehen gegen die Partisanen allein schon aus Eigeninteresse mit einer gerechten Behandlung der Bevölkerung zu verbinden.[21] Einheimische Helfer mit Sprach- und Ortskenntnissen waren nicht zu entbehren, und die Deutschen schritten bald zur Auslobung von Geldprämien und Lebensmittelzuwendungen für die Anzeige von Partisanen, später zu Landzuteilungen an verdiente Angehörige landeseigener Formationen (»Partisanenjäger«). Allerdings überschätzte das Heer die Möglichkeiten, die unter dem Diktat der nationalsozialistischen Lebensraum- und Untermenschenideologie überhaupt gegeben waren. Die deutsche Politik mußte Widerstand provozieren. Die systematische Ermordung der Juden durch SS, Polizei und ihre im Lande rekrutierten Hilfstruppen schloß ähnliche Vernichtungsaktionen gegen andere Bevölkerungsteile für die Zukunft nicht aus. Die Masse der Einwohner im besetzten Gebiet, wenn sie vielleicht sogar politische oder wirtschaftliche Erwartungen mit den neuen Verhältnissen verbunden hatte, war inzwischen enttäuscht und sah sich zudem dem wachsenden Druck seitens der Deutschen wie der Partisanen ausgesetzt. Beide Seiten drangsalierten die Landbevölkerung mit ihren Forderungen und ahndeten mitleidlos die Nichtbefolgung ihrer Anordnungen. Die Besatzungsmacht zeigte sich schon Ende 1941 nicht mehr voll in der Lage, die mit ihr zusammenarbeitenden Einwohner vor der Bestrafung durch die Partisanen zu schützen.

Nach einem leichten Abflauen während der Wintermonate setzte sich der bewaffnete Widerstand im Frühjahr 1942 unvermindert fort und war in seinem stetigen Anwachsen nicht länger einzudämmen. Wehrmacht, SS und Polizei reagierten in gewohnter Weise, kämpften einzelne »Banden« nieder oder »säuberten« in Großaktionen kurzzeitig einzelne Gebiete. Abschreckung durch gnadenlose Bestrafung schien nach wie vor die erfolgversprechendste Methode. So meldete die 1. SS-Infanterie-Brigade (mot) am 14. September 1942 als Ergebnis eines Einsatzes gegen die Partisanen elf getötete Waffenträger, zwei niedergebrannte Ortschaften, 800 erschossene Personen sowie zwölf abgeurteilte und erschossene »Bandenhelfer«[22].

Verbessert wurden auf deutscher Seite zunächst nur die Befehlsstrukturen, um die je nach geographischer Lage als lästig, bedrohlich oder untragbar empfundenen Partisanenaktivitäten niederzuhalten. Im Gefechts- und rückwärtigen Heeresgebiet, wo der Chef des Generalstabes des Heeres mit den jeweiligen Kommandobehörden die Verantwortung trug, war die Koordinierung der Partisanenbekämpfung inzwischen den Abwehroffizieren der Ic-Abteilungen übertragen worden.[23] Nach günstigen Erfahrungen auf der Krim ging die Leitung auf den jeweiligen Ia über und wurde im August 1942 auch offiziell zur »Führungsangelegenheit« erklärt. Die Partisanenbekämpfung wertete Hitler am 27. April 1943 noch weiter auf, als er sie in einem grundlegenden Befehl als normale »Front-Kampfhandlung«[24] bezeichnete. Zuständig in den Reichskommissariaten Ostland und Ukraine war auf Weisung Hitlers seit Mitte August 1942 allein der Reichsführer-SS mit seinen Höheren SS- und Polizeiführern, der darüber hinaus eine zentrale Stelle für die »Sammlung und Auswertung aller Erfahrungen auf dem Gebiet der Bandenbekämpfung«[25] einrichtete. Da ihn die bisherigen Ergebnisse der Partisanenbekämpfung nicht befriedigten, ernannte Himmler am 23. Oktober 1942 den Höheren SS- und Polizeiführer Rußland-Mitte, den SS-Obergruppenführer Erich v. dem Bach-Zelewski, zu seinem »Bevollmächtigten für Bandenbekämpfung«[26]. Ihm war zunächst die »totale Befriedung« des Hinterlandes der Heeresgruppe Mitte in Weißrußland aufgetragen, und für diesen Zweck erhielt er zwei Polizeiregimenter, Schutzmannschaften, die 1. SS-Infanterie-Brigade (mot) und das Freikorps »Danmark« zugewiesen. Nach eigenen Angaben wurden in den drei ersten Monaten rund 15 000 Partisanen und verdächtige Personen erschossen.[27]

Außer den SS- und Polizeiformationen wurden gegen die Partisanen — in dem Maße, wie es die militärische Lage im Frontbereich zuließ, und zusätzlich zu den wenigen Sicherungsdivisionen — auch Kampftruppen, aus dem Reich verlegte Ersatzverbände, Bewährungseinheiten, Kampfgruppen der Luftwaffe, Freiwilligeneinheiten und Truppen der Verbündeten eingesetzt. Unverzichtbar waren die landeseigenen Formationen einschließlich der einheimischen Schutzmannschaften und der Angehörigen des »Ordnungsdienstes«, deren Zahl Hitler aber begrenzt sehen wollte. Der im August 1942 genehmigte Ausbau der landeseigenen Verbände wurde von ihm, nach einer merklichen Zunahme der Desertionen, wieder rückgängig gemacht.[28] Er mißtraute Kollaborateuren, die in seinen Augen entweder charakterlose Verräter an ihrem eigenen Volk waren oder aber für die Deutschen selbst gefährlich werden konnten.[29] Vor Ort reichten die Kräfte schon aus diesem Grunde nie aus, um die rückwärtigen Gebiete im erforderlichen Ausmaß zu sichern und ungestörte Versorgungstransporte zur Front zu gewährleisten.

Ein rücksichtsloses Vorgehen mit »schärfsten Maßnahmen« hatte die Heeresgruppe Nord wiederholt für ihren Bereich befohlen.[30] Bis zum Beginn des Winters sollte auch nach dem Willen Hitlers der Widerstand »ausgerottet« werden[31]; er kündigte den Erlaß einer entsprechenden Anweisung an. Eine strenge, aber gerechte Behandlung der Bevölkerung sowie die Gewährleistung ihres Existenzminimums sah er als notwendige Voraussetzung des Kampfes gegen die Partisanen an, der ohne die Mitarbeit eines Teiles der Einwohner keine Aussicht auf Erfolg hatte. Dafür sollten großzügige Belohnungen ausgesetzt werden. Von der Verhängung »härtester Maßnahmen« gegen die Partisanen und ihre Helfer ging er aber nicht ab, und auf der gleichen Linie lagen die Anweisungen der SS und der Wehrmacht vom Herbst 1942. Die Richtlinien »Bandenbekämpfung«, die der Reichsführer-SS im September 1942 drucken ließ[32], betonten die Bedeutung eines gut funktionierenden Agenten- und Kundschafternetzes gegen die Partisanen, »bis [...] der Letzte ausgerottet ist [...] Daß die Vernehmung, wenn erforderlich, mit den brutalsten Mitteln durchgeführt werden muß, versteht sich von selbst.«

Die mit der SS abgestimmte »Kampfanweisung für die Bandenbekämpfung im Osten« des OKW vom 11. November 1942[33] unterstrich die Wichtigkeit einer korrekten Behandlung[34] und besseren Ernährung der Bevölkerung, forderte aber auch in erster Linie die Vernichtung der Partisanen. Als wirksames Mittel gegen die Partisanengefahr riet das OKW zur Aufstellung von gut ausgebildeten Jagdkommandos, die als eine Art »Gegenbande« aus Deutschen und vor allem aus Landeseinwohnern den Gegner mit seinen eigenen Methoden schlagen sollten: unter Anwendung aller erdenklichen Listen und Tarnungen, Zivilkleidung einbegriffen. Männliche wie weibliche Gefangene waren, wenn sie nicht ausnahmsweise noch gebraucht wurden, nach kurzem Verhör zu erhängen oder zu erschießen. »Bandenkinder« kamen in gesonderte Lager, wo über ihr weiteres Schicksal entschieden wurde. Überläufer dagegen, und das sollte propagandistisch stark herausgestellt werden, waren wie Kriegsgefangene zu behandeln. Dem hatte Hitler zugestimmt, der inzwischen auch nicht mehr auf der Liquidierung politischer Kommissare bestand. Als »todeswürdig« galt die Unterstützung der »Banden«, doch konnten arbeitsfähige Männer, die von den Partisanen unter Druck gesetzt worden waren, zur »Strafarbeit« im Reich begnadigt werden. Das kam den Forderungen Hermann Görings entgegen, der am 26. Oktober 1942 als Bevollmächtigter für den Vierjahresplan angeordnet hatte, die Bekämpfung des Widerstands mit dem Abtransport von Arbeitskräften und Vieh zu verbinden.[35] Offiziere, die mindestens den Rang eines Hauptmanns besaßen, durften wie bisher Kollektivstrafen gegen ganze Dörfer verhängen, und diese konnten von vermehrten Abgaben bis zur Einäscherung aller Häuser reichen. Voraussetzung sollte allerdings sein, daß die Unterstützung des Widerstands freiwillig und nicht unter Zwang erfolgt war. Inzwischen waren selbst SS und Polizei nicht mehr so ganz mit ihrer bisherigen Vorgehensweise zufrieden und zu der bemerkenswerten Einsicht gekommen, »daß Kollektiverschießungen, das Niederbrennen von Dörfern, ohne die gesamten Einwohner zu liquidieren oder sie ordnungsgemäß zu evakuieren, nur nachteilige Folgen für uns haben«[36].

Die leichte Abweichung von der starren Haltung ging kaum auf neue Einsichten der obersten Führung, sondern auf manche Berichte und Vorschläge von Truppenführung und Verwaltung[37] zurück, die sich der Erfolglosigkeit des bisherigen Verfahrens bewußt waren. Es hatte dazu geführt, »daß man durch Abbrennen von Dörfern und Massenerschießungen der Bevölkerung diese den Partisanen zutreibt und die Arbeit unterbindet«[38], und in gleicher Weise wirkten sich die rüden Methoden zur Zwangserfassung von Arbeitskräften für die deutsche Wirtschaft aus. Mehr als eine Erweiterung des Ermessensspielraums der Verantwortlichen vor Ort bedeutete die »Kampfanweisung« vom

November 1942 jedoch nicht. Sie enthielt vor allem keine grundlegende Änderung des deutschen Konzepts für die Partisanenbekämpfung und noch weniger war sie ein Indiz für die Bereitschaft der deutschen Führung, die ausschließlich auf einseitige Gewaltanwendung beruhende menschenverachtende Ostpolitik allein schon aus eigenem Interesse zu überdenken.

Es war Hitler selbst, der immer wieder verschärfend eingriff und das Terrorregiment verstärkte. In seinem Auftrag forderte Keitel am 16. Dezember 1942 wiederum die Anwendung der »allerbrutalsten Mittel«[39], selbst gegen Frauen und Kinder, »wenn es nur zum Erfolg führt«. Hitler verlangte den Verzicht auf soldatische Ritterlichkeit und den Geist der Genfer Konvention und untersagte, daß deutsche Soldaten bei Ausschreitungen im Partisanenkampf nachträglich zur Rechenschaft gezogen wurden. Skrupel waren in seinen Augen ein Verbrechen gegen das eigene Volk. Der Diktator sah Erfolge gegenüber dem bewaffneten Widerstand — in einem Kampf auf Leben und Tod, bei dem nur der Sieg zählte[40] — nur bei einem Rückgriff auf »rücksichtslose Brutalität« gegeben und wollte in seiner Rechthaberei keine Alternative zu der bisher von ihm verfolgten Politik akzeptieren. Sie wäre vermutlich auch zu spät gekommen, nachdem das Deutsche Reich den USA den Krieg erklärt hatte und die Wehrmacht sich seit dem Jahreswechsel 1942/43 an der Ostfront in einer hoffnungslosen Lage befand. Sowohl für die nach wie vor anschwellende Partisanenbewegung wie für die Bevölkerung insgesamt stand die Niederlage der Deutschen außer Zweifel. Nach beiden Seiten nutzlos waren daher die Überlegungen über eine neue Ostpolitik, die bei nachgeordneten Instanzen von Verwaltung und Wehrmacht sowie manchen Einzelpersönlichkeiten angestellt wurden.

Eine andere Ostpolitik?

Schon vor dem Angriff auf die Sowjetunion hatte Rosenbergs Mitarbeiter Otto Bräutigam eine maßvolle deutsche Ostpolitik empfohlen, die Rücksicht auf die Belange der Bevölkerung nahm und sich um deren Sympathien bemühte.[41] Ähnlich lauteten nach der Besetzung die Anregungen mancher Kommandobehörden[42], die dann die militärischen Rückschläge, die unzumutbaren Lebensbedingungen für die Bevölkerung, das Anwachsen des Widerstands und die Einschränkung der deutschen Verwaltung auf die von Truppen belegten Gebietsteile zum Anlaß nahmen, auf eine Änderung der bisher verfolgten Besatzungspolitik zu drängen. Auch die für die deutsche Seite kämpfenden Osteinheiten benötigten eine politische Motivation. Geringfügige Konzessionen wie die Zuweisung von Landeigentum an die Bauern wurden nur halbherzig durchgeführt und reichten für einen Stimmungsumschwung längst nicht mehr aus. Die Abteilung Kriegsverwaltung des Generalquartiermeisters forderte geeignete Maßnahmen und verwies Anfang 1943 in einer »Aufzeichnung über die Ostfrage« auf eine »zunehmende Beunruhigung der eigenen Truppe über offenkundig falsche Behandlung der Bevölkerung; ›wir machen uns die Partisanen selbst!‹«[43] Der Befehlshaber im Heeresgebiet Mitte hatte schon im Sommer 1942 davor gewarnt, sich von den Partisanen zu Strafmaßnahmen verleiten zu lassen, »die sie dann propagandistisch gegen uns ausnutzen«[44].

Im Herbst 1942 hatte neben Bräutigam[45] auch die Abteilung Fremde Heere Ost im Generalstab des Heeres zu bedenken gegeben, daß die Partisanengefahr unaufhaltsam ansteigen würde, wenn ihrem Anwachsen nicht die Grundlagen entzogen würden[46]: durch eine bessere Behandlung der Gefangenen und durch eine »grundsätzliche Einsatzbereitschaft der russischen Gesamtbevölkerung«. Die Abteilung ersparte sich zwar nicht einige verbale Konzessionen an die nationalsozialistische Ideologie, hielt aber die Ansicht für unbedingt schädlich, der »minderwertige« russische »Untermensch«, der keiner Bildung bedürfe, tauge lediglich als Arbeitssklave, den man bei Razzien einfing und im Reich noch schlechter ernährte als seine polnischen Leidensgefährten. Ebenso könnten nur »Unkundige« einwenden, man müsse allein die »anspruchsvolle« und »problematische« Intelligenz ausrotten, um leichtes Spiel zu haben. Fremde Heere Ost warnte vor einem Rückgriff auf Terrormaßnahmen, für die es ohnehin an eigenen Kräften mangelte, und sah die Lösung nur in einer freiwilligen Mitarbeit der Bevölkerung. Den Menschen müßten annehmbare Zukunftsperspektiven eröffnet werden, verbunden mit einer jetzt schon einsetzenden Besserung der Versorgung. Dieser Standpunkt wurde durch eine Vielzahl von Denkschriften (Theodor Oberländer, Gustav Hilger, Edwin Erich Dwinger, Peter Kleist, Richard Riedl und andere) und Meldungen untermauert, die sich größtenteils in den Akten der Abteilung ansammelten. Dagegen verband die Heeresgruppe Nord ihren Wunsch nach taktischen Zugeständnissen mit dem zynischen Hinweis, nach dem gewonnenen Krieg könne ohnehin wieder getan werden, was man sich vorgenommen habe.[47]

Unzufriedenheit mit der Entwicklung der deutschen Besatzungspolitik auf dem Territorium der Sowjetunion bestand außer im OKH auch im Ostministerium, das gravierende Einschränkungen seiner Kompetenzen sowie Eigenmächtigkeiten der Reichskommissare, vor allem des Verwaltungschefs für die Ukraine, Erich Koch, hatte hinnehmen müssen. Auch das Reichskommissariat für das Ostland forderte Klarheit in der deutschen Ostpolitik: Man sollte den baltischen Völkern offen erklären, daß sie mit einer staatlichen Selbständigkeit in Zukunft nicht mehr rechnen durften, aber keine Vertreibung zu befürchten hatten.[48] Am 18. Dezember 1942 versammelte Reichsminister Alfred Rosenberg eine Anzahl von Vertretern des Ostheeres, von OKW und OKH zu einer Aussprache über das Ostproblem, deren Ergebnisse dem »Führer« sogleich übermittelt wurden.[49] Die Versammelten stimmten in der Beurteilung des Stimmungsumschwungs und der Gründe — Ernährungslage, Arbeitseinsatz, die Ostpolitik allgemein — weitgehend überein und empfahlen der politischen Führung des Reiches eine offizielle Verlautbarung, die für die Bevölkerung eine akzeptable Zielsetzung künftiger deutscher Politik enthielt. Die Menschen Rußlands sollten den anderen europäischen Nationen im deutschen Machtbereich gleichgestellt werden. Rosenberg bat Göring um eine Aussetzung seines Evakuierungserlasses vom 26. Oktober 1942, den er selbst für Weißrußland weder als durchführbar noch als zweckmäßig ansah, weil das seiner Meinung nach nur unerwünschte Folgen haben würde.[50] Der Ostminister hielt den »Einsatz des östlichen Menschen selbst« für die beste und noch immer mögliche Lösung.

Einer ähnlichen Ansicht dürften auch die Abteilung Wehrmachtpropaganda im OKW (OKW/WPr) und das Reichspropagandaministerium gewesen sein, die ihrerseits, zum Mißvergnügen Rosenbergs, »aus ernster nationalsozialistischer Besorgnis um die Lage an der Ostfront« (Goebbels), an Führerproklamationen an die Ostvölker arbeiteten.[51] Aus teilweise sehr weitgehenden Vorschlägen, die sogar vor einem Versprechen der Eigenstaatlichkeit in einem Europa unter deutscher Führung nicht zurückscheuten, entwarf der Ostminister im Januar 1943 eine Deklaration für Hitler, die von einer positiven militärischen Entwicklung abhängig gemacht werden sollte, und eine Führervorlage, die er am 8. Februar 1943 dem Diktator vortrug und die sich mit Rücksicht auf dessen Einstellungen mit drei sofort einzuleitenden Maßnahmen begnügte:

»1. Schaffung von nationalen Vertretungen einzelner Völker,
2. Aufstellung von Volksarmeen als Verbündete im Kampf gegen die UdSSR,
3. Abbau des gesamten bolschewistischen Wirtschaftssystems im Sinne der Wiederherstellung des Privateigentums«[52].

Der Generalstab des Heeres und OKW/WPr unterstützten diese Vorschläge. Der Generalquartiermeister wies auf die große Bedeutung hin, die die landeseigenen Hilfskräfte inzwischen für die eigene Kriegführung besaßen, und forderte die Heeresgruppen zu entsprechenden Maßnahmen auf.[53]

Während zum einen einzelne Oberbefehlshaber wie beispielweise die Generalfeldmarschälle Günther v. Kluge, Ewald v. Kleist und Erich v. Manstein derartige Befehle erließen, die unter dem Eindruck der Katastrophe von Stalingrad eine nunmehr kameradschaftliche Behandlung der einheimischen Gefolgsleute verlangten, und zum anderen das Oberkommando der 18. Armee das Kollaborationsangebot des sowjetischen Generals Andrej Andreevič Vlasov begrüßte[54], forderte der General der Osttruppen eine noch rücksichtslosere Ausnutzung der russischen Bevölkerung. Sie sollte »ihr Blut für uns opfern, das Beste, was sie geben kann. Dazu ist sie gerade gut genug [...] Je stärker wir sind, je ausgebluteter die Ostvölker, umso geringer die praktische Auswirkung der Forderungen«[55], mit denen die Deutschen später zu rechnen hätten. Einige taktische Versprechungen hielt er aber für nützlich.

Angeblich hatte Hitler auf den Vorstoß Rosenbergs nicht sofort ablehnend reagiert[56], sondern sogar in einigen weniger wichtigen Punkten zugestimmt. Offenbar hatte der Ostminister aber einen falschen Eindruck erhalten, denn Martin Bormann hielt als Ergebnis der Besprechung schriftlich fest, daß der »Führer« eine Proklamation ablehnte und, anders als Rosenberg verstanden haben wollte, eine Änderung der staatsrechtlichen Verhältnisse im Baltikum vor Kriegsende nicht vorzunehmen gedachte. Diese Version wurde dem Chef der Reichskanzlei von Hitler als die zutreffende bestätigt.[57] Es gab auch keinen spektakulären militärischen Erfolg mehr, der, wie der Ostminister empfohlen hatte, zum Anlaß für eine politische Deklaration genommen werden konnte. Und Gauleiter Koch, der sich als konsequenter Vollstrecker der Vorstellungen seines »Führers« verstand, sah keinen Grund, von seinem kompromißlosen Herrenmenschenstandpunkt abzurücken. Für ihn zählten die Ostvölker nicht zu Europa, und er sah einen unüberbrückbaren Gegensatz zwischen Germanen und Slawen.[58] Nur Goebbels hatte es angesichts der militärischen Lage nach Stalingrad für angebracht gehalten, Mitte Februar 1943 für die Ostpropaganda eine positive Herausstellung auch der Ostvölker sowie einen Verzicht auf die Erörterung kolonialistischer Zukunftspläne anzuordnen.[59] Sein Erlaß blieb in dieser Hinsicht die einzige Verlautbarung von politischer Seite und wurde allgemein als eindeutige Klarstellung und von grundlegender Bedeutung begrüßt.[60]

Im Mai 1943 schließlich wurde Rosenberg von Hitler darüber belehrt, daß

»das Partisanenwesen im Osten keineswegs als Auswirkung deutscher politischer Maßnahmen zu sehen sei, sondern nur als Rückwirkung militärischer Fehlschläge [...] Wenn die einmütige Ansicht Rosenbergs und der Vertreter der Heeresgruppen die richtige sei, müßten dort, wo gegenüber der Bevölkerung eine milde Haltung eingenommen würde, die Partisanenaktionen entsprechend gering sein — doch das genaue Gegenteil sei zutreffend [...] Er sei daher überzeugt, daß die Partisanenfrage nur mit der Anwendung von Gewalt gelöst werden könnte«[61].

Der Vorstoß von Ostministerium und Ostheer war damit abgetan, und auch nicht mehr Erfolg hatte Rosenberg mit neuen Vorschlägen, die er Ende 1943 in die Reichskanzlei schickte.

Das Partisanenproblem blieb ungelöst. Gewalt zumindest erwies sich als ungeeignet, so daß die Abteilung Fremde Heere Ost weiterhin Anlaß hatte, »fehlende bzw. mangelhafte oder falsche Gegenmaßnahmen deutscherseits« zu kritisieren.[62] Doch wäre Deutschlands Krieg gegen die Sowjetunion wohl auch unter anderem Vorzeichen nicht zu gewinnen gewesen, erst recht aber nicht mehr nach dem Untergang der 6. Armee in Stalingrad und dem zunächst etappenweisen, dann unaufhaltsamen Rückzug des Ostheeres nach Westen.

Das unbewältigte Problem

Das Anwachsen der Guerillaverbände hatte zur Entstehung regelrechter Partisanengebiete geführt, die in den rückwärtigen Heeresgebieten, zunächst im Mittelabschnitt — wie in dem unter zivile Verwaltung gestellten Reichskommissariat für das Ostland —, aber allmählich auch in dem für die Ukraine, allein schon wegen fehlender Kräfte nicht mehr zu beseitigen waren. Das OKH hatte schon Ende 1942 die gesamte Ostfront gefährdet gesehen, wenn nicht sofort für Abhilfe gesorgt werden würde.[63] Die immer wieder angesetzten kleineren oder größeren Unternehmen wurden von SS, Polizei und Wehrmacht regelmäßig zum Anlaß genommen, eindrucksvolle Erfolgszahlen zu melden. Auffällig war dabei allerdings die den getöteten »Banditen« meist schwerlich entsprechende geringe Anzahl eigener Verluste[64] und erbeuteter Waffen[65], sowie der weiterhin hohe Anteil der »Bandenverdächtigen« und Juden, die von der SS bei dieser Gelegenheit gleich miterledigt wurden. Die Juden hatten, wie etwa der Gebietskommissar von Slonim in Weißrußland glaubte, noch immer einen

»sehr hohen Anteil an dem Gelingen der gesamten Sabotage- und Zerstörungs-arbeit [...] Eine einzige Tagesaktion [...] zeigte unter den 223 getöteten Banditen 80 bewaffnete Juden. Ich bin froh, die ursprünglich im Gebiet vorhanden gewesenen 25000 Juden bis auf 500 zusammengeschmolzen zu sehen, die ja politisch noch immer eine gewisse Gefahr bedeuten, aber aus zwingenden kriegswirtschaftlichen Erwägungen noch nicht restlos beseitigt werden können«[66].

Die »Endlösung der Judenfrage« war nicht aus den Augen verloren. So begann im Februar 1943 das Unternehmen »Hornung« in Weiß-rußland mit der Beseitigung eines Ghettos und ergab nach Meldung des Höheren SS- und Polizeiführers 2219 Feindtote, 7378 »Sonderbehandelte«, 3300 erschossene Juden und 65 Gefangene.[67] Beim Unternehmen »Cottbus« von Ende April bis Mitte Juni 1943 wurden 4500 Feindtote und 5000 getötete »Bandenverdächtige« gezählt sowie 2512 Personen dem Arbeitseinsatz zugeführt. Die Zahl der erbeuteten Gewehre belief sich auf nur 492. Häufig aber verstanden es die Großverbände der Partisanen, über ihr Nachrichtennetz regelmäßig gewarnt, rechtzeitig auszuweichen. Die Unternehmen erwiesen sich nicht selten als »Griffe ins Leere«[68]. Dagegen gelang es den Deutschen mit großem personellem Aufwand, die wichtigsten Eisenbahnstrecken und Kunstbauten einigermaßen intakt zu halten und Schäden schnell zu reparieren.

Die Zivilverwaltung drohte sich inzwischen aufzulösen. Von einer »ordnungsgemäßen Verwaltung« konnte teilweise schon keine Rede mehr sein, nachdem — der Name Stalingrad wurde in der Regel vermieden — »infolge der [...] ungünstigen Ereignisse an der Ostfront während der Wintermonate und ihrer stimmungsmäßigen Auswirkung [...] die Tätigkeit der Banden weiteren Auftrieb erhalten« hatte.[69] Selbst der Reichskommissar für die Ukraine mußte einen erheblichen Autoritätsverlust der deutschen Verwaltung eingestehen. Während teilweise »äußerste Härte« gefordert und vor jeder als Eingeständnis von Schwäche auslegbaren Konzession an die Bevölkerung gewarnt wurde[70], beantragten andere Amtsträger mehr Flexibilität bei den deutschen Maßnahmen. Allgemein vermißt wurden ausreichende Sicherheitskräfte in den einzelnen Bereichen und eine einheitliche Führung der Partisanenbekämpfung.

Die Partisanen, die zunehmend über schwere Waffen verfügten, durch reguläre Sowjetsoldaten verstärkt wurden und auch in deutschen Uniformen auftraten, gingen unbarmherzig gegen ihre Landsleute und deren Familien vor, die in Verwaltung oder Wirtschaft mit der Besatzungsmacht kollaborierten oder lediglich ihr Ablieferungssoll erfüllten. Zur Zielscheibe des Partisanenterrors wurden vornehmlich Bürgermeister und Angehörige des Ordnungsdienstes, soweit sie nicht den Auftrag erhielten und annahmen, als Nachrichtenquelle in deutschen Diensten zu bleiben. Immer mehr Einwohner verließen ihre Dörfer aus Furcht vor Repressalien der einen oder anderen Seite und schlossen sich der jeweils als stärker angesehenen Partei an. Die Zukunft gehörte, wie nach Stalingrad nicht länger zu übersehen war, mit Sicherheit nicht mehr den Deutschen, die durch die Erfassung von Männern, Vieh und Lebensmitteln den Partisanen die Rekrutierung und Versorgung noch zu erschweren suchten, sich gegenüber dem bewaffneten Widerstand aber als machtlos erwiesen. Auffällig war ab Februar 1943 die Zunahme der Desertionen bei den offiziell zu einer Russischen Befreiungsarmee (ROA) vereinigten Osteinheiten, die auf eine von sowjetischer Seite versprochene Amnestie setzten und nur noch bei einem Frontwechsel, unter Mitnahme ihrer Waffen und nach Ermordung des deutschen Rahmenpersonals als Ausweis ihres Sinneswandels, eine Zukunft für sich und ihre Angehörigen sahen. Das war jedenfalls noch aussichtsreicher als der Versuch, die Anerkennung als Volksdeutscher oder die Verleihung der deutschen Staatsangehörigkeit dank besonderer Verdienste zu erlangen, um beim Abzug der Wehrmacht mitgenommen zu werden.

Anfang 1943 hatte Himmler alle Höheren SS- und Polizeiführer im Osten angewiesen, bei Unternehmungen gegen die Partisanen die entbehrliche und arbeitsfähige Bevölkerung zu evakuieren und dem Arbeitseinsatz im Reich zuzuführen. Später ließ er sich von Hitler genehmigen, daß alle »bandenverseuchten« Gebiete der Nordukraine und Mittelrußlands von der gesamten Bevölkerung zu räumen waren: die geeigneten Männer sollten wie Kriegsgefangene und ein Teil der Frauen zu den üblichen Bedingungen zur Arbeit ins Reich geschafft werden. Für die restlichen Frauen und die elternlosen Kinder wurden Auffanglager vorgesehen, von denen aus die Kinder zur Arbeit in der Landwirtschaft einzusetzen waren.

Der Reichsführer-SS hatte außerdem die Befugnis erhalten, Teile des deutschen Machtbereichs zu sogenannten Bandenkampfgebieten zu erklären, die bereits eine Art »Zweiter Front« darstellten. Das geschah am 21. Juni 1943 unter anderem auch für Rußland-Mitte, die Ukraine und den Bezirk Bialystok. Gleichzeitig ernannte Himmler Bach-Zelewski, der im April besondere »Polizei-Kampf-Stäbe« zugewiesen bekommen hatte, zum »Chef der Bandenkampfverbände«, »da nur straffste zentrale Planung und Führung [...] und unmittelbare Einflußnahme des Reichsführers-SS und des von ihm beauftragten hohen SS-Führers zu dauerndem Erfolg führen«[71]. Die neubearbeitete »Kampfanweisung« des OKW vom 18. August 1943[72], die wiederum mit Himmler abgesprochen worden war, übernahm die bereits von einzelnen Truppenverbänden geübte Praxis, ergriffene Partisanen den Kriegsgefangenen gleichzustellen. Eine noch bessere Behandlung, die Bräutigam gern auf alle Partisanen ausgedehnt gesehen hätte, wurde für Überläufer vorgesehen, worum sich das OKH seit Monaten bemüht hatte.[73] Zu erschießen waren nur noch Partisanen in Uniformen der Wehrmacht oder der deutschen Verbündeten.

An diese Maßgaben hielt sich auch ein Merkblatt »Bandenbekämpfung« vom 6. Mai 1944[74], das Bach-Zelewski erarbeitet hatte. Fraglich ist allerdings, wieweit diese Kursänderung noch Einfluß auf die Praxis der Partisanenbekämpfung gewann. Der Höhere SS- und Polizeiführer Curt v. Gottberg, schließlich auch Verwaltungschef für Weißruthenien (Weißrußland), lehnte Rücksichten auf die Zivilbevölkerung ab, »da sonst der Bandit auch als Frau verkleidet durch die eigenen Linien durchsickert«[75]. Zuvor war er vom Ostministerium vergebens aufgefordert worden, auf eine Beendigung des Terrors hinzuwirken. Der Niedergang der deutschen Herrschaft über das schrumpfende Besatzungsgebiet in der Sowjetunion war sicherlich weder auf die eine noch auf die andere Weise aufzuhalten. Auf einer Besprechung unter dem Vorsitz Görings, die am 28. April 1943 in Berchtesgaden stattfand, hatten der Gauleiter Fritz Sauckel und der Staatssekretär Herbert Backe übereinstimmend und wohl noch überzeichnend erklärt, »daß die Leistungen der besetzten Ostgebiete durch die Partisanenkämpfe stark beeinträchtigt und weitgehend unmöglich gemacht sind«[76].

Zu einer großzügigen und weitsichtigen Geste war die oberste politische Führung des Reiches auch in dieser Situation nicht bereit. Bei einem Besuch auf der Krim hatte Rosenberg auf seine alten Vorstellungen zurückgegriffen, daß der großrussische Raum aufgeteilt und die einzelnen Völker gefördert werden sollten. Ansonsten vertrat er aber loyal die Linie Hitlers: So sei es noch nicht möglich, Erklärungen über die beabsichtigte Gestaltung der »Teilräume« abzugeben. »Die Reichsregierung wolle keine Festlegungen und Präzedenzfälle, solange die Kampfhandlungen noch nicht abgeschlossen seien«[77]. Als einzig Positives sei nur die neue Agrarordnung propagandistisch zu verwerten, zu der Rosenberg am 3. Juni 1943 eine Deklaration veröffentlicht hatte. Der Erlaß von Durchführungsbestimmungen scheiterte aber schon an Einwänden Kochs und war auch bald durch die militärische Entwicklung überholt.[78]

In Wirklichkeit hatte die deutsche Herrschaft über die besetzten sowjetischen Gebiete, so wie sie von Hitler und seinen Gefolgsleuten konzipiert worden war, überhaupt nichts Positives aufzuweisen. Selbst das im nachgeordneten Bereich auch vorhandene ehrliche Bemühen um redliches Handeln stand in keinem Verhältnis zu den Verbrechen, die sich die Besatzungsmacht in einem von ihr proklamierten Rassen- und Vernichtungskrieg erlaubt, und zu den Leiden, die sie den in ihre Gewalt geratenen Menschen zugemutet hatte. Teil der menschlichen Tragödie[79], die sich in diesem Teil des deutschen Machtbereichs abspielte, war die brutale Unterdrückung der Partisanen und des ihnen ohne jede Überlegung zugerechneten Bevölkerungsteils. Dem von beiden Seiten erbarmungslos geführten Kampf fiel auch eine Vielzahl unbeteiligter Landeseinwohner zum Opfer, Frauen und Kinder eingeschlossen. Taktisch oder aufrichtig gemeinte Bedenken, die es auf deutscher Seite gab, wurden aber von Hitler selbst noch zu einem Zeitpunkt verworfen, als die militärische Niederlage im Krieg gegen die Sowjetunion, nach der Katastrophe von Stalingrad, für alle Welt offenkundig geworden war.

Anmerkungen

[1] Erfahrungsbericht der Militärverwaltung beim Oberkommando der Heeresgruppe Mitte (vom 22.6.1941 bis August 1944), in: Bundesarchiv-Militärarchiv Freiburg (BA-MA), RH 19 II/334.

[2] Das Deutsche Reich und der Zweite Weltkrieg, Bd 4, Stuttgart 1983, S. 416 (Beitrag Förster).

[3] Richtlinien für das Verhalten der Truppe in Rußland vom 19.5.1941, Nürnberger Dokument (Nbg.Dok.) NOKW-2964, BA-MA, RW 4/v. 524.

[4] Das Deutsche Reich und der Zweite Weltkrieg, Bd 4 (wie Anm. 2), S. 430f.; Erich Hesse, Der sowjetische Partisanenkrieg 1941 bis 1944 im Spiegel deutscher Kampfanweisungen und Befehle, Göttingen u.a. 1969, S. 29f. (= Studien und Dokumente zur Geschichte des Zweiten Weltkrieges, Bd 9); Theo J. Schulte, The German Army and Nazi Policies in Occupied Russia, Oxford u.a. 1989, S. 118.

[5] Vgl. Hans Umbreit, Deutsche Militärverwaltungen 1938/39. Die militärische Besetzung der Tschechoslowakei und Polens, Stuttgart 1977, S. 151 (= Beiträge zur Militär- und Kriegsgeschichte, Bd 18).

[6] Das Deutsche Reich und der Zweite Weltkrieg, Bd 4 (wie Anm. 2), S. 433.

[7] Vgl. Schreiben der H.Gr. Mitte an das OKH vom 29.6.1941, BA-MA, RH 19 II/128; AOK 17 vom 7.7.1941 betr. Russ. Soldaten in Zivil, BA-MA, RH 20—17/46, und Das Deutsche Reich und der Zweite Weltkrieg, Bd 5, Stuttgart 1988, S. 201 (Beitrag Umbreit).

[8] AOK 16, Niederschrift über Besprechung beim Gen. Qu. am 16.5.1941, BA-MA, RH 20—16/1012.

[9] Schreiben an H.Gr. Mitte vom 10.8.1941 betr. Bekämpfung des Bandenwesens, BA-MA, RH 20—2/1091.

[10] Ergänzung zur Weisung 33 vom 23.7.1941, in: Hitlers Weisungen für die Kriegführung 1939—1945. Dokumente des Oberkommandos der Wehrmacht, hrsg. von Walther Hubatsch, Frankfurt a.M. 1962, S. 142ff.

[11] Nbg.Dok. NOKW 258, betr. Kommunistische Aufstandsbewegung in den besetzten Gebieten vom 16.9.1941, BA-MA, All.Proz. 9, und in: Das Dritte Reich. Dokumente zur Innen- und Außenpolitik, hrsg. von Wolfgang Michalka, Bd 2, München 1985, S. 184f.

[12] Nbg.Dok. USSR-411, in: Der Prozeß gegen die Hauptkriegsverbrecher vor dem Internationalen Militärgerichtshof (International Military Tribunal), Nürnberg 14. Nov. 1945—1. Okt. 1946, 42 Bde, Nürnberg 1947—1949, Bd 34, S. 86. Vgl. C. Aubrey Dixon, Otto Heilbrunn, Partisanen. Strategie und Taktik des Guerillakrieges, Frankfurt a.M., Berlin 1956, S. 108f., und Alexander Dallin, Deutsche Herrschaft in Rußland 1941—1945. Eine Studie über Besatzungspolitik, Düsseldorf 1958, S. 83.

[13] Vgl. den Befehl des OKH vom 18.8.1941 betr. Entwaffnung der Bevölkerung (Abschrift), BA-MA, RH 20—17/559, und den Bericht der Einsatzgruppe A, Stand vom 1.2.1942, S. 125, in: Bundesarchiv Koblenz (BA), R 70 Sowjetunion/15.

[14] Schnellbrief vom 16.3.1942 betr. Verordnung über den Waffenbesitz in den besetzten Ostgebieten, BA, R 6/332.

[15] Vgl. Matthew Cooper, The Phantom War. The German Struggle against Soviet Partisans 1941—1944, London 1979, S. 29f.

[16] Hitlers Ergänzung vom 18.10.1942, in: Hitlers Weisungen (wie Anm. 10), Nr. 46b, S. 207f.

[17] Befh. des rückwärtigen Heeres-Gebietes Mitte vom 3.10.1941 betr. Bericht über Monat September, BA-MA, RH 19 II/123.

[18] Rundschreiben des Reichspropagandaamtes Berlin vom 13.12.1941, BA-MA, RW 4/v. 270. Vgl. auch den Sonderbefehl Himmlers vom 31.7.1942, Nbg. Dok. NO-2747, BA, All.Proz. 21/213, und Das Deutsche Reich und der Zweite Weltkrieg, Bd 6, Stuttgart 1990, S. 918 (Beitrag Wegner).

[19] Joseph Goebbels, Tagebücher aus den Jahren 1942—1943, mit anderen Dokumenten hrsg. von Louis P. Lochner, Zürich 1948, S. 174. Vgl. auch Cooper (wie Anm. 15), S. 24f. und 78.

[20] Vgl. Hesse (wie Anm. 4), S. 76.

[21] Richtlinien für Partisanenbekämpfung vom 25.10.1941 (Abschrift), BA, R 19/305.

[22] KTB-Anlagen des Kdo.Stabes RF-SS, September 1942, in: Vojenský historický archív (VHA), Prag.

[23] Hesse (wie Anm. 4), S. 115.

[24] BA-MA, RH 2/430.

[25] Hitlers Weisung vom 18.8.1942, in: Hitlers Weisungen (wie Anm. 10), Nr. 46, S. 203.

[26] Einsatzbefehl und Aufträge Himmlers (abschriftlich), VHA, KTB-Anlagen des Kdo.Stabes RF-SS/Ia, Oktober 1942. Vgl. Ruth Bettina Birn, Zweierlei

Wirklichkeit? Fallbeispiele zur Partisanenbekämpfung im Osten, in: Zwei Wege nach Moskau. Vom Hitler-Stalin-Pakt zum »Unternehmen Barbarossa«. Im Auftrag des Militärgeschichtlichen Forschungsamtes hrsg. von Bernd Wegner, München, Zürich 1991, S. 275–290, hier S. 284.

[27] Schreiben des Generalkommissars für Weißruthenien an den Reichsminister für die besetzten Ostgebiete vom 3.2.1943, BA, R 6/27.

[28] Am 23.6.1943. Hitlers Weisungen (wie Anm. 10), S. 206.

[29] Paul Kluke, Nationalsozialistische Europaideologie, in: Vierteljahrshefte für Zeitgeschichte, 3 (1955), S. 265.

[30] KTB H. Gr. Nord/Ia, Eintragung zum 31.1.1942, BA-MA, RH 19 III/178, und zum 19.6.1942, BA-MA, RH 19 III/183.

[31] Weisung Nr. 46 vom 18.8.1942, Richtlinien für die verstärkte Bekämpfung des Bandenunwesens im Osten, in: Hitlers Weisungen (wie Anm. 10), S. 201ff. Vgl. Hesse (wie Anm. 4), S. 117f.; Cooper (wie Anm. 15), S. 80 und 93f.; Das Deutsche Reich und der Zweite Weltkrieg, Bd 6 (wie Anm. 18), S. 918, sowie Hitlers Ergänzung vom 18.10.1942, in: Hitlers Weisungen, Nr. 46b, S. 207f.

[32] BA, R 19/318.

[33] Anhang 2 zu H.Dv. 1a, S. 69 lfd. Nr. 1, BA-MA, RHD 6/69/1; Hesse (wie Anm. 4), S. 180f.; Cooper (wie Anm. 15), S. 80; Das Deutsche Reich und der Zweite Weltkrieg, Bd 6 (wie Anm. 18), S. 922.

[34] »Gedankenlose Rohheiten und Willkürakte sind daher zu vermeiden. Mit Prügel ist die Bevölkerung nicht zu gewinnen.« (S. 34, Nr. 90).

[35] BA, R 26 I/47. Vgl. Cooper (wie Anm. 15), S. 96.

[36] Befehl des Chefs des Einsatzstabes der Sicherheitspolizei und des SD — Ostland — vom 18.11.1942, BA, R 70 Sowjetunion/13.

[37] Hesse (wie Anm. 4), S. 180. So hatte General d. Inf. Max v. Schenckendorff in einem mit Bach-Zelewski abgestimmten Befehl vom 3.8.1942 vor Terrormaßnahmen gewarnt, die Kollektivstrafen eingeschränkt, die Erschießung von Frauen und Kindern verboten und für Verstöße eine kriegsgerichtliche Bestrafung angedroht, BA, R 20/7. Vgl. auch den Lagebericht des Reichskommissars für das Ostland vom 16.9.1942, BA, R 6/84.

[38] KTB H. Gr. Nord/Ia, Eintragung zum 11.8.1942, BA-MA, RH 19 III/185.

[39] Nbg.Dok. NO-631, BA, All-Proz. 21/213. Vgl. Ruth Bettina Birn, Die Höheren SS- und Polizeiführer. Himmlers Vertreter im Reich und in den besetzten Gebieten, Düsseldorf 1986, S. 60, Anm. 1; Cooper (wie Anm. 15), S. 80f., und Das Deutsche Reich und der Zweite Weltkrieg, Bd 6 (wie Anm. 18), S. 923.

[40] Cooper (wie Anm. 15), S. 80.

[41] Das Deutsche Reich und der Zweite Weltkrieg, Bd 4 (wie Anm. 2), S. 421.

[42] Vgl. Hesse (wie Anm. 4), S. 90; Cooper (wie Anm. 15), S. 109f.

[43] Aufzeichnung über die Ostfrage vom 3.1.1943, in: Politisches Archiv Bonn (PA), R 27342. Vgl. Hesse (wie Anm. 4), S. 183, Anm. 359.

[44] Vgl. Anm. 37; Schulte (wie Anm. 4), S. 123; Bernd Bonwetsch, Sowjetische Partisanen 1941–1944. Legende und Wirklichkeit des »allgemeinen Volkskrieges«, in: Partisanen und Volkskrieg. Zur Revolutionierung des Krieges im 20. Jahrhundert, hrsg. von Gerhard Schulz, Göttingen 1985, S. 110.

[45] Cooper (wie Anm. 15), S. 25f.; Timothy Patrick Mulligan, The Politics of Illusion and Empire. German Occupation Policy in the Soviet Union, 1942–1943, New York u.a. 1988, S. 48.

[46] Dringende Fragen des Bandenkrieges und der »Hilfswilligen«-Erfassung vom 25.11.1942, BA-MA, RH 2/2091. Vgl. Das Deutsche Reich und der Zweite Weltkrieg, Bd 6 (wie Anm. 18), S. 920f.

[47] Schreiben an den General der Osttruppen vom 16.4.1943, BA-MA, RH 19 III/12.

[48] Vgl. den Lagebericht des Reichskommissars für das Ostland vom 16.9.1942, BA, R 6/84.

[49] Protokoll von SS-Brigadeführer Zimmermann vom 4.1.1943, BA, R 6/75, interner Zusatzbericht Zimmermanns vom 8.1.1943 sowie eine Aufzeichnung des OKH vom 22.12.1942, betr. Besprechung beim Reichsminister für die besetzten Ostgebiete, BA, R 6/139. Vgl. Dallin (wie Anm. 12), S. 163; Hesse (wie Anm. 4), S. 184f., und Mulligan (wie Anm. 45), S. 50.

[50] Schreiben vom 23.12.1942, BA, R 6/23.

[51] Schreiben Rosenbergs an Goebbels vom 3.2.1943, dessen Antwort vom 4.2.1943 und erneutes Schreiben Rosenbergs an Goebbels vom 11.2.1943, BA, R 6/491.

[52] BA, R 6/35. Das Dokument ist abgedruckt bei Hans-Erich Volkmann, Das Vlasov-Unternehmen zwischen Ideologie und Pragmatismus, in: Militärgeschichtliche Mitteilungen, 12 (1972), S. 139–142. Vgl. weitere Entwürfe Rosenbergs, BA, R 6/6.

[53] Betr. Landeseigene Hilfskräfte (Abschrift von Abschrift) vom 9.2.1943, BA, R 6/140.

[54] KTB H.Gr. Nord/Ia, Eintragung zum 2.2.1943, BA-MA, RH 19 III/199. Vgl. die Denkschrift des Botschaftsrats Gustav Hilger vom 29.6.1943, betr. Aktion Wlassow, BA-MA, RH 2/2263.

[55] Am 22.3.1943. PA, R 27342.

[56] Vorlage für Göring vom 20.2.1943 (Abschrift), BA, R 6/139.

[57] Schreiben Lammers' an Rosenberg vom 8.3.1943, BA, R 6/491. Vgl. Mulligan (wie Anm. 45), S. 51f.

[58] Vgl. Schreiben Rosenbergs an Lammers vom 22.10.1943 betr. Deklaration über bäuerliches Eigentum vom 3.6.1943 und Verhalten des Reichskommissars Koch, BA, R 6/89.

[59] Rundschreiben vom 15.2.1943 betr. Behandlung der europäischen Völker (Abschrift), BA, R 6/139.

[60] Bericht des Beauftragten von Rosenberg bei der H.Gr. Süd vom 21.3.1943, BA, R 6/52. Der Leiter der Abteilung Fremde Heere Ost empfand diese Richtlinien als ganz im eigenen Sinne liegend. Brief des Oberst i.G. Reinhard Gehlen an Oberst Frhr. v. Roenne vom 16.3.1943, BA-MA, RH 2/1516.

[61] Hesse (wie Anm. 4), S. 187.

[62] Entwicklung der Bandenlage vom 22.5.1943, BA-MA, RH 2/2567.

[63] Cooper (wie Anm. 15), S. 19.

[64] Vgl. Schulte (wie Anm. 4), S. 130f.

[65] Cooper (wie Anm. 15), S. 84.

[66] Anlage zum Schreiben des Generalkommissars für Weißruthenien vom 8.10.1942 betr. Partisanentätigkeit, BA, R 6/348.

[67] Birn (wie Anm. 26), S. 285f.; Cooper (wie Anm. 15), S. 87 und 97. In Südrußland, in der Ukraine und in Bialystok waren, wie Himmler am 20.12.1942 Hitler unterrichtete, in den vergangenen vier Monaten bei der Bekämpfung

der Partisanen 1 337 Gegner im Kampf, 737 nach der Gefangennahme und 7 328 »Banditen« nach ihrem Verhör getötet worden, außerdem 14 257 Bandenhelfer oder -verdächtige sowie 363 211 Juden. Außerdem wurden 150 Ortschaften und knapp 2 000 Einzelgehöfte zerstört. Vgl. Werner Maser, Nürnberg. Tribunal der Sieger, Düsseldorf, Wien 1977, S. 260.

[68] Hesse (wie Anm. 4), S. 167; Das Deutsche Reich und der Zweite Weltkrieg, Bd 6 (wie Anm. 18), S. 916 f.

[69] Lagebericht des Generalkommissars für Wolhynien und Podolien vom 30. 4. 1943, BA, R 94/17, und des Reichskommissars für die Ukraine vom 14. 5. 1943, BA, R 94/18.

[70] Sonderbericht des Generalkommissars in Shitomir an Rosenberg vom 12. 2. 1943 betr. Bandenbekämpfung (Abschrift), BA, R 19/319.

[71] Befehl vom 21. 6. 1943, BA, R 19/318.

[72] Abschriftlich in Luftflottenkommando 6 vom 10. 5. 1944 betr. Bekämpfung von Banden und durchgebrochenen Feindteilen durch Einheiten der Luftwaffe, BA-MA, RH 19 II/240.

[73] Vgl. den Schriftverkehr in BA-MA, RH 2/2134.

[74] BA-MA, RHD 6/69/2, Nr. 161–163, S. 71 f. Vgl. Cooper (wie Anm. 15), S. 106, und den SS-Befehl über die Führung in der Bandenbekämpfung vom 27. 9. 1941, BA-MA, RH 19 II/243.

[75] Erfahrungsbericht zum Unternehmen »Frühlingsfest« vom 15. 5. 1944, BA-MA, RH 19 II/244, und das Schreiben des Reichsministers für die besetzten Ostgebiete/P 1 an den Generalkommissar für Weißruthenien vom 6. 3. 1944, BA, R 6/354.

[76] Vermerk der Reichskanzlei vom 29. 4. 1943 betr. Durchführung des Führererlasses vom 13. 1. 1943 über den umfassenden Einsatz von Männern und Frauen für Aufgaben der Reichsverteidigung in den besetzten Gebieten, BA, R 43 II/651 b.

[77] Bericht des Vortragenden Legationsrats Hasso v. Etzdorf ans Auswärtige Amt vom 24. 6. 1943 betr. Reichsminister Rosenberg über Ostpolitik, BA-MA, RH 2/2263.

[78] Schreiben Lammers' vom 24. 9. 1943 (Abschrift) und die Antwort Kochs vom 21. 10. 1943 (Abschrift), BA, R 6/89.

[79] Das Deutsche Reich und der Zweite Weltkrieg, Bd 6 (wie Anm. 18), S. 917.

Bernhard R. Kroener

»Nun, Volk, steh auf...!«
Stalingrad und der »totale« Krieg
1942—1943

»Stalingrad« hat sich im kollektiven Bewußtsein der deutschen Bevölkerung als verbindliche Chiffre für die Peripetie des Zweiten Weltkrieges
unauslöschlich eingegraben. Der an Härte zunehmende strategische
Bombenkrieg, die immer rascher ansteigenden Verluste der Wehrmacht
und die gleichzeitig enorm verstärkten deutschen Rüstungsanstrengun-
gen haben, durch die Goebbelsche Propaganda noch gefördert, vielfach
bis heute die Vorstellung geprägt, 1943 sei das deutsche Volk, wenngleich
viel zu spät, in den totalen Krieg eingetreten. Die zeitliche Koinzidenz
mit der alliierten Forderung nach einer bedingungslosen Kapitulation
ließ zudem den unzutreffenden Eindruck entstehen, der totale Krieg sei
die zwangsläufige Voraussetzung der totalen Niederlage gewesen.[1]

Nachdem bereits die Auffassung von einer systematischen, langfristig
geplanten und zumindest in ihren Anfängen erfolgreichen deutschen
»Blitzkriegsstrategie« endgültig in das Reich der Fabel verwiesen werden konnte[2], stellt sich auch die Frage, inwieweit nicht der 1943 verkündete »totale Krieg« letztlich nur die propagandistische Fassade eines
seinem Untergang entgegensehenden totalitären Regimes gewesen ist.[3]
Die Zählebigkeit, mit der die Auffassung vertreten wird, die zweite
Kriegshälfte sei in Deutschland tatsächlich von totalen Kriegsanstrengungen geprägt gewesen, hat ihre Ursache wohl auch in der weit verbreiteten Vorstellung, totalitäre Regime handelten in der Regel rigo-
ros und seien aufgrund ihrer Herrschaftsstruktur in der Lage, eine auf
Furcht und Unterdrückung basierende totale Mobilisierung ihrer Bevölkerung rasch und wirkungsvoll herbeizuführen.

Wurde also unter dem Eindruck der gescheiterten Sommeroffensive
1942 wirklich ein Konzept für die umfassende Mobilisierung der Bevöl-
kerungsressourcen im deutschen Machtbereich erarbeitet und umgesetzt? Und welchen Einfluß besaß die Wehrmachtführung auf die letztlich zur Stärkung der Front und damit für die weitere Kriegführung
entscheidenden Maßnahmen der Partei? Die Beantwortung dieser Fragen berührt nicht nur einen zentralen Bereich der deutschen Kriegswirtschaft, sondern auch der Gesamtgeschichte des Dritten Reiches.

Bereits im Dezember 1941 hatte Goebbels Hitler eine erste Denkschrift über die Notwendigkeit einer umfassenden Mobilisierung der Reichsbevölkerung vorgelegt.[4] Vor dem Hintergrund des gescheiterten Blitzkrieges gegen die Sowjetunion erfolgte offenbar zu diesem Zeitpunkt erstmals der Rückgriff auf die in der Zwischenkriegszeit von Ludendorff geprägte Formel vom »totalen Krieg«[5]. Vor dem Hintergrund der von ihm geradezu traumatisch verinnerlichten Erfahrungen aus der Endphase des Ersten Weltkrieges war Hitler diesen Anregungen allerdings bis dahin nicht gefolgt.

Mit dem grundlegenden Befehl »Rüstung 42« vom 10. Januar 1942[6], dem »Erlaß des Führers über die weitere Vereinfachung der Verwaltung« vom 25. Januar und dem »Schlüsselkräfteerlaß« vom 19. Februar 1942 zur strengeren Handhabung der bestehenden »Unabkömmlichstellung« (uk-Stellung) von zivilen Beschäftigten verabschiedete sich die politisch-militärische Führung des Dritten Reiches jedoch endgültig von dem bis dahin stillschweigend praktizierten Konzept einer »friedensmäßigen Kriegswirtschaft«[7]. Auch die Ernennung des Thüringer Gauleiters Fritz Sauckel zum »Generalbevollmächtigten für den Arbeitseinsatz« im März 1942 und die Einsetzung von Generalleutnant Walter v. Unruh als Sonderbeauftragten für die Überprüfung der in den besetzten Gebieten bestehenden zivilen und militärischen Besatzungsdienststellen läßt die Absicht des Regimes erkennen, den personellen und materiellen Bedürfnissen eines längeren Krieges eine angemessene Beachtung zu schenken.[8]

Die Stabilisierung der Front im Osten, erfolgversprechende Planungen für eine erneute, ins Zentrum der sowjetischen Rüstungsindustrie und Rohstoffvorkommen zielende Offensive und nicht zuletzt der hinhaltende Widerstand der Gaufürsten im Reich ließen aber bereits im ersten Halbjahr 1942 alle Bemühungen um eine umfassende Ausnutzung der vorhandenen Bevölkerungsreserven über unwesentliche Anfangserfolge nicht hinausgelangen. Im Sommer 1942 schien also der politischen Führung des Reiches die Zeit für rigide Eingriffe in den Personalhaushalt der öffentlichen Verwaltung und den Arbeitskräfteeinsatz der Industrie noch nicht gekommen zu sein. Hitler selbst verstieg sich in seinem Optimismus zu der Auffassung, im Herbst 1942 könnten »große Teile des Heeres entlassen werden«. Damit waren die Bemühungen vor allem des Generalstabs des Heeres, die ständig steigende Zahl von Fehlstellen im Ostheer durch eine vorausschauende Personalplanung zu verringern und gleichzeitig ausgebildete Reserven für kommende Operationen zu schaffen, zum Scheitern verurteilt.[9]

Angesichts eines immer bedrohlicheren Auseinanderklaffens von Verlusten und Ersatzzuführung richtete der Chef des Generalstabes des Heeres, Generaloberst Franz Halder, Anfang August erneut einen beschwörenden Appell an den Chef des Oberkommandos der Wehrmacht, Generalfeldmarschall Wilhelm Keitel, indem er das Fehl des Ostheeres bis zum 1. November 1942 auf voraussichtlich 720 000 Mann prognostizierte. Die vorgesehene Ersatzgestellung von 400 000 Mann und der zu erwartende Anfall an Genesenden könnten günstigenfalls ausreichen, die Ausfälle bis zum 1. Juni 1943 zu ersetzen, nicht aber das vorhandene Fehl von einer Dreiviertelmillion Männer auszugleichen.[10]

Diese alarmierenden Zahlen veranlaßten den Chef der Heeresrüstung und Befehlshaber des Ersatzheeres, Generaloberst Fritz Fromm, auf dessen Schultern das gesamte personelle Ersatzgeschäft der Wehrmacht ruhte, Hitler mit einer ungeschminkten Bestandsaufnahme der personellen Leistungsfähigkeit des Deutschen Reiches zu konfrontieren.[11] Vor dem Hintergrund einer drohenden demographischen Katastrophe schien ihm die sofortige Einleitung von Friedensverhandlungen erneut zwingend geboten.

Mit dieser in den Augen des »Führers« und seines militärischen Hofstaates defätistischen Haltung hatte Fromm seine wenig später einsetzende schrittweise Entmachtung geradezu herausgefordert. Zu diesem Zeitpunkt, als der militärischen Führung die Begrenztheit ihrer personellen und materiellen Ressourcen sowie das Scheitern der offensiven Kriegführung täglich eindringlicher vor Augen geführt wurde, setzte sich allerdings im Bewußtsein breiter Bevölkerungskreise zunehmend die Überzeugung durch, daß mit der bald zu erwartenden Einnahme Stalingrads eine positive Wende des Krieges eintreten werde.[12] Vergeblich bemühte sich der in seinen eigenen propagandistischen Schlingen gefangene Propagandaapparat Goebbels', »die illusionistische Stimmung im Reich« etwas zu dämpfen.[13] In dieser Situation ließ sich natürlich eine erneute Einberufungswelle, die in erster Linie zu Lasten der nicht kriegswichtigen gewerblichen Wirtschaft und damit der für die Stimmung der Bevölkerung entscheidenden Bereiche gehen würde, innenpolitisch unmöglich durchsetzen.

Eine wenngleich unvollkommene Abhilfe konnte nur durch eine intensive Auskämmung der rückwärtigen Dienste der Kampftruppen und vor allem der unzähligen militärischen und zivilen Besatzungsdienststellen erreicht werden. In diesem Sinne war die »Unruhkommission« seit Anfang Mai 1942 in den Reichskommissariaten Ostland und Ukraine sowie im Generalgouvernement tätig. Ziel der Aktion war es, der Front bereits ausgebildete Soldaten in größerer Zahl zuzuführen, ohne gleichzeitig die labile Stimmungslage der Bevölkerung umschlagen zu lassen. Die Erfolge der »Unruhkommission« hielten sich jedoch von Anfang an in eher bescheidenen Grenzen, was den General veranlaßte, bei seinen Erfolgsmeldungen möglichst nicht mit konkreten Zahlen aufzuwarten.[14] Überdies war diese Maßnahme im Hinblick auf die nach Hunderttausenden zählenden Verluste des Ostheeres nur ein Tropfen auf den heißen Stein. Propagandistisch erschien aber das Bemühen der Wehrmacht, sich in personeller Hinsicht quasi am eigenen Zopf aus dem Sumpf zu ziehen, als äußerst nützlich. Hatten doch Vertreter von Wirtschaft und Verwaltung in den ersten Kriegsjahren bei dem Versuch, Belegschaftsmitglieder, Angestellte und Beamte einzuberufen, nicht ohne Grund immer wieder auf die erhebliche Personalvergeudung bei den Dienststellen der Wehrmacht hingewiesen.

Diese Maßnahmen, die den Erfordernissen der Kriegführung in katastrophaler Weise zuwiderliefen, bewirkten im Spätjahr 1942 einen geradezu galoppierenden Kräfteverlust vor allem des Ostheeres. Ende September 1942 betrugen die Fehlstellen bei den vier Heeresgruppen bereits nahezu 250000 Mann.[15]

Auf dem Höhepunkt der militärischen Führungskrise im September 1942 erließ Hitler zwei »Führerbefehle«, in denen er der sich rapide verschlechternden Lage im Osten und ihren Auswirkungen auf die Heimat gleichermaßen Rechnung zu tragen suchte. Der am 8. September ausgefertigte Befehl über »grundsätzliche Aufgaben der Verteidigung« korrespondierte dabei mit dem vier Tage später ausgefertigten über personelle Maßnahmen und Neuaufstellungen im Kriegsjahr 1943, der unter Beibehaltung expansiver strategischer Zielvorstellungen für die ersten beiden Monate des kommenden Jahres Einziehungen von nur jeweils 75000 Mann vorsah.[16]

Unter diesen von Hitler vorgegebenen Prämissen versuchte der Generalstab des Heeres vor allem bei der Luftwaffe infanteristisch ausgebildetes Personal kurzfristig herauszulösen und den abgekämpften Divisionen im Osten zuzuführen. Damit wäre dem Heer rasch geholfen gewesen, da diese Soldaten mit den Kadern der ostkriegserfahrenen Infanteriedivisionen vermischt worden wären. Andererseits wäre die Abgabe von etwa 10 Prozent ihres Ist-Bestandes nicht ohne Einfluß auf das Prestige und Gewicht der Luftwaffe als der eigentlichen Hausmacht Hermann Görings im internen Konkurrenzkampf der nationalsozialistischen Führungsspitze geblieben. Nachdem Hitlers Befehl vom 12. September endlich die Möglichkeit umfassender Personalabgaben der anderen Wehrmachtteile zugunsten des Heeres eröffnet hatte, nutzte Göring die durch die Demission Halders entstandene Schwäche der Heeresführung, um Hitler die Aufstellung luftwaffeneigener Erdkampfverbände abzutrotzen. Dieser Konflikt erhellt noch einmal mehr, in welchem Umfang sachfremde, aus Ressortegoismen und persönlichen Eitelkeiten gespeiste Entscheidungen selbst in krisenhaften Lagen kontraproduktive, den deutschen Kräfteeinsatz noch weiter schwächende Ergebnisse zeitigen konnten. Diese rasch zusammengerafften Verbände bestanden größtenteils aus Soldaten und Offizieren, die in der Mehrzahl keine Erfahrung im infanteristischen Kampf besaßen. Ohne ausreichende Verbandsausbildung wurde die Masse der 20 Divisionsverbände in den Entsatzschlachten um Stalingrad im Winter 1942/43 sinnlos geopfert.[17]

Der Versuch, im Rahmen eines »Systems von Aushilfen«, wie es sich bis dahin schon mehrfach während des Krieges bewährt hatte, innerhalb der Wehrmacht und in stimmungsmäßig nicht relevanten, aber ideologisch interessanten gesellschaftlichen Randzonen Personal für die Kriegführung freizumachen, führte im November 1942, auch unter dem Eindruck des Rückschlages in Nordafrika, zu weiteren, angesichts der personellen Auszehrung der deutschen Truppen grotesk wirkenden Maßnahmen. So entschied man sich etwa zur Aufstellung einer etwa 30 000 Mann starken Bewährungsdivision. In einem für das Regime symptomatischen Rückgriff auf Erfahrungsmuster des Ersten Weltkrieges wollte man bei ständig steigenden Verlusten einem Übergewicht charakterlich »minderwertiger« Volksgenossen im Reich vorbeugen, indem man die als »wehrunwürdig« angesehenen, vom »Ehrendienst an der Waffe« bisher ausgeschlossenen Männer wie auch die zu längeren Zuchthausstrafen verurteilten Soldaten der Front zur »Bewährung«, das hieß in der Regel an besonders gefährdeten Frontabschnitten, zur Verfügung stellte.[18]

Am 20. November 1942, einen Tag nach Beginn der sowjetischen Offensive bei Stalingrad, legte Göring den Entwurf einer Verfügung vor, nach der der Einsatz von sechzehnjährigen Jungen und Mädchen der Ober- und Berufsfachschulen zum Einsatz bei der Heimatflak ermöglicht werden sollte. Insgesamt rechnete man mit etwa 40 000 Jugendlichen. Es hagelte Proteste von allen Seiten. Reichsfinanzminister v. Krosigk, Kultusminister Rust, das Reichsverkehrsministerium wie auch der Reichsinnenminister und selbst Sauckel befürchteten eine erhebliche Beunruhigung der Bevölkerung. In die Reihe der ungenügenden, den Ernst der Lage offenbar völlig falsch beurteilenden Maßnahmen gehört auch die im September 1942 erfolgte Einführung der Wehrpflicht in den vom Reich annektierten Gebieten. Ab Oktober 1942 wurden sogar die Elsässer und Lothringer eingezogen, die zuvor in der französischen Armee gedient hatten.[19] Man könnte die Liste der im Rahmen einer nur halbherzig betriebenen Mobilisierung eingeleiteten Schritte noch um zahlreiche weitere Beispiele ergänzen. Die Hiobsbotschaften vom nordafrikanischen Kriegsschauplatz und die sich verschärfende Lage an der Ostfront hatten zwar die Nervosität der politisch-militärischen Führung verstärkt, sie aber offenbar nicht zu einem planmäßigen und koordinierten Handeln veranlaßt.

Bereits Ende September hatte General v. Unruh eine Ausdehnung seiner Kompetenzen auf die gesamte Reichsverwaltung und die Kriegswirtschaft gefordert.[20] Vor allem Speer gelang es monatelang, die damit verbundene Zugriffsmöglichkeit des Generals auf die Dienststellen seines Ministeriums und der gewerblichen Wirtschaft zu verhindern.[21] Am 22. November 1942, dem Tag, an dem die sowjetischen Truppen den Ring um die 6. Armee fast geschlossen hatten, bestellte Hitler einen »Sonderbeauftragten« mit der »Nachprüfung des Kriegseinsatzes im Großdeutschen Reich«[22]. Diese Verfügung, die durchaus als erster Schritt zu einer koordinierten Ausschöpfung aller verfügbaren personellen Reserven des Dritten Reiches hätte dienen können, scheiterte nicht nur an der Person des offenbar mit dieser Aufgabe völlig überforderten Generals, sondern auch an der mangelhaften Abgrenzung des ihm zugewiesenen Aufgabenbereichs mit den Verantwortlichkeiten Sauckels, Speers und Fricks. Letzterer versuchte, in seiner Eigenschaft als Generalbevollmächtigter für die Reichsverwaltung, in dieser Frage noch einmal energisch aufzutreten.[23] Die Intensität und der Erfolg, mit dem einzelne Machtträger auf die Arbeit der Kommission Einfluß zu nehmen suchten, bemaßen sich dabei nach ihrem Stellenwert im polykratischen Herrschaftssystem des NS-Regimes. So mußte Unruh Speer »feierlichst« zusagen, die Prüfungen im Bereich der gewerblichen Wirtschaft nur in beiderseitigem Einvernehmen vorzunehmen. Erst danach verzichtete der Reichsminister für Bewaffnung und Munition »zunächst auf Zusätze zur Anordnung des Führers«[24].

Seit Anfang Dezember 1942 mehrten sich Beobachtungen über eine zunehmende Panikstimmung innerhalb der deutschen Führung. Vor allem Hitler selbst scheint, ähnlich wie bei anderen krisenhaften Zuspitzungen der militärischen Lage in den vorangegangenen Jahren, Zeichen von nervöser Erschöpfung gezeigt zu haben.[25] In dieser Lage reifte in ihm offenbar die Überzeugung, nur eine totale Kriegsanstrengung im Reich und in den besetzten Gebieten könne dem Regime vielleicht noch eine Atempause ermöglichen. Ein Indiz für diese Haltung bietet die weitere Behandlung der Notwendigkeit eines Kriegshilfsdienstes der Jugend.

In einer Sitzung im Reichsluftfahrtministerium war am 14. Dezember der Gedanke eines paramilitärischen Einsatzes von Jugendlichen erneut aufgegriffen worden.[26] Vielleicht im Zusammenhang mit seiner Denkschrift zum totalen Krieg, die Goebbels nach eigenen Worten Mitte Dezember 1942 dem Führer überreicht haben will, fand am 17. Dezember ein Gespräch mit Hitler über den möglichen Einsatz von Jungen und Mädchen bei Heimateinheiten der Luftwaffe statt.[27] Goebbels' in dieser Frage kritische Haltung wird in einem Gespräch deutlich, das er am selben Tag mit dem Reichsjugendführer Arthur Axmann führte, in dem er sich von der Idee, Jugendliche für die Flakartillerie zu rekrutieren, klar distanzierte.[28] Am 21. Dezember 1942 gab Bormann zu bedenken, daß in der Weltöffentlichkeit der Eindruck entstehen müsse, Deutschland sei am Ende seiner Kräfte.[29] Zwei Tage später erklärte Hitler dann kategorisch, daß die »vorgetragenen Bedenken der Minister ihn im Hinblick auf die Notwendigkeit nicht interessierten. Die Maßnahme des Kriegshilfsdiensteinsatzes sei unverzüglich durchzuführen«[30]. Am zweiten Weihnachtsfeiertag fand daraufhin eine erste Besprechung in Karinhall statt, in der Göring einleitend feststellte, daß die Idee des Kriegshilfsdiensteinsatzes der Jugend vom Führer stamme.[31] Abgesehen von den von Hitler selbst ausgehenden Maßnahmen suchten auch andere Machtträger des Regimes, aus der krisenhaften Zuspitzung der Kriegslage im Spätherbst 1942 Vorteile für den Ausbau der eigenen Position zu ziehen. So sah die Parteiorganisation jetzt die seit langem erhoffte Gelegenheit, unter Hinweis auf eine schärfere Zusammenfassung aller Kräfte ihren Einfluß in der Mittelinstanz zu Lasten der traditionellen Verwaltung weiter auszubauen. Der Verordnung über die Bestellung zusätzlicher Reichsverteidigungskommissare vom 16. November 1942, nach der nunmehr alle 42 Gauleiter politische Leitungs- und Koordinationsfunktionen erhielten, folgte knapp einen Monat später Hitlers Erlaß über die Rechtsstellung der NSDAP, in der konsequent der Parteiapparat dem Staatsapparat übergeordnet wurde.[32] Ähnlich wie während der Munitionskrise 1939/40 und der Winterkrise 1941/42 wurde nun erneut die Zuspitzung der Lage von den Vertretern des Regimes zu einer weiteren Entmachtung der traditionellen Eliten genutzt.

Die Wehrmachtführung, der der gefährliche Verlust von Kampfkraft bei den Frontverbänden im Osten nicht verborgen bleiben konnte, vermochte sich dagegen selbst im Dezember 1942 noch nicht zu radikalen Maßnahmen durchzuringen. Dem noch optimistisch gehaltenen Operationsbefehl Nr. 1 vom 14. Oktober 1942, mit dem der neuernannte Chef des Generalstabs des Heeres, Generaloberst Kurt Zeitzler, der Truppe die Illusion vorgaukelte, eine erneute Offensive würde 1943 den Gegner endgültig vernichten[33], folgte einen Monat später die Organisationsabteilung des OKH mit einer Vortragsnotiz über die Organisation des Feldheeres. Auch hier lautete die Quintessenz aller Vorschläge: »Je schärfer und klarer das Feldheer sich zunächst selbst hilft, desto schneller kann es das Gleiche von der ganzen Nation fordern und erreichen«[34]. Das bisher praktizierte System der personellen Aushilfen war längst, wie der sowjetische Durchbruchserfolg wenige Tage später zeigen sollte, obsolet geworden. Das Feldheer besaß die Reserven nicht mehr, mit denen es sich selbst hätte helfen können. Wie im vergangenen Winter wurden, wenngleich zu spät, durch den Chef der Heeresrüstung und Befehlshaber des Ersatzheeres rasch zusammengestellte Divisionsverbände im Heimatkriegsgebiet aufgestellt. Der Kampfwert dieser fünf Divisionen, denen der Decknamensarkasmus des Allgemeinen Heeresamtes in Erinnerung an Wagners Götterdämmerung die Bezeichnung »Kriemhilde« gegeben hatte, war so gering, daß ihr Personal nur begrenzt und auch erst im Frühjahr 1943 der Ostfront zugeführt werden konnte.[35] Inzwischen sanken die Gefechtsstärken der Divisionen des Ostheeres immer weiter ab. In einigen Verbänden hatte sich der Personalbestand in den letzten Monaten mehr als halbiert.[36] Im Angesicht der sich abzeichnenden Katastrophe, aber wohl noch in der Hoffnung, den Ring um Stalingrad sprengen zu können, glaubte das OKW am 10. Dezember 1942 noch immer, »zu einem möglichst frühen Zeitpunkt die Offensive im Osten mit dem Ziel Mittlerer Orient wieder aufnehmen« zu können.[37] Es ist daher wenig erstaunlich, daß die Krisensitzung zwischen Hitler und Vertretern des OKW am 15. Dezember 1942 in ihren Ergebnissen noch weitgehend den durch den Befehl vom 12. September vorgegebenen Leitlinien folgte.[38] Am 19. Dezember erließ Hitler auf dieser Basis den Befehl: »Verbesserung der Ersatzlage und der Altersschichtung beim Feldheer«.

Danach sollten bis zum 15. Januar 1943 100 000 Mann der Jahrgänge 1900—1905, zum 20. Januar 1943 20 000 Mann der Jahrgänge 1908—1922, zum 20. Februar 1943 30 000 Mann der Jahrgänge 1908—1922 aus der Kriegswirtschaft und von allen »zivilen Bedarfsträgern« eingezogen werden.

Gleichzeitig sollten nach namentlicher Benennung zum 15. Februar 1943 150000 felddienstfähige Männer gegen Soldaten mit dem Tauglichkeitsgrad gvH (garnisonsverwendungsfähig Heimat) ausgetauscht werden.[39]

Diese Aktion, die unter dem Stichwort »Rü-Tausch 43« lief, scheiterte schon im Ansatz daran, daß die notwendigen Karteimittel kurzfristig nicht zu beschaffen waren. Es wirft aber ein bezeichnendes Licht auf die Lagebeurteilung Hitlers und seiner militärischen Berater, daß sie selbst zu diesem Zeitpunkt noch glaubten, der Front Kräfte aus der Heimat erst nach schärfster Überprüfung zur Verfügung stellen zu können. Hinzu kommt, daß die Größenordnung, in der die Ersatzgestellung erfolgen sollte, angesichts der gigantischen Verluste des Heeres in der zweiten Jahreshälfte 1942 kaum der Rede wert war. Insgesamt hatte allein das Ostheer Ausfälle in Höhe von etwa einer Million Mann zu beklagen gehabt, denen eine Ersatzgestellung von knapp 400000 Mann gegenüberstand.[40] Der Chef OKW selbst bezifferte den Fehlbestand der Wehrmacht Anfang 1943 mit 700000 Mann, wobei er bereits die im Vergleich zu 1941 reduzierten Sollstärken zu Grunde legte.[41]

Am 25. Dezember, als der Entsatz der 6. Armee endgültig gescheitert und die verlorene Armee einer langsamen Agonie preisgegeben wurde, erklärte Hitler seinem Vertrauten Bormann, nun ginge es um Sein oder Nichtsein. Dieser erste Weihnachtstag des Jahres 1942 dürfte damit die eigentliche Geburtsstunde des »totalen Krieges« oder zumindest der entsprechenden propagandistischen Umsetzung sein. Bereits am 28. Dezember traf Bormann den Chef der Reichskanzlei, Lammers, zu ersten vorbereitenden Gesprächen, wenig später Goebbels.[42] Zweifellos war Hitler selbst der Initiator der Anfang 1943 einsetzenden Bemühungen um eine Einstimmung der deutschen Bevölkerung auf einen Kampf, dessen tragisches Ende immer gewisser werden sollte. In den letzten Tagen des Jahres 1942 setzte ein Wettlauf der führenden Vertreter der Partei ein, die, durchaus unterschiedlich in ihrer Zielrichtung, versuchten, ein optimales Konzept für die Realisierung des Führerwillens vorzulegen. Unter dem Eindruck einer weiteren Verschärfung der Kriegslage begann ein neuer Abschnitt im Verdrängungskampf der NSDAP gegen die als zu wenig durchsetzungsfähig empfundenen Vertreter der alten Eliten. Während Bormann bereits am 18. Dezember den Parteimitgliedern die Erwartung Hitlers mitgeteilt hatte, »daß die Partei auch von sich aus wieder Geist und Methoden unserer Kampfzeit zur Anwendung bringt, sich nicht auf Verwalten und Regieren beschränkt, sondern führt«[43], ließ Goebbels durch seinen Staatssekretär Naumann ein Programm vorlegen, das geeignet schien, »die letzten Kräfte für die Kriegführung zu mobilisieren« und damit zu einer »totale[n] Kriegführung mit brutalen Mitteln« überzugehen.[44] Nicht das Bemühen um eine optimale Ausnutzung der noch vorhandenen Ressourcen des deutschen Machtbereiches, sondern vielmehr der Kampf um den entscheidenden Einfluß auf den Diktator war das Gebot der Stunde. Bormann und Goebbels, die beiden politisch in etwa gleich starken Gegner, standen sich in einer Pattsituation gegenüber, in der der von Sauckel am 30. Dezember 1942 eingebrachte Vorschlag einer zentralen Arbeitsdienstpflicht für Männer und Frauen als die einzig tragfähige Diskussionsgrundlage erschien.[45]

Bereits in den ersten Januartagen begann ein zäher Kampf der Spitzenvertreter des Regimes um Einflußgewinn und Kompetenzzuwachs.[46] Aber erst am 8. Januar vermochte es die Wehrmacht, sich mit ihren Forderungen unmittelbar in die Konsultationen einzuschalten.[47] An diesem, auf den ersten Blick unwichtigen Detail wird der schleichende Einflußverlust der militärischen Führung deutlich, die 1939 mit dem Anspruch angetreten war, im Waffenkrieg die Kriegsanstrengungen der gesamten Gesellschaft zu dirigieren. Noch in der Winterkrise 1941 hatte Keitel die Ernennung eines besonderen Generalbevollmächtigten für den Arbeitseinsatz vorgeschlagen. Jetzt mußte der oberste Vertreter der Wehrmachtführung die Reichskanzlei geradezu bitten, die militärische Seite an dem zu bildenden Steuerungsgremium zu beteiligen, da doch »die Forderungen an Soldaten vom Oberkommando der Wehrmacht gestellt und vertreten werden müssen«[48]. Unverkennbar zeigt sich hier bereits die defensive Tendenz, mit der die Wehrmacht in der zweiten Kriegshälfte mit zunehmend schwächeren Kräften den Einfluß externer Kräfte auf ihren Bereich abzuwehren suchte.

Bereits am 7. Januar hatte Keitel der Reichskanzlei den Einziehungsplan der Wehrmacht für das Jahr 1943 vorgelegt. Wie 1941 und 1942 werde die Wehrmacht auch 1943 etwa 2 Millionen Soldaten einziehen müssen. Davon könnten mit den im Dezember beschlossenen Maßnahmen etwa 800 000 Mann gestellt werden. Die fehlenden 1,2 Millionen verteilten sich wie folgt:

Jahrgang 1925	
(Einberufung zum Herbst 1943)	500 000 Mann
Einberufungen aus der Rüstungsindustrie	
Sondereinziehungsaktion	
(SE I Aktion)	200 000 Mann
Mindestfehlbestand	500 000 Mann.[49]

Die rasche Aushebung von mindestens einer halben Million Männer ließ die Verantwortlichen auf das bewährte, aber bisher noch nicht wirklich konsequent genutzte Instrumentarium zurückgreifen. Die Stilllegung der im weitesten Sinne nicht kriegswichtigen Produktion und die Reaktivierung brachliegender Bevölkerungsreserven mündeten fast zwangsläufig in die seit Kriegsbeginn geforderte, von Hitler jedoch bisher stets abgelehnte allgemeine Arbeitsdienstpflicht der deutschen Frau.[50] Im Gegensatz zu den Forderungen des totalen Krieges und den Beteuerungen seiner Protagonisten wurde gerade bei der ideologisch als äußerst brisant empfundenen Frage des Fraueneinsatzes eine Aufweichung der harten Linie bereits in einer vorbereitenden Besprechung vom 7. Januar deutlich. Zwar sei die Meldepflicht, so meinten die Teilnehmer, möglichst umfassend zu gestalten, bei der späteren Heranziehung könne man dann aber durchaus großzügig verfahren. Insgesamt glaubte man, mit einer zusätzlichen Beschäftigung von etwa 300 000 Frauen auskommen zu können.[51] Der Erlaß des Führers über den umfassenden Einsatz von Männern und Frauen für Aufgaben der Reichsverteidigung wurde am 13. Januar 1943 von Hitler unterfertigt.[52] Galt die Meldepflicht in dem nicht zur Veröffentlichung bestimmten Erlaß noch für Frauen bis zum vollendeten 50. Lebensjahr, so mußte Sauckel auf Anweisung Hitlers bereits in den Ende Januar erlassenen Ausführungsbestimmungen die Grenze auf 45 Jahre heruntersetzen.[53]

Der Erlaß vom 13. Januar 1943 hatte in zweierlei Hinsicht entscheidende Auswirkungen auf die innere Struktur des Herrschaftsystems des Dritten Reiches. Er stärkte auf der Ebene der Zentralinstanzen das Sekretariats- und Kanzleisystem, indem er zur Überwachung der eingeleiteten Maßnahmen ein Dreimännergremium ins Leben rief, dem neben Lammers und Keitel auch Bormann angehörte. Der Auftrag, Hitler über die Ergebnisse regelmäßig zu informieren, verstärkte ihre Rolle als Informations- und Zugangsfilter zu Hitler. So liefen in der zweiten Kriegshälfte alle Anträge auf unmittelbaren Vortrag bei Hitler für Angehörige des militärischen Apparates über Keitel und für die Partei über Bormann.[54] Da Lammers' Position im Schatten Bormanns immer schwächer wurde, benötigte auch die Mehrzahl der Spitzenvertreter der Ministerialbürokratie, von einigen wenigen Inhabern immediaten Vortragsrechts einmal abgesehen, das Plazet Bormanns, um sich einen Führerbefehl, den »Sesam öffne dich« zur effektiven Machtteilhabe im totalitären System, verschaffen zu können.[55] In der Mittelinstanz wurde die Rolle der Reichsverteidigungskommissare entscheidend aufgewertet, was letztlich wiederum Bormann zugute kam.[56] Die

Forderung nach einem totalen Kriegseinsatz förderte also in erster Linie eine Machtverteilung zugunsten der Partei und zu Lasten vor allem der militärischen Führung.

Im Angesicht der sich abzeichnenden Katastrophe in Stalingrad und der zunehmend besorgniserregenden Meldungen aus Nordafrika mußte das OKW bereits am 18. Januar seine Planziffern für 1943 nach oben korrigieren. Statt der geforderten 500 000 Mann Mindestbedarf, von denen nur 400 000 mittelfristig aus dem zivilen Bereich gestellt werden konnten, verlangte die militärische Führung nun sogar 800 000 Mann. Das Ende der 6. Armee vor Augen, verwies das Dreimännergremium in seiner ersten Sitzung die Wehrmacht zunächst auf die Ergebnisse der Unruhkommission, die sich bereits anheischig gemacht hatte, 300 000 Mann aus den Ersatzformationen der Wehrmacht und der Waffen-SS für den Fronteinsatz zur Verfügung zu stellen.[57]

Einen Tag zuvor hatte Speer in einer Besprechung mit Hitler die letzten Details eines Sonderbefehls zur Steigerung der Panzerfertigung festgelegt.[58] Erste Überlegungen zu diesem Programm, das als »Adolf-Hitler-Panzerprogramm« den Beginn der Machtkonzentration Speers auf dem Sektor der gesamten Kriegsproduktion markieren sollte, waren bereits im Spätsommer 1942 angestellt worden. Noch im Dezember 1942 hatte Hitler angesichts der massiven Verluste gepanzerter Fahrzeuge im Osten Speer gegenüber erregt verlangt, »Panzer müssen hergestellt werden, koste es, was es wolle«[59]. Die Forderung, innerhalb von zwei Jahren die Panzerproduktion um das Vierfache zu steigern, erforderte nach Speers Ansicht mindestens drei Millionen zusätzliche Arbeitskräfte, von denen voraussichtlich nur eine Million durch Umschichtung, Reaktivierung und Umschulung innerhalb der deutschen Beschäftigten gewonnen werden konnte.[60] Damit hatte Speer Sauckels europäischer Menschenjagd das Stichwort geliefert. Unter diesen Umständen sah sich die Rüstungsindustrie zu weiteren Personalabgaben für die Wehrmacht außerstande. Also mußte sich zunächst das Karussell des wehrmachtinternen Personalaustausches wieder drehen. Am 26. Januar 1943 wurde der bereits seit einem halben Jahr diskutierte Kriegshilfeinsatz der deutschen Jugend, das heißt der heimatnahe Einsatz 15- und 16jähriger Oberschüler als Helfer bei der Heimatflak, gesetzlich geregelt. Zusätzlich sollten etwa 50 000 sowjetische Kriegsgefangene zu dieser Tätigkeit herangezogen werden.[61] Wenige Wochen später regte Generalfeldmarschall Milch an, verstärkt Nachrichtensoldaten der Luftwaffe durch Luftnachrichtenhelferinnen zu ersetzen. Etwa 200 000 bis 300 000 junge Frauen sollten für den Dienst in der Luftwaffe gewonnen werden.[62]

Am 23. Januar 1943 verband der Reichspressechef Dietrich in seiner Tagesparole eine erste Ankündigung des zu erwartenden »Heldenopfer[s] von Stalingrad« mit Erfolgserwartungen hinsichtlich der unmittelbar bevorstehenden Arbeitsdienstpflicht für Frauen und anderen Maßnahmen einer totalen Kriegführung.[63] Auch die militärische Führung hatte zu diesem Zeitpunkt die in Stalingrad kämpfende Truppe längst aufgegeben und beschäftigte sich bereits mit der personellen und materiellen Ausstattung der wiederaufzustellenden Divisionen. Selbst unter Vorgriff auf die Rekruten des Jahrganges 1925, die nun schon zum 1. Mai, statt wie bisher vorgesehen erst zum Herbst 1943, einrücken sollten, mußte nach Ansicht der Organisationsabteilung im OKH die Einsatzbereitschaft dieser Verbände bis zum Herbst 1943 gestaffelt werden. Der Vorgriff auf zwei Rekrutenjahrgänge ließ bereits zu diesem Zeitpunkt erkennen, daß man bei Fortdauer des Krieges in absehbarer Zeit zur Einberufung von Kindern gezwungen sein werde. Der Heeressanitätsinspekteur mußte am 2. November 1942 mitteilen, daß die Zahl der aufgrund körperlicher Unreife zurückgestellten Gemusterten drastisch zunähme und bereits 17 Prozent des Jahrganges betrage.[64] Ebenso katastrophal wie die personelle Ersatzlage stellte sich die Kraftfahrzeug- und Panzerlage der Wehrmacht dar. Die Klagen, die in diesem Zusammenhang von Vertretern des OKW und verschiedener Frontkommandeure geäußert wurden, nutzte Hitler zu einem erneuten Personalrevirement innerhalb der Heeresführung. Mit der Ablösung des bisherigen Bevollmächtigten für das Kraftfahrzeugwesen, General v. Schell, und der Ernennung Guderians zum Generalinspekteur der Panzertruppen, den Hitler sich unmittelbar unterstellte, wurde eine bewußte und nachhaltige Schwächung der Stellung des Chefs der Heeresrüstung und Befehlshabers des Ersatzheeres verbunden, sodaß in den militärischen Führungsstäben das Wort von der »Frommkrise« die Runde machte.[65] Wenige Monate nach seiner pessimistischen Lagebeurteilung und seinen düsteren Zukunftsprognosen erlebte Fromm nun seine schrittweise Entmachtung.

Nachdem Sauckel am 27. Januar auf der Basis des Führerbefehls vom 13. die Verordnung über die Meldung von Männern und Frauen für die Aufgaben der Reichsverteidigung erlassen hatte, begannen sich auf der Ebene der Partei Befürworter und Gegner einer Politik der totalen Kriegsanstrengung zu formieren.[66] Auf der Gauleitertagung in Posen Anfang Februar 1943 versuchten daher vor allem die Parteistatthalter in der Provinz, den zu radikalerer Gangart antreibenden Goebbels zu bremsen. Selbst Sauckel, der hier auch in seiner Rolle als Gauleiter von Thüringen in sichtbare Interessenkollision geriet, schwächte seine erst wenige Tage vorher erlassenen Maßnahmen hinsichtlich eines umfassenden Fraueneinsatzes mit dem Hinweis ab, daß in jedem Fall die »biologische Gesundheit« des deutschen Volkes erhalten bleiben müsse.[67]

Die »Führungskrise« des Regimes, die Goebbels nur allzu schnell auf eine »Führerkrise« zu reduzieren suchte, läßt sich an den Redebeiträgen der Teilnehmer der Posener Tagung eindeutig als solche ausmachen. Während die Vertreter der zentralen Exekutive aus ihrer Kenntnis der materiellen und personellen Ressourcen und der sich rapide verschlechternden Kriegslage einer raschen und umfassenden Mobilisierung das Wort redeten, suchten die Gauleiter, unterstützt von Hitler, die Belastung, und damit die Stimmungslage der Bevölkerung soweit als irgendmöglich zu schonen.[68] Goebbels' Entscheidung für seine Rede zum totalen Krieg ist also auch Ergebnis seiner Enttäuschung über die geringe Unterstützung, die er mit seinen Plänen gefunden hatte. Die darin zum Ausdruck kommende unaufhebbare, da aus unterschiedlichen Interessenlagen gespeiste Spannung zwischen Parteibasis und politisch-militärischer Exekutive wurde durch den gleichzeitigen Aufstieg Bormanns bestätigt.[69] Neben dem persönlichen Ehrgeiz der Beteiligten lag hier der Ursprung einer kurzlebigen Opposition innerhalb der Spitzengruppe des Regimes, deren Beginn nur einen Tag nach der Goebbelsrede vom 18. Februar anzusetzen ist.[70] Goebbels, der sich durch die Machenschaften Bormanns in die Rolle eines vom Entscheidungsprozeß weitgehend abgekoppelten »Herold des totalen Krieges« abgedrängt sah, suchte unter dem Stichwort »Führungskrise — Führerkrise« eine Fronde der machtpolitisch Düpierten aufzubauen.[71] Da Göring, Himmler und wenig später auch Speer sich bald den stärkeren Bataillonen anschlossen, und Goebbels nicht mit Ley und Frick allein zurückbleiben wollte, war dem Unternehmen kein langes Leben beschieden. Der Propagandaminister spürte bereits schon wenig später als erster, daß seine Vorstellungen vom totalen Krieg noch keine Konjunktur besaßen. Daher begann er bereits Anfang März, sich vorsichtig von seinen eigenen Thesen und Mitstreitern zu distanzieren.

Noch Ende Januar hatte er gemeint, Stalingrad mit Dünkirchen vergleichen zu müssen. Nur wenige Wochen später äußerte er die Überzeugung, daß eine erkannte Gefahr bereits eine gebannte Gefahr sei. Eindrucksvoller läßt sich der fundamentale Gegensatz zur inneren Haltung der politischen Führung Großbritanniens und seines Premiers kaum darstellen. Bereits im März 1943 glaubten führende Vertreter des Dritten Reiches, der Forderung nach »blood and tears« auch weiterhin entgehen zu können, wenn es ihnen durch geschicktes Lavieren nach dem bewährten »System von Aushilfen« gelang, die Krisen nicht zu weiteren Katastrophen werden zu lassen.

Der Mißerfolg aller Bemühungen, außerhalb der Wehrmacht zu einer »totalen Kriegsanstrengung« des deutschen Volkes zu gelangen, war damit vorprogrammiert. Nachdem die Frauendienstpflicht bereits im Ansatz verwässert worden war, gelang es den Vertretern der Partei, über die Reichsverteidigungskommissare bei den Aufhebungen der Unabkömmlich-Stellungen und den Einziehungen zur Wehrmacht, wie auch über die Gauwirtschaftsberater bei Stillegungen und Auskämmaktionen an entscheidender Stelle Einfluß auf die personelle Mobilisierung der Bevölkerung auszuüben.[72] Auf diese Weise vermochten sie Maßnahmen, die nach ihrer Meinung zu unerwünschten stimmungsmäßigen Reaktionen in der Bevölkerung führen konnten, abzuschwächen oder gar zu torpedieren.[73] Die Ernennung von Martin Bormann zum »Sekretär des Führers« am 12. April 1943, verbunden mit weitgehender exekutiver Gestaltungskompetenz erhält vor diesem Hintergrund eine zwingende innere Logik. Forderte der Krieg in Zukunft doch noch eine intensivere Heranziehung der deutschen Bevölkerung, so konnte dies nur über die Partei erfolgen, die als einzige in der Lage war, die stimmungsmäßigen Auswirkungen und damit die Rückwirkungen auf die innere Stabilität des Regimes zutreffend einzuschätzen.

Abschließend ist festzustellen, daß die sich anbahnende Katastrophe von Stalingrad den Diktator und seine engste Umgebung in einen Zustand hektischer Nervosität versetzte, in dem Hitler selbst den Anstoß zu einer totalen Mobilisierung der Bevölkerung gab. Bereits in der zweiten Januarhälfte, parallel zu seinen neu erwachten Hoffnungen, im Sommer 1943 mit einer gepanzerten Stoßarmee im Osten das Blatt noch einmal offensiv wenden zu können, rückte diese Zielsetzung wieder in den Hintergrund.[74] Dagegen glaubte Goebbels, gerade durch die im Prinzip des totalen Krieges angelegte gesellschaftliche Radikalisierung und Egalisierung seine persönlichen Ziele durchsetzen zu können. Auf diesem Feld vermochte er, die Unverzichtbarkeit der Propaganda als Element der Stabilisierung der psychischen Disposition der Massen eindrucksvoll vorzuführen und damit letztlich seiner eigenen zentralen Funktion im Führerstaat Geltung zu verschaffen. Die Macht der Partei und hier vor allem der regionalen Führer und ihre traumatische Angst vor einem Stimmungsumschlag ihrer Bevölkerung erwiesen sich indes als stärker, zumal Bormann sich recht schnell an die Spitze dieser Bewegung zu setzen wußte. Goebbels, dem die Entwicklung spätestens während der Posener Gauleitertagung klar geworden sein dürfte, suchte durch seine Rede vom 18. Februar und eine Gemeinschaftsaktion Gleichgesinnter das Blatt noch einmal zu wenden. Doch weder vermochte er den »Totalen Krieg« zu mehr als nur einem Propagandaschlagwort aufzuwerten, noch Bormann zu entmachten. Damit war das Schicksal des »totalen Krieges« zumindest 1943 besiegelt.

Im Unterschied zur ersten Kriegshälfte spielte die militärische Führung in diesem Geflecht unterschiedlicher Machtkonstellationen keine Rolle. Zunehmend auf die Führung des reinen Waffenkrieges beschränkt, erhielt die Mehrzahl ihrer Spitzenvertreter kaum mehr Zugang zu Hitler. Während auch Göring durch das eklatante Versagen der Reichsluftverteidigung zunehmend an Einfluß verlor, die Marine in jenen Tagen einem Wechsel im Oberbefehl entgegensah, blieben die Anliegen des größten Wehrmachtteils in den Händen von Zeitzler und Keitel, von dem Göring mit der ihm eigenen brutalen Offenheit feststellte, daß »Keitel eine Null ist. Er ist wie eine Lokomotive ohne Feuer, die ihren letzten Gang verpufft und dann plötzlich stehenbleibt.«[75] Seit längerem auch innenpolitisch in die »strategische Defensive« gebracht, traten ab 1943 die Zeichen wachsender Ermüdung und Resignation bei führenden Vertretern der Heeresführung mit tragischer Deutlichkeit hervor, während sich andererseits der Wille, ein wenn auch vielleicht vergebliches Fanal des Widerstandes zu setzen, formierte.

Goebbels' pathetisch-suggestiver Rückgriff auf die deutsche Lyrik der Befreiungskriege, die er mit Theodor Körners berühmtem Ausruf »Nun, Volk steh auf und Sturm brich los!« bemüht hatte, fand 1943 weder in der deutschen Bevölkerung noch bei der politisch-ideologischen Elite des Dritten Reiches den Widerhall, den er sich erhofft haben mochte. Eine jahrelange Propaganda, die dem Volk vorgegaukelt hatte, daß der Krieg gewonnen, aber nur noch nicht beendet sei, und die tiefsitzende Angst vor einem Stimmungsumschwung der bisher so virtuos Beherrschten, ließen selbst dreieinhalb Jahre nach Kriegsbeginn eine umfassende Mobilisierung der personellen und materiellen Ressourcen des Reiches nicht zu. Als sie im Sommer 1944 erneut gewagt wurde, war bereits die Götterdämmerung über das Reich hereingebrochen.

Anmerkungen

[1] Sehr anschaulich vertrat diese Ansicht: Hans Kehrl, Krisenmanager im Dritten Reich. 6 Jahre Frieden — 6 Jahre Krieg. Erinnerungen, mit krit. Anm. u. einem Nachwort von Erwin Viefhaus, Düsseldorf 1973, S. 294 ff.; vgl. auch die Anm. von Viefhaus dazu: ebd., S. 523.

[2] Vgl. Das Deutsche Reich und der Zweite Weltkrieg, Bd 5/1, Stuttgart 1988, S. 693—1002 (Beitrag Kroener).

[3] So etwa: Ludolf Herbst, Der totale Krieg und die Ordnung der Wirtschaft. Die Kriegswirtschaft des Dritten Reiches, Bonn 1985, und Dietrich Eichholtz, Geschichte der deutschen Kriegswirtschaft 1939—1945. Bd 2: 1941—1943, Berlin (Ost) 1985.

[4] Willi A. Boelcke, Goebbels und die Kundgebung im Berliner Sportpalast vom 18. Februar 1943 — Vorgeschichte und Verlauf, in: Jahrbuch für die Geschichte Mittel- und Ostdeutschlands, 19 (1970), S. 234—255, hier: S. 237; Rudolf Semmler (Semler), Goebbels. The next man to Hitler, London 1947, S. 62; Louis P. Lochner, Goebbels Tagebücher aus den Jahren 1942—1943, Zürich 1948, S. 217 ff.

[5] Erich Ludendorff, Der totale Krieg, München 1935, ²1937; Gerhard Förster, Totaler Krieg und Blitzkrieg. Die Theorie des Totalen Krieges und des Blitzkrieges in der Militärdoktrin des faschistischen Deutschlands am Vorabend des zweiten Weltkrieges, Berlin 1967 (= Militärhistorische Studien (N. F.), 10); Hans-Ulrich Wehler, »Absoluter« und »totaler« Krieg, in: Politische Vierteljahresschrift, 10 (1969), S. 220—248.

[6] Kroener (wie Anm. 2), S. 938.

[7] Dieter Rebentisch, Führerstaat und Verwaltung im Zweiten Weltkrieg. Verfassungsentwicklung und Verwaltungspolitik 1939—1945, Stuttgart 1989 (= Frankfurter Historische Abhandlungen, 29), S. 463 ff.; Kroener (wie Anm. 2), S. 941.

[8] Dietrich Eichholtz, Die Vorgeschichte des »Generalbevollmächtigten für den Arbeitseinsatz« (mit Dokumenten), in: Jahrbuch für Geschichte, 9 (1973), S. 339—384, und Der Führer, 4. Mai 1942, Bestellung des Generalleutnants von Unruh, Kommandeur OKW-Stab z. b. V. zum Sonderbeauftragten des Führers, Bundesarchiv Koblenz (BA), R II/681, Bl. 3.

[9] KTB, Chef Wi Amt, 2. Juli 1942, Bundesarchiv-Militärarchiv Freiburg (BA-MA), RW 19/168. Vgl. Burkhart Müller-Hillebrand, Das Heer 1933—1945. Die Entwicklung des organisatorischen Aufbaues. Bd 3: Der Zweifrontenkrieg. Das Heer vom Beginn des Feldzugs gegen die Sowjetunion bis zum Kriegsende, Frankfurt a. M. 1969, S. 52 f.

[10] KTB der Organisationsabteilung des OKH vom 21.—31. 7. 1942, BA-MA, RH 2/281.

[11] Kroener (wie Anm. 2), S. 961 ff.; Hellmuth Reinhardt, Der Chef der Heeresrüstung und Befehlshaber des Ersatzheeres, US-Army Historical Division, Study P-041 dd, S. 168 ff.

[12] Meldungen aus dem Reich 1938—1945. Die geheimen Lageberichte des Sicherheitsdienstes der SS 1938—1945, hrsg. von Heinz Boberach, 17 Bde, Herrsching 1984—1985, Bd 11, S. 4147—4164, hier S. 4148, Bericht Nr. 313 (31. 8. 1942); Marlis G. Steinert, Hitlers Krieg und die Deutschen. Stim-

mung und Haltung der deutschen Bevölkerung im Zweiten Weltkrieg, Düsseldorf, Köln 1970, S. 317.

[13] Wollt Ihr den totalen Krieg? Die geheimen Goebbels-Konferenzen 1939—1943, hrsg. von Willi A. Boelcke, München 1969, S. 271, 273.

[14] Kommandeur des OKW-Stabes z. b. V. — Sonderbeauftragter des Führers — Bericht über die Tätigkeit des OKW-Stabes z. b. V. vom 28. September 1942, BA, R 43 II/681, Bl. 5 ff.

[15] Müller-Hillebrand (wie Anm. 9), S. 77.

[16] Kriegstagebuch des Oberkommandos der Wehrmacht (Wehrmachtführungsstab) 1940—1945, hrsg. von P. E. Schramm, Frankfurt a. M. 1961—1979 (KTB OKW). Bd 2: 1942, S. 129 ff. Vgl. Das Deutsche Reich und der Zweite Weltkrieg, Bd 6, Stuttgart 1990, S. 958 (Beitrag Wegner); Deutschland im zweiten Weltkrieg, Bd 3, Berlin (Ost) 1979, S. 183, und Müller-Hillebrand (wie Anm. 9), S. 78.

[17] Reinhard Stumpf, Die Luftwaffe als drittes Heer. Die Luftwaffen-Erdkampfverbände und das Problem der Sonderheere 1933—1945, in: Soziale Bewegungen und politische Verfassung. Beiträge zur Geschichte der modernen Welt, hrsg. von Ulrich Engelhardt u. a., Stuttgart 1976, S. 857—894.

[18] Verfügung des OKW, Aufhebung der Wehrunwürdigkeit für die Dauer des Krieges und Aufstellung der Bewährungseinheit 999, vom 2. Oktober 1942, in: Deutschland im zweiten Weltkrieg (wie Anm. 16), Bd 3, S. 171. Vgl. Hans Burckhardt, Günter Erxleben, Kurt Nettball, Die mit dem blauen Schein. Über den antifaschistischen Widerstand in den 999er Formationen der faschistischen deutschen Wehrmacht (1942—1945), Berlin (Ost) 1982, S. 16 f.

[19] Lothar Kettenacker, Nationalsozialistische Volkssturmpolitik im Elsaß, Stuttgart 1973 (= Studien zur Zeitgeschichte, 4), S. 223.

[20] Vgl. Rebentisch (wie Anm. 7), S. 470, und Kommandeur OKW-Stab z. b. V., Sonderbeauftragter des Führers, Nr. 174/42 geh. vom 28. 9. 1942 an Reichsminister Dr. Lammers, BA, R 43 II/681, Bl. 2.

[21] Schreiben Bormann an Lammers vom 1. 12. 1942, BA, R 43 II/681, Bl. 121 f.

[22] BA, R 43 II/681, Bl. 139 ff.

[23] Vgl. sein Schreiben vom 8. November 1942 an Lammers, BA, R 18/5476, Bl. 25.

[24] FS Keitels an Lammers vom 3. 12. 1942, BA, R 43 II/681, Bl. 164.

[25] So etwa die gedrückte Nervosität und Gereiztheit seinen unmittelbaren Mitarbeitern gegenüber, die Semler von Goebbels berichtet (wie Anm. 4), S. 62 f.; und Boelcke, Goebbels-Kundgebung (wie Anm. 4), S. 235. Über Hitler berichtet Goebbels: »Manchmal, so sagt der Führer, habe er geglaubt, es sei nicht mehr möglich, über ihn [den Winter 1942/43] hinwegzukommen«, Steinert (wie Anm. 12), S. 273. Die Spannungen, die sich seit der Krise in Vinica im Führerhauptquartier zwischen Hitler und seinen engsten militärischen Beratern entwickelt hatten, wurden auch außerhalb der Sperrkreise kolportiert, wie ein Bericht des RSSHA, Amt I vom 3. 12. 1942 erkennen läßt. Durch die Übermittlung von Mittelsmännern sei bekannt geworden, heißt es hier, daß es eine Panikstimmung innerhalb der deutschen Führung gäbe, von der auch Hitler ergriffen worden sei. So habe er sich zeitweilig eingeschlossen und nicht gesprochen, BA, NS 19 neu 1641.

[26] Deutschland im zweiten Weltkrieg (wie Anm. 16), S. 182.

27 Vgl. Boelcke, Goebbels-Kundgebung (wie Anm. 4), S. 237; Semler (wie Anm. 4), S. 59, 62, und Lochner (wie Anm. 4), S. 217ff., 228 (17.12.1942), sowie Günter Moltmann, Goebbels' Rede zum totalen Krieg am 18. Februar 1943, in: Vierteljahrshefte für Zeitgeschichte, 12 (1964), S. 13—43, S. 21.

28 Deutschland im zweiten Weltkrieg (wie Anm. 16), S. 182.

29 Ebd.

30 Schreiben Stuckarts an Frick vom 26. Dezember 1942, BA, R 18/5476.

31 Ebd.

32 Verordnung über die Reichsverteidigungskommissare und die Vereinheitlichung der Wirtschaftsverwaltung, vom 16.11.1942, BA Potsdam, RFM Nr. 6139/1, Bl. 55; Erlaß des Führers über die Rechtsstellung der NSDAP, vom 12.12.1942, RGBl. 1942 I, S. 733f. Vgl. Rebentisch (wie Anm. 7), S. 278.

33 Müller-Hillebrand (wie Anm. 9), S. 81 und Anlage 29.

34 Deutschland im zweiten Weltkrieg (wie Anm. 16), S. 184f.

35 Müller-Hillebrand (wie Anm. 9), S. 81.

36 Ebd.

37 Eine Edition dieser zentralen Quelle wurde besorgt von Jürgen Förster, Strategische Überlegungen des Wehrmachtführungsstabes für das Jahr 1973, in: Militärgeschichtliche Mitteilungen, 13 (1973), S. 95—107. Vgl. Deutschland im zweiten Weltkrieg (wie Anm. 16), S. 183.

38 Ebd., S. 183f.

39 Ebd., S. 184.

40 Vgl. Wegner (wie Anm. 16), S. 780ff.

41 Vgl. Wolfgang Bleyer, Staat und Monopole im totalen Krieg. Der staatsmonopolistische Machtapparat und die »totale Mobilisierung« im ersten Halbjahr 1943, Berlin (Ost) 1970, S. 68.

42 Aktenvermerk Bormanns, BA, R 2/31093, Bl. 42. Vgl. Rebentisch (wie Anm. 7), S. 475.

43 Rundschreiben über die nächsten Aufgaben der Partei vom 18.12.1942, zit. nach: Deutschland im zweiten Weltkrieg (wie Anm. 16), S. 183.

44 Ausarbeitung betr. Maßnahmen zum totalen Kriegseinsatz vom 2.1.1943, BA, R 43 II/655, Bl. 13ff.; Goebbels am 4.1.1943, in: Boelcke, Wollt Ihr den totalen Krieg? (wie Anm. 13), S. 414, und ders., Goebbels-Kundgebung (wie Anm. 4), S. 236.

45 Sauckel an Lammers, 30.12.1942, BA, R 43 II/655. Vgl. Bleyer (wie Anm. 41), S. 58ff.; Herbst (wie Anm. 3), S. 199ff., und Marie-Luise Recker, Nationalsozialistische Sozialpolitik im Zweiten Weltkrieg, München 1985 (= Studien zur Zeitgeschichte, 29), S. 176ff.

46 Zu den Einzelheiten: Rebentisch (wie Anm. 7), S. 478ff.

47 Schreiben Keitels an Lammers, 9.1.1943, BA, R 43 II/655, Bl. 109. Vgl. KTB OKW, 2, 1943, S. 46.

48 Ebd.

49 An Reichskanzlei über Besprechung am 8.1.1943 (Datum offenbar fälschlich 7.1.) vom 12.1.1943, BA, R 43 II/655, Bl. 140ff. Vgl. auch Rebentisch (wie Anm. 7), S. 477, und Recker (wie Anm. 45), S. 179 (mit falscher Datumsangabe).

50 Vgl. Dörte Winkler, Frauenarbeit im »Dritten Reich«, Hamburg 1977 (= Historische Perspektiven, 9), S. 102ff., 114ff.

51 An Reichskanzlei, vom 7.1.1943, BA, R 43 II/655, Bl. 221 ff.; Bleyer (wie Anm. 41), S. 92.

52 BA, R 43 II/655, Bl. 103 ff.

53 Schreiben Lammers an Sauckel vom 25. Januar 1943, BA, R 43 II/654, Bl. 33.

54 Rebentisch (wie Anm. 7), S. 480.

55 Vgl. Jochen von Lang, Der Sekretär. Martin Bormann: Der Mann, der Hitler beherrschte, München, Berlin 1985, 1990, S. 234 f.

56 Vgl. Anm. 52.

57 KTB OKW, 1, 1943, S. 46 (16.1.1943). Vgl. Bleyer (wie Anm. 41), S. 68.

58 Vgl. Willi A. Boelcke, Deutschlands Rüstung im Zweiten Weltkrieg. Hitlers Konferenzen mit Albert Speer 1942—1945, Frankfurt a.M. 1969, S. 219 ff., und Eichholtz, Kriegswirtschaft (wie Anm. 3), Bd 2, S. 122 f.

59 Eichholtz, ebd., S. 122.

60 Zu den Ausführungen Speers auf der Sitzung der Zentralen Planung am 26. Januar 1943, vgl. Bleyer (wie Anm. 41), S. 93.

61 Gesetz über den Kriegshilfeeinsatz der deutschen Jugend, vom 26. Januar 1943, BA, R 43 II/652a.

62 Sitzung der zentralen Planung vom 16. Februar 1943, vgl. Bleyer (wie Anm. 41), S. 72.

63 Steinert (wie Anm. 12), S. 327.

64 Ergebnis der Musterung des Geburtsjahrganges 1925, BA, R 55/915.

65 Vgl. Eichholtz, Kriegswirtschaft (wie Anm. 3), Bd 2, S. 123, und: Tätigkeitsbericht d. Chefs d. Heerespersonalamtes Gen.d.Inf. Rudolf Schmundt: 1.10.1942—29.10.1944, hrsg. von Dermot Bradley, Osnabrück 1984, Eintrag vom 28.2.1943, S. 47.

66 Reichsgesetzblatt 1943 I, S. 67 f.

67 Der Prozeß gegen die Hauptkriegsverbrecher vor dem Internationalen Militärgerichtshof (IMT), Nürnberg 14. November 1945—1. Oktober 1946, 42 Bde, Nürnberg 1947—1949, Bd 27, S. 584 ff., PS-1739; Bd 39, S. 231 ff. Vgl. Eichholtz, Kriegswirtschaft (wie Anm. 3), Bd 2, S. 228, und Bleyer (wie Anm. 41), S. 63.

68 Ähnlich wie Goebbels argumentierte auch Backe vom Reichsernährungsministerium. Vgl. Bleyer (wie Anm. 41), S. 65, und Boelcke, Goebbels-Kundgebung (wie Anm. 4), S. 244.

69 Von Lang (wie Anm. 55), S. 228 ff.

70 Vgl. Albert Speer, Erinnerungen, Berlin 1969, S. 270.

71 Boelcke, Wollt Ihr den totalen Krieg (wie Anm. 13), S. 425.

72 Vgl. von Lang (wie Anm. 55), S. 237.

73 Vgl. Bleyer (wie Anm. 41), S. 107, allerdings mit unzutreffenden Angaben über den Erfolg der Aktionen. Statt 400—500 000 Arbeitskräften wurden durch die Stillegungs- und Auskämmaßnahmen bis zum Sommer 1943 nur etwa 150 000 umgesetzt (Aufschlüsselung des Reichswirtschaftsministeriums vom Oktober 1943, BA, R 7/2221).

74 Vgl. Lagebesprechungen im Führerhauptquartier. Protokollfragmente aus Hitlers militärischen Konferenzen 1942—1945, hrsg. von Helmut Heiber, München 1963, S. 112.

75 Goebbels Tagebuch vom 18.3.1943, siehe Lochner (wie Anm. 4), S. 279; vgl. Speer (wie Anm. 70), S. 276.

Marlis Steinert

Stalingrad und die deutsche Gesellschaft

Bedeutete Stalingrad, wie es im SD-Bericht vom 4. Februar 1943 hieß, für die deutsche Allgemeinheit »einen Wendepunkt des Krieges«? Für die »kämpferischen Naturen [...] als Verpflichtung zum letzten Einsatz aller Kräfte an der Front und in der Heimat« und für die labileren »den Anfang vom Ende«[1]? Führte, was Goebbels in seinem Tagebuch als »eine der größten Tragödien der deutschen Militärgeschichte«[2] bezeichnete, zu einer neuen Einschätzung des Krieges, des NS-Regimes und seines Führers, oder zeitigte diese Katastrophe nur eine Verschärfung und Beschleunigung bereits bestehender Ansichten und Meinungstrends, die nicht ohne Auswirkungen auf das gesellschaftliche Gefüge des Dritten Reiches blieben?

Die Situation vor dem Fall von Stalingrad

Betrachtet man in einer Art Zeitraffer die Haltung der Masse der Deutschen bis dahin im Hinblick auf den Krieg, zeichnen sich deutlich vier Zäsuren ab: September 1939, Juni 1940, Juni 1941, Winter 1941.

Bis September 1939 dominierte eindeutig die Hoffnung auf Erhaltung des Friedens, gepaart mit dem Wunsch, die Bestimmungen des Versailler Vertrages zu annullieren. Diese inhärente Spannung zwischen Friedenshoffnung und nationalen Großmachtansprüchen, die Diskrepanz zwischen Wunschdenken und Realitätserfordernissen, kennzeichneten weite Teile der »bürgerlichen Gesellschaft« (*civil society*) und verbanden sie mit der radikalen Rechten. Selbst deren unerbittlichste Gegner, die Kommunisten, hatten den Versailler Vertrag verworfen und schwammen eine Zeitlang im nationalen Fahrwasser. Während der Repression der Dreißiger Jahre erhofften viele von ihnen, wie auch manche Anhänger der verbotenen sozialdemokratischen Partei, einen Präventivkrieg von außen, um sich der braunen Diktatur zu entledigen.[3]

Der Überfall auf Polen und die darauffolgenden Kriegserklärungen Großbritanniens und Frankreichs führten zu einem für die Nationalsozialisten bedeutsamen Wandel. Von Kriegsbegeisterung war in der Bevölkerung nicht die Rede, eher von Resignation. Doch kam es zu keinerlei Auflehnung, denn »ein großer Teil fühlte sich vorläufig doch noch zuerst als Deutscher« und wollte nicht »als Vaterlandsverräter geächtet werden«[4]. Diese patriotische Grundeinstellung schwächte sich nach erfolgreichem Polenfeldzug rasch ab und gab erneut Friedenswünschen Raum. Erst der Frankreichfeldzug führte zu einer echten »Kriegsstimmung« und erhöhte schlagartig das Prestige Hitlers. Nach Auslöschung der »Schmach« von 1918 hätte für die Masse der Deutschen der Krieg ein Ende finden sollen. Als er sich weiter hinzog und schließlich bis nach Afrika und in den Balkan ausdehnte, breiteten sich Kriegsmüdigkeit und Unzufriedenheit aus, vor allem gegenüber dem Allianzpartner Italien.

Eine neue Zäsur ergab sich durch den Überfall auf die Sowjetunion. Er setzte eine Entwicklung zu Ungunsten des Regimes und Hitlers in Gang. Wenn auch der Pakt mit Stalin im Sommer 1939 nicht mit Begeisterung aufgenommen worden und bei überzeugten Nationalsozialisten und in verschiedenen Kreisen des stark antikommunistisch eingestellten Bürgertums wie auch bei vielen Sozialdemokraten auf Ablehnung gestoßen war, hatte man ihn schließlich doch begrüßt, in der Hoffnung, er werde die Westmächte vom Kriegseintritt abhalten und einen Zweifrontenkrieg verhindern. Das Herumreißen des Steuers um 180 Grad und die Wiederaufnahme der alten antibolschewistisch-jüdischen Propaganda wurden von der Masse der Bevölkerung teils mit Bedrückung, teils mit Unverständnis aufgenommen. Nur die ideologisch indoktrinierte NS-Bewegung und Teile der wirtschaftlichen, militärischen und akademischen Eliten nahmen diesen imperialistischen Aufbruch in östliche Weiten zur Erweiterung des deutschen Herrschaftsanspruchs und »Lebensraums« positiv auf. Dem Rest der Bevölkerung wurde die Notwendigkeit eines Präventivkrieges mit Hilfe der Propaganda eingehämmert. Die Masse des erbeuteten Materials und die unglaublich hohen Zahlen sowjetischer Kriegsgefangener verliehen dieser Behauptung eine scheinbare Glaubwürdigkeit und in den von Goebbels geschickt zusammengestellten — des öfteren von Hitler korrigierten — Wochenschauen eine fast unheimliche Authentizität.

In der Heimat und an den verschiedenen Fronten hoffte man nach den ersten triumphalen Erfolgen auf einen schnellen Sieg und anschließenden Frieden, ohne sich viel Gedanken um das Schicksal der unterworfenen Völker zu machen. Als der lautstark verkündete Blitzkrieg gegen die Sowjetunion sich jedoch in die Länge zog, ein neuer, weit schrecklicherer Kriegswinter drohte, das Ostheer sich »einerseits durch außergewöhnliche Leistungen im Gefecht und andererseits durch eine weitverbreitete Legalisierung krimineller Handlungen« auszeichnete[5], verschärften sich bereits bestehende Meinungs- und Mentalitätsunterschiede zwischen Front und Heimat. Die tägliche Konfrontation mit brutalem Kampf und Tod unterschied sich existentiell von den Lebenserfahrungen der Bauern, Arbeiter, Beamten und Frauen im Inland. Es ergaben sich ebenfalls erhebliche Unterschiede zwischen den verschiedenen Kriegsschauplätzen und Waffengattungen. Die Teilnehmer des Ostfeldzuges, vielfach Augenzeugen oder gar passive oder aktive Helfer der von den verschiedenen SS-Einheiten begangenen Morde, formten eine Welt für sich. Oft ging es nur um das nackte Überleben, und das Gemetzel mußte rationalisiert und legitimiert werden durch die Berufung auf Soldateneid, Gehorsam, die »verdammte Pflicht«[6] sowie militärische Notwendigkeiten. Der psychologische Ausnahmezustand, in dem sich Männer im Kampf gegenüberstehen, diese Welt streng bewußter Disziplin und elementarer Entfesselung ist kaum nachvollziehbar für alle, die sie nicht erlebt haben — vor allem für die zu Hause Gebliebenen und die Frauen. Über die Verarbeitung von Fronterlebnissen wurden die Angehörigen nur »in dosierter Form« und »zur Aufrechterhaltung der innerfamiliären Kommunikation«[7] informiert. Diese Trennung in männliche und weibliche Welt, die nicht nur im Krieg und auch in anderen politischen Systemen existiert, wurde unter dem nationalsozialistischen Regime, das sich als Verkörperung einer »mann-männlichen Gesellschaft«[8] verstand, auf die Spitze getrieben.

Nach der Winterkrise 1941, der globalen Ausweitung des Krieges, den gesteigerten alliierten Luftangriffen und Ernährungsschwierigkeiten breiteten sich in der Heimat Desillusionierung und Fatalismus aus. Der Einzelne sah sich überfordert und dem Geschehen hilflos ausgeliefert. Oft blieb als einziger Trost nur der Glaube an Gott. Die Kirchen, die sich vielfach demselben Dualismus zwischen Patriotismus und Opposition ausgesetzt sahen wie die Gegner des Regimes, erhielten wachsenden Zulauf. Obwohl — oder weil — sie nicht den Krieg verurteilten und den Kampf gegen den Bolschewismus unterstützten, wurden sie zum Sammelbecken aller Verzweifelten und Trostbedürftigen, und gerieten damit zwangsläufig mehr und mehr in einen Gegensatz zum NS-Staat.[9] Immer mehr Auflösungserscheinungen machten sich im gesellschaftlichen Gefüge bemerkbar, wie Disziplinlosigkeit und Verwahrlosung der Jugend[10], die sich in einer Zunahme von Jugendkriminalität und »defaitistischen« Äußerungen manifestierten, die »erschütternd an die Zeit des Klassenhasses erinnern und jedes Gefühl der Volksgemeinschaft vermissen lassen«[11]. Im Verlauf des Jahres 1942 und in engem Zusammenhang mit dem Kriegsgeschehen ist ein anderer bedeutsamer Wandel in der Mentalität der deutschen Bevölkerung zu verzeichnen. Er betrifft das Bild *des* Russen. Der zähe Widerstand der Roten Armee, der direkte Kontakt mit den zwangsweise rekrutierten »Ostarbeitern«, die sich als intelligent und arbeitsam erwiesen, ließen Zweifel aufkommen an der offiziellen Propagandathese des »vertierten Untermenschen«. Man stellte Überlegungen an hinsichtlich ihres Mutes, ihrer Kameradschaft und ihrer Vaterlandsliebe. Goebbels sah sich veranlaßt, der Presse grundsätzliche Stellungnahmen zukommen zu lassen und in »Das Reich« einen Artikel über »Die russische Seele« zu veröffentlichen. Auch den Briten wurde teilweise eine widerwillige Bewunderung für ihr Aushaltevermögen gezollt, die allerdings oft aufgrund der steigenden Bombenangriffe in Haß umschlug. Nur den Japanern galt eine uneingeschränkte Bewunderung, während der italienische Verbündete immer abschätzig beurteilt wurde.[12]

Insgesamt muß man von einer schwankenden Einschätzung des Krieges sprechen, angesiedelt zwischen den Polen von Hoffnung und düsterer Erwartung. Ab Ende August 1942 beherrschte der Name von Stalingrad immer mehr die deutsche Volksmeinung; er erlangte eine fast magische Bedeutung und »hypnotisierte« sie, wie es in einem SD-Bericht heißt. Die Fixierung verstärkte sich noch durch Hitlers Rede vom 30. September anläßlich der Eröffnung des Winterhilfswerks, in der er erklärte, er werde »Stalingrad berennen und es nehmen«[13].

Aus einer Anordnung des Leiters der Parteikanzlei, Martin Bormann, vom 18. Dezember geht hervor, daß sich nicht nur im Meinungsgefüge, sondern auch in der Gesellschaft immer mehr Risse auftaten, altetablierte Kräfte und Gruppen, deren Einfluß eingedämmt, gleichgeschaltet oder unschädlich gemacht worden war, sich wieder regten, denn er forderte die NSDAP auf, aktiver zu führen und Zweifel am Sieg und der Gerechtigkeit ihrer Sache »nach dem Vorbild der Kampfzeit mit massiven Mitteln zum Schweigen zu bringen. Wir stehen wie vor der Machtübernahme im härtesten Kampf, die alten Gegner haben sich wieder gefunden, und die alten Mittel werden wieder gegen uns angewandt.«[14]

Auch das Ansehen Hitlers hatte gelitten. Die seit dem Rußlandfeldzug eingetretene Abkühlung des Verhältnisses zwischen der Bevölkerung und ihm »war bereits im Laufe des Jahres 1942 weit fortgeschritten, ehe es zur Katastrophe von Stalingrad kam«[15].

Die Auswirkungen des Falls von Stalingrad

Noch bevor Stalingrad endgültig gefallen war, begann die deutsche politische Führung die militärische Niederlage als ein Stimulans für eine letzte entscheidende Kraftanstrengung auszunutzen. In seiner Ministerkonferenz vom 4. Januar erklärte Goebbels, daß man nun zur totalen Kriegführung übergehen müsse.[16] Damit sollte endlich die lange herausgezögerte Mobilisierung und Neuorganisierung aller Kräfte, der wirtschaftlichen[17], der militärischen, der psychologischen, in Angriff genommen werden. Eine solche Konzentration war bereits seit längerer Zeit und mehrfach gefordert worden: vom Reichsminister für Bewaffnung und Munition, Fritz Todt, im Dezember 1941; anschließend von seinem Nachfolger Albert Speer, vom Reichsfinanzminister Schwerin v. Krosigk im September 1942, vor allem angesichts der Zustände in den besetzten Ostgebieten, einem »Labyrinth von Verwaltung, wirtschaftlicher Ausbeutung und Politik«[18], und insbesondere von Joseph Goebbels. Hitler, der mehr auf den »nationalsozialistischen Instinkt« als auf eine geregelte Verwaltungtätigkeit baute, gab nur halbherzig seine Zustimmung zur Ausarbeitung von Maßnahmen zur Verwirklichung des totalen Krieges und unterzeichnete am 13. Januar 1943 den Erlaß »über den umfassenden Einsatz der einsatzfähigen Männer und Frauen für Aufgaben der Reichsverteidigung«[19].

Zur Durchführung dieser Aufgaben ernannte Hitler am 18. Januar einen Dreierausschuß, zusammengesetzt aus dem Leiter der Parteikanzlei, Bormann, dem Leiter der Reichskanzlei, Lammers, und dem Chef des OKW, Keitel. Goebbels erhielt nur eine beratende Funktion, durfte aber Hitlers Proklamation zum zehnten Jahrestag der Machtübernahme im Sportpalast verlesen. Am 3. Februar wurde in einem Sonderprogramm des Rundfunks das Ende des Kampfes in Stalingrad bekanntgegeben, unter den Klängen von Richard Wagners »Rienzi«, einer Oper, die einst bei dem jungen Hitler sein erstes politisches Erweckungserlebnis hervorgerufen[20], deren Bedeutung er aber offensichtlich vergessen hatte. Beruhte Rienzis Macht nicht auf seinem rhetorischen Talent und seinem Anhang im Volke, während sein Verhältnis zu den Eliten ambivalent blieb? Hitlers Schweigen und seine mittelmäßige Rede zum Heldengedenktag am 21. März 1943 konnten die tiefe Niedergeschlagenheit und wachsende Kritik an seiner Kriegführung und seiner Person nur verstärken. Zweifel an seiner geistigen Gesundheit und seinen Feldherreneigenschaften wurden laut. Der »Führer« habe zu viel versprochen, und es sei zwischen ihm und dem Chef des Generalstabes zu Meinungsverschiedenheiten gekommen, daher habe dieser gehen müssen. Er habe jedoch Recht gehabt mit seiner Warnung, zu gleicher Zeit Stalingrad und den Kaukasus anzugreifen. Beißende Witze machten die Runde:

»Wie muß ein guter Nationalsozialist sein? So kinderreich wie Hitler, so bescheiden wie Göring, so schweigsam wie Goebbels und so vaterlandstreu wie Hess. Gott erhalte Heinrich Himmler, Josef [sic] Goebbels, Robert Ley, Heydrich hat er schon erhalten, wann erhält er diese drei.«[21]

Anschläge und Inschriften wie »Stalingrad-Mörder« oder »Hitler-Massenmörder« erschienen auf Mauern oder in Eisenbahnwagen, vereinzelt auch die Jahreszahl 1918. Die meisten Deutschen wünschten zwar noch den Sieg Deutschlands, aber nicht den des Nationalsozialismus. Daher gewann für viele der Gedanke, die Staatsführung möge in die Hände der Wehrmacht übergehen, an Gewicht. Besonders scharfe Kritik wurde in München laut, der »Hauptstadt der Bewegung« — jetzt oft als diejenige der »Gegenbewegung« bezeichnet.[22] In diesem Klima verteilten die Geschwister Scholl ihren Aufruf zum Widerstand, eine moralisch bewunderungswürdige, aber selbstmörderische Geste, da die Repressionsmaßnahmen weiter verschärft worden waren. Bereits im Dezember 1942 waren Mitglieder der Schulze-Boysen-und-Arvid-Harnack-Widerstandsbewegung, die von der Gestapo den Namen »Rote Kapelle« erhalten hatte, hingerichtet worden.[23] Für Goebbels blieb es unverständlich, daß Männer, die national eingestellten Familien entstammten, sich so verhalten konnten, aus »blindem Haß gegen den Nationalsozialismus«. Es war ihm ein Trost, daß nur 13 Prozent der Verhafteten aus Arbeiterkreisen stammten und der Rest Intellektuelle waren. Dies war für ihn der Beweis, daß derartige Tendenzen in der Masse der Bevölkerung, das heißt 90 Prozent, nicht zuhause waren.[24] Damit hatte er nicht unrecht, denn nach wie vor waren die wenigsten bereit, mitten im Kriege Landesverrat zu begehen, selbst wenn sie regimefeindlich eingestellt waren.

Die Bemühungen des NS-Systems, die Niedergeschlagenheit, die Lähmungserscheinungen, die wachsende Kriegsmüdigkeit und das immer stärkere Abgleiten der Stimmung aufzufangen, stießen vielfach ins Leere. Die sorgfältig inszenierte und von Parteichargen umjubelte Rede des Reichspropagandaministers am 18. Februar im Sportpalast in Berlin »Wollt Ihr den totalen Krieg?« fand nur bei einer Minderheit eine positive Aufnahme. Vom Rest der Bevölkerung wurde sie als »Theater«, »Komödie« oder »fauler Zauber« bezeichnet.[25] Der Presse und Propaganda wurde vor allem der »große Kontrast zwischen der bisherigen und der augenblicklichen Berichterstattung« vorgeworfen. Früher habe man »den Gegner im Osten unterschätzt [...] man habe auch ein ganz falsches Bild von seiner Widerstandskraft und seinem Rüstungspotential gegeben«[26]. Diese Kritik gegen die sogenannte »Goebbelsmethode«[27], die nicht nur von seiten der Bevölkerung, sondern auch in Parteikreisen gegen den ehrgeizigen und skrupellosen Propagandaminister geübt wurde, hätte sich eigentlich gegen Hitler und führende Wehrmachtkreise richten müssen. Goebbels hatte nur ihre Ansichten übernommen und propagiert.

Die Katastrophe von Stalingrad aktivierte und potenzierte auch systemimmanente und oppositionelle Kritik am Hitlerregime. Im »Volk« und in gewissen Parteikreisen legte man sich die Frage vor, ob Hitler noch in der Lage sei, zu führen, oder man sich nicht besser seiner entledige. In einer »Vertraulichen Information« für Gau- und Kreisleiter vom 22. März 1943[28] forderte Bormann die schärfsten Maßnahmen gegen Gerüchteverbreiter, einerlei ob sie »Parteigenossen, Freunde oder Verwandte« seien. Eine nicht zu präzisierende Anzahl von Parteimitgliedern versuchte, sich von der NSDAP zu distanzieren. Sie wurden gezwungen, die Parteiabzeichen offen zu tragen und den Hitlergruß anzuwenden[29] anstelle der sich ausbreitenden »Grüßgottbewegung« oder der überhandnehmenden traditionellen Tagesgrüße.

Auch innerhalb des militärischen Flügels der nationalkonservativen Opposition war die Kritik schon nach der Winterkrise 1941/42 wieder aufgelebt, vor allem angesichts der an der sowjetischen und jüdischen Bevölkerung begangenen Gewaltverbrechen. Sie führte 1942/43 zu Überlegungen über eine »Fundamental-Alternative zum NS-Regime«. Dabei flossen »demonstrative Abwehr von einem als verbrecherisch erkannten System und einer das Reich zerstörenden Niederlage« in die Motivation der nationalkonservativen Widerstandsbewegung ein.[30] Der Fall von Stalingrad wirkte dann als Katalysator, der zu zwei verfehlten Attentatsversuchen gegen Hitler im März 1943 führte. Trotzdem kam es zu keiner eigentlichen Oppositionsbewegung. Eine spätere britische Evaluierung[31] des deutschen Verhaltens führt dies auf zwei Faktoren zurück. Wenn es zum einen dem NS-Regime auch nicht gelungen war, die traditionellen Denkweisen in gewissen gesellschaftlichen Bereichen wie der Armee, der Beamtenschaft und der Kirche zu brechen, sei es zum anderen auch keiner dieser gesellschaftlichen Großgruppen gelungen, ihre potentielle Gegnerschaft über ihre sozialen Grenzen hinaus auszudehnen. Als wesentliche Ursachen hierfür werden Pflichtbewußtsein gegenüber dem Staat und eine begrenzte Sicht der Dinge angegeben, die selten über die Belange des eigenen Fachbereichs hinausreichten. Die zweite angeführte bedeutende Komponente für das Nichtzustandekommen einer breiteren Opposition war die Effizienz von Himmlers Kontrollmaschinerie, die als ein »soziologischer Jiu-Jitsu« bezeichnet wird. Durch ein Minimum an Gewalt, an sorgfältig ausgeklügelten Stellen angewandt, wurde eine weitreichende Lähmung erzielt. Die Unzufriedenheit mochte noch so groß sein — fast allgemein, wie es in dem Bericht heißt —, sie habe für ein totalitäres Regime keine Gefahr dargestellt, so lange sie unorganisiert war. Nicht nur die Konzentrationslager, sondern die über jede Person, Gruppe oder Klasse, die potentiell gefährlich werden konnten, angelegten Akten waren Instrumente dieser Sicherheitspolitik. Hinzu kamen Spitzel in allen Bevölkerungsgruppen und Familien. Spätestens seit dem Winter 1942/43 sei aus einem »Regime der Überzeugung ein Regime der Einschüchterung« geworden. Es ist gewiß richtig, von einem »innere[n] Rückzug großer Teile der Bevölkerung aus dem ›Dritten Reich‹« zu sprechen und von einer »kritischen Massenstimmung«, aber man geht an den Kriegsrealitäten vorbei, wenn man das Verhalten der Deutschen im Wesentlichen durch die Fortexistenz des »Führermythos« und eines charismatischen Systems erklären will.[32]

Auch die durch den Fall von Stalingrad begonnene »totale« Mobilisierung der Bevölkerung erwies sich als ein Fehlschlag. Sie zeitigte zum einen »klassenkämpferische« Äußerungen gegenüber den »feinen Damen«, die nun in den Arbeitsprozeß eingegliedert werden sollten, zum anderen ideologiekritische Tendenzen gegenüber der bisherigen Frauen- und Mittelstandspolitik der Nationalsozialisten.[33] Durch die Einführung der weiblichen Zwangsarbeitspflicht wurden die bisher verfolgte emanzipationsfeindliche Politik und das Ideal der »Nur-Hausfrau« und Mutter in Frage gestellt. Eine Rede des Leiters der deutschen Arbeitsfront, Robert Ley, in der er erklärt hatte, daß alle diejenigen, die bisher nicht gearbeitet, »sich 3 ½ Jahre an Deutschland versündigt« hätten, veranlaßte verschiedene Proteste seitens der Gauleitungen, wie beispielsweise derjenigen von Sachsen, in der es hieß: »Es ist schon oft der Einsatz der Frauen in den Arbeitsprozeß von der Partei gefordert worden. Soviel bekannt ist [...] hätte der Führer jedoch einen zwangsweisen Einsatz bisher abgelehnt und erst im entscheidenden Augenblick angeordnet«. Es sei völlig ungerechtfertigt, diesen Frauen eine Versündigung an Deutschland vorzuwerfen. Von der Gauleitung Magdeburg-Anhalt kamen noch deutlichere Worte:

»Man vergißt völlig, daß die bisherige Propaganda zu den Fragen des Frauen-einsatzes in der Industrie gerade die entgegengesetzte Richtung verfolgt hatte. Wenn dieser Fehler nicht gemacht worden wäre, brauchte der GBA [General-bevollmächtigter für den Arbeitseinsatz, Gauleiter Sauckel] heute nicht durch Rundbriefe und Erlasse an die Betriebsführer und durch Aufrufe an die alten Gefolgschaftsmitglieder das wieder gutzumachen, was tatsächlich falsch gemacht wurde. Es wären dadurch viele Schwierigkeiten beim Einsatz der neuen Frauen, die ja größtenteils noch nie eine Fabrik von innen gesehen, geschweige denn an einer Maschine gestanden haben, unterblieben.«[34]

Wie aus diesem Bericht hervorgeht, waren daher auch viele Industrie-betriebe alles andere als erfreut über diese neuen, zwangsrekrutierten Arbeitskräfte, die sich durch mangelnden Arbeitseifer auszeichneten und das allgemeine Betriebsklima nur erschwerten.[35] Auch die zur Wehrmacht eingezogenen »Nachrichtenhelferinnen« sahen sich man-cher Unbill ausgesetzt.[36]

Die Schließung von nicht kriegswichtigen Kleinbetrieben und Geschäften erwies sich ebenfalls als Fehlschlag. Sie betraf am empfind-lichsten eine der tragendsten Schichten des Nationalsozialismus, den unteren Mittelstand. In Kreisen, die spätestens seit 1942 in zunehmen-dem Maße Opfer der wirtschaftlichen Rationalisierung geworden wa-ren, schlich sich die Furcht ein, »auf kaltem Wege sozialisiert« zu wer-den.[37] Aus dem Gau Thüringen kam folgende Meldung:

»Trotz der durch die Partei durchgeführten Propaganda, daß die Geschäfts-stillegungen nur Kriegsmaßnahmen sind, dringt immer wieder die Ansicht durch, daß der Mittelstand systematisch ausgerottet werden soll [...] Da die Mittelstandsexistenz über große Bekanntenkreise verfügt, besitzen sie die Mög-lichkeit, mit ihrer betrübten und verärgerten Stimmung in ihrer Existenzangst weitere Bevölkerungskreise anzustecken.«[38]

Der anschwellende Mißmut wurde noch verstärkt durch Uneinheit-lichkeiten und Verschiedenartigkeiten in der Art der Durchführung der Aktion in den verschiedenen Gauen.

In diesem Klima allgemeiner Frustration trieb Goebbels die »Entju-dung der Reichshauptstadt« weiter voran. Am 19. Mai 1943 wurde sein Gau als »judenfrei« gemeldet. Empfand die deutsche Bevölkerung in diesen angstvollen Monaten die »Sündenbockpolitik« des NS-Regimes als Ablenkung und Erleichterung? In seinem Tagebuch notierte der Gauleiter von Berlin, »daß die besseren Kreise, insbesondere die Intel-lektuellen, unsere Judenpolitik nicht verstehen und sich zum Teil auf die Seite der Juden stellen«[39]. Doch nicht nur die Intellektuellen, son-dern auch andere, insbesondere kirchliche Kreise, verurteilten eine Poli-tik, die es erlaubte, »Menschen zu töten, weil sie für lebensunwert gelten, oder einer anderen Rasse angehören«[40]. Und als Goebbels im April 1943, nach Auffindung von Massengräbern in Katyn, in denen Tausende von Leichen polnischer Offiziere gefunden wurden, einen Propagandafeldzug begann, wurden viele Stimmen laut, daß wohl kaum eine Berechtigung bestünde, sich über die Untaten der Sowjets aufzuregen, da »deutscherseits in viel größerem Umfange Polen und Juden beseitigt worden seien«[41].

Stalingrad wurde auch zum Anlaß einer verstärkten antibolschewistischen Propaganda. Jeder Rundfunkvortrag, jede Meldung, jede Rede und jede Wochenparole sollte, laut den Anweisungen von Goebbels, »mit der stereotypen Wendung schließen, daß der Kampf gegen den Bolschewismus unsere große Aufgabe sei«. Dabei verwies er auf Cato und dessen berühmte Forderung nach der Zerstörung Karthagos.[42] Diese neue Propagandawelle sollte nicht nur alle europäischen, sondern auch alle östlichen Völker gegen die Sowjets mobilisieren. Man solle die Unterscheidungen der einzelnen Völker der UdSSR herausstellen und nicht mehr von deutschen Siedlungsansprüchen sprechen. Dies bedeutete praktisch eine Desavouierung der bisherigen Lebensraumpolitik und ihrer brutalen Ausbeutungspraktiken — wovon in Wirklichkeit nicht die Rede war. Wenn nun auf Geheiß des Reichspropagandaministers Richtlinien und Merkblätter an die Wehrmacht und an Betriebe ausgegeben wurden, die eine bessere Behandlung und ein Eingehen auf die Psyche der Arbeiter aus dem Osten forderten, geschah dies nicht nur aufgrund der verschärften militärischen Situation, sondern auch als Reaktion auf im Inland verbreitete Ansichten, daß der Bolschewismus gar nicht so schlimm sei, im Ernstfall nur die Nationalsozialisten aufgehängt würden und im übrigen Briten und Amerikaner die Deutschen vor einer völligen Bolschewisierung retten würden.[43] Eine gegen diese Meinung gestartete Mundpropaganda blieb ohne großen Erfolg. Zwei Berichte des Inlandnachrichtendienstes des Reichssicherheitshauptamtes vom 15. April und vom 26. Juli 1943 lassen hierüber kaum Zweifel aufkommen. Die bereits im Sommer 1942 festgestellten Diskrepanzen zwischen dem suggerierten und dem sich darbietenden Bild des russischen Menschen hatten sich noch verstärkt. Besonders hervorgehoben wurde eine tiefe Religiosität anstelle des angeblichen Atheismus; es handele sich nicht um »Roboter der Arbeit«, sondern um intelligente und technische begabte Menschen; nur wenige seien Analphabeten; familiäre und sittliche Anschauungen sowie große Sauberkeit wurden festgestellt; Prügelstrafen und Zwangsarbeit seien unbekannt.[44] Der zweite Bericht bestätigte diesen Trend. Es werde für die Propaganda immer schwerer, vor allem dem Arbeiter klarzumachen, »daß der Bolschewismus wirklich die Gefahr ist, als die er immer geschildert wird«[45].

Während sich in der Heimat und insbesondere bei der arbeitenden Bevölkerung, vor allem bei denjenigen, die früher der kommunistischen Partei nahegestanden hatten oder noch immer mit ihr verbunden waren, die Furcht vor dem Bolschewismus verringerte, behielt sie all ihre Schrecken für die im Osten kämpfende Truppe. Bei ihr teilten viele Hitlers Aushaltewillen. Es galt, was schon 1918 gegolten hatte: All die Toten konnten doch nicht umsonst gefallen sein. Und noch weniger konnte man sich eingestehen, daß dies für ein verbrecherisches System geschehen war. Im übrigen sorgten Gruppenloyalität und strengste Strafen für die Aufrechterhaltung der Disziplin, während sich im Inland trotz immer schärferer Überwachung die Krise immer weiter ausbreitete. Dies kam auch im Verhältnis zu den Kirchen immer mehr zum Ausdruck. »Es zeigt sich, daß unter der Wucht des Kriegsgeschehens und vor dem Tode, der plötzlich an Tausende von Familien herantritt, alles zerbröckelt, was nur Ideologie ist.«[46] Heinrich Himmler schloß gar auf die »sichtbare und planmäßige Vergiftung der Jugend durch die christliche Erziehung«, und einer seiner Mitarbeiter stellte »ein restloses Versagen der HJ fest. Es fehlt bei den Jungen an Idealismus und am Verständnis für die Größe unserer Zeit und des Einsatzes.«[47] Am 8. Juli brachte der SD dann eine Zusammenfassung der »Meldungen über Auflockerungserscheinungen in der Haltung der Bevölkerung«[48]. Hierzu beigetragen hatte auch der verlorene Feldzug in Nordafrika, für den sich der Begriff »Tunisgrad« einbürgerte. Die Landung der Alliierten in Sizilien, die Absetzung Mussolinis und der Bombenkrieg sorgten für weitere Stimmungseinbrüche. Ende Juli hielt eine Mehrheit

»das Bevorstehen einer Katastrophe nicht mehr für ausgeschlossen. Selbst Parteigenossen, mittlere Beamte, Reserveoffiziere, Kaufleute, in der Mehrzahl aber politisch Indifferente sowie Katholiken glauben insbesondere unter Berücksichtigung der ständig wachsenden Terrorangriffe im Westen und Norden Deutschlands, daß nunmehr die Zeit begonnen habe, in der Deutschland ›Stück für Stück‹ zusammengehauen werde«[49].

Zusammenfassung

Nach dem Fall von Stalingrad setzte eine tiefe Vertrauenskrise ein. Sie äußerte sich in einer wachsenden Kritik an der Partei, ihren Kadern und an der militärischen Führung sowie im Abbröckeln des Führerkults. Bereits bestehende regimefeindliche und negative Haltungen verstärkten sich und erlangten eine neue Qualität. Es kam jedoch nicht zu einer breiten Widerstandsbewegung, da keine echte Alternative zum NS-System existierte und alle Attentatsversuche scheiterten. Somit stellte Stalingrad für die Bevölkerung nur eine psychologische Wende des Krieges dar: für die einen die »Verpflichtung zum letzten Einsatz aller Kräfte«, für die anderen »den Anfang vom Ende«. Wollten die einen ihre Haut so teuer wie möglich verkaufen, versuchten andere, das Leben so gut und so lange wie möglich zu genießen, während die Masse sich an jeden Hoffnungsschimmer klammerte, um dann nach weiteren Niederlagen in Apathie und Resignation zu versinken.

Vom gesellschaftlichen Standpunkt aus ist eine fortschreitende Auflösung der vom NS-Staat angestrebten und nur in seltenen Augenblicken realisierten Volksgemeinschaft festzustellen. Als Klammer der auseinanderfallenden Schichten, Sozialgruppen und Regionen wirkte sich neben massiver Repression die Fortexistenz des Nationalgefühls aus, während der »Führermythos« als Integrations- und Überlebensfaktor nur noch für einen Teil der kämpfenden Truppe und Reste der NS-Bewegung von Bedeutung war. Hitler selbst muß sich der Gefahr bewußt geworden sein, die seinem Regime drohte. Die Ernennung Heinrich Himmlers zum Innenminister am 20. August 1943

»markiert das rigorose Umschalten von der ›inneren Verwaltung‹ auf die ›innere Sicherheit‹, mithin das Eingeständnis, daß sich die Führerherrschaft künftig nicht mehr auf die begeisterte Zustimmung der Massen gründen ließ«[50].

Anmerkungen

[1] Meldungen aus dem Reich. Auswahl aus den geheimen Lageberichten der SS 1939—1944, hrsg. von Heinz Boberach, Neuwied, Berlin 1965, S. 346.
[2] Institut für Zeitgeschichte (IfZ), NL Goebbels Tagebuch ED 172/52, fol. 11.
[3] Deutschland-Berichte der Sozialdemokratischen Partei Deutschlands (Sopade), neu hrsg. von Klaus Behnken, Salzhausen, Frankfurt a. M. 1980, 7 Bde. Siehe auch Marlis G. Steinert, Die Einstellung der deutschen Bevölkerung zum Krieg in den Dreißiger Jahren, in: 1939. An der Schwelle zum Weltkrieg. Die Entfesselung des Zweiten Weltkrieges und das internationale System, hrsg. von Klaus Hildebrand, Jürgen Schmädeke, Klaus Zernack im Auftr. der Histor. Kommission zu Berlin und des Instituts für Zeitgeschichte, Berlin, New York 1990, S. 55—59.
[4] Ebd., 7. Jg., 1940, S. 25.

⁵ Omer Bartov, Von unten betrachtet: Überleben, Zusammenhalt und Brutalität an der Ostfront, in: Zwei Wege nach Moskau. Vom Hitler-Stalin-Pakt
zum »Unternehmen Barbarossa«. Im Auftrag des Militärgeschichtlichen Forschungsamtes hrsg. von Bernd Wegner, München 1991, S. 326—344, hier
S. 331.

⁶ Alexander Stahlberg, Die verdammte Pflicht. Erinnerungen, 1932—1945,
Frankfurt a. M. 1988.

⁷ »Ich will raus aus diesem Wahnsinn«. Deutsche Briefe von der Ostfront
1941—1945. Aus sowjetischen Archiven, Wuppertal 1990, S. 308 f. Vgl. den
Beitrag von Thomas A. Kohut und Jürgen Reulecke in diesem Band.

⁸ Der Begriff stammt aus der Zeit der Jugendbewegungen; siehe Hans Blü-
her, Wandervögel. Geschichte einer Jugendbewegung, 2 Bde, Prien 1919.

⁹ Über die Entwicklung und die Rolle der Kirchen im NS-Staat, siehe Berichte
des SD und der Gestapo über Kirchen und Kirchenvolk in Deutschland,
bearb. von Heinz Boberach, Mainz 1971 (= Veröffentlichungen der Kommission für Zeitgeschichte bei der Katholischen Akademie in Bayern, Reihe A); eine gute Übersicht über die Problematik bietet: Kirchliche Zeitgeschichte (KZG), H. 1, 1988: Der Widerstand von Kirchen und Christen gegen
den Nationalsozialismus.

¹⁰ Oberlandesgerichtspräsident München, 30. 4. 1942, Bundesarchiv Koblenz
(BA), R 22/3379.

¹¹ Generalstaatsanwalt Naumburg, 27. 7. 1942, BA, R 22/3380.

¹² Ausführlich in Marlis G. Steinert, Hitlers Krieg und die Deutschen. Stimmung und Haltung der deutschen Bevölkerung im Zweiten Weltkrieg, Düsseldorf, Wien 1970, S. 306—317.

¹³ Max Domarus, Hitler. Reden und Proklamationen 1932—1945, München
1965, 4 Bde.

¹⁴ Anordnung A 91/42 des Leiters der Partei-Kanzlei, BA, N6/Vorl. 338; siehe auch Steinert, Hitlers Krieg (wie Anm. 12), S. 321.

¹⁵ Jan Kershaw, Der Hitler-Mythos. Volksmeinung und Propaganda im Dritten Reich, Stuttgart 1980, S. 167.

¹⁶ Wollt Ihr den totalen Krieg? Die geheimen Goebbels-Konferenzen 1939—
1943, hrsg. von Willi A. Boelcke, Stuttgart 1967, S. 315 f.

¹⁷ Siehe insbesondere Ludolf Herbst, Der totale Krieg und die Ordnung
der Wirtschaft. Die Kriegswirtschaft im Spannungsfeld von Politik, Ideologie und Propaganda 1939—1945, Stuttgart 1982, und: Das Deutsche Reich
und der Zweite Weltkrieg, Bd V/1, Stuttgart 1988, S. 349—689 (Beitrag
Müller).

¹⁸ Dieter Rebentisch, Führerstaat und Verwaltung im Zweiten Weltkrieg. Verfassungsentwicklung und Verwaltungspolitik 1939—1945, Wiesbaden, Stuttgart 1989, S. 317.

¹⁹ Hans-Adolf Jacobsen, 1939—1945. Der Zweite Weltkrieg in Chronik und
Dokumenten, Darmstadt ⁴1959, S. 373. Vgl. Ralf Georg Reuth, Goebbels,
München, Zürich 1990, S. 512, und bes. den Beitrag von Bernhard R. Kroener
in diesem Band.

²⁰ Marlis Steinert, Hitler, Paris 1991, S. 31, 33 (dt. Ausg. München 1993).

²¹ Partei-Kanzlei II B 4, Auszüge aus Berichten der Gaue u. a. Dienststellen,
Zeitraum 14. 2.—20. 2. 43, BA, NS 6/414.

[22] Kershaw (wie Anm. 15), S. 170f.

[23] Heinz Höhne, Kennwort Direktor. Die Geschichte der Roten Kapelle, Frankfurt a.M. 1970; Michael Balfour, Withstanding Hitler in Germany 1933—1945, London, New York 1988, S. 208—224.

[24] IfZ, NL Goebbels Tagebuch ED 172/48, fol. 19, 20, Eintragung vom 31.12.1942.

[25] Kershaw (wie Anm. 15), S. 173f. Siehe auch die Berichte der Oberlandesgerichtspräsidenten und Generalstaatsanwälte in BA, R 22/3366, R 22/3379, R 22/3355, R 22/3381, R 22/3371, und die Berichte der Regierungspräsidenten von Schwaben und Neuburg, Ober- und Mittelfranken, in: Bayerisches Hauptstaatsarchiv (BHStA), Abt. II, MA 106684, MA 106679, Unterfranken und Aschaffenburg, MA 106681.

[26] Partei-Kanzlei II B 4, Auszüge aus Berichten der Gaue u.a. Dienststellen, Zeitraum 24.1.—30.1.1943, BA, NS 6/414.

[27] Ebd., Zeitraum 21.2.—27.2.1943.

[28] Partei-Kanzlei II B 4, Beitrag 142, BA, Zsg 3/1623; siehe auch Steinert, Hitler (wie Anm. 20), S. 639, Anm. 34.

[29] Erwähnt in: P.I.D. German and Austrian Intelligence, The German Political Scene During the Second World War, I, Control of the Civilian Population, no 8, 6th September 1945, Public Record Office, FO 371/46749 81511.

[30] Klaus-Jürgen Müller, Nationalkonservative Eliten zwischen Kooperation und Widerstand, in: Der Widerstand gegen den Nationalsozialismus. Die deutsche Gesellschaft und der Widerstand gegen Hitler, hrsg. von Jürgen Schmädeke und Peter Steinbach, München 1985, S. 42.

[31] Wie Anm. 29.

[32] Kershaw (wie Anm. 15), S. 174; siehe auch seine Ausführungen über Hitlers charismatische Herrschaft, in: ders., Hitler, London, New York 1991.

[33] Zahlreiche Beispiele in Steinert, Hitlers Krieg (wie Anm. 12), S. 355—361.

[34] Partei-Kanzlei II B 4, Auszüge aus Berichten der Gaue u.a. Dienststellen, Zeitraum 21.3.—27.3.1943, BA, NS/414.

[35] Steinert, Hitlers Krieg (wie Anm. 12), S. 358.

[36] Ebd.; siehe auch Ursula von Gersdorff, Frauen im Kriegsdienst 1914—1945, Stuttgart 1969, S. 60ff.

[37] Bericht der Gauleitung Hamburg, zit. in Partei-Kanzlei II B 4, Auszüge aus Berichten der Gaue u.a. Dienststellen, Zeitraum 11.4.—17.4.1943, BA, NS 6/414.

[38] Ebd., Zeitraum 23.5.—29.5.1943.

[39] Goebbels Tagebücher aus den Jahren 1942 bis 1943, hrsg. von Louis P. Lochner, Zürich 1948, S. 237.

[40] Max Geiger, Der deutsche Kirchenkampf 1933—1945, Zürich 1965, S. 49.

[41] Meldungen aus dem Reich (wie Anm. 1), S. 383. Vgl. auch Monatsbericht des Regierungspräsidenten von Schwaben und Neuburg vom 10.5.1943, in dem es heißt, daß die Katynpropaganda auch »Erörterungen über die Behandlung der Juden in Deutschland und in den Ostgebieten ausgelöst hat«, BHStA, Abt. II, MA 106/684.

[42] Wollt Ihr den totalen Krieg? (wie Anm. 16), S. 336.

[43] Steinert, Hitlers Krieg (wie Anm. 12), S. 376f.

[44] 15.4.1943, Abschnitt III Volkstum, Das Rußlandbild in der Bevölkerung. Auswirkungen des Einsatzes sowjetischer Kriegsgefangener und Ostarbeiter im Reich, BA, R 58/182.

[45] SD-Bericht zu Inlandfragen, 26.7.1943, Einstellung der Bevölkerung zur Propaganda über den Bolschewismus, in: Meldungen aus dem Reich (wie Anm. 1), S. 421 ff.; weitere Beispiele siehe Steinert, Hitlers Krieg (wie Anm. 12), S. 379 f.

[46] Zur Frage des Rückganges der Kirchenaustritte und der Wiedereintritte zahlreicher Volksgenossen in die kirchliche Gemeinschaft, siehe Anlage zu den Meldungen aus dem Reich vom 22.4.1943, BA, R 58/182.

[47] Schreiben an Bormann vom 14.5.1943. Tgb. Nr. 1613/43 mit Anlage, BA, NS 19/398.

[48] Meldungen aus dem Reich (wie Anm. 1), S. 416—420.

[49] Zusammenstellung von Meldungen aus den SD-(Leit)-Abschnitten, durch Kurier am 30.7.1943 an Reichskanzlei gesandt, BA, NS 6/41, fol. 14107.

[50] Rebentisch (wie Anm. 18), S. 500.

154–1954, Abhandl. II: Vorträge. Das Rathenaubad in der Bewälligung... Nachahmungen der Türkise von sterbl... Wegcomputer und Oetzke... Hrsg. Tübingen, N. Rohns.

— Die Herb-... der mineral... ff. (1941). Überlegung der Entwicklung auf Vorgängen ihrer neuen Chemie... h. Maternisierung, Die Sachlage... Jena, Fischer... in werk... langsam sehr... in... ranzösen auflages... 1941.

— (1941): Die Catégorie... der Nenntun... der... Kommunitssmel... werer Nohrs... Die Land aufschritt ein... f. ff. Mit... Miggen versei Alldungen 22 du... Tübingen, Ab. 22, 4, 3 u. 34, 3, 38, 28... Sternen in der sprachen... 24. Cyane Ziele... Heift... Fnist... NSZ... 1976.

— Malheurs der mais se... In... Amer..., ff. ff.

— Mittelaugenatio... 1941... Neuanordnung... 4, 405 ff. ff. ff. Flachflächen des in... Tübingen (1942). Wege des hes mineral... worchen... 4 5... 14... 14... 14... chemischen... fortge... ff. 14 f... Jahr...

Vierter Teil

Die Wirkung von Stalingrad auf die deutschen Verbündeten

Jean Ancel

Stalingrad und Rumänien*

Um dem rumänischen Conducator Ion Antonescu dafür zu danken, daß er im Januar 1942 zugestimmt hatte, für die zweite deutsche Offensive drei Viertel des reorganisierten rumänischen Heeres bereitzustellen, schenkte ihm Hitler einen Mercedes. Ein Jahr später, im Januar 1943, während der deutsch-rumänischen Niederlage bei Stalingrad, belief sich der Preis für die militärische und wirtschaftliche Zusammenarbeit mit dem Deutschen Reich auf »vier Waggons Gold und eine erneute Garantie der rumänischen Grenzen«[1]. Damit sind zwei Meilensteine der militärischen Zusammenarbeit und der ideologischen Nähe zwischen den beiden Regimen, den beiden Heeren und teilweise den beiden Völkern bezeichnet, aber auch des beginnenden Zerfalls dieser Koalition — eines Zerfalls, den der deutsche Partner nicht wahrnahm, nicht einmal während der letzten Tage von Antonescus Herrschaft. Von Anfang an ist hervorzuheben, was eine auf kürzlich freigegebenen rumänischen Quellen beruhende Untersuchung des deutsch-rumänischen Verhältnisses auch bestätigt: Rumänien war kein besetztes, sondern ein verbündetes Land — so begrenzt seine Handlungsfreiheit auch sein mochte. Hitler und das Dritte Reich betrieben gegenüber diesem bis Stalingrad geschätzten und geachteten Verbündeten eine fast zivilisierte Politik; man nahm größtenteils auf seine Interessen Rücksicht und duldete es sogar, wenn er sich deutschen Wünschen widersetzte. Man sollte auch darauf hinweisen, daß die in Rumänien stationierten deutschen Truppen sich anders verhielten als die in Rußland oder Polen, denn es waren keine Besatzungstruppen — ein Umstand, den auch König Michael bemerkte: »In den ganzen vier Jahren, in denen sie in unserem Land waren, haben sich die deutschen Truppem immer korrekt benommen.«[2]

Die Herrschaft des Generals Ion Antonescu hatte am 6. September 1940 begonnen. Im Januar 1941 hatte er die einzige faschistische Partei im damaligen Rumänien, die Eiserne Garde (auch als »Legionäre« bezeichnet), gewaltsam ausgeschaltet. Trotzdem kann man sein Regime ohne weiteres auch als faschistisch, nicht nur als totalitär bezeichnen; denn es verwarf die aus der Französischen Revolution stammenden Ideale der Freiheit und Gleichheit, verehrte den Staat, definierte sich als kategorische Antithese zu Demokratie, Plutokratie und Freimaurertum und betrieb eine militante antimarxistische, antikommunistische und antisemitische Politik.

Antonescu kultivierte beziehungsweise übernahm die Abneigung der Legionäre gegen Demokratie, Parteien, Parlamentarismus, Politiker, Wahlen, Presse- und Redefreiheit, Menschenrechte und sogar gegen die Idee des Bürgers — nur »reinrassige« Rumänen erhielten uneingeschränkte Bürgerrechte. Er hatte klare innen- und außenpolitische Vorstellungen von dem durch ihn geschaffenen neuen rumänischen Staat:

»Ich glaube an den Sieg der Achsenmächte und an die Neue Ordnung [...] Ich bin in der Innenpolitik für einen national-totalitären Staat und für eine Außenpolitik an der Seite der Achsenmächte.«[3]

Obwohl das Regime Antonescu seine Geburt und sein Bestehen der Vorherrschaft des Nationalsozialismus über Europa verdankte, sollten wir nicht vergessen, daß sowohl die ideologischen und politischen Grundlagen als auch das Regierungssystem der sogenannten »Antonescu-Herrschaft« einer einheimischen ideellen Bewegung entstammte, die geistig, sozial und politisch stark in Rumänien verwurzelt war. Diese Elemente sind untrennbar mit der antisemitischen Bewegung in Rumänien verbunden; das Regime Antonescu war größtenteils der ideologische Erbe der Regierung Goga-Cuza von 1937/38 und — in geringerem Maße — der Herrschaft der Legionäre. Das System war nicht nur ideologisch mit dem klassischen Faschismus verwandt; gewisse Charakterzüge des Conducator erinnerten an Hitler, besonders seine Wutausbrüche und die tiefe Überzeugung, er sei von der Vorsehung auserwählt worden, um die Grenzen Rumäniens wiederherzustellen, die innenpolitischen Verhältnisse zu befrieden und ein Ruhmesblatt in der Geschichte des rumänischen Volkes zu schreiben. Ion Antonescu litt jedoch an einer Krankheit, die man als »Malaria« bezeichnete, die aber in Wirklichkeit eine Syphilis war:

»eine Krankheit, die bekanntlich unter rumänischen Kavallerieoffizieren so häufig ist wie in Deutschland der Schnupfen, die aber in ziemlich schwerer Form den Marschall alle paar Monate erfaßt, was sich in schweren Sehstörungen äußert«[4].

König Michael beschrieb die Krankheit des Marschalls taktvoll als

»ein unbekanntes Leiden, das ihm manchmal die wächserne Gesichtsfarbe eines Leichnams verlieh und ihn schwächte und deprimierte. *Mitte 1942 wurde seine Krankheit so ernst, daß man eine zeitlang glaubte, er werde nicht mehr genesen.*«[5]

Seine Wutanfälle und seine unvermittelten Stimmungswechsel waren seiner Umgebung wohlbekannt.

»Während seiner Anfälle wurde sein Größenwahn grenzenlos. Er gestikulierte unbeherrscht und wurde brutal. Er schrie Leute an, warf sie hinaus, demütigte und verspottete seine engsten Mitarbeiter. Sein Arzt begleitete ihn ständig und gab ihm Injektionen [...] Seine Mentalität war die eines Indianerhäuptlings. Er glaubte, man brauche nur Befehle zu erteilen, damit der Staat normal — genau wie ein militärischer Verband — funktioniere.«[6]

Die Entscheidung vom August 1941, nach der Rückeroberung Bessarabiens und Besetzung der »Provinz Transnistrien« (das heißt des Gebiets zwischen Dnestr und Bug) dem Deutschen Reich 15 Divisionen für die Fortführung des Krieges zur Verfügung zu stellen, traf Antonescu allein, ohne irgendjemand zu konsultieren, ohne — wenigstens formal — eine Stellungnahme des rumänischen Generalstabes einzuholen. Sein politischer Berater, Mihai Antonescu, ließ sich später durch den Umstand beeinflussen, daß der Marschall die Truppen ohne eine politische Übereinkunft zwischen den beiden Ländern — lediglich unter der Bedingung, daß auch die Nachbarländer (Ungarn und Bulgarien) einen militärischen Beitrag zum Rußlandfeldzug leisten sollten — entsandt hatte. Im Februar 1942 ließ sich Antonescu, obwohl er an einem totalen Sieg der deutschen Wehrmacht über die Rote Armee bereits zweifelte, abermals von der faszinierenden Persönlichkeit Hitlers und dessen optimistischer Einschätzung verführen, daß die Russen im Sommer 1942 »endgültig vernichtet und den Kampf aufgeben würden«[7]. Antonescu wollte Hitler durch seinen Mut, seine Entschlossenheit, seine Fähigkeit, wichtige militärische Entscheidungen zu treffen, beeindrucken, im Gegensatz zu den korrupten rumänischen Politikern, die dem »Liberalismus« und dem »Freimaurertum« anhingen und »den Juden hörig« waren. So führte Antonescu das rumänische Heer bedingungslos in einen Krieg, der nicht mehr unmittelbar nationalen Interessen diente — allein deshalb, weil er überzeugt war, nur ohne das bis dato in Rumänien übliche »Feilschen« würde er von Hitler die Rückgewinnung von Nordsiebenbürgen (das nach dem Zweiten Wiener Schiedsspruch vom August 1940 an Ungarn abgetreten worden war) oder wenigstens seine Zustimmung zu einer Konfrontation mit Ungarn erlangen. Vor allem wollte Antonescu in den Augen des deutschen Führers ein glühender Patriot sein, ein General, der schwierige Entscheidungen zu treffen vermochte ohne Rücksicht darauf, wieviele Menschenleben sie kosten würden, eine robuste Persönlichkeit, unangreifbar, energisch und ihm ergeben. Dieses Bild sollte sich abheben von den Bildern, die NS-Führer bisher von Rumänien, seinem Volk, seinen Politikern und Generalen hatten — auch von dem Porträt des rumänischen »Volkscharakters«, das Ewald Banse gezeichnet hatte:

»Die Masse [...] lebt ganz bescheiden, ihrer täglichen Kleinarbeit eng verhaftet und ohne Empfinden für nationale Werte und Zusammenhänge [...] diese Masse [ist] national geradezu wertlos [...] Es ist klar, daß ein Staat wie der rumänische, in welchem südländisch-levantinische Interessenwirtschaft keine uneigennützige vaterländische Arbeit aufkommen läßt, den Anforderungen eines modernen Krieges nicht gewachsen ist. Die Heerführung im Weltkriege ging zögernd und unentschlossen vor, war ewig unsicher in ihren Entschlüssen und führte Maßnahmen nie kräftig durch.«[8]

Die Entscheidung Antonescus, den größten Teil des rumänischen Heeres an die Ostfront zu schicken, überraschte den Chef des Generalstabes des Heeres, General Iosif Iacobici. Denn bereits im Oktober 1941 hatte Ion Antonescu die skeptische Auffassung vertreten:

»Leider sei es den Deutschen nicht gelungen, Rußland wie geplant zu erobern. Deshalb ist es unmöglich, einigermaßen genau vorauszusehen, wie die Operationen sich entwickeln werden, wenn sie im Frühjahr wieder aufgenommen werden können.«[9]

Das vorübergehende Fiasko der deutschen Truppen während der russischen Winteroffensive 1941/42 machte auf Antonescu und den rumänischen Generalstab einen tiefen Eindruck. Da das OKW über keine operativen Reserven mehr verfügte, wandte es sich an Antonescu mit der Bitte, so bald wie möglich die in Transnistrien stehenden rumänischen Besatzungstruppen in Marsch zu setzen.

»Der Marschall wies jedoch darauf hin, daß diese Einheiten, ihrem Charakter als Besatzungstruppe entsprechend, keine ausreichenden Kampfmittel besäßen, vor allem fast keine Artillerie.«[10]

Obwohl die Deutschen versprochen hatten, sie mit der notwendigen Ausrüstung zu versorgen, wurden die rumänischen Verbände — vier Divisionen — »so wie sie waren« in den Kampf geworfen. Dem Conducator, dessen »Glaube an die deutsche Führung erschüttert war«[11], entging nicht, daß der Krieg gegen die Sowjetunion die personellen und materiellen Möglichkeiten des Dritten Reiches überstieg und daß eine Situation eintreten konnte, in der das OKW über keine strategische Reserve mehr verfügte. Noch mehr, der Chef des Generalstabes, General Iacobici, erklärte in einem Memorandum für Antonescu vom 8. Januar 1942, er sei gegen die Entsendung rumänischer Truppen an die Ostfront; dabei berief er sich nicht nur auf nationale, sondern auch auf rein militärische Gründe.[12] Er ersuchte den Conducator, falls er seine Zusage modifizieren könne, solle er wenigstens keine Verpflichtung in bezug auf die zweite Angriffswelle (fünf bis sechs Divisionen) eingehen und »keine unbeschränkte Vollmacht von seiten Rumäniens erteilen und sich vorbehalten, den rumänischen Generalstab vorher zu konsultieren«. Iacobici hob auch hervor, Rumänien werde von Ungarn militärisch bedroht und die von den Legionären im Inneren drohende Gefahr könne zu einer Instabilität führen, »welche die Anwesenheit ausreichender Streitkräfte im Land erfordere«[13]. Da sich Antonescu weigerte, den militärischen Beitrag Rumäniens an der Ostfront zu reduzieren, erklärte Iacobici seinen Rücktritt; vorher registrierte er jedoch »die Lawine von Beleidigungen gegenüber dem Generalstab des Heeres« und ihm persönlich; diese Beleidigungen würden eine Mißachtung der Erfolge des Feldzuges von 1941 enthalten, für die man kein Wort des Dankes, nur Kritik geerntet habe, was »eine besondere Ungerechtigkeit« darstelle.[14]

Am 7. August 1942, nach den erfolgreichen Operationen auf der Krim und am Kuban, wollte der neue Chef des Generalstabes, General Ilie Şteflea — ein Mitarbeiter und Freund Ion Antonescus (sofern dieser überhaupt zu einer Freundschaft fähig war), der 1941 den Aufstand der Legionäre niedergeworfen hatte — zurücktreten. Şteflea mußte nämlich feststellen, daß Antonescu am 26. Februar 1942 versprochen hatte, das rumänische Heer an der Ostfront einzusetzen — einen Monat, nachdem er zum Chef des Generalstabes ernannt worden war und versucht hatte, den Conducator zu einer Einschränkung seiner Verpflichtungen gegenüber dem Deutschen Reich zu überreden. Die von Şteflea vorgebrachten Argumente hatten hauptsächlich operativen Charakter: bei der Belagerung von Odessa habe man schwere Verluste erlitten, das Heer müsse sich erholen und von seiten Ungarns drohe Gefahr, »da wir zur Zeit weniger Truppen im Lande haben als die Ungarn«[15]. Şteflea legte einen Feldzugsplan gegen Ungarn vor, der überzeugend nachwies, daß,

»wenn wir weiterhin Truppen aus dem Land an die Front schicken, die Ungarn uns so stark überlegen sein werden, daß wir — falls sie uns angreifen sollten — ganz Siebenbürgen aufgeben und uns in die Karpaten zurückziehen müßten«[16].

Im Vertrauen darauf, daß Hitler bei den Gesprächen im Februar 1942 die Grenzen Rumäniens persönlich garantiert hatte, verwarf Antonescu nicht nur das Gutachten des rumänischen Generalstabes, sondern beschuldigte die militärischen Experten schriftlich, »wie Roboter zu arbeiten« und »dumme, hirnlose« Pläne zu propagieren.[17] Ein enger Mitarbeiter Antonescus, General Radu Rosetti, notierte einen Tag, nachdem Şteflea sein Rücktrittsgesuch eingereicht und er dessen Gründe erfahren hatte, in sein Tagebuch:

»Antonescu, der Mann, von dem wir alle abhängig sind, ist nicht bzw. nicht mehr imstande, sich zu beherrschen; er will auf niemanden hören, außer auf Leute, die zu allem, was er spricht oder plant, Ja und Amen sagen.«[18]

Immer noch von Hitler fasziniert, war Antonescu im wahrsten Sinne des Wortes glücklich, als er hörte, wie der Führer die rumänischen Soldaten und ihre militärische Leistungsfähigkeit lobte, und versicherte ihm eifrig:

»Wir werden das im Osten begonnene Unternehmen gegen den großen Feind der Kultur, Europas und meines Landes: den russischen Bolschewismus konsequent zu Ende führen [...] Deshalb habe ich diese militärische Zusammenarbeit auf einem neuen Territorium an keinerlei Bedingungen geknüpft und brauche darüber nicht zu diskutieren.«[19]

Mihai Antonescu, der die Aufgaben des Ministerpräsidenten wahrnahm, wenn der Marschall krank war oder an der Front weilte, betonte am 28. August 1942 gegenüber General v. Rothkirch und Panthen, im Vertrauen auf das Wort des Führers kämpfe Rumänien »einen Krieg der Ehre«; es verlange und es erhalte keinerlei politische Garantie in bezug auf den Einsatz des rumänischen Heeres jenseits des Dnestr.[20] Nach seinen Schätzungen waren rund 800 000 rumänische Soldaten an den Aktionen auf sowjetischem Gebiet beteiligt — eine Zahl, die aus heutiger Sicht übertrieben erscheint. Die Beharrlichkeit des rumänischen Generalstabes hatte jedoch immerhin einige Wirkung. Ehe der Marschall die rumänischen Kräfte der zweiten Welle entsandte, verlangte er von der deutschen Wehrmacht, die rumänischen Verbände sollten die gleiche Ausstattung wie die deutschen bekommen und mit der Bahn an die Front befördert werden — was von den Deutschen versprochen, aber nie eingehalten wurde.[21]

Die Frage der Ausrüstung des rumänischen Heeres mit modernen deutschen Waffen führte zu ständigen Reibungen zwischen den beiden Verbündeten. Dem rumänischen Heer fehlten vor allem schwere Panzer, Sturmgeschütze, großkalibrige Panzerabwehrkanonen gegen den sowjetischen T 34, Lastwagen, Funkgeräte usw. Im Herbst 1940 hatte Antonescu davon geträumt, ein modernes, mobiles Berufsheer von 15 Divisionen zu schaffen, und zwar mit Hilfe deutscher Lehrtruppen und deutschen Materials. Die Teilnahme Rumäniens am Krieg gegen die Sowjetunion — Antonescu war das einzige Staatsoberhaupt, das Hitler frühzeitig in den »Barbarossa«-Plan eingeweiht hatte[22] — sowie die dabei eingetretenen Verluste machten diesen Plan zunichte und verstärkten die rumänische Abhängigkeit von der deutschen Rüstungsindustrie. »Die Ausrüstung des rumänischen Heeres durch die deutsche Industrie blieb bis 1944 ein offenes und nur teilweise gelöstes Problem.«[23]

Der Hauptgrund für die mangelnde Bereitschaft der Deutschen, das rumänische Heer mit modernen Waffen auszurüsten, war die fortdauernde Spannung zwischen Ungarn und Rumänien (beide mit dem Deutschen Reich verbündet) wegen Nordsiebenbürgen. Um die Wünsche Antonescus in dieser Hinsicht zu erfüllen, hätte man das rumänische Heer stärken und dem Marschall letzten Endes erlauben müssen, dieses Problem mit Waffengewalt zu lösen — ein Vorhaben, das er übrigens Hitler gegenüber nie verhehlte:

»Ziemlich unverhüllt deutete er bei jedem Besuch seine feste Absicht an, sich ganz Siebenbürgens eines Tages mit Waffengewalt wieder zu bemächtigen. Hitler hatte seine geheime Freude an Antonescus Ausbrüchen gegen die Ungarn und ging sogar so weit, Antonescu anzudeuten, daß er ihm vielleicht später einmal freie Hand für seine Eroberungspläne lassen würde.«[24]

Im Sommer 1942 war die Situation an der rumänisch-ungarischen Grenze so gespannt, daß sie zu einem Krieg zwischen den beiden Ländern zu führen drohte. Im Juni 1942 versuchten ungarische Diplomaten, von Hitler eine gewisse Handlungsfreiheit gegen die Rumänen zu erhalten, und die ungarische Presse bezeichnete das rumänische Volk als eine minderwertige Nation von »Zigeunern«, die nicht einmal die Staatsform verdienten, die sie hätten.[25] Unter diesem Aspekt sind die Argumente interessant, auf die sich der ungarische Ministerpräsident in einer Unterredung mit Hitler im Juni 1942 berief:

»Der Chef [d. h. Hitler] erzählte beim Mittagessen, daß ihm der neue ungarische Ministerpräsident Kállay gestern lediglich zwei ›kleine Bitten‹ des Reichsverwesers Horthy übermittelt habe, daß nämlich a) der liebe Gott und b) er, der Chef, ruhig zuschauen möchten, wenn sich die Ungarn mit den Rumänen auseinandersetzten (wegen Siebenbürgen). Für die Ungarn sei diese Auseinandersetzung mit Rumänien ein Kampf mit Asien. Denn für die Ungarn lägen die Grenzen zwischen Asien und Europa dort, wo die orthodoxe Kirche aufhöre; denn nur das Gebiet diesseits dieser Grenze habe an der europäischen kulturellen Entwicklung [...] Anteil gehabt.«[26]

Beunruhigt durch die von Ungarn drohende Gefahr und durch die Tatsache, daß immer weniger Truppen auf rumänischem Territorium verblieben, wies Mihai Antonescu den deutschen Sonderbeauftragten für Wirtschaftsfragen darauf hin, daß nur noch »ein paar Divisionen« im Land stünden, während Ungarn an der rumänischen Grenze Truppen zusammenziehe.[27]

Das Siebenbürgen-Problem war für Berlin ein Mittel, um auf beide Staaten Druck auszuüben, damit diese ihre Zusammenarbeit mit dem Reich verstärkten und neue Truppenkontingente für die Ostfront bereitstellten. Die Frage der Ausrüstung des rumänischen Heeres brachte die rumänische Staatsführung in eine paradoxe Lage und gefährdete das gesamte System des Warenaustausches mit dem Deutschen Reich. Für das (zum Preis von 1939 gelieferte) Öl, Getreide und andere Nahrungsmittel erhielt Rumänien größtenteils Kriegsmaterial zur Ausrüstung seiner Truppen, die an der Ostfront kämpften, um die Vorherrschaft Deutschlands in Europa — vielleicht sogar in der Welt — zu sichern. Diese so teuer bezahlte Ausrüstung ging teilweise zusammen mit einem Teil der rumänischen Truppen verloren; dann wurden neue Verhandlungen, neue Öl- und Getreidelieferungen aus Rumänien notwendig, damit neue Verbände ausgerüstet werden konnten, die den verhängnisvollen Weg nach Rußland antraten — und dies alles nur, um Hitler eventuell so weit zu bringen, daß er den Rumänen die Wiedergewinnung Nordsiebenbürgens garantierte! Antonescu und sein Stellvertreter baten wiederholt in Verbalnoten um Waffen und Ausrüstung. Mihai Antonescu war bekümmert darüber, daß von Mai bis September 1942 »sehr geringe Lieferungen eintrafen«, verbunden mit der Zusage an den rumänischen Generalstab, man werde die rumänischen Truppen »an der Front« ausrüsten[28] — was in Wirklichkeit nicht geschah. Am 22. September teilte Mihai Antonescu dem deutschen Gesandten v. Killinger mit, der rumänische Generalstab habe »die ganze Kriegsausrüstung, die es im Lande gebe«, den Fronttruppen geschickt und Rumänien angesichts des »militärischen Potentials seiner Nachbarn« ungeschützt gelassen, so daß »wir in Czernowitz nicht einmal imstande waren, für die Parade vor dem König eine ordentlich bewaffnete Kompanie bereitzustellen«[29]. Mihai Antonescu machte sich so große und aufrichtige Sorgen, daß er während der Abwesenheit des kranken Marschalls das Kabinett einberief, ihm die diplomatische Lage darlegte und nachwies, daß es »keine Verabredungen gebe, die die Rückgewinnung [von Nordsiebenbürgen] oder die augenblickliche Sicherheit politisch garantierten«[30].

Die militärische Lage Rumäniens war jedoch im Vergleich zu der Ungarns und Bulgariens nicht so schlecht; denn es besaß in der Heimat mehr als drei Divisionen, die Antonescu selbst zurückgehalten hatte. Ohne dessen Befehlen formal den Gehorsam zu verweigern, entschloß sich General Şteflea zusammen mit drei seiner direkten Untergebenen — General Borcescu, dem Chef der für Organisation und Mobilmachung zuständigen I. Abteilung des Generalstabes, Oberst Mardare, seinem Stellvertreter, und Oberst Nestorescu, dem Chef der für Ausrüstung zuständigen IV. Abteilung — in eigener Verantwortung (und offenbar auch mit Unterstützung einiger Oppositionsgruppen), die zur Verteidigung der ungarischen Grenze notwendigen Truppen und möglichst viele Waffen — vor allem Artillerie — auf rumänischem Territorium zu behalten. Die Zahl der an die Front entsandten rumänischen Divisionen blieb die gleiche und stimmte mit den vom Conducator eingegangenen Verpflichtungen überein: General Şteflea reduzierte einfach in jeder Division (etwa 20 000 Mann) die Anzahl der Soldaten: »Wir schickten Divisionen mit nur 6 Bataillonen an die Front und ließen die übrigen 6 zu Hause.«[31] Daß es sich bei den rumänischen Divisionen um leichte Divisionen mit verringerter Kampfkraft handelte, war kein Geheimnis, wurde jedoch von den deutschen Kommandeuren bei Stalingrad außer acht gelassen. Unter dem Vorwand, die Divisionen würden ja an der Front von der deutschen Wehrmacht ausgerüstet, behielt man die Artillerie von sechs Divisionen ebenfalls in Rumänien, ferner die Hälfte der Gebirgsartillerie, den größten Teil der schweren Artillerie sowie eine Artilleriedivision und von jeder an die Front geschickten Divisionen eine Geschützbatterie:

»Wir benutzten den Vorwand, die mit der ersten Welle an die Front entsandten Divisionen besäßen eine unvollständige Ausrüstung; letztere müsse ergänzt werden durch Material, das mit den Divisionen der zweiten Welle geschickt werden würde; auf diese Weise gelang es uns, Divisionen im Land zu halten, welche die zweite Angriffswelle bilden sollten, jedoch das Land nicht verließen.«[32]

So hatte der rumänische Generalstab den Beitrag des rumänischen Heeres zum Kampf um Stalingrad um rund 120 000 Mann reduziert — eine Zahl, die übertrieben erscheinen mag, jedoch der Wirklichkeit ziemlich nahekommt. Marschall Antonescu erfuhr von diesen »Einsparungen« erst im Frühjahr 1943.[33]

Am 15. August 1942 unternahm Şteflea einen letzten Versuch, Ion Antonescu für eine Intervention beim OKW zu gewinnen, damit rumänische Truppen nicht in der Kalmykensteppe eingesetzt wurden — mit der Begründung, die Truppen seien für den Kampf und die Lebensbedingungen in dieser Region nicht angemessen ausgerüstet. Nach Ştefleas Auffassung sollten die rumänischen Truppen nur in die Küstengebiete des Schwarzen Meeres und in den östlichen Kaukasus entsandt werden. Antonescu beschuldigte Şteflea und den gesamten rumänischen Generalstab des Defaitismus (ähnlich hatte er im Januar 1942 gegenüber General Iacobici reagiert) und versah dessen Memorandum mit der Randbemerkung: »Wir werden an jeden Ort gehen, um den Krieg zu gewinnen«[34], denn die Deutschen würden ebenfalls unter schwierigen Bedingungen kämpfen:

»Wäre es ein Zeichen von Kameradschaft, den Deutschen zu erklären, sie sollten bleiben, wo es schlimmer ist, und uns irgendwohin schicken, wo es wärmer ist? Sind die Verfasser dieses Berichtes sich über alle politischen Konsequenzen im klaren, die eine solche Einstellung haben könnte?«[35]

Die rumänischen Generalstäbler waren nicht die einzigen, die sich über das Schicksal der rumänischen Truppen an der Ostfront Sorgen machten. Auch Mihai Antonescu dachte, obwohl er kein Militär war und die militärischen Entscheidungen ausschließlich beim Marschall lagen, über das Schicksal der rumänischen Truppen unter deutschem Oberbefehl ungewöhnlich pessimistisch. Seine Beziehungen zum rumänischen Generalstab waren ziemlich gespannt; nach Stalingrad behauptete er, der Marschall habe ihn über die militärischen Verpflichtungen, die er gegenüber Hitler eingegangen war, vorher nicht informiert und der rumänische Generalstab habe die rumänischen Truppen an den Don und in die Kalmykensteppe »ohne sein Wissen«[36] in Marsch gesetzt, was nicht zutraf. Das Vorgehen der Deutschen und der vom Marschall als »Sack«[37] bezeichnete Frontverlauf beunruhigten offensichtlich jeden — vom Marschall selbst bis zu den Generalen an der Front und den Offizieren, die der Generalstab in sein Feldquartier nach Rostov entsandt hatte — immer stärker. Am 28. August 1942 beklagte sich Mihai Antonescu gegenüber General v. Rothkirch und Panthen, die für die 4. Armee vorgesehene Region südlich von Stalingrad sei eine »der trostlosesten und ärmlichsten, eine regelrechte Sandwüste«[38], die keinerlei Versorgungs- und Lebensmöglichkeiten biete. Die Lage dieser rumänischen Verbände verschlechterte sich Ende September, als sie auch die wenigen zugewiesenen Unterkünfte an die deutsche 4. Luftflotte abtreten mußten, die dort Flugplätze für den Winter bauen sollte.[39] Außerdem begannen die rumänischen Generale, die an der Front standen, Alarmsignale zu geben. Am 10. September berichtete General Petre Dumitrescu, der Oberbefehlshaber der rumänischen 3. Armee, an General Paulus, nach seiner Auffassung werde die sowjetische Armee ihre Anstrengungen auf das Gebiet von Saratov und den Don konzentrieren, »aber der deutsche Oberbefehlshaber ging auf meine Argumente nicht ein«[40]. Begleitet von einem Vertreter des rumänischen Generalstabes, General Arbore, erklärte Dumitrescu dem Oberbefehlshaber der 6. Armee, er sei überrascht, daß die Front nicht am Don verlaufe, »wie man mir sagte«, sondern daß die Front zu zwei Dritteln südlich dieses Flusses liege — ein Umstand, der die rumänische 3. Armee »ungeschützt« einem gegnerischen Angriff aussetzte. Die beiden rumänischen Generale forderten deshalb die Beseitigung des russischen

»Brückenkopfes«. Dieser Vorschlag wurde von General Paulus unterstützt, aber von der Heeresgruppe B unter Generaloberst v. Weichs abgelehnt, nach rumänischen Quellen »weil es an Truppen fehlte, denn alle verfügbaren deutschen Truppen würden bei Stalingrad gebraucht«[41]. Ende September 1942 warnte der rumänische Generalstab den Marschall schriftlich vor den »Gefahren, mit denen wir am Don und in der Kalmykensteppe konfrontiert sind«[42]. Einen Monat zuvor hatte Mihai Antonescu den Gesandten v. Killinger gebeten, Hitler und Ribbentrop »unsere tiefe Besorgnis« über die Lage des rumänischen Heeres zu melden, und um eine Unterredung mit diesen beiden ersucht. Mihai Antonescu erkannte, daß der Beitrag Rumäniens zum Krieg allmählich »unangemessen hoch« würde und »über unsere Leistungsfähigkeit hinausging«, während Rumänien »weder auf politischer noch auf militärischer Ebene« ausreichende Garantien erhielt[43], und selbst das Regime, das auf dem Ansehen des Marschalls und auf ihm selbst, »dem für Außenpolitik verantwortlichen Mann«, beruhe, sei gefährdet!

Am 22. September 1942 sprach Mihai Antonescu — nicht der Marschall — im Führerhauptquartier in Vinnica mit Hitler und Ribbentrop. Bei dieser Gelegenheit äußerte er seine Sorge vor der Gefährdung Rumäniens durch die Entblößung seines Territoriums von Truppen und durch die Fortsetzung des Krieges gegen die Sowjetunion »bis zum letzten Mann«. Er erörterte auch Fragen, die bisher ausschließlich dem (damals offenbar kranken) Marschall vorbehalten waren. Mihai Antonescu trug sogar die — vom Marschall so nachdrücklich abgelehnten — Empfehlungen Ștefleas vor und bat um »die Zusammenziehung der rumänischen Truppen im Don-Gebiet«[44]. Der Zivilist Mihai Antonescu wies auf den Mangel an Lastwagen, Schützenpanzern, Panzerabwehrkanonen und auf die gefährliche Verzettelung der rumänischen Verbände auf der Krim und im Kaukasus hin, »ein Umstand, der die einheitliche Koordinierung unseres Heeres und daher seinen ordnungsgemäßen Einsatz unmöglich macht«. Er fügte hinzu, es sei notwendig, die rumänischen Verbände in Südrußland durch deutsche Verbände zu verstärken:

»Es ist unfair, vom rumänischen Volk zu erwarten, daß es den gefährlichsten Abschnitt der Ostfront verteidigt; diese Aufgabe ist für unsere Soldaten zu schwierig. Ich sagte dem Führer, daß nach meiner Auffassung die Konzentration unserer Verbände in einem einzigen Gebiet, ihre Vorbereitung auf den kommenden Winter zu unserem Schutz beitragen würde, andernfalls riskierten wir den Verlust unserer Armee.«[45]

Nicht nur garantierte Hitler erneut die Grenzen Rumäniens, sondern versprach dem Stellvertreter des Marschalls auch die Verstärkung der rumänischen Verbände durch deutsche Panzer- und motorisierte Divisionen, aber nicht ihre Zusammenziehung in einem einzigen Gebiet; dafür sei es zu spät. Inzwischen wurden den Soldaten der rumänischen 3. Armee »sinnlose und zeitraubende Märsche« zugemutet, denn die den Truppen durch die zuständigen Kommandobehörden erteilten Befehle wurden durch Befehle überlagert, die vom OKW kamen.

Ohne die Deutschen vorher zu informieren, befahl Marschall Antonescu deshalb seiner 3. Armee, sich nicht zu einer Frontlinie auseinanderzuziehen, die ihrer Feuerkraft nicht entspreche.[46] Dadurch wurde die Ablösung der italienischen Verbände nordwestlich von Stalingrad verzögert und eine weitere deutsch-rumänische Verstimmung ausgelöst. Schließlich, am 21. Oktober 1942, wandte sich Marschall Antonescu persönlich an den Chef der Deutschen Heeresmission in Rumänien, General Arthur Hauffe, mit der Bitte, man möge die von ihm genannten Bedingungen hinsichtlich der Teilnahme aller rumänischen Streitkräfte an den Kampfhandlungen respektieren.[47] In seinem militärischen Jargon hielt der Marschall der deutschen militärischen Führung sogar vor, er wünsche nicht, »daß der Ruhm der rumänischen Armee durch falsche Maßnahmen der [deutschen] Führung bloßgestellt wird«. Was die 3. Armee betreffe, so sollte man ihr nicht zumuten, sich an einer langen Front auseinanderzuziehen, weil die »rumänischen Divisionen nicht die gleiche Anzahl von Bataillonen hätten wie die deutschen Divisionen«[48]. Antonescu, der ein guter Stratege war und begriff, daß »Stalingrad sich zu einem zweiten Verdun entwickeln konnte«, übte jedoch nicht nur Kritik, sondern gab auch Ratschläge; so schlug er Hauffe eine Zurücknahme der gesamten Front auf den Donec (das heißt eine Verkürzung der Frontlinie) und die Wiederaufnahme der Offensive im Frühjahr vor. »Aber die Deutschen gingen darauf nicht ein.«[49]

Am 17. November, zwei Tage vor Beginn der sowjetischen Offensive, erreichte die Unruhe der Rumänen ihren Höhepunkt, und Mihai Antonescu wies v. Killinger in Anwesenheit der deutschen Waffenattachés darauf hin, »daß die Russen in dem Raum, in dem unsere Verbände aufgestellt sind, ein gewaltiges Unternehmen vorbereiten«[50]. Überrascht von dieser kategorischen Behauptung des rumänischen Vize-Ministerpräsidenten, fragte General Gerstenberg: »Haben Sie Kenntnis von einer russischen Aktion im Bereich einer rumänischen Armee?« Die Antwort war ein knappes »Ja«[51]. Der unzweideutige Tonfall Mihai Antonescu ließ keinen Zweifel darüber bestehen, daß die rumänische Führung an eine unmittelbar bevorstehende Katastrophe glaubte und daß sie die politische und militärische Führung des Deutschen Reiches ersuchte, »unserem Heer einen aussichtslosen Kampf zu ersparen [...] Denn dies ist alles, was wir besitzen.«[52] Der rumänische Generalstab mißtraute der deutschen Zusage, die rumänischen Verbände auszurüsten und zu versorgen, und befürchtete, die deutsche Führung werde sich um diese zuletzt kümmern; deshalb stellte er 64 Eisenbahnzüge mit Winterausrüstung, Nahrungsmitteln, Munition und Brennstoff bereit. Diese Züge konnten jedoch nicht an die Front fahren, weil die Eisenbahn unter deutscher Kontrolle stand und weil die Deutschen die Prioritäten festlegten. Auch die Situation der rumänischen 4. Armee, die um diese Zeit die Front erreichte, war extrem schwierig:

»Seit ich erfahren habe, daß unsere Soldaten in Erdlöchern liegen, die mit Zeltleinwand abgedeckt sind, kann ich — dies muß ich offen gestehen — nachts nicht mehr schlafen, wenn ich draußen den Wind heulen höre«[53],

sagte Mihai Antonescu.

Der Marschall hatte recht, wenn er am 3. Dezember 1942 — nachdem ihm die fast völlige Vernichtung der 3. Armee gemeldet worden war — erklärte, die Rumänen hätten mehr als einmal gewarnt, seien jedoch nicht beachtet worden; er schob die Schuld ganz auf die deutsche Führung, die »alles so leicht nahm [...], keinerlei Vorsichtsmaßnahmen traf und sowohl unsere Alarmsignale als auch die bekannten Vorbereitungen des Gegners gleichmütig ignorierte«[54]. Die erfahrenen rumänischen Militärs an der Front mißtrauten den Überlegungen, auf denen die operativen Entscheidungen der deutschen Führung basierten — besonders als sich herausstellte, daß jeder Versuch, die Lage zu analysieren, durch eine Intervention des Führers aus Berlin blockiert wurde.

Obwohl er nach einem Anfall von »Malaria« geschwächt war, hatte Marschall Antonescu im Oktober erkannt, daß die Front bei Stalingrad einen »Sack« bildete, in den die Truppen der rumänischen 3. Armee ohne »notwendige Stützung durch andere Truppen« hineingestopft wurden, sobald sie nach anstrengenden Märschen die Front erreicht hatten.[55] Nachdem sein Vorschlag eines vorübergehenden Rückzuges abgelehnt worden war, hatte Antonescu gebeten, wenigstens die Verbände der 4. Armee, die später an der Front eintrafen, unter rumänischem Oberbefehl zu belassen. Er hob hervor, daß zwei der Divisionen, die 19. Infanterie- und die 3. Gebirgsdivision, unter »unvorteilhaften Bedingungen« in den Kampf geworfen worden seien — ein Umstand, der »infolge ihres unvernünftigen und überstürzten Einsatzes, ohne Munition und ohne die notwendige Koordinierung« zu schweren Verlusten geführt habe.[56] Der Marschall protestierte heftig gegen diese sinnlosen Verluste. Trotz seiner Wünsche wurde die rumänische 4. Armee aufgrund einer Entscheidung Hitlers in der Kalmykensteppe unter der deutschen 4. Panzerarmee eingesetzt. Der Standort jeder rumänischen Division wurde in Berlin festgelegt, vom OKW per Fernschreiben an die Deutsche Heeresmission in Rumänien durchgegeben und dann an den Chef des rumänischen Generalstabes übermittelt. So entschied Hitler am 26. Oktober 1942, gegen den Willen der Rumänen, die italienische Division »Celere« solle durch die rumänische 7. Infanteriedivision abgelöst werden. Er machte auch einige vage Zusagen, für die 3. Armee Verstärkungen heranzuführen, »falls die Transportlage es erlaube«[57].

Infolge dieser Entscheidung Hitlers mußte die rumänische 3. Armee ohne die vorher versprochenen vier großen deutschen Verbände, ohne Minen, ohne Panzerabwehrkanonen, ohne Ausrüstung für einen Gegenstoß, ohne Sturmgeschütze und Panzer gegen einen Feind antreten, der am Don über sieben Brücken verfügte. Dabei verlor sie 6000 Mann, die nicht ersetzt werden konnten.[58] Vergeblich wies Șteflea von Rostov aus auf den Ernst der Lage hin. Die Zusage des Führers, die rumänische Panzerdivision (die einzige, die damals an der Front stand) würde durch deutsche Panzer »modernster Bauart« verstärkt werden, blieb unerfüllt, und das Versprechen, nach dem Fall von Stalingrad werde man mehr Angriffswaffen liefern, konnte nie eingelöst werden.[59] Laut Antonescu erhielt die rumänische Panzerdivision unmittelbar vor der sowjetischen Offensive von den Deutschen »22 schwere Panzerkampfwagen und 2 Panzerjägerkompanien«, und die meisten rumänischen Divisionen bekamen für die Panzerabwehr je eine Batterie von sechs schweren, pferdebespannten Panzerabwehrgeschützen.[60] Die von rumänischen Verbänden abgelösten deutschen und italienischen Divisionen verschwanden, »ohne uns wenigstens dies vorher anzuzeigen und ohne mitzuteilen«, wohin sie sich begaben.[61]

Am 19. November verteidigte die rumänische 3. Armee einen 156 Kilometer langen Frontabschnitt; keine der acht in vorderster Linie eingesetzten Divisionen verfügte über ernstzunehmende operative oder örtliche Reserven. Die Zusagen des OKW, eine Reserve von vier deutschen Divisionen bereitzustellen, wurden nicht eingehalten, und auch die Bildung einer Reserve von drei rumänischen Divisionen im Raum Rostov war unmöglich, weil die rumänischen Divisionen sofort nach ihrer Ankunft chaotisch an die Front geworfen wurden.

Die Divisionen der rumänischen 4. Armee standen seit Januar 1942 ununterbrochen an der Front; drei von ihnen waren zu weniger als

50 Prozent einsatzfähig. Die übermäßige Länge des ihnen zugewiesenen Frontabschnitts (17 bis 33 Kilometer pro Division), das Fehlen von »Lebensmitteln, Stellungsbaumaterial, Betriebsstoff, Munition, Unterkunftsmaterial« usw. beeinträchtigten die Einsatzfähigkeit aller Verbände stark. Der Mangel an Heizmitteln schwächte die Soldaten der 4. Armee bereits vor der Offensive »bis zur Erschöpfung«[62] und brachte sie an den Rand des Hungertodes.

Das OKW bemühte sich allerdings, den rumänischen Generalstab im Hinblick auf die Errichtung der Winterfront rechtzeitig über die im Winterfeldzug 1941/42 gewonnenen deutschen Erfahrungen zu instruieren. Diese Instruktionen verboten vor allem, sich — und sei es auch kämpfend — zurückzuziehen:

»Der Soldat wird sich eine Zuflucht, ein Wolfsloch bauen, sich darin wie in einer Festung verschanzen und versuchen, sich ringsum zu decken. Er sollte sich keine Sorgen darüber machen, was rechts oder links von ihm oder hinter ihm vorgeht. Er sollte sich nur um den Kampf gegen den Feind kümmern, egal aus welcher Richtung er angegriffen wird [...] Falls er von seinen Kameraden abgeschnitten wird, sollte er weiterkämpfen, bis Hilfe kommt. Notfalls wird ihm sein Erdloch als Grab dienen.«[63]

Am Abend des 19. November, nachdem die sowjetische Offensive gegen die 3. Armee die 9. und 13. Infanteriedivision sofort zerschlagen sowie die 5., 6., 14. und 15. Infanteriedivision, die noch Widerstand leisteten, teilweise eingekesselt hatte, befand sich Ion Antonescu in seiner Villa in Predeal. Da rief General Şteflea aus Rostov an und erbat für die 3. Armee die Erlaubnis, sich ihrer drohenden Einkreisung entziehen zu dürfen. Der Chef des Generalstabes meldete, eine deutsche Führung »existiere nicht mehr, habe keine Möglichkeit einzugreifen, sei überrascht und überwältigt«[64]. Am gleichen Abend meldete Generaloberst v. Weichs dem OKW eine »absolute Katastrophe«, und der Heeresadjutant Hitlers, Major Engels, notierte:

»Ich selbst trage Führer noch vor, daß Rumänien nur mit tschechischen, franzöz. und ganz wenigen Pz. III und IV alter Bauart bewaffnet seien.«[65]

Da er dem Führer treu ergeben war, verzichtete Antonescu am folgenden Tag darauf, einzugreifen und den Ausbruch der »Gruppe Lascar« anzuordnen. »Ich habe es abgelehnt, einen zusätzlichen Befehl neben dem von der verantwortlichen örtlichen Führungsstelle erteilten zu geben.«[66] Er bat jedoch Hitler, einen Ausbruch zu genehmigen. Da er aber weder den deutschen Zusagen, das Gebiet durch einen Gegenstoß zu entsetzen, noch den Zusagen Hitlers, man werde den Frontabschnitt der 3. Armee wieder stabilisieren, völlig traute, gab er am 22. November

General Lascar, durch General Şteflea, verspätet freie Hand, »alle Streitkräfte rückwärts umzugruppieren«, falls er feststelle, daß die deutsche Führung keine ernsthaften und ausreichenden Gegenmaßnahmen treffe, die Aussicht auf Erfolg hätten.[67] Dies erklärt teilweise die deutschen Vorwürfe, die Truppen der 3. Armee dächten nur an Rückzug.

Die Tragödie der rumänischen Bauernsoldaten der 1., 2. und 18. Division der 4. Armee unter deutschem Oberbefehl, die sich in ihren »Wolfslöchern« eingegraben hatten und am 20./21. November von Hunderten von sowjetischen Panzern überrollt wurden, war unbeschreiblich.

Die Anfangsphasen der Schlacht um Stalingrad waren für die Fachleute des rumänischen Generalstabes ein Beweis dafür, daß die deutschen Generale in gewissen Situationen nicht mehr als Berufssoldaten reagierten, die das Kräfteverhältnis, die tatsächlichen und logistischen Umstände usw. berücksichtigten, sondern nach Prinzipien handelten, die dem Kriegshandwerk zuwiderliefen: die Wünsche des Führers, die Ideologie, die buchstäbliche Ausführung von Befehlen, die aus Berlin kamen — selbst wenn diese vielleicht zur Vernichtung ganzer Verbände führten.

Ein Beispiel für diese Einsicht, die Antonescu und seine Generale erschütterte, bietet die Unterrichtung des Conducator durch General Hauffe am 28. Dezember 1942 über die Schlacht von Stalingrad:

»Antonescu: Ich sehe die Situation im Kaukasus und am Don als besonders kritisch an. Wir laufen Gefahr, alle unsere Streitkräfte zu verlieren.

Gen. Hauffe: Der Führer hat das in seine Überlegungen einbezogen, glaubt jedoch, daß derjenige, dessen Wille stärker ist, siegen wird.

Antonescu: Wenn bereits feststand, daß wir nicht genügend Transportfahrzeuge besitzen, warum war es dann nicht möglich, den Rückzug aller Truppen aus dem Kaukasus und aus Stalingrad anzuordnen, um starke Reserven zu bekommen und eine stabile Front aufzubauen, so daß wir die Schlacht gewinnen können? Das Ziel dieses Krieges ist die Vernichtung der russischen Streitkräfte. Ohne Reserven können wir dieses Ziel nicht erreichen. Eine Front von 1800 km Länge kann an jedem Punkt durchbrochen werden.

Gen. Hauffe: Wir mußten den Kaukasus aus Gründen der Außenpolitik halten.

Antonescu: Ich würde lieber politisch verlieren, aber auf dem Schlachtfeld gewinnen. Das Gegenteil führt zu Katastrophen.«[68]

In den ersten Tagen nach der rumänischen Katastrophe bei Stalingrad gab es in der Waffenbrüderschaft zwischen den Deutschen und den Rumänen eine starke Veränderung, sowohl auf der menschlichen als auch auf der fachlichen Ebene. Seit dem 24. November gingen Meldungen ein über demütigende Behandlung, Entwaffnung und sogar Erschießung rumänischer Offiziere, die man für das Desaster bei Stalingrad verantwortlich machte, durch ihre deutschen Kameraden.[69] Rumänische Soldaten durften für ihren Rückzug weder deutsche noch rumänische Fahrzeuge benutzen, sie wurden aus Lastwagen oder Eisenbahnzügen herausgezerrt, ihre technischen Wartungsdienste wurden von den Deutschen beschlagnahmt usw. Das berührte beim rumänischen Heer wie auch bei Intellektuellen und Politikern in Bukarest eine besonders empfindliche Saite — eine Resonanz auf die deutschen Rassentheorien, die in Rumänien (selbst bei der Eisernen Garde) nie auf allzugroße Begeisterung gestoßen waren. Die Rumänen konnten nämlich nicht die Theorie der rassischen Reinheit propagieren, sondern nur ihre Latinität betonen. Ärgernis erregten auf fachlicher Ebene das ausgesprochene Mißtrauen gegenüber den militärischen Fähigkeiten der Kommandeure der rumänischen 3. Armee und ihre direkte Eingliederung in die Gruppe Hollidt[70] oder der Versuch, die rumänische 4. Armee am 30. November 1942 einem deutschen Armeekorps zu unterstellen, was praktisch ihre Auflösung bedeutet hätte.[71] In bezug auf die 4. Armee vertraten Antonescu und die neuen Kommandeure die Auffassung, daß es ihr »gelang, den Vormarsch des Feindes auf Kotelnikovo zu stoppen«, und daß ohne den von ihr geleisteten Widerstand »die Verbände im Kaukasus verloren gewesen wären«[72]. Der Oberbefehlshaber der 4. Armee, General Constantinescu, berichtete, nachdem er zwei Drittel seiner Armee gerettet hatte, das deutsche Oberkommando drohe seinen Befehlsbereich einzuschränken und die ihm unterstehenden Verbände aufzulösen. Er war überzeugt, Rumäniens »großer Verbündeter« wolle die rumänischen Truppen »demütigen«[73]. Die Deutsche Heeresmission in Rumänien meldete damals der Heeresgruppe Don »eine gewisse deutschfeindliche Haltung der rumänischen Soldaten gegenüber der deutschen Wehrmacht«[74].

Obwohl die meisten Rumänen keine Niederlage der Deutschen an der Ostfront wünschten, wuchs die Unzufriedenheit mit dem Verhalten des Verbündeten bei Stalingrad, und sie nahm während der ersten Jahreshälfte 1943 weiter zu — proportional mit dem Eintreffen von Meldungen über das Ausmaß der Verluste und über die Einstellung der deutschen Soldaten gegenüber ihren rumänischen Kameraden.[75] Marschall Antonescu intervenierte persönlich bei Feldmarschall v. Manstein und bei Hitler durch Memoranden und auch während seiner Unterredungen mit dem Führer im Januar und März 1943; trotzdem waren viele in Deutschland überzeugt, daß für das Scheitern der 6. Armee bei Stalingrad vor allem die Truppen der Verbündeten — und am meisten die rumänischen — verantwortlich seien. Am 8. Februar 1943 verpflichtete Goebbels seine Mitarbeiter,

»sich unter keinen Umständen [an]merken zu lassen, daß ihnen bekannt ist, daß die Aufreißung der Front auf einer Breite von etwa 450 km mit einem Versagen gewisser Bundesgenossen begonnen hat. Über diese Dinge könne überhaupt erst nach dem Krieg gesprochen werden.«[76]

Was Marschall Antonescu betraf, so war die unmittelbare Auswirkung der Niederlage bei Stalingrad ein Nachlassen seiner Faszination durch Hitler sowie ein wachsendes Mißtrauen gegenüber der Fähigkeit der deutschen Wehrmacht, die russische Lawine aufzuhalten, gegenüber den ermutigenden Worten Hitlers und gegenüber den Lageberichten, die ihm bei seinen Gesprächen mit Hitler präsentiert wurden (die Offiziere im Führerhauptquartier benutzten dafür den Ausdruck »Schaulage«[77]). Die wichtigste Veränderung, die nach Stalingrad bei Antonescu und seinen Mitarbeitern eintrat, war jedoch, daß sie die Politik des aktiven militärischen Engagements an der Front anders beurteilten und nicht mehr glaubten, wirtschaftliche Zugeständnisse (Öl, Getreide, Lebensmittel usw.) plus Opfer von Menschenleben würden die militärische Führung Deutschlands veranlassen, Nordsiebenbürgen den Rumänen zurückzugeben. Schon am 9. Dezember hatte Antonescu die deutsche militärische Führung davor gewarnt, die Teilnahme des rumänischen Heeres an der »Vernichtung des Bolschewismus« als »eine Pflicht ohne Einschränkungen«[78] anzusehen. Der Eindruck, die rumänischen Opfer seien vergeblich und die deutsche Führung werde am Ende ignorieren, da sie *zwei* Verbündete zu befriedigen habe, wurde auch durch einen vertraulichen Bericht verstärkt, den der rumänische Gesandte in Berlin, R. Bossy, am 3. Dezember 1942 nach Bukarest schickte:

»Ich glaube, wir sollten keine zu großen Hoffnungen darauf setzen, daß das heutige Deutschland in bezug auf Siebenbürgen eine Entscheidung zu unseren Gunsten teffen wird [...] Nach dem Organisationsplan, den die Führung des Reichs für das Europa von morgen entworfen hat, ist der Platz Rumäniens nicht in Mitteleuropa, sondern im Osten [...] Dies erklärt auch, warum man so massiv darauf besteht, daß wir unsere Truppen an der Ostfront einsetzen. Wir sollen unsere ganze Aufmerksamkeit, alle unsere Bemühungen, alle unsere Interessen dem Osten zuwenden [...] Man lockt uns nach Osten [...].«[79]

Stalingrad hatte der rumänischen Führung klargemacht, wie brüchig die Position Rumäniens als Verbündeter des Großdeutschen Reiches war, und führte infolgedessen zu engeren Beziehungen zwischen dem Regime Antonescu und der Opposition, an deren Spitze Iulius Maniu und Constantin Brătianu standen. In seiner Denkschrift an Hitler vom 11. Januar 1943 wies Antonescu darauf hin, daß

»1. Der Krieg Rumäniens gegen den Bolschewismus und das Slawentum, für die Befreiung der eigenen, durch den ungerechten Sowjetangriff besetzten Gebiete, ein eigener Krieg ist.

2. Rumänien seine eigenen nationalen Fragen und Verantwortungen für die Verteidigung seiner territorialen und politischen Rechte, der Geschichte gegenüber, hat.

3. Die Kriegsbeteiligung im Osten die Königlich Rumänische Regierung verpflichtet, Garantien für die Sicherheit des Landes und für die Sicherstellung seiner Ansprüche und Rechte auf die sich außerhalb der Grenzen befindlichen Rumänen, die einer unwürdigen Behandlung unterworfen sind, zu beanspruchen.«[80]

Die erste praktische Konsequenz, die von der Regierung schon im Dezember 1942 gezogen wurde, war der Wiederaufbau des rumänischen Heeres, jedoch nicht zum Nutzen der deutschen Wehrmacht, sondern als Instrument, mit dem man notfalls rumänische Interessen verteidigen konnte. Dieses Ziel ließ sich nicht durch offene und begeisterte Zusammenarbeit mit Hitlers Deutschland erreichen, sondern nur durch List und Täuschung — eine wohlbekannte Methode in einem kleinen Land, das sich gegen imperialistische Mächte wehren mußte. Der rumänische Botschafter in Lissabon, V. Cădere, hatte bereits im Frühjahr 1942 von einem Vertreter des amerikanischen Außenministeriums den Hinweis erhalten, ein starkes und lebensfähiges Rumänien beruhe »allein auf der Stärke, die Rumänien bis zum Kriegsende erreiche«[81], und darauf, wie es »seine militärische Macht bewahren« werde. Dieser Hinweis wurde jetzt in Bukarest endlich verstanden.

Schon am 18. Januar 1943 betonte Mihai Antonescu im Ministerrat, die oberste Pflicht und Sorge der Regierung sei es, mit deutscher Unterstützung das Heer wiederaufzubauen; notfalls werde Rumänien versuchen, Rüstungsgüter von der Schweiz und anderen Ländern zu erwerben. »Bei Kriegsende sollten wir ein Heer besitzen. Auch angesichts der Gefahren, die uns von allen Seiten drohen, sollten wir ein Heer besitzen.«[82] Der von Mihai Antonescu benutzte Ausdruck »Gefahren von allen Seiten« bezog sich auf die Gefahr von seiten der Legionäre, die nach der Katastrophe von Stalingrad und nach der Flucht Horia Simas aus Deutschland wuchs, auf die permanente ungarische Gefahr, daß deutsche Truppen Rumänien überraschend besetzten, es zu einem deutschen Protektorat machten und in Siebenbürgen für die dort ansässigen Deutschen ein »Donauland« errichteten.

Der Wiederaufbau des rumänischen Heeres begann offiziell im März 1943, als der rumänische Generalstab den Auftrag erhielt,

»die während der Katastrophen am Don und in der Kalmykensteppe zerschlagenen großen Verbände neu zu organisieren und einsatzbereit zu machen«[83].

Stalingrad erzeugte eine Kluft zwischen den rumänischen und den deutschen Kriegszielen; nach Stalingrad wandte sich der Marschall eher nationalen Zielen zu, wobei er teilweise die Theorien der Opposition übernehmen mußte. »Es gibt keine Außenpolitik ohne ein Heer«[84], erklärte Antonescu am 10. März 1943. Die Reorganisation des rumänischen Heeres begann eigentlich schon *während* der Katastrophe von Stalingrad, als General Şteflea und die Vorausabteilung des Generalstabes in Rostov möglichst viele Soldaten der 3. Armee zu retten suchten, indem sie diese sofort nach Rumänien evakuierten; dadurch umgingen sie einen Umbau der rumänischen Verbände an Ort und Stelle und deren unmittelbare Rückkehr an die Front. Die beunruhigenden Meldungen über ärgerliche Zwischenfälle zwischen rumänischen und deutschen Soldaten, die laufend in Rostov eingingen, die Kälte, der Hunger und die militärische Niederlage selbst führten zu einer gewissen Gleichgültigkeit gegenüber dem Ausgang eines Krieges, der für viele Rumänen schon lange nicht mehr der ihre war. General Şteflea entsandte — dies war eine im rumänischen Heer wohlbekannte Methode — Offiziere seines Generalstabes mit dem Auftrag, »alle Kommandeure großer Verbände mündlich und direkt über die bei der erfolgreichen Evakuierung anzuwendenden Methoden zu informieren«. »Ohne Wissen der deutschen Oberbefehlshaber« brachte der rumänische Generalstab alle Frontsoldaten als Kranke oder Verwundete »in Sanitätszügen und in den Güterzügen, die leer von der Front zurückfuhren«, nach Rumänien zurück. Auf diese Weise wurden über 135 000 Mann evakuiert.[85] Am 26. Januar 1943 erreichten die Überreste der rumänischen 4. Armee, die mehr als ein Drittel ihrer Soldaten im Kampf verloren hatte, Kujbyšev (bei Mariupol'). Ihr Oberbefehlshaber, General Constantinescu, schrieb einen bewegenden Brief an Şteflea, um sich dafür zu bedanken, daß er ihn vor dem deutschen Verbündeten geschützt habe, der seine Befehlsgewalt zu untergraben drohte und seine dringenden Bitten um Brennstoff und Munition ignorierte. Er betonte »die Leiden des rumänischen Soldaten, seine einzigartige Loyalität und seinen Heldenmut«[86]. Der Brief enthielt kein freundliches oder lobendes Wort über die Deutschen.

Am 13. März 1943 teilte Antonescu Feldmarschall Keitel mit, die 3. und 4. Armee hätten fast alle Waffen und »fast ihre ganze Kampfkraft« verloren; in Absprache mit der deutschen Führung habe er den Rückzug der Überreste nach Transnistrien angeordnet, um sie dort neu zu organisieren. Da noch acht Divisionen an der Front stünden, wäre es unfair, »zu verkennen, daß wir fest entschlossen sind, den Kampf uneingeschränkt fortzusetzen [...] Ich tue zur Zeit alles, um eine neue Armee aufzustellen.«[87] Die von Antonescu erwähnte neue Armee sollte im Frühjahr 1943 bereit sein, wurde aber tatsächlich viel rascher wiederaufgebaut — jedoch heimlich, ohne Wissen des deutschen Verbündeten, um sie vor dem Fronteinsatz zu bewahren. Der Mangel an wichtiger Ausrüstung blieb gleich: panzerbrechende Waffen, Lastwagen, Funkgeräte, Panzer und Flugzeuge. Aber jetzt richteten sich die rumänischen Hoffnungen auf den Westen, wie Mihai Antonescu feststellte, der meinte, das Hauptziel sei die »Parität mit Ungarn«[88]. Rußland sei für Rumänien ein zu großes Problem; es müsse von den Anglo-Amerikanern gelöst werden.

Über den streng geheimen Wiederaufbau des rumänischen Heeres sagt Şteflea:

»In der IV. Abteilung des rumänischen Generalstabes führten wir in bezug auf die materielle Lage des Heeres immer zwei Statistiken: eine, die den tatsächlichen Stand wiedergab, wurde unter absoluter Geheimhaltung geführt und den deutschen Stellen nie gezeigt; und eine andere, die eine stark reduzierte materielle Lage enthielt, wurde speziell für die deutschen Stellen angefertigt.«[89]

Der Generalstab wollte auf rumänischem Territorium Waffenreserven ansammeln, von denen die Deutschen nichts wußten, und versuchte, an der Front deutsche Munition einzusetzen, um die eigene zu horten. Ferner weigerte er sich, »Truppen an die Front zu schicken, unter dem Vorwand, man habe keine Möglichkeit, sie auszurüsten«. Alle entsprechenden Maßnahmen des Generalstabes erfolgten jetzt mit voller Zustimmung des Marschalls Antonescu, der im September 1943 dem Führer der Nationalliberalen Partei, C. Brătianu, versicherte, er habe das Heer »für alle Fälle« wiederaufgebaut und »einheitlich ausgebildet«. Die Ausrüstung, die Waffen und die Munition für das neue Heer würden in Lagerhäusern aufbewahrt. »Was ich sage, ist in vergleichenden Zahlen und Daten in *geheimen Aufzeichnungen* festgehalten«[90]. Bevor Alexandre Cretzianu im September 1943 als Vertreter der Opposition und der Regierung nach Ankara abreiste, erklärte ihm der Marschall:

»Obwohl ich dies nicht laut sagen darf (sonst könnten mich die Deutschen ersuchen, frische Truppen an die Front zu schicken), darf ich Ihnen anvertrauen, daß wir nach den Mißerfolgen des vergangenen Jahres unser Heer völlig wiederaufgebaut haben und jetzt 24 voll ausgerüstete und einsatzfähige Divisionen besitzen.«[91]

Rumänien konnte die Blutverluste an der Ostfront nicht völlig unterbinden, weil Ion Antonescu unter Größenwahn litt und nicht imstande war, das Wesen und das Ausmaß des Weltkrieges zu begreifen; aber nach Stalingrad gelang es Rumänien, sein Engagement zu reduzieren und sich dem von Goebbels verkündeten »Totalen Krieg« zu entziehen. Im September 1943 bot Mihai Antonescu den Westalliierten »45 Waggons Gold, riesige Mengen Getreide und 1 Million bewaffnete Soldaten«[92] an. Das Gleiche, wenn auch spezifiziert, offerierte der rumänische Generalstab durch seinen Militärattaché in Ankara. »Rumänien sei kein besetztes Land gewesen«[93], und wünsche eine Landung der Anglo-Amerikaner auf der Balkanhalbinsel, um eine Besetzung durch die Sowjets zu verhindern. Dieser Vorschlag blieb wie viele andere unbeantwortet — ein Umstand, der die mißliche Lage Rumäniens unterstreicht.

Die Niederlage bei Stalingrad hatte auf die Außen- und Innenpolitik Rumäniens ernste Rückwirkungen. Sie veränderte den Charakter des Bündnisses mit dem Deutschen Reich und machte aus dem Antonescu-Regime, das sich — in der Hoffnung auf Wiederherstellung der nationalen Grenzen Rumäniens — freiwillig an der militärischen und ideologischen Niederwerfung der Sowjetunion beteiligt hatte, eine Übergangsregierung: Sie wollte Rumänien davor bewahren, daß die Deutschen ihm in einem Wutanfall das gleiche Schicksal bereiteten wie Polen und Jugoslawien, wünschte jedoch nicht, daß Deutschland an der Ostfront eine Niederlage erlitt.

Anmerkungen

* Aus dem Englischen übersetzt von Karl Nicolai.
[1] Radu Rosetti, Pagini indeite din »Jurnal«, in: Gh. Buzatu, Mareşalul Antonescu in faţa istoriei, Bd 1, Bukarest 1990, S. 335.
[2] Lee Arthur Gould, Crown Against Sickle. The Story of King Michael of Rumania, London 1953, S. 86.
[3] Antonescu, Mareşalul Românîei si războaiele de Reîntegrire, hrsg. von Constantin Iosif Drägan, Venetia 1988, S. 212 f. (Dokumentensammlung, Bde 2—4, tatsächlich hrsg. von dem rumänischen Historiker Mihai Pelin; zit. Drägan-Pelin). Zur Eisernen Garde vgl. Arnim Heinen, Die Legion Erzengel Michael in Rumänien. Soziale Bewegung und politische Organisation, München 1986 (= Südosteuropäische Arbeiten, Bd 83).
[4] Vertraulicher Bericht des deutschen Journalisten Dr. Hans Joachim Kausch, 1943, zit. bei Paul Hilberg, Die Vernichtung der europäischen Juden, Berlin 1982, S. 520.
[5] Gould (wie Anm. 2), S. 41 (Hervorhebung durch den Verf.).
[6] Horia Sima, Era Liberţătii. Staţul National Legionar, Madrid 1982, Bd 1, S. 12.
[7] Zusammenfassung der Unterredung zwischen Ion Antonescu und Hitler am 11.2.1942 durch Oberst Radu Davidescu (Chef des Militärkabinetts), in:

Antonescu-Hitler. Corespondenta si intilniri inedite (1940—1944), hrsg. von Vasili Animia, Ion Ardeleanu, Stefan Lache, Bd 1, Bukarest 1991, S. 179. Vgl. auch die deutschen Aufzeichnungen der zwei Unterredungen in: Akten zur deutschen auswärtigen Politik 1918—1945 (ADAP). Aus dem Archiv des Deutschen Auswärtigen Amtes. Serie E: 1941—1945, 8 Bde, Göttingen 1969—1979, Bd 1, S. 443—456.

[8] Ewald Banse, Raum und Volk im Weltkriege, München, Berlin 1932, S. 310. Eine Übersetzung der in diesem Buch enthaltenen Hauptthesen über die Rumänen wurde Ion Antonescu im September 1941 überreicht. Vgl. Documents concerning the fate of Romanian Jewry during the Holocaust, ed. by Jean Ancel, Jerusalem 1986, Bd 9, Dok. 49, S. 102.

[9] US-Botschafter in Bukarest an Washington über Ion Antonescus Auffassungen vom Krieg gegen die Sowjetunion, 15.11.1941, in: Ancel, Documents (wie Anm. 8), Bd 3, Dok. 235, S. 390f.

[10] Ion Gheorghe, Rumäniens Weg zum Satellitenstaat, Heidelberg 1952, S. 204.

[11] Ebd.

[12] Memorandum des Generals I. Iacobici für Marschall Antonescu, 8.1.1942, in: Ancel, Documents (wie Anm. 8), Bd 9, Dok. 114, S. 320—324.

[13] Ebd., S. 321, 323.

[14] Memorandum des Generals I. Iacobici für I. Antonescu über die Gründe seines Rücktritts, 16.1.1942, in: Archiv des Außenministeriums, Bukarest, 71/Deutschland, Bd 129.

[15] Memorandum Nr. 1 des Generals Ilie Şteflea, 15.3.1945, in: Archiv des Verteidigungsministeriums, Bukarest, Aktenbündel 309. Obwohl dieses Memorandum den General von den Vorwürfen, die das kommunistische Regime gegen ihn erhoben hatte, entlasten sollte, enthält es Tatsachen, die auch durch Ion Antonescu bestätigt werden. Abgedruckt und analysiert bei Drăgan-Pelin (wie Anm. 3), Bd 4, S. 445f. (zit. Şteflea-Memorandum).

[16] Ebd., S. 446.

[17] Ebd.; vgl. auch Anhang Nr. 2 zum Şteflea-Memorandum (wie Anm. 15; bei Drăgan-Pelin nicht abgedruckt). Am 14.7.1942 wurde General Şteflea dem Kriegsminister unterstellt, weil er mit dem Generalstab »einen Staat im Staate aufgebaut« habe.

[18] Rosetti (wie Anm. 1), S. 334.

[19] Schreiben vom 31.7.1942, in: Antonescu-Hitler (wie Anm. 7), Bd 1, Dok. 22, S. 118.

[20] Aufzeichnung dieser Unterredung in: Ancel, Documents (wie Anm. 8), Bd 9, Dok. 162, S. 424.

[21] Ion Antonescu an Feldmarschall Erich v. Manstein, 9.12.1942, in: Drăgan-Pelin (wie Anm. 3), Bd 3, Dok. 132, S. 317f.; auch abgedruckt bei Manfred Kehrig, Stalingrad. Analyse und Dokumentation einer Schlacht, Stuttgart 1975, Dok. 29, S. 588—594.

[22] Am 14.1.1941. Vgl. Jean Ancel, The Jassy Syndrome I, in: Romanian Jewish Studies, 1 (Jerusalem 1987), S. 38.

[23] Platon Chirnoagă, Istoria Politică si Militară a Răsboiului României contra Rusiei Sovietice, Madrid ²1986, S. 133.

[24] Paul Schmidt, Statist auf diplomatischer Bühne 1923—1945. Erlebnisse des Chefdolmetschers im Auswärtigen Amt mit den Staatsmännern Europas, Bonn 1949, S. 549.

[25] Ion Al. Brătescu-Voineşti, Scrisoare deschisă domnului conte Gabor Kennedy, in: Porunca Vremii, 6.3.1943.

[26] Hitlers Tischgespräche im Führerhauptquartier 1941—42, hrsg. von Henry Picker, Stuttgart 1963, S. 390.

[27] Aufzeichnung über eine Unterredung zwischen M. Antonescu und Hermann Neubacher, 29.7.1942, in: Ancel, Documents (wie Anm. 8), Bd 9, Dok. 151, S. 419.

[28] Aufzeichnung über eine Unterredung M. Antonescus mit Hitler und Ribbentrop im Führerhauptquartier bei Vinnica, 23.9.1942, ebd., Dok. 176, S. 446ff. Vgl. die deutsche Aufzeichnung dieser Unterredung in: Staatsmänner und Diplomaten bei Hitler. Vertrauliche Aufzeichnungen über Unterredungen mit Vertretern des Auslandes 1939—1941, hrsg. von Andreas Hillgruber, 2 Bde, Frankfurt a.M. 1967, Bd 2, Dok. 13, S. 106—110.

[29] Aufzeichnung über ein Gespräch zwischen M. Antonescu und dem deutschen Gesandten, Manfred v. Killinger, 17.11.1942, in: Ancel, Documents (wie Anm. 8), Bd 9, Dok. 183, S. 482.

[30] Erklärung M. Antonescus vor dem Ministerrat über seine Gespräche im FHQ, 18.1.1943, in: Antonescu-Hitler (wie Anm. 7), Bd 2, Dok. 53, S. 22f.

[31] Şteflea-Memorandum (wie Anm. 15), S. 447.

[32] Ebd.

[33] Ebd.

[34] Ebd., Anhang Nr. 3, Militärkabinett des Conducator an den Generalstab, 19.8.1942.

[35] Ebd.

[36] Ebd., Anhang Nr. 6, Chef des Generalstabes an Marschall Antonescu, 23.4.1944.

[37] Rosetti (wie Anm. 1).

[38] Ancel, Documents (wie Anm. 20), S. 428.

[39] Die Deutsche Heeresmission in Rumänien an den rumänischen Generalstab, 28.9.1942, in: Drägan-Pelin (wie Anm. 3), Bd 3, Dok. 91, S. 273f.

[40] Aufzeichnung Dumitrescus für Marschall Antonescu, ebd., Dok. 90, S. 272.

[41] Ebd.

[42] Şteflea-Memorandum (wie Anm. 15), Anhang Nr. 6, Chef des Generalstabes an Marschall Antonescu, 23.4.1944.

[43] Vgl. Anm. 30.

[44] Vgl. Anm. 28, S. 446.

[45] Ebd., S. 457.

[46] General Ilie Şteflea an die Deutsche Heeresmission, 20.10.1942, in: Drägan-Pelin (wie Anm. 3), Bd 3, Dok. 95, S. 277.

[47] Ebd., Dok. 99, S. 280.

[48] Ebd., S. 281.

[49] Vgl. Anm. 1.

[50] Aufzeichnung über die Unterredung mit Killinger, General Gerstenberg und Oberst Spalcke über die Lage des rumänischen Frontheeres, in: Ancel, Documents (wie Anm. 8), Bd 9, Dok. 183, S. 478. Vgl. Killingers Telegramm Nr. 5780 vom 18.11.1942, in: Politisches Archiv Bonn (PA), StS Rumänien, Bd 11.

[51] Ebd., S. 483.

[52] Ebd., S. 479f.

53 Ebd., S. 484.
54 Telegramm des Marschalls Antonescu an General Şteflea, 3.12.1942, in: Drägan-Pelin (wie Anm. 3), Bd 3, S. 300.
55 Vgl. Anm. 1.
56 Marschall Antonescu an General Hauffe, 21.10.1942, in: Drägan-Pelin (wie Anm. 3), Bd 3, Dok. 99, S. 280.
57 Denkschrift der Deutschen Heeresmission für General Şteflea, 17.10.1942, ebd., Dok. 94, S. 276. Vgl. das deutsche Protokoll in: Bundesarchiv-Militärarchiv Freiburg (BA-MA), RH 31—I/97.
58 Operatives Memorandum Nr. 16 von Oberstleutnant Zoeller (DHM), 26.10.1942, in: Drägan-Pelin (wie Anm. 3), Bd 3, Dok. 105, S. 286.
59 General Şteflea an General Hauffe, 30.10.1942, in: Drägan-Perlin (wie Anm. 3), Bd 3, Dok. 95, S. 277.
60 Antonescu an Manstein, 9.12.1942. Vgl. Anm. 21.
61 Ebd., S. 318.
62 Ebd.
63 Drägan-Pelin (wie Anm. 3), Bd 3, S. 285. Vgl. Zeitzlers Befehl vom 23.10. 1942, in: Kehrig, Stalingrad (wie Anm. 21), Dok. 2, S. 552f.
64 Drägan-Pelin (wie Anm. 3), Bd 3, S. 287.
65 Heeresadjutant bei Hitler 1938—1943. Aufzeichnungen des Majors Engel, hrsg. von Hildegard v. Kotze, Stuttgart 1974, S. 137.
66 Telegramm von Marschall Antonescu an Hitler über den Rumänischen Militärattaché in Berlin, Ion Gheorghe, 22.11.1942, in: Drägan-Pelin (wie Anm. 3), Dok. 113, S. 293. Auch abgedruckt bei: Kehrig, Stalingrad (wie Anm. 21), Dok. 7, S. 560.
67 Antonescu-Hitler (wie Anm. 7), Bd 1, S. 193f.
68 Drägan-Pelin (wie Anm. 3), Bd 3, Dok. 137, S. 330. Vgl. Hauffes Aufzeichnung, BA-MA, RH 31—I/75.
69 Vgl. Anm. 21; Der Generalstab über die Behandlung der rumänischen Soldaten an der Front, 10.12.1042, ebd., Dok. 134, S. 335; General Şteflea an Feldmarschall Manstein, 5.12.1942, in: 23. August. Documente, 1939—1943, Bd 1, Bukarest 1984, Dok. 343, S. 468f.
70 Denkschrift des Generals Hollidt für das II. rumänische Armeekorps, 3.12.1942, in: Drägan-Pelin (wie Anm. 3), Bd 3, Dok. 118, S. 298f.
71 General Ilie Şteflea an die Deutsche Heeresmission, 30.11.1942, ebd., Dok. 117, S. 298.
72 Ebd., S. 407.
73 Şteflea-Memorandum (wie Anm. 15), Anhang Nr. 4, General Constantinescu an General Şteflea, 26.1.1943.
74 Am 8.2.1943. Vgl. 23. August (wie Anm. 69), Dok. 359, S. 491, sowie BA-MA, 38996/2.
75 Vgl. Kehrig, Stalingrad (wie Anm. 21), S. 458.
76 Wollt Ihr den totalen Krieg? Die geheimen Goebbels-Konferenzen 1939—1943, hrsg. von Willi A. Boelcke, Frankfurt a.M. 1971, S. 439.
77 Schmidt (wie Anm. 24), S. 549.
78 Kehrig, Stalingrad (wie Anm. 21), S. 588.
79 Ancel, Documents (wie Anm. 8), Bd 9, Dok. 186, S. 493.
80 Memorandum des Marschalls Antonescu für Hitler, 11.1.1943, in: Anto-

nescu-Hitler (wie Anm. 7), Bd 2, Dok. 52, S. 3, und in: PA, StS Rumänien, Bd 12.

81 Cädere an M. Antonescu, 22.6.1942, in: Archiv des Außenministeriums, Bukarest, 71/1939, 19.VI.bibl 130.

82 Antonescu-Hitler (wie Anm. 7), Bd 2, Dok. 53, S. 56.

83 Şteflea-Memorandum (wie Anm. 15), Anhang Nr. 6, Şteflea an I. Antonescu, 23.4.1944.

84 Drägan-Pelin (wie Anm. 3), Bd 3, S. 470.

85 Şteflea-Memorandum (wie Anm. 15), S. 449.

86 Ebd., S. 464 (26.1.1943).

87 Ancel, Documents (wie Anm. 8), Bd 9, Dok. 203, S. 554f.

88 Stenographische Mitschrift der Unterredungen zwischen M. Antonescu, Clodius und anderen Vertretern Deutschlands, 15.7.1943, ebd., Dok. 216, S. 580. Vgl. Jürgen Förster, Stalingrad. Risse im Bündnis 1942/43, Freiburg 1975, S. 109.

89 Şteflea-Memorandum (wie Anm. 15), S. 454.

90 Drägan-Pelin (wie Anm. 3), Bd 2, Dok. 33, S. 359. (Hervorhebung durch den Verf.)

91 Alexandre Cretzianu, The Lost Opportunity, London 1957, S. 94.

92 A. Simion, Preliminarii politico-diplomatice ale Insurrecţiei Române din August 1944, Cluj-Napoca 1979, S. 337f., Anm. 30.

93 Telegramm des britischen Botschafters in Ankara an das Foreign Office, 30.9.1943, in: Drägan-Pelin (wie Anm. 3), Bd 4, Dok. 85, S. 194f.

Josef Borus

Stalingrads Widerhall und Wirkung in Ungarn

Am 20. November 1942 hielt der langjährige ungarische Militärattaché in der Sowjetunion, Generalmajor Dr. juris László Deseő, im Offizierkasino Budapest einen Vortrag mit dem Titel: »Die russische Überraschung«. Man kann mit Sicherheit annehmen, daß an diesem Tag vom sowjetischen Großangriff bei Stalingrad noch niemand in Ungarn etwas ahnte. Aus dem interessanten Vortrag Deseős, eines Kenners der Verhältnisse in der Sowjetunion und der Roten Armee, möchte ich hier nur einen einzigen Satz zitieren: »Die Verteidigung von Leningrad, besonders aber von Stalingrad erregt durchaus Bewunderung und Anerkennung.« Als er vier Monate später, in der Märznummer der renommierten Monatszeitschrift für das Offizierskorps der ungarischen Honvédarmee, Magyar Katonai Szemle, gedruckt vorlag[1], war alles vorbei. Im großen Donbogen wurden nacheinander zwei rumänische, eine italienische Armee und die ungarische 2. Armee sowie in Stalingrad die deutsche 6. Armee vernichtet. Generalmajor Deseő geriet als Artilleriekommandeur des III. Korps mit seinem Kommandierenden General, Marcel Graf Stomm, am 2. Februar 1943 in sowjetische Gefangenschaft, die er nicht überlebte.[2]

Bei der heutigen Betrachtung dieser bedeutenden Ereignisse dürfen wir nicht außer acht lassen, daß auf der Seite Deutschlands und seiner Verbündeten die wirkliche Tragweite damals nicht einmal von den Politikern und Militärs erkannt wurde. Sie gaben zwar — auch öffentlich — zu, daß die zweite große sowjetische Winteroffensive noch erfolgreicher war als die vor Moskau, aber das ganze Ausmaß der eigenen Schlappe wie auch die Größe des sowjetischen Erfolges wurden heruntergespielt. Dieses Bemühen wurde durch die Zensur erleichtert. Es war nicht einmal erlaubt, zur Charakterisierung der Geschehnisse die richtige Bezeichnung Katastrophe zu verwenden.

Was die Orientierung der ungarischen Bevölkerung durch gedruckte Informationsmittel betrifft, so muß vorausgeschickt werden, daß es bis zur deutschen Besetzung am 19. März 1944 eine ziemlich breite Skala von Tageszeitungen gab, darunter mehrere oppositionelle. Letztere erreichten allerdings zusammen nicht einmal eine Auflage von 100 000 Exemplaren, was ihre Wirkung stark begrenzte. Und natürlich war es sehr wichtig, wer die Kriegsereignisse kommentierte. Hier zwei Beispiele:

Eine oppositionelle Zeitung war die Magyar Nemzet, die zu dieser Zeit eine Auflage von 46 000 hatte. Der militärische Kommentator in dieser Zeitung war normalerweise Jenő Tombor, ein gebildeter und fähiger Generalstabsoffizier, der während der ungarischen Räterepublik 1919 die Operationsabteilung geleitet hatte. Wegen dieser Tätigkeit wurde er frühzeitig als Oberstleutnant pensioniert. Tombor ließ sich zum Pharmazeuten ausbilden und betätigte sich als Militärschriftsteller.[3] Seine Kommentare in der Magyar Nemzet mußten natürlich innerhalb des von der Zensur gesetzten Rahmens bleiben.

Für unser Thema ist die Zeitschrift Magyar Szemle wichtiger. Sie war im Herbst 1927 von dem damaligen Ministerpräsidenten István Graf Bethlen gegründet worden, »um Richtungen für jene einige tausend Leute zu geben, die bei uns Hüter einer höheren nationalen Bildung sind«[4]. Langjähriger Redakteur war der bedeutende Historiker Prof. Gyula Szekfü gewesen. Magyar Szemle brachte in jeder Nummer eine »Außenpolitische Rundschau«, die 1942/43 meistens von einem jungen Journalisten, Lajos Gogolák, verfaßt wurde. In seinen monatlichen Rundschauen ließ sich Gogolák — der kein Militärschriftsteller war — auch über die militärische Lage aus. Im Januar 1943 gab er zu, daß der »kraftvoll geplante« russische Angriff zwar an einigen Stellen in die deutschen Stellungen eindringen konnte, aber die Linien überall begradigt wurden.[5] In der Februarnummer ging er davon aus, daß in Stalingrad nur noch einige Fabriken und Stadtviertel Widerstand leisteten. Er schrieb, daß als Ergebnis der aus zwei Richtungen begonnenen russischen Offensive ein Kessel entstanden sei, der auch Stalingrad umfasse. Das Endziel der russischen Angriffe sei die Zurückgewinnung von Rostov und des Küstenlandes des Schwarzen Meeres.[6]

Noch detaillierter wurde Gogolák im März, als er darlegte, daß die Eroberung Stalingrads Anfang Februar von der Sowjetunion als großer Erfolg gefeiert werde.

»Deutschland dagegen verordnete aus diesem Anlaß zusammen mit der Regierung des Poglavnik, weil unter den Mauern Stalingrads auch kroatische Trupps kämpften, Trauertage.«

Die 6. Armee hätte in unzweifelbar großem Kampf bedeutende Sowjetkräfte aufgehalten. Der Rückzug sowie die Loslösung vom Feind und die Abwehr würden planmäßig geschehen, »der Sowjet außerordentliche Niederlagen und Verluste erleiden, und der Kampf würde sich nicht so entwickeln, wie es der Sowjet gerne hätte«[7].

Etwas anders war der Ton von Ferenc Julier in seinen ausführlichen militärischen Analysen. Julier, 1919 Oberst i. G. und Chef des Stabes des III. Armeekorps und später Chef des Generalstabes, hatte, wie er selbst zugab, »mit konterrevolutionärem Geist« an der Spitze der ungarischen Roten Armee gestanden.[8] In der Januarnummer der gleichen Zeitschrift beurteilte er die Lage noch so, daß »die sowjetischen Angriffe nur stellenweise ein bißchen Raumgewinn mit sich brachten, nachher aber der Kampf zu einer großangelegten Materialschlacht abflachte, ähnlich denen, die die Streitkräfte der Entente und der Deutschen 1915—1917 an der Westfront miteinander gefochten« hätten.[9]

In dieser Beurteilung von Julier traf der Hinweis auf die Bedeutung des Materials zu, von einer »Verflachung« an der Ostfront aber konnte keine Rede sein, wie es sich eben in diesen Wochen herausstellte. Das mußte auch Julier erkennen, wie ein Artikel in der Aprilnummer der Magyar Szemle mit dem Titel: »Die sowjetische Offensive« von ihm beweist. Er mußte zugeben, daß die von der Propaganda immer wieder verkündete Behauptung, wonach die Sowjetarmee infolge der enormen Menschen- und Gebietsverluste zu keiner gefährlichen Angriffsoperation mehr fähig sei, falsch war. Niemand hätte der Roten Armee eine großangelegte Winteroffensive zugetraut. »Besonders war nicht anzunehmen, daß die Sowjets außerordentliche Waffenerfolge erzielten. Eben das war eingetreten.« Der Gegner sei unterschätzt worden, besonders die revolutionäre Entschlossenheit, Tatkraft und Organisationsfähigkeit der Sowjetführer, obwohl es Anzeichen gegeben hätte, daß die Sowjetfront aus den vergangenen großen Kämpfen viel gelernt hätte. Im letzten Sommer habe sich die Rote Armee planmäßig hinter den Don zurückgezogen, sei einer entscheidenden Schlacht ausgewichen und habe so ihre Kampffähigkeit erhalten.

In diesem Aufsatz beschäftigt sich Julier auch ausführlich mit den Menschenreserven der Sowjetunion, die 20 Millionen ausgebildete Soldaten umfaßte. Über die Kriegsindustrie standen ihm keine konkreten Angaben zur Verfügung. So erwähnt Julier nur, daß die Sowjetunion schon mehrere Jahre vor dem Krieg hinter dem Ural ein großes Industriegebiet aufgebaut habe. Wie die Kriegsereignisse bewiesen, habe der Verlust des Donec-Gebietes die Leistungsfähigkeit der sowjetischen Rüstung nicht spürbar beeinträchtigt.

Die strategische Lage des deutschen Südflügels sei ungünstig gewesen, »was den sowjetischen Streitkräften Gelegenheit zur Einkreisungsoperationen bzw. zur Einschließung und Vernichtung der 6. Armee im Raum Stalingrad« gegeben habe. Julier fuhr fort:

»Die ganze Welt wurde überrascht, daß die Sowjetarmee nach den großen Verlusten an Menschen, Material und Raum im Sommer und Herbst 1941 sowie zwischen Frühjahr und Herbst 1942 zu so einer gewaltigen Angriffsoperation fähig war, und sowohl die obere Führung als auch die Truppe so viel lernen konnte. In diesem Winter hat die Sowjetarmee größere Erfolge erzielt als die zaristische Armee während der für sie glücklichsten Sommeroperationen 1916.«

Am Ende seiner Ausführungen stellt Julier fest: »Jedenfalls hat der Winterfeldzug den Zeitpunkt des Endes des Kampfes verlängert.«[10]

Für den deutschen Leser ist es vielleicht überraschend, wie offen und real die Ereignisse des deutschen Winterfeldzuges 1942/43 in Ungarn enthüllt wurden. Eine ähnliche Offenheit läßt sich auch in der schon erwähnten Magyar Katonai Szemle finden. Diese Militärische Rundschau brachte — ähnlich wie die Magyar Szemle — monatlich eine »Außenpolitische Zusammenfassung«, allerdings ohne den Verfasser zu nennen. Diese waren kürzer als die von Gogolák, gaben also in militärischer Hinsicht noch weniger her. In der Januarnummer der Magyar Katonai Szemle steht über die Lage an der Ostfront nur ein einziger Satz: »In den Ebenen von Rußland haben die Gegenangriffe der Achse die bolschewistischen Massenangriffe abgebremst und abgewehrt.«[11] In den folgenden Monaten wurde über die Lage an der Ostfront praktisch nichts mitgeteilt. Dagegen erschien in der Februarnummer ein »zusammenfassendes Lagebild der Kriegsereignisse Mitte Januar 1943«[12]. Schon die Einleitung ist beachtenswert:

»Die angelsächsische Landung Anfang November 1942 in Nordafrika, Rommels Rückzug aus Ägypten nach Libyen und der Angriff der Sowjets teilweise im Raum von Stalingrad, teilweise von Toropez — fand in der ungarischen öffentlichen Meinung einen erstaunlich starken Widerhall.«

Nach diesen offenen Worten versucht aber der Verfasser zu beweisen, daß »die Zweifel am Sieg der Achse« »ungerechtfertigt« seien. Das wahrscheinliche Ziel des sowjetischen Angriffes sei mit dem Erreichen von Rostov und der Küste des Azovschen Meeres der Entsatz von Stalingrad sowie die Sicherung der Volgaschiffahrt und des Kaukasischen Ölgebietes, schließlich das Abschneiden des Rückzuges der zwischen Don und Kaukasus sich befindlichen Achsenkräfte und ihre Vernichtung. Trotz dieser realen Lagebeurteilung endet der Aufsatz optimistisch. Unter dem Zwischentitel: »Aussichten für die Zukunft« kann man folgendes lesen:

»Die Kraft der sowjetischen Angriffe wird in Bälde gebrochen. Dann werden die deutschen Kräfte einen entscheidungssuchenden Gegenangriff in Richtung Osten vornehmen.«

Noch offener war eine Kurznachricht in der Märznummer der Magyar Katonai Szemle:

»*Den Generalobersten Paulus*, den Oberbefehlshaber der in Stalingrad nach bewunderungswürdigen, heldenhaften, selbstaufopfernden, hoffnungslosen Kämpfen vernichteten 6. deutschen Armee, der vorher auch selbst schwer verwundet wurde, ernannte der Führer zum *Generalfeldmarschall*.«[13]

Es ist vielleicht überflüssig zu erwähnen, aber alle Aufsätze, Mitteilungen und so weiter in der Magyar Szemle oder Magyar Katonai Szemle erschienen natürlich mit Kenntnis, ja mit Billigung der zuständigen politischen beziehungsweise militärischen Stellen. Das soll aber nicht heißen, daß in diesen Zeitschriften irgendwelche antideutschen Kräfte tätig gewesen wären. Gleichzeitig ist es eine Tatsache, daß weder der Kreis um István Gaf Bethlen noch der Generalstabschef der ungarischen Honvédarmee, Generaloberst Ferenc Szombathelyi[14], vorbehaltlos prodeutsch eingestellt waren.

Welche Lagebeurteilung hatte überhaupt die oberste militärische Führung Ungarns im Herbst 1942 und im Laufe des Winters 1942/43? Ein ausführlicher Vortrag von Szombathelyi, den er am 8. Oktober 1942 vor dem »Obersten Landesverteidigungsrat (LHT)«[15] gehalten hat, gibt uns Auskunft darüber.[16] Dieser gründete sich teilweise auf Erfahrungen, die Szombathelyi im Laufe seines Besuches vom 6. bis 13. September 1942 bei der ungarischen 2. Armee gewonnen hat.[17]

Uns interessiert zuerst der dritte Teil von Szombathelyis Ausführungen: die militärische Lagebeurteilung für das Jahr 1943. Einleitend zieht der ungarische Generalstabschef folgende Bilanz der deutschen Sommeroffensive:

»Den Ablauf und die erzielten Erfolge der im Sommer dieses Jahres an der Ostfront eingeleiteten Operationen abwägend, muß ich vor allem feststellen, daß die Zeit des Blitzkrieges — zumindest im Osten — abgelaufen ist.«

Ein Grund dafür — so Szombathelyi — sei, daß die oberste russische militärische Führung eine richtige und erfolgreiche Verteidigung eingeleitet habe. Die Rote Armee sei immer wieder schnell einer drohenden Umfassung ausgewichen.

Die Hauptursache müsse man in den speziellen Verhältnissen der Ostoperationen suchen. Die endlosen Ausdehnungen, die unvorstellbar schlechte Verkehrslage, die harten und extremen Witterungsverhältnisse hätten es den deutschen Streitkräften unmöglich gemacht, die russische Armee mit der früheren Methode in einer Reihe von Vernichtungsschlachten zu schlagen. Heute sei es fast ausgeschlossen, die übriggebliebenen Reste der russischen Armee durch Blitzkrieg völlig auszuschalten. Man könne und dürfe nicht auf eine schnelle Beendigung des Krieges rechnen.

In diesem Vortrag gab also Szombathelyi seiner Auffassung Ausdruck, daß die Zeit des Blitzkrieges vorbei und ein Ende des Krieges nicht in Sicht sei. Mehr hat er an diesem 8. Oktober 1942 nicht gesagt.[18]

Zwei Monate später sprach Szombathelyi vor Generalen und Generalstabsoffizieren über »Führung«.[19] Zunächst stellte er fest, daß die maritimen Mächte den Krieg noch nicht begonnen hätten. Die Panzer seien 1939/41 von den Deutschen in »klassischer Art« verwendet worden, die dann den Russen gegenüber nicht wirtschaftlich gewesen sei. Ihre früheren Erfolge müßten die Deutschen »in Rußland, einem so harten Gegner gegenüber, übermäßig teuer bezahlen«. Heute würden Panzer nur mit Infanterieverbänden eingesetzt. Das sei das Bestreben der Deutschen, aber noch stärker das der Russen, die kaum mehr Infanterieangriffe ohne Panzerunterstützung unternähmen.

Trotz der Katastrophe der ungarischen 2. Armee und der Vernichtung der deutschen 6. Armee bei Stalingrad gab sich Szombathelyi — und mit ihm natürlich der ungarische Generalstab — noch zuversichtlich. Diese Einstellung wurde auch durch das Scheitern der deutschen Offensive bei Kursk nicht grundlegend erschüttert. In einer Vortragsnotiz für Szombathelyi vom 31. August 1943, die vom Chef der Operationsabteilung des Generalstabes, Oberst i. G. Lajos Nádas, unterzeichnet wurde, läßt sich folgender Satz finden: »Mein Gesamteindruck ist also, daß wir uns vor einem Zusammenbruch der deutschen Ostfront in absehbarer Zeit nicht fürchten müssen«.[20]

Wir wissen nicht, ob diese Ausarbeitung dem LHT vorgetragen wurde oder nicht. Eine andere Denkschrift vom 4. September 1943 kam aber mit Bestimmtheit diesem hohen Gremium zur Kenntnis.[21] Darin meinte Szombathelyi, nachdem er die Winteroperationen dargelegt hatte, daß Mitte April 1943, also zum Zeitpunkt des Besuches des ungarischen Reichsverwesers Miklós Horthy bei Hitler, »die Lage der Achsenmächte keinen Grund zur Beängstigung« gegeben habe.

Die Initiative sei zwar langsam völlig in die Hände ihrer Gegner übergegangen, was zur Folge habe, daß die Siegesaussichten der Achsenmächte immer mehr auf einen ferneren Zeitpunkt zurückgedrängt würden. Es sei aber unzweifelhaft, daß sie zu allem entschlossen seien, »und falls sie nicht siegen würden, könnten sie das Schlimmste, nämlich ihre Besiegung, vermeiden, oder nicht sobald besiegbar werden.« Seit dieser Zeit habe sich die Lage der Achsenmächte weiter verschlechtert, und zwar mit dem Sturz des Faschismus [in Italien] so stark, »daß mit dem Sieg der Achsenmächte kaum zu rechnen sei. Ja, nicht einmal ihre Niederlage ist ausgeschlossen.«

Nicht ganz im Einklang mit dieser Feststellung steht ein anderer Teil des Vortrages von Szombathelyi, wo er erörtert, daß Deutschland jetzt voraussichtlich die Verzögerung des Krieges als Ziel habe, um »einen annehmbaren Frieden zu erlangen«.

Gleichzeitig warnte Szombathelyi seine Zuhörer im Verteidigungsrat vor etwaigen Illusionen:

»Die Deutschen befinden sich heute zweifellos sehr in Not, wir würden aber ihre Lage verkennen, wenn wir denken würden, daß man das Bündnis einfach kündigen und sie stehenlassen kann. Die Kraft der Wehrmacht ist noch ungebrochen, ihre Disziplin unerschüttert, und wenn sie auch schwer kämpft, kann sie noch immer kämpfen und schlagen und fürchterliche Schläge denen austeilen, die sich gegen sie auflehnen. Eben deswegen ist jene Ansicht, daß wir die Deutschen stehenlassen sollten, auch auf die Gefahr hin, daß sie uns besetzen, äußerst gefährlich.«

Diese visionären Sätze sagte der ungarische Generalstabschef — ich darf es wiederholen — am 4. September 1943.

Szombathelyi war allerdings ein Mensch, der wechselnden Stimmungen unterworfen war, wie wir auch aus den Erinnerungen seines Protegés, des Obersten i. G. Gyula Kádár, ab Juli 1943 Chef der ungarischen Abwehr, wissen.[22] Zwei Beispiele mögen genügen. Im Januar 1944, bei der üblichen Tagung der ungarischen Militärattachés, sprach Oberst i. G. Kádár in seiner Abschlußrede darüber, daß die Deutschen den Krieg verlieren würden; deshalb sollten die Militärattachés ausschließlich den ungarischen Interessen dienen. Nach ihm ergriff Szombathelyi das Wort und »beteuerte mit rhetorischem Pathos«, daß die Deutschen letzten Endes den Krieg doch gewinnen würden.[23] Anfang Februar 1944 war Szombathelyi mit einer Begleitung im »Führerhauptquartier« bei Hitler gewesen. Während der Rückfahrt, im Breslauer Bahnhof in Berlin, sah Szombathelyi aus dem Zug 40 bis 50 deutsche Soldaten, die in schöner Ordnung lautlos marschierten. Zu Kádár gewendet sagte er: »Kann eine Nation, die solche Soldaten hat, den Krieg verlieren? Nein und abermals nein!«[24]

Die Beschreibung des Widerhalls, den Stalingrad 1942/43 in Ungarn auslöste, wäre unvollständig, wenn nicht auch die Rückwirkungen der Vernichtung der ungarischen 2. Armee im großen Donbogen erwähnt würden. Wenn man die in Ungarn über die deutsche 6. Armee und über die ungarische 2. Armee 1943 veröffentlichten Nachrichten miteinander vergleicht, dann fällt auf, daß die Ungarn über Stalingrad wesentlich mehr erfahren konnten als über das Schicksal der eigenen Armee. In den vom Generalstabschef einmal in der Woche veröffentlichten Heeresberichten über die Kämpfe der ungarischen Truppen, beginnend mit dem 17. Januar 1943, wurde Konkretes nie mitgeteilt. Diese Berichte klangen selbst dann noch optimistisch, als eigentlich schon alles vorbei war. Am 14. Februar begann der ungarische Heeresbericht so:

> »Im Kursker Raum setzten unsere mit den deutschen Verbänden in enger Zusammenarbeit kämpfenden Truppen ihre heldenhaften und entschlossenen beweglichen Operationen fort. Bei der Masse der ungarischen Armee gab es kein nennenswertes Ereignis.«[25]

Bei einer nicht mehr existierenden Armee konnte es natürlich auch gar kein »Ereignis« mehr geben, denn das ungarische Armeeoberkommando 2 war bereits seit dem 24. Januar 1943 von seinen Führungsaufgaben entbunden und mit der Rückführung und Reorganisation der Reste ihrer Verbände betraut. Die »Tarnsprache« der Heeresberichte konnte die Wahrheit nur kurze Zeit verschleiern, denn die von der Ostfront heimkehrenden Soldaten verbreiteten schnell ein anderes Bild des Geschehens.

Die publizistische und historische Darstellung der Vernichtung der ungarischen 2. Armee war in Ungarn von Anfang an ein politisches Problem. Jahrzehntelang wurde das Schicksal dieser Armee übertrieben negativ, einseitig dargestellt. 1959 erschien eine aus den Materialien des Archivs des Militärgeschichtlichen Instituts zusammengestellte Dokumentensammlung mit dem Titel: »Die Vernichtung der 2. ungarischen Armee am Don«. Ihre Haupttendenz war zu beweisen, daß das imperialistische, aggressive Horthy-Ungarn in Abhängigkeit vom faschistischen Deutschland »unzeitgemäß ausgerüstete Soldaten in den sicheren Untergang« geschickt hatte.[26] Die Deutschen hätten die Ungarn unwürdig behandelt und wollten ihre eigenen Divisionen durch die völlige Aufopferung der ungarischen Truppen retten.[27]

1972 erschien das schon erwähnte Buch von István Nemeskürty *Requiem für eine Armee*[28], das sich eng an die von Horváth veröffentlichten Dokumente anlehnte. Es löste ein starkes Echo aus, wenngleich eine wirklich historische Besprechung bis heute nicht erschienen ist. Der Titel »Requiem« wurde mit der Begründung kritisiert, daß die ungarische 2. Armee, als ein Teil des damaligen Systems, kein Mitleid verdiene. Trauer gebühre allein den Soldaten, nicht aber einer Armee, die am deutschen Raubkrieg gegen die Sowjetunion teilgenommen hatte.

Nemeskürtys These ist, daß die 2. Armee »bewußt geopfert«[29] wurde, und zwar auf dem Altar des deutsch-ungarischen Bündnisses damit die ungarische Regierung aufgrund der einkalkulierten großen Verluste den Deutschen politische Vergünstigungen abtrotzen könnte. In der ungarischen Ausgabe geht der Autor noch weiter: »Aztekisches Menschenopfer. Moloch-Zeremonie mit Erwachsenen.«[30]

Diese Behauptung zielt natürlich am Kern der Dinge vorbei. Kein Staat schickt seine Armee in den Kampf mit der Absicht, sie von vornherein zu opfern. Außerdem gab es während der Kämpfe im Januar 1943 nicht wenige Offiziere, die trotz der aussichtslos scheinenden Situation, in der sie sich mit ihren Soldaten befanden, nicht bereit waren, eine »Moloch-Zeremonie« mitzumachen. Darauf wies auch Nemeskürty an einigen Stellen hin. Als Gründe für ein solch kämpferisches Verhalten führt der Verfasser allerdings an:

»Es konnte persönlicher Ehrgeiz, es konnte auch die Absicht gewesen sein, die sich zurückziehende Mannschaft möglichst unversehrt nach Hause zu führen; vielleicht traf beides zu.«[31]

Die Behauptung, daß die Offiziere im großen Donbogen gegen die sowjetische Übermacht aus persönlichen Ehrgeiz, ja für Auszeichnungen gekämpft hätten, löste unter den überlebenden Offizieren eine Protestwelle aus.

Die ausführliche Beschäftigung mit dem Buch Nemeskürtys erscheint vielleicht als übertrieben. Es ist jedoch eine der ganz wenigen ungarischen Abhandlungen zu diesem Thema, die auch in deutscher Sprache erschienen sind. Aus der umfangreichen ungarischen Memoirenliteratur möchte ich nur ein Beispiel zitieren. Zu den Offizieren, die ihre Soldaten führten und dadurch retten konnten, gehörte der damalige Oberleutnant László Bártfai Szabó, Chef der 107. Pionierkompanie. Seine nach jahrelangem Tauziehen 1988 unter dem Titel *Bis zum letzten Mann* erschienenen Erinnerungen sind ein Beweis dafür, daß Soldaten, die Vertrauen zu ihren Vorgesetzten haben, wochenlange Rückzugskämpfe, ja sogar aussichtslos erscheinende Situationen meistern können.[32]

Zum Schluß möchte ich noch einmal ins Jahr 1942 zurückblicken, als die ungarische 2. Armee ihren Frontabschnitt am Don übernahm. Bei der Betrachtung der Quellen, von denen einige bisher nicht einmal von ungarischen Historikern benutzt wurden, fällt die — für uns heute fast unverständlich — Selbstverblendung der ungarischen Führung auf. Am 14. Juli 1942 erklärte der aus der Pioniertruppe stammende Verteidigungsminister, Generaloberst a. D. Károly Bartha, vor dem Kronrat:

»Die ins Feld gerückte 2. Armee mußte hinsichtlich der Bewaffnung und Ausrüstung auf den gleichen Stand wie die deutschen Verbände gebracht werden, um sich der ausgezeichnet ausgerüsteten russischen Armee gegenüber behaupten zu können.«[33]

Diesen mit der deutschen oder sowjetischen Armee »gleichen Stand« konnten jedoch weder Generaloberst Szombathelyi noch der Nachfolger von Bartha, Generaloberst a. D. Vilmos Nagy, bei ihren Besichtigungen im Herbst 1942 feststellen.[34] In seiner schon erwähnten Rede vor dem LHT am 8. Oktober, das heißt vor dem Frontbesuch des Verteidigungsministers, führte Szombathelyi über den Zustand der 2. Armee nach der sogenannten ersten Verteidigungsschlacht am Don von Ende August/Anfang September 1942 aus:

»Das Bestürzende war, daß einzelne Verbände unserer Truppen in völlige Lethargie fielen, sie folgten ihren Offizieren nicht, sondern ließen sie im Stich, entledigten sich ihrer Waffen und ihrer Uniform, um von den Russen nicht erkannt zu werden. Sie wagten nicht, ihre schweren Waffen zu verwenden, sie wollten die Russen nicht provozieren, damit diese nicht zurückschießen. Im Angriff blieben sie liegen, die Patrouillen gingen nicht vor, Artillerie- und Luftvorbereitung wurden nicht ausgenutzt. Diese Nachrichten zeigen, daß der ungarische Soldat an einer sehr großen seelischen Krise leidet, und lassen beinahe darauf schließen, daß sein Kämpfergeist gebrochen ist.«

Szombathelyi wollte dann die Mitglieder des Verteidigungsrates beruhigen, als er im weiteren sagte, daß er bei seinem Besuch gute Eindrücke von der Armee gewonnen habe und daß sein Glaube an den ungarischen Soldat »völlig zurückgekehrt sei«. Diese Versicherung gab er ab, obwohl sich der Kommandierende General des der ungarischen 2. Armee unterstellten deutschen XXIV. Panzerkorps, Willibald Freiherr v. Langerman und Erlenkamp, bei Szombathelyi beklagt hatte, daß die Ungarn nicht gut ausgebildet seien, sich weder eingraben noch dem Gegner gedeckt nähern könnten. Das verursache viele Verluste. Die Infanterie arbeite mit den schweren Waffen nicht zusammen. Auch fehle der Einklang zwischen den leichten und schweren Panzern. Sie verfeuerten voreilig ihre Munition und mußten deswegen dann im kritischsten Moment Halt machen, um den Nachschub abzuwarten.

Die von den Deutschen versprochenen Waffen seien, so fuhr Szombathelyi am 8. Oktober fort, größtenteils verspätet eingetroffen, was die Ausbildung mit diesen Waffen leider nachteilig beeinflußt habe. Unter den Soldaten sei, 2000 Kilometer von der Heimat entfernt, die Frage aufgekommen: Warum muß ich ausgerechnet hier draußen sein, und nicht ein anderer? Das alles hat ein Gefühl des Verlassenseins in den Soldaten erweckt.

Die wirkliche Lage der ungarischen Armee trug Szombathelyi zutreffend vor. Weil ihre Divisionen eine Frontbreite von je 15 bis 20 Kilometern verteidigen mußten,

»kann es keinem Zweifel unterliegen, daß bei solchen Weiten von einer Flußverteidigung keine Rede sein kann, lediglich von einer Flußbeobachtung, das heißt, der Don wird nicht durch ein in der Tiefe gegliedertes, feuerkräftiges Stellungssystem, sondern nur von einem schwachen Schleier verteidigt.«

Dieser realistischen Beschreibung folgt allerdings eine ganz unbegründete, man kann ruhig sagen, naive Schlußfolgerung:

»Meiner Beurteilung nach brauchen wir im Laufe des Winters nicht mit größeren Verlusten zu rechnen [...] Die Armee hat ihre Vorbereitungen für die Winterverteidigung schon begonnen, als ich dort war, und unter Anwendung aller Erfahrungen des letzten Winterkrieges besteht die Hoffnung, daß die Armee ihre Aufgabe — ohne größeren Verluste und Schwierigkeiten — erfüllen wird.«[35]

Nach der schnellen Vernichtung der ungarischen 2. Armee wurde natürlich — auf deutscher wie auf ungarischer Seite — sofort mit der Suche nach den Verantwortlichen beziehungsweise mit der Erörterung der Ursachen begonnen. Die Verbündeten stempelten sich gegenseitig zum alleinigen Sündenbock. Die Beurteilung der ungarischen militärischen Führung war durchaus nicht einheitlich. Während Generalstabschef Szombathelyi einfach feststellte, »daß die Führung in deutschen Händen war. Die 2. Armee stand unter deutscher Führung«[36], vertrat der Verteidigungsminister, wie Szombathelyi ein Infanterist, eine grundlegend andere Auffassung. In seiner am 12. März 1943 vor dem Verteidigungsausschuß des ungarischen Oberhauses gehaltenen mehrstündigen Rede, deren Text leider nur bruchstückhaft erhalten geblieben ist, erklärte Nagy:

»Weil es sich um einen Angriff von Panzern gegen Infanterie handelte, hätte man schon eigentlich am 13. Januar befehlen müssen, daß sich die Truppen auf die Oskol-Linie zurückziehen. Auf diese Weise wären nicht solche Verluste entstanden. Auch Stalingrad ist eigentlich ein Opfer des Aushaltens bis zur letzten Minute. Schön klingt ein Aushalten bis zur letzten Minute in sogenannten Igelstellungen.«[37]

Doch auch in der ungarischen 2. Armee gab es im Januar 1943 keinen General, der die Verantwortung für selbständiges Handeln übernahm.

Die militärische Krise an der Ostfront im Winter 1942/43 sowie die vernichtende Niederlage der eigenen Verbände löste auf der politischen Bühne Ungarns eine »Absetzbewegung« von Deutschland in Richtung auf die Westalliierten aus. Sowohl die Regierung Kállay als auch die Opposition bemühten sich, Kontakte herzustellen.[38] Die erfolgreiche Stabilisierung der Ostfront Ende März 1943 eröffnete Hitler allerdings die Möglichkeit, Horthy an die »Kandare zu nehmen« und von Ungarn die kompromißlose Fortsetzung des Krieges zu verlangen.

Anmerkungen

1 Ungarische Militärische Rundschau (im weiteren mit der ungarischen Abkürzung: MKSz), 1943, H. 3, S. 468—483.

2 Die Gefangennahme von Stomm, Deseő und anderer wird ausführlich in den Erinnerungen des damaligen Pionierhauptmannes und späteren Generalmajors der Ungarischen Volksarmee Dániel Görgényi beschrieben: Signum Laudis, Budapest 1968, S. 284ff.

3 Nach dem Zweiten Weltkrieg brachte es Tombor noch zum Generalobersten, und er wurde der zweite Verteidigungsminister der Nachkriegszeit. Er starb an seinem Schreibtisch am 25. Juli 1946. Vgl. József Bölöni, Magyarország kormányai (Die Regierungen Ungarns), Budapest 1978, S. 194 bzw. 295, und den kurzen Lebenslauf in: Magyar életrajzi lexikon (Ungarisches biographisches Lexikon), Bd 2, Budapest 1969, S. 877, wo irrtümlicherweise steht, daß er Generalstabschef in der Räterepublik war.

4 Ignác Romsics, Bethlen István. Politikai életrajz (Politisches Lebensbild), Budapest 1991, S. 200f. Über die Ziele der Zeitschrift informiert Gyula Bisztray: A »Magyar Szemle«, in: Magyar Szemle, 1943, H. 5, S. 264.

5 Magyar Szemle, 1943, H. 1, S. 47.

6 Ferenc Julier, Ellenforradalmi lélekkel a Vörös Hadsereg élén (Mit konterrevolutionärem Geist an der Spitze der Roten Armee), Budapest 1927. Kurzer Lebenslauf in: Magyar életrajzi lexikon, Bd 1, Budapest 1967, S. 828.

7 Magyar Szemle, 1943, H. 2, S. 98.

8 Ferenc Julier, Néhány gondolat a hadi évfordulóra (Einige Gedanken zur militärischen Jahreswende), Magyar Szemle, 1943, H. 1, S. 17.

9 Magyar Szemle, 1943, H. 3, S. 153.

10 Ferenc Julier, A szovjet offenziva, in: Magyar Szemle, 1943, H. 4, S. 175—181, hier S. 175f., 178f., 181.

11 MKSz, 1943, H. 1, S. 202.

12 Károly Molnár, A hadiesemények összefoglaló helyzetképe 1943 január közepén, in: MKSz, 1943, H. 2, S. 228—233, hier S. 228f., 232.

13 MKSz, 1943, H. 3, S. 661.

14 Zu den wichtigsten Daten der militärischen Laufbahn Szombathelyis siehe Sándor Szakály, Az ellenforradalmi Magyarország (1919—1944) hadseregének felső vezetése (Die obere Führung der Armee des konterrevolutionären Ungarns), in: Hadtörténelmi Közlemények 1984, H. 3, S. 590f. Über seine Ernennung zum Generalstabschef siehe: Das Deutsche Reich und der Zweite Weltkrieg, Bd 4, Stuttgart 1983, S. 890f. (Beitrag Förster).

15 In der Literatur steht als Datum des Vortrages 5. Oktober 1942; das ist unrichtig. Auf dem Dokument ist eigenhändig von Szombathelyi mit Rotstift geschrieben zu lesen: »Lényegében előadtam az L. H. T. ülésén X/8—án« (Im wesentlichen auf der Sitzung des L. H. T. am 8. 10. vorgetragen). LHT ist die ungarische Abkürung für Legfelsőbb Honvédelmi Tanács (Oberster Verteidigungsrat), der während des Krieges aus dem Reichsverweser, dem Ministerrat und dem Generalstabschef sowie einem im Generalsrang stehenden Generalsekretär bestand.

16 Das aus mehr als 40 Seiten bestehende Dokument, mit verschiedenen, teils handschriftlichen Korrekturen und Ergänzungen, ist im Militärarchiv

Budapest, Akten des Generalstabes 1942, ohne Nummer, Karton 282, zu finden.

[17] Der Abschiedsbrief Szombathelyis vom 13. 9. 1942 ist veröffentlicht von Miklós Horváth: A 2. magyar hadsereg megsemmisülése a Donnál (Die Vernichtung der 2. ungarischen Armee am Don), Budapest 1959, S. 91 ff.

[18] In Kenntnis dieser Tatsache muß ich eine Behauptung von István Nemeskürty widerlegen, die er in seinem in zwei Ausgaben erschienenen Buch aufgestellt hat (in Ungarisch: Requiem egy hadseregért, Budapest 1972; in Deutsch: Untergang einer Armee, Berlin (Ost) 1976). Auf S. 43 der dt. Ausg. lesen wir, daß Szombathelyi schon am 5. Oktober 1942 vor der ungarischen Generalität mit sachlich-kühlen, exakten Worten dargelegt habe, »daß die Deutschen den Krieg verloren hätten«. Erstens, wie wir schon wissen, fand diese »Darlegung« nicht am 5., sondern am 8. Oktober statt, und zweitens nicht vor der ungarischen Generalität, sondern vor dem LHT. Das Wesentliche ist aber, daß Szombathelyi weder 1942 noch später gesagt hat, »daß die Deutschen den Krieg verloren hätten«. Zur Bekräftigung seiner Behauptung bringt Nemeskürty ein Zitat von Szombathelyi, in dem vom »Hinausziehen des Krieges« die Rede ist. Erstens bedeutet Hinausziehen nicht Verloren, und zweitens stammt dieses Zitat aus einem *späteren*, am 4. September 1943 gehaltenen Vortrag Szombathelyis!

[19] A m. kir honvéd vezérkar főnökének előadása a vezetésről az 1942. XII. 14—15-i tábornoki és vezérkari megbeszélésen (Der Vortrag des Chefs des ung. königl. Generalstabes über die Führung auf der Generals- und Generalstabsbesprechung am 14.—15. Dezember 1942), gedruckt, auf dem Titelblatt: Vertraulich! Für Ihre Person! Hier S. 8, 18, 30.

[20] Vortrag für den LHT, Bl. 1—15, Militärarchiv Budapest, Akten des Generalstabes 1943, ohne Nummer, Karton 300.

[21] Emlékirat az L. H. T. részére a balkáni megszállás körüli problémákról (Denkschrift für den LHT über die Probleme der Balkanbesetzung). Dieser Titel ist ungenau; im Text kommt Szombathelyis Vorschlag bzw. Stellungnahme betr. der ungarischen Teilnahme an der Besetzung des Balkans vor. Aber auch andere Probleme werden ausführlich in diesem Dokument, das einen Umfang von 31 Seiten hat, behandelt. Militärarchiv Budapest, Karton 300. Auszüge dieser Denkschrift sind in einer teilweise abweichenden Übersetzung bei Franz v. Adonyi-Naredy, Ungarns Armee im Zweiten Weltkrieg, Neckargemünd 1971, S. 109 ff., veröffentlicht.

[22] Gyula Kádár, A Ludovikától Sopronkőhidáig (Von der Ludovika bis nach Sopronkőhida), Budapest ²1978, S. 540 ff. Ludovika war die ungarische Militärakademie.

[23] Ebd., S. 561 f.

[24] Ebd., S. 634.

[25] Heeresbericht Nr. 43, in: Pesti Hirlap vom 14. Februar 1943, Sonntag.

[26] Siehe den in der Anm. 17 zit. Band, S. 16.

[27] Ebd., S. 39.

[28] Siehe Anm. 18.

[29] Ebd., S. 45.

[30] Nemeskürty, Requiem (wie Anm. 18), S. 102.

[31] Nemeskürty, Untergang (wie Anm. 18), S. 126.

[32] László Bártfai Szabó, Az utolsó emberig. Egy csapatparancsnok visszemlékezései a Don menti harcokra, Budapest 1988. Vgl. den Bericht des deutschen Verbindungsoffiziers zum AOK 2 vom 1.2.1943, abgedr. bei Jürgen Förster, Stalingrad. Risse im Bündnis 1942/43, Freiburg 1975, S. 148.

[33] Der ungarische Kronrat war der Ministerrat unter dem Vorsitz des Reichsverwesers. Vgl. den Vortrag von Bartha in: Militärarchiv Budapest, Akten des Generalstabes 1942, ohne Nummer, Karton 282.

[34] Zum Frontbesuch von Vilmos Nagy siehe dessen Buch: Végzetes esztendők (Schicksalhafte Jahre) 1938–1945, Budapest o. J., S. 103 ff.

[35] Siehe den in Anm. 16 zit. Vortrag Szombathelyis.

[36] Siehe die Zusammenstellung für den Vortrag Szombathelyis vor dem LHT am 16.2.1943: A 2. hds. hadmüveletei I. 12.–II.15–ig (Die Operationen der 2. Armee vom 12.1.–15.2.1943), in: Militärarchiv Budapest, Akten des Generalstabes 1943, ohne Nummer, Karton 300.

[37] Vgl. die übriggebliebenen, auf Indigopapier geschriebenen Seiten des Vortrages in: Militärarchiv Budapest, Akten des Generalstabes 1943, ohne Nummer, Karton 300; Das Datum der Sitzung des Verteidigungsausschusses wird in der Tageszeitung Pesti Hirlap mit 13. März 1943 angegeben.

[38] Zu den ungarischen Friedensfühlern vgl. Förster, Stalingrad (wie Anm. 32), und Gyula Juhász, Hungarian Foreign Policy 1919–1945, Budapest 1979.

Bernd Martin

Japan und Stalingrad
Umorientierung vom Bündnis mit Deutschland auf »Großostasien«

Die Aufnahme der Vorgänge um Stalingrad in Tokyo und die aus dem deutschen Desaster gefolgerten politischen und militärischen Beschlüsse unterschieden sich von den Konsequenzen, die auf deutscher beziehungsweise italienischer Seite aus der im Grunde alle drei Achsenmächte betreffenden Niederlage gezogen wurden.[1] Das definitive Ende des deutschen Vormarsches in Rußland, für alle Welt faßbar in der großangelegten Gegenoffensive der Roten Armee und dem ebenso großräumigen Rückzug der Wehrmacht, beschleunigte den Zerfall der »faschistischen« Kriegskoalition. Ideologische und machtpolitische Differenzen unter den Dreierpaktstaaten, die mit großem propagandistischem Aufwand in der Zeit — getrennt errungener — Siege verdeckt worden waren, brachen sich nunmehr ungehemmt Bahn und legten den eigentlichen Kern der kriegerischen Zielsetzungen offen. Stalingrad entzweite mit Japan und Deutschland zwei Partner, die allerdings nie recht zueinander gefunden hatten und nunmehr getrennte Wege in die letztendlich doch gemeinsame Niederlage einschlugen. Die westliche und sowjetisch-östliche Kriegführung gegen sie ergänzten einander seit dem deutschen Überfall auf Rußland vorteilhaft, während sich die unterschiedlichen strategischen Zielsetzungen der Dreierpaktmächte gegenseitig blockierten. Im Falle Japans wurden national-egoistische Kriegsanstrengungen noch dazu durch unüberwindliche Rivalitäten der beiden Waffengattungen Armee und Marine stark behindert.

Nach dem Verlust der strategischen Initiative, die auch für Tokyo nach nur einem Jahr Kriegführung durch die Seeniederlage bei den Midways (3. bis 7. Juni 1942) und das Einsetzen der amerikanischen, landgebundenen Gegenoffensive auf Guadalcanal (7. August 1942) gegeben war, verfiel Japan, ähnlich Hitler-Deutschland, ideologischen Wunschvorstellungen. Die besondere Mission der von den Göttern ausgewählten Yamato-Rasse, Ost- und Südostasien dem »Licht der Freiheit« entgegenzuführen und die farbigen Kolonialvölker von der Bürde des »weißen Mannes« zu befreien, wurde unbeschadet einer sich rapide verschlechternden militärischen Lage für das Tenno-Reich zum eigentlichen und einzigen Kriegsziel. Japan verfolgte damit eine alte, spätestens seit dem Sieg über das zaristische Rußland manifeste politische Zielsetzung langfristig weiter und setzte auf Kollaboration der Besetzten, während für Hitler auch nach Stalingrad nur die Maximen des rücksichtslosen Vernichtungskampfes galten.

Entsprechend der oligarchischen Struktur der japanischen Führung und ihrer Aufspaltung in unterschiedliche, einander befehdende Machtgruppen, wie Hofkreise, Zivilpolitiker und Wirtschaftsvertreter, Repräsentanten der Armee und Marine, war das Tenno-Reich zu einer einheitlich-zielgerichteten Außenpolitik außerstande. Das anthropologische Grundmuster der japanischen Gesellschaft, die dörflich bestimmte, in sich hierarchisch gegliederte Kleingruppe, und ein über die Jahrhunderte verinnerlichter martialischer Moralkodex (bushido)[2] waren auch an der Spitze der Streitkräfte und auf der zivilen Regierungsebene greifbar und bestimmten die politisch-militärischen Entscheidungsprozesse. Obwohl der Feudalismus mit der Öffnung und inneren Umgestaltung des Landes in der Meiji-Zeit (1868—1912) abgeschafft worden war, nahmen Auseinandersetzungen in und zwischen den Führungsgremien häufig den Charakter feudaler Gruppenkämpfe an und waren aus westlich-rationaler Sicht kaum nachvollziehbar.

Das politische System des Kaiserlichen Japan blieb den beiden Verbündeten wie den Gegnern des Landes verschlossen und führte zu grotesken Fehlbeurteilungen. Denn weder war der »Sohn des Himmels« mit dem ehemaligen deutschen Kaiser gleichzusetzen, noch ließen sich die Machtbefugnisse des Kriegspremiers General Tōjō mit denen seiner beiden Diktator-Kollegen, Hitler und Mussolini, vergleichen. In einer auf Konsens und — zumindest äußerlichen — Harmonie bedachten politischen Ordnung, in der Japan als Großfamilie, geschart um den Gott-Kaiser, idealisiert wurde, konnte weder für einen allgewaltigen Diktator, noch für einen aktiv die Politik mitgestaltenden Herrscher Platz sein. Die Übereinstimmung der Machtträger bildete die unumgängliche Voraussetzung für jeden politisch-militärischen Entschluß, war jedoch bei den unterschiedlichen Interessenlagen nur nach langwierigen Verhandlungen mühsam oder auch gar nicht zu erreichen. Die während des Pazifischen Krieges vorherrschenden Machtgruppen, Armee, Marine, Zivil- und Hofkreise, fanden nur selten, und dann meist verspätet, zu einer einheitlichen und eindeutigen politischen Willensbildung zusammen, obwohl sie institutionell in alle drei Gruppen verbindenden Konferenzen, den Liaison- und Kaiserlichen Konferenzen, vereinigt waren. Die Entschlußbildung im damaligen Japan, schon in der Phase der überragenden militärischen Siege des Jahres 1942 schwerfällig genug und häufig sogar widersprüchlich, wurde in der Zeit der Defensive noch durch den vormodernen Codex des Samurai (Kriegers) weiter verzögert, der ein Zurückweichen oder gar eine Kapitulation ausschloß. Der japanische Soldat war durch gesellschaftliche und militärische Normen für den Heldentod sozialisiert worden, nicht jedoch für eine Gefangennahme, der er sich dann auch in der Regel durch Selbstmord entzog.

Bei einer derartigen, vom Westen völlig verschiedenen politischen Struktur des Tenno-Reiches und andersartigen Wertvorstellungen mußte die Rezeption der Ereignisse um Stalingrad, gemeinhin im Westen als Katastrophe gewertet, in Japan anders sein. Entsprechend ihrer eigenen Kriegerethik sahen japanische Heeresoffiziere in dem »heldenhaften Abwehrkampf« der 6. Armee und der Treue ihres Oberbefehlshabers zum »Führer« eher Beweise für eine Stärke denn für eine Schwäche des bewunderten deutschen Bündnispartners. Auch die große Zahl der Opfer konnte die Kaiserliche Armee kaum zu kritischem Nachdenken verleiten, waren japanische Soldaten doch immer ohne Rücksicht auf den Verlust von Menschenleben eingesetzt worden, zum Beispiel 1904/05 in Port Arthur und bei Mukden, und wurden bei den inzwischen einsetzenden Abwehrkämpfen auf den pazifischen Inseln ebenso rücksichtslos verschlissen. Die Rückwirkungen der deutschen Niederlage auf die weitere militärische Situation in Europa und die weltpolitischen Folgen, die aus dem Wechsel der strategischen Initiative von den Achsenmächten an ihre Gegner erwachsen mußten, wurden in Tokyo entweder verkannt oder aus dem Bedürfnis nach ungetrübter Harmonie im Bündnis nicht zur Kenntnis genommen. Obwohl einzelne Untergruppierungen im Militär die Kampfkraft der Verbündeten realistisch einzuschätzen begannen und auch die Diplomatie einen allmählichen Kurswechsel einleitete, zogen die japanischen Regierungsinstanzen erst auf der Liaisonkonferenz am 25. September 1943 die Konsequenzen aus dem deutsch/italienischen Debakel und wandten sich von den Verbündeten ab.

Diese Abkehr vom Bündnis mit den beiden »faschistischen« Mächten, vor denen Italien mittlerweile sogar kapituliert hatte, geht jedoch nicht allein zu Lasten einer nach westlichen Maßstäben inkompetenten japanischen Führung, sondern war in weit höherem Maße der unaufrichtigen Haltung und widerspruchsvollen Politik der nationalsozialistischen Führung anzulasten. Aufgrund seiner ideologischen Fixiertheit vermochte Hitler in den »gelben« Japanern nie einen gleichberechtigten Verbündeten, sondern bestenfalls einen starken Statisten in Fernost zu sehen. Die Achsenmächte, die ursprünglich im Antikominternpakt von 1936/37 auf antisowjetischer Grundlage zusammengefunden hatten, scheiterten in ihrem Bündnis im Grunde an ihrer unterschiedlichen Haltung gegenüber der Sowjetunion. Der deutsche Überfall auf Rußland führte zu unvereinbaren strategischen Zielsetzungen: Deutschland ausgerichtet auf den Landkrieg beziehungsweise die Landnahme im Osten, Japan auf den maritimen Vorstoß zu den verlockenden Ressourcen des Südens. Das deutsch-japanische Bündnis wurde durch die Kampfhandlungen in Rußland bereits entwertet, bevor es über Pearl Harbor vollzogen und schließlich im Zusammenhang mit Stalingrad de facto beendet wurde.

1. Getrennte Gegner — unterschiedliche Strategien: Das Scheitern der deutsch-japanischen Kriegsallianz und Koalitionskriegführung 1941/42

Japan galt der nationalsozialistischen Führung schon vor dem Machtantritt 1933 als fernöstlicher Bündnispartner. Hitler hegte große Bewunderung für die militärischen Tugenden der Japaner und räumte ihnen als einziger farbiger Rasse mit dem Attribut kultur*tragend* eine Sonderstellung ein.[3] Die Revisionspolitik des Kaiserreichs, das mit seinem Vorgehen in der Mandschurei erstmals die Versailler Nachkriegsordnung erschüttert hatte, und die zielstrebige Überwindung der Weltwirtschaftskrise durch Rüstungsproduktion fanden ungeteilten Beifall bei Hitler und seiner unmittelbaren Umgebung. Die sture antikommunistische Ausrichtung der japanischen Armee und ihr Festsetzen in der Mandschurei ließen Japan zum Wunschpartner einer gegen die Sowjetunion gerichteten Allianz werden, um, so der deutsche Botschafter in Tokyo 1933, »an der Hinterfront der russischen Dampfwalze eine Bremse einzubauen«[4]. Doch einer raschen Annäherung standen auf deutscher Seite wirtschaftlich-militärische Interessen in China, personifiziert in einer starken deutschen Militärberaterschaft bei Chiang Kaishek, entgegen, und auf japanischer Seite waren es Vorbehalte einer noch immer stark an den Westmächten orientierten Marineführung und Industrie sowie Ängste traditioneller, meist um den Hof gruppierter Kreise vor einem japanischen Faschismus europäischer Herkunft.

Beredter Anwalt einer Allianz mit Deutschland war die japanische Armee, einst in der Meiji-Zeit nach preußisch-deutschem Vorbild reorganisiert. Den von der Armee propagandistisch geschürten Feldzug zur Vernichtung des Bolschewismus lehnten die anderen Machtgruppen ebenfalls ab, da in den sibirischen Weiten kaum die Rohstoffe zu haben waren, auf die die japanische Industrie dringend angewiesen war. Der im November 1936 vorerst nur von Japan und Deutschland unterzeichnete Antikominternpakt — Italien trat im September 1937 hinzu — blieb eine weder die japanische Armee noch die deutsche Seite befriedigende Ersatzlösung, eine rein deklamatorische Bekundung künftiger Zusammenarbeit.

Selbst nach Ausschaltung der prochinesischen Kräfte in Deutschland gelang es dem neuen nationalsozialistischen Außenminister Ribbentrop nicht, die große Allianz der drei revisionistischen Mächte auf antikommunistischer Grundlage zu schmieden. Obwohl die Frage eines Bündnisses mit Deutschland/Italien im Mittelpunkt der gesamten japanischen Außenpolitik stand und wegen der in China seit Juli 1937 anhaltenden Kampfhandlungen für das zunehmend in die Isolation geratende Kaiserreich immer zwingender wurde, versagte vor allem die Marine nach wie vor ihre Zustimmung. Das mit Italien geschlossene Militärbündnis (Stahlpakt vom 23. Mai 1939) und auch der Nichtangriffspakt mit der Sowjetunion (23. August 1939) stellten aus deutscher, regierungsamtlicher Sicht lediglich Ersatzlösungen für das von japanischer Seite verweigerte weltpolitische Bündnis dar. Auch wenn Hitler — im Gegensatz zu seinem Außenminister — dem Abkommen mit Stalin insgeheim nur temporären Charakter beimaß, entzog dieser Pakt einer Verständigung mit Japan jegliche Basis. Vor allem fühlte sich die Armee von ihrem deutschen Vorbild hintergangen, noch dazu in einer Situation, als japanische Verbände in der Mandschurei bei Nomonhan in verlustreiche Grenzkämpfe mit der Roten Armee verwickelt waren. Diese ersten, wenn auch nur lokalen Niederlagen der Truppen des Tenno und der nicht lösbare Konflikt in China führten zu einer allmählichen Abkehr der Armee von einer antikommunistisch nordwärts gerichteten Strategie und zur Hinwendung auf die von der Marine und Wirtschaft einmütig propagierte südwärts gerichtete Stoßrichtung.

Bei dieser Kehrtwendung der japanischen Armee halfen Hitler, das Auswärtige Amt in Berlin und nicht zuletzt auch deutsche Militärs kräftig nach, um das Inselreich nunmehr in eine primär gegen den weltweiten Herrschaftsanspruch Großbritanniens gerichtete Konstellation einzubinden, der entsprechend den Vorstellungen Ribbentrops auch die Sowjetunion beitreten sollte. Diese Vision eines gegen die Westmächte gerichteten euro-asiatischen Blocks blendete die auf Schaffung eines autarken Großraums bedachten Japaner. Insbesondere nach dem Fall Frankreichs erschien aus der Sicht aller japanischen Führungsgremien das siegreiche Deutsche Reich der ideale Bündnispartner, um die angestrebte eigene Sphäre gegen westliche Einmischungsversuche dauerhaft zu sichern. Auf das nunmehrige Werben der Japaner in Berlin sollte Hitler erst eingehen, als der von ihm angestrebte Frieden mit England auf Grundlage einer Teilung der Welt durch den »weißen Mann« hinfällig geworden war. Das arische Blutsbündnis mit den Engländern rangierte bei Hitler immer höher als die rassische Mésalliance mit den Japanern. Der schließlich am 27. September 1940 geschlossene Dreimächtepakt führte die drei faschistisch-revisionistischen Mächte in einem ausschließlich gegen die Westmächte, vor allem die neutralen USA, ausgerichteten Bündnis zusammen. Doch auch dieses Abkommen blieb eine improvisierte, inhaltslose Übereinkunft. Absprachen über ein gemeinsames außenpolitisches Vorgehen oder militärische Planungen für den Bündnisfall fanden bis zum japanischen Angriff auf Pearl Harbor nicht statt. Japan besiegelte seine Kehrtwendung gegen die Westmächte schließlich im April 1941 in einem Neutralitätsvertrag mit dem ehemaligen ideologischen Todfeind, der Sowjetunion. Das Kaiserreich vollzog damit die deutsche außenpolitische Umorientierung vom Sommer 1939 zu einem Zeitpunkt nach, als die Wehrmacht zum Überfall auf Rußland aufmarschierte.

Informationen über einen bevorstehenden deutschen Ostfeldzug, die aus Berlin gezielt nach Tokyo gelangten[5], beunruhigten die japanische Führung und dürften diese wegen der widersprüchlichen Haltung deutscher Stellen im Hinblick auf eine mögliche japanische Beteiligung an der Verläßlichkeit des Partners haben zweifeln lassen. Hitler informierte die Japaner offiziell von dem Vorhaben, stellte jedoch Tokyo eine Beteiligung ausdrücklich frei. Hingegen votierte Außenminister Ribbentrop vehement für einen zeitgleichen japanischen Angriff gegen Ost-Sibirien, obwohl er zuvor als unermüdlicher Anwalt der eurasischen Block-Konzeption agiert hatte. Daß der Außenminister eine dem Regierungschef, einem Diktator, zuwiderlaufende Auffassung in einer derart existentiellen Frage vertrat und so lange weitervertreten sollte, bis Hitler schließlich im Januar 1943 einschwenkte, war selbst für die an Intrigen und Gruppenkämpfe sowie Eigenmächtigkeiten ihrer Diplomaten gewöhnten Japaner zu viel des Guten. Bis zur deutschen Katastrophe von Stalingrad sollte Berlin keine einhellige Auffassung über einen japanischen Kriegseintritt gegen die Sowjetunion verfechten. Lehnte Hitler aus rassischen Motiven einen gemeinsamen Feldzug mit den »gelben«

Japanern ab, um den Sieg der »weißen Herrenrasse« nicht teilen zu müssen, so verfocht Ribbentrop, frei von ideologischen Scheuklappen, die pragmatische Lösung eines gemeinsamen Vorgehens, das sicherlich im Sommer 1941 die größten Erfolgsaussichten gehabt hätte.

Eine der folgenreichsten Entscheidungen für den gesamten Verlauf des letzten Weltkrieges traf die Kaiserliche Konferenz am 2. Juli 1941[6], als sie entgegen dem Votum des Außenministers Matsuoka einen Angriff auf die Sowjetunion vertagte und statt dessen die militärische Besetzung des südlichen Indochinas einleitete. Im Einfrontenkrieg vermochte die Sowjetunion den Deutschen standzuhalten, einen deutsch-japanischen Zangengriff hätte der Kommunismus, fünfzig Jahre vor seinem definitiven Ende, im Jahr 1941 nicht überlebt. Durch einen solchen Gemeinschaftssieg der »Achsenmächte« wären die Vereinigten Staaten vermutlich auf längere Sicht auf dem amerikanischen Doppelkontinent isoliert gewesen und Großbritannien wäre als Machtfaktor ausgefallen. Stattdessen gerieten die Japaner in direkte Konfrontation mit den Westmächten in Südostasien. Das Totalembargo der Amerikaner, dem die übrigen Westmächte beitraten, bedeutete nichts anderes als eine vorweggenommene Kriegserklärung. Die unterschiedlichen Stoßrichtungen der Dreierpaktmächte traten deutlich hervor. Japan bezog ausschließlich gegen die Westmächte Position und hielt sich den Rücken, eine weitere Front gegen die Sowjetunion, frei, während die deutsche Wehrmacht den Krieg in Rußland mit absoluter Priorität betrieb. Die Kriegsschauplätze, der europäisch-nordafrikanische und der chinesische, waren bereits getrennt, bevor mit Japans Angriff auf Pearl Harbor der Weltkrieg einsetzte. Sie sollten sich auch fortan weder mit militärischen noch mit politischen Mitteln zusammenführen lassen.

Mit einer politischen Lösung des deutschen Ostkrieges schien die aussichtsreichste Möglichkeit gegeben, Verbindungslinien zwischen den beidseitigen Machtsphären wiederherzustellen und den für beide Kriegswirtschaften dringend erforderlichen Güterverkehr, ostasiatische Rohstoffe gegen deutsche Technologie, wiederaufzunehmen. Um die Isolation Japans zu überwinden und das vereinigte Kräftepotential ausschließlich gegen die Westmächte richten zu können, rieten die unterschiedlichen Machtgruppierungen in seltener Einmütigkeit den Deutschen zu einem Frieden im Osten und boten ihre Mittlerdienste an. Mit der Absage eines japanischen Angriffes auf die sowjetischen Fernostprovinzen im Jahre 1941 machten sich auch die Armeevertreter diese Auffassung zu eigen und trugen sie erstmals Anfang Oktober 1941 an die Deutschen heran. Während der gesamten Zeit des Kriegsbündnisses sollten diese Vorschläge mit unterschiedlicher Intensität von japanischer Seite wiederholt werden, stießen jedoch in Berlin, vor allem bei Hitler, auf taube Ohren. Die Unvereinbarkeit der politischen und militärischen Zielsetzungen der Dreierpaktmächte war offensichtlich und sollte sich auch in der Zeit der Kriegsallianz nicht überwinden lassen.

Obgleich 1942, im ersten Jahr gemeinsamer Kriegführung, durchaus noch Chancen bestanden hätten, durch kombinierte oder doch zumindest aufeinander abgestimmte Aktionen die Situation für die Achsenmächte zu verbessern, verstrichen diese ungenutzt. Hitlers doktrinäre Befangenheit in den Kategorien des Ostkrieges, die von den deutschen Militärs weitgehend geteilt wurde, und eine ebenfalls an Fixierung grenzende einseitige Ausrichtung aller japanischen Kampfhandlungen im Pazifik gegen die Amerikaner vereitelten jede Form gemeinsamen Kriegführens. Eine Abgrenzung der beiderseitigen Operationszonen, wie sie vertraglich mit dem 70. Grad östlicher Länge am 18. Januar 1942 erfolgte[7], entsprach den eigentlichen Intentionen der beiden Hauptverbündeten, Japan und Deutschland, ihre jeweiligen Machtsphären zu konsolidieren und auch gegen Übergriffe oder politische Einmischungsversuche des Partners zu sichern. Von Anfang an war folglich die gemeinsame Kriegführung strikt getrennt worden, das Überschreiten dieser Demarkationslinie selbst mit Hilfskreuzern oder im Hinblick auf ein gemeinsames politischen Vorgehen zur Befreiung des im japanischen Einzugsbereich liegenden Indien stieß auf unüberwindliche Schwierigkeiten.

So lange eine Verbindung zwischen Deutschland und Japan, entweder über ein gemeinsam geschlagenes oder über ein politisch befriedetes Rußland, nicht zu erreichen war, blieb als aussichtsreichstes militärisches Unternehmen eine gemeinsame maritime Zangenoperation gegen die britische Nahoststellung, um den Seeverbindungsweg über den Indischen Ozean zu öffnen. Im Rausch der unerwarteten großen Siege zeigte sich die japanische Führung zu strategischen Absprachen außerstande und verzettelte stattdessen in Kompromißlösungen das eigene Potential. Umgekehrt vermochten auch die deutschen Militärs nicht, weder die Marine noch das Oberkommando der Wehrmacht, bindende Zusagen zu machen, wann die Offensive in der Sowjetunion 1942 wiederaufgenommen würde und wann mit einem Angriff des deutschen Afrika-Corps auf die britische Suez-Stellung zu rechnen sei.

Der den Deutschen nicht angekündigte Vorstoß schwerer japanischer Flotteneinheiten in den Indischen Ozean Anfang April 1942 löste bei den Westmächten eine panische Reaktion aus. Doch unbekümmert um Freund oder Feind wurden die Verbände nach Demonstration ihrer Stärke abgezogen, da sie für die Landungsunternehmen in Neu Guinea (Port Moresby) und den geplanten Vorstoß gegen die Midway Inseln benötigt wurden. In beiden Unternehmungen verlor die Kaiserliche Marine die strategische Initiative, so daß sie ab Juni, nach der Niederlage in der Trägerluftschlacht bei den Midway-Inseln, zu großangelegten Operationen im Indischen Ozean, den Deutschen entgegen, nicht länger in der Lage war. Nach dem Fall von Tobruk (21. Juni) und dem deutschen Vormarsch bis über die ägyptische Grenze (El Alamein) sowie dem deutschen Vorstoß in Richtung Kaukasus war die britische Stellung im Nahen Osten und in Indien ernsthaft bedroht, doch die Japaner vermochten den Deutschen nunmehr nicht länger entgegenzukommen.

Die Chance gemeinsamer Kriegführung war vertan, statt militärischer Lösungen blieben aus der Sicht Tokyos nur noch politische. Doch sowohl eine Befreiung Indiens, wo im August 1942 die größten Unruhen in der kolonialen Geschichte des Subkontinents ausbrachen, als auch eine Vermittlung im deutsch-russischen Krieg scheiterten an unvereinbaren Interessenlagen. Die Phase einer möglichen aktiven Kriegsallianz zwischen den Dreierpaktstaaten war verstrichen, bevor sie als solche überhaupt in Tokyo und Berlin erkannt worden war. Aus der Sicht Japans blieb nunmehr eine verstärkte politische Kooperation mit den europäischen Verbündeten, um durch eine Revision der Besatzungspolitik und Beendigung des deutschen Verschleißkrieges im Osten eine geschlossene Front gegen die Westmächte aufzubauen. Stalingrad sollte diese japanische, etwa seit Herbst 1942 verfolgte Strategie erst einmal nur bestätigen, bevor die mangelnde Bereitschaft Hitlers, nun gleichfalls politische Konsequenzen zu ziehen, zur Abwendung der japanischen Politik von ihren europäischen Verbündeten führte.

2. Stalingrad:
Bestätigung der japanischen antiwestlichen Kriegführung

Als die Heeresgruppe B Kalač und Rostov eroberte, tagte in Tokyo die Verbindungskonferenz (25. Juli 1942). Sie lehnte eine erneute Anfrage des deutschen Außenministers hinsichtlich einer japanischen Kriegsbeteiligung gegen die nahezu geschlagene Sowjetunion ab. Stattdessen sollte ein erneuter Vermittlungsversuch zwischen Deutschen und Sowjets gestartet werden, wegen der halsstarrigen Haltung Hitlers jedoch nicht in Berlin, sondern in Moskau. Der japanische Botschafter wurde von Kujbišev, wohin das diplomatische Corps seit dem Winter 1941 evakuiert worden war, zu Molotov nach Moskau gesandt, um das Terrain für eine Vermittlungsaktion zu klären, doch offensichtlich ohne größeren Erfolg. Wie weit solche japanischen Vorstöße indes die russische Seite bewogen haben, im Dezember 1942 mit den Deutschen in Stockholm[8] direkt in Kontakt zu treten, ist bislang nicht zu belegen. Doch hat die sowjetische Regierung, vor allem Stalin mit seinem abgrundtiefen Mißtrauen gegenüber Großbritannien, hinter solchen japanischen Sondierungen womöglich deutsche Urheber vermutet und den direkten Verhandlungsweg vorgezogen. Auch schien das Auswärtige Amt, Minister Ribbentrop und sein Staatssekretär Weizsäcker, nach der Einkesselung der deutschen Verbände bei Stalingrad solchen Überlegungen zu einer politischen Lösung des Ostkrieges nicht länger vollständig abgeneigt zu sein.

Doch vorerst wurde der japanische Botschafter in Berlin, Ōshima, auf eine Reise an die Ostfront geschickt, um gebührend über den deutschen Vormarsch in Südrußland nach Tokyo zu berichten und dort womöglich doch einen Meinungsumschwung herbeizuführen. Dem überschwänglichen Bericht des Diplomaten in Generalsuniform, der von einer bevorstehenden Besetzung des gesamten Kaukasus-Gebietes sprach, schenkten die Vorgesetzten in Tokyo keinen Glauben und intensivierten den Plan, eine Sonderdelegation in das Reich zu senden, um endlich Klarheit über das deutsche Potential und die nächsten strategischen Absichten des Verbündeten zu erlangen. Hitler jedoch lehnte unter einem Vorwand den Besuch der Mission vorerst ab, da er wohl zu Recht einen japanischen Vermittlungsvorschlag befürchtete und lieber erst den Ausgang der Offensive abwarten wollte. Schien doch selbst General Ōshima, glühender Verfechter einer japanisch-deutschen Waffenbrüderschaft, politische Alternativen zur deutschen Vernichtungspolitik im Osten zu erwägen, wie seine kritischen Bemerkungen in der Wilhelmstraße zur deutschen Besatzungspolitik im Osten verdeutlicht hatten.

Eine internationale Lageanalyse, die auf drei Verbindungskonferenzen Anfang November, noch vor der alliierten Landung in Nordafrika, gegeben wurde, zeichnete sich durch einen optimistischen Grundton aus. Zwar sprachen sich die Spitzen von Regierung und Militär erneut für einen baldigen deutsch-russischen Sonderfrieden aus, vertrauten aber auf eine Wiederaufnahme der mittlerweile steckengebliebenen Kaukasus-Offensive im Jahre 1943. Das Kriegspotential der Verbündeten wurde als ausreichend angesehen, Hitlers Machtstellung galt als unangefochten. Selbst das deutsch-italienische Verhältnis wurde als stabil bewertet, solange es von der Freundschaft der beiden Diktatoren getragen werde.

Erst die alliierten Erfolge in Nordafrika sollten zur Besorgnis der Japaner führen. Zeigten doch die amerikanische Landung in Nordafrika wie die zur gleichen Zeit auf Guadalcanal vorangetragene Offensive amerikanischer Landtruppen, daß die USA zu einer globalen Kriegführung durchaus in der Lage waren. Trotz der inzwischen erfolgten Einkesselung der 6. Armee rieten die japanischen Militärvertreter daher auch im Oberkommando der Wehrmacht zu einer Konzentration des deutschen Truppeneinsatzes im Mittelmeer. Die Situation in Stalingrad schien die Japaner kaum zu berühren. Offensichtlich war der Chef des Wehrmachtführungsstabes, General Jodl, auch bemüht, die Vorgänge im Osten als vorübergehenden Rückschlag hinzustellen und bestärkte deswegen die Japaner ausdrücklich in ihrer Haltung, nicht in den Krieg gegen die Sowjetunion einzugreifen.[9] Auch die pathetischen Reden zum ersten Jahrestag des Kriegsbündnisses vermochten nicht darüber hinwegzutäuschen, daß sich Deutschland und Japan nach einem Jahr getrennter Kriegführung gemeinsam auf dem Rückzug befanden. Der Kampf der jungen Völker für eine neue Welt auf ethischen und moralischen Wertvorstellungen, so der japanische Außenminister, hatte erst gar nicht stattgefunden und war angesichts der Praktiken der Eroberer schlichtweg eine Verdrehung der Tatsachen — wie das öffentlich abgelegte Bekenntnis von Premierminister Tōjō zum einzigen großen Kampf der Verbündeten.

Doch trotz allem in Tokyo und Berlin zur Schau gestellten Optimismus im Hinblick auf eine weitere gemeinsame Kriegführung trennten sich die Wege der Bündnispartner weiter. Da nunmehr auch die Italiener, ja selbst der Duce, in den — japanischen — Chor nach einer Beendigung des Ostkrieges einstimmten, sah sich Hitler zu einem Machtwort genötigt. Obwohl die sowjetische Offensive inzwischen den deutschen Entsatzversuch Stalingrads gestoppt und die italienische 8. Armee aufgerieben hatte, blieb Hitler bei seiner kategorischen Weigerung, Frieden im Osten zu suchen. Das Ostproblem sei eine rein militärische Angelegenheit, beschied er den italienischen Außenminister und damit indirekt auch die Japaner. In Tokyo hingegen leiteten die Regierungsinstanzen eine vorsichtige Revision der China-Politik ein; um der Marionettenregierung unter Wang Ching-wei in Nanking einen größeren Rückhalt zu verschaffen, zogen erstmals Verbände aus der Mandschurei und Nordchina für den Kampf im Pazifik ab und beschlossen schließlich am 31. Dezember 1942 die Räumung der seit August hart umkämpften Salomonen-Insel Guadalcanal.

Während die 6. Armee in Stalingrad unterging, versuchte die japanische Führung, erneut in seltener Einmütigkeit, Hitler zu einem Friedensschluß in Rußland zu bewegen. Die Verbindungskonferenz beorderte Botschafter Ōshima ausdrücklich zu Hitler, um das Anliegen an höchster Stelle vorzubringen. Das Desinteresse Hitlers an einer möglichen Koalitionskriegführung mit der stärksten verbündeten Macht erhellt auch die Tatsache, daß er den Repräsentanten des Tenno-Reiches über ein Jahr lang nicht empfangen, sondern alle Gespräche seinem Außenminister überlassen hatte. Bei der schließlich auf ausdrücklichen japanischen Wunsch zustandegekommenen Unterredung am 21. Januar 1943 forderte Hitler die Japaner erstmals klipp und klar auf, die Sowjetunion militärisch anzugreifen. In Anbetracht der katastrophalen Situation an der deutschen Ostfront sah sich der deutsche Führer anscheinend genötigt, seine bisherigen rassischen Vorbehalte gegen eine Kriegsteilnahme der »gelben« Verbündeten am »Schicksalskampf des Abendlandes« hintanzustellen. Um die japanische Marine diesem Ansinnen gegenüber geneigter zu stimmen, offerierte Hitler ihr in einer großzügigen Geste zwei der neuesten deutschen U-Boote als Geschenk. Gleichzeitig verwahrte er sich ausdrücklich gegen jeden politischen Kompromiß im Osten. Obwohl der Botschafter die Argumente Hitlers nicht nur nach Tokyo weiterleitete, sondern auch vehement unterstützte, war nur eine Ablehnung zu erwarten, die schließlich am 6. März von Ōshima in Berlin überreicht werden mußte.

In Tokyo wuchs das Unbehagen über die Berichterstattung des Botschafters, der sich eher zum Sprachrohr Hitlers und Ribbentrops zu degradieren schien, denn als Anwalt japanischer Interessen aufzutreten. Da eine nach der Kapitulation Stalingrads einberufene Konferenz im Gaimusho, dem japanischen Außenamt, zu einer äußerst pessimistischen Beurteilung der internationalen Lage gelangte und dieses düstere Zukunftsbild von einer Zusammenkunft der japanischen Militärattachés in Rom bestätigt wurde, sollte nun endlich die Sondermission nach Deutschland reisen, um Klarheit über die Lage der beiden Verbündeten zu gewinnen. Die Liaisonkonferenz verfügte am 20. Februar 1943 einmütig die sofortige Entsendung einer militärischen Delegation, die den Botschaftern in Rom und Berlin die Lage Japans erläutern und bei den verbündeten Regierungen auf einer Koordination sämtlicher Kriegsanstrengungen gegen die Westmächte bestehen sollte. Unausgesprochen setzte diese Kräfteverlagerung einen deutsch-russischen Sonderfrieden voraus. Die Delegation reiste tatsächlich am 1. März ab, nachdem ihren Mitgliedern überraschenderweise Transitvisa für die Sowjetunion ausgestellt worden waren, und erreichte über den Umweg Türkei am 13. April 1943 Berlin.

Eine vom Kaiserlichen Hauptquartier, das heißt von den beiden Waffengattungen Heer und Marine, Ende Februar 1943 vorgelegte »Einschätzung der internationalen Lage«[10] erwähnt Stalingrad nicht einmal, sondern spricht nur davon, daß »die Kaukasus-Operation im weiteren Verlauf des Jahres auf Schwierigkeiten stoßen wird«. Für dieses Ausklammern der spektakulären und natürlich auch in Japan bekannten deutschen Niederlage lassen sich zwei mögliche Erklärungen anführen. Zum einen wollten die japanischen Spitzenmilitärs schon im Hinblick auf die eigenen Rückschläge ein günstiges Bild der Gesamtlage vermitteln, um weitere Eingriffe der zivilen Regierungsinstanzen etwa in Richtung einer grundlegenden Revision der Besatzungspolitik zu verhindern. Zum andern wäre es auch denkbar, und dafür spricht der Schlußsatz des Dokuments[11], daß bei dem langwierigen Entscheidungsprozeß japanischer Gremien von unten nach oben (ringisei)[12] Stalingrad unvorhergesehen und zu rasch eintrat, der mühsam ausgehandelte Kompromiß jedoch nicht infrage gestellt werden durfte. Japanische politische wie militärische Lageanalysen waren wegen vorgegebener mentaler und struktureller Dispositionen häufig unverbindlich-euphemistisch abgefaßt und durch die tatsächliche Entwicklung oft überholt. Auch auf deutscher Seite wurden die tieferen Gründe für die wolkig-unpräzisen Ausführungen der Japaner nicht verstanden, sondern als gezielte Hinterlist gedeutet. Hitler machte aus seiner Verärgerung über den unberechenbaren Partner auch kein Hehl.

»Sie lügen einem die Hucke voll, und ihre ganzen Darstellungen sind alle auf etwas berechnet, was sich hinterher als Täuschung erweist.«[13]

Doch auch die deutschen Militärs und Politiker fanden nach der Katastrophe von Stalingrad eine Sprachregelung, die es mit der wahren Situation nicht mehr so genau nahm und als eine Form der Autosuggestion den Realitätsverlust weiter förderte. Der neue deutsche Botschafter in Tokyo, Heinrich Stahmer, ein überzeugter Parteigenosse, und sein Minister in Berlin boten in Gesprächen mit den Japanern fortan ihre gesamte Endsieg-Rhethorik auf, um den vermeintlichen Vertrauensschwund in die deutsche Stärke wieder wettzumachen. Auch die obersten deutschen Militärs verfielen zunehmend Wunschvorstellungen in den Gesprächen mit den Verbündeten. General Jodl präsentierte den ins Führerhauptquartier angereisten japanischen Offizieren am 18. April 1943 eine Schaulage: Die Front im Osten sei nunmehr »zweckmäßig verkürzt« und die »Wiederaufstellung der 6. Armee in stetem Fortschreiten«[14]. Da nach Jodl »feindliche Angriffe nur gegen die Frontabschnitte der Verbündeten« stattgefunden hatten, traf die Schuld allein die Rumänen, Italiener und Ungarn, aber nicht die deutschen Verbände, die offenbar gar keine Kampfberührung gehabt hatten.

Die Schlacht von Stalingrad hatte aus japanischer Sicht ohnehin auf dem falschen Kriegsschauplatz stattgefunden. Der Ausgang alarmierte daher weder die zivilen noch die militärischen Dienststellen in Tokyo, bestätigte diese jedoch in ihren Auffassungen von der Priorität des Krieges gegen die Westmächte und einer Beendigung des Verschleißkrieges in Rußland. Um die eigenen Rückschläge im Südwestpazifik politisch zu kompensieren, leitete Premierminister Tōjō in einer programmatischen Reichstagsrede eine neue Asienpolitik ein. China sollte als souveränes, gleichberechtigtes Land neben Japan treten, die Philippinen, Burma und Indien sollten noch im Jahr 1943 die Unabhängigkeit erlangen. Die Sowjetunion erwähnte der Regierungschef mit keinem Wort, bemühte sich jedoch um eine deutliche Entspannung des Verhältnisses zum asiatisch-kommunistischen Nachbarn. Diese Vorgänge wurden in Berlin aufmerksam verfolgt und zu Recht als vorsichtige Umorientierung der japanischen Politik gedeutet. Doch erst die Übernahme des Außenministeriums in Tokyo durch den erfahrenen Berufsdiplomaten Shigemitsu (15. April 1943) sollte diese Wende, die letztlich auf eine Abkehr von Deutschland zielte, Freund und Feind allgemein verdeutlichen.

3. Auswirkungen der deutschen Niederlage: Japans Hinwendung nach Asien

Der neue japanische Außenminister wollte sich vermutlich in einem letzten Versuch Klarheit über Hitlers Absichten verschaffen, bevor die neue Asienpolitik endgültig eingeleitet wurde. Während der Botschafter in Berlin zu Ribbentrop beordert wurde, empfing Shigemitsu den deutschen Vertreter in Tokyo. Die vorgebrachten Argumente waren eindeutig und abgesprochen: Das Deutsche Reich sollte den Verschleißkrieg im Osten beenden oder doch zumindest seine Besatzungspolitik

grundlegend ändern. Was die Japaner mit Erfolg in Südostasien praktizierten, nämlich die nationalen Bestrebungen der Völker zu fördern,
sollten auch die Deutschen mit den vom Kommunismus unterdrück-
ten Völkern versuchen. Da weder Stahmer noch Ribbentrop solchen
Vorschlägen zugänglich schienen — rekurrierte der Minister doch gleich
auf die Offensive als bestes Pazifierungsmittel im Osten —, beschloß
die Verbindungskonferenz, den Sondergesandten Okamoto in Begleitung von Ōshima zu einem offenen Gespräch zu Hitler zu entsenden.
Der deutsche Führer sollte überredet werden, alle Kräfte gegen die
Anglo-Amerikaner zu werfen und einen Friedensschluß im Osten zu
suchen. Außenminister Shigemitsu gab zur Sicherheit diese Okamoto
übermittelten Richtlinien als japanische Wünsche auch an den Botschafter weiter. Doch Stahmer schien derart vom Endsieg der Achsenmächte überzeugt zu sein, daß er das Angebot einer japanischen Vermittlung im Ostkrieg gar nicht erst nach Berlin weiterleitete.

Der Fall von Tunis, die Kapitulation von fast 240 000 italienischen und
deutschen Soldaten am 12./13. Mai 1943, wurde von japanischer Seite
als »ernster Verlust«[15] höher bewertet als die gut drei Monate zuvor
erfolgte Vernichtung der 6. Armee in Stalingrad. In Anbetracht dieser
erneuten Verschlechterung der militärischen Gesamtlage für die Achsenmächte fiel dem deutschen Außenminister nichts Besseres ein, als
erneut, nun allerdings letztmalig, die Forderung nach einem sofortigen Entlastungsangriff der Japaner gegen Sibirien nach Tokyo zu über-
mitteln. Ribbentrop bemerkte zusammenfassend, »daß in einem plötz-
lichen erfolgreichen Angriff Japans auf Sowjetrußland vielleicht eine
große Chance für die weitere Kriegführung der Dreierpaktmächte
liegt.«[16] Sicherlich wäre durch einen womöglich lokal begrenzten Sie-
geszug der Japaner in die russische Küstenprovinz die militärische
Schlappe der Achsenmächte vorübergehend verdeckt worden, doch der
Vormarsch der Anti-Hitler-Koalition hätte sich längerfristig durch ein
solches Störmanöver kaum aufhalten lassen. Bei dem entsprechenden
Gespräch im Gaimusho erkundigte sich Außenminister Shigemitsu, »ob
wir nun nach der Räumung Afrikas endgültig Rußland angreifen würden«[17]. Außerdem lobte der japanische Spitzendiplomat die deutsche
Propaganda über Katyn und empfahl, die günstige Gelegenheit zur Neu-
bildung eines an Deutschland angelehnten polnischen Staatswesens zu
nutzen. Da eine solche Aufforderung einer herben Kritik an der deutschen Polenpolitik gleichkam, wurde dieser Vorstoß in Berlin ignoriert.

Nach längerem Antichambrieren in Berlin und einer Reise an die
inzwischen stabilisierte Ostfront wurde die japanische Sonderdelega-

tion unter Okamoto im Beisein des Botschafters am 19. Mai bei Ribbentrop endlich vorgelassen. Unter Aufsicht des Sondergesandten fand nun auch Ōshima klare Worte: Eine Operation gegen Rußland sei gleichzeitig mit den Kämpfen im Südwestpazifik nicht durchführbar. Deutschland solle, wenn es schon keinen Frieden im Osten schließen wolle, dort doch wenigstens von größeren Angriffsoperationen Abstand nehmen und die dafür notwendigen Verbände lieber gegen die Anglo-Amerikaner werfen. Flankierend und wohl auch, um weitere deutsche Truppen im Osten freizubekommen, schlug Ōshima erneut eine propagandistische Beeinflussung der Ostvölker vor und verwies dabei ausdrücklich auf entsprechende japanische Erfolge in Südostasien. Ribbentrop seinerseits lehnte diesen Vergleich ab, da der Kommunismus nicht zu beeinflussen sei, sondern nur vernichtet werden könne, und beharrte ganz im Sinne Hitlers auf einer Wiederaufnahme der deutschen Offensive. Der Wunsch des japanischen Emissärs, auch bei Hitler vorsprechen zu dürfen, wurde deutscherseits mit Absicht dilatorisch behandelt, um erst den Ausgang der längst geplanten deutschen Sommeroffensive bei Kursk abzuwarten.

Noch vor dem Empfang bei Hitler und vor dem offenkundigen Scheitern des Unternehmens »Zitadelle« sandte Okamoto einen nüchternen Bericht über die deutsche Kriegssituation nach Tokyo.[18] Mit dem Hinweis, die deutsche Nationalkraft sei schwächer als in Japan angenommen werde, kritisierte Okamoto indirekt die unkritische Berichterstattung Ōshimas, der im Gaimusho ohnehin als »Ribbentrops Laufbursche« galt. Auch wies der Gesandte auf den Mangel an Menschenmaterial, die ungenügende Industrieproduktion sowie die Knappheit an Öl und Benzin hin. Der Zusammenbruch der deutschen Angriffsoperationen sollte diese Lageanalyse im nachhinein bestätigen.

Die Kaiserliche Konferenz hatte die »Neue Chinapolitik« des neuen Außenministers ausdrücklich gutgeheißen und die entsprechenden politischen Richtlinien einer Zusammenarbeit auch auf die übrigen besetzten Gebiete übertragen. Premier Tōjō sprach am 16. Juni im Reichstag »Über die Solidarität von Großostasien«. Der Text der Rede war der deutschen Botschaft zuvor übermittelt worden, um keine Illusionen hinsichtlich eines japanischen Vorstoßes gegen die Sowjetunion aufkommen zu lassen. Tōjō erwähnte dann auch den sowjetischen Nachbarn mit keinem Wort, prognostizierte pflichtschuldig den Sieg der Achsenmächte in Europa und wandte sich in seinen eigentlichen Ausführungen der Befreiung Ost- und Südostasiens zu. Wenige Tage später beschloß die Verbindungskonferenz, das Verhältnis zur Sowjetunion endgültig zu bereinigen und die bei der Unterzeichnung des Neutralitätsvertrages eingegangene Verpflichtung, die japanischen Öl- und Kohle-Konzessionen auf Nord-Sachalin aufzugeben, endlich einzulösen. Die sowjetische Regierung wurde von dieser japanischen Bekundung zu guter Nachbarschaft wohl auch deswegen gleich in Kenntnis gesetzt, um das Terrain für eine nach wie vor angestrebte Vermittlung im deutsch-russischen Krieg zu klären.

Die Absetzung Mussolinis durch den Faschistischen Großrat (25. Juli 1943) wurde in Japan als weiterer Beleg für die notwendige Umorientierung des Kaiserreiches auf Asien verstanden, von Shigemitsu jedoch außerdem geschickt dazu benutzt, den Deutschen durch Übermittlung eines fingierten sowjetischen Angebotes der Grenzen vor 1914 einen Friedensschluß nahezulegen. Tatsächlich hatte die russische Seite auf dem Höhepunkt der Stockholmer Geheimsondierungen eine ähnliche Offerte unterbreitet. Durch die Absage einer zweiten Front für 1943 fühlte sich Stalin offensichtlich brüskiert und reizte die Karte eines Sonderfriedens aus.

Die deutsche Seite erkannte die Normalisierung des sowjetisch-japanischen Verhältnisses als Voraussetzung der neuen japanischen Politik recht schnell. Diese asiatische Blockbildung unter Einbeziehung der Sowjetunion sollte zur Leitlinie der gesamten Außenpolitik Tokyos bis zum Untergang des Kaiserlichen Japan werden. Ergänzt wurde diese Maxime durch eine neue Besatzungspolitik unter dem Schlagwort »Asien den Asiaten«. Die Sowjetunion sollte, wenn schon nicht mit Hilfe eines Sonderfriedens, dann doch mit verlockenden Angeboten an Japan gebunden und, wie ehedem 1940 im Zusammenhang mit dem Anschluß des Dreimächtepakts von japanischer Seite gefordert, in eine antiwestliche Allianz eingebunden werden.

Beides, die Revision der Besatzungspolitik und die neue Strategie gegenüber der Sowjetunion, setzte eine deutliche Abwendung von Hitler-Deutschland voraus. Nach der Kapitulation Italiens unternahm Shigemitsu nochmals eine Friedenssondierung, diesmal sogar gleichzeitig in Berlin und in Moskau. Doch von japanischen Vermittlungsversuchen wollte man weder in der Wilhelmstraße etwas wissen, noch zeigte sich Molotov geneigt, darauf einzugehen. Stattdessen informierte die sowjetische Seite ihre Verbündeten von dem japanischen Anerbieten, um auf diese Weise Loyalität zu bekunden. Da aus der Sicht der Japaner nunmehr alle Bemühungen um eine politische Lösung des Krieges in Rußland gescheitert waren, beschloß die Verbindungskonferenz am 25. September 1943, den japanischen Kriegsschauplatz als völlig unabhängig vom europäischen anzusehen. Das Verhältnis zu Deutschland habe sich negativ entwickelt und den Charakter eines gegenseitigen Sich-Aufmunterns angenommen.

Der »Allgemeine Entwurf für die weitere Kriegführung«[19], wie er einige Tage später von der Kaiserlichen Konferenz verabschiedet wurde, trug der veränderten Gesamtkriegslage Rechnung. Japan wollte fortan alle seine Anstrengungen auf die Abwehr der amerikanischen Gegenoffensive konzentrieren. Die Linie Kurilen—Bonin-Inseln—Neuguinea wurde zur nationalen Verteidigungszone erklärt. Außerdem sollte unter allen Umständen ein Kriegsausbruch mit der Sowjetunion vermieden werden, den nun anscheinend die japanische Seite nach den überwältigenden Siegen der Roten Armee nicht länger ausschloß, und folglich die Befriedigungspolitik gegenüber Moskau fortgesetzt werden. Das lapidare Bekenntnis zu Deutschland in dem Beschluß stellte nichts weiter als eine Floskel dar. Das deutsch-japanische Bündnis, das im Grunde wegen der unterschiedlichen Haltung beider Länder gegenüber der Sowjetunion nie vollzogen wurde, war endgültig inhaltslos geworden.

Schluß

Auch die politische Hinwendung Japans nach Asien vermochte das Inselreich nicht vor dem militärischen Ansturm der Amerikaner zu bewahren. Die asiatische Blockpolitik gegenüber der Sowjetunion kam zu spät und wurde in der Durchführung immer wieder durch Armeekreise behindert. Auch die groß angekündigte Befreiung Asiens vom Kolonialismus und die Gleichheit der asiatischen Völker im Rahmen einer »Großostasiatischen Wohlstandssphäre« entpuppten sich in der Realität der japanischen Besatzungsherrschaft als grandioser Fehlschlag. Das Freiheitsmanifest der Großostasienkonferenz (7. November 1943) sowie die Unabhängigkeitserklärungen für die Philippinen, Burma und die Regierung »Freies Indien« vermochten wohl, einige Kollaborations-Eliten auf die Seite der Japaner zu ziehen und Partisanenbewegungen größeren Ausmaßes zu verhindern, aber kaum die in der Regel hungernden Volksmassen zu gewinnen. In China sollte den Japanern eingedenk ihrer Terrorherrschaft nicht einmal ein Pazifizierungskonzept gelingen. Die Ignoranz der in vormodernen Denkstrukturen verharrenden Besatzungsoffiziere der Armee, denen die größten Teile der besetzten Gebiete unterstanden, und der von den Japanern bewirkte Zusammenbruch des gesamten Wirtschaftsgefüges ließen aus der »Greater East

Asia Co-Prosperity Sphere« in der Realität des Besatzungsalltags eine »Greater East Asia Robbery Sphere« werden — mit den bekannten Folgen für das bis heute angespannte Verhältnis Japans zu seinen ehemaligen besetzten Gebieten.

Der letzte Weltkrieg wurde jedoch weder in Ostasien, noch in Nordafrika und auch nicht in Stalingrad entschieden. Vielmehr müssen die einzelnen Kriegsschauplätze in globaler Interdependenz gesehen werden. Ohne die deutsche Niederlage an der Volga hätte sich Japan kaum derart zielbewußt von seinen europäischen Verbündeten abgesetzt. Doch wiederum war diese Niederlage auch eine Folge falscher Frontenbildung der Achsenmächte. Die Kriegsziele Deutschlands und Japans differierten von Anfang an in einem Maße, das eine Kooperation zwischen beiden ausschloß. Letztlich entschied sich beider Länder Niederlage an ihrem Verhältnis zur Sowjetunion: Deutschland, indem es über Rußland herfiel und schließlich bei Stalingrad erstmals entscheidend geschlagen wurde; Japan, weil es den Angriff versäumte und statt dessen von einem aussichtsreichen militärischen Unternehmen im Norden auf eine aussichtslose Konfrontation mit den Westmächten zusteuerte. Die »faschistische« Dreiergemeinschaft blieb ohne Substanz, eine »Allianz ohne Rückgrat« und zur Kooperation unfähig. Das gemeinsame Bekenntnis zu einer getrennt vollzogenen Expansionspolitik der nackten Gewalt reichte nicht aus, um der Welt eine dauerhafte Friedensordnung zu bescheren. Dazu bedurfte es großer Anstrengungen und hoher Verluste an Menschen und Gütern, wie sie vor allem die Völker der Sowjetunion (nicht nur die Russen) erbracht haben — nicht zuletzt in Stalingrad.

Anmerkungen

[1] Die folgenden Ausführungen stützen sich auf eine Vielzahl von Abhandlungen des Autors zur modernen Geschichte Japans und dem deutschen Einfluß auf die Modernisierung und politische Entwicklung des Kaiserreiches bis 1945. Als wichtigste Arbeiten, in denen sich auch alle Belege finden, sind zu nennen die Monographie des Verf. über die Zeit der Kriegsallianz (Deutschland und Japan im Zweiten Weltkrieg. Vom Angriff auf Pearl Harbor bis zur deutschen Kapitulation, Göttingen 1969) sowie die folgenden Aufsätze: Die Einschätzung der Lage Deutschlands aus japanischer Sicht: Japans Abkehr vom Bündnis und seine Hinwendung auf Ostasien (1943—1945), in: Die Zukunft des Reiches: Gegner, Verbündete und Neutrale (1943—1945), hrsg. von Manfred Messerschmidt und Ekkehart Guth, Herford, Bonn 1990, S. 127—146; Das deutsch-japanische Bündnis im Zweiten Weltkrieg, in:

Deutschland — Japan in der Zwischenkriegszeit, hrsg. von Josef Kreiner u. a., Bonn 1990, S. 199—222 (erweiterte englische Version im Druck: The German-Japanese Alliance in the Second World War, in: The Pacific War. A Reappraisal after Fifty Years, ed. by Saki Dockrill, L. Freedman, London 1992); Germany and Pearl Harbor. The German-Japanese Alliance and the Outbreak of the War in the Pacific, in: Fifty Years After. The Pacific War Re-examined, ed. by Chihiro Hosoya, Akira Iriye, Tokyo, New York 1992 (erscheint demnächst). Von japanischen Abhandlungen sind als wichtig zu benennen vor allem die Darstellung des Generalstabsoffiziers Takushiro Hattori, The Complete History of the Greater East Asia War (mit vielen Dokumenten im Wortlaut, japanische Publikation Tokyo 1953, amerikanische Übersetzung für den Dienstgebrauch, Microfilmkopie in der Bibliothek für Zeitgeschichte in Stuttgart), sowie die von James W. Morley in Englisch edierten japanischen Sammelwerke: Deterrent Diplomacy. Japan, Germany, and the USSR 1935—1940, New York 1976, und The China Quagmire. Japan's Expansion on the Asian Continent 1933—1941, New York 1983. Zum russisch-japanischen Verhältnis grundlegend: George Alexander Lensen, The Strange Neutrality. Soviet-Japanese Relations during the Second World War 1941—1945, Tallahassee 1972.

[2] Inazo Nitobe, Bushido. The Soul of Japan, Tokyo [19]1985.

[3] Adolf Hitler, Mein Kampf, München 1938, S. 319.

[4] Zit. bei Theo Sommer, Deutschland und Japan zwischen den Mächten 1935—1940, Tübingen 1962.

[5] Gerhard Krebs, Japan und der deutsch-sowjetische Krieg, in: Zwei Wege nach Moskau. Vom Hitler-Stalin-Pakt zum »Unternehmen Barbarossa«. Im Auftrag des Militärgeschichtlichen Forschungsamtes hrsg. von Bernd Wegner, München, Zürich 1991, S. 564—583.

[6] Protokoll der Konferenz in: Japan's Decision for War. Records of the 1941 Policy Conferences, ed. by Nobutaka Ike, Stanford 1967.

[7] Dokument Nr. 5 in: Martin, Deutschland und Japan (wie Anm. 1).

[8] Zu den direkten deutsch-sowjetischen Kontakten in Stockholm, auch im folgenden: Bernd Martin, Deutsch-sowjetische Sondierungen über einen separaten Friedensschluß im Zweiten Weltkrieg. Bericht und Dokumentation, in: Felder und Vorfelder russischer Geschichte. Studien zu Ehren von Peter Scheibert, hrsg. von Inge Auerbach u. a., Freiburg i. Br. 1985, S. 280—308.

[9] Dokument Nr. 20: Niederschrift über Besprechung am 4. 12. 1942 Führerhauptquartier mit Japanern, in: Martin, Deutschland und Japan (wie Anm. 1).

[10] Dokument Nr. 25: Estimate of International Situation, Imperial Headquarters, 27 February 1943, ebd.

[11] »There has been no change since the previous estimate«.

[12] Kiyoaki Tsuji, Decision-Making in the Japanese Government: A Study of Ringisei, in: Political Development in Modern Japan, ed. by Robert E. Ward, Princeton 1966, S. 457—476.

[13] Hitlers Lagebesprechungen. Die Protokollfragmente seiner militärischen Konferenzen 1942—1945, hrsg. von Helmut Heiber, Stuttgart 1962, S. 169 (5. März 1943).

[14] Dokument Nr. 21: Niederschrift über Besprechung mit japanischen Offizieren im FHQu. am 18. 4. 1943, in: Martin, Deutschland und Japan (wie Anm. 1).

[15] Telegramm Deutsche Botschaft Tokyo, Nr. 1484, vom 12. Mai 1943: »Räumung Tunis und Bizerta wird in Japan als ein ernster, jedoch für strategische Gesamtlage der Achsenmächte nicht entscheidender Verlust gewertet« (Politisches Archiv Bonn, StS Japan).

[16] Ebd.: Telegramm Ribbentrop-Stahmer, Nr. 717, vom 14. Mai 1943.

[17] Ebd.: Telegramm Stahmer-Auswärtiges Amt, Nr. 1545, vom 18. Mai 1943.

[18] Bericht Okamoto—Tokyo vom 5. Juli, in: Saburo Hayashi, Kogun. The Japanese Army in the Pacific War, Quantico 1954, S. 70. Der Empfang Okamotos bei Hitler fand am 29. Juli 1943 statt.

[19] Dokument Nr. 26 (30. Sept. 1943), in: Martin, Deutschland und Japan (wie Anm. 1).

Gerhard Schreiber

Italiens Teilnahme
am Krieg gegen die Sowjetunion.
Motive, Fakten und Folgen

Udine im März 1943, die Menschen in der altehrwürdigen Stadt im Friaul erscheinen bedrückt, denn das dramatische Ende der 8. Armee hat sich herumgesprochen. Die Schuld an der Katastrophe wird personalisiert: »Nieder mit Mussolini, dem Mörder der Alpini.«[1] Es sind Heimkehrer aus Rußland, die das sagen, das heißt Männer, die überlebten, was man inzwischen das »Niedermetzeln der Alpini« nennt: Pars pro toto, starben doch mit den Gebirgstruppen, der Elite des königlichen Heeres, ungezählte andere italienische Soldaten in jenem Winter 1942/43. Warum nur? Warum nur dieser tausendfache, grausame und sinnlose Tod von Angehörigen, Freunden oder Landsleuten? Warum nur mußten sie an einer Front das Leben lassen, die Italien doch überhaupt nicht interessierte? Verzweifelt und ohnmächtig dürften sich dies Millionen Italiener gefragt haben.

Antworten, die weder Rechtfertigung noch Sinngebung sein können, findet der Historiker zum einen im Charakter des Krieges gegen die Sowjetunion, den sowohl imperialistische als auch ideologische Faktoren prägten, sowie zum anderen im besonderen Verhältnis, das Mussolini zu Hitler besaß. Und es versteht sich von selbst, daß hierbei — also beim Suchen nach den Motiven für Italiens Teilnahme am sogenannten Ostfeldzug der Wehrmacht — sorgfältig zwischen der Aussagekraft interner Äußerungen, offizieller Mitteilungen und propagandistischer Verlautbarungen abzuwägen ist.

In der antibolschewistischen Propaganda des faschistischen Regimes hatte es — ausgenommen die Zeit des finnisch-russischen Konflikts — nach dem überraschenden Abschluß des deutsch-sowjetischen Nichtangriffspaktes vom 23. August 1939 eine Art Atempause gegeben; und mit dem Kriegseintritt Italiens am 10. Juni 1940 zählte Moskau auch für Rom zu den achsenfreundlichen Staaten. Es gab keinen Grund, sich negativ über Stalin zu äußern. In den Zeitungen war Rußland kein Thema. Das änderte sich schlagartig mit dem 22. Juni 1941. Nun dominierten wieder die alten Parolen. Die italienische Führung beschwor — mit einem erwartungsvollen Seitenblick auf den Vatikan — den Atheismus der Kommunisten, sprach, ganz im Sinne Hitlers, von der »jüdisch-bolschewistischen Hydra« und wies die Presse an, die eigene Bevölkerung auf eine gesamteuropäische Solidarität gegenüber dem Bolschewismus einzustellen. Kreuzzugsstimmung sollte aufkommen, und manch einer marschierte wohl tatsächlich mit reichlich verqueren Ideen nach Osten, meinte, Völkern, denen »Zivilisation«, »Religion«, ja sogar »Arbeit« unbekannt seien, das »wahre Leben« lehren zu müssen.[2] Aber wie auch immer, Italiens Medien kämpften nun gegen Plutokratie und Kommunismus: Noch 1941 zog die politisch-ideologische Berichterstattung über die UdSSR mit derjenigen über Großbritannien gleich.[3]

Offizielle Stellungnahmen betonten ebenfalls das ideologische Moment. So schrieb zum Beispiel Mussolini am 23. Juni an Hitler, die »Lösung der russischen Frage« habe die Achsenmächte zu jener »Lehre« zurückgeführt, die sie »nur durch taktische Erfordernisse vorübergehend verlassen« hätten.[4] Gewiß, im kleinen Kreis sagte er wenig später, es sei irreführend, von »antibolschewistischem Kampf« zu sprechen, weil es sich schlicht um eine machtpolitische oder imperialistische Auseinandersetzung über die kontinentale Hegemonie handelte.[5] Dennoch wäre es verfehlt, die vom »Duce« im Juni bekundete Auffassung als rein opportunistische Anpassung an die von Hitler geschaffenen Fakten einzustufen. Mussolini verstand sich nämlich durchaus als Vorkämpfer gegen den Bolschewismus.[6] Daß seine praktische Politik dies in den vergangenen Monaten nicht hatte erkennen lassen — immerhin entwickelten sich die Beziehungen zu Moskau 1941 in Richtung einer engeren, primär wirtschaftlichen, Zusammenarbeit[7] —, erscheint unerheblich. Allerdings ist zugleich hervorzuheben, daß er sich keineswegs einzig und allein aus einer antibolschewistischen Grundeinstellung heraus dazu entschloß, Stalin noch am frühen Morgen des 22. Juni den Krieg zu erklären.

Um die wahren Beweggründe für sein Verhalten erkennen zu können, muß man bis zum Jahreswechsel 1940/41 zurückblicken. Damals kam es zu gravierenden Gewichtsverschiebungen im Achsenbündnis, und als Folge davon erhielt die seit langem gegebene politische Rivalität zwischen Hitler und Mussolini eine neue Dimension. Denn aus der Sicht der Reichsführung disqualifizierte sich Italien in seinem Krieg gegen Griechenland als Großmacht. Und beim »Duce«, dem das veränderte Verhältnis nicht verborgen blieb — er litt geradezu physisch unter der offenkundigen Abhängigkeit von Deutschland —, erwuchs aus Irritation und Mißtrauen letztlich Haß. Ein Haß gegen die Deutschen, der nicht zufällig in dem Augenblick ein bis dahin nie gekanntes Ausmaß erreichte, als deutsche und italienische Soldaten in Nordafrika und auf dem Balkan gemeinsam marschierten. Das Dilemma Mussolinis bestand in jener Situation darin, daß er nach wie vor vom Endsieg Hitlers überzeugt blieb. Doch schloß er andererseits einen Kompromißfrieden nicht aus. Gerade deshalb glaubte er, an der Seite des »Dritten Reiches« ausharren zu sollen, obwohl ihm bewußt war, daß Italien in dieser Koalition stetig an Gewicht und Eigenständigkeit verlor.[8]

Im Grunde genommen ist somit zu konstatieren, daß Mussolini seit dem Frühjahr 1941 nach der Devise handelte, zu retten, was sich noch retten ließ: Hitler stellte dabei seinen — indirekten — Gegner dar. Was besagt, daß die Idee des Achsenbündnisses schon im Winter 1940/41 ad absurdum geführt war. Einer solchen These widerspricht Italiens unverzüglicher Eintritt in den Krieg gegen Rußland nur auf den ersten Blick. Es lohnt sich daher, den Vorgang etwas genauer zu betrachten.

Bekanntermaßen — der Affront wurde oft und zuweilen mit gewisser Häme beschrieben — unterrichtete der »Führer« den »Duce«, der gerade in Riccione Urlaub machte, am 22. Juni durch Italiens Außenminister Galeazzo Ciano zu nachtschlafender Zeit vom Angriff auf die Sowjetunion. Doch das war eher eine Stilfrage. Wichtiger sind zwei Sachverhalte, die sich aus dem Brief Hitlers eindeutig ergeben: Mussolini wußte demnach, daß die Aggression stattfinden würde, lediglich den genauen Zeitpunkt kannte er noch nicht; und Deutschland neigte offenbar nicht dazu, italienische Verbände am Unternehmen »Barbarossa« zu beteiligen.

Auf die verhältnismäßig genauen Kenntnisse, die der »Duce« von den deutschen Absichten besaß, weist die Bemerkung Hitlers hin, daß ihm der italienische Militärattaché in Berlin, General Efisio Marras, mitgeteilt habe, Italien wolle beim Angriff »wenigstens ein Korps zur Verfügung stellen«. Er werde, falls Mussolini dies wirklich vorhabe, das Angebot dankbar annehmen. Aber die Sache eile nicht, die Italiener könnten auch später antreten.[9] Freilich, ganz so vage stellten sich die beiderseitigen Absprachen über ein italienisches militärisches Engagement im Osten am 21. Juni nicht mehr dar.

Spätestens seit dem November 1940 hatte die Regierung in Rom immer wieder Meldungen erhalten, die einen Konflikt zwischen Berlin und Moskau ankündigten. Im Mai 1941 war man sich dann innerhalb der italienischen Führung sicher, daß Hitler angreifen würde. Am 14. Mai ging der Chef des militärischen Geheimdienstes von einer Offensive der Wehrmacht am 15. Juni aus. Die entscheidenden Hinweise bekamen die Italiener im übrigen aus Bukarest. Als General Marras schließlich am 30. Mai seine Beobachtungen vom 7. und 21. Mai über die sich zuspitzende Lage im Osten präzisierte, der Militärattaché nannte hierbei Zielsetzungen und Zeitvorstellungen, befahl der »Duce« noch am selben Tag, ein Expeditionskorps aufzustellen. Dieses sollte die italienische Beteiligung an einem Krieg gegen die UdSSR ermöglichen, wobei der Regierungschef den ideologischen Charakter der bevorstehenden Auseinandersetzung als besonders verpflichtend hinstellte. Zwei Wochen später, am 14. Juni, nahmen die Militärs in Rom an, daß die deutschen Truppen zwischen dem 20. und 25. Juni marschieren würden. Am folgenden Tag, die Anzeichen für eine krisenhafte Entwicklung zwischen Berlin und Moskau verdichteten sich, wurde General Marras angewiesen, Hitler den Osteinsatz des in der Aufstellung befindlichen Expeditionskorps anzubieten. Der Militärattaché meldete daraufhin am 20. Juni, daß das Oberkommando der Wehrmacht die italienischen Divisionen zwischen den ungarischen und rumänischen Verbänden einzuschieben gedenke, um direkte Kontakte der beiden nicht gerade miteinander befreundeten Verbündeten zu vermeiden. Hitler hatte all das zwischen dem 15. und dem 21. Juni — als sein Brief ausgehändigt wurde — akzeptiert. Am selben Tag teilte General Marras dem Kriegsministerium in Rom um 21.00 Uhr mit, daß man deutscherseits wohl beabsichtigte, am 22. Juni anzugreifen. Die Bereitstellung und die Ausrüstung der drei italienischen Ostdivisionen galten damals als so gut wie abgeschlossen.[10]

Wenn Hitler also in seinem Schreiben die Frage der Verwendung italienischer Truppen in Rußland als offen hinstellte, er sprach bezeichnenderweise von einer »Absicht« Mussolinis, so dürfte er dies nicht zufällig getan haben. In der Tat heißt es in seinem Brief:

»Die entscheidende Hilfe, Duce, können Sie aber immer dadurch bieten, daß Sie Ihre Kraft in Nordafrika verstärken, wenn möglich auch mit dem Blick von Tripolis nach Westen, daß Sie weiter zum Aufbau einer, wenn auch zunächst nur kleinen Gruppe kommen, die für den Fall eines französischen Vertragsbruchs sofort in Frankreich selbst mit einmarschieren kann, und endlich, indem Sie vor allem den Luftkrieg und, soweit es überhaupt möglich ist, den U-Bootkrieg verstärkt ins Mittelmeer tragen.«[11]

Das war — salopp ausgedrückt — die kaum noch versteckte Aufforderung an den »Duce«, seine Hausaufgaben im Süden zu erledigen und den Krieg im Osten den Deutschen zu überlassen.

Mussolini machte zwar gute Miene zu Hitlers bösem Spiel[12], doch in Wahrheit fühlte er sich durch die Art, in der man ihn bei der Entscheidungsfindung in der »russischen Frage« behandelte, tief verletzt, zudem betrachtete er die im letzten Augenblick erfolgte Unterrichtung über den Angriff als stillos, ja als unverschämt. Ihm blieb außerdem nicht verborgen, daß Hitler den Einsatz des italienischen Expeditionskorps vermeiden wollte. Ciano versuchte deshalb, den Regierungschef von jenem Vorhaben abzubringen. Doch der bestand auf seiner Absicht, reagierte ausgesprochen trotzig mit einem: jetzt erst recht.[13]

Am 23. Juni formulierte Mussolini seine Antwort an Hitler. Der Brief betonte einmal mehr die ideologischen Motive. Italien könne in einem Kriege, der einen »derartigen Charakter« besitze, »nicht abseits bleiben«. Sodann folgte der — angesichts des deutschen Bemühens, die Italiener auf den mittelmeerischen Raum festzulegen — sarkastisch anmutende Satz: »Ich danke Ihnen daher, Führer, die Beteiligung von Landtruppen und Luftstreitkräften Italiens [...] angenommen zu haben.« Er sei sich »gewiß, daß der Feldzug gegen das bolschewistische Rußland mit einem glänzenden Siege enden wird und daß dieser Sieg ein Vorklang des endgültigen Sieges über die angelsächsische Welt sein wird«[14]. Im übrigen fällt auf, daß Mussolini, ganz ähnlich wie Hitler im Zusammenhang mit seiner Sekundärbegründung für den Überfall auf die Sowjetunion, den Ostfeldzug — im Hinblick auf die anhaltende Auseinandersetzung mit Großbritannien — instrumentalisierte. Das heißt, er ging davon aus, daß die »Lösung der russischen Frage« der Regierung in London die »letzte Hoffnung auf dem europäischen Kontinent« nehmen werde.

Eine derartige Sehweise zeigt sich auch in einem Brief vom 2. Juli. Der italienische Regierungschef bezeichnete damals den »Aufmarsch der europäischen Nationen« gegen Moskau als »Aufmarsch gegen Großbritannien«. Noch bemerkenswerter erscheint die folgende Feststellung, weil sie die strategische Perspektive des »Duce« charakterisiert:

»Nach der Liquidierung Rußlands wird das Schicksal Großbritanniens ohne viel Verzögerung entschieden werden, besonders wenn es uns gelingen wird, die Türkei auf unsere Seite zu ziehen und Ägypten von zwei Seiten anzugreifen.«[15]

Hiermit berührte er im übrigen ein Thema, das deutsche Militärs schon seit dem Spätherbst 1940 untersuchten.[16]

Aus solchen Überlegungen Mussolinis ist zu schließen, daß es ihm bei der militärischen Beteiligung am Ostfeldzug auch darum ging, Hitler dazu zu verpflichten, nach dem erwarteten Sieg über Stalin, den — für Rom im Mittelpunkt des Krieges stehenden — Kampf gegen Großbritannien im mittelmeerischen Raum fortzusetzen. Hierbei ist daran zu erinnern, daß der »Duce« im Sommer 1941 noch keines der territorialen Faustpfänder besaß, die es ihm ermöglichen sollten, bei den Friedensverhandlungen die politischen Ziele Italiens zu verwirklichen. Noch ein weiteres — Mussolini stark beunruhigendes — Moment kam hinzu. Er wußte, daß die Zerstörung des britischen Empire nicht zu Hitlers vorrangigen Kriegszielen zählte. So gesehen mußte Rom verschiedene Entwicklungen einkalkulieren.

Das Übelste, was aus der Sicht der italienischen Regierung eintreten konnte, wäre ein unmittelbar nach dem siegreichen Abschluß des Ostfeldzuges ausgehandeltes deutsch-britisches Übereinkommen gewesen, weil sich jeder denkbare Kompromiß nur auf Kosten der eigenen Ambitionen erreichen ließ. Und genau das scheint der »Duce« ernsthaft befürchtet zu haben. Jedenfalls ging er davon aus, daß Berlin — nach dem Sieg — London vorteilhafte Angebote machen würde. Einzig dann, wenn sich die britische Regierung ablehnend verhalten sollte, werde Hitler die Vernichtung Großbritanniens betreiben. Doch selbst in diesem Fall erledigten sich die Sorgen Mussolinis nicht ohne weiteres. Denn damit war ja nicht gesagt, daß der »Führer« die Entscheidung im Süden suchen wollte. Eventuell beabsichtigte er, sich aus der Position einer europäischen Hegemonialmacht heraus — ohne Berücksichtigung der nationalen Anliegen Italiens — auf eine langfristige See- und Luftkriegführung gegen das britische Weltreich und sein Mutterland zu beschränken.[17]

Am Rande sei in solchem Kontext angemerkt, daß der Chef des Oberkommandos der Wehrmacht, Generalfeldmarschall Wilhelm Keitel, seinem italienischen Pendant, Generaloberst Ugo Cavallero, Ende Juli 1941 mitteilte, man werde in Nordafrika — solange der Krieg im Osten andauere — lediglich hinhaltend operieren. Ein Kriegsplan für das gemeinsame Vorgehen gegen die Briten im Mittelmeerraum könne erst nach »Barbarossa« erarbeitet werden. Daß es auf dem nordafrikanischen Kriegsschauplatz vom Frühjahr bis zum Sommer 1942 trotzdem zu einer großangelegten Offensive der Achsenmächte kam, beruhte im wesentlichen auf der — teilweise gegen den Willen der Wehrmachtführung verwirklichten — Initiative der dortigen Befehlshaber.[18]

Was jedoch die Überzeugung Mussolinis anbelangt, daß es zwischen dem Ostkrieg und der Fortsetzung des Kampfes gegen Großbritannien eine — nicht bloß militärische — Wechselbeziehung gab, so wirkte sich diese Annahme zwar auf seinen Entschluß aus, eigene Truppen in der UdSSR einzusetzen, aber darüber hinaus spielten noch andere Faktoren eine Rolle. Die Rede ist von antideutschen Motiven oder der verdeckten Frontstellung des »Duce« gegenüber dem »Führer«.

Auf offizieller Ebene ließ sich dies kaum erkennen. Allenfalls die diplomatischen Auseinandersetzungen über die Südtirolfrage[19] oder über die Fortsetzung der Fortifikationsarbeiten an der italienischen Nordgrenze[20] lieferten Hinweise auf Spannungen in den beiderseitigen Beziehungen. Wer jedoch die Tagebücher von Außenminister Ciano, Erziehungsminister Giuseppe Bottai oder dem Minister für Öffentliche Arbeiten Giuseppe Gorla[21] unter solchen Gesichtspunkten liest, findet im Zeitraum vom Juni 1941 bis zum Februar 1943 zahlreiche — allein bei Ciano sind es in knapp neunzehn Berichtsmonaten über dreißig —, antideutsche und nicht selten haßerfüllte Ausbrüche Mussolinis. Das waren pro Monat ungefähr zwei heftige Mißtrauensbekundungen gegenüber dem Bündnispartner.

Noch vor dem Beginn des Angriffs gegen die Sowjetunion bekannte Mussolini am 6. Juni im Gespräch mit Ciano, daß es ihm »in keiner Weise mißfallen würde, wenn Deutschland beim Zusammenstoß mit Rußland viele Federn ließe«[22]. Ein wenig freundschaftlicher Wunsch, den er sofort und mit Nachdruck wiederholte, als sich der russische Widerstand zu festigen schien. Der »Duce« erwartete keine Niederlage Hitlers, die wollte er auch nicht, aber er hoffte innigst darauf, daß der Krieg im Osten die militärische Kraft des »Dritten Reiches« deutlich schwächen werde.[23]

Im Ministerrat erklärte er am 7. Juni, daß die Deutschen sich selbst als ein »Herrenvolk«, die Italiener hingegen als ein »Sklavenvolk« betrachteten, die ihrer Meinung nach lediglich zum Arbeiter, nicht zum Soldaten taugten. Bei dieser Gelegenheit soll seine Stimme maßlose »Eifersucht und Rivalität in bezug auf die Deutschen und ihren Führer« verraten haben.[24] Kurz danach, am Jahrestag des italienischen Kriegseintritts, hörte Ciano die »schärfste Anklagerede« Mussolinis gegen Deutschland. Der »Duce« bezeichnete den Verbündeten als »unehrliches Lumpenpack«, bei der Erinnerung an das deutsche Verhalten in Griechenland werde ihm »übel«, jedenfalls könne das so nicht mehr lange weitergehen. Insbesondere von Hitler, seinem Auftreten und Geschwätz habe er die »Nase voll«. Insgeheim stellte sich der Regierungschef schon damals auf einen deutsch-italienischen Gegensatz in der Nachkriegszeit ein. Doch in der konkreten Lage sah er keinen Ausweg, »man müsse mit den Wölfen heulen«. Deshalb zwang er sich, der deutschen Seite in seiner öffentlichen Ansprache zum Jahrestag schönzutun, obwohl sein »Herz voller Bitterkeit« war.[25] Die in den Unterredungen mit Hitler gezeigte »Nachgiebigkeit« darf somit nicht zu voreiligen Schlußfolgerungen verführen. Denn in seinem

Innern nährte Mussolini, wie es hieß, in all den Jahren eine »feindselige Rivalität«[26].

Aus Äußerungen, die er Ende Juni und Anfang Juli 1941 machte, erhellt sein eigentliches Kalkül beim Entschluß, am Krieg gegen die UdSSR teilzunehmen. Zwei Eventualitäten, die gleichzeitig Hoffnungen darstellten, zog er in Betracht, nämlich daß der Krieg mit einem Kompromiß enden könnte, der das Mächtegleichgewicht in Europa rettete, oder lange genug währen würde, um es Italien zu ermöglichen, das im ersten Kriegsjahr »verlorene Ansehen durch die Waffen zurückzugewinnen«. Man hat es hier gewiß auch mit einer »ewigen Illusion« Mussolinis zu tun[27], der bekanntermaßen seinen Prestigeverlust den Generalen anlastete.[28] Aber es ging ihm nicht allein darum, eine militärische Scharte auszuwetzen, er dachte über den Tag hinaus.

So bekannte ein augenscheinlich sehr nachdenklicher »Duce« am 5. Juli im Ministerrat, ihn »quäle« die Frage, ob nicht nach dem »deutschen Sieg über Rußland ein zu großes Mißverhältnis zwischen dem deutschen und dem italienischen Beitrag zum Krieg der Achse« bestehen würde. Wegen dieser Sorge, fuhr er fort, habe er sich entschlossen, nationale Verbände an der Ostfront einzusetzen. Und parallel dazu befahl Mussolini, die italienische Kriegführung im Mittelmeerraum zu intensivieren. Für ihn bedeutete der Krieg eben auch eine Art machtpolitischen Wettkampf zwischen Deutschland und Italien, weshalb es darauf ankam, daß die Italiener — und nicht die Deutschen, deren nordafrikanisches Engagement er damals noch gerne auf zwei Divisionen beschränkt hätte — über die Briten siegten. Es handelte sich hierbei weder ausschließlich noch in erster Linie um eine Ehrenangelegenheit, vielmehr ging es um Schadensbegrenzung. Das heißt, der »Duce« nahm fest an, daß zu ungleichgewichtige militärische Kriegsleistungen der beiden Bündnispartner politische — für Italien nachteilige — Auswirkungen haben würden.[29]

Seine diesbezüglichen Befürchtungen scheinen sehr konkret gewesen zu sein. Zum Beispiel ermahnte er Ciano am 6. Juli nicht nur, in seinem Tagebuch festzuhalten, daß er, Mussolini, »eine Krise zwischen Italien und Deutschland als unvermeidbar voraussehe«, sondern unterstellte Berlin bereits zu jenem frühen Zeitpunkt die Absicht, die Reichsgrenze nach dem Sieg bis Verona vorschieben zu wollen. Deshalb fragte sich der »Duce« im Frühjahr 1941, ob aus italienischer Sicht »ein englischer Sieg nicht wünschenswerter« sei »als ein deutscher Sieg«. Er gab sogar zu, daß ihm die Angriffe der Royal Air Force auf das Reichsgebiet »großes Vergnügen« bereiteten. Denn die Italiener müßten zwar mit den Deutschen gemeinsam kämpfen, doch dürfe man keinen »Mythos« deutscher »Unbesiegbarkeit« schaffen. Eine Zeitlang freute sich Mussolini über jeden Rückschlag, den Hitler im Osten erlitt.[30] Aber es handelte sich um eine kalkulierte, auf die eigenen Zielsetzungen bezogene Schadenfreude. Den Glauben an den deutschen Erfolg, den der »Duce« zu einem Sieg der »Achse« machen wollte, stellte all das nicht in Frage.

Derartige Äußerungen waren keineswegs das Ergebnis ephemerer Stimmungen. Sie drückten vielmehr recht konstante Sorgen oder auch Ängste aus. Signifikant erscheint die Art, in der Mussolini am 20. Juli über die Souveränität Italiens reflektierte: Stellte das Land nicht längst nur noch einen deutschen Vasallenstaat dar? Wenn nicht, so vermutete er, würde es einen derartigen Status spätestens »am Tag des totalen deutschen Sieges« annehmen. Das klang nach Resignation. Aber noch hatte er nicht kapituliert, noch rechnete er damit, sich gegenüber dem Hegemonialanspruch des Reiches behaupten zu können. Und erneut erwog der Regierungschef militärische Vorkehrungen in Norditalien, um der erwarteten Invasion der Wehrmacht gewachsen zu sein. Aber letzten Endes beruhte seine Hoffnung, Italien doch noch die Unabhängigkeit bewahren zu können, auf der — reines Wunschdenken ausdrückenden — Annahme, daß es nach einem langen und für Hitler verlustreichen Krieg zum rettenden Kompromißfrieden kommen würde.[31]

Damit sind die wesentlichen bündnis- und machtpolitischen Elemente der Lagebeurteilung benannt, aufgrund derer sich der »Duce« entschloß, am Krieg des »Dritten Reiches« gegen die Sowjetunion teilzunehmen. Italien, so könnte man es zugespitzt formulieren, beteiligte sich am Unternehmen »Barbarossa« nicht zuletzt deshalb, um sich vor seinem eigenen Verbündeten zu schützen.

Im Hinblick auf die Bereitstellung italienischer Verbände für die Ostfront wurde zunächst an drei einzeln einzusetzende Divisionen gedacht. Doch schon wenige Tage nach dem 30. Mai, an dem Mussolini seine diesbezüglichen Absichten erstmals mitteilte, sprach sich das Comando Supremo dafür aus, wegen militärischer Gründe, aber auch, um gegenüber den Deutschen und den übrigen Verbündeten, die Truppen nach Rußland entsandten, mehr Gewicht zu besitzen, ein Expeditionskorps zu bilden. Als »Corpo d'Armata Autotrasportabile« umfaßte es das entsprechende Generalkommando, zwei »Divisioni autotrasportabili«, nämlich die Divisionen »Pasubio« und »Torino«, sowie die 3. »Divisione celere«, das war die Division »Principe Amedeo d'Aosta«, mitunter nur »PADA« genannt.

Erklärend sei angemerkt, daß eine »Divisione celere«, also eine schnelle Division, im allgemeinen aus Kavallerie, Bersaglieri zu Rad, Artillerie — von Pferden oder Zugmaschinen gezogen — und schnellen Panzern bestand. Eine »Divisione autotrasportabile« entsprach im wesentlichen der normalen Infanteriedivision, wobei die Gefechtstrosse und Versorgungstruppen motorisiert waren. Die Artillerie verfügte über Zugmaschinen. Ansonsten konnten diese Divisionen zwar mit Lastwagen verlegt werden, aber sie besaßen dafür keine eigenen Kraftfahrzeugabteilungen.

Seit dem 9. Juli hieß das Expeditionskorps »Corpo di Spedizione Italiano in Russia« (CSIR). Außer den genannten drei Divisionen gehörten ihm Korpstruppen, eine Legion »Schwarzhemden« (Milizia Voluntaria Sicurezza Nazionale), neun Kraftfahrzeugabteilungen (für das gesamte Korps), eine Intendantur Ost und zwölf Züge oder Abteilungen Carabinieri an. Für die Luftunterstützung erhielt es drei Heeresaufklärungs- und vier Jagdstaffeln sowie eine Anzahl Transportflugzeuge. Als der ursprüngliche Befehlshaber, General Francesco Zingales, am 13. Juli ernsthaft erkrankte, übernahm überraschend General Giovanni Messe das Kommando über die 62 000 Mann[32], denen 4 600 Pferde oder Muli, 5 500 Kraftfahrzeuge, 220 Geschütze verschiedenen Typs und unterschiedlichen Kalibers, 94 Panzerabwehrkanonen, 60 leichte Panzer und 83 Flugzeuge zur Verfügung standen.[33]

Ende Juni besuchte Mussolini Soldaten, die in Verona auf ihren Osteinsatz warteten. Vermutlich sah er die Divisionen »Pasubio« und »Principe Amedeo d'Aosta«. Sein Eindruck soll glänzend gewesen sein. Aber Ciano befürchtete dennoch, daß die eigenen Truppen — nicht wegen des Personals, sondern aufgrund der materiellen Ausstattung — im direkten Vergleich mit der Wehrmacht wieder einmal wie »arme Verwandte« aussehen könnten.[34] Er sorgte sich nicht grundlos, denn das CSIR litt sowohl unter Defiziten bei der Ausrüstung als auch unter strukturellen Schwächen.

Zum Beispiel machte es wenig Sinn, eine »Divisione celere«, die für operative Aufklärung vor einer Armeefront konzipiert wurde, gemeinsam mit zwei Infanteriedivisionen einzusetzen, die sich außerstande zeigten, aus der Aufklärungstätigkeit dieser Division den entsprechenden Gefechtsfeldnutzen zu ziehen. Theoretisch wäre es zwar auch möglich gewesen, die Division »PADA« als Stoßtruppe zu verwenden, doch in der Praxis erwies sich das als nicht machbar, weil der italienische Drei-Tonnen-Panzer keine Chance besaß, beim Zusammentreffen mit gepanzerten russischen Verbänden eine Entscheidung zu erzwingen oder eine prekäre Lage zu bereinigen. Dieser leichte Panzer eignete sich allenfalls als Unterstützungswaffe der Infanterie. Es kam hinzu, daß sich die Beweglichkeit der einzelnen Divisionsteile sehr unterschiedlich darstellte. Außerdem reichten die verfügbaren Fahrzeuge nicht aus, um mehr als eine Division zu transportieren, was die operativen Möglichkeiten des CSIR erheblich beeinträchtigte. Und schließlich war es ein Faktum, daß die Panzerabwehrkanonen der italienischen Divisionen höchst selten die Panzerung eines T-34 durchbrachen. Eine weitere Schwachstelle des Korps bildete seine Artillerie. Denn zum einen fehlte es ganz generell an Geschützen, und zum anderen handelte es sich bei den vorhandenen durchwegs um Veteranen aus dem türkisch-italienischen Krieg (1911–1912) und aus dem Ersten Weltkrieg.[35]

Ein Blick auf die Weisung Nr. 21 für den »Fall Barbarossa« vom 18. Dezember 1940, in der im übrigen von Italien nicht einmal bei der Nennung der voraussichtlichen Verbündeten die Rede ist[36], genügt, um zu erkennen, daß ein Armeekorps wie das »Corpo di Spedizione Italiano in Russia« in dem angestrebten »schnellen Feldzug« — dessen Planer das »Vortreiben von Panzerkeilen« zur Vernichtung gegnerischer Truppen und die »rasche Verfolgung« der sich zurückziehenden sowjetischen Verbände zum Prinzip machten — eine recht untergeordnete Rolle spielen mußte. Fehlte dem Korps doch genau das, was es für ein erfolgversprechendes Operieren an der Seite motorisierter deutscher Großverbände und in der Weite des russischen Raumes mit seiner besonderen Geographie gebraucht hätte: eine ausreichende Zahl schlagkräftiger Panzerfahrzeuge, modern ausgerüstete und schnell bewegliche Infanterietruppen sowie eine angemessene Ausstattung mit Panzerabwehrkanonen, mit denen der Gegner wirkungsvoll bekämpft werden konnte.

Die Verlegung des Expeditionskorps begann am 10. Juli, dauerte bis zum 5. August und beanspruchte 216 Züge. Man brauchte in der Tat ungewöhnlich viel Zeit. Doch ist zu bedenken, daß von den in Ungarn gelegenen Ausladebahnhöfen bis zum Aufmarschgebiet in Rumänien bis zu 280 Kilometer zurückzulegen waren und die Truppen dabei auf der einzigen benutzbaren Straße die Karpathen durchquerten. Nachdem sich das CSIR in Ostrumänien versammelt hatte, wurde es — nur einsatzmäßig — der deutschen 11. Armee unterstellt, die im August am Unterlauf des Dnestr lag.[37]

Operativ gesehen unterteilen sich die Aktionen des italienischen Korps in eine offensive und eine defensive Phase. Erstere begann am 11. August, als die Division »Pasubio« in den Kampf gegen die zwischen Dnestr und Bug stehenden sowjetischen Verbände eingriff. Nach dem Vormarsch bis zum Dnepr übernahm das CSIR — zunächst mit zwei Divisionen — einen 100 Kilometer breiten Abschnitt vom Fluß Vorskla bis zur Stadt Dnepropetrovsk. Als es General Messe endlich gelungen war, auch die Division »Torino« an die Front heranzuführen, beteiligte sich sein Armeekorps Ende September an der Vernichtungsschlacht östlich des Dnepr, wobei sich die Italiener bei der Einnahme von Petrikovka auszeichneten. Es folgte die Teilnahme an der Eroberung des Donecbeckens im Verlaufe der zweiten Hälfte des Oktober. Vom 1. bis zum 6. November besetzten italienische Einheiten Gorlovka und Rykovo. Zwar hatten sie sofort sowjetische Gegenangriffe abzuwehren, aber insgesamt betrachtet befand sich das CSIR in einer guten Verteidigungsstellung, weshalb sich sein Kommandeur entschloß, die abgekämpften Truppen hier erst einmal ausruhen zu lassen. Vor allem wollte er jedoch die weit zurückhängenden logistischen Korpsteile heranziehen.

Die zweite Phase der operativen Verwendung des Expeditionskorps war eingebettet in die an der gesamten Ostfront zu verzeichnende Defensive, zu der Hitlers Wehrmacht und ihre Verbündeten nach dem Beginn von Stalins Winteroffensive am 5. Dezember übergehen mußten. Bis Ende März 1942 wurde die Front unter dem Ansturm der sowjetischen Armeen 150 bis 400 Kilometer nach Westen zurückgenommen, ehe — nach vorhergehenden begrenzten Gegenangriffen und vereinzelten Rückeroberungen von verlorenem Terrain — am 28. Juni die große Sommeroffensive der Hitler-Koalition anlief. Messes Korps machte im Rahmen der Abwehrkämpfe mehrmals auf sich aufmerksam, etwa in der sogenannten Weihnachtsschlacht vom 25. bis zum 30. Dezember 1941, als die italienischen Divisionen nach zäher Abwehr zu einer erfolgreich abgeschlossenen Offensive übergingen. Einen bedeutenden Beitrag leistete das Korps ferner im Zeitraum Januar bis Mai 1942 bei den Kämpfen westlich Izjum.[38] Selbst die Seekriegsleitung notierte damals in ihrem Kriegstagebuch: »Auf russ. Kriegsschauplatz sind 3 [italienische] Divisionen eingesetzt, die sich anerkennenswert schlagen, 6 weitere werden dafür bereitgestellt.«[39]

Das traf zu, und am 9. Juli 1942 hörte das CSIR auf, als autonomer Verband zu existieren, es trat als XXXV. Armeekorps zu der damals gerade in den Osten verlegenden 8. Armee. Mussolini schien damit dem von ihm verfolgten Ziel, einen möglichst gewichtigen Beitrag zum Krieg gegen die Sowjetunion zu leisten, einen Schritt näher gekommen zu sein.

Seine diesbezüglichen Bemühungen lassen sich bis in den Juli 1941 zurückverfolgen. Bereits am 13. Juli, das Expeditionskorps befand sich noch auf dem Weg ins Aufmarschgebiet, untersuchte man im Comando Supremo die Möglichkeiten für den Osteinsatz weiterer Verbände.[40] Aber nicht die Militärs, der »Duce« selbst hatte die Idee geboren, motiviert von psychologischen und politischen Faktoren. Das geht aus seinen Äußerungen im kleinen Kreis hervor. Zum Beispiel reagierte er geradezu hysterisch, als eine Zeitung schrieb, der »Krieg im Osten« finde unter der »Führung von Hitler« statt. Eine derartige Berichterstattung, so Mussolini, könne das Volk glauben machen, daß die »Führung des Krieges« tatsächlich bei Hitler liege. Und das hielt er offensichtlich für einen schlechten Scherz.[41] Im Hinblick auf das vermehrte Engagement in der UdSSR wird sodann gerne die Begründung zitiert, die er dafür im Juli 1941 bei einer Unterredung mit Cavallero anführte: »Wir können nicht weniger präsent sein als die Slowakei und wir müssen uns gegenüber dem Verbündeten revanchieren.«[42] Diese Formulierung ist zweifellos doppeldeutig. Doch nach dem bis jetzt Gesagten ist nicht zu vermuten, daß dahinter das Gefühl stand, den Deutschen — sozusagen aus Dankbarkeit für ihre Beteiligung am Krieg im Mittelmeerraum — einen Gegendienst erweisen zu müssen. Vielmehr dürfte Mussolini beabsichtigt haben, durch die angestrebte Entsendung von mehr Truppen Gleichwertigkeit zu beweisen. Ganz in diesem Sinne teilte Dino Alfieri, der Botschafter Italiens in Berlin, Bottai Ende September mit, bei Unterhaltungen mit dem »Duce« habe sich gezeigt, daß er nur eine Sache betreibe: die »militärische Revanche«. Mit dieser Besessenheit erkläre sich auch »sein Verlangen, von den Deutschen nicht erbetene Truppen nach Rußland zu schicken«[43]. Mussolini erwartete in der Tat, daß Hitler dem »italienischen Heer die Chance gebe, seine Schlagkraft zu zeigen«[44]. Aber dazu, so sah man das in Berlin, mußten die Italiener nicht in die Sowjetunion marschieren, das konnten und sollten sie besser in Nordafrika tun.

Auf italienischer Seite sprach sich — aus rein militärfachlichen Gründen — insbesondere General Messe, der am 20. Juli 1941 von den Planungen im Oberkommando in Rom erfuhr, gegen den Einsatz eines zweiten Korps an der Ostfront aus.[45] Generaloberst Cavallero rechnete dagegen am 26. Juli damit, das neue Armeekorps bis Ende August bereitstellen zu können, obwohl er wußte, daß unter anderem noch 4 000 Lastkraftwagen fehlten.[46]

An jenem Tag empfing Hitler den Brief Mussolinis vom 24. Juli, in dem dieser darüber informierte, daß er ein »zweites Armeekorps« für den Einsatz im Osten aufstelle und, »wenn es notwendig sein sollte, auch noch ein drittes bereitstellen« wolle.[47] Daraufhin bedankte sich Generalfeldmarschall Keitel am 2. August bei Generaloberst Cavallero für das Angebot — und das war es dann auch.[48] Berlin zeigte sich an der Offerte nicht interessiert. Die Mitteilung von Oberst Damiano Badini, dem Stellvertreter des italienischen Militärattachés in Berlin, daß die Deutschen Mitte August die »Entsendung von mindestens 26 Divisionen an die russische Front« erwogen, muß daher wohl als haltlos bezeichnet werden.[49]

Beim Treffen mit Hitler am 25. August wiederholte Mussolini seinen Wunsch, sich mit mehr Truppen am Ostfeldzug zu beteiligen. Denn an Menschen fehle es ihm nicht. Er vermöge »sechs, neun oder noch mehr Divisionen« zur Verfügung zu stellen. Hitler jedoch wich aus, das heißt, er versprach, über den Vorschlag nachzudenken.[50] Ganz ähnlich verlief das Gespräch, das Cavallero und Keitel damals führten. Der Generalfeldmarschall dankte für die italienische Bereitschaft, aber hinsichtlich der Lastkraftwagen könne das Reich nicht helfen, da die Wehrmacht selbst unter Fahrzeugmangel leide. Vorsichtshalber warnte er zugleich davor, das zweite Ostkorps mit Lastwagen auszustatten, die für die Front in Nordafrika bestimmt seien. Außerdem erinnerte er daran, daß es in Rußland bald Winter werden würde, den Italiener schwerer erträgen als Deutsche. Der Generaloberst schloß zwar nicht aus, daß man das Korps auch als teilmotorisierten Verband — also mit normalen Infanteriedivisionen — verlegen könne, aber darüber müsse noch entschieden werden. In jedem Fall, so versicherte er, würde das zweite Armeekorps, sofern es verwendet werden sollte, bis Anfang September abmarschbereit sein.[51]

Ein derartiges Resultat befriedigte Mussolini natürlich nicht, sehnte er sich doch danach, die eigenen Streitkräfte in großem Stil an der Ostfront einzusetzen. Selbst das allgemeine »Unbehagen der italienischen Bevölkerung« führte er inzwischen darauf zurück, daß genau das nicht geschehe.[52] Verbissen beabsichtigte der »Duce« im Frühjahr 1942 endlich nachzuholen, was ihm 1941 versagt blieb. Zusätzliche 20 Divisionen sollten dann nach Rußland gehen. Denn dadurch könne Rom seinen eigenen Kriegsbeitrag dem »deutschen annähern und verhindern, daß Deutschland [Italien] im Augenblick des Sieges [...] wie den besiegten Völkern sein Gesetz diktierte«[53]. All das zeigt, daß sich Mussolinis Leitmotiv für die Teilnahme am Krieg gegen die Sowjetunion nicht geändert hatte. Gemessen an der tatsächlichen militärischen Leistungsfähigkeit Italiens erscheint sein Kalkül zwar illusionär, aber es wäre zu vordergründig interpretiert, wollte man sein Streben als bloße Marotte oder Großmannssucht abtun.

König Viktor Emanuel III., dem es oft gefiel, von den »häßlichen Deutschen« zu sprechen, widersetzte sich zwar dem absurden Ansinnen, aber Generaloberst Cavallero machte sich trotzdem ernsthaft an die Arbeit.[54] Das Problem der unzureichenden Motorisierung löste er dabei auf verblüffende Weise. Die Infanterie sollte eben statt der üblichen 18 Kilometer pro Tag 40 marschieren.[55] Doch es ging nicht allein um Kraftfahrzeuge. Weshalb der Chef des Comando Supremo, als sich Mussolini am 22. Oktober mit 15 Divisionen begnügen wollte[56], zugeben mußte, daß man bestenfalls sechs bereitzustellen vermöge. Aber selbst das nur dann, wenn die deutsche Seite die Lastkraftwagen lieferte.[57]

Als Ciano wenig später, am 25. Oktober, mit Hitler konferierte, übermittelte er einmal mehr die Bitte seines Regierungschefs, »ihm zu gestatten, einen größeren Beitrag zu den militärischen Anstrengungen beizusteuern als bisher, etwa im Frühling, wenn die Operationen gegen den Kaukasus beginnen sollten«. Hitler stimmte zu, wobei bereits von Alpini-Divisionen gesprochen wurde, die er später eventuell auch an den »Kämpfen gegen Indien« zu beteiligen beabsichtigte.[58]

Eigentlich hätte der »Duce« zufrieden sein können. Doch als in Hitlers Brief vom 29. Oktober[59] lediglich am Rande von den Divisionen des CSIR und ihrer Leistung die Rede war, zeigte er sich sofort unzufrieden.[60] Dessenungeachtet verfaßte Mussolini ein Hitler schmeichelndes, von Selbstverleugnung gekennzeichnetes Antwortschreiben, in dem er allerdings zugleich darauf hinwies, daß Italien die »Pflicht« und das »Recht« habe, bei den Kämpfen des Jahres 1942 einen »größeren Beitrag zu leisten«. Er »erlaube« sich anzunehmen, daß der »Führer« das gestatten werde.[61] Das klang nicht so, als ob der »Duce« auf das vertraute, was ihm sein Außenminister über das Treffen vom 25. Oktober berichtet hatte.

Wie schon angedeutet, darf seine zuweilen unterwürfige Sprache nicht zu voreiligen Schlüssen in bezug auf das Verhältnis zu Hitler führen. An eben jenem 6. November, als er den zitierten Brief unterschrieb, stellte er zum Beispiel bei einer seiner häufigen antideutschen Eruptionen fest:

»Gegen Deutschland läßt sich einstweilen nichts machen. Man muß abwarten. Es ist ein Land, das keiner militärisch schlagen kann, das jedoch aufgrund seiner inneren Strukturmängel zusammenbrechen wird. Unser Problem ist es, ›auszuharren‹ und abzuwarten, daß dies eintritt.«[62]

Die Janusköpfigkeit der »Achse Berlin—Rom« wird in derartigen Anmerkungen besonders evident.

Schon Ende November begab sich Ciano erneut nach Berlin, um dem Beitritt verschiedener Staaten zum Antikominternpakt beizuwohnen. Bei dieser Gelegenheit sollte er, so die Anweisung des »Duce«, wiederum auf der Entsendung weiterer italienischer Truppen an die Ostfront bestehen.[63] Der Außenminister tat das auch, wollte wissen, wieviele Divisionen und welchen Typ die Wehrmacht wünsche, da man beabsichtige, die in Betracht kommenden Großverbände so gut wie nur möglich vorzubereiten. Hitler holte zunächst weit aus, meinte dabei, daß Italien »vielleicht« beim beabsichtigten »Vormarsch« im Iran und im Irak »einen wichtigen Beitrag leisten« könne. Für den Kaukasus kämen wohl »Alpentruppen in Frage«. War das eine verbindliche Zusage? Angeblich interessierte ihn die »Eroberung Kaukasiens« zu jenem Zeitpunkt ohnehin nur noch im Hinblick auf die Fortsetzung des Krieges gegen die Briten. Doch mußte es dazu — nach einem Sieg über die Sowjetunion — überhaupt noch kommen? Vermutlich weckten solche Überlegungen beim »Duce« alte Befürchtungen. Schließlich kam der »Führer« auf den Punkt: Italien würde die gemeinsame Kriegführung am besten dadurch unterstützen, daß es »alle Anstrengungen mache, um Nordafrika zu halten«[64]. Alles in allem entsprach das dem, was er Mussolini bereits am 21. Juni geschrieben hatte.

Allerdings fällt auf, daß Cianos Bericht über sein Gespräch mit Hitler vom Text des deutschen Protokolls erheblich abweicht. Folgt man der Aufzeichnung des Außenministers, dann bot er den Deutschen sogar Panzerdivisionen für den Osten an, was Hitler als »weder notwendig noch empfehlenswert« ablehnte. Sofern Italien in der Lage sei, neue Panzerdivisionen bereitzustellen, solle es jene tunlichst in Libyen einsetzen. Außerdem geht aus dem deutschen Text nicht ohne weiteres hervor, daß Hitler besonders daran gelegen gewesen wäre, die Alpini-Divisionen im Südabschnitt der russischen Front zu verwenden. In der Aufzeichnung des Auswärtigen Amtes erscheint der diesbezügliche Passus jedenfalls relativ unverbindlich. Eventuell hat Ciano den Gesprächsverlauf ein wenig geschönt.[65] Andererseits handelt es sich beim deutschen Text um kein wörtliches Protokoll.

Was aber das Angebot anbelangt, Panzerdivisionen an die Ostfront abzugeben, so würde man gerne erfahren, woher die kommen sollten. Vielleicht erfand Ciano die Offerte lediglich für Mussolini, über dessen Ostfixiertheit er bestens Bescheid wußte. Er hätte so den persönlichen Einsatz unterstreichen können. Möglicherweise sprach er also mit

Hitler gar nicht über gepanzerte Verbände. Freilich, es läßt sich auch nicht völlig ausschließen, daß er eine solche Offerte vortrug, schließlich durfte der Außenminister — so wie die Dinge in Nordafrika standen — eine negative Antwort voraussetzen. Nur steht dem die begründete Annahme entgegen, daß das deutsche Protokoll ein so spektakuläres Anerbieten und die angeblich ausführliche Replik Hitlers zumindest erwähnt hätte. Außerdem konnten in den Quellen keinerlei Hinweise darauf gefunden werden, daß man in Rom eine derartige Absicht zu irgendeinem Zeitpunkt — vor Cianos Abreise nach Berlin — erörterte.

Wie dem auch immer gewesen sein mag, als Mussolini am 1. Dezember mit General Enno v. Rintelen, dem deutschen Militärattaché, über die militärische und politische Lage sprach, erwähnte er zwar die Verwendung italienischer Truppen in der Sowjetunion, die Rede war von einem aus Alpini- und anderen gebirgstauglichen Truppen bestehenden Armeekorps, aber sein Hauptinteresse galt der Entwicklung in Nordafrika.[66] Unzutreffend ist die Behauptung, er habe kurz danach versucht, die Entsendung von zwei Armeekorps nach Rußland mit der Forderung an Berlin zu verbinden, Vichy dazu zu bewegen, die Häfen Biserta und Tunis für die Ausschiffung des in Libyen benötigten Materials — schwere Waffen eingeschlossen — freizugeben.[67] Es existiert zwar ein Brief des »Duce« an den »Führer«, in dem so etwas wie ein do-ut-des-Geschäft angedeutet zu sein scheint, aber es handelt sich bei dem Schreiben lediglich um einen Entwurf Cavalleros[68], der nie abgesandt wurde.[69]

Als Rintelen am 22. Dezember erneut mit Mussolini zusammentraf — er sollte ihn über die Gründe informieren, die Hitler den Oberbefehl über das Heer übernehmen ließen —, präzisierte der »Duce« seine Angaben vom 1. des Monats:

»Ein Inf.-Korps und ein Alpini-Korps, beide zu 3 Divisionen, würde[n] so bereit gestellt werden, daß sie rechtzeitig bis zum nächsten Frühjahr abbefördert werden können.«

Mussolini gab sich zufrieden, denn »Italien sei dann durch eine ganze Armee auf dem östlichen Kriegsschauplatz vertreten, was der Volkskraft des italienischen Volkes besser entspräche«. Zugleich betonte er seine feste Zuversicht, daß die für den Frühling 1942 eingeplante Offensive der Achsenmächte »zur völligen Niederwerfung Rußlands führen werde«[70].

Andererseits hatte die militärische Entwicklung im Dezember 1941 — fokussiert im Diktum von der Wende vor Moskau — Mussolini erkennen lassen, welche Unwägbarkeiten der Krieg gegen Rußland, das er mit einem »Ozean aus Erde« verglich, einschloß. Und in der Tat soll der »Duce«, als am 27. Dezember gewisse Meldungen aus Japan die Eventualität eines Separatfriedens zwischen der Sowjetunion und der »Achse« thematisierten[71], von der Idee fasziniert gewesen sein.[72] Bekanntermaßen bemühte sich Tokio ab Herbst 1941 um einen Ausgleich zwischen Berlin und Moskau. Doch für Rom war die Zeit noch nicht gekommen. Es mußten erst die Rückschläge des zweiten Halbjahres 1942 eintreten, ehe Mussolini diesbezüglich intiativ wurde.

In einem kurzen Brief an Hitler vom 29. Dezember 1941 beschränkte er sich darauf, Probleme der Kriegführung in Nordafrika und daraus resultierende Maßnahmen sowie die Besatzungspolitik auf dem Balkan anzusprechen. Die sehr schwierige Lage im Osten erwähnte er mit keinem Wort, obwohl dort drei eigene Divisionen standen.[73] Um so ausführlicher befaßte sich Hitler — in einem sehr langen Brief, der zufällig vom selben Tag datiert — mit der Entwicklung auf dem östlichen Kriegsschauplatz. Weitschweifig versuchte er zu begründen, weshalb der Feldzug — entgegen den optimistischen Vorhersagen im Sommer, die im übrigen innerhalb der italienischen Führung schon Anfang August hämisch kommentiert wurden[74] — noch immer andauerte. Es folgte die übliche Lagebeurteilung; und dann kam das indirekte Eingeständnis, daß seine Wehrmacht für die »Fortführung des Vernichtungskrieges im Frühjahr« Hilfe — auch italienische — benötigte.[75] Außenminister Ciano registrierte mit Zufriedenheit, daß sich der »Führer« — ganz anders als zu früheren Zeiten — eines »höflichen«, ja sogar »unterwürfigen« Tons befleißigte.[76] Im einzelnen schrieb Hitler im Hinblick auf den Einsatz italienischer Truppen, er »halte die restlose Vernichtung« des Gegners »für eine der entscheidendsten Voraussetzungen zum endgültigen erfolgreichen Gewinnen dieses Krieges«. Deshalb sei er »sehr dankbar«, daß ihm Mussolini »angeboten habe, 2 weitere italienische Korps im Osten einzusetzen«. Damit lasse sich »eine komplette italienische Armee« bilden, der er die »eventuell dann noch erforderlichen deutschen Verbände unterstellen werde«. Und Hitler machte die Angelegenheit sogar dringlich, was ebenfalls mit seinem betont dilatorischen Verhalten in der Vergangenheit kontrastierte.[77]

Mit diesem Brief fiel die Entscheidung. Im Antwortschreiben vom 23. Januar 1942 bestätigte der »Duce« sein Angebot und wies gleichzeitig auf die Transportfrage hin[78], die allerdings nicht das einzige Problem darstellte, das die italienischen Militärs nun zu lösen hatten.

Aus Platzgründen kann die konstatierte Doppelgesichtigkeit des deutsch-italienischen Bündnisses im folgenden nicht mehr im bisherigen Ausmaß in die Darstellung einbezogen werden. Deshalb sei grundsätzlich festgestellt, daß sich zwischen Deutschland und Italien nichts änderte. Nach wie vor vermittelte der offizielle diplomatische Umgang miteinander ein Bild von Normalität, aber in den Gesprächen im internen Kreis manifestierte sich die anhaltende und tiefe Abneigung Mussolinis gegenüber Hitler ebenso wie seine ausgeprägte antideutsche Einstellung. Cum grano salis blieb der in Briefen mit Artigkeiten bedachte »Führer« für den »Duce« stets ein »Esel« und verachteter »Bastard«.[79]

Was jedoch die Vorbereitungen für den Einsatz der 8. Armee angeht, die »Armata Italiana in Russia« (ARMIR), deren Oberbefehlshaber am 2. April 1942 Generaloberst Italo Gariboldi wurde, so mußte das Comando Supremo nicht nur die Einsatzfähigkeit des II. Armeekorps und des Alpini-Korps für eine Verwendung im Osten herstellen, sondern parallel dazu auch eine leistungsfähige logistische Organisation aufbauen.[80]

Im Zusammenhang mit der materiellen Ausstattung der sieben zu verlegenden Divisionen stellte sich schnell heraus, daß man weder über genügend Panzer- und Flugabwehrkanonen noch Kraftfahrzeuge verfügte. Schon am 27. Januar 1942 wies daher General Marras in einer Unterredung mit Generalleutnant Walter Warlimont, dem Stellvertretenden Chef des Wehrmachtführungsstabes, darauf hin, daß für die »neu nach dem Osten zuzuführenden italienischen Kräfte [...] voraussichtlich Waffen und Lastkraftwagen in größerem Umfang von deutscher Seite geliefert« werden müßten. Warlimont lehnte das ohne Schnörkel ab: »Deutsche Hilfe für die materielle Ausstattung [könne] nicht in Aussicht genommen werden.« Dennoch rechne die Wehrmachtführung »fest mit den erbetenen beiden Korps zu je 3 Divisionen«[81]. Da also die deutsche Seite angeblich nicht zu helfen vermochte, entschloß sich Mussolini, das fehlende Material zu Lasten der Territorialverteidigung, die geschwächt wurde, und der Front in Nordafrika, die weniger Waffen sowie Fahrzeuge als benötig erhielt, zu beschaffen. Es gibt deshalb keinen Zweifel daran, daß die Entsendung der ARMIR — wie bereits vorher der Einsatz des CSIR — zu einem materiellen Aderlaß führte, der sich auf die Kriegführung Italiens im Mittelmeerraum äußerst negativ auswirkte.[82]

Schon am 6. Februar übermittelte das Oberkommando der Wehrmacht seine Terminvorstellungen für den Beginn des Abtransports der italienischen Truppen in den Versammlungsraum westlich des Donec. Ein Generalkommando mit drei Divisionen sollte ab 1. Mai, das Armeeoberkommando, dem beachtliche Kräfte direkt unterstanden, sowie das zweite Generalkommando mit drei weiteren Divisionen ab 1. Juni verlegen. Das Comando Supremo stimmte dem zwar zu, aber tatsächlich verließen die ersten Einheiten Italien am 17. Juni, also mit sechswöchiger Verspätung. Sie gehörten zum II. Korps, das sich bis zum 7. Juli bei Char'kov sammelte, von wo die Truppen noch 330 Kilometer im Fußmarsch beziehungsweise 500 Kilometer, sofern sie mit Kraftfahrzeugen transportiert wurden, bis zum Aufmarschgebiet bei Stalino — rund 50 Kilometer westlich des dort liegenden XXXV. Korps (CSIR) — zurücklegen mußten. Mitte Juli war die Bewegung des II. Armeekorps so gut wie abgeschlossen. Die Divisionen des Alpini-Korps machten sich am 14. Juli auf den Weg. Seine ersten Teile trafen am 3. August, die letzten am 2. September 1942 im Versammlungsraum bei Gorlovka, Rykovo und Izjum ein. Von dort marschierten sie jedoch nicht — wie an sich vereinbart — in Richtung Kaukasus, sondern fanden sich bald in der Ebene am Don wieder. »Don«, dieser Fluß sollte zum Trauma, zum Stalingrad der italienischen Armee werden. In Stalingrad selbst, das sei hier angemerkt, befanden sich seit November lediglich zwei Offiziere und 72 Mann der zur ARMIR gehörenden 8. Transportabteilung, die schließlich das Schicksal der deutschen 6. Armee teilten und offiziell als vermißt gelten.[83]

Insgesamt setzte sich die 8. Armee, als sich alle Einheiten im Operationsgebiet befanden, aus dem II. Armeekorps mit den Infanteriedivisionen »Sforzesca«, »Cosseria« und »Ravenna«, dem XXXV. Armeekorps mit den bereits vorgestellten Divisionen »Torino«, »Pasubio« und »Principe Amedeo d'Aosta« sowie dem Alpini-Korps mit den Alpini-Divisionen »Tridentina«, »Julia« und »Cuneense« zusammen. Der Armeeführung direkt unterstellt war die Infanteriedivision »Vicenza«, die besser als Besatzungs-Division bezeichnet wird. Die Personalstärke der ARMIR belief sich auf 229 005 Mann, die sich unter anderem auf 122 Bataillone und 50 autonome Kompanien verteilten. Der Großverband verfügte über 25 000 Pferde oder Muli, 16 700 Lastkraftwagen, 4 470 Kräder, 1 130 Zugmaschinen, 946 Artilleriegeschütze unterschiedlichen Kalibers, 297 Panzerabwehr- und 52 Flugabwehrkanonen, 1 297 Granatwerfer, 31 6,8-Tonnen-Panzer L 6 und 12 Sturmgeschütze. Hinzu kamen 23 Aufklärungs- und 41 Jagdflugzeuge.[84] Am Rande sei angemerkt, daß eine Charakteristik der »Armata Italiana in Russia« durch den Deutschen General beim italienischen Armeeoberkommando (AOK) 8, die vom 13. August 1942 datiert, zum Teil deutlich andere Zahlen nennt. Zum Beispiel habe die Personalstärke demnach 256 705 Mann betragen.[85]

Hinsichtlich der Kampfkraft und der Einsatzfähigkeit der ARMIR ist festzustellen, daß die 8. Armee an sich nur für den Kampf im gebirgigen Gelände geeignet war. In der Ebene ließ sie sich am besten als Defensivstreitmacht verwenden. Ein derartiges Urteil stützt sich zum einen auf den Beweglichkeitsgrad dieses Großverbandes. Von den drei Armeekorps konnten das II. Korps (53 895 Mann) und das Alpini-Korps (53 238 Mann) nur im Fußmarsch verlegt werden. Beim XXXV. Korps (48 163 Mann) hatte man die Division »Principe Amedeo d'Aosta« inzwischen motorisiert, aber von den beiden übrigen Divisionen ließ sich immer nur eine mit Kraftfahrzeugen verlasten. An weitreichenden offensiven Operationen vermochte die 8. Armee also nicht teilzunehmen. Zum anderen resultiert die skeptische Bewertung der ARMIR aus der Tatsache, daß ihr Divisionen fehlten, die als Armeereserve in der zweiten Linie aufgestellt werden konnten, um sich plötzlich bietende operative Möglichkeiten ad hoc zu nutzen, bedrohte Frontabschnitte zu entlasten oder die Rotation von abgekämpften Verbänden zu gestatten. Es kam hinzu, daß sie keine Panzerwaffe besaß, die in der Lage gewesen wäre, Durchbrüche zu erzwingen. Im Vergleich zum CSIR verfügte sie zwar über mehr, aber nach wie vor meist veraltete Artillerie. Die Zahl der Panzer, wobei der Typ L 6 nur wenig kampfstärker war als der leichtere L 3, lag ebenso unter der des ehemaligen Expeditionskorps wie diejenige der Flugzeuge. Nichts hatte sich an der Bewaffnung der Soldaten geändert, diese mußten noch immer mit dem total veralteten Gewehr Modell 91 auskommen.[86]

Erstmals zum Einsatz gelangten Teile der 8. Armee im Verlauf der deutschen Offensive von Juni bis November 1942, die bis zum nördlichen Kaukasus führte, bei Stalingrad die Volga erreichte und — bezogen auf den hier interessierenden Raum — am Don zwischen Voronež und Ostrovskaja eine Front entstehen ließ, an der die ARMIR dann den Abschnitt Pavlovsk—Vešenskaja hielt. An ihrem linken Flügel stand im November 1942 die ungarische 2. Armee, am rechten die rumänische 3. Armee.

In der Operationsphase, die diesem Stellungsbezug voranging, war — im Verband der deutschen 17. Armee und verstärkt durch die Division »Sforzesca« sowie Artillerie — auch das XXXV. Armeekorps eingesetzt. Erwähnenswert ist seine Beteiligung an der Eroberung des Kohlebeckens von Mius—Krasnyj Luč im Zeitraum 11. bis 22. Juli. Die 3. schnelle Division operierte sodann vom 30. Juli bis zum 13. August gemeinsam mit der auf Stalingrad marschierenden deutschen 6. Armee. Insbesondere sollte sie deren linke Flanke sichern, die durch den sowjetischen Brückenkopf bei Serafimovič gefährdet werden konnte. In Eilmärschen legte die Division in vier Tagen 400 Kilometer zurück und griff sofort an. Am 30. Juli und 1. August kam es zu einer schweren, aber erfolgreichen Schlacht, bei der man angeblich rund 1000 Verluste beklagte.[87]

Seit dem 16. August standen insgesamt fünf italienische Divisionen des II. Korps und des XXXV. Korps — zusammen mit der 62. und 294. Infanteriedivision des deutschen XXIX. Armeekorps — am Don, wobei sich die zu haltende Frontlinie von der Einmündung des Choper in diesen Fluß bis wenige Kilometer südlich Pavlovsk erstreckte. Die abgekämpfte 3. schnelle Division stellte die Armeeführung zunächst in der zweiten Linie auf. Das Alpini-Korps, dessen Einheiten seit dem 19. August wußten, daß sie nicht mehr in den Kaukasus, sondern an den Don zu verlegen hatten, befand sich noch im Anmarsch. Der Frontabschnitt, den die Heeresgruppe B der 8. Armee übertrug, maß in Luftlinie ungefähr 270 Kilometer. Das bedeutete, daß die italienischen Divisionen, die nur zwei Regimenter besaßen, einen Sektor von etwa 30 Kilometer verteidigen mußten. In ihrer Militärdoktrin waren hingegen 3 bis 5 Kilometer vorgesehen. Es gibt in der Tat Schlachtordnungen, bei denen steht der Verlierer fest, noch ehe der Kampf begonnen hat. Und so verhielt es sich am Don. Denn eine derartige Überdehnung des Defensivbereichs provozierte geradezu verhängnisvolle Folgen, selbst wenn die sowjetischen Streitkräfte nicht immer — wie an sich vorgesehen — eine angreifende Division auf 1,5 bis 3 Kilometer Front anzusetzen vermochten. Und an der ungünstigen Ausgangsposition der ARMIR bei einer Abwehrschlacht änderte auch die Tatsache nichts, daß die Großverbände der Roten Armee im allgemeinen — theoretisch betrachtet und insbesondere unter personellen Gesichtspunkten — schwächer waren als deutsche und italienische Divisionen.[88] Zu berücksichtigen ist ferner, daß die Truppen der 8. Armee, als sie am Don ankamen, zum Teil 500 bis 1100 Kilometer im Fußmarsch oder 1200 Kilometer auf Lastkraftwagen zurückgelegt hatten.

Die zu befürchtende Schlacht begann schon am 20. August und hielt bis zum 1. September an. Historisch gesehen ist sie im Kontext der sowjetischen Verteidigungsstrategie bei Stalingrad einzuordnen. Das Kampfgeschehen verlief wechselhaft, wobei sich die Angriffe von Anfang an auf jenen Frontabschnitt konzentrierten, den die an der Armeenaht zur 6. Armee dislozierte Division »Sforzesca« verteidigte.

Obwohl sich ihre Männer tapfer schlugen, mußte sich die Division auf Čeboratevskij zurückziehen. Ein Gegenangriff am 23. August, an dem sich die 3. schnelle Division beteiligte, schuf nur vorläufige Entlastung. Denn der zwei Tage später gestartete Großangriff des Gegners zwang dazu, die Positionen des XXXV. Korps bis auf eine Linie hinter Bol'šoj, das damit verlorenging, zurückzunehmen. Dies bedeutete konkret, daß es den sowjetischen Truppen, die inzwischen auch wieder in Serafimovič standen, gelungen war, auf dem rechten Ufer des Don einen mehr als 20 Kilometer tiefen und an seiner Basis über 60 Kilometer breiten Brückenkopf zu bilden. Zweifellos handelte es sich um eine, im Hinblick auf die künftige Entwicklung, sehr wichtige Positionsverbesserung. Doch ist andererseits festzustellen, daß die Rote Armee ihr eigentliches Ziel — die Trennung der 8. Armee und der deutschen 6. Armee sowie das Abschneiden der vor Stalingrad attackierenden Divisionen von den Basen westlich des Don — nicht erreichte.[89]

Darauf hinzuweisen ist freilich auch, daß Überheblichkeit zu einer schweren Belastung der deutsch-italienischen Zusammenarbeit führte. Weder General Messe noch Generaloberst Gariboldi hatten nämlich das geringste Verständnis dafür, daß die Heeresgruppe B am 25. August einen Befehl erließ, der nicht allein jeden Rückzug verbot, sondern darüber hinaus die Ehre der längst dezimierten Division »Sforzesca« verletzte. Als dann am nächsten Tag ein weiterer Befehl diese und die 3. schnelle Division sowie alle übrigen im Raum der Armeenaht stehenden Truppenteile dem Generalleutnant Günther Blumentritt — für das deutsche XVII. Armeekorps — unterstellte, obwohl hier zwei italienische Divisionskommandeure befehligten, erreichte die Verstimmung auf italienischer Seite einen kritischen Punkt. Die Führung der Heeresgruppe B sah sich deshalb veranlaßt, die soeben verfügte Unterstellung, die außer Verwirrung nichts bewirkt hatte, nach nur 24 Stunden wieder aufzuheben. Dennoch hielt die Verbitterung bei den Italienern an. Als zum Beispiel der Deutsche General beim italienischen Armeeoberkommando 8, General Kurt v. Tippelskirch, am 30. August den Kommandierenden General des XXXV. Armeekorps besuchte, hatte jener demonstrativ das Ritterkreuz abgelegt. Außerdem verlangte General Messe die »Erwähnung« seines Korps im »Heeresbericht und [die] Streichung der Bemerkung in den Heeresgruppenbefehlen, daß das Zurückgehen der Div. Sforzesca mit allen Mitteln aufzuhalten sei«[90]. Messe, bei dem während seines Einsatzes in Rußland — als Reaktion auf die durch Deutsche erfahrene Behandlung — eine tiefe Abneigung gegen den Verbündeten entstanden war[91], der aber auch mit Generaloberst Gariboldi Schwierigkeiten hatte[92], gab das Korps dann am 1. November 1942 an General Francesco Zingales ab.[93]

Im September und Oktober kam es zwar wiederholt zu begrenzten sowjetischen Vorstößen, aber alles in allem blieb die nach den Kämpfen Ende August am Don entstandene Lage unverändert. Im Laufe des September war auch das gesamte Alpini-Korps im Einsatzraum der 8. Armee eingetroffen. Es kam dann zu wiederholten Veränderungen bei der Aufstellung der Divisionen des Großverbandes, aber am 10. Dezember, quasi am Vorabend der zweiten Abwehrschlacht am Don, verteilten sich diese folgendermaßen: Rund 18 Kilometer nördlich Pavlovsk verlief die Armeenaht zur ungarischen 2. Armee. Neben dieser stand das — durch einige artilleristische Teile verstärkte — Alpini-Korps mit seinen Divisionen »Tridentina«, »Julia« und »Cuneense«. Im Rücken dieses Korps lag als Armeereserve die Infanteriedivision »Vicenza«, die freilich über keinerlei Artillerie verfügte. Die Grenze zum II. Armeekorps mit der Division »Cosseria«, verstärkt durch das deutsche Grenadierregiment 318, und der Division »Ravenna« verlief auf der Höhe von Novaja Kalitva. Im Raum der rückwärtigen Verbindungen des II. Korps wurde zwischen dem 9. und 20. Dezember die deutsche 27. Panzerdivision als Eingreifreserve aufgestellt, die allerdings nur über 47 gepanzerte Fahrzeuge verschiedenen Typs verfügte, tatsächlich also lediglich die Kampfkraft eines normalen Panzerbataillons besaß. Zwischen dem II. Armeekorps und dem ihm benachbarten XXXV. Armeekorps begann die Korpsgrenze in etwa bei Kusmenkin am rechten Ufer des Don. Zum ehemaligen CSIR zählten zu jener Zeit die verstärkte Division »Pasubio« und die deutsche 298. Infanteriedivision. Seine Korpsgrenze zum deutschen XXIX. Armeekorps, dessen über 50 Kilometer breiter Frontabschnitt bis an die Armeenaht zur rumänischen 3. Armee bei Vešenskaja reichte, verlief auf der Höhe von Paseka. Daraus geht hervor, daß die Heeresgruppe B die rumänische 3. Armee — vor dem sowjetischen Brückenkopf bei Serafimovič, Čeboratevskij und Bol'šoj — zwischen die deutsche 6. Armee und die italienische 8. Armee eingeschoben hatte. Dem XXIX. Armeekorps gehörten damals die Divisionen »Torino«, »Principe Amedeo d'Aosta« und »Sforzesca« an. Insgesamt vermochte die »Armata Italiana in Russia« in ihrer Zusammensetzung vom 10. Dezember 1942 somit — ohne Einbeziehung der deutschen 27. Panzerdivision — 86 Schützenbataillone, 156 Batterien mit 624 Geschützen und 50 gepanzerte Fahrzeuge einzusetzen, wobei sich letztere ausschließlich beim XXIX. Korps befanden.[94]

Mit der Winteroffensive der Roten Armee begann die zweite Phase des operativen Einsatzes der ARMIR. Die sowjetische Führung konzentrierte sich hierbei zunächst auf die Einschließung der 6. Armee, was es der Heeresgruppe B, der die italienische 8. Armee nach wie vor unterstand, ermöglichte, die prekäre Situation, die in diesem Zusammenhang in ihrem Südabschnitt entstanden war, binnen kurzer Zeit zu stabilisieren.[95]

Dessenungeachtet hatten sich mit den operativen Erfolgen der Roten Armee jedoch Überlegungen erledigt, die noch kurz vorher in Rom angestellt worden waren. Cavallero, seit dem 1. Juli 1942 Marschall von Italien, und Generaloberst Vittorio Ambrosio, der Chef des Generalstabes des Heeres, dachten nämlich am 17. November noch daran, wenigstens das Alpini-Korps nach Italien — wo zehn Divisionen für die Landesverteidigung fehlten — heimzuholen. Vermutlich spielte hierbei auch die Tatsache eine Rolle, daß das italienische Heer die Verwendung der Alpini-Truppen im flachen Gelände nur unter Protest hingenommen hatte.[96] Dem Wunsch von Ambrosio, alle Divisionen aus dem Osten abzuziehen, verschloß sich Cavallero allerdings.[97]

Ab dem 11. Dezember wurden auch die Stellungen der Divisionen »Cosseria«, »Ravenna« und »Pasubio« vermehrt angegriffen, um diese abzunutzen. Überraschend kam das nicht, denn deutscherseits wurden »starke feindliche Angriffe« im Bereich der ungarischen 2. Armee und der italienischen 8. Armee spätestens seit Ende November erwartet.[98] Vorsichtshalber ließ die Heeresgruppe B bereits am 12. Dezember Maßnahmen vorbereiten, die es — im Falle eines Durchbruchs bei der Division »Pasubio« — erlauben sollten, zum Gegenangriff überzugehen.[99] Am 15. des Monats wußte das AOK 8 aus einem erbeuteten Operationsbefehl, daß die Truppen der Roten Armee aus dem Brückenkopf Verchnij Mamon sowie über Berezovka, also im Abschnitt der Divisionen »Cosseria« und »Ravenna«, zwischen denen das deutsche Grenadierregiment 318 stand, angreifen wollten. Hier lag dann in der Tat einer der beiden Schwerpunkte des Unternehmens »Kleiner Saturn«.[100]

Die so bezeichnete Offensive zielte unter anderem auf Umfassung und Vernichtung der südlich des Alpini-Korps haltenden Teile der ARMIR. Nach fünftägigen Vorgefechten, die bei den mitunter nicht ausreichend munitionierten, oft nur unangemessen bekleideten und in der Panzernahbekämpfung meist unerfahrenen italienischen Infanteristen zu deutlichen Verschleißerscheinungen führten, setzte am 16. Dezember der Hauptangriff ein. Allein bei den schon abgekämpften Divisionen »Cosseria« und »Ravenna« brachte der Gegner 10 Infanteriedivisionen, 4 motorisierte Infanteriebrigaden, 13 Panzerbrigaden und 2 Panzerregimenter zum Ansatz. Am ersten Tag gelangen den haushoch überlegenen Angreifern nur Einbrüche in die Front. Aber am

17. Dezember erzwangen sie den Durchbruch bei den sich verzweifelt wehrenden Divisionen »Pasubio«, »Ravenna« und »Cosseria«. Die sowjetischen Panzer passierten von der Infanterie geschlagene Breschen, der 8. Armee drohte die Umfassung. Zunächst versuchte die Führung auf immer neue Haltelinien auszuweichen, noch wollte sie den völligen Zusammenbruch der Front verhindern. Doch zuviele Truppen fluteten mittlerweile nach hinten. Um dem totalen Chaos zu entgehen, griff die Heeresgruppe B zur Pression. General v. Tippelskirch mußte Generaloberst Gariboldi Vorhaltungen machen: Bei der Heeresgruppe habe man »aus verschiedenen Luft- und Erdbeobachtungen den Eindruck, daß die ital. Armee, vor allem auch rückwärtige Teile in bedrohten Orten, die sie verteidigen sollen, sich in voller Flucht befinden«. Er sei deshalb beauftragt, den Oberbefehlshaber »noch einmal mit äußerster Dringlichkeit darauf hinzuweisen, daß eine allgemeine Flucht der ital. Armee mit den schärfsten Mitteln« verhindert werden müsse. Tippelskirch sagte auch auf welche Weise: »Von deutscher Seite würden in solchen Fällen Deserteure durch eine Auffangorganisation festgenommen und erschossen.« Dem fügte er die »Drohung« hinzu, dem »Führer zu melden, daß die ital. Armee nicht mehr kämpfe«. Gariboldi scheint letztere Bemerkung nicht sonderlich beeindruckt zu haben.[101]

Am 19. Dezember bewilligte die Führung der Heeresgruppe B endlich eine — zunächst sehr eingeschränkte — Rückzugsbewegung. Aber die operative Entwicklung zwang sie Tag für Tag zu Erweiterungen. Die Front bewegte sich unaufhaltsam nach Westen. Dabei bildeten sich seit dem 23. Dezember, während das Alpini-Korps in seiner Stellung am Don verblieb, zwei Marschgruppen heraus.

Einen Sonderfall stellte in diesem Zusammenhang die Division »Cosseria« dar, die alleine marschierte und deshalb, wie noch zu zeigen ist, besonders unter Willkür und Unkameradschaftlichkeit ihrer deutschen »Waffenbrüder« leiden mußte. Es ereigneten sich unglaubliche Vorfälle. Die Infanteriedivision hatte bis Ende Dezember dem Alpini-Korps unterstanden und war anschließend bis zum 5. Januar in der linken Flanke des deutschen XXIV. Panzerkorps eingesetzt worden. Nach einem Fußmarsch von rund 1 300 Kilometern — bei zeitweise 40 Grad unter Null — erreichte dieser Verband am 7. März 1943 Gomel'.

Was jedoch die beiden Marschblöcke anbelangt, so bestand der nördliche aus der Division »Torino«, aus Teilen der deutschen 298. Infanteriedivision, aus Teilen der Divisionen »Ravenna« und »Pasubio« sowie aus verschiedenen anderen Einheiten, die dem II. und XXXV. Korps, dem AOK 8 oder der Intendantur zugehörten. Im übrigen kamen erhebliche Teile der Division »Ravenna« schon am 21. Dezember in Vorošilovgrad an, wo sie sofort zur Verteidigung herangezogen wurden. Die restlichen Einheiten gelangten, soweit sie sich überhaupt noch durchzuschlagen vermochten, bis Mitte Januar 1943 in die Stadt im Donecbecken.

In der südlichen Gruppe marschierten die Division »Sforzesca«, Teile der Divisionen »Ravenna«, »Pasubio« und »Principe Amedeo d'Aosta« sowie kleinere Einheiten, die den Generalkommandos oder der Intendantur direkt unterstellt waren. Den Befehl führte der Kommandierende General des XXIX. Armeekorps, General Hans v. Obstfelder. Der Rückzug seiner Männer erfolgte im harten Kampf gegen sowjetische Truppen und Partisanen. Am 3. Januar erreichte der restlos erschöpfte Verband den Donec im Gebiet von Belaja Kalitva.[102] Im Anschluß daran beabsichtigte die Heeresgruppe B, die Division »Cosseria« in Roven'ki, die Division »Ravenna« in Vorošilovgrad und die anderen Truppen in Gorlovka aufzufrischen.[103]

Während die Front im Süden bis Ende Dezember 1942 ungefähr 100 Kilometer nach Westen rückte, blieb das Alpini-Korps in seiner bisherigen Stellung am Don zwischen Novaja Kalitva und Karabut, im Norden von der ungarischen 2. Armee und im Süden vom — den rechten Flügel der 8. Armee bildenden — deutschen XXIV. Panzerkorps eingerahmt, zu dem auch die Alpini-Division »Julia« gehörte. Jedoch galt diese, da sie bereits bei der Abwehr des Unternehmens »Kleiner Saturn« eingesetzt worden war, als abgekämpft.

Am 12. Januar entfesselte die sowjetische Armeeführung die bis zum 27. des Monats andauernde Großoffensive Ostrogožsk—Rossoš'.[104] Sie zielte auf die Vernichtung der in jenem Raum dislozierten deutschen, italienischen und ungarischen Kräfte, sollte die Front auf eine Linie Rep'evka—Alekseevka—Urazovo vorschieben und die Bahnlinie Svoboda—Kantemirovka unter Kontrolle bringen. Eingeleitet wurde die Offensive von der sowjetischen 40. Armee, die an jenem 12. Januar gegen die ungarische 2. Armee antrat. Noch am selben Tag gelang der Einbruch in die Front, den man am 14. Januar zum Durchbruch nach Süden erweiterte.

Ebenfalls am 14. griff die sowjetische 3. Panzerarmee im südlichen Abschnitt der italienischen 8. Armee an, wo das deutsche XXIV. Panzerkorps operierte. Auch hier gelang der Durchbruch, dessen Tragweite man zunächst weder beim AOK 8 noch beim Korps selbst erkannte, binnen kurzer Zeit. Als jedoch am 15. Januar sowjetische Panzer — vorübergehend — in Rossoš' eindrangen und Alekseevka nahmen, bat die Armeeführung die Heeresgruppe B, die Verbände der 8. Armee im Gleichklang mit denen der ungarischen 2. Armee zurückziehen zu dürfen, was abgelehnt wurde. Ausschlaggebend dürfte hierbei gewesen sein, daß man das zu jenem Zeitpunkt noch südöstlich Rossoš' stehende XXIV. Panzerkorps — im Hinblick auf die Absetzbewegung — vorher an das Alpini-Korps heranführen wollte. Deshalb erhielten die Alpini erst am 17. Januar mittags — etwa neun Stunden nach Beginn des Abmarsches bei den Ungarn — den Befehl zum Durchbruch nach Westen. Denn um einen normalen Rückzug handelte es sich längst nicht mehr: Das Korps war eingekesselt. Die Alpini-Divisionen machten sich also gemeinsam mit dem deutschen XXIV. Panzerkorps, das sich gerade noch hatte anhängen können, auf den Weg. Da sich die Marschrouten kreuzten, kam es bereits zu Beginn der Westbewegung bei einigen Divisionen zu dem befürchteten Durcheinander.[105]

Ansonsten befanden sich damals die wichtigsten an der Armeestraße gelegenen Versorgungsbasen der ARMIR bereits in sowjetischer Hand, was die Situation der sich absetzenden Truppen enorm erschwerte. Bald sahen sich diese auch gezwungen, alle nicht geländegängigen Fahrzeuge aufzugeben. Denn die Tatsache, daß sie sich auf nur wenigen Straßen marschierend — in einem Gebiet, das zum großen Teil bereits von sowjetischen Truppen kontrolliert wurde — nach Westen durchkämpfen mußten, legte es nahe, sich im Fußmarsch zu bewegen. Lediglich die wichtigsten Gegenstände, insbesondere die Panzerabwehrkanonen, wurden mitgeführt.

Der Rückzug oder Ausbruch aus dem Kessel dauerte bis Ende Januar. Die Alpini und die deutschen Truppen wurden dabei in nicht weniger als 21 größere Gefechte verwickelt. Als der Marsch beendet war, hatten die Divisionen »Julia«, »Cuneense« und »Vicenza« aufgehört, als operative Verbände zu existieren. Einzig die »Tridentina«, die brillant kämpfte, für deren Durchkommen sich freilich zugleich die beiden Divisionen »Julia« und »Cuneense« selbstlos aufopferten, blieb einigermaßen intakt. Im übrigen aber ist bei der Beurteilung der Rückzugsbewegung auch zu bedenken, daß die Führung des Alpini-Korps ebenso wie diejenige des XXIV. Panzerkorps beim Gefecht von Opyt am 20. Januar sämtliche Führungsmittel und Funkgeräte — bis auf eines bei der 385. Infanteriedivision — verlor. Damit waren die Divisionen praktisch auf sich allein angewiesen, wobei die Verbindung der Generalkommandos zur Armeeführung erhalten blieb.[106] Von den rund 70 000 Mann des Alpini-Korps und der Division »Vicenza« vermochten lediglich circa 27 500 aus dem Kessel zu entkommen, das entsprach knapp 40 Prozent.[107] Der Schrecken und die menschliche Not, die sich hinter solchen Zahlen verbergen, erhellen aus den Berichten der Überlebenden mit großer Intensität.[108] Die Rede ist von Tod, von Verwundungen, von Erfrierungen, von Hunger und von Kälte, aber auch vom Willen, zu überleben, und von den Gründen dafür, warum dies immer wieder gelang.

Andererseits vermögen statistische Angaben — trotz der ihnen eigenen Distanziertheit — immerhin Hinweise auf die Dimension des Leidens zu geben. So läßt sich aus ihnen zum Beispiel ablesen, daß in der Schlacht am Don Generationen von — überwiegend — Bergbauern das Leben oder die Gesundheit einbüßten, als Folge davon ganze Dörfer mit zu wenig jungen Männern leben mußten, da sich die Alpini aus recht beschränkten Gebieten rekrutierten. Deshalb sollen hier einige dieser Zahlen referiert werden: Das CSIR zählte an Toten und Vermißten vom 5. August 1941 bis zum 30. Juli 1942 insgesamt 1792 Mann; bei der Division »Principe Amedeo d'Aosta« beklagte man während der Kämpfe um Serafimovič vom 30. Juli bis zum 13. August 1942 mindestens 251 Verluste, aber es gibt — wie dargelegt — auch Angaben, die erheblich darüber liegen; in der ersten Abwehrschlacht am Don vom 20. August bis zum 1. September 1942 verlor die 8. Armee 2704 Angehörige; doch in der zweiten Schlacht an jenem Fluß, die — den Ausbruch aus dem Kessel eingeschlossen — vom 11. Dezember 1942 bis zum Februar 1943 währte, waren es 84830 Soldaten. Zu diesen insgesamt 89838 Toten und Vermißten, von letzteren kehrten lediglich 10030 aus russischer Kriegsgefangenschaft zurück, kommen noch 43282 Mann hinzu, die sich Verwundungen oder Erfrierungen zugezogen haben. Unter ihnen befanden sich 29690 Opfer der zweiten Abwehrschlacht am Don.[109]

Nach der Katastrophe seiner Truppen schied das AOK 8 mit dem 31. Januar 1943 aus der »Führung in der Front aus«, seinen Platz übernahm die Armee-Abteilung-Lanz.[110] Da die Wehrmachtführung italienische Divisionen im Osten behalten wollte, sollte zumindest das II. Armeekorps — mit den Divisionen »Ravenna« und »Cosseria« — aufgefrischt werden. Aus den völlig zerschlagenen Alpini beabsichtigte man deutscherseits, im Regenerierungsraum Belgorod eine vollwertige Division zu bilden, was Generaloberst Gariboldi jedoch entschieden ablehnte. Die Alpini verlegten ab dem 6. März 1943 nach Italien. Heimkehren durften außerdem diejenigen Angehörigen des XXXV. Armeekorps, die aufgrund ihrer schlechten körperlichen Verfassung nicht in das II. Armeekorps eingegliedert werden konnten. Am 25. März übernahm dieses vom AOK 8, das nach Italien ging, die Führung der »Italienischen Streitkräfte in Rußland«. Man stellte sich auf das Verbleiben im Osten ein. Aber am 12. April teilte das Comando Supremo überraschend mit, daß es sich mit dem Oberkommando der Wehrmacht geeinigt habe, das II. Armeekorps ebenfalls zu repatriieren. So geschah es, und am 22. Mai befand sich offiziell kein einziger italienischer Soldat mehr an der Ostfront.[111]

Für diese Entscheidung der italienischen Führung spielten mehrere Faktoren eine Rolle. Da gab es die — leicht nachvollziehbaren — psychologischen Rückwirkungen auf die Moral derjenigen Soldaten, die nach den fürchterlichen Erlebnissen der letzten Wochen, die sie in aller Regel in der Hoffnung bewältigt hatten, daß der Schrecken danach ein Ende haben würde, ihre Kameraden nach Hause fahren sahen, wohingegen die Heimkehr für sie unabsehbar zu werden drohte. Hinzu kamen militärpolitische Überlegungen. Hierbei ist daran zu erinnern, daß Generaloberst Ambrosio, seit dem 1. Februar 1943 neuer Chef des Comando Supremo, schon im November 1942 alle Divisionen nach Hause zu holen beabsichtigte. Nicht zuletzt ist schließlich auf die bündnispolitische Entwicklung zwischen Rom und Berlin im zweiten Halbjahr 1942 hinzuweisen, womit die Folgen der Teilnahme Italiens am Krieg gegen die Sowjetunion angesprochen sind.

Unter letzterem Aspekt kann man sich unmittelbar dem November 1942 zuwenden, als die sich rapide verschlechternde Lage in Nordafrika und die Schwierigkeiten, in denen die Wehrmacht im Osten steckte, die militärischen Kräfte der Achsenmächte zu überfordern schienen. Auf die objektive Schwächung der italienischen Kriegführung im Mittelmeerraum, die das Engagement in Rußland von Anfang an mit sich brachte, wurde schon aufmerksam gemacht. Doch glaubte der »Duce«, dies 1941 und selbst im Sommer 1942 — im Rahmen seines strategischen Kalküls — noch hinnehmen zu können. Mittlerweile aber standen Hitler und Mussolini mit dem Rücken zur Wand. Und in einer derartigen Situation besaß aus der Sicht der Führung in Rom der mittelmeerische — Italiens eigentlicher — Kriegsschauplatz Priorität. Das heißt, die Kriegsmaschine im Osten mußte angehalten werden.

Den ersten Schritt dazu unternahm Mussolini am 6. November. An jenem Tag kommentierte er einen ziemlich kritischen Bericht des Industriellen Alberto Pirelli über die europäische Lage und die deutsche Politik. Seine Stellungnahme zeigte erstmals den — in den folgenden Monaten dominierenden und gut dokumentierten — Wunsch des »Duce«, der freilich bekanntermaßen so unversehens nicht auftrat, im Osten zu einem Arrangement zu gelangen. Es sei, so der Regierungschef, unabdingbar, »jede Anstrengung zu unternehmen, um mit Rußland zu einem Separatfrieden zu kommen«. Im Unterschied zu Pirelli meinte er, daß Stalin dazu bereit sein könnte.[112] Noch am Abend desselben Tages sagte er sodann zu General v. Rintelen: »Ihnen persönlich möchte ich meine Auffassung mitteilen, daß wir möglichst bald zu einem Sonderfrieden mit Rußland kommen« müssen. Und dies meldete der Militärattaché natürlich nach Berlin[113], wo das einige, allerdings nicht die entscheidenden, Leute durchaus ähnlich sahen.[114]

Einen Monat später legte in Rom der von Mussolini geschätzte[115] Generaloberst und Senator Francesco G. Grazioli am 5. Dezember dem »Duce« eine Denkschrift vor, in der er ebenfalls nachdrücklichst auf die Notwendigkeit eines Separatfriedens mit Stalin hinwies.[116] Am 15. Februar 1943 präsentierte Grazioli Mussolini eine zweite, umfangreichere Studie, die er fünf Tage vorher abgeschlossen hatte. Der Generaloberst ging von der offenkundigen Lageverschlechterung im Zeitraum November 1942 bis Januar 1943 aus und zeigte sich stark beeindruckt von der Gewalt der sowjetischen Winteroffensive. Als Konsequenz der Entwicklung im Osten empfahl er, in Rußland die geeignetste Verteidigungslinie zu wählen, die schleunigst mit allen verfügbaren Kräften zu einem Schutzwall gegen die »steigende bolschewistische Flut« ausgebaut werden müsse.[117] Damit brachte er eine Alternative für den Fall ins Gespräch, daß sich der an sich bevorzugte Sonderfriede nicht erreichen ließe. Der italienische Regierungschef hatte darauf schon früher — gegenüber Reichsmarschall Hermann Göring, als dieser Anfang Dezember 1942 in Rom weilte — hingewiesen. An sich bevorzugte er zwar einen Frieden nach dem Vorbild von Brest-Litovsk, doch falls dies unmöglich sein sollte, müsse eine starke Defensivlinie im Osten errichtet werden, an der — bei Einsatz möglichst geringer eigener Kräfte — jeder sowjetische Angriffsversuch zerschellen würde. Der Krieg gegen die UdSSR hatte seiner Meinung nach mittlerweile jeden Sinn verloren. Denn man müßte die größtmögliche Anzahl an Truppen gegen die Westmächte einsetzen.[118] Aber als Ciano am 20. Dezember mit Hitler sprach, hörte er unmißverständlich, daß das »Ostproblem« für ihn »eine ausschließlich militärische Angelegenheit« darstellte.[119] Und dabei blieb es. In seinem Brief vom 16. Februar 1943 teilte der »Führer« dem »Duce« schlicht mit: Er werde »im Osten so lange kämpfen, bis dieser [sowjetische] Koloß zusammenbricht und zwar mit oder ohne Verbündete«[120]. Den Brief übergab Reichsaußenminister Joachim v. Ribbentrop, als er Ende Februar in Rom mit Mussolini zusammentraf. Dabei bekannte Ribbentrop zwar freimütig, man habe im Osten »zweifellos eine Schlappe« erlitten, aber der »Führer glaube nicht, daß eine politische Lösung in Rußland möglich sei«, der Kampf werde deshalb verstärkt fortgesetzt.[121] Mussolinis Versuch, sei es auf dem Wege diplomatischer Verhandlungen, sei es über einen »Ostlimes«[122], sein ursprüngliches Kalkül, das heißt eine Kriegsentscheidung gegen die Westmächte, doch noch zu retten, war angesichts derartig unvereinbarer Positionen gescheitert. Es erübrigt sich daher, den weiteren Gedankenaustausch, der in bezug auf einen Separatfrieden mit Moskau zwischen den beiden Achsenpartnern — in schriftlicher und mündlicher Form — auf den verschiedensten Ebenen erfolgte, den direkten Kontakt zwischen Hitler und Mussolini eingeschlossen, im einzelnen nachzuvollziehen.[123] Letztlich führte die absolute Intransigenz Hitlers hinsichtlich des Ostkrieges, die Italiens nationale Anliegen unmittelbar berührte, bei Mussolini dazu, daß er sich bereit zeigte, die bis dahin aufrechterhaltene formale Gefolgschaftstreue — bei ihr hat man es mit einem vermutlich aus dem Ersten Weltkrieg herrührenden Komplex des »Duce« zu tun, der neben seiner antideutschen Einstellung und Rivalität gegenüber dem »Führer« existierte — aufzukündigen. Es handelte sich um die vermutlich gravierendste Konsequenz der Hitlerschen Ostfixiertheit. Denn mit seiner Haltung trieb er, so könnte man den Sachverhalt pointiert zusammenfassen, Mussolini aus dem Krieg. Freilich, als der italienische Regierungschef den entscheidenden Schritt endlich wagen wollte, war es dafür zu spät.[124]

Nicht weniger bedeutsam als die politischen Rückwirkungen der Teilnahme Italiens am Krieg gegen die Sowjetunion erscheinen die psychologischen Folgen. Sie stellten zwar zum einen ein internes Problem dar, tangierten aber zum anderen auch — und berühren eventuell noch immer — die Beziehungen zwischen den beiden Völkern.

Hinsichtlich des ersten Gesichtspunktes wurde zutreffend gesagt, daß die italienische Memoirenliteratur fast ausnahmslos, auf jeden Fall bevorzugt, das Ende des Einsatzes in Rußland behandelt. Auf diese Weise entsteht im wesentlichen das Bild einer — Verdrängung ausdrückenden — Ost-West-Bewegung. Hingegen wird die Frage, warum und wie man nach Osten ging, nicht beantwortet, ja meist nicht einmal gestellt.[125]

Allerdings gibt es Ausnahmen. Zu jenen zählen zwei Editionen von Briefen oder Berichten ehemaliger Soldaten[126], aus welchen mit beklemmender Eindringlichkeit die Unmenschlichkeit, das Sinnlose und die streckenweise zur Normalität werdende Perversion dieses Krieges erhellen. Solche Zeugnisse zeigen, wie Menschen eine fast schon kafkaeske Situation er- und durchlebten. Viele von ihnen — vermutlich die meisten — wollten nicht nach Osten gehen. Mancher dachte über Selbstverstümmelung nach, selbst Mütter rieten ihren Söhnen dazu. Man betrank sich, um das Bevorstehende für einen Moment zu vergessen. Aber dann rollten die Militärzüge. In Polen sah mancher Italiener erstmals jüdische Männer und Frauen, die — stigmatisiert durch den sogenannten Judenstern — die Abfälle der Italiener sammelten, deshalb geschlagen und dann zur Arbeit angetrieben wurden. Es waren jüdische Menschen, von denen sie 1942 hörten, daß die Deutschen »alle Juden verbrannten«. Man fuhr weiter, ungläubig, wenn nicht alles täuscht, oder begriff nicht. Ein paar Monate später kämpften sich diese Soldaten aus dem Kessel am Don, fielen zuhauf. Es gab Täler, wie einer von ihnen berichtet, die nach dem Angriff der sowjetischen Truppen von einem einzigen Schrei widerhallten: »Hilfe, Hilfe, Mama, Mama.«[127] Das war die nackte Angst, geboren aus unvorstellbarer Not. Und Rußland ließ sich nach dem Winter 1942/43 nicht mehr vergessen. Die Furcht, zurückkehren zu müssen, war einer der Gründe dafür, daß italienische Militärangehörige, die sich nach Italiens Kriegsaustritt am 8. September 1943 in den Kriegsgefangenenlagern der Wehrmacht wiederfanden, jedwede Zusammenarbeit mit Deutschland ablehnten.[128]

Der zweite Aspekt, der das Verhältnis zwischen Deutschen und Italienern betrifft, bedürfte an sich einer ausführlicheren — nicht nur den Ostfeldzug berücksichtigenden — Untersuchung. Im gegebenen Rahmen können allenfalls Akzente gesetzt oder sichtbar gemacht werden.

Als die italienischen Soldaten auf ihrem Weg in die Sowjetunion das Reichsgebiet durchquerten, sollen sie von der Bevölkerung herzlich begrüßt worden sein.[129] Rund sechs Monate später hielt der Sicherheitsdienst der SS in einem seiner geheimen Lageberichte am 8. Februar 1943 fest:

»Nach Meldungen aus allen Reichsteilen ist z. Zt. die Abneigung gegen die Italiener besonders groß. Fast überall ist das Gerücht verbreitet, die italienischen Truppen hätten vor Stalingrad versagt, sie seien bei dem ersten Durchbruchsversuch der Russen davongelaufen und hätten deshalb Schuld an der Niederlage.«[130]

Das »Gerücht« entstand freilich nicht von ungefähr, vielmehr wurde es von deutschen Militärs verbreitet. So bemerkte etwa General v. Tippelskirch gegenüber dem Ia der 8. Armee im Dezember 1942, es sei »unmöglich, daß 5 ital. Div. bis zum Schwarzen Meer ausreißen«[131]. Als Ciano im selben Monat zu Unterredungen ins Reich kam, stellte er fest, daß die Deutschen den Italienern ganz offen die Schuld an der

Niederlage im Osten zuschieben wollten.[132] Ein Eindruck, den man augenscheinlich insbesondere bei den Gesprächen mit Vertretern der Wehrmacht gewann. Nach Cavallero versuchten sich die deutschen Militärs ein Alibi zu verschaffen, indem sie den Truppen der 8. Armee unterstellten, nicht gekämpft zu haben.[133]

Es ist ein glücklicher Umstand, daß die Behauptungen der Wehrmachtführung oder der Heeresgruppe B mit dem Urteil deutscher Verbindungsoffiziere bei den italienischen Divisionen und Stäben verglichen werden können.[134] Folgt man den Berichten dieser Offiziere, dann ergibt sich ein gerechteres und differenzierteres Bild. Auf die gesamte ARMIR bezogen ist da zu lesen:

»Trotz aller Mängel und Fehler, die im Laufe des Einsatzes zutage traten, ist die Behauptung, die von mancher Seite aufgestellt wurde, die Italiener wären einfach davongelaufen, nicht nur übertrieben, sondern als absolut falsch zu bezeichnen.«[135]

Darüber hinaus heißt es:

»Es muß leider festgestellt werden, daß die Soldaten der ital. 8. Armee größtenteils enttäuscht in ihre Heimat zurückkehren, weil sie von deutschen Soldaten oft alles andere als kameradschaftlich behandelt wurden.«[136]

Der Vorwurf der Unkameradschaftlichkeit ist in italienischen Quellen geradezu regelmäßig anzutreffen. So zum Beispiel in einem umfangreichen Bericht aus dem Mai 1943, in dem zugleich der Heeresgruppe B gravierende Versäumnisse bei der Einsatzführung der 8. Armee vorgehalten werden und die Rolle des Generals v. Tippelskirch in einem sehr ungünstigen Licht erscheint. Er sei nicht als Verbindungs-, sondern als Kontrolloffizier der ARMIR aufgetreten. Seit Januar 1943 habe die Heeresgruppe italienische Anträge auf materielle Unterstützung kaum noch bewilligt. Eine Ausnahme machten lediglich die Sanitätsoffiziere, die sich immer hilfsbereit und ausgesprochen kameradschaftlich verhielten. Doch davon abgesehen war die Lage durch heftige Zusammenstöße deutscher und italienischer Soldaten charakterisiert. Meist hätten Unteroffiziere oder Subalternoffiziere der Wehrmacht solche Zwischenfälle provoziert. Selbst Fahrzeuge seien den sich zurückziehenden Italienern unter Androhung von Waffengewalt abgenommen worden.[137]

Enttäuschung über die Behandlung durch den Verbündeten, dem er die eigentliche Schuld am Desaster der 8. Armee anlastete, beherrscht auch einen Brief des Generalmajors Italo Giglio, der im übrigen andeutete, daß er sich danach sehnte, mit den Deutschen die offenen Konten zu begleichen: und zwar mit den Waffen.[138] Auch der Chef einer

Infanteriekompanie — er zählte dabei eine ganze Reihe präzise dokumentierter Beispiele auf — beschuldigte die deutschen Militärangehörigen, sie hätten beim Rückzug nicht den geringsten Kameradschaftsgeist bewiesen: »Die Haltung aller deutschen Militärs ist gekennzeichnet gewesen von tiefer, offenkundiger und häufig hervorgekehrter Feindseligkeit«. Man habe »Arroganz, Überheblichkeit, Ironie und oft — sofern die Italiener in der Minderheit waren — Mißhandlungen« erlebt. Selbst von leeren Lastwagen seien italienische Soldaten durch Schläge mit dem Gewehrkolben oder mit der Waffe im Anschlag vertrieben worden.[139]

Der Militärgeistliche der italienischen 8. Armee bestätigte derartige Aussagen. Zwar wies er auf das unterschiedliche Temperament von Italienern und Deutschen hin, machte außerdem auf die negativen Auswirkungen der Verständigungsschwierigkeiten aufmerksam, aber auch er unterstrich, daß insbesondere beim Ausbruch aus dem Kessel — im Chaos des Rückzugs — oft brutalste Instinkte die Oberhand gewannen. Das Verhältnis zwischen den beiden »Verbündeten« drohte feindschaftlich zu werden. Nicht vergessen, so der Priester, würde der italienische Soldat den Deutschen, daß die den Russen entkommenen Italiener »bei unsäglichen Temperaturen wochenlang in offenen Güterwagen oder mit Flachwagen reisen mußten, während für deutsche Soldaten stets mindestens ein Eisenbahnwagen 3. Klasse reserviert war«[140]. Und hierbei ist daran zu erinnern, daß die Angehörigen der Wehrmacht beim Durchbruch nach Westen ebenfalls erheblich weniger litten als ihre italienischen Kameraden, weil sie besser motorisiert und ausgerüstet gewesen sind.

Schließlich sei noch auf eine Sammlung von 54 Beispielen für versagte Zusammenarbeit im Gefecht, für den Raub von Waffen oder Material, für Bösartigkeiten, für unterlassene beziehungsweise verweigerte Unterstützung oder Hilfe hingewiesen, die einer der Regimentskommandeure der Infanteriedivision »Cosseria« zusammenstellte. Wie in allen anderen Meldungen sind die Angaben exakt belegt. Ansonsten machte der Offizier ausdrücklich darauf aufmerksam, daß es sich nur um eine Exemplifikation, nicht aber um eine vollständige Dokumentation des »feindseligen, groben, oft barbarischen und bestialischen, jedoch immer verächtlichen und anmaßenden Umgangs« der »Kameraden des deutschen Heeres« mit ihren italienischen Waffengefährten handelte.[141]

Natürlich stellt sich bei der Bewertung und Auswertung derartiger Zeugenaussagen die Frage nach der Verallgemeinerungsfähigkeit. Denn die deutschen Soldaten stellten schließlich keine homogene Großgruppe dar, sie blieben — auch in der Wehrmacht — Individuen, waren eigenverantwortlich und handelten im zwischenmenschlichen Bereich selten auf Befehl. Da die zitierten Zeugnisse jedoch das Ergebnis einer offiziellen Erhebung des Comando Supremo über das »Betragen der deutschen Verbündeten zu Beginn und während des Rückzugs« der italienischen 8. Armee repräsentieren[142], da ganz gezielte Fragen vorgegeben wurden und die hier zitierten Fälle lediglich eine sehr kleine — beliebig zu ergänzende — Auswahl aus einer umfangreichen Dokumentation verkörpern, deren Inhalt ein einheitlicher Tenor kennzeichnet, der von den Berichten deutscher Verbindungsoffiziere — cum grano salis — bestätigt wird, besteht kein Anlaß, an der inhaltlichen Authentizität dieser Überlieferung von Angehörigen der ARMIR zu zweifeln.

Wenn dem so gewesen ist, dann bedarf es angesichts der politischen Störfaktoren innerhalb der deutsch-italienischen Beziehungen und des Stimmungsbildes für den zivilen und militärischen Bereich keines Kommentars, keines Resümees: Dieses Bündnis zwischen Berlin und Rom hatte Anfang 1943 nicht nur einen Riß, es war kaputt, wartete auf seine Erledigung. Mussolinis Entschluß, sich am Krieg gegen die Sowjetunion zu beteiligen, trug dazu auf direkte und indirekte Weise entscheidend bei.

Anmerkungen

[1] Giuseppe Bottai, Diario 1935—1944, a cura di Giordano Bruno Guerri, Mailand 1982, 26.3.1943, S. 369.

[2] Vgl. Nuto Revelli, L'ultimo fronte. Lettere di soldati caduti o dispersi nella seconda guerra mondiale, Turin 1989, S. 29.

[3] Zum propagandistischen Umfeld vgl. Enzo Collotti, L'alleanza italo-tedesca 1941—1943, in: Gli italiani sul fronte russo, a cura dell'Istituto storico della resistenza in Cuneo e provincia, Bari 1982, S. 3—61, hier S. 22 f.; ebd., Mario Isnenghi, La campagna di Russia nella stampa e nella pubblicistica fascista, S. 377—423, hier S. 402—414; sowie ders., Le guerre degli italiani. Parole, immagini, ricordi 1848—1945, Mailand 1989, S. 196 f.

[4] Akten zur deutschen auswärtigen Politik 1918—1945. Aus dem Archiv des Deutschen Auswärtigen Amtes (ADAP). Serie D: 1937—1941, 13 Bde, Baden-Baden, Göttingen 1950—1970. Bd 13/1: 23. Juni bis 14. September 1941, Göttingen 1970, Dok. 7, S. 7 ff., Zitat S. 7.

[5] Galeazzo Ciano, Diario 1937—1943, a cura di Renzo De Felice, Mailand 1980, 1.7.1941, S. 530.

[6] Renzo De Felice, Mussolini l'alleato 1940—1945. I. L'Italia in guerra 1940—1943. Tomo primo: Dalla guerra »breve« alla guerra lunga, Turin 1990, S. 394.

[7] I Documenti Diplomatici Italiani (DDI), nona serie: 1939—1943, vol. 7 (24 aprile—11 dicembre 1941), Rom 1987, doc. 9, 170 und 282; Mario Toscano, Pagine di storia diplomatica contemporanea. II: Origini e vicende della seconda guerra mondiale, Mailand 1963, S. 211—247; Die Weizsäcker-Papiere 1933—1950, hrsg. von Leonidas E. Hill, Frankfurt a. M., Berlin, Wien 1974, 7.2.1941, S. 237.

[8] Vgl. hierzu De Felice (wie Anm. 6), S. 388 ff.

[9] ADAP, Serie D: 1937—1941, Bd 12/2: 6. April bis 22. Juni 1941, Göttingen 1969, Dok. 660, S. 889—892, Zitat S. 891.

[10] Le operazioni delle unità italiane al fronte russo (1941—1943), a cura di Costantino De Franceschi, Giorgio de Vecchi e Fabio Mantovani, Rom 1977, S. 33—37; vgl. ferner die Anmerkung der Herausgeber in ADAP (wie Anm. 9), S. 769; Ugo Cavallero, Comando Supremo. Diaro 1940—43 del Capo di S. M. G., Bologna 1948, 30.5.1941, S. 105; Ciano (wie Anm. 5), 14.5.1941, S. 512, und 21.6.1941, S. 526.

[11] ADAP (wie Anm. 9); vgl. auch Das Deutsche Reich und der Zweite Weltkrieg, Bd 4, Stuttgart 1983, S. 897 f. (Beitrag Förster).

[12] ADAP (wie Anm. 9), Dok. 666, S. 898 f.

[13] Ciano (wie Anm. 5), 22.6.1941, S. 527, und 30.6.1941, S. 529.

[14] ADAP (wie Anm. 4), Dok. 7, S. 7 ff.

[15] Ebd., Dok. 62, S. 61 f.

[16] Das Deutsche Reich und der Zweite Weltkrieg, Bd 3, Stuttgart 1984, S. 572—587 (Beitrag Schreiber).

[17] Vgl. De Felice (wie Anm. 6), S. 395 f.

[18] Vgl. Lucio Ceva, La condotta italiana della guerra. Cavallero e il Comando supremo 1941/1942, Mailand 1975, S. 57—62.

[19] Vgl. als beliebig zu ergänzende Auswahl: Ciano (wie Anm. 5), 18.6., S. 525 f.; 29.6., S. 528; 6.7., S. 531; 13.7.1941, S. 533; Bottai (wie Anm. 1), 1.7., S. 274; 20.8., S. 281; 29.11.1941, S. 291.

[20] Ciano (wie Anm. 5), 10.6.1941, S. 523 f.; und DDI (wie Anm. 7), doc. 618, 3.10., S. 628, und doc. 623, 6.10.1941, S. 632 f.

[21] Giuseppe Gorla, L'Italia nella seconda guerra mondiale. Diario di un milanese, ministro del Re nel governo di Mussolini, Mailand 1959.

[22] Ciano (wie Anm. 5), 6.6.1941, S. 522.

[23] Ebd., 1.7.1941, S. 530.

[24] Bottai (wie Anm. 1), 7.6.1941, S. 271; zur Einstellung Mussolinis gegenüber Hitler vgl. De Felice (wie Anm. 6), Tomo secondo: Crisi e agonia del regime, Turin 1990, S. 1273 ff.

[25] Ciano (wie Anm. 5), 10.6.1941, S. 523 f.

[26] Bottai (wie Anm. 1), 2.9.1941, S. 282.

[27] Ciano (wie Anm. 5), 30.6.1941, S. 529.

[28] Ebd., 29.6.1941, S. 528.

[29] Gorla (wie Anm. 21), 5.7.1941, S. 217 f.; Bottai (wie Anm. 1), 5.7.1941, S. 276.

[30] Ciano (wie Anm. 5), 6.7.1941, S. 531; 20.12.1941, S. 569; 13.1.1942, S. 580, zur Reaktion auf deutsche militärische Probleme. Zu den zentralen Feststellungen hinsichtlich der befürchteten Gebietsforderungen gegenüber Italien vgl. ebd., 8.7., S. 531; 13.7., S. 533; 13.10., S. 544 f.; 15.10., S. 545 f.; 8.11.1941, S. 554; 30.8.1942, S. 646; Bottai (wie Anm. 1), 12. und 19.11.1941,

S. 289. Im Hinblick auf den Vormachtanspruch des Deutschen Reiches im Mittelmeerraum vgl. Gerhard Schreiber, »Due popoli, una vittoria«? Gli italiani nei Balcani nel giudizio dell'alleato germanico, in: L'Italia in guerra 1940—43, a cura di Bruna Micheletti e Pier Paolo Poggio, Brescia 1992, S. 95—124.

[31] Ciano (wie Anm. 5), 20.7.1941, S. 535.

[32] Le operazioni delle unità italiane (wie Anm. 10), S. 71—82 und 531—541.

[33] Ebd., S. 539f.; und Rinaldo Cruccu, Le operazioni italiane in Russia 1941—1943, in: Gli italiani sul fronte russo (wie Anm. 3), S. 209—227, hier S. 212.

[34] Ciano (wie Anm. 5), 26.6.1941, S. 528.

[35] Le operazioni delle unità italiane (wie Anm. 10), S. 74—77; Cruccu (wie Anm. 33), S. 212; Lucio Ceva, La campagna di Russia nel quadro strategico della guerra fascista, in: Gli italiani sul fronte russo (wie Anm. 3), S. 163—193, hier S. 173.

[36] Hitlers Weisungen für die Kriegführung 1939—1945. Dokumente des Oberkommandos der Wehrmacht, hrsg. von Walther Hubatsch, Koblenz ²1983, S. 84—88; vgl. hierzu auch Giovanni Messe, Der Krieg im Osten, Zürich 1948, S. 29—36.

[37] Le operazioni delle unità italiane (wie Anm. 10), S. 79—82; Messe (wie Anm. 36), S. 41—48.

[38] Cruccu (wie Anm. 33), S. 212—215; Le operazioni delle unità italiane (wie Anm. 10), S. 83—177.

[39] Kriegstagebuch der Seekriegsleitung 1939—1945, Teil A, hrsg. von Werner Rahn und Gerhard Schreiber unter Mitwirkung von Hansjoseph Maierhöfer, Bd 32: April 1942, Herford, Bonn 1992, 10.4.1942, S. 158.

[40] Le operazioni delle unità italiane (wie Anm. 10), S. 181.

[41] Ciano (wie Anm. 5), 15.7.1941, S. 534; Bottai (wie Anm. 1), 22.7.1941, S. 278.

[42] Promemoria di Mussolini per Cavallero sulla situazione politico-militare, 24 luglio 1941, abgedr. u. a. in: Ceva (wie Anm. 18), S. 169f. Bei Messe (wie Anm. 36), S. 37, wird das Dokument auf den 21.7. datiert. Die dortige Übersetzung scheint den Tenor der Äußerung Mussolinis nicht wirklich zu erfassen, da sie zu deutschfreundlich akzentuiert ist. Im Original heißt es: »Non possiamo essere meno presenti della Slovacchia e bisogna sdebitarci verso l'alleato«.

[43] Bottai (wie Anm. 1), 25.9.1941, S. 286.

[44] Ebd., 10.10.1941, S. 287.

[45] Messe (wie Anm. 36), S. 36f.

[46] Ceva (wie Anm. 18), S. 86.

[47] ADAP (wie Anm. 4), Dok. 156, S. 184ff.

[48] Ceva (wie Anm. 18), S. 59, Anm. 15, und S. 170ff., Abdruck des vermutlich vom 31.7.1941 datierenden Briefes.

[49] Cavallero (wie Anm. 10), 15.8.1941, S. 128.

[50] DDI (wie Anm. 7), doc. 511, S. 506ff.; vgl. zu den Gesprächen am 25.8.1941 den Kommentar in: Weizsäcker-Papiere (wie Anm. 7), 6.9.1941, S. 267f.

[51] DDI (wie Anm. 7), doc. 504, S. 494—497.

[52] Ciano (wie Anm. 5), 22.9.1941, S. 537.

[53] Ebd., 10.10.1941, S. 544.

[54] Ebd., 11. und 15.10.1941, S. 544f.

[55] Ebd., 22.10.1941, S. 548; zur Lösung des Problems der fehlenden Motorisierung durch Cavallero vgl. Ceva (wie Anm. 18), S. 86, wo diese Überlegung bereits am 26.7. angedeutet ist.

[56] Ciano (wie Anm. 5), 22.10.1941, S. 548.

[57] Le operazioni delle unità italiane (wie Anm. 10), doc. 49, S. 588, dort auch Ausführungen zu den weiteren Vorbedingungen für den Einsatz.

[58] ADAP (wie Anm. 4), Bd 13/2: 15. September bis 11. Dezember 1941, Göttingen 1970, Dok. 424, S. 563—570, Zitat S. 569. Vgl. außerdem DDI (wie Anm. 7), doc. 682, S. 686: Kurzbericht von Ciano an Mussolini, 25.10.1941, in dem Hitlers »grundsätzliche Bereitschaft zum Einsatz italienischer Truppen« betont wird, und ebd., doc. 686, S. 690—694, ausführlicher Bericht über das Treffen mit Hitler, 26.10.1941.

[59] ADAP (wie Anm. 58), Dok. 433, S. 580—585.

[60] Ciano (wie Anm. 5), 1.11.1941, S. 552.

[61] ADAP (wie Anm. 58), 6.11.1941, S. 613—618, Zitat S. 614f.

[62] Ciano (wie Anm. 5), 6.11.1941, S. 553f.

[63] Ebd., 22.11.1941, S. 560.

[64] ADAP (wie Anm. 58), Dok. 522, S. 733ff.

[65] DDI (wie Anm. 7), doc. 786, S. 798—802, Außenminister Ciano an Regierungschef Mussolini, 24.—27.11.1941, Zitat S. 801.

[66] ADAP (wie Anm. 58), Dok. 532, S. 760f.: Der Deutsche General beim Hauptquartier der italienischen Wehrmacht, an das OKH/Attaché-Abteilung, 2.12.1941; zum zweiten Bericht Rintelens vgl. ebd., Anm. 3, und: Das Deutsche Reich und der Zweite Weltkrieg, Bd 4 (wie Anm. 11), S. 900 (Beitrag Förster).

[67] Irrtümlich wird dies angenommen in: Le operazioni delle unità italiane (wie Anm. 10), S. 183, und bei Ceva (wie Anm. 35), S. 177ff.

[68] Vgl. hierzu die eindeutige Eintragung bei Cavallero (wie Anm. 10), 3.12.1941, S. 158. Der vom 3.12.1941 datierende Entwurf befindet sich im Archiv des italienischen Heeres in Rom.

[69] DDI, nona serie: 1939—1943, vol. 8 (12 dicembre 1941—20 luglio 1942), Rom 1988, S. 72, Anm. 3.

[70] ADAP, Serie E: 1941—1945. Bd 1: 12. Dezember 1941 bis 28. Februar 1942, Göttingen 1969, Dok. 53, S. 93f.

[71] DDI (wie Anm. 69), doc. 69, S. 65f.: Botschafter Mario Indelli in Tokio an Außenminister Ciano, 22.12.1941. Vgl. den Beitrag von Bernd Martin in diesem Band.

[72] Ciano (wie Anm. 5), 28.12.1941, S. 572. Der Außenminister gab sich wesentlich skeptischer als der Regierungschef. Ciano meinte, daß die Art des Kriegsbeginns, die Kriegsziele und der Verlauf des Krieges die angedeutete Möglichkeit ausschlossen.

[73] DDI (wie Anm. 69), doc. 79, S. 71ff.: Mussolini an Hitler, 29.12.1941.

[74] Bottai (wie Anm. 1), 2.8.1941, S. 279f.

[75] ADAP (wie Anm. 70), Dok. 62, S. 104—113: Hitler an Mussolini, 29.12.1941; vgl. zur bündnispolitischen und militärischen Lage Ende 1941/Anfang 1942: Jürgen Förster, Stalingrad. Risse im Bündnis 1942/43, Freiburg 1975, S. 13ff.; und: Das Deutsche Reich und der Zweite Weltkrieg, Bd 6, Stuttgart 1990, S. 816—835, zu Italien S. 818ff. (Beitrag Wegner).

⁷⁶ Ciano (wie Anm. 5), 1.1.1942, S. 577.

⁷⁷ ADAP (wie Anm. 75), hier S. 108.

⁷⁸ ADAP (wie Anm. 70), Dok. 164, S. 293 f.

⁷⁹ Ciano (wie Anm. 5), 13.1.1942, S. 580; für diese Feststellung finden sich im Tagebuch Cianos bis zum 8.2.1943, an dem die Eintragungen enden, zahlreiche Belege, wobei auswahlsweise hingewiesen sei auf den 25.1., 20.2., 2.3., 24.3., 1.4., 22.7., 24.7., 3.12.1942, 22.1. und 8.2.1943.

⁸⁰ Für das CSIR und die ARMIR vgl. hierzu: I servizi logistici delle unità italiane al fronte russo (1941—1943), a cura di Costantino De Franceschi, Giorgio de Vecchi di Val Cismon, Riccardo Graziosi e Mauro De Seriis, Rom 1975.

⁸¹ Kriegstagebuch der Seekriegsleitung, Teil C, Heft XIII, Italienische Kriegführung, Juli 1940—April 1945, S. 302 ff., Bundesarchiv-Militärarchiv Freiburg (BA-MA), RM 7/233.

⁸² Ciano (wie Anm. 5), 20.2.1942, S. 593, zur Enttäuschung Mussolinis und zur Entscheidung, die Truppen mit eigenen Mitteln auszurüsten. Zahlreiche Belege für die Belastung der Kriegführung im mittelmeerischen Raum liefert Ceva (wie Anm. 18), S. 84—118.

⁸³ I servizi logistici (wie Anm. 80), S. 149.

⁸⁴ Zur militärischen Charakteristik der ARMIR: Le operazioni delle unità italiane (wie Anm. 10), S. 181—199, 305—208 und 597—631; Ceva (wie Anm. 35), S. 177 ff.; Cruccu (wie Anm. 33), S. 215 f. Hinsichtlich der Zahlenangaben gibt es innerhalb der Literatur gewisse Widersprüche.

⁸⁵ 8. Armee, 13. August 1942, in: Deutscher General beim italienischen Armeeoberkommando 8, Tagesmeldungen und dergleichen, Bd 3: 1.1.—17.1.1943, hierin: Italienische Lagemeldungen: August 1942—Januar 1943, BA-MA, RH 31 IX/22.

⁸⁶ Vgl. Le operazioni delle unità italiane (wie Anm. 10), S. 187—194; Cruccu (wie Anm. 33), S. 216. Die Angaben zur Stärke der einzelnen Korps folgen BA-MA, RH 31 IX/22 (wie Anm. 85).

⁸⁷ Messe (wie Anm. 36), S. 230—233; Le operazioni delle unità italiane (wie Anm. 10), S. 200—233. Vgl. hierzu auch oben, S. 278.

⁸⁸ Vgl. in diesem Zusammenhang die detaillierte Darstellung bei Alessandro Massignani, Alpini e tedeschi sul Don. Documenti e testimonianze sulla ritirata del corpo d'armata alpino e del XXIV Panzerkorps germanico in Russia nel gennaio 1943 — con il diario del »Generale tedesco presso l'8ª armata italiana«, Novale di Valdegno 1991, S. 56 f.

⁸⁹ Le operazioni delle unità italiane (wie Anm. 10), S. 234—293; Cruccu (wie Anm. 33), S. 218 f., und Messe (wie Anm. 36), S. 240—272.

⁹⁰ Kriegstagebuch des Deutschen Generals beim italienischen Armeeoberkommando 8, vom 11.7.1942—31.1.1943, S. 18—22, Zitat S. 22, BA-MA, RH 31 IX/1; direkt dazu Messe (wie Anm. 36), S. 257—262, und: Das Deutsche Reich und der Zweite Weltkrieg, Bd 6 (wie Anm. 75), S. 975 (Beitrag Wegner).

⁹¹ Vgl. zum Beispiel Ciano (wie Anm. 5), 4.6.1942, S. 627.

⁹² Bottai (wie Anm. 1), 13.10.1942, S. 329.

⁹³ Messe (wie Anm. 36), S. 273—285.

⁹⁴ Le operazioni delle unità italiane (wie Anm. 10), S. 294—327, und Cruccu (wie Anm. 33), S. 219 f.

95 Vgl. hierzu und zur deutschen Reaktion auf die veränderte Lage: Förster (wie Anm. 75), S. 40—43, und: Das Deutsche Reich und der Zweite Weltkrieg, Bd 6 (wie Anm. 75), S. 997—1023 (Beitrag Wegner).

96 Cavallero (wie Anm. 10), 25.7.1942, S. 294, und 4.8.1942, S. 303.

97 Ebd., 17.11.1942, S. 390f.

98 Kriegstagebuch des Oberkommandos der Wehrmacht (Wehrmachtführungsstab) 1940—1945. Geführt von H. Greiner und P.E. Schramm. Im Auftrag des Arbeitskreises für Wehrforschung hrsg. von P.E. Schramm, 4 Bde, Frankfurt a.M. 1961—1979. Bd 2: 1. Januar 1942—31. Dezember 1942, zus.gest. und erl. von Andreas Hillgruber, Frankfurt a.M. 1963, 30.11.1942, S. 1054. Vgl. den Beitrag von Manfred Kehrig in diesem Band.

99 BA-MA, RH 31 IX/1 (wie Anm. 90), S. 60.

100 Ebd., S. 69. Vgl. den Beitrag von Anatolij Chor'kov in diesem Band.

101 Anlagen zum Kriegstagebuch Deutscher General beim italienischen Armeeoberkommando 8, Befehle, Besprechungsunterlagen, Meldungen, 13.7. 1942—31.1.1943, S. 38, BA-MA, RH 31 IX/2.

102 Zur operativen Entwicklung vgl. Le operazioni delle unità italiane (wie Anm. 10), S. 316—421, und Cruccu (wie Anm. 33), S. 219—222.

103 BA-MA, RH 31 IX/1 (wie Anm. 90), S. 101; vgl. ebd., 3.1.1943, S. 104, und 5.1.1943, S. 106. Aus diesen Stellen erhellt sehr gut, daß die italienische Führung ganz andere — die Truppe schonende — Absichten hegte.

104 Grundlegend für diese Phase der italienischen Beteiligung am Ostkrieg: Massignani (wie Anm. 88), S. 53—146; Le operazioni delle unità italiane (wie Anm. 10), S. 421—450; Cruccu (wie Anm. 33), S. 222f.

105 Vgl. hierzu Massignani (wie Anm. 88), S. 65—81, dessen Darstellung auf der Auswertung der existenten Literatur und auf einer ausgezeichneten Quellenbasis beruht.

106 Ebd., S. 81—104; Le operazioni delle unità italiane (wie Anm. 10), S. 433—450; und BA-MA, RH 31 IX/1 (wie Anm. 90), 21.1., S. 114; 22.1., S. 117; 23.1.1943, S. 120.

107 Massignani (wie Anm. 88), S. 98f.

108 Nuto Revelli, La strada del davai, Turin 1980, dort zahlreiche Beispiele; Mario Rigoni Stern, Il sergente nella neve, Turin 1989, S. 73—174; vgl. in solchem Kontext auch Giorgio Rochat, Memorialistica e storiografia sulla campagna italiana in Russia 1941—1943, in: Gli italiani sul fronte russo (wie Anm. 3), S. 465—482.

109 Le operazioni delle unità italiane (wie Anm. 10), S. 487ff.

110 BA-MA, RH 31 IX/1 (wie Anm. 90), S. 140.

111 Le operazioni delle unità italiane (wie Anm. 10), S. 466—474; Ministero della Difesa, Commisione Ministeriale d'indagine sul presunto eccidio di Leopoli avvenuto nell'anno 1943, relazione conclusiva, Rom 1988, S. 91f.; zu den erwähnten deutschen Absichten vgl. BA-MA, RH 31 IX/1 (wie Anm. 90), 5.1.1943, S. 106f., wo sich die italienische Absage an eine weitere Verwendung der Alpini im Osten schon ankündigt.

112 De Felice (wie Anm. 24), S. 1264f.

113 ADAP, Serie E: 1941—1945, Bd 4: 1. Oktober bis 31. Dezember 1942, Göttingen 1975, Dok. 146, S. 257: Botschafter und Militärattaché Rom an Reichsaußenminister, 7.11.1942; vgl. auch Weizsäcker-Papiere (wie Anm. 7), 8.11.

1942, S. 305; Frederick W. Deakin, Die brutale Freundschaft. Hitler, Mussolini und der Untergang des italienischen Faschismus, Köln, Berlin 1964, S. 111; Förster, Stalingrad (wie Anm. 75), S. 67 ff. und 123 ff.; Josef Schröder, Bestrebungen zur Eliminierung der Ostfront, 1941—1943, Göttingen, Zürich 1985, S. 18.

[114] Weizsäcker-Papiere (wie Anm. 7), 16. und 22.11.1942, S. 308 f.

[115] So De Felice (wie Anm. 24), S. 1265.

[116] DDI, nona serie: 1939—1943, vol. 9 (21 luglio 1942—6 febbraio 1943), Rom 1989, doc. 379, S. 372—375.

[117] La situazione della guerra ai primi di febbraio 1943, 10 febbraio 1943, Archivio Centrale dello Stato Roma, Segreteria Particolare del Duce, cartella 5, fascicolo 91 R, sottofascicolo 2, Zitat S. 9. Die Denkschrift wird ausführlich gewürdigt bei De Felice (wie Anm. 24), S. 1292 f.

[118] DDI (wie Anm. 116), doc. 381, S. 377 f.: Unterredung Mussolini—Göring, 6.12.1942. Das Gespräch fand bereits am 5.12. statt; und ebd., doc. 410, 16.12.1942, Mussolinis Anweisung für Ciano, betr. die Gespräche mit Hitler: entweder Frieden mit Stalin wie Brest-Litowsk oder Verteidigungslinie im Osten, die es erlauben sollte, die größtmögliche Anzahl von Truppen nach Westen zu verlegen.

[119] ADAP (wie Anm. 113), Dok. 315, S. 582—585, Zitat S. 582.

[120] ADAP, Serie E: 1941—1945, Bd 5: 1. Januar bis 30. April 1943, Göttingen 1978, Dok. 135, S. 227—236, Zitat S. 235.

[121] Ebd., Dok. 158, S. 286—306, Unterredung am 25.2.1943, Zitate S. 287 und 289.

[122] Weizsäcker-Papiere (wie Anm. 7), 13.3.1943, S. 328, und 3.4.1943, S. 335.

[123] Grundlegend hierzu De Felice (wie Anm. 24), S. 1264—1300.

[124] Vgl. Gerhard Schreiber, Die italienischen Militärinternierten im deutschen Machtbereich 1943 bis 1945. Verraten — Verachtet — Vergessen, München 1990, S. 37—45.

[125] Vgl. Isnenghi, Le guerre (wie Anm. 3), S. 152 ff., 248—251.

[126] Hierbei ist vor allem auf die Editionen von Revelli (wie Anm. 2 und Anm. 108) hinzuweisen.

[127] Revelli (wie Anm. 108), S. 262 ff.

[128] Zahlreiche Belege bei Schreiber (wie Anm. 124).

[129] Revelli (wie Anm. 2), S. 29.

[130] Meldungen aus dem Reich 1938—1945. Die geheimen Lageberichte des Sicherheitsdienstes der SS, hrsg. und eingel. von Heinz Boberach, 17 Bde, Herrsching 1984—1985. Bd 12: Meldungen aus dem Reich Nr. 332 vom 5. November 1942 — Nr. 362 vom 25. Februar 1943, Herrsching 1984, S. 4762.

[131] BA-MA, RH 31 IX/1 (wie Anm. 90), 20.12.1942, S. 89; vgl. zum Stellenwert der 8. Armee aus deutscher Sicht: Jürgen Förster, Il ruolo dell'8ª armata italiana dal punto di vista tedesco, in: Gli italiani sul fronte russo (wie Anm. 3), S. 229—259.

[132] Ciano (wie Anm. 5), 18.12.1942, S. 678; zu den offiziellen Aufzeichnungen vgl. ADAP (wie Anm. 113), Dok. 315, S. 582—585; DDI (wie Anm. 116), doc. 414, S. 408; doc. 415, S. 413—417, und doc. 418, S. 418 f.

[133] DDI (wie Anm. 116), doc. 421, S. 421 f.: Cavallero an Mussolini, betr. die militärischen Besprechungen, 19.12.1942.

[134] Gefechtsberichte (Tätigkeits- und Erlebnisberichte) der ehemaligen D. V. K. und D. V. Stäbe, Dezember 1942 bis Januar 1943, BA-MA, RH 31 IX/35.

[135] Ebd., S. 127—133: Zusammenfassung der Gefechtsberichte der D. V. K. bei den Divisionen der 8. ital. Armee und gemeinsame Schlußfolgerungen, 12. 11. 1943, Zitat S. 132.

[136] Ebd., S. 60—74: D. V. K. Div. »Ravenna«, O. U., 20. 3. 1943, Gefechtsbericht, Zitat S. 74.

[137] Promemoria per il Signor Generale Utili Umberto, 10 maggio 1943, Il Maggiore in s. S. M. Achille Mazzi, Archivio dell'Ufficio Storico dello Stato Maggiore dell'Esercito Roma (AUSSME), Raccoglitore 1551, cartella 5, sottocartella 3.

[138] A Eccellenza il Generale d'Armata gr. uff. Ezio Rosi, Capo di S. M. del R°. Esercito, 1° marzo 1943, Generale di brigata Italo Giglio, Comando Art. II° C. A., P. M. 20, AUSSME (wie Anm. 137), sottocartella 15/5.

[139] 90° Regg.to Fanteria, 2ª Compagnia, Al Comando I° Btg., Oggetto: Informazioni, Il Comandante la Compagnia (Name unleserlich), AUSSME (wie Anm. 137), sottocartella 6.

[140] Morale dei soldati e loro rapporti coi tedeschi in terra di Russia, Il Cappellano Capo della VIIIª Armata (don Arrigo Fintonello), AUSSME (wie Anm. 137), sottocartella 15/4. Der Bericht, das geht aus einem Begleitschreiben hervor, wurde vor dem 18. 5. 1943 verfaßt. Ein anderer Militärgeistlicher gab zu Protokoll, daß sich die Deutschen beim Rückzug gegenüber den Italienern nicht nur nicht wie Verbündete verhielten, sondern sogar ein Verhalten zeigten, das dem »verhaßtesten Feind würdig gewesen wäre«: Al Comando 90° Reggimento Fanteria, P. M. 42, 23 marzo 1943, Il Tenente Cappellano (Palmi Antonio), AUSSME (wie Anm. 137), sottocartella 15/6.

[141] Comando 90° Reggimento Fanteria »Vincere assueti«, N. 05/260 di prot. R. P., P. M. 42, 28 marzo 1943, Oggetto: Informazioni. Al Comando della Divisione di Fanteria »Cosseria«, Il Colonnello Comandante del Reggimento (F. Polito), AUSSME (wie Anm. 137), cartella 6, sottocartella 15/6. In diesem Aktenbestand (15/6) ist umfassendes Material über die Infanteriedivision »Cosseria« enthalten, das hier im Detail nicht ausgewertet werden konnte. Darunter befindet sich auch ein Bericht, in dem behauptet wird, daß ein deutscher Soldat, um einem Italiener das Motorrad abzunehmen, diesen bei Vorošilovgrad einfach erschoß: 90 Reggimento Fanteria Div. »Cosseria« 8ª e 12ª Comgania, Oggetto: Rapporti di militari, 26 marzo 1943, Fante Fortolan Luigi.

[142] Comando Divisione Fanteria »Cosseria«, n. 1/467 di prot., P. M. 42, 20 maggio 1943, Oggetto: Informazioni, Il Generale Comandante Enrico Gazzale, AUSSME (wie Anm. 137), cartella 6, sottocartella 15/6; und: Stato Maggiore R. Esercito, Ufficio Storico, N. 2055 Prot., P. M. 9, 18 maggio 1943, Promemoria per l'Ecc. De Stefanis, AUSSME (wie Anm. 137), sottocartella 15/4. Der Verfasser dankt Herrn Alessandro Massignani (Valdagno/Vicenza) sehr herzlich dafür, daß er ihm die aus dem Archivio Ufficio Storico dello Stato Maggiore dell' Esercito stammenden Unterlagen großzügigerweise zur Verfügung stellte.

Bernd Wegner

Jenseits der Waffenbrüderschaft.
Die deutsch-finnischen Beziehungen im Schatten von Stalingrad

I.

Die Beziehungen zwischen Berlin und Helsinki hatten sich seit Kriegsbeginn von jenen zu den anderen Verbündeten des Reiches unterschieden.[1] Finnland war nicht dem Dreimächtepakt beigetreten, sondern nur dem politisch bedeutungsloseren Antikominternpakt. Ihr Bündnis, so man es als solches bezeichnen will, war informeller Art, basierend allein auf einer (vorübergehenden) Teilidentiät der Interessen beider im übrigen so unterschiedlicher Länder gegenüber der Sowjetunion. Auf Eigenständigkeit bedacht, legte die finnische Regierung unter Staatspräsident Ryti denn auch Wert darauf, daß die finnischen Operationen gegen die Rote Armee ein durch deren Überfall im Herbst 1939 und die daraus erwachsenden Folgen bedingter »Fortsetzungskrieg« seien und nicht bloß Teil der deutschen Kriegführung. Diesem Verständnis entsprach, daß die finnische Führung zum Beispiel eigene, im Vergleich zu Berlin entschieden defensivere Kriegsziele proklamierte[2], an einer säuberlichen Trennung der militärischen Unterstellungsverhältnisse samt einem eigenen finnischen Oberkommando festhielt und die gewachsenen Beziehungen des Landes zu Schweden und den USA ungeachtet der widrigen Zeitläufe zu bewahren bemüht blieb.

All dies konnte freilich nicht darüber hinwegtäuschen, daß der in jeder Hinsicht isolierte Kleinstaat an der nordöstlichen Peripherie Europas in weit vielfältigerer Weise, als es der Idee eines parallel, aber eigenständig geführten Sonderkrieges entsprochen hätte, von seinem mächtigen deutschen »Waffenbruder« abhängig und mit dessen Kriegführung verzahnt war. Am augenfälligsten zeigte sich dies in der Anwesenheit der deutschen 20. Gebirgsarmee in Finnland, deren Truppen im Verbund mit finnischen Kräften gegen die Murmanbahn und das Weiße Meer operierten. Umgekehrt kämpften auch finnische Soldaten im Rahmen eines SS-Freiwilligenbataillons an Frontabschnitten außerhalb ihres Landes.[3] Politisch nicht weniger delikat war die wirtschaftliche Abhängigkeit Finnlands vom Deutschen Reich, mit dem es seit dem Ausfall Englands als seines traditionell wichtigsten Handelspartners über zwei Drittel seines Außenhandels abwickelte. Insbesondere die deutschen Lebensmittel- und Waffenlieferungen waren für Finnland längst unentbehrlich geworden; umgekehrt war die deutsche Kriegführung vor allem auf die Nickelvorkommen bei Petsamo angewiesen.[4]

Vor diesem Hintergrund militärischer und ökonomischer Verflechtung war das finnische »Sonderkriegs«-Verständnis sehr bald schon zu einer Formel geworden, deren Beschwörung zwar noch innenpolitisch zur Legitimierung des Krieges taugen mochte, außenpolitisch aber weder Freund noch Feind recht überzeugte. Dies um so weniger, als in jenem von Großmachtambitionen dominierten Globalkonflikt, zu dem sich der europäische Krieg 1941 unwiderruflich ausgeweitet hatte, die Partikularinteressen nachgeordneter Mächte in der Regel ohnehin nur als Kleingeld der internationalen Politik gehandelt wurden. So hatte denn London, der Sowjetunion entgegenkommend, im Dezember 1941 nicht nur Ungarn und Rumänien, sondern auch Finnland den Krieg erklärt und dabei ausdrücklich darauf abgehoben, daß der finnische Krieg eben *nicht* als vom großen europäischen Konflikt getrennt angesehen werden könne. Wenn die amerikanische Regierung in dieser Frage nicht mit Whitehall gleichzog und die diplomatischen Beziehungen zu Helsinki fürs erste (wenn auch in eingeschränkter Form) aufrecht erhielt, so tat sie es aus einer Mischung von diplomatischem Kalkül, einem gerüttelt Maß von Mißtrauen gegenüber den Absichten Moskaus und gewissen sentimentalen Bindungen an das seit dem Winterkrieg 1939/40 heroisch verklärte Finnland, schwerlich aber, weil man in Washington an die Selbstbehauptungskraft des kleinen Landes gegenüber dem deutschen Waffenbruder geglaubt hätte.

Auch in Berlin glaubte man daran nicht und sah gerade darum keinerlei Grund, die Finnen zu einer förmlichen vertraglichen Regelung der gegenseitigen Beziehungen zu drängen. Wozu auch? Im Zuge des erwarteten deutschen »Endsieges« würde sich schon zeigen, wer am längeren Hebel saß. So konnte denn der deutsche Gesandte in Helsinki, Wipert v. Blücher, im Rückblick auf die Jahre 1941 und 1942 mit gewissem Recht feststellen, daß »die Sonderstellung Finnlands [...] stets von uns respektiert worden« sei[5].

Der besondere Charakter der deutsch-finnischen Beziehungen hatte
solange keinen Anlaß zu nennenswerten Konflikten zwischen beiden
Ländern geboten, als sich deren kurz- und mittelfristige Interessen
gegenüber der Sowjetunion mehr oder weniger deckten und ein Sieg
ihrer Armeen gegen die Sowjetunion und den Bolschewismus greifbar nahe schien. Nachdem sich jedoch gegen Jahresende 1941 die deutschen (und damit zugleich die finnischen) Blitzkriegshoffnungen zerschlagen hatten und die traditionell finnlandfreundlichen USA in den
Krieg gegen Deutschland eingetreten waren, verkomplizierte sich die
Lage aus der Sicht Helsinkis beträchtlich. Zum einen sah man sich jetzt
einem langen, die personellen und materiellen Ressourcen des Landes
weit überfordernden Krieg gegenüber, der die Abhängigkeit vom Deutschen Reich weiter zu verstärken drohte. Zum andern mußte die finnische Führung nunmehr auch die Möglichkeit eines grundlegend anderen Kriegsausganges in Rechnung stellen und das Überleben Finnlands
als einer unabhängigen Republik auch für diesen Fall zu sichern suchen.
Wenngleich der Gedanke an eine mögliche deutsche Niederlage im
Osten von den meisten finnischen Politikern und Militärs (freilich nicht
von Mannerheim persönlich) noch verdrängt wurde, hielt man es in
Helsinki doch für geboten, von jetzt an politisch vorsichtiger und militärisch zurückhaltender zu operieren.

So wurde 1942 für die finnische Führung ein Jahr des Abwartens.
Ohne direkte Zweifel an der Loyalität zum deutschen Verbündeten auf-
kommen zu lassen, bemühte man sich nun mehr als zuvor, die eigene
Position in diesem weltweiten Ringen der Großmächte erkennbar wer-
den zu lassen. Dabei ging es in erster Linie darum, die traditionellen
Bindungen zum neutralen Nachbarn Schweden zu festigen sowie einen
Abbruch der diplomatischen Beziehungen zu den USA zu vermeiden.
Zu diesem Zweck, aber auch im Hinblick auf die stark überdehnten
finnischen Ressourcen, schien es dem Oberkommando unter Marschall
Mannerheim seit der Jahreswende 1941/42 geboten, zu einer strategi-
schen Defensive gegenüber der Roten Armee überzugehen und von
weiteren gemeinsamen deutsch-finnischen Operationsplanungen (zum
Beispiel gegen den am Weißen Meer gelegenen Knotenpunkt Sorokka)
behutsam, aber entschieden abzurücken.[6]

Im Bewußtsein der Enge des eigenen Handlungsspielraums zog sich
die finnische Führung darauf zurück, alles zu unterlassen, was eine der
interessierten Seiten — Berlin, Stockholm oder Washington — hätte

vor den Kopf stoßen können. Daß man sich deutscherseits mit einer solch attentistischen Linie der finnischen Politik abzufinden bereit war und, anders als in den Fällen Ungarns oder Rumäniens, auf diplomatische Drohgebärden verzichtete, kennzeichnet einmal mehr die Sonderstellung Finnlands unter den Bundesgenossen des Reiches. Diese zeigte sich in ganz anderer Weise auch in einer ungewöhnlichen Geste Hitlers: Am 4. Juni 1942 flog er für wenige Stunden nach Finnland, um Marschall Mannerheim, dem finnischen Nationalhelden, persönlich zu dessen 75. Geburtstag zu gratulieren. Die Visite hatte zwar keine konkrete politische Bedeutung, war aber ein psychologisch geschickter Schachzug Hitlers, der für alle Welt die vermeintliche »Schicksalsverbundenheit« beider Länder zu just dem Zeitpunkt augenfällig machte, da die finnische Seite sich ihr stillschweigend zu entziehen suchte.[7]

Für die Bereitschaft Berlins, »die Finnen mit Samthandschuhen anzufassen«[8], gab es eine Reihe triftiger Gründe. Erstens hatte sich Finnland im bisherigen Krieg als der militärisch zuverlässigste Verbündete erwiesen. Finnische Truppen hatten, wie auch in Deutschland anerkannt wurde, vor allem während der Wintermonate in vielerlei Hinsicht geschickter und mit größerer Erfahrung als die deutschen Verbände operiert. Zudem erfolgreicher: Während das finnische Oberkommando seine Operationsziele auf der karelischen Landenge und in Ostkarelien (bis zum Svir und zum Onegasee) im wesentlichen erreicht hatte, war von deutscher Seite, wie der Verbindungsgeneral im finnischen Hauptquartier einräumen mußte, »rechts und links der finnischen Front [...] eigentlich nirgends das erreicht worden, was man angestrebt hatte.«[9] Weder hatte die als sowjetische Nachschubroute wichtige Murmanbahn erobert noch Leningrad als für die finnisch-deutschen Beziehungen wichtigster strategischer Faktor ausgeschaltet werden können. Hinzu kam als zweites, daß der militärische Beitrag Finnlands zur gemeinsamen Kriegführung angesichts der 1942 schwerpunktmäßig auf dem *Süd*flügel der Ostfront ablaufenden deutschen Offensivoperationen auch nach Auffassung des Führerhauptquartiers primär in der defensiven Sicherung der Nordflanke bestehen sollte; dies um so mehr, als die von Hitler stets befürchtete alliierte Landungsoperation in Nordnorwegen in Verbindung mit einer gegebenenfalls parallel dazu angesetzten sowjetischen Offensive an der Finnlandfront den gesamten nördlichen Kriegsschauplatz aufzurollen drohte. Schließlich durfte für die auffallend nachgiebige Haltung Berlins auch die Überlegung maßgeblich gewesen sein, daß ökonomische oder gar militärische Pressionen die immensen inneren Probleme der finnischen Demokratie in einer Weise verschärfen könnten, die das Land nur um so leichter zum Opfer Moskauer Sonderfriedensofferten machen würden.

III.

Die sich seit dem Spätherbst 1942 abzeichnende rapide Verschlechterung der Lage Deutschlands an praktisch allen Fronten (mit Ausnahme des aus finnischer Sicht sekundären atlantischen U-Boot-Krieges) änderte die hier skizzierten Grundlagen des finnisch-deutschen Verhältnisses tiefgreifend. Anzeichen dafür waren bereits im Laufe des August, mit dem Steckenbleiben der deutschen Sommeroffensive an der Volga und im Kaukasus[10], dem sich in den Wochen danach abzeichnenden Verzicht auf die den Finnen wiederholt versprochene deutsche Leningradoffensive[11] sowie mit der alliierten Landung in Nordafrika Anfang November erkennbar gewesen.[12] Nicht nur deutsche, auch ausländische Beobachter wie etwa der schweizerische Gesandte Egger und der amerikanische Geschäftsträger McClintock registrierten in jenen Wochen auf finnischer Seite erste Ansätze zu einer Überprüfung der außenpolitischen Grundorientierung des Landes.[13] Zu einem tatsächlichen Kurswechsel kam es gleichwohl erst, nachdem die Rote Armee im Januar 1943 zum einen den Blockadering um Leningrad hatte sprengen, zum andern die Entscheidung in der Schlacht bei Stalingrad hatte erzwingen können.

Am 3. Februar 1943, also einen Tag nach dem Erlöschen des letzten deutschen Widerstandes an der Volga, trafen sich in Mannerheims Hauptquartier in Mikkeli Staatspräsident Ryti, Finanzminister Tanner, der einflußreiche Repräsentant der Sozialdemokratie, und andere Angehörige des kleinen und informellen, aber für alle Grundsatzentscheidungen der Regierung ausschlaggebenden »Kriegskabinetts«. Unter dem Eindruck eines in jeder Beziehung ernüchternden Lagevortrags des Chefs der Aufklärungsabteilung, Oberst Paasonen, beschloß der Kreis, daß es an der Zeit sei, Finnland aus dem Krieg herauszuführen und die Beziehungen zur Sowjetunion zu normalisieren.[14] Dabei solle auf weitergehende Kriegsziele, insbesondere die faktisch bereits eingeleitete Annexion Ostkareliens[15], verzichtet und die vor Beginn des »Winterkrieges« 1939 bestehende Grenze als Ausgangspunkt der Verhandlungen gewählt werden. Keine zwei Wochen später faßte auch der Parteirat der Sozialdemokraten eine im Tenor ähnliche Resolution, in der nicht nur von den notwendigen Bindungen Finnlands an die nordischen Länder und die USA die Rede war, sondern auch davon, daß es dem Lande freistehe, aus dem Krieg auszuscheiden, sofern seine Unabhängigkeit und Freiheit gesichert seien.[16] Unüberhörbar formierte sich hier wie auch in anderen Kreisen vornehmlich des linken Spektrums und der schwedischsprachigen Minderheit eine Friedensopposition und mit ihr eine öffentliche, zum Teil über die Presse geführte Debatte, bei der es im Kern um nichts anderes als die Nagelprobe auf die These vom finnischen »Sonderkrieg« ging: Denn wenn zutraf, daß Finnland seinen eigenen Krieg im Osten führte, so war nur logisch, daß auch die Regierung in Helsinki allein über seine Beendigung entscheiden könne.

Die sich hier artikulierende neue Linie der finnischen Regierung und eines Teiles der sie tragenden Parteien war zwar nur von wenigen Politikern formuliert worden, spiegelte aber einen allgemeinen Stimmungsumschwung in der Bevölkerung des Landes wider. Dessen geradezu dramatische Dimensionen lassen sich an den im Regierungsauftrag durchgeführten, streng vertraulichen Meinungsumfragen ablesen. Danach waren noch im September 1942 90 bis 95 Prozent der Anhänger der bürgerlichen Parteien (Konservative, Bauernbund, Fortschrittspartei) von einem deutschen Sieg überzeugt gewesen[17]; bis zum Februar 1943 war dieser Anteil auf 40 bis 50 Prozent der jeweiligen Parteianhänger geschrumpft. Noch eindeutiger war das Bild auf der Linken: Dort hatten im Herbst noch 65 Prozent der Sozialdemokraten beziehungsweise 70 Prozent der Kommunisten mit einem deutschen Sieg gerechnet, nach den sowjetischen Erfolgen bei Leningrad und Stalingrad aber nur noch 19 beziehungsweise 14 Prozent. Gleichzeitig war bei den Anhängern aller Parteien das Vertrauen in einen Sieg der Alliierten erheblich gewachsen.

Freilich wäre unser Bild unvollständig, würden wir nicht erwähnen, daß zur gleichen Zeit eine Reihe einflußreicher Persönlichkeiten, insbesondere unter den Militärs, von einer Wende des Krieges zuungunsten Deutschlands noch keineswegs überzeugt war. Zu ihnen gehörte auch der Verbindungsoffizier des finnischen Generalstabs im deutschen Hauptquartier, General Talvela, der am 4. Februar, unter dem unmittelbaren Eindruck der deutschen Niederlage an der Volga, an Mannerheim drahtete, daß in Deutschland zwar eine moralische Erschütterung zu verspüren, das weitere planmäßige und disziplinierte Funktionieren der deutschen Kriegsmaschinerie aber in keiner Weise in Frage gestellt sei.[18] Talvela stand mit solchem Optimismus offenbar keineswegs allein da. Es gebe »niemanden unter den höheren Offizieren«, so wußte

General Erfurth Mitte Januar aus dem finnischen Hauptquartier zu berichten, »der an einen Sonderfrieden glaubt oder mit der Möglichkeit rechnet, daß die Finnen ihr militärisches Geschick von dem deutschen trennen könnten.«[19] Dessen ungeachtet begann man im Oberkommando in Mikkeli, einem ausdrücklichen Wunsch Mannerheims folgend, nunmehr den Begriff »Verbündete« zu meiden, wenn es um das Verhältnis zu Deutschland ging.[20]

Die Dynamik, mit der die militärische Lage im Großen und die Stimmung der Menschen im eigenen Lande umschlug, führte auch zu Veränderungen innerhalb der finnischen Regierung. Anlaß dazu boten die im Februar anstehenden Präsidentschaftswahlen. In ihrem Vorfeld hatte es quer durch die Parteien eine Tendenz gegeben, Mannerheim auf den Schild zu heben.[21] Nicht zuletzt die Vertreter der Friedensopposition setzten auf den greisen Marschall, der allein die Autorität zu verkörpern schien, Finnland rechtzeitig und ohne allzu großen Schaden aus dem Krieg herauszuführen. Indes versagte sich Mannerheim, teils aus politischem Kalkül, teils mit Rücksicht auf seine gerade in jenen Monaten stark angegriffene Gesundheit, in letzter Stunde einer Kandidatur, so daß Ryti schließlich doch mit großer Mehrheit in seinem Amt bestätigt wurde. Unmittelbar danach bildete er das Kabinett um; dabei schieden, angesichts der veränderten Verhältnisse kaum überraschend, der Vertreter der rechtsextremen »Vaterländischen Volksbewegung« (IKL) aus der Regierung aus, desgleichen der — vom deutschen Verbündeten bis zuletzt gestützte[22] — Außenminister Witting. An seine Stelle trat Henrik Ramsay, ein als anglophil geltender Vertreter der Schwedischen Volkspartei. Neuer Ministerpräsident wurde Edwin Linkomies von der konservativen Sammlungspartei.

Die neue Regierung — nach Erfurths Urteil »kein ausgesprochenes Friedenskabinett, aber ein Kabinett der freien Hand«[23] — war von Anfang an entschlossen, die Möglichkeiten und Voraussetzungen eines eventuellen Sonderfriedens auszuloten. Dies bedeutete noch keinen Kurswechsel, wohl aber einen neuen Stil der finnischen Außenpolitik. Zwar brodelten in den diplomatischen Gerüchteküchen der europäischen Hauptstädte schon seit langem derartige Spekulationen, waren seit 1941 auch wiederholt einschlägige Offerten Moskaus an die Adresse Helsinkis diskret lanciert worden, doch hatte die finnische Regierung darauf bislang stets, wenn auch zuletzt, im Spätherbst 1942, nur auf dringendes deutsches Anraten, mit Nichtachtung reagiert.[24] Noch in seiner Rede zum Unabhängigkeitstag am 6. Dezember 1942 hatte Staatspräsident Ryti keinerlei Entgegenkommen in der Friedensfrage erkennen lassen und damit den letzten Anstoß zur Rückberufung des amerikanischen Botschafters aus Helsinki gegeben.[25]

Die in dieser Geste implizierte Drohung und die gleichzeitige Verschlechterung der militärischen Lage Deutschlands bewogen die finnische Regierung schon im Januar, ihre Kontakte zum State Department zu intensivieren. So etwa suchte der finnische Gesandte in Washington, Hjalmar Procopé, die amerikanischen Erwartungen hinsichtlich der bevorstehenden finnischen Präsidentschaftswahlen zu sondieren, während Ryti in Helsinki auffallend häufig amerikanische Repräsentanten zu Unterredungen empfing[26]; zugleich wurde, vornehmlich über die sozialdemokratischen Minister Tanner und Fagerholm sowie über den neuen finnischen Gesandten in Stockholm, Gripenberg, das Gespräch mit schwedischen Regierungskreisen in verstärktem Maße gesucht.

Signalisierten all diese Kontakte bereits eine gewisse Flexibilität in der Haltung Helsinkis, so schien sich nach Antritt der neuen Regierung für kurze Zeit auch ein Weg zur Anbahnung konkreter Verhandlungen mit der Sowjetunion zu eröffnen. Jedenfalls bot das State Department nach Rücksprache mit den Regierungen in Moskau, London und Stockholm am 20. März 1943 der finnischen Führung ihre »guten Dienste« für den Fall an, daß diese Friedensgespräche mit der Sowjetunion aufzunehmen wünsche.[27] Damit lag der Schwarze Peter fürs erste in Helsinki; dort mußte man sich entscheiden.

IV.

Der finnischen Regierung war von Anfang an klar, daß ihr Spielraum in der Friedensfrage in erster Linie von der Haltung des übermächtigen deutschen Verbündeten abhing. Dieser mußte, da eine längere Geheimhaltung der Kontakte über den Atlantik aussichtslos schien, wenn irgend möglich zu deren Duldung bewogen werden; darauf hinzuwirken, war das Hauptziel der Deutschlandpolitik Helsinkis in den Wochen nach Stalingrad. Zu diesem Zweck bemühte man sich, die Bedeutung der Sondierungen Berlin gegenüber in jeder Hinsicht herunterzuspielen und sie als ein primär innen-, nicht außenpolitisches Manöver darzustellen: Nicht um einen Sonderfrieden gehe es (ein solcher sei realistischerweise gar nicht zu erwarten), sondern um eine Beruhigung der wachsenden Friedensopposition im eigenen Lande. Gerade weil ein Bruch mit Washington in absehbarer Zeit kaum zu vermeiden sei, das finnische Volk aber keinen Krieg mit den USA wolle, müsse die Regierung um der doch auch von Deutschland gewünschten inneren Einheit willen glaubhaft machen können, alles zur Vermeidung einer amerikanischen Kriegserklärung getan zu haben.[28]

Unabhängig von dieser Sprachregelung war die Regierung darauf bedacht, den Draht nach Washington auch für den Fall, daß die Wilhelmstraße sich ablehnend verhielte, nicht völlig abreißen zu lassen. Sie entschied sich deshalb, das erwähnte amerikanische Memorandum — ungeachtet eventueller deutscher Gegenvorstellungen — erst einmal zu beantworten. Sie tat dies in einer am 24. März 1943 überreichten Antwortnote, die, kaum überraschend, im Ton verbindlich, in der Sache selbst aber ausweichend war; indem man um nähere Erläuterungen zu den Grundlagen des amerikanischen Vermittlungsangebotes bat, suchte man Zeit zu gewinnen und den Dialog aufrechtzuerhalten, ohne durch vorzeitige Festlegungen irgendeine der interessierten Seiten ernstlich vor den Kopf zu stoßen.[29] Es war ein einfaches und leicht durchschaubares diplomatisches Manöver, angesichts der gegebenen Verhältnisse aber das vermutlich einzig realistische.

Wenig realistisch war hingegen die in Teilen der Regierung gehegte Hoffnung, Berlin werde dem Spiel der finnischen Diplomatie tatenlos zusehen. Daß dem angesichts der wieder stabilisierten Lage an der Ostfront keineswegs so war, mußte der neue finnische Außenminister erfahren, als er unmittelbar nach Übermittlung der finnischen Antwort an Washington zu einem kurzfristig arrangierten »Antrittsbesuch« in Berlin eintraf.[30] Von finnischer Seite bezeichnenderweise als quasi private Mission und unter größter Geheimhaltung betrieben, dokumentiert dieser Besuch eindrucksvoll, wie wenig im Verhältnis beider Regierungen zueinander vom waffenbrüderlichen Einvernehmen der ersten Kriegsphase geblieben war. Nicht nur ließ Ribbentrop in einem wohlkalkulierten diplomatischen Affront seinen finnischen Amtskollegen nach dessen Eintreffen in Berlin am 25. März sechs Stunden im Ungewissen darüber, ob und wann er ihn zu empfangen gedenke[31], er bemühte sich auch gar nicht erst um ein Verständnis der schwierigen Situation Helsinkis, die Ramsay ihm auseinanderzusetzen suchte. Vielmehr machte der deutsche Außenminister seinem Gast ohne große Umschweife klar, daß Finnland sich eindeutig entscheiden müsse, auf welcher Seite es stehe; ein Kampf an der Seite Deutschlands mit gleichzeitiger »Rückversicherung bei unserem ärgsten Feinde, nämlich den USA«, sei unakzeptabel. Jedes Eingehen Finnlands auf Sonderfriedensangebote werde deutscherseits »als ein Verrat am Gedanken des heiligen

Kampfes gegen den Bolschewismus« gewertet werden; in einem solchen Falle werde sich auch das Reich nicht länger an Finnland gebunden fühlen, sondern »nach jeder Richtung freie Hand haben und daraus seine Folgerungen ziehen«[32]. Damit nicht genug: Noch am gleichen Abend überreichte Ribbentrop, angeblich nach Rücksprache mit Hitler, Ramsay eine Note mit zwei Forderungen. Zum einen erwartete Berlin von der finnischen Regierung »eine präzise Erklärung« — vorgeschlagen wurde ein vertraulicher Briefwechsel zwischen beiden Staatsoberhäuptern —, derzufolge sie »ohne Einvernehmen mit Deutschland keinen Waffenstillstand oder Frieden mit der UdSSR schließen« werde. Zum andern drängte man Helsinki dazu, sich den Vereinigten Staaten gegenüber mittels einer in Berlin bereits vorformulierten Note sofort und unzweideutig zur Fortsetzung des »Verteidigungskampfes gegen Sowjetrußland« zu bekennen und so allen amerikanischen Vermittlungsofferten eine definitive Absage zu erteilen.[33]

Dies war nicht dem Stil allein, sondern auch dem Inhalt nach eine neue deutsche Finnlandpolitik (die im Verhalten Berlins gegenüber den anderen Verbündeten nach Überwindung der Krise im Osten freilich ihre Entsprechung fand). Nicht nur ließ die Wilhelmstraße erstmals unmißverständlich erkennen, daß sie jeden Ansatz zu einer eigenständigen Außenpolitik des »Waffenbruders« ablehne, sie versuchte darüber hinaus auch, die Grundlagen ihrer Beziehungen zu Helsinki neu zu definieren: Die Informalität des Verhältnisses zueinander, die in Zeiten weitgehender Interessenidentität unproblematisch gewesen war, sollte angesichts wachsender Divergenzen nach dem Willen Berlins durch eine rechtlich verbindliche Absprache mit vertragsähnlichem Charakter ersetzt werden.

Was die finnische Regierung anging, so drohte sie nunmehr zwischen alle Stühle zu geraten. Ein Eingehen auf die deutschen Forderungen schien nicht nur innenpolitisch kaum durchsetzbar, sondern würde mit Sicherheit auch die Tür nach Washington, das heißt zum einzigen wirklichen Garanten eines künftigen Friedensschlusses, zuschlagen. Umgekehrt barg eine offene Brüskierung des Reiches, ganz abgesehen von möglichen deutschen Repressalien, die Gefahr, daß Finnland, wenn es sich erst einmal auf Friedensverhandlungen eingelassen hatte, sowjetischen Forderungen praktisch schutzlos ausgeliefert sein würde. Die Unsicherheit darüber war um so größer, als in Helsinki über die inhaltlichen Vorstellungen Moskaus hinsichtlich eines Sonderfriedens ebenso Ungewißheit herrschte wie über eine mögliche Rückendeckung durch das mächtige, aber ferne Amerika.

Solche Befürchtungen waren keineswegs unbegründet. Tatsächlich dachte man in Washington nicht daran, das ohnehin schwierige Verhältnis zu Stalin durch ein aus amerikanischer Sicht inferiores Problem wie die Finnlandfrage ernstlich zu belasten.[34] So war denn auch das Vermittlungsangebot vom 20. März keineswegs Ausdruck eines besonderen amerikanischen Engagements für die Sache Finnlands gewesen, sondern vor allem ein Versuch, das Land aus der Koalition der Achsenmächte herauszubrechen.

Bezeichnend hierfür war, daß es die USA unterließen, die Finnen über die sowjetischen Forderungen zu informieren, die Molotov dem amerikanischen Botschafter in Moskau am 26. März (also am Tage der Verhandlungen Ramsays in Berlin) mitteilte.[35] Mit gutem Grund glaubte man nämlich in Washington, daß die Regierung Ryti die von Molotov genannten Bedingungen — darunter die Wiederherstellung des Moskauer Friedens von 1940 und finnische Reparationszahlungen in Höhe von wenigstens der Hälfte der in der Sowjetunion verursachten Kriegsschäden — als unakzeptabel ansehen und infolgedessen nur wieder näher an Deutschland heranrücken werde. Man zog es darum vor, die Finnen vorerst im unklaren zu lassen, um ihnen schließlich am 10. April mitzuteilen, daß dem Vorstoß vom 20. März eigentlich nie die Absicht zur Übernahme einer wirklichen Mittlerrolle zugrunde gelegen habe, sondern lediglich die Bereitschaft, einen ersten Draht zur Aufnahme direkter Verhandlungen zwischen Moskau und Helsinki herzustellen.[36] Zum Zeitpunkt, da diese Mitteilung in Helsinki eintraf, war die endgültige finnische Antwort auf das Angebot vom 20. März bereits formuliert. In der noch am gleichen Tage dem amerikanischen Geschäftsträger überreichten Note bekräftigte die Regierung in einer nicht zuletzt für deutsche Ohren gewählten Formulierung, daß den Finnen in der gegebenen Situation keine andere Wahl bleibe,

»than to continue their war of defense until the maintenance of the independence, freedom and democratic institutions of Finland is safeguarded and the menace to Finland has been removed«[37].

V.

Mit dem Scheitern der finnischen Friedenssondierungen Anfang April 1943 war die Krise im Verhältnis zum Deutschen Reich keineswegs beigelegt, stand doch die Forderung Berlins nach einer verbindlichen »Nicht-Sonderfriedens-Erklärung« Rytis noch immer im Raum. Um ihre Erfüllung entspann sich — sehr zum Unwillen der Wilhelmstraße, die eine schnelle Erledigung angemahnt hatte[38] — ein nicht weniger als drei Monate währendes diplomatisches Tauziehen. Darauf bedacht, eine Erklärung in dem von deutscher Seite erwarteten Sinne wenn irgend möglich zu vermeiden, ohne sie doch rundheraus abzulehnen und so die Krise weiter anzuheizen, spielte die finnische Regierung, ähnlich wie schon in der Friedensfrage, auf Zeit. Eine solche Verzögerungstaktik empfahl sich um so mehr, als die Meinungen darüber, was zu tun sei, im Kabinett und im zuständigen außenpolitischen Ausschuß des Reichstages durchaus auseinander gingen, ja zunehmend Bedenken laut wurden, ob die Verfassung dem Präsidenten eine derart weittragende Verpflichtungserklärung über die Beendigung beziehungsweise Nicht-Beendigung des Krieges ohne einen entsprechenden Beschluß des Reichstages überhaupt gestatte.[39]

Tatsächlich waren es gerade diese verfassungsrechtlichen Bedenken, die den Weg zu einer politischen Lösung des Konflikts vorzeichneten. Mit gutem Grund nämlich konnte man in Helsinki davon ausgehen, daß auch der deutschen Seite an einer öffentlichen Debatte der von ihr geforderten Treueerklärung im finnischen Reichstag nicht gelegen sein konnte: würde sie der zwar noch nicht mehrheitsfähigen, aber stark angewachsenen Friedensopposition doch Gelegenheit geben, ihre Position vor aller Welt darzulegen, und so den von der Regierung mühsam gewahrten Schein nationaler Einmütigkeit als Fiktion entlarven. Indem sie auf diese Gefahren hinwies, konnte die finnische Regierung hoffen, Berlin zum Nachgeben zu bewegen.[40]

Die Rechnung Helsinkis ging, wenn auch nicht ohne vorherigen Nervenkrieg, für dieses Mal auf.[41] Ein von Ramsay am 29. April vorgelegter Erklärungsentwurf, in dem »die in der Kampfgemeinschaft erwachsene Treue« beider Länder zueinander ebenso beschworen wurde wie »die feste Absicht der finnischen Regierung, den Verteidigungskampf Finnlands weiter zu führen, bis die von Osten drohende Gefahr beseitigt worden« sei, wurde von Ribbentrop als ungenügend abgelehnt.[42] In einem als Minimalforderung verstandenen Gegenentwurf suchte das Auswärtige Amt wenige Tage später nochmals das deutsche Hauptanliegen (nämlich die Koppelung jeglicher finnischer Entscheidung zum Kriegsaustritt an die Zustimmung Berlins) in einer verklausulierten, gleichsam unterhalb der Schwelle parlamentarischer Zustimmungspflicht angesiedelten Formulierung durchzusetzen: Danach sollte Finnland erklären, den Kampf »*an der Seite Deutschlands* weiterzuführen bis die Gefahr, die *beide Länder* von Osten her bedroht, *endgültig* beseitigt ist«[43]. Es nützte alles nichts. Die Finnen, durch den rabiaten Stil der deutschen Diplomatie (so zum Beispiel wurde Blücher zeitweise nach Berlin zurückbeordert) eher gekränkt denn eingeschüchtert, beharrten mehr denn je auf ihrem Verfassungsvorbehalt. Sie ließen sich in dieser Haltung auch dadurch nicht beirren, daß Berlin in bezug auf den Rechtscharakter der geforderten Erklärung Kompromißbereitschaft signalisierte; war anfangs von einer Verpflichtung des Staatspräsidenten die Rede gewesen, so später von einem Notenwechsel der Außenminister und schließlich gar nur von einem finnischen Aidemémoire.[44] Indes kam es am Ende nicht einmal dazu. Vielmehr begnügte sich die Reichsregierung im Juni 1943 mit der Überlassung eines Textauszuges aus einer öffentlichen Ansprache des Ministerpräsidenten, die dieser zum finnischen Heldengedenktag am 16. Mai gehalten hatte.[45] Von einer Bindung finnischer Entscheidungen an Deutschland war darin freilich überhaupt nicht die Rede; stattdessen hatte Linkomies lediglich in bewußt vager Form wiederholt, daß das finnische Volk angesichts der Unlauterkeit der sowjetischen Absichten »bestimmt lieber bis zum Äußersten kämpfen, als sich auf Gnade und Ungnade dem östlichen Nachbarn ergeben« wolle.[46]

VI.

Das schrittweise Nachgeben Berlins in einer Angelegenheit, die den Kern des deutsch-finnischen Verhältnisses ebenso berührte wie das Prestige beider Länder, ist nicht zuletzt darum bemerkenswert, weil die Reichsregierung auf eine volle Ausschöpfung ihrer diplomatischen Pressionsmöglichkeiten wohlweislich verzichtete. So etwa wurde Staatspräsident Ryti — anders als etwa Antonescu, Horthy und Mussolini — im Frühjahr 1943 *nicht* nach Schloß Kleßheim zitiert; vielmehr wurde auf eine entsprechende Einladung verzichtet, nachdem die Regierung in Helsinki hatte durchblicken lassen, daß diese unwillkommen sei.[47] Ähnlich zurückhaltend verhielt sich die deutsche Führung hinsichtlich der Anwendung wirtschaftlicher Sanktionen zur Durchsetzung ihrer Politik, obwohl die Mitte März abgeschlossenen Wirtschaftsvereinbarungen über den gegenseitigen Warenverkehr hierzu durchaus eine Handhabe geboten hätten.[48] Tatsächlich war von Blücher bereits im Februar angeregt worden, die deutschen Lieferungen aus politischen Gründen nicht mehr »für längere Zeiträume im voraus zu leisten, sondern sie im Rahmen eines kurzfristigen Bedarfs zu halten«; indes hatte Ribbentrop solchen Vorstellungen eine klare Absage erteilt und auch jede Verzögerungstaktik in den laufenden Wirtschaftsverhandlungen untersagt.[49] Offenkundig setzte man in Berlin, wie die im großen und ganzen störungsfreien, im Sommer 1943 den vereinbarten Umfang sogar teilweise übersteigenden deutschen Lebensmittellieferungen zeigen[50], vorerst noch immer eher auf eine Politik des »Zuckerbrots« denn der »Peitsche«, wenn es darum ging, sich den im Kampf gegen die Sowjetunion wichtigen Verbündeten zu erhalten.

Was nun die finnische Regierung angeht, so vermochte der Punktsieg, den sie in ihrem diplomatischen Duell mit Berlin im Frühjahr 1943 hatte erringen können, nicht darüber hinwegzutäuschen, wie erschreckend schmal ihr Handlungsspielraum zwischen den Interessen der verfeindeten Großmächte war. Das ehedem waffenbrüderliche Verhältnis zu Deutschland hatte sich allmählich, aber irreversibel zu einer Art von Zwangsehe entwickelt, ohne daß sich, um im Bilde zu bleiben, die Aussichten auf eine gütliche Scheidung und eine neue Partnerschaft wesentlich verbessert hatten. In dieser Situation würde, so viel war nach dem aus finnischer Sicht schockierenden Kriegsverlauf im Sommer 1943 klar, der auf die Bewahrung der nationalen Souveränität abzielende Kurs der finnischen Führung über kurz oder lang das Nadelöhr zwischen drohenden deutschen Repressalien und den Ansprüchen sowjetischen Hegemonialstrebens zu passieren haben. Es muß zu den bedeutendsten Leistungen der im ersten Vierteljahrhundert finnischer Selbständigkeit allzu oft von Illusionen geblendeten Außenpolitik Helsinkis gerechnet werden, daß sie für dieses schwierige Manöver den wohl historisch geeignetsten Zeitpunkt gewählt hat: Als sich das Land im Sommer 1944 endgültig vom Deutschen Reich trennte, war dieses bereits zu sehr geschwächt, um diesem Schritt ernsthaften Widerstand entgegenzusetzen, aber noch hinreichend stark, um die politischen Energien und militärischen Kräfte der Sowjetunion in ihrer Masse zu binden. So ging denn Finnland geschlagen, aber nicht vernichtet aus jenem Krieg hervor, in den es so große Hoffnungen gesetzt hatte.

Anmerkungen

[1] Den kompetentesten Gesamtüberblick zum Thema bietet: Manfred Menger, Deutschland und Finnland im zweiten Weltkrieg. Genesis und Scheitern einer Militärallianz, Berlin (Ost) 1988; für die Beurteilung der Stellung Finnlands im Konflikt der Großmächte (1941–1947) grundlegend ist Tuomo

Polvinens Trilogie Suomi kansainvälisessä politiikassa. Bd 1: Barbarossasta Teheraniin, Juva 1979; Bd 2: Teheranista Jaltaan, Juva 1980; Bd 3: Jaltasta Pariisin rauhaan, Juva 1986.

[2] Dies gilt zumindest für die Zeit ab Ende 1941. In den ersten Monaten des »Fortsetzungskrieges« spielten großfinnische Vorstellungen in der Kriegszieldiskussion vorübergehend eine große Rolle. Sie waren aber im Unterschied zur deutschen Lebensraumideologie für die Teilnahme am Krieg nie konstitutiv; vgl. Ohto Manninen, Suur-Suomen ääriviivat, Jyväskylä 1980.

[3] Zur Geschichte dieses Bataillons vgl. das Standardwerk von Mauno Jokipii, Panttipataljoona. Suomalaisen SS-pataljoonan historia, Helsinki 1968.

[4] Zu den Außenhandelsbeziehungen vgl. Ilkka Seppinen, Suomen ulkomaankaupan ehdot 1939—1944, Helsinki 1983, sowie, speziell zum Petsamo-Komplex, Esko Vuorisjärvi, Petsamon nikkeli kansainvälisessä politiikassa 1939—1944, Keuruu 1990.

[5] Blücher, Tagebuch VII, Bl. 2497, Eintrag o. D., vermutl. Juni 1943, in: Politisches Archiv Bonn (PA), Nachlaß Blücher.

[6] Vgl. Das Deutsche Reich und der Zweite Weltkrieg, Bd 6, Stuttgart 1990, S. 830 f. (Beitrag Wegner).

[7] Vgl. hierzu eingehender meine Dokumentation: Hitlers Besuch in Finnland. Das geheime Tonprotokoll seiner Unterredung mit Mannerheim am 4. Juni 1942, in: Vierteljahrshefte für Zeitgeschichte; erscheint demnächst.

[8] So der Gesandte Schnurre, zit. nach Erfurth, Tagebuch, S. 348 f. (15. 2. 1942) in: Bundesarchiv-Militärarchiv Freiburg (BA-MA), N 257/v. 2.

[9] Ebd., S. 308.

[10] Vgl. meinen Beitrag »Vom Lebensraum zum Todesraum« im vorliegenden Band.

[11] Zum Hintergrund siehe Andreas Hillgruber, »Nordlicht«. Die deutschen Pläne zur Eroberung Leningrads im Jahre 1942, in: ders., Deutsche Großmacht- und Weltpolitik im 19. und 20. Jahrhundert, Düsseldorf 1977, S. 295—316.

[12] Vgl. z. B. die Berichte des Chefs der Sicherheitspolizei und des SD an das Auswärtige Amt vom 4. 11. 1942 betr. Minister Tanner sowie vom 28. 11. 1942 betr. Auswirkungen der militärischen Lage in Afrika auf Finnland, in: PA, Inland IIg 360, Bl. 61 ff., 65 ff. Siehe auch Olli Vehviläinen, Die Einschätzung der Lage Deutschlands aus finnischer Sicht, in: Die Zukunft des Reiches: Gegner, Verbündete und Neutrale (1943—1945), hrsg. von Manfred Messerschmidt und Ekkehart Guth, Herford, Bonn 1990, S. 147—160, hier S. 152.

[13] Vgl. Tuomo Polvinen, Finnland und die Westmächte am Wendepunkt des zweiten Weltkrieges, in: Wissenschaftliche Zeitschrift der Ernst-Moritz-Arndt-Universität Greifswald/Gesellschafts- und sprachwissenschaftliche Reihe XXX (1981), H. 1/2, S. 67; R. Michael Berry, American Foreign Policy and the Finnish Exception. Ideological Preferences and Wartime Realities, Helsinki 1987 (= Studia Historica, 24), S. 241 ff.

[14] Polvinen, Barbarossasta Teheraniin (wie Anm. 1), S. 202 f.

[15] Vgl. dazu Antti Laine, Suur-Suomen kahdet kasvot. Itä-Karjalan siviiliväestön asema suomalaisessa miehityshallinnossa 1941—1944, Keuruu 1982.

[16] Hannu Soikkanen, Sota-ajan valtioneuvosto, Helsinki 1977 (= Valtioneuvoston historia, Bd 2), S. 158. Zur deutschen Reaktion vgl. Kivimäkis Berichte Nr. 8 und 9 vom 17. bzw. 22. 2. 43, in: Archiv des Außenministeriums, Helsinki: 5/C 5 (1943).

[17] Nur bei der kleinen Schwedischen Volkspartei waren es 83 %. Sämtliche Angaben nach: Eino Jutikkala, Mielialojen kirjo jatkosodan aikana, in: Studia Historica in honorem Vilho Niitemaa, Turku 1987 (= Turun Historiallinen Arkisto, Bd 42), S. 131 ff.

[18] Paavo Talvela, Sotilaan elämä. Muistelmat. Bd 2, Jyväskylä 1977, S. 208 f.

[19] Blücher, Tagebuch VII, Bl. 2318 (15.1.1943), in: PA, Nachlaß Blücher. Vgl. ferner Waldemar Erfurth, Der finnische Krieg 1941—1944, Wiesbaden, München [2]1977, S. 141. Danach hielt sich der deutschfreundliche Optimismus eher an der Front denn in den höheren Stäben.

[20] Erfurth, Tagebuch, S. 607 (17.1.1943), BA-MA, N 257/v.3.

[21] Gustaf Mannerheim, Erinnerungen, Zürich, Freiburg 1952, S. 492 f.

[22] Vgl. Telegramm Blüchers vom 11.1.1943, PA, R 29 583, Bl. 26 f. Die Ablösung Wittings entsprach dagegen sehr den amerikanischen Wünschen; vgl. Berry, American Foreign Policy (wie Anm. 13), S. 231 f.

[23] Erfurth, Der finnische Krieg (wie Anm. 19), S. 208. Vgl. ferner die Stellungnahme durch den zuständigen Referatsleiter im AA (Grundherr) vom 5.3.1943, PA, R 29 583, Bl. 200 ff.

[24] Vgl. hierzu die einschlägigen Dokumente Nr. 116, 243, 263 und 268 in den Akten zur deutschen auswärtigen Politik 1918—1945. Aus dem Archiv des Deutschen Auswärtigen Amtes (ADAP). Serie E: 1941—1945, 8 Bde, Göttingen 1969—1979, Bd 4, sowie zum Hintergrund Polvinen, Barbarossasta Teheraniin (wie Anm. 1), S. 170 ff.

[25] Berry, American Foreign Policy (wie Anm. 13), S. 236.

[26] Ebd., S. 245 ff.; vgl. ferner die eingehende Dokumentation der Kontakte in den Foreign Relations of the United States (FRUS), 1943, vol. 3, Washington 1963, S. 219, 222—226, 232 f., 236 ff.

[27] Telegramm Hulls an den Geschäftsträger in Finnland vom 19.3.1943, abgedr. in: FRUS, 1943/3, S. 250 f.

[28] Telegramm Blüchers vom 19.3.1943, in: ADAP, Serie E, Bd 5, S. 430 (Dok. 225).

[29] FRUS, 1943/3, S. 255. Vgl. auch Rytis eigene (unveröff.) Erinnerungen, Manuskriptseite 292 f., in: Staatsarchiv, Helsinki: Sammlung Ryti/No. 9.

[30] Vgl. Aufzeichnungen Weizsäckers Nr. 178 und 180 vom 23.3.1943, PA, R 29 583, Bl. 237 f. und 241, ferner die Tagebuch-Notiz des Staatssekretärs vom 27.3.1941, abgedr. in: Die Weizsäcker-Papiere 1933—1950, hrsg. von L.E. Hill, Frankfurt a.M., Berlin, Wien 1974, S. 334. — Der nach dem Kriege im Prozeß gegen die finnischen Kriegsverantwortlichen von der Staatsanwaltschaft vertretene Standpunkt, Ramsays Berlinreise sei von vornherein dazu bestimmt gewesen, das amerikanische Vermittlungsangebot zu desavouieren, ist nach der Quellenlage unhaltbar; vgl. Hjalmar Procopé, Sowjetjustiz über Finnland, Zürich 1947, S. 100.

[31] Kronologinen yhteenveto Suomen ja Saksan välisten suhteiden kehittymisestä 1.6.1940—11.9.1944, S. 92 f. (Ziff. 387), Staatsarchiv Helsinki: Nachlaß Kivimäki/Bd 2.

[32] Aufzeichnung über die Unterredung zwischen Ribbentrop und Ramsay am 26.3.1943 mittags, in: ADAP, Serie E, Bd 5, S. 467—476, hier S. 469 ff. Vgl. ergänzend dazu den Bericht des finnischen Gesandten vom 29.3.1943 (Rapport Nr. 13), in: Archiv des Außenministeriums, Helsinki: 5/C 5 (1943).

[33] ADAP, Serie E, Bd 5, S. 480f. (Dok. 251) und 493ff. (Dok. 257).

[34] Vgl. Berry, American Foreign Policy, (wie Anm. 13), S. 272ff., und den Beitrag von Warren F. Kimball in diesem Band.

[35] FRUS, 1943/3, S. 255f.

[36] Weisung an den Geschäftsträger in Finnland vom 9.4.1943, ebd., S. 264. Vgl. auch Berry, American Foreign Policy (wie Anm. 13), S. 281ff.

[37] Zit. nach FRUS, 1943/3, S. 265. Gegenüber Paasikivi erklärte Ryti in jenen Tagen, daß er sich im Falle befriedigender Garantien seitens der USA auf ein Sonderfriedensangebot auch unter Inkaufnahme eines Bruchs mit Deutschland eingelassen hätte; J.K. Paasikivi, Jatkosodan päiväkirjat, hrsg. von K.I. Rumpunen, Juva 1991, S. 279 (1.5.1943).

[38] Wipert v. Blücher, Gesandter zwischen Diktatur und Demokratie, Wiesbaden 1951, S. 331.

[39] Tatsächlich sagt die finnische Verfassung vom 17.7.1919 in § 33/Abs.(1): »Der Präsident bestimmt die Beziehungen Finnlands zu auswärtigen Staaten [...] Über Krieg und Frieden entscheidet der Präsident mit Zustimmung des Reichstags.« Die erhobenen Bedenken waren mithin, ungeachtet ihrer politischen Stoßrichtung, rechtlich keineswegs unbegründet; vgl. hierzu auch das von E. Castrén für den Staatspräsidenten erstellte verfassungsrechtliche Gutachten vom 15.4.1943, Staatsarchiv Helsinki: Sammlung Ryti/No. 24.

[40] Vgl. die sich in diese Richtung bewegende Argumentation Blüchers in seinem Telegramm vom 29.5.1943, in: ADAP, Serie E, Bd 6, S. 112f. (Dok. 65).

[41] Vergleichbare Konfliktsituationen ergaben sich im Verlauf des folgenden Jahres noch mehrfach und führten am 26.6.1944 tatsächlich zu der von Berlin geforderten Nicht-Sonderfriedensverpflichtung des finnischen Staatspräsidenten, die aber kurze Zeit später wieder aufgekündigt wurde. Vgl. Menger, Deutschland und Finnland (wie Anm. 1), hier insbes. S. 205f., und Tuomo Polvinen, Teheranista Jaltaan (wie Anm. 1), S. 77.

[42] ADAP, Serie E, Bd 5, S. 732f. (Dok. 359). Weitere Textvarianten in den Akten des Archivs des Außenministeriums Helsinki: Fb 12 L (Saksa)/73 und Fb 110/10 — B. 1.

[43] ADAP, Serie E, Bd 6, S. 27ff. (Dok. 9; Hervorhebungen durch den Verf.). Siehe auch Blücher, Tagebuch VII, Bl. 2527ff., PA, Nachlaß Blücher.

[44] Siehe Anm. 40.

[45] ADAP, Serie E, Bd 6, S. 175f. (Dok. 96) und S. 198 (Dok. 111). Vgl. auch die Memoiren von Edwin Linkomies, Vaikea aika. Suomen pääministerinä sotavuosina 1943—44, Keuruu 1980, S. 232ff.

[46] Zit. nach ADAP, Serie E, Bd 6, S. 124 (Dok. 72).

[47] Vgl. Telegramme Blüchers vom 3.6. und 7.6.1943, in: ADAP, Serie E, Bd 6, S. 129 (Dok. 76) und S. 150f. (Dok. 87), ferner Rytis Tagebuchnotiz vom 7.6.1943 (masch. schriftl. Fassung), in: Staatsarchiv Helsinki: Sammlung Ryti/No. 10.

[48] Näheres bei Seppinen, Suomen ulkomaankaupan ehdot (wie Anm. 4), S. 166ff.

[49] Telegramm Blüchers vom 24.2.1943 und Antwort Ribbentrops vom 6.3.1943, in: ADAP, Serie E, Bd 5, S. 282 (Dok. 154) und S. 183 (Dok. 352).

[50] Seppinen, Suomen ulkomaankaupan ehdot (wie Anm. 4), S. 181.

Fünfter Teil

Die Wirkung von Stalingrad auf die Sowjetunion und ihre Verbündeten

Valentin A. Pron'ko

Die sowjetische Strategie
im Jahre 1943*

Die günstige Lage, die sich für die Rote Armee durch die Vernichtung der 6. Armee in der Schlacht um Stalingrad ergeben hatte, erlaubte es dem sowjetischen Oberkommando, durch den Einsatz neuer Kräfte und Mittel die Offensive in die Breite und in die Tiefe zu erweitern.

Unter diesen Bedingungen richtete das Hauptquartier des Oberkommandos der sowjetischen Streitkräfte (Stavka) seine Hauptaufmerksamkeit darauf, den Erfolg in Richtung auf das Donecbecken und auf Rostov auszubauen. Gedacht war an die Zerschlagung der Hauptkräfte dreier Heeresgruppen (B, Don und A).[1] Ziel der Offensive im Süden war die Befreiung ökonomisch wichtiger Gebiete, um die kriegswirtschaftliche Lage der Sowjetunion zu verbessern. Gleichzeitig war die Durchführung mehrerer Angriffsoperationen in nordwestlicher und westlicher Richtung vorgesehen: der Durchbruch der Blockade Leningrads, die Liquidierung des Brückenkopfes bei Ržev und Vjaz'ma sowie die Zerschlagung der gegnerischen Truppen bei Demjansk. Folglich beabsichtigte das sowjetische Hauptquartier bereits im Januar 1943, an der gewaltigen Front vom Ladogasee bis zum Schwarzen Meer mit allen handelnden Fronten zur Offensive überzugehen.

Das deutsche Oberkommando seinerseits wollte der Offensive der sowjetischen Truppen um jeden Preis standhalten, den Frontverlauf stabilisieren, Reserven bilden und wieder zum Angriff übergehen. Der Gegner, der die weitere Entwicklung der Ereignisse ahnte, war bestrebt, die Einschließung seiner Heeresgruppe A im Nordkaukasus zu verhindern, und zog sie seit dem 1. Januar aus dem Raum Mozdok in nordwestlicher Richtung zurück. Die Truppen der Transkaukasusfront nahmen unverzüglich die Verfolgung auf. Anfang Februar war es den Deutschen gelungen, lediglich einen Teil ihrer Truppen aus dem Nordkaukasus in Richtung Rostov abzuziehen. Der andere Teil war gezwungen, sich auf die Halbinsel Taman' zurückzuziehen. Den sowjetischen Verbänden gelang es, gegen erbitterten Widerstand des Gegners am 12. Februar Krasnodar zu befreien und zwei Tage später Rostov. Am 18. Februar stießen sie bis zum Fluß Mius vor.

Die Angriffshandlungen am Südflügel dauerten bis Mitte Februar an. Zu diesem Zeitpunkt waren die sowjetischen Truppen um 160 bis 600 Kilometer vorgestoßen und große Teile des Nordkaukasus und des Gebietes um Rostov wieder in ihrer Hand.

Gleichzeitig mit den Kämpfen im Nordkaukasus griff die Rote Armee am Oberlauf des Don, im Raum Ostrogožsk, Rossoš' und Voronež an. Hier wurde in der Zeit vom 13. bis 27. Januar eine 86000 Mann starke Gruppierung der Deutschen und ihrer Verbündeten eingeschlossen.[2]

Im Verlauf der Kampfhandlungen am Oberen Don erzielten die sowjetischen Truppen einen operativen Erfolg. Die Heeresgruppe B erlitt eine schwere Niederlage. In der gegnerischen Verteidigung entstand eine 400 Kilometer breite Bresche. Damit wurden günstige Bedingungen für den Ausbau der Offensive in Richtung auf Kursk und Char'kov geschaffen. Sie wurde unter strengster Geheimhaltung vorbereitet, wobei die verschiedenen Formen der Tarnung und Desinformation angewendet wurden. Der Gegner ahnte nichts von dem Angriff der sowjetischen Truppen in dieser Richtung. Er rechnete damit, daß die Offensiven bei Stalingrad und im Nordkaukasus die Reserven der sowjetischen Führung so erschöpft hatten, daß die Rote Armee in den nächsten Monaten nicht in der Lage sein würde, große Angriffsoperationen an anderen Frontabschnitten zu unternehmen.

Die im Süden ausgeweitete Offensive fesselte die Hauptkräfte und Reserven des Gegners und machte es ihm unmöglich, seine Truppen an anderen Abschnitten der sowjetisch-deutschen Front zu verstärken. Das erleichterte die Durchführung der Offensive mit dem Ziel, die Blockade Leningrads zu durchbrechen, bedeutend. Diese Operation war von großen Schwierigkeiten begleitet. Der Gegner unterhielt in Stadtnähe eine starke Gruppierung mit 25 deutschen und fünf finnischen Divisionen.[3] In der 16 Monate andauernden Blockade hatten die Deutschen ein gewaltiges System von Verteidigungsanlagen errichtet.

Am 12. Januar gingen die Truppen der Leningrader und der Volchovfront mit Unterstützung der Fliegerkräfte der Baltischen Front zum Angriff über. Nach siebentägigen erbitterten Kämpfen wurde die Blokkade Leningrads durchbrochen. Damit war auch in diesem Abschnitt die Initiative endgültig auf die sowjetischen Truppen übergegangen. Die Gefahr, daß sich deutsche und finnische Truppen östlich des Ladogasees vereinigten, war gebannt. Die wiederhergestellten Landverbindungen ermöglichten es, die Truppen der Leningrader Front und der Baltischen Rotbannerflotte ständig durch frische Kräfte, Kampftechnik und Munition zu verstärken. Dadurch wuchsen die Kräfte der Verteidiger der Stadt schnell an. Das verbesserte die operative Lage der sowjetischen Truppen in nordwestlicher Richtung.

Der Erfolg bei Leningrad schuf günstige Bedingungen für die Beseitigung des gegnerischen Brückenkopfes im Raum Demjansk. Als am 15. Februar die Nordwestfront zum Angriff überging, drohte den deutschen Truppen bei Demjansk die Einkreisung. Ihre Führung leitete den Rückzug ein und gab diesen Brückenkopf, den die Deutschen fast anderthalb Jahre gehalten hatten, auf. Im Zuge der Verfolgung des Gegners drangen die sowjetischen Verbände 100 bis 120 Kilometer vor.

Im Ergebnis der erfolgreichen Angriffsoperationen im Nordkaukasus, am Oberen Don und bei Leningrad erweiterte sich die Front der sowjetischen Offensive bedeutend.

Entsprechend der Idee der Stavka für die allgemeine Offensive war Anfang Februar vorgesehen, auch weiterhin die Hauptkräfte der Roten Armee in südwestlicher Richtung zu konzentrieren. Es war beabsichtigt, den Gegner durch Schläge der Verbände der Südwestfront im Zusammenwirken mit der Süd- und Teilen der Voronežer Front im Donecbecken einzukreisen und zu vernichten. Das Bestreben, die Offensive in dieser Richtung zu erweitern, war in der Notwendigkeit begründet, die nach der Zerschlagung des Gegners bei Stalingrad am mittleren und oberen Don entstanden günstigen Bedingungen maximal zu nutzen.

Der faschistischen deutschen Führung war es Mitte Februar aber gelungen, gegen die weit vorgerückten Truppen der Südwestfront und der Voronežer Front eine Gegenoffensive vorzubereiten.[4] Das am 19. Februar östlich und nordöstlich von Dnepropetrovsk entbrannte Begegnungsgefecht endete für die sowjetischen Truppen erfolglos. Nach angespannten Kämpfen konnten die Deutschen die gerade erst befreiten Städte Bogoduchov, Char'kov und Belgorod wieder einnehmen. Nur durch die Einführung von Reserven der Stavka gelang es, die Front südlich von Kursk zu stabilisieren. Erst Ende März konnte die Offensive des Gegners zum Stehen gebracht werden. Während dieser Operationen wurde der Kursker Frontvorsprung gebildet.

Die Hauptursache für die sowjetischen Mißerfolge im Donecbecken und bei Char'kov war die falsche Einschätzung der Lage durch die sowjetische Führung. Im wesentlichen bestand dieser Fehler darin, daß die gegnerischen Umgruppierungen für die Gegenoffensive von der sowjetischen Aufklärung nicht erkannt worden waren. Die sowjetische Führung faßte den Entschluß, die Offensive der Truppen der Voronežer und der Südwestfront in Richtung auf den Dnepr fortzusetzen. Die deutsche Gegenoffensive kam deshalb für diese Verbände

überraschend. Sie mußten sich hinter den Fluß Severnyj Donec zurückziehen.

Ein weiterer Grund waren die uneffektiven Maßnahmen der sowjetischen militärischen Führung zur Aufrechterhaltung und Wiederherstellung der Kampfkraft der Truppe während der fast zweimonatigen,
ununterbrochenen Angriffshandlungen. Die Verbände der Fronten hatten bedeutende Verluste erlitten und waren stark angeschlagen. Von den
rückwärtigen Versorgungsbasen über 200 bis 300 Kilometer getrennt,
hatten sie während der Frühjahrsschlammperiode unter ernsthaften Versorgungsschwierigkeiten zu leiden. Auch die Überschätzung der eigenen Kräfte und Möglichkeiten in der Schlußetappe der Offensive sowie
die fehlende Unterstützung durch die Luftwaffe trugen zu dem Mißerfolg am Südflügel der Front bei.

Nach den erbitterten Kämpfen, die im März ihren Abschluß fanden,
führten die Bodentruppen in den drei folgenden Monaten an der sowjetisch-deutschen Front keine aktiven Kampfhandlungen mehr. Die kriegführenden Seiten zogen Lehren aus den abgelaufenen Operationen, erarbeiteten weitere Pläne, füllten ihre Truppen mit Menschen und Technik
auf, zogen Reserven zusammen und nahmen Umgruppierungen vor.

Ende März 1943, die allgemeine Offensive war kaum eingestellt, gingen die Stavka und der Generalstab an die Ausarbeitung des Plans für
die Kriegführung im Sommer und Herbst 1943. Bereits Anfang April
gab der Generalstab auf Weisung des Hauptquartiers Anweisungen an
die Fronten, die Frühlingsschlammzeit für die besondere Organisation
der Verteidigung, für die Bildung von Reserven in den Hauptrichtungen
sowie zur Durchführung von Kampfvorbereitungen zu nutzen.[5]

Ursprünglich war vorgesehen, den Feldzug durch breit angelegte
Angriffshandlungen zu eröffnen und dabei den Hauptschlag in südwestlicher Richtung zu führen. Die oberste militärische Führung ging
davon aus, daß die Sowjetarmee die strategische Initiative besaß und
der Wehrmacht an Kräften und Mitteln überlegen war. Es muß erwähnt
werden, daß sich bereits Anfang April in der Reserve des Hauptquartiers sechs allgemeine und zwei Panzerarmeen sowie eine Reihe selbständiger Verbände zur Auffüllung befanden. Diese Pläne wurden jedoch bald geändert.

Nachdem es gelungen war, die Absicht des Gegners, die sowjetischen
Kräfte im Kursker Bogen einzuschließen und zu vernichten[6], aufzu-
decken, erhob sich die Frage, wie die Rote Armee auf diese Bedrohung
reagieren sollte. Aus den Stäben der in den Hauptrichtungen handelnden Fronten trafen diesbezüglich unterschiedliche Vorschläge ein. Der

Stellvertreter des Obersten Befehlshabers, Marschall G. K. Žukov, der sich im Raum des Frontvorsprungs bei Kursk aufhielt, äußerte in einem Bericht an die Stavka seine Meinung:

»Ich halte es für unzweckmäßig, unsere Truppen in den nächsten Tagen zum Angriff übergehen zu lassen, um dem Gegner zuvorzukommen. Es wäre besser, wenn wir ihn durch unsere Verteidigung zermürben, seine Panzer vernichten und dann seine Hauptgruppierung unter Einsatz frischer Reserven im Generalangriff endgültig schlagen.«[7]

Der Angriff war für zwei schmale Abschnitte angelegt, die zusammen nur 13 Prozent der Gesamtausdehnung der sowjetisch-deutschen Front ausmachten. Das Besondere an der gegnerischen Idee war der massierte Einsatz neuer Kampftechnik, vor allem beweglicher Truppen, Panzer und Sturmgeschütze.

Am 12. April fand im Hauptquartier eine Beratung statt, auf der der Plan für den Sommer-Herbst-Feldzug 1943 erörtert wurde. Dabei wurde der Entschluß gefaßt, den Feldzug mit einer stabilen, tiefgestaffelten Verteidigung an vorbereiteten Abschnitten zu beginnen, den Gegner ausbluten zu lassen und erst danach zum Gegenangriff überzugehen.

Im Kursker Frontvorsprung, der eine Ausdehnung von 550 Kilometern hatte, waren im Bestand der Zentral- und der Voronežer Front mehr als 1,3 Millionen Mann, etwa 20 000 Geschütze und Granatwerfer, 3 444 Panzer und Selbstfahrlafetten (SFL; darunter mehr als 900 leichte und mittlere) sowie 2 900 Flugzeuge (auch Fernfliegerkräfte) konzentriert. Hier waren 26 Prozent des Personalbestandes, der Geschütze und Granatwerfer, 33,5 Prozent der Kampfflugzeuge und 46 Prozent der Panzer der handelnden Armee disloziert. Die sowjetischen Truppen waren dem Gegner an diesem Frontabschnitt an Menschen um das 1,4fache, an Geschützen und Granatwerfer um das 1,9fache, an Panzern und SFL um das 1,2fache und an Flugzeugen um das 1,4fache überlegen.

Die Verteidigungs- und die Angriffsphase im Kursker Bogen waren durch eine einheitliche Idee verbunden und stellten zusammen ein System von Operationen dar, bei deren Realisierung das Gesetz des Handelns fest in der eigenen Hand blieb und der Übergang zur allgemeinen Offensive der sowjetischen Truppen in den wichtigsten Richtungen der sowjetisch-deutschen Front gesichert war. Es muß vermerkt werden, daß im Gegensatz zu früheren Verteidigungsoperationen die Verteidigung bei Kursk den sowjetischen Truppen nicht aufgezwungen wurde, sondern beabsichtigt war. Die Rote Armee, die dem Gegner an Kräften und Mitteln überlegen war, hatte die für sie günstigste

Art der Kriegführung gewählt. So trat der in der Kriegsgeschichte äußerst seltene Fall ein, daß die stärkere Seite absichtlich zur Verteidigung überging, um dem Gegner eine umso vernichtendere Niederlage zu bereiten.

Lange vor dem von Hitler festgelegten Angriffstermin (5. Juli 1943) hatte das sowjetische Oberkommando eine Reihe von Maßnahmen getroffen, um die gegnerische Offensive abzuwehren und zum Gegenangriff übergehen zu können. Dazu gehörten die Schaffung einer tiefgestaffelten Verteidigung im Kursker Bogen, die Auffüllung der dort eingesetzten Fronten mit Menschen und Material, die Festlegung der Idee für den Gegenangriff, die Bereitstellung großer Reserven sowie die Vorbereitung von flankierenden Angriffsoperationen in den Richtungen Orel und Bolchov (durch die Truppen des linken Flügels der West- und der Brjanker Front) sowie im Raum Izjum und am Fluß Mius (durch die Truppen der Südwest- und Südfront).

Der Ausbau einer tiefgestaffelten Verteidigung im Kursker Bogen stellte eine große Errungenschaft in der Entwicklung der sowjetischen Kriegskunst dar. Die Truppen und die Bevölkerung der frontnahen Räume hatten acht Verteidigungsstreifen und -linien mit einer Gesamttiefe bis zu 300 Kilometern angelegt. Jede Armee der ersten Staffel verfügte über drei ausgebaute Verteidigungsstreifen. Außerdem hatten die Zentral- und die Voronežer Front drei Frontverteidigungslinien geschaffen. Östlich des Kursker Frontvorsprungs hatten die Truppen der Steppenfront, die die operative Reserve des Hauptquartiers bildeten, einen eigenen Verteidigungsabschnitt ausgebaut. Die Basis für den pioniermäßigen Ausbau des Geländes bildete ein breit errichtetes System von Schützen- und Verbindungsgräben. Am stärksten befestigt war der erste (Haupt-)Verteidigungsstreifen. Die Verteidigung wurde vor allem zur Panzerabwehr eingerichtet. Da das sowjetische Oberkommando der Zerschlagung der gegnerischen Verbände die entscheidende Bedeutung beimaß, konzentrierte es seine Kräfte in den Hauptrichtungen und sicherte dadurch den eigenen Truppen eine entschiedene Überlegenheit über den Gegner.

Bei der Vorbereitung der Verteidigungsoperation wurden im Streifen der Zentral- und der Voronežer Front drei der fünf Panzerarmeen der Roten Armee, vier Luftarmeen, die Hauptkräfte der Fernfliegerkräfte sowie eine große Zahl selbständiger Panzer-, mechanisierter und Artillerieverbände versammelt. So waren auf einem 25 Kilometer breiten Abschnitt der Zentralfront in Richtung Ol'chovka, der weniger als ein Drittel der gesamten Front umfaßte, 58 Prozent der Schützenverbände, 87 Prozent der Panzer und Selbstfahrlafetten und 70 Prozent der Artillerie konzentriert.[8]

Eine noch stärkere Massierung von Mensch und Material wurde in den Angriffsrichtungen der Fronten erzielt. In der Operation Belgorod-Char'kov konzentrierten die Voronežer und die Steppenfront in den Hauptrichtungen, die 14 Prozent der gesamten Streifenbreite jeder Front ausmachten, 50 bis 90 Prozent der Schützentruppen, zwischen 80 und 90 Prozent der Panzer und SFL, 56 bis 67 Prozent der Geschütze und Granatwerfer sowie den überwiegenden Teil der Fliegerkräfte. Das verschaffte ihnen eine bedeutende Überlegenheit über den Gegner. Die operative Dichte betrug 215 bis 230 Geschütze und Granatwerfer sowie bis zu 70 Panzer und SFL auf einem Durchbruchsabschnitt von einen Kilometer Breite.

Die sowjetische Oberste Führung bewies auch ein hohes Können beim Aufbau und Einsatz der operativen Reserven. Im April 1943 wurde der Steppenmilitärbezirk (seit dem 10. Juli Steppenfront) gebildet, der zuerst fünf allgemeine, Panzer- und Luftarmeen, sechs einzelne Panzer- und mechanisierte sowie drei Kavalleriekorps in seinem Bestand hatte. Außerdem standen im Raum Kaluga die 2. Armee, im Raum Moskau die 4. Panzerarmee und östlich von Plavsk die 3. Gardepanzerarmee in der Vorbereitung. Die Steppenfront, die in der Hauptrichtung der zweiten strategischen Staffel versammelt wurde, vereinigte die meisten Reserven des Hauptquartiers während des Krieges. Sie vertiefte nicht nur die Verteidigung im operativen Maßstab, sondern machte den rechtzeitigen Übergang zur Gegenoffensive erst möglich.

Die Schlacht bei Kursk, in der es, wie bereits gesagt, eine Verteidigungs- und eine Angriffsphase gab, fand vom 5. Juli bis 23. August statt. Bereits am 10. Juli gelang es, den Angriff der Deutschen im Gefechtsstreifen der Zentralfront zu stoppen. Sie konnten hier in fünf Tagen nur zwischen 10 und 12 Kilometer weit vordringen.

Die Offensive hatte auch im Südabschnitt des Kursker Frontvorsprungs, im Streifen der Voronežer Front, keinen Erfolg. Der Höhepunkt hier war der 12. Juli. An diesem Tag kam es im Raum Prochorovka (30 Kilometer von Belgorod) zur größten Panzerschlacht im Zweiten Weltkrieg. Sie wurde von den Sowjettruppen gewonnen. Im Südabschnitt war der Gegner bis auf eine Tiefe von 35 Kilometer vorgedrungen.

Der Marschall der Sowjetunion A. M. Vasilevskij schilderte die Bedeutung dieser Ereignisse in seinen Memoiren wie folgt:

»Fragt man nach dem wichtigsten Ergebnis der Verteidigungsschlacht, so müßte meines Erachtens die Zerschlagung der deutschen Panzerverbände genannt werden, denn dadurch entstand ein für uns besonders günstiges Kräfteverhältnis bei dieser bedeutenden Waffengattung [...] Ich bin Zeuge dieses wahrhaft titanischen Duells zweier stählerner Armaden gewesen, das am 12. Juli am Südabschnitt des Kursker Bogens stattgefunden hatte. Bis zu 1200 Panzer und Selbstfahrlafetten waren daran beteiligt.«[9]

Entsprechend dem früher erarbeiteten Plan begann die Angriffsoperation von Orel am 12. Juli, als die Schlacht bei Prochorovka noch andauerte. Die Bestimmung des Zeitpunkts für den Übergang zur Gegenoffensive war für die sowjetische Führung schwierig. Sie begann zu dem Zeitpunkt, als der Gegner zwar seine Angriffsmöglichkeiten erschöpft hatte, aber noch nicht zur Verteidigung übergegangen war. Die West-, die Brjansker und die Zentralfront zerschlugen am 18. August Verbände der Heeresgruppe Mitte, drangen in westlicher Richtung 150 Kilometer vor und beseitigten den deutschen Brückenkopf bei Orel.

Während der Belgorod-Char'kov-Operation vom 3. bis zum 23. August befreiten die Truppen der Voronežer und der Steppenfront das größte wirtschaftliche Zentrum im Süden des Landes, die Stadt Char'kov, und schufen günstige Bedingungen für die Befreiung der Ukraine links des Dnepr und des Donecbeckens.

Die Gegenoffensive bei Kursk wurde unter anderen Lagebedingungen begonnen, als dies in den Schlachten bei Moskau und Stalingrad der Fall war. Sie wurde frühzeitig als Gegenschlag auf den Angriff des Gegners organisiert und vorbereitet. Ihr ging überdies eine dreimonatige operative Pause an der gesamten sowjetisch-deutschen Front voraus. Es ist wichtig zu bemerken, daß die unmittelbare Vorbereitung der Gegenoffensive bei Kursk während der laufenden Verteidigungsoperationen durchgeführt wurde. Es ist charakteristisch für die sowjetische Planung, daß die Fronten zeitlich gestaffelt in die Gegenoffensive eingeschaltet wurden. Am 12. Juli gingen die Truppen des linken Flügels der Westfront und der Brjansker Front zum Angriff über, als die Verteidigungsoperationen im Kursker Bogen noch im Gange waren. Drei Tage später begann die Zentralfront die Gegenoffensive. Die Voronežer und die Steppenfront leiteten diese am 3. August in Richtung Belgorod—Char'kov ein. Der Gegenoffensive in diese Richtung gingen Gegenschläge der Truppen der Voronežer Front voraus, die durch Reserven der Stavka verstärkt worden waren.

Hinter dem zeitlich gestaffelten Einsatz der Fronten während der operativen Gegenoffensive standen eine Reihe von Gründen. Diese Fronten warteten zum einen so lange ab, bis die Stoßgruppierungen des Gegners geschwächt waren, obwohl sie für den Übergang zur Offensive schon vor dem Beginn der Verteidigungsschlacht im Kursker Bogen bereit waren. Die anderen Fronten brauchten Zeit, um die notwendigen Umgruppierungen durchführen zu können. Zum anderen spielte das Erringen der Luftherrschaft eine große Rolle während der Verteidigungsschlacht.

Noch rascher vollzog sich der Übergang von der Gegenoffensive zur allgemeinen Offensive im Sommer-Herbst-Feldzug 1943. Noch vor Beendigung der Oreler und der Belgorod-Char'kov-Operation gingen die Truppen der Kalininer und der Westfront zum Angriff über, während die Truppen der Südwest- und der Südfront im Raum Izjum und am Fluß Mius zum Schlag ausholten.

Demzufolge griffen in dem Zeitraum vom 12. Juli bis 18. August (im Verlauf von 36 Tagen) auf einer Frontlänge von 2 000 Kilometern acht Fronten an: die Kalininer, die Westfront, die Brjansker, die Zentralfront, die Voronežer, die Steppenfront, die Südwest- und die Südfront, außerdem die Nordkaukasische Front am 10. September auf der Halbinsel Taman'. Die neun Fronten umfaßten 53 von 69 allgemeinen, 5 Panzer-, 9 von 13 Luftarmeen, alle 37 selbständigen mechanisierten und Panzerkorps sowie 18 von 23 Durchbruchs-Artilleriedivisionen.

Die Konzentration so starker Kräfte ermöglichte die Schläge gegen drei Heeresgruppen des Gegners (Mitte, Süd und A), die zwei Drittel des deutschen Ostheeres umfaßten.

Die Entfaltung einer so breiten Offensive engte die Möglichkeiten der Deutschen zu operativen Umgruppierungen ein. Auch die Zuführung von Reserven wurde erschwert. Die aus Deutschland und den okkupierten Ländern herangeführten Reserven wurden dabei in erster Linie für die Wiederherstellung der durchbrochenen Verteidigungsfront eingesetzt.

Eine große Rolle bei der erfolgreichen Entfaltung der Offensive spielten die Aktivitäten der Partisanen, die sogar operative Bedeutung erlangten. Auf Anweisung des Hauptquartiers führten sie im Zeitraum von August bis September zwei große Operationen, »Schienenkrieg« und »Konzert«, mit dem Ziel durch, die gegnerischen Eisenbahnverbindungen zu unterbrechen. Allein an der Operation »Schienenkrieg« nahmen 167 Partisanenverbände teil. Dadurch wurden die Möglichkeiten des Gegners, seine Reserven an Menschen und Material zu transportieren, erheblich eingeschränkt, was sich positiv auf die Offensive der sowjetischen Truppen auswirkte.

Auffallend an den Handlungen der Roten Armee im Herbst 1943 war die Verfolgung des Gegners im operativen Maßstab. Der Gegner hatte begriffen, daß — in der Mitte September 1943 entstandenen Lage — eine Stabilisierung der Verteidigung am Südflügel und im Zentrum äußerst schwierig sein würde. Deshalb genehmigte Hitler am 15. September den Rückzug der Heeresgruppen Mitte und Süd bis an die Flüsse Sož, Dnepr und Moločnaja (»Panther«-Stellung). Dies war ein gewaltiges und kühnes operatives Manöver, das die Zerschlagung der eigenen Truppen verhindern und sie in günstigere Verteidigungsabschnitte führen sollte. Mit dem Einsetzen dieses Rückzugs ging die angreifende Rote Armee mit acht Fronten zur Verfolgung über, die mit einem Tempo von 10 bis 20 Kilometer und vereinzelt auch bis zu 30 Kilometer am Tag durchgeführt wurde.

Dabei gelang es den sowjetischen Truppen bezeichnenderweise nicht, den Gegner zu umfassen und sein Absetzen auf den Dnepr zu verhindern. Dafür gab es mehrere Gründe; vor allem aber waren für die Zerschlagung der deutschen Verbände starke bewegliche Kräfte erforderlich, die in der Lage gewesen wären, schnell in die Tiefe des Raumes vorzudringen. Doch zu Beginn des gegnerischen Rückzugs befanden sich in den Fronten noch keine derartigen Formationen. Der Großteil der Panzer war in den Operationen der Monate Juli/August 1943 verlorengegangen. Deshalb waren alle fünf Panzerarmeen unmittelbar nach der Kursker Schlacht zur Wiederauffrischung in die Reserve der Stavka überführt worden. Geschwächt waren auch die selbständigen Panzer- und mechanisierten Korps. Da den angreifenden Fronten starke bewegliche Verbände fehlten, konnten sie den Rückzug der Deutschen hinter den Dnepr nicht aufhalten. Der Verfolgte war einfach schneller als sein Verfolger.

In dieser Lage entschloß sich die sowjetische Oberste Führung, gleichzeitig mit den Kampfhandlungen gegen die an den Übersetzstellen am Dnepr konzentrierten deutschen Verbände, noch aus der Bewegung heraus den Fluß selbst zu überqueren, günstige Brückenköpfe zu bilden und damit den Plan des deutschen Oberkommandos zum Aufbau einer Verteidigungsstellung auf dem rechten Flußufer zu vereiteln. Trotz großer materieller Schwierigkeiten gelang es, zwischen dem 22. und 30. September auf einer Frontbreite von 700 Kilometern, von der Flußmündung Sož bis zum Zaporož'e, 23 Brückenköpfe zu bilden. Das war ein großer operativer Erfolg für die Rote Armee. Damit waren wichtige Voraussetzungen für die Fortsetzung der Kämpfe in der Ukraine rechts des Dnepr geschaffen. Allerdings konnte die sowjetische militärische Führung den planmäßigen Rückzug des Gegners nicht verhindern. Es gelang ihm auch, sich aus dem Nordkaukasus, aus den Räumen Dem-

jansk, Ržev und Vjaz'ma, aus dem Oreler Brückenkopf, aus dem Donecbecken und aus der Ukraine links des Dnepr geordnet abzusetzen.

Im Oktober verlegten die Truppen der 1., der 2. und der 3. Ukrainischen Front ihre Anstrengungen auf das rechte Ufer des Dnepr, um
die eingenommenen Brückenköpfe zu erweitern. Am 6. November
wurde Kiev, die Hauptstadt der Ukraine, befreit. Von Ende September bis Dezember hielten die angespannten Kämpfe im Süden der
Ukraine an. Dabei beseitigten die Truppen der 2. und der 3. Ukrainischen Front den deutschen Brückenkopf bei Zaporož'e und befreiten
die Städte Zaporož'e und Dnepropetrovsk. Zur gleichen Zeit gelang
es der 4. Ukrainischen Front, die 17. Armee auf der Krim von Norden her einzuschließen.

Der von der deutschen Propaganda aufgebauschte »Ostwall« war
unter den gewaltigen Schlägen der sowjetischen Streitkräfte in der Ukraine zusammengebrochen. Die Siege der Roten Armee bei Stalingrad und
Kursk sowie die Landung der Alliierten in Sizilien veränderten die strategische Lage im Jahre 1943 entscheidend zugunsten der Anti-Hitler-
koalition. Bei seinem Zusammentreffen mit Churchill und Roosevelt
in Teheran konnte Stalin nun das neue Gewicht der Sowjetunion in
die Waagschale der Weltpolitik legen.

Gegenwärtig überprüfen und kritisieren sowjetische Historiker die
alte Konzeption, nach der alle Erfolge des sowjetischen Volkes und seiner Streitkräfte im Krieg das Ergebnis der »klugen Führung durch Stalin« waren, der »als der größte Heerführer aller Zeiten und Völker«[10]
glorifiziert wurde. Dabei ist anzumerken, daß viele Generale von größter Autorität (A. M. Vasilevskij, G. K. Žukov, I. S. Konev, K. K. Rokossovskij u. a.), die den Obersten Befehlshaber sehr gut kannten und unmittelbar unter seiner Führung tätig waren, ihre Memoiren in der Zeit
herausgaben, als Stalins Rolle als militärischer Führer reanimiert wurde. Es ist ganz natürlich, daß aufgrund der wieder schärfer werdenden
Zensur viele Fakten hinsichtlich der Bewertung der Tätigkeit Stalins
aus den Memoiren entfernt worden waren. So lautete G. K. Žukovs
Urteil in den 60er Jahren:

»Zu Beginn des Krieges war die Zusammenarbeit mit Stalin äußerst schwierig. Er kannte sich vor allem in den Mitteln, Methoden und Formen der
modernen Kriegführung schlecht aus, noch dazu gegenüber einem so erfahrenen und starken Gegner wie der deutschen Armee. Seine ganzen Kenntnisse waren äußerst dilettantisch, und wir mußten mit großer Zurückhaltung
kurz und klar die Lage schildern und unsere Vorschläge vortragen. Stalin unterschätzte die Bedeutung und die Rolle des Generalstabs im modernen Krieg
[...]

Im Laufe des Krieges eignete sich Stalin selbst Wissen an und gewann an Erfahrungen, so daß er jetzt vieles von dem, was er am Anfang nicht begriff, verstand. Bedingt durch die eigene militärische Tätigkeit wurde er in seinen Urteilen tiefgründiger und gerechter. Außerdem berücksichtigte er jetzt in weitaus stärkerem Maß die objektive Realität.«[11]

Allerdings ging diese Einschätzung von Stalin nicht in die Memoiren Žukovs ein.

In der Tat, als Stalin den Posten des Obersten Befehlshabers einnahm, besaß er nur wenige der militärischen Kenntnisse, die auf dem Gebiet der Strategie und der operativen Kunst erforderlich gewesen wären. Doch er arbeitete ständig an sich. Etwa 1943 war der Prozeß seiner Vervollkommnung als Heerführer im wesentlichen abgeschlossen. Nach der Stalingrader und besonders nach der Kursker Schlacht erreichte er in etwa das militärische Niveau der anderen Mitglieder des Hauptquartiers. Stalins Entwicklung als Stratege wurde von vielen seiner militärischen Berater geprägt. Mit ihrer Hilfe, besonders der von G. K. Žukov und A. M. Vasilevskij, erlangte er die grundlegenden Kenntnisse der Strategie und der operativen Kunst.

Bei der Beratung der wichtigsten Fragen der operativen Planung im Jahre 1943 war Stalin bestrebt, tief in das Wesentliche des taktischen Geschehens einzudringen und sich, auch im Detail, auf die Entschlußfassung zur Durchführung der Operationen vorzubereiten. Für die Ausarbeitung der Weisungen zog er für gewöhnlich den Chef des Generalstabes heran. Stalin hatte sich im wesentlichen die Kenntnisse für die Führung von Operationen auf Heeresgruppenebene angeeignet und leitete diese mit Sachkompetenz. Die größten Fähigkeiten erlangte er bei Angriffshandlungen wie der Einkreisung und Vernichtung des Gegners durch Schläge mehrerer Fronten. Ihm imponierte die Idee von aufeinanderfolgenden Operationen in unterschiedlichen Zeitabständen und von unterschiedlicher Tiefe. In der Regel griff Stalin die Gedanken des Generalstabs auf und entwickelte sie weiter. Viele Ideen verwarf er allerdings sofort. Der Oberkommandierende zog nur solche Ideen in Betracht, die er auch verstand. Für gewöhnlich war Stalin bei der Festlegung der Zeiten für den Beginn der folgenden Operation ungeduldig. Er drängte alle zur Eile, und es kostete große Anstrengungen, ihn davon zu überzeugen, die Operation erst dann zu beginnen, wenn sie von allen Seiten vorbereitet und materiell abgesichert war. Der unabänderliche Drang zur Eile war nicht die einzige negative Eigenart von Stalin als Heerführer. Seine andere Schwäche war die Realitätsferne seines Denkens. Häufig setzte er in seinen Befehlen für Truppenverlegungen über eine Entfernung von bis zu 60 Kilometern eine Dauer von vier bis fünf Stunden an. Das zeugt von sehr ungenauen Vorstellungen über den Truppenalltag an der Front. Stalins Frontbesuche waren von kurzer Dauer. Nachdem er sich Anfang August 1943 an der Westfront und an der Kalininer Front aufgehalten hatte, ist er überhaupt nicht mehr an die Front gefahren. Die fehlende Verbindung zur Realität beeinflußte auch die Einstellung des Oberkommandierenden gegenüber den Verlusten an der Front. Ihm war das Schicksal der Soldaten und Kommandeure im Krieg gleichgültig. Seine Maxime war »um jeden Preis«. Für Stalin war stets nur das Ziel der durchzuführenden Operation wichtig. Es auf dem Wege der geringsten Verluste zu erreichen, lag ihm fern, obwohl gerade darin das wahre Heerführertalent liegt.[12]

Stalin maß den Maßnahmen zur Motivierung der Soldaten und Kommandeure für die Bewältigung der gestellten Aufgaben große Bedeutung bei. Immer dann, wenn es schwierige Abschnitte zu überwinden galt (zum Beispiel den Dnepr), wurden verschiedene Stimuli angewandt, die erneut eine überflüssige Welle an Opferbereitschaft und Verlusten nach sich zogen.

Abschließend kann man sagen, daß Stalins unbestrittene strategische Fähigkeiten mit operativen Mängeln behaftet waren. Als Oberbefehlshaber der Streitkräfte führte Stalin diese von Sieg zu Sieg, aber um den Preis unvorstellbarer Verluste, die bis heute als gigantische Last auf den Schultern der Völker der Sowjetunion liegen.

Anmerkungen

[*] Aus dem Russischen übersetzt von Mariashanett Müller.
[1] Istorija vtoroj mirovoj vojny 1939—1945 (Geschichte des Zweiten Weltkrieges 1939—1945) Bd 6, Moskau 1976, S. 91.
[2] Istorija Velikoj Otečestvennoj vojny Sovetskogo Sojuza 1941—1945 (Geschichte des Großen Vaterländischen Krieges der Sowjetunion 1941—1945), Moskau 1961, S. 105. Vgl. auch die Beiträge von Gerhard Schreiber und Josef Borus in diesem Band.
[3] A. M. Samsonov, Krach fašistskoj strategii 1939—1945 (Der Zusammenbruch der faschistischen Strategie 1939—1945), Moskau 1980, S. 306.
[4] Vgl. den Beitrag von Eberhard Schwarz in diesem Band und V. Morozov, Počemu ne soveršilos' nastuplenie v Donbasse vesnoj 1943 goda (Warum die Offensive im Donbecken nicht im Frühjahr 1943 beendet wurde), in: Voenno-istoričeskij žurnal, 1963, H. 3, S. 22.
[5] Zentralarchiv des Verteidigungsministeriums der UdSSR, Podol'sk (CAMO), Fond 3, Findbuch 11556, Akte 12, Bl. 333.

[6] Vgl. Ernst Klink, Das Gesetz des Handelns. Die Operation »Zitadelle« 1943, Stuttgart 1966.

[7] »Soveršenno sekretno! Tol'ko dlja komandovanija!« Dokumenty i materialy (»Streng geheim! Kommandosache!«), Moskau 1967, S. 502 (Dt. Ausg.: G.K. Shukow, Erinnerungen und Gedanken, Berlin 1976, Bd 2, S. 140).

[8] Kurskaja bitva (Die Kursker Schlacht), Moskau 1970, S. 139f.

[9] A.M. Vasilevskij, Delo vsej žizni Moskau 1983, S. 308f. (Dt. Ausg.: A.M. Wassilewski, Sache des ganzen Lebens, Berlin 1977, S. 307f.).

[10] D.A. Volkogonov, Triumf i tragedija v 2-ch knigach (Triumph und Tragödie in zwei Büchern), Moskau 1989; Istorija i stalinizm (Geschichte und Stalinismus), Moskau 1991 u.a.

[11] N.G. Pavlenko, Stalinskie koncepcii voennoj istorii (Die Stalinistischen Konzeptionen der Militärgeschichte), in: Istorija i stalinizm (wie Anm. 10), S. 374.

[12] D.A. Volkogonov (wie Anm. 10), Buch 2, Teil I, S. 369.

Warren F. Kimball

Stalingrad und das Dilemma der amerikanisch-sowjetischen Beziehungen*

Im Herbst 1943 boten zwei bemerkenswerte Filme amerikanischen Kinobesuchern einen dramatischen Blick auf eine inzwischen berühmt gewordene Schlacht — Stalingrad. Der eine war der sowjetische Dokumentarfilm »The City That Stopped Hitler — Heroic Stalingrad«, mit einem Begleittext des bekannten amerikanischen Schauspielers Brian Donlevy, der »dem Zuschauer die Heldentat jener fünf schrecklichen Monate greifbar nahebrachte«[1]. Der andere war »The Battle of Russia« von Frank Capra, hergestellt im Auftrag des Generalstabschefs der US Army, George C. Marshall, in der Filmreihe »Why We Fight«, die amerikanische Soldaten zum Kämpfen motivieren sollte.[2] Jeder, der diese beiden Filme sah, war bewegt von dem beispiellosen Ringen der Menschen um die Stadt Stalingrad an der Volga, nördlich vom Kaukasus und seinen Ölfeldern. Landkarten auf der Kinoleinwand zeigten die Stadt nur als Angelpunkt des gewaltigen Vorstoßes der Deutschen in den Süden der Sowjetunion; die Aufnahmen der Kampfhandlungen machten dem Zuschauer jedoch anschaulich klar, daß Stalingrad eine Großtat des heroischen Mutes der Roten Armee und des sowjetischen Volkes war, die den Verlauf des Krieges — zumindest an der russischen Front — entscheidend veränderte.

Der Verlauf des Krieges wurde nicht nur durch die Schlacht als solche verändert, sondern auch durch den heroischen Mut der sowjetischen Kriegsberichterstatter, deren Filmaufnahmen dazu beitrugen, die Eindrücke des Westens von der sogenannten Ostfront zu modifizieren. Capra, ein erfolgreicher Filmproduzent in Hollywood, übernahm einen großen Teil seines Filmstreifens für »The Battle of Russia« dem Material, das ihm die sowjetische Botschaft in Washington lieferte — er holte es sich bei »unerlaubten« Besuchen, die dazu führten, daß er von mißtrauischen FBI-Agenten verhört wurde. Zu dem von Capra übernommenen Filmmaterial gehörte vermutlich eine Kopie des von den Sowjets gedrehten Films, den der britische Premierminister Winston Churchill als »ein höchst verdienstvolles Werk« bezeichnete, das den verzweifelten Kampf großartig schildere. Stalin hatte dem Premierminister eine Kopie dieses Films zugeschickt, was Churchill veranlaßte, sich mit einem britischen Film zu revanchieren, der den britischen Feldzug in Nordafrika schilderte: »Desert Victory«. Diese britische Produktion gelangte auch ins Weiße Haus; sie brachte den Präsidenten Franklin D. Roosevelt dazu, Churchill zu sagen, dies sei »wohl der beste Film, der bisher von einer der beiden Seiten über diesen Krieg gedreht worden ist«[3]. Obwohl es keinen Beleg dafür gibt, daß Roosevelt jemals eine Kopie des sowjetischen Stalingradfilms bekam, erreichte Filmmaterial aus diesem Werk bald das amerikanische Publikum. Die Premiere war Anfang März 1943 in London, zwei Monate später in den USA anläßlich einer Konferenz der Vereinten Nationen über Ernährung und Landwirtschaft, die in Hot Springs (Virginia) stattfand. Der Film machte sofort einen starken Eindruck. Churchill hatte seine eigentliche Bedeutung erfaßt, als er dazu bemerkte, die Opfer, die sowjetische Kriegsberichterstatter gebracht hätten, um diesen Film zu drehen, seien nicht vergeblich gewesen, denn er »rief bei allen Alliierten größte Bewunderung und Begeisterung hervor und schloß uns alle in unserer gemeinsamen Aufgabe fester zusammen«[4].

Aber Kriegsfilme, die eher um ihrer visuellen Wirkung willen als zum Zweck einer umfassenden militärischen Analyse bearbeitet und ausgewählt werden, sind für Menschen, die sich mit militärischer und politischer Planung befassen, nicht sehr aufschlußreich. Stalingrad war für amerikanische Politiker und für die amerikanische Öffentlichkeit eher ein Bild als eine Realität. Man interessierte sich verständlicherweise mehr für Schlachten, die — in Nordafrika, auf der Insel Guadalcanal im südwestlichen Pazifik oder im Atlantik gegen deutsche U-Boote — von Amerikanern ausgefochten wurden. Aber die Schlacht von Stalingrad war keineswegs irrelevant. Sie beeinflußte sowohl das politische als auch das militärische Denken der Amerikaner. Dieser Einfluß zeigt sich auf drei Ebenen: 1. darin, wie die politische Führung der USA die Schlacht verstand und interpretierte; 2. darin, wie dieser Sieg sich auf die Einstellung der Anglo-Amerikaner beziehungsweise der Sowjets zur Zweiten Front auswirkte; 3. in dem damit zusammenhängenden, jedoch umfassenderen Komplex der Auswirkung Stalingrads auf die regierungsinterne Kontroverse, wie mit der Sowjetunion umzugehen sei: Sollte man durch Zusammenarbeit und Konzessionen (von späteren Kritikern als »Appeasement« angeprangert) Vertrauen schaffen oder sollte man Härte zeigen und alle verfügbaren geopolitischen Druckmittel anwenden? Ein amerikanischer Filmkritiker ahnte dieses politische Dilemma schon früh. Bosley Crowther, der »The Battle of Russia« für die New York Times besprach, wies darauf hin, daß die für die US Army gedrehte Originalfassung unter anderem gezeigt hatte, wie die Sowjetunion aufgrund des Hitler-Stalin-Paktes die baltischen Staaten besetzte. Aus dem Film, der 1943 der amerikanischen Öffentlichkeit präsentiert wurde, waren diese Szenen getilgt worden.[5]

Seit dem Ausbruch des Krieges zwischen Deutschland und der Sowjetunion gingen militärische Beurteilungen der Lage an der russischen Front, die für das Weiße Haus erstellt wurden, von der Annahme aus, die Niederwerfung Deutschlands erfordere das Weiterbestehen der Roten Armee als einer bedeutenden Streitmacht. Mitte 1941 — noch vor dem Eintritt der USA in den Krieg — waren Planer im amerikanischen Generalstab zu dem Ergebnis gekommen, die »Aufrechterhaltung einer aktiven Front in Rußland biete die weitaus beste Chance für eine erfolgreiche Landoffensive« gegen die Armeen Hitlers. Sie wiesen warnend darauf hin, daß Deutschland »praktisch unverwundbar« würde, wenn es ihm gelinge, Rußland zu besiegen.[6] Das galt auch noch ein Jahr später. Mit den anglo-amerikanischen See- und Luftstreitkräften war man vielleicht imstande, Hitler auf dem europäischen Kontinent zu isolieren; die Niederwerfung der deutschen Wehrmacht erforderte jedoch ein weit größeres Landheer, als Großbritannien es besaß oder die USA es jemals nach Europa entsenden würden.[7] In einem von General Marshall und seinen wichtigsten Beratern unterstützten Schreiben vom Juni 1942 erklärte der amerikanische Kriegsminister Henry Stimson dem Präsidenten etwa dasselbe; er äußerte die »Hoffnung, daß man die russische Armee im Krieg halten und dadurch Hitler schließlich besiegen könne«. Dieses Schreiben veranlaßte Roosevelt, der damals Gespräche mit Churchill und den britischen Generalstabschefs führte, sich beim Heer und bei der Marine zu erkundigen, was für einen Angriff gegen Deutschland sie vor Mitte September 1942 eröffnen könnten, falls den Deutschen an der russischen Front ein Durchbruch gelingen sollte.[8]

Während der deprimierenden Sommertage des Jahres 1942, als nicht nur die Sowjets, sondern auch die Anglo-Amerikaner eine Reihe militärischer Rückschläge erlitten, beklagte sich Stalin bitter über suspendierte Versorgungsgeleitzüge und über die immer wieder hinausgezögerte Eröffnung der Zweiten Front. Im Rückblick ist man versucht zu argumentieren, Stalin habe erkannt, »daß weder die Briten noch die Amerikaner ihre Chancen gegen Deutschland gefährden würden, nur um die Sowjetunion — und seine Diktatur — zu retten«. Aber dieser Gedanke stellt die militärische Realität tatsächlich auf den Kopf: Stalin mag den erwähnten Verdacht gehegt haben; der militärische Sachverhalt war jedoch der, daß die Anglo-Amerikaner ihre Chancen gegen Deutschland aufs Spiel setzten, wenn sie die Rote Armee *nicht* »retteten«.[9]

Vielleicht akzeptierte Churchill diesen Sachverhalt nicht, aber Roosevelt tat es. Der Präsident bezeichnete die Rote Armee zwar nicht öffentlich als unerläßliche Vorbedingung für den Sieg über Deutschland; aber seine Pläne bewiesen, daß er deren entscheidende Bedeutung für die Durchsetzung der »bedingungslosen Kapitulation«, die er bald als ein Ziel der Alliierten verkünden sollte, erkannte. Er befürwortete den »Sledgehammer«-Plan, der — für den Fall, daß die Sowjets am Rande des Zusammenbruchs stehen sollten — eine Invasion auf dem europäischen Festland im Herbst 1942 vorsah. Churchill und die Briten verleiteten die Amerikaner zunächst zu der Annahme, »Sledgehammer« habe auch ihre Zustimmung; nach dem Besuch des sowjetischen Außenministers Molotov in London und Washington Anfang 1942 erhoben sie jedoch deutliche Einwände. Der Widerstand des Premierministers beruhte wohl auf der Befürchtung, eine anglo-amerikanische Invasion (an der im Jahr 1942 weit mehr Briten als Amerikaner beteiligt gewesen wären) könnte scheitern. Aber was immer auch seine Beweggründe gewesen sein mögen, das Argument, die Rote Armee sei unentbehrlich, wurde von Churchill nicht bestritten, sondern einfach ignoriert.[10]

Mitte 1942, als die Vereinigten Staaten ihr Engagement im Pazifik verstärkten, war dies teilweise bedingt durch düstere Berichte der Geheimdienste über die Lage an der Ostfront. Die »Pacific first«-Pläne beruhten auf einer Reihe von Hypothesen: Wenn man »Sledgehammer« 1942 nicht verwirklichte, konnte das leicht zu einer sowjetischen Kapitulation führen; eine solche würde weitere Offensivoperationen gegen Deutschland praktisch ausschließen; und im Spätsommer schien eine sowjetische Kapitulation unmittelbar bevorzustehen. Die Planer, die sich mit einer angemessenen Reaktion der USA auf eine solche Eventualität befaßten, gelangten im August zu der Schlußfolgerung, ein Zusammenbruch der Sowjetunion wäre eine »Katastrophe« von einem derartigen Ausmaß, daß sie die Vereinigten Staaten in eine »verzweifelte« Lage bringen würde, in der sie den Achsenmächten vielleicht allein entgegentreten mußten. Das würde die USA dazu zwingen, »sich auf dem europäischen Kriegsschauplatz für die strategische Defensive zu entscheiden und die strategische Offensive auf dem japanischen Kriegsschauplatz zu führen«. Als die Vereinigten Stabschefs meinten, aus dem Pazifik würden noch ausreichende Ressourcen übrigbleiben, um ein amerikanisches Engagement für die Sicherheit der Britischen Inseln aufrechtzuerhalten, erwiderten die Planer der US Army, selbst bei einer erfolgreichen Invasion Nordafrikas würde eine sowjetische Niederlage die Alliierten in Europa zur Defensive zwingen und eine erfolgreiche Invasion auf dem Kontinent unmöglich machen.[11]

Solche Hypothesen über die entscheidende Bedeutung des sowjetischen Durchhaltevermögens bildeten den Filter, durch den Roosevelt die Berichte der Geheimdienste über die deutsche Offensive in Südrußland während des Sommers 1942 las. Die ersten Berichte ließen nicht darauf schließen, daß es zu einem heroischen Kampf um Stalingrad kommen würde. Das taktische Interesse der Amerikaner richtete sich auf die Ölfelder im Kaukasusgebiet; ihr strategisches Interesse blieb das Weiterbestehen der Sowjetunion als eines aktiven Partners im Krieg gegen Deutschland.[12]

Im Herbst erwähnten die dem Weißen Haus vorgelegten Resümees der Geheimdienste routinemäßig, daß sich um Stalingrad ein Kampf entwickle; die Informationen beruhten freilich ausnahmslos entweder auf sowjetischen oder auf deutschen Quellen. Amerikanische Militärattachés in Moskau beklagten sich, man verspreche ihnen regelmäßig eine Chance, die Front zu besuchen, aber diese Chance werde nie konkret. Ein in Moskau stationierter Offizier der US Army erhielt innerhalb eines Monats vier derartige Zusicherungen, aber es wurde nie etwas daraus.[13] Auch Kriegsberichterstatter erhielten keine Erlaubnis, die Schlacht zu beobachten. Der Korrespondent des New York Herald-Tribune, Walter Kerr, dem viel daran lag, die Kriegsanstrengung der Sowjets in einem günstigen Licht darzustellen, protestierte milde dagegen, daß kein ausländischer (das heißt britischer oder amerikanischer) Berichterstatter »jemals Zutritt nach Stalingrad erhalten habe, bevor der letzte Deutsche getötet oder gefangengenommen war«[14].

Die Abhängigkeit von amtlichen Quellen und Gesprächen mit sowjetischem Personal, das an der Stalingradfront gewesen war, führte dazu, daß das den Amerikanern verfügbare Bild gewöhnlich rosarot gefärbt war. Die Deutschen seien an der Peripherie der Stadt gestoppt worden und in den Straßen würden Haufen von deutschen Gefallenen liegen, behauptete ein hoher russischer Offizier.[15] Als die sowjetische Zangenbewegung — die völlig geheimgehaltene Operation »Uranus« — die Deutschen in Stalingrad allmählich einschloß, wurde der amerikanische Geheimdienst vorsichtig optimistisch, aber erst nachdem das Unternehmen gelungen war. Nichts im Archivmaterial deutet darauf hin, daß die Vereinigten Staaten vorher von dem Plan gewußt hatten oder daß sie nach Beginn der Operation über die sowjetischen Absichten informiert wurden. Wenn der Korrespondent Kerr schrieb, der

Kampf um Stalingrad sei vielleicht »diejenige Schlacht der Neuzeit, über die am unzureichendsten berichtet wurde«, so galt das nicht nur für die Nachrichtenmedien, sondern auch für den amerikanischen Geheimdienst.[16]

Doch obwohl sie keine Einzelheiten kannten, erfuhren die Amerikaner von der Schlacht; denn die Zeitungen brachten laufend Berichte, die auf sowjetischen und deutschen Verlautbarungen beruhten. Die öffentliche Erklärung Hitlers, an der russischen Front werde eine »Entscheidung« fallen, da seine Truppen dem Gegner einen »vernichtenden Schlag« versetzen würden, verstärkte den Eindruck, den der Feldzug auf die Öffentlichkeit machte.[17] Dieses öffentliche Bewußtsein erzeugte Respekt vor den Leistungen der Roten Armee — eine Tatsache, die Generationen von Amerikanern in der Nachkriegszeit entweder vergaßen oder bestritten. Ein Lagebericht des Kriegsministeriums über eine Anfang November 1942 (unmittelbar vor der anglo-amerikanischen Landung in Nordafrika) durchgeführte Meinungsumfrage kam zu dem Ergebnis, daß die Amerikaner glaubten, die Sowjetunion tue — in Anbetracht ihrer Mittel — mehr für eine siegreiche Beendigung des Krieges als irgendeine andere der »Vereinten Nationen, die Vereinigten Staaten eingeschlossen«[18].

Experten der amerikanischen Geheimdienste erkannten die Bedeutung der Schlacht um Stalingrad ebenfalls. Mitte Oktober begannen sowohl Resümees des Office of Strategic Services (OSS) als auch des Nachrichtendienstes der US Army Stalingrad als ein wichtiges Ereignis herauszustellen und über dessen Konsequenzen nachzudenken. Die regelmäßigen Berichte, die Roosevelt zugingen, enthielten detaillierte Landkarten des Gebietes von Stalingrad und Darstellungen des gesamten Frontverlaufes in größerem Maßstab, obwohl nirgends der genaue Standort der sowjetischen oder der deutschen Truppen angegeben war. »Das blutige Ringen um Stalingrad geht unentschieden weiter«, erklärte das OSS, aber dies war nicht das Hauptthema. Unabhängig davon, ob die Rote Armee die Stadt nun endgültig beherrschte oder nicht — die Sowjets hatten verhindern können, daß die deutsche Wehrmacht das Kaspische Meer vor dem Wintereinbruch erreichte. Infolgedessen, so sagte das OSS voraus, würden die Deutschen »eine feste Frontlinie für den Winter aufbauen« müssen.[19]

Im Lauf des Monats November 1942 veranlaßten sowjetische Erfolgsmeldungen — obwohl sie behutsam waren — das Joint US Intelligence Committee, einen besonderen Nachtrag zur »Stalingradfront« zu verfassen, in dem sie erklärten: »Die Gefahr für Stalingrad ist beseitigt, und die Deutschen haben eine klare Niederlage erlitten.« Das OSS stimmte dem zu und bezeichnete den Sieg als »wahrscheinlich«. Die Stadt liege zwar in Trümmern, aber der Verlust der Industrieanlagen Stalingrads wiege gering gegenüber der

»moralischen Bedeutung einer erfolgreichen Verteidigung, die — wie manche meinen — die Ruhmestaten von Verdun und Sevastopol übertrifft und die vielleicht im wahrsten Sinne der Wendepunkt des gesamten Krieges gewesen ist«.

Dies, zusammen mit erfolgreichen sowjetischen Gegenangriffen gegen nach Süden vorrückende deutsche Verbände, könne Hitler den Zugang zu den Ölfeldern des Kaukasus verwehren und dem Krieg eine ganz andere Richtung geben. Die amerikanischen Geheimdienste unterschätzten die Stärke der von der Roten Armee in Stalingrad eingeschlossenen deutschen Truppen maßlos, wenn sie noch am 18. Januar 1943 behaupteten, es gebe dort nur 70000 deutsche Soldaten. Dies beeinflußte jedoch nicht ihr Urteil über die Auswirkung des Sieges, und als Hitler seine Niederlage bei Stalingrad zugab, stiegen ihre Schätzungen auf 350000 Mann.[20]

Erst Anfang Dezember 1942 gelang es Roosevelt und dem amerikanischen Geheimdienst, von amerikanischen Beobachtern Augenzeugenberichte über die Schlacht zu erhalten. Der Sonderbeauftragte des Präsidenten, General Patrick Hurley, flog im November zu Gesprächen mit Stalin nach Moskau. Auf Ersuchen Hurleys gestatteten die Sowjets ihm und zwei Militärfachleuten der US-Botschaft, zwei zehntägige Frontbesuche zu machen: den einen ins Gebiet von Stalingrad, den anderen in den Kaukasus. Die Berichte an Roosevelt waren optimistisch und priesen die Leistungen der Sowjets, obwohl Hurley warnend darauf hinwies, daß »die Niederlage der Achsen-Armeen in Rußland zwangsläufig immer stärker von Hilfslieferungen aus den Vereinigten Staaten abhänge«[21].

Das Nachrichtenmaterial, das Roosevelt über Stalingrad erhielt, bewertete die Kämpfe nicht im Detail; diesbezügliche Informationen waren für die Amerikaner unerreichbar. Trotzdem verfolgten die Lageberichte sowohl die groben Umrisse der Belagerung als auch der gesamten Kämpfe an der südrussischen Front, selbst wenn sie sich auf offizielle sowjetische und deutsche Quellen sowie auf gelegentliche (und häufig gezielte) Bemerkungen sowjetischer Offiziere, die von der Front kamen, stützen mußten. Wie exakt diese Lageberichte waren, mag dahingestellt bleiben — die Auswirkung des Sieges auf strategische Fragen war offenkundig. Stalingrad war zu einem Decknamen für den Kampf an der gesamten südrussischen Front geworden, in dem es für die Deutschen um den Kaukasus und dessen Rohstoffe ging. Das dem Präsidenten vorgelegte Bild war eindeutig: Die deutsche Offensive war gescheitert, und die Alternativen, vor denen die Alliierten standen, hatten sich dramatisch verändert.

Diese Alternativen wurden in London und Washington durch das Prisma anglo-amerikanischer Pläne und Operationen betrachtet. Im November 1942 fand die erfolgreiche Landung in Nordafrika — Operation »Torch« — statt, die in den Berichten der Geheimdienste für das Weiße Haus Stalingrad und die russische Front rasch in den Hintergrund drängte. Trotzdem forderte der bevorstehende Sieg der Roten Armee weiterhin Aufmerksamkeit. Ende Dezember bezeichnete »The War This Week«, ein regelmäßiges Resümee des OSS, die Schlacht von Stalingrad nicht nur als einen »Triumph der Tapferkeit eines Volkes«, sondern erklärte, die Schlacht und die Operationen im Nordkaukasus könnten »die Offensivkraft der Wehrmacht lähmen«.

Gerade als der Sieg bei Stalingrad offenkundig wurde, lebte die Koalitionspolitik wieder auf. Wie würde sich dieser glänzende Sieg auf die Pläne und die Politik der Sowjets auswirken? Das OSS warnte: Die militärischen Operationen der Sowjets 1943 würden »in beträchtlichem Ausmaß vom Verhalten ihrer Alliierten und von den Notwendigkeiten der alliierten Kriegführung abhängen«. Schließlich, so hoben die Geheimdienstexperten hervor, fordere Stalin, selbst nachdem er über die Pläne für »Torch« informiert worden sei, weiterhin eine Zweite Front und demonstriere damit seine Unzufriedenheit mit seinen anglo-amerikanischen Verbündeten. Und die Experten sagten voraus: Obwohl die Sowjets »ihre letzten Reserven einsetzen« würden, um Hitler zu besiegen, werde »gegenseitiges Mißtrauen das Hauptproblem des Krieges — und des darauffolgenden Friedens« sein.[22]

Der Vereinigte (anglo-amerikanische) Geheimdienstausschuß kam unmittelbar nach der Konferenz von Casablanca Ende Januar 1943 zu dem Ergebnis, daß militärische Erfolge der Sowjets eine »Verständigung« zwischen der Sowjetunion und dem Deutschen Reich unwahrscheinlicher machten.[23] Der Politische Ausschuß der »Operations Division« (OPD) des Generalstabs der US Army glaubte ebenfalls, Stalingrad bedeute, daß die Sowjetunion weder dem Deutschen Reich unterliegen noch mit ihm verhandeln werde. Wie der Politische Ausschuß erkannte (ohne dies ausdrücklich zu erwähnen), bedeutete der Sieg bei Stalingrad aber auch, daß eine Diplomatie, die darauf abzielte, die Sowjetunion im aktiven Kampf gegen die Deutschen zu halten (später als »Diplomatie der Zweiten Front« bezeichnet), vielleicht nicht mehr unbedingt galt. Die Rote Armee hatte die Deutschen gestoppt, und Hitlers Armeen konnten im Osten nicht mehr gewinnen.[24]

Aber Stalingrad und die Stabilisierung der russischen Front ließen kein Gefühl der Zuversicht und der Sicherheit aufkommen — weder in den Vereinigten Staaten noch in der Sowjetunion. Im Gegenteil: Mißtrauen und Bedenken in bezug auf die wechselseitigen Absichten schienen noch zugenommen zu haben. Stalin hegte offenbar den Verdacht, die Anglo-Amerikaner würden die Errichtung einer Zweiten Front hinauszögern und zuschauen, wie die deutschen und die sowjetischen Armeen einander zerfleischten. Während die Sorge um das Weiterbestehen der Sowjetunion in den USA abnahm, machten sich amerikanische Experten zunehmend Gedanken darüber, welchen von drei möglichen Wegen Stalin einschlagen würde. Da zwei davon für die westlichen Alliierten unerfreulich waren, waren Washington und London gleichermaßen beunruhigt. Es bestand immer noch die Chance, daß die Sowjets weiter wie bisher — manchmal widerwillig, oft unfreundlich und ungeduldig — mit den Anglo-Amerikanern zusammenarbeiten und sich für die gemeinsamen Ziele einsetzen würden. Die beiden anderen Alternativen waren weniger erfreulich: Stalin konnte, wenn er sein Territorium gesichert hatte, aus der Sache aussteigen und eine günstige Abmachung mit Hitler anstreben, so daß seine Alliierten mit Hitler allein fertig werden mußten. Die zweite Möglichkeit war, daß die Rote Armee einen Durchbruch erzielte und die Deutschen zu besiegen drohte, ehe die Anglo-Amerikaner ihre Truppen nach Westfrankreich werfen konnten.

Als der Kampf um Stalingrad gerade seine Endphase erreichte, hatte Roosevelt General Patrick Hurley als einen weiteren in einer langen Reihe von Sonderbevollmächtigten nach Moskau entsandt. Die Berichte Hurleys von der Stalingrad- und der Kaukasusfront waren nützlich; aber sie waren nicht der Grund für diese Reise. Roosevelt hätte am liebsten ein direktes, persönliches Gespräch mit Stalin geführt — so hielt er es mit Churchill und mit Landsleuten, die seine politischen Maßnahmen gefährdeten. Aber als Roosevelt im Frühjahr 1942 ein Gespräch von Mann zu Mann vorschlug, hatte Stalin sich gedrückt, und nun ließ er erneut seine Abneigung erkennen, an der Konferenz von Casablanca teilzunehmen; deshalb mußte sich der Präsident mit Sonderbeauftragten behelfen.[25]

Hurley kehrte scheinbar aus Washington auf seinen Botschafterposten nach Neuseeland zurück, und Roosevelt ergriff die Gelegenheit, ihn auf einem weiten Umweg dorthin zu schicken — über die Sowjetunion und den Nahen Osten. Er überbrachte Stalin einen Brief Roosevelts, der besagte, Hurley komme, um »mit eigenen Augen die wichtigsten Aspekte unserer gegenwärtigen Weltstrategie« kennenzulernen. Roosevelt behauptete, Hurley werde dann imstande sein, Australien und Neuseeland davon zu überzeugen, daß die »Hitler first«-Strategie der beste Weg sei, die Niederlage Japans zu garantieren. Diese beiden relativ kleinen Nationen des Britischen Commonwealth zu überreden, die von den drei großen Alliierten bereits beschlossene Strategie zu akzeptieren, war jedoch kaum das, was Roosevelt im Sinne hatte. Die Aufgabe Hurleys — wie die der anderen Sonderbevollmächtigten vor ihm — bestand darin, Stalin politisch auf den Zahn zu fühlen und dem sowjetischen Diktator zu versichern, daß die Amerikaner den eingeschlagenen Kurs durchhalten würden. Roosevelt benutzte Probleme mit Alliierten im Pazifik als Vorwand, um sein Engagement für die »Germany first«-Strategie und indirekt für die Zweite Front und die Unterstützung Rußlands erneut zu bekräftigen.[26]

Die unausgesprochene Bedeutung der Mission Hurleys zeigte sich, als dieser Mitte Januar 1943 nach Washington zurückkehrte, ohne nach Neuseeland zu fliegen — ein klarer Beweis dafür, daß letzteres nur zur Tarnung gedient hatte. Roosevelt und sein engster Berater, Harry Hopkins, waren überzeugt, daß die von den Briten verfolgte Politik Ursache der Spannungen zwischen der Sowjetunion und dem Westen war — daher das Streben Roosevelts nach einem privaten Treffen mit Stalin. Ein anderer von Roosevelts Sonderbevollmächtigten, Averell Harriman, bekam diese Überzeugung zu spüren, als er vorschlug, er könne im August 1942 zusammen mit Churchill nach Moskau fliegen. Roosevelt war anfänglich nicht damit einverstanden, weil er angeblich den Premierminister nicht beleidigen wollte, indem er ihm einen Aufpasser mitgab. Harriman hatte jedoch den Verdacht, der eigentliche Grund sei, daß Roosevelt »keinen Präzedenzfall schaffen wollte, der es den Briten in Zukunft gestatten würde, mit einem Beobachter dabei zu sein, wenn er sich einmal mit Stalin traf«[27]. Jetzt schlug Hurley in einem Gespräch mit Roosevelt vor, ihn als Sonderbevollmächtigten nach Südrußland zu schicken, denn »die Briten und die Russen würden sich in den Haaren liegen, die letzteren den Briten nicht trauen und die Briten entschlossen das Ziel einer festen Kontrolle verfolgen«. Ein Offizier sollte entsandt werden, meinte Hurley, weil die Probleme großenteils militärischer Natur seien und weil Diplomaten keinen Zugang zu Stalin finden könnten. General Marshall bemerkte dazu trocken, ein solches Verfahren sei »höchst ungewöhnlich«, aber es spreche einiges dafür.[28]

Diese Hurley-Mission sollte Stalin die Gewißheit geben, daß die Amerikaner ihre Verpflichtungen einhalten und Hitler niederwerfen würden. Trotzdem kursierten ständig Gerüchte über einen Sonderfrieden zwischen Hitler und Stalin. Sie waren keineswegs neu — schließlich gab es den Präzedenzfall vom August 1939. Derartige Meldungen waren in der ersten Jahreshälfte 1942, als ein Durchbruch der Deutschen an der russischen Front möglich erschien, häufig aufgetaucht.[29] Nach Stalingrad gab es dann im Frühjahr und Sommer 1943 Sondierungen über einen Separatfrieden bei Gesprächen, die zwischen Beamten der mittleren Ebene in Stockholm geführt wurden. Daß die Sowjets sich an diesen inoffiziellen Gesprächen beteiligten, war vielleicht auf den deutschen Sieg bei Char'kov im März zurückzuführen; denn wie der amerikanische Geheimdienst vermutet hatte, war Hitler an der russischen Front keineswegs geschlagen.[30] Gleichzeitig versuchte der Kreml, einen Umsturz in Deutschland anzustiften, indem er ein »Nationalkomitee Freies Deutschland« und einen »Bund Deutscher Offiziere« ins Leben rief. Alle diese Schachzüge sollten vielleicht vermeiden, daß man den ganzen Weg nach Berlin — unter Umständen sogar allein — erkämpfen mußte.[31]

Zu derselben Zeit, als die Belagerung von Stalingrad sich ihrem nunmehr unvermeidlichen Ende näherte, sahen sich die Anglo-Amerikaner mit einem Dilemma konfrontiert. Denkschriften, die von britischen und amerikanischen Militärexperten im Ausschuß der Vereinigten Stabschefs für die Konferenz von Casablanca ausgearbeitet wurden, gingen von der Annahme aus,

»daß rechtzeitige und beträchtliche Hilfe für Rußland — direkt durch Versorgungslieferungen und indirekt durch Offensivoperationen gegen Deutschland — ein elementarer Faktor unserer Strategie sein muß.«

Zwischen Briten und Amerikanern gab es starke Meinungsverschiedenheiten über die Form, die diese Offensivoperationen haben sollten (Angriffe auf Italien und Griechenland oder die Invasion über den Ärmelkanal), aber beide waren sich darüber im klaren, daß die Rote Armee für die Niederwerfung Deutschlands unentbehrlich blieb.[32] Gleichzeitig verbanden sogar die Briten die Zweite Front mit dem Problem eines deutsch-sowjetischen Sonderfriedens. Ein Memorandum, verfaßt vom »Joint Intelligence Committee« in London Anfang Dezember 1942 (als die Alliierten erkannten, daß sich in Stalingrad das Blatt zugunsten der Sowjetunion gewendet hatte), argumentierte, Hitler werde zwar versuchen, mit Stalin zu verhandeln, aber der sowjetische Führer werde »entschlossen bleiben, die deutsche Gefahr ein für allemal auszuschalten«, solange seine Operationen gut liefen und die Operationen der Alliierten im Mittelmeerraum sich »praktisch zu einer zweiten Front« entwickelten.[33] Die Amerikaner bestritten natürlich energisch, daß der Mittelmeerraum jemals zu einer Zweiten Front im Sinne Stalins werden könne; aber das ist nebensächlich. Beide Alliierten waren sich darüber einig, daß man die Rote Armee im Kampf halten müsse — das beschwor jedoch das Gespenst einer Sowjetunion herauf, die sich zu weit und zu rasch ausdehnte.

Stalingrad bot den Anglo-Amerikanern keine Gewähr dafür, daß die Sowjets mit den Deutschen keinen Sonderfrieden schließen würden. Dazu bedurfte es schließlich nicht nur einer eindeutigen Verpflichtung, eine Zweite Front zu eröffnen (auf der sogenannten »Trident«-Konferenz), sondern auch des gewaltigen sowjetischen Erfolges bei Kursk und der Einsicht Stalins, daß der Sieg nicht ganz so hohe Opfer fordern würde, wie er befürchtet hatte.[34] Aber als Churchill und Roosevelt ihr Treffen in Casablanca beendeten (zur gleichen Zeit, als die Schlacht von Stalingrad sich schließlich ihrem Ende zuneigte), war ihre größere Sorge, die Sowjetunion könnte Deutschland zu schnell besiegen.

An dem Treffen von Casablanca hätte Stalin teilnehmen sollen. Daß er fehlte, war seine eigene Entscheidung. Sowohl Roosevelt als auch Churchill versuchten, den Führer der Sowjetunion zur Teilnahme zu bewegen; aber Stalin wandte konstant ein, daß dringende militärische Operationen dies unmöglich machten. Churchill und Roosevelt hatten den Verdacht, er schmolle, weil die Anglo-Amerikaner die Eröffnung der Zweiten Front immer wieder hinausschoben; spätere Untersuchungen über das sowjetische Oberkommando während der Schlacht von Stalingrad weisen jedoch darauf hin, daß Stalin die militärischen Operationen bei Stalingrad persönlich außerordentlich scharf überwachte. Was immer auch seine Gründe gewesen sein mögen (militärische Operationen, Angst vor dem Fliegen, die politische Notwendigkeit seiner ständigen Anwesenheit im Kreml, Verärgerung wegen der Zweiten Front) — Stalin ließ sich eine Chance entgehen, bei der Formulierung der von ihm kritisierten Strategie mitzuwirken, zumal er persönlich den Sieg der Roten Armee bei Stalingrad hätte melden können.[35] Diese Schlacht und ihre Konsequenzen wurden bei den Gesprächen in Casablanca ignoriert. Der unmittelbar bevorstehende Sieg von Stalingrad hätte in den Debatten der Alliierten über ihre militärischen und politischen Pläne angeschnitten werden sollen, denn er wurde schon zum damaligen Zeitpunkt als ein Wendepunkt des Krieges bezeichnet. Aber Roosevelt, Churchill und ihre Beraterstäbe arbeiteten offenbar zufrieden in einer Atmosphäre, in der Siege an der russischen Front weniger wichtig waren als Kabbeleien darüber, welchem Franzosen man die Verwaltung Nordafrikas übertragen oder ob man besser in Sardinien als in Sizilien landen sollte.[36]

Stalins Fehlen in Casablanca bedeutete jedoch nicht, daß man ihn und die Sowjetunion völlig vergaß. Der britische Diplomat Harold Macmillan bezeichnete Churchill und Roosevelt sarkastisch als Kaiser des Ostens und des Westens, um dann scharfsinnig zu bemerken, nur der Rote Zar fehle.[37] Die wachsende Sowjetmacht, verkörpert im Sieg von Stalingrad, glich einem Gespenst auf dem Dachboden — es entzog sich den Augen, war jedoch in den Gedanken stets gegenwärtig. Roosevelt und Churchill sorgten sich nicht offen über Stalins Absichten; aber ihre Vorahnungen zeigen sich in der Erklärung zur »bedingungslosen Kapitulation«, die der amerikanische Präsident gegen Ende der Konferenz vor der Presse abgab.[38]

Die »bedingungslose Kapitulation« zielte keinesfalls in erster Linie auf die Sowjetunion. Roosevelt hatte solche Bedingungen seit dem Kriegsausbruch als die einzigen Bedingungen für Hitler-Deutschland bezeichnet.[39] Die Erklärung sollte jedoch Stalin eine gewisse Garantie dafür bieten, daß man Deutsche und Sowjets sich nicht gegenseitig aufreiben lassen wollte, während die Anglo-Amerikaner sich auf weniger kostspielige Feldzüge konzentrierten. Die fortdauernde aktive Beteiligung der Sowjetunion am Krieg blieb für die anglo-amerikanischen Kriegsziele ganz wesentlich; Roosevelt bewies das, als er die »bedingungslose Kapitulation« Deutschlands als Ziel der Alliierten bezeichnete.

Mit dem Sieg von Stalingrad waren die anglo-amerikanischen Pläne, die von einem deutschen Sieg in Rußland ausgingen, Makulatur geworden, und die Anglo-Amerikaner konnten sich der Frage zuwenden, was für offensive Aktionen sie gegen Deutschland unternehmen sollten. Im Rückblick erscheint die Wahl völlig klar, aber im Dezember 1942/Januar 1943 war sie nicht so einfach. Die Amerikaner meinten, jetzt sei logischerweise der richtige Zeitpunkt, um sich auf eine entscheidende Invasion über den Ärmelkanal 1943 zu konzentrieren. Die Briten wollten die Erfolge (beziehungsweise die erhofften Erfolge) der Feldzüge in Ägypten und Nordafrika durch einen Vorstoß gegen Italien und den Mittelmeerraum ausnutzen. Diese Meinungsverschiedenheiten zwischen Briten und Amerikanern beherrschten die Diskussionen in Casablanca.[40]

Bis jetzt haben wir eine wichtige Frage noch nicht berührt, deren Beantwortung die sowjetischen Absichten erhellen würde: Warum drängte Stalin, nach Stalingrad, weiterhin auf die Zweite Front? In Anbetracht der gefährlichen deutschen Offensive im Frühjahr/Sommer 1943 erscheint seine Vorsicht vernünftig; er beharrte jedoch auf seinem Drängen selbst nach der Schlacht bei Kursk (die der amerikanische Geheimdienst zur größten Panzerschlacht der Geschichte erklärte), als sich gezeigt hatte, daß die sowjetischen Truppen imstande waren, Hitler allein zu besiegen. Laut sowjetischen Memoiren unterschätzten Stalin und der sowjetische Generalstab außerdem, unter dem Eindruck der Siege von Stalingrad und Moskau, das Potential der deutschen Wehrmacht stark und gaben sich daher gegenüber den anfänglichen Erfolgen der deutschen Offensive im Frühjahr 1943 eine Blöße.[41] Aber trotz dieses übertriebenen Selbstvertrauens setzte Stalins Drängen auf eine Zweite Front keinen Augenblick aus. Als ihm Roosevelt und Churchill die Ergebnisse ihrer Gespräche in Casablanca übermittelten, reagierte Stalin mit einer eiskalten, schroffen und knappen Erklärung:

»In der Annahme, daß Ihre Entscheidungen in bezug auf Deutschland darauf abzielen, dieses durch die Eröffnung einer Zweiten Front in Europa 1943 niederzuwerfen, wäre ich dankbar, wenn Sie mich über die konkreten Operationen, ihre Planung und ihren Termin informieren würden.«[42]

Der Sieg bei Stalingrad befreite die Sowjetunion aus ihrer nahezu totalen Abhängigkeit von den Anglo-Amerikanern. Vielleicht überlegte sich Stalin, wie die militärische Lage an seiner Südfront seine Koalition mit den Anglo-Amerikanern beeinflußte; denn als sich der Sieg bei Stalingrad abzeichnete, lehnte er Pläne zur Entsendung eines anglo-amerikanischen Fliegerkontingents in den Kaukasus (Operation »Velvet«) ab.[43] Trotzdem drängte Stalin weiter auf die Zweite Front. Warum? Der Zugang zu sowjetischen Quellen liefert vielleicht Beweise für die wahrscheinliche Antwort: Der Führer der Sowjetunion befürchtete, daß seine Verbündeten in Wirklichkeit nur allzu geneigt waren, es die deutschen und die sowjetischen Streitkräfte untereinander ausfechten zu lassen; denn eine siegreiche, aber geschwächte Sowjetunion würde allem, was die Anglo-Amerikaner nach Beendigung des Krieges tun mochten, wehrlos ausgeliefert sein. Wie Stalin es Mitte März 1943 ausdrückte, als er von der geplanten anglo-amerikanischen Invasion Siziliens erfuhr: »Ich kann nicht umhin, festzustellen, daß die Unbestimmtheit [...] in bezug auf die Eröffnung einer Zweiten Front mir Sorge bereitet.«[44]

Während Roosevelt und Churchill mit ihren eigenen Differenzen hinsichtlich der Zweiten Front rangen, wurde ihnen klar, daß eine Invasion in Westfrankreich erforderlich war, wenn sie Einfluß gewinnen (beziehungsweise zurückgewinnen) wollten. Und Stalingrad führte, zumindest vorübergehend, zu verstärkter Besorgnis wegen eines geschwächten Deutschland — daher die diversen »Rankin«-Pläne, die für den Fall eines deutschen Zusammenbruches eine rasche Einschaltung anglo-amerikanischer Truppen vorsahen.[45] Das Dilemma blieb bestehen: Wie konnte man die Sowjets im Kampf halten, ohne zur Schaffung eines Ungeheuers beizutragen, das amerikanische Interessen bedrohte? Dieses Problem beschäftigte Franklin Roosevelt und die Amerikaner, bis der Krieg endete — und noch darüber hinaus.

Dieselbe vom amerikanischen Geheimdienst erstellte Analyse, die in der zweiten Januarhälfte 1943 zu dem Ergebnis kam, daß das Überleben der UdSSR nicht länger zweifelhaft sei, argumentierte auch, jetzt sei die Zeit gekommen, »allmählich den beherrschenden Einfluß auszuüben, den uns die [wachsende amerikanische] Macht mit Recht verleiht«[46]. Für Franklin Roosevelt bedeutete die »Diplomatie der Zweiten Front« jedoch weit mehr, als einfach die Sowjets im Krieg zu halten. Roosevelt schwankte nie in seinem Glauben, daß der Krieg eine Chance biete, die Sowjets in ein Nachkriegssystem der Zusammenarbeit einzubinden, indem man ihnen glaubhaft demonstrierte, daß die Amerikaner die Interessen Moskaus schützen — oder zumindest nicht in Frage stellen — würden. Dies bedeutete aber, daß man eine komplizierte Reihe von Pressionen ausbalancieren mußte. Die Amerikaner (besonders die Marine), durch den japanischen Überfall auf Pearl Harbor gedemütigt und verbittert, waren nur allzu geneigt, sich dem Pazifik zuzuwenden, wenn auf dem europäischen Kriegsschauplatz die Dinge nicht in ihrem Sinne liefen. Hätten sie das getan, dann wäre nicht nur die russisch-amerikanische, sondern auch die britisch-amerikanische Allianz zerbrochen. Die Invasion Nordafrikas löste dieses Problem. Die Operation »Torch« war jedoch nicht die Zweite Front, die man sich in Washington oder Moskau vorstellte. Großbritannien, das sowohl während des Krieges als auch in der Nachkriegszeit eine wichtige Rolle spielen wollte, schien sich damit zu begnügen, an den Rändern von Hitlers Europa zu knabbern, während die Rote Armee der deutschen Wehrmacht entgegentrat. Roosevelts Bedürfnis, die amerikanischen Streitkräfte in Europa einzusetzen und dem »Pacific first«-Problem auszuweichen, arbeitete den Briten in die Hände. Der Mittelmeerraum, so warnte General Marshall, werde wie eine »Saugpumpe« wirken, welche die Anglo-Amerikaner immer weiter von der eigentlichen Zweiten Front in Westeuropa abziehe, die er nachdrücklich forderte. Als die Schlacht von Stalingrad gerade zu Ende ging, einigten sich die britischen und amerikanischen Konferenzteilnehmer in Casablanca darauf, ihre Erfolge in Nordafrika durch eine Invasion in Sizilien auszunutzen, und — ob man wollte oder nicht — jeder konnte die unvermeidliche Konsequenz voraussehen: eine spätere Landung in Italien. Obwohl man während der Konferenz nicht über Stalingrad sprach, schuf das Wissen von dem bevorstehenden Sieg vielleicht eine Atmosphäre, die es den Konferenzteilnehmern erlaubte, die Eröffnung der Zweiten Front weiter zu verschieben und sich für »Husky« — die Invasion Siziliens — zu entscheiden. Aber wenn dies so war, erwähnte es niemand ausdrücklich. Die politische Führung der USA suchte jedenfalls die Zweite Front so bald wie möglich zu errichten — sei es, weil die Invasion über den Ärmelkanal ihrem traditionellen militärischen Denken entsprach oder weil sie für die bedingungslose Kapitulation Deutschlands die Rote Armee brauchte.[47]

In dem veröffentlichten Nachlaß von General George Marshall wird weder Stalingrad noch das erfolgreiche Stoppen der deutschen Offensive 1942/43 durch die Rote Armee erwähnt; trotzdem erkannte der amerikanische Generalstabschef die Veränderung der militärischen Lage an der russischen Front. Am 30. März 1943 wies er den Präsidenten darauf hin, daß die Vereinigten Staaten, falls Deutschland zusammenbreche, starke Streitkräfte in Großbritannien haben müßten. Marshall äußerte seine persönliche

»Befürchtung, daß, wenn wir am Schluß in Westfrankreich engagiert wären und die russischen Armeen sich deutschem Territorium näherten, unverzüglich eine höchst verhängnisvolle diplomatische Situation entstehen würde [...] Er [FDR] sagte mir beiläufig, was das russische Problem betreffe, so sei Anthony Eden eher daran interessiert, alliierte Truppen auf die Balkanhalbinsel zu bringen als nach Frankreich.«[48]

So logisch es auch sein mochte, wenn die OPD-Experten empfahlen, Hilfe für Rußland davon abhängig zu machen, daß die Sowjetunion den Vereinigten Staaten »vertraue« — »den beherrschenden Einfluß« auszuüben hieß, sich für eine Strategie der geopolitischen Konfrontation mit der Sowjetunion zu entscheiden, und das hätte der allgemeinen Strategie Roosevelts widersprochen. Vielleicht war es Stalingrad, was William C. Bullitt (einer von Roosevelts Sonderbevollmächtigten, der in Ungnade gefallen war) veranlaßte, in einem Schreiben an Roosevelt zu argumentieren, die einzige »Garantie dafür, daß die Rote Armee nicht in Europa einmarschiert«, sei das »vorherige Eintreffen amerikanischer und britischer Truppen in Osteuropa«. Roosevelt wies diesen Ratschlag zurück, aber erst nachdem er den britischen Außenminister Anthony Eden konsultiert hatte.[49]

Eine kleine, relativ belanglose Episode umreißt das Dilemma, mit dem die Amerikaner nach der Schlacht von Stalingrad konfrontiert waren. Einige Wochen nach der Gefangennahme von Generalfeldmarschall Paulus erbat der Kreml

»die Pläne und technischen Beschreibungen [für] unser neuestes Schlachtschiff/ Flugzeugträger/Kreuzer/Zerstörer/Unterseeboot, [sowie] detaillierte Pläne und Zeichnungen [für] Wasser-, Luft- und elektrisch gesteuerte Torpedos; [für] Schiffs- und Flugzeugfunkgeräte, Einzelheiten über unsere geheimen Chiffrierapparate«[50].

Der Marineattaché in Moskau, ein sehr erfahrener Offizier, meinte dazu, »das Fehlen entsprechender Fertigungskapazitäten verhindere, daß die Sowjets im derzeitigen Krieg aus den erbetenen Informationen irgendwelchen Nutzen ziehen könnten«. Das Dilemma der Amerikaner lautete: Vertrauen schaffen oder Härte zeigen.

Anmerkungen

[*] Aus dem Englischen übersetzt von Karl Nicolai.
[1] Kommentar des Kritikers in der New York Times, 6.9.1943, S. 21. Ich danke dem Rutgers University Research Council und Dean David Hosford von der Newark Faculty of Arts & Science für die Unterstützung, die meine Foschungen erst ermöglichten. Mein Dank gilt, wie immer, dem Direktor der Franklin D. Roosevelt Library, Herrn Verne Newton, und seinen Mitarbeitern für ihre freundliche, unschätzbare Hilfe.
[2] Die Premiere des Films fand im November 1943 in New York statt und erhielt in der New York Times eine positive Kritik (»ein glänzend gemachter instruktiver und inspirierender Film«): New York Times, 15.11.1943, S. 23.
[3] Winston S. Churchill, The Second World War, 6 Bde, London 1950–1955. Bd 4: The Hinge of Fate, London 1950, S. 737. Die Geschichte von Frank Capra, der sowjetischen Botschaft und dem FBI erzählte Frank Capra jun. anläßlich einer von der United States Information Agency (USIA) geförderten »U.S.-Soviet World War II Filmmakers Conference«, 18.–21.2.1992, in Washington, D.C. Die Äußerungen Churchills und Roosevelts über den britischen Film sind abgedruckt in: Churchill & Roosevelt. The Complete Correspondence, ed. by Warren F. Kimball, 3 Bde, Princeton 1984, Bd 2, S. 155f.
[4] New York Times, 5.3. und 25.5.1943; Churchill, The Hinge of Fate (wie Anm. 3), S. 737. Vergeblich habe ich zusammen mit dem Personal der Franklin D. Roosevelt Library Hyde Park, N.Y. (im folgenden FDRL) in den Roosevelt-Dokumenten nach einem Hinweis auf den von den Sowjets gedrehten Stalingrad-Film gesucht. Der britische Film »Desert Victory« wird erwähnt in einem Aktenordner über Filme, die dem Weißen Haus übersandt wurden: Early an John Mershon, 22.4.1943, OF 73, FDRL.
[5] New York Times, 15.11.1943, S. 23.

⁶ Robert E. Sherwood, Roosevelt and Hopkins: An Intimate History, (rev. ed.) New York 1950, S. 417; Mark A. Stoler, The Soviet Union and the Second Front in American Strategic Planning, 1941–1942, ein Vortrag, gehalten auf dem ersten gemeinsamen Symposium über die USA und die UdSSR im Zweiten Weltkrieg (Moskau 1986), veröffentlicht in gekürzter Fassung in: Soviet-U. S. Relations, 1933–1942, ed. by G. N. Sevost'ianov, W. F. Kimball, Moskau 1989, S. 88–103.

⁷ Die Schriften der offiziellen Reihe »U. S. Army in World War II« (die berühmten »green books«), überwiegend in der während der fünfziger Jahre herrschenden Atmosphäre des Kalten Krieges verfaßt, erwähnen die Auffassung, nur die Rote Armee habe eine plausible Aussicht auf die Niederwerfung der deutschen Wehrmacht geboten, nur am Rande. Vgl. etwa Maurice Matloff, Edwin M. Snell, Strategic Planning for Coalition Warfare, 1941–1942, Washington, D. C. 1953, sowie Matloff, Strategic Planning for Coalition Warfare, 1943–1944, Washington 1959. Die meisten amerikanischen Darstellungen der großen Strategie des Zweiten Weltkrieges behandeln Stalins Drängen auf eine Zweite Front großenteils defensiv und konzentrieren sich darauf, daß die Anglo-Amerikaner nicht in der Lage waren, dem Fahrplan Stalins zu entsprechen. Selbst Historiker, die der amerikanischen und britischen Strategie kritisch gegenüberstehen, erörtern selten die Tatsache, daß die Briten und Amerikaner die Rote Armee benötigten, um Deutschland zu besiegen.

⁸ Stimson an Roosevelt, 19. 6. 1942, U. S. Department of State, Foreign Relations of the United States (FRUS), Washington 1862 ff., The Conferences at Washington, 1941–1942, and Casablanca, 1943, Washington 1968, S. 458; Denkschrift für Marshall und (Admiral Ernest) King, 20. 6. 1942, ebd., S. 462. Die Denkschrift wurde dem Präsidenten auf Anweisung von Roosevelts engstem Berater, Harry Hopkins, zugeschickt.

⁹ Dieser Irrtum unterlief mir in einer Anmerkung in: Churchill & Roosevelt (wie Anm. 3), Bd 1, S. 544.

¹⁰ Vgl. ebd., S. 458; Churchill, The Hinge of Fate (wie Anm. 3), S. 345 f. Churchill vermied offenbar auch direkte Erklärungen zu der Frage, ob die Anglo-Amerikaner Deutschland ohne die Sowjetarmee besiegen könnten oder nicht (sogar in seinen vollmundigen Trinksprüchen bei Banketten mit Stalin während ihres Moskauer Treffens im August 1942); freilich sind die von ihm hinterlassenen Äußerungen so umfangreich, daß mir einige entgangen sein können. Aus seinen Schriften und Reden gewinnt man den überwältigenden Eindruck, daß seine Regierung fest entschlossen war, Deutschland vollständig niederzuwerfen — zusammen mit der Roten Armee oder ohne sie. Die Historiker müssen es den Romanschriftstellern und Intellektuellen überlassen, darüber zu streiten, ob eine Regierung Churchill versucht hätte, sich mit einem Hitler, der ganz Europa — einschließlich Rußlands — beherrschte, zu arrangieren. Der »Sledgehammer«-Plan wird in allen einschlägigen Werken besprochen; vgl. besonders Mark A. Stoler, The Politics of the Second Front. American Military Planning and Diplomacy in Coalition Warfare, 1941–1943, Westport, Conn. 1977, Kap. 2–4.

¹¹ Serie JCS 85 mit zusätzlichen Notizen, Strategic Policy of the United Nations on the Collapse of Russia, August—September 1942, CCS 381 (6-1-42),

Record Group 218, in: National Archives, Washington, D. C. (NA). Dieser Abschnitt stützt sich weitgehend auf den in Anm. 6 genannten Vortrag von Mark Stoler, The Soviet Union and the Second Front, S. 38 ff.

[12] Die dem Weißen Haus zugeleiteten Resümees der Geheimdienste befinden sich bei den Map Room-Dokumenten (MR), Files 71 und 300, in: FDRL. Resümees der Experten des Office of Strategic Services (OSS) befinden sich in: The President's Secretary's File (PSF) 154, ebd. In beiden Gruppen sind die Berichte meist gekennzeichnet als »Copy 1« oder »For the President«. Aus den Aufzeichnungen und Memoiren gewinnt man den Eindruck, daß Roosevelt keine regelmäßigen Lagebesprechungen mit den Geheimdiensten abhielt — ein Verfahren, das sich stark von dem vieler seiner Nachfolger unterscheidet, die es genossen, militärische Aktionen im Detail zu kontrollieren. Roosevelt traf sich zwar häufig mit dem Chef des OSS, Robert Donovan; diese Gespräche kann man jedoch kaum als »regelmäßige Lagebesprechungen« bezeichnen. Donovan konzentrierte sich nämlich darauf, seine Lieblingsprojekte voranzutreiben; außerdem war er häufig längere Zeit von Washington abwesend.

[13] Park an MILID (Military Intelligence, Washington), 9. 11. 1942, MR 300, Box 100, FDRL. Die Berichte des britischen Geheimdienstes über die Schlacht von Stalingrad werden zusammenfassend behandelt bei Francis H. Hinsley, British Intelligence in the Second World War. Its Influence on Strategy and Operations, 4 Bde, London 1979—1988, Bd 2, London 1981, S. 99—111. Der britische Geheimdienst stützte sich im allgemeinen ebenfalls auf deutsche sowjetische Meldungen; allerdings lieferten abgehörte Funksprüche gelegentlich eine Bestätigung.

[14] Walter Kerr, The Russian Army. Its Men, Its Leaders and Its Battles, New York 1944, S. 188. Kerr wurde eher bekannt als New Yorker Theaterkritiker. Seine Aussage traf nicht genau zu; allerdings ist der Eindruck, den sie hinterläßt, richtig. Amerikanische Korrespondenten durften die Stalingrader Front Mitte Januar besuchen, und ihre damaligen Berichte hoben hervor, daß die sowjetischen Erfolge auf eine wirksame Offensive zurückzuführen seien; U. S. Joint Intelligence Committee (JIC) Weekly Summary Nr. 2, 21. 1. 1943, S. 4; MR 71, FDRL.

[15] Henderson (Kujbyšev, UdSSR) an G-2 (Army Intelligence, Washington), 16. 10. 1942, MR 300, Box 99, FDRL.

[16] Kerr, The Russian Army (wie Anm. 14), S. 191. Die Geheimhaltung der Operation »Uranus« war für ihr Gelingen notwendig; vgl. David Glantz, Soviet Military Deception in the Second World War, London 1989, S. 108—119, sowie John Erickson, The Road to Stalingrad, New York 1975, S. 394—472, und den Beitrag von Anatolij Chor'kov in diesem Band.

[17] John Erickson, The Road to Berlin, Boulder, Colo. 1983, S. 43.

[18] Office of War Information (OWI), Special Intelligence Report, America and the Post-War World, 16. 12. 1942, S. 12, PSF 156, FDRL. Der Gedächtnisverlust während der Ära des Kalten Krieges hinsichtlich der entscheidenden militärischen Rolle der Sowjetunion im Zweiten Weltkrieg war erstaunlich; ein Beispiel dafür liefert die Bemerkung von Dennis W. Brogan, einem scharfsichtigen Beobachter der amerikanischen Szene: »Das Dritte Reich wurde von der Macht Amerikas besiegt«. Brogan, American Aspects, London 1964, S. 10.

[19] The War This Week, OSS Nr. 55, 22.–29.10.1942, PSF 154, FDRL.
[20] Joint U.S. Intelligence Committee Daily Summary Nr. 353, 28.11.1942, MR 71, FDRL. Handschriftliche Einträge auf der dem Präsidenten übersandten Kopie (Stalingrad wird als E-4, die deutsche Wehrmacht als »Black« bezeichnet) lassen darauf schließen, daß das Resümee sich auf Landkarten bezog, die bei einer Lagebesprechung im Weißen Haus benutzt wurden. The War This Week, OSS Nr. 60, 26.11.–3.12.1942, PSF 154; Michela (Moskau) an MILID, 18.1.1943, MR 300, Box 100, und London Embassy an MILID, 2.2.1943, mit Informationen von der britischen Militärmission in der UdSSR, MR 300, Box 100, FDRL.
[21] Die Berichte sind abgedruckt in: FRUS, 1942, Bd 3, S. 668–673, 679–683.
[22] The War This Week, OSS Nr. 64, 24.–31.12.1942, S. 26–29, PSF 154, FDRL.
[23] Records of the Joint Chiefs of Staff (JCS), RG 218, The War Against Germany and her Satellites (unveröffentl. Manuskr.), Kap. 8, Teil A, S. 14, NA. Stalingrad wird nicht ausdrücklich erwähnt.
[24] Weekly Strategy Resume, 23.1.1943, ABC 334,3 Policy Committee (1.8.1942, 3), Records of the Joint Chiefs of Staff (JCS), RG 218, NA. Vgl. auch Stoler, The Politics of the Second Front (wie Anm. 10), S. 87. Hier ist nicht der Ort, um auf die innerhalb des Planungsstabes der U.S. Army geführte Kontroverse einzugehen, ob man »Härte zeigen« oder die Zusammenarbeit mit der Sowjetunion pflegen solle. Eine knappe Darstellung dieses Meinungsstreits gibt Mark A. Stoler, From Continentalism to Globalism: General Stanley D. Embick, the Joint Strategic Survey Committee, and the Military View of American National Policy during the Second World War, in: Diplomatic History, 6 (Sommer 1982), S. 303–321, sowie in seiner demnächst erscheinenden Untersuchung über die U.S. Joint Chiefs of Staff. Lloyd C. Gardner, Architects of Illussion, Chicago 1970, prägte den Begriff »Diplomatie der Zweiten Front«, um die Politik des Verzögerns und Simulierens zu beschreiben, die Roosevelt im Zweiten Weltkrieg seiner Auffassung nach betrieb.
[25] W. Averell Harriman, Elie Abel, Special Envoy to Churchill and Stalin, 1941–1946, New York 1975, S. 134. Roosevelts Versuche, Stalin zu einer Teilnahme an der Konferenz von Casablanca zu bewegen, lassen sich verfolgen in: FRUS, 1942, Bd 3.
[26] Roosevelt an Stalin, 5.10.1942, FRUS, 1942, Bd 2, S. 659. Averell Harriman und Wendell Willkie waren auf ähnlichen Missionen in Moskau gewesen. Die Praxis Roosevelts, Sonderbevollmächtigte zu entsenden, verärgerte seine ständigen Botschafter und war einer der Hauptgründe, warum der amerikanische Botschafter in Moskau, Admiral William Standley, im April 1943 um seinen Abschied bat. Hurleys Rang eines Generalmajors, den er als Reserveoffizier der U.S. Army erhielt, wurde eher durch politische als durch militärische Betätigung »verdient«.
[27] Warren F. Kimball, The Juggler: Franklin Roosevelt as Wartime Statesman, Princeton 1991, S. 90, 92. Zu dem Verdacht Harrimans vgl. Rudy Abramson, Spanning the Century. The Life of W. Averell Harriman, 1891–1986, New York 1992, S. 332, wo das Tagebuch von Robert Meiklejohn im Harriman-Nachlaß zitiert wird.

[28] Hurley rekapitulierte sein Gespräch mit Roosevelt für General Marshall, der es dann in einem Memorandum für General Handy vom 4.2.1943 zusammenfaßte: The Papers of George Catlett Marshall, ed. by Larry I. Bland, Bd 3: The Right Man for the Job: December 7, 1941–May 31, 1943, Baltimore, London 1991, S. 531f. Vgl. Hurley an Roosevelt, 29.12.1942, FRUS, 1942, Bd 3, S. 682. Hurleys Mißtrauen gegenüber den Briten war extrem, und er übertrieb möglicherweise den Grad, in dem Roosevelt diese Ansichten unterstützte. Im weiteren Verlauf des Jahres 1943 wurde Hurley tatsächlich in den Nahen Osten entsandt; er hatte jedoch keinen diplomatischen Status gegenüber der Sowjetunion.

[29] Vgl. etwa ein Memorandum von Orme Sargent (Stellvertretender Staatssekretär im britischen Außenministerium), 5.2.1942, in: The Foreign Office and the Kremlin: Documents on Anglo-Soviet Relations, 1941–45, ed. by Graham Ross, Cambridge 1984, S. 127–130, sowie das Protokoll des 7th Pacific War Council Meeting (Washington), 13.5.1942, MR 168, FDRL. Eine neue Sicht solcher alliierten Befürchtungen liefern zwei Beiträge von Mark Stoler: »The Soviet Union and the Second Front in American Strategic Planning, 1941–1942« und »The Second Front in Allied Strategy and Diplomacy, August 1942–October 1943«. Der letztere war ein Vortrag, gehalten auf dem zweiten gemeinsamen Symposium über die USA und die UdSSR im Zweiten Weltkrieg (FDR Library, Hyde Park, N. Y.); er wurde auch in der Sowjetunion veröffentlicht unter dem Titel: »Vtoroi Front v Strategii i Diplomatii Soiuznikov, Avgust 1942–Oktiobr 1943«, in: Novaia i Noveišaia Istoriia, 5 (1988), S. 58–76.

[30] Die Niederlage bei Char'kov machte Stalin vielleicht klar, daß er Verbündete brauchte; sie dämpfte jedoch nicht anglo-amerikanische Befürchtungen hinsichtlich eines Sonderfriedens zwischen Deutschland und der Sowjetunion.

[31] Vojtech Mastny, Russia's Road to the Cold War, New York 1979, berührt die Stockholmer Gespräche kurz; eine ausführlichere Darstellung des Archivmaterials (einschließlich schwedischer Quellen) liefert Ingeborg Fleischhauer, Die Chance des Sonderfriedens, Berlin 1986. Ob es die Sowjets ernst meinten oder nicht, läßt sich nur aufgrund einer sorgfältigen Auswertung sowjetischer Archive entscheiden.

[32] American-British Strategy in 1943 (Textvergleich von CCS 135, CCS 135/1, CCS 135/2, JCS 167/3, JSSC 1/3), MR 25, FDRL. Das Dokument ist als »Copy no. 1« gekennzeichnet, war also vermutlich für den Präsidenten bestimmt. Die gleiche Einstellung finden wir in einem Memorandum der JSC, Basic Strategic Concept for 1943 (undatiert, jedoch vor dem 9.1.1943 verfaßt), ebd.

[33] German Strategy in 1943, Joint Intelligence Committee (London) 69, 7.12.1942, MR 25, FDRL.

[34] Das Datum für die Invasion Westfrankreichs durch die Anglo-Amerikaner wurde von Roosevelt und Churchill während ihres Treffens in Washington (Deckname »Trident«) im Mai 1943 festgelegt.

[35] Vgl. Erickson, The Road to Stalingrad und The Road to Berlin (wie Anm. 16 und 17). Beide Bücher betonen, daß sich Stalin an den militärischen Planungen persönlich beteiligte. Ähnlich Dmitrii Volkogonov, Stalin: Triumph

and Tragedy, übersetzt von Harold Shukman, New York 1991, und S.M. Shtemenko, The Soviet General Staff at War, 1941–1945, 2 Bde, Moskau 1985–1986, obwohl beide Autoren den Wert von Stalins Rolle unterschiedlich beurteilen. Vgl. den Beitrag von Anatolij Chor'kov in diesem Band. Churchill glaubte, Stalin sei nur an der Zweiten Front interessiert gewesen; vgl. Churchill & Roosevelt (wie Anm. 3), Bd 2, C-224, 7.12.1942.

[36] Kimball, The Juggler (wie Anm. 27), Kap. 4.

[37] Harold Macmillan, War Diaries. Politics and War in the Mediterranean, January 1943–May 1945, New York 1984, S. 10.

[38] Churchill mag von dem Zeitpunkt, zu dem Roosevelt den Grundsatz der »bedingungslosen Kapitulation« bekanntgab, ein wenig überrascht worden sein; er war jedoch damit einverstanden. Vgl. Kimball, The Juggler (wie Anm. 27), S. 76.

[39] Vgl. Raymond G. O'Connor, Diplomacy for Victory. FDR and Unconditional Surrender, New York 1971; Warren F. Kimball, Swords or Ploughshares?: The Morgenthau Plan for Defeated Nazi Germany, Philadelphia 1976, und ders., The Juggler (wie Anm. 27), S. 74–77.

[40] Die Möglichkeit einer sowjetischen Niederlage wurde erörtert in: Combined Chiefs of Staff (CCS) 94; vgl. Stoler, Second Front (wie Anm. 29), S. 64. Zur Konferenz von Casablanca vgl. FRUS, Casablanca (wie Anm. 8); Michael Howard, Grand Strategy, Bd 4, London 1972 (= The History of the Second World War. United Kingdom Military Series), und Kimball, The Juggler (wie Anm. 27), S. 63–81.

[41] Shtemenko, The Soviet General Staff (wie Anm. 35), Bd 1, S. 164, behauptet, die Sowjets hätten es für »absolut sicher« gehalten, daß die Deutschen nach Stalingrad die Initiative nicht mehr zurückgewinnen konnten. Seine sorgfältige Formulierung lautet: »Mit scheint, daß unter dem Eindruck der großen Siege, die unsere Truppen bei Moskau und Stalingrad errangen, gewisse militärische Führer [Stalin?], darunter einige im Generalhauptquartier und im Generalstab, das Potential des Feindes zu unterschätzen begannen.« Shtemenko, ebd., S. 179. Vgl. den Beitrag von Valentin Pron'ko in diesem Band. Die amerikanische Beurteilung der Schlacht bei Kursk liegt vor in: JIC Weekly Summary 27, 14.7.1943, S. 2, FDRL, MR71.

[42] Roosevelt und Churchill an Stalin, 27.1.1943; sowie Stalin an Roosevelt und Churchill, 30.1.1943, in: Ministry of Foreign Affairs of the UdSSR, Stalin's Correspondence with Roosevelt and Truman, 1941–1945, New York 1965, Dokumente Nr. 70 und 71, S. 51 ff.

[43] Vgl. Churchill an Roosevelt, 3.12. und 8.12.1942, in: Churchill & Roosevelt (wie Anm. 3), Bd 2, C-220, C-225. Zu »Velvet« vgl. Richard C. Lukas, The VELVET Project, in: Military Affairs, 28 (Winter 1964), S. 145–162, sowie Eagles East. The Army Air Forces and the Soviet Union, 1941–1945, Tallahassee, Fl. 1970, S. 139–164.

[44] Stalin's Correspondence with Roosevelt and Truman (wie Anm. 42), Dok. 79, S. 59.

[45] Hinsley (wie Anm. 13), Bd 3, Teil 1, London 1984, S. 44. Zu »Rankin« vgl. irgendeine der einschlägigen Darstellungen des Zweiten Weltkrieges, besonders jedoch Matloff, Snell (wie Anm. 7), S. 225 ff., und Gabriel Kolko, The Politics of War, New York 1968, S. 28 ff., 315 ff.

[46] Weekly Strategy Resume, 23.1.1943, ABC 334.3 Policy Committee (1.8.1942, 3), Records of the Joint Chiefs of Staff (JCS), RG 218, NA.

[47] In der Sekundärliteratur gibt es eine Fülle von Erörterungen der Zweiten Front und der Operation »Torch«. Vgl. besonders Stoler, The Politics of the Second Front (wie Anm. 10), sowie Howard, Grand Strategy (wie Anm. 40). Meine Auffassung vom Verhältnis Roosevelts zu den Russen findet man in meinem Buch: The Juggler (wie Anm. 27). Zur Nichterörterung Stalingrads vgl. ebd., S. 70f.

[48] Memorandum für General Handy, 30.3.1943, in: The Papers of George Catlett Marshall (wie Anm. 28), S. 620f.

[49] Bullitt an Roosevelt, 29.1.1943, Bullit folder, FDRL. Vgl. Kimball, The Juggler (wie Anm. 27), S. 83—88.

[50] Marineattaché Moskau (Admiral Duncan) an OPNAV (Naval Operations), 16.3.1943, MR 300, Box 100, ebd. (Um der Deutlichkeit willen wurden einige Satzzeichen hinzugefügt.)

Philip M. H. Bell

Großbritannien und die Schlacht von Stalingrad*

Am 18. Januar 1943 veröffentlichte der Daily Telegraph, ein konservatives Blatt, einen Bericht seines Korrespondenten in der Sowjetunion, der soeben Stalingrad besucht hatte:

»Hier, am äußersten Rande Europas, wo es bereits in die asiatischen Wüsten übergeht, haben einige großartige Gardedivisionen und örtliche Milizen, die zum starken, blutenden Herzen von ganz Rußland geworden waren, die europäische Kultur und dadurch vielleicht auch unser England gerettet.«

Ein anderer Korrespondent prophezeite am 10. Februar im linken Daily Herald: »In den kommenden Jahrhunderten werden die Schulkinder der ganzen Welt von Stalingrad hören«. Vielleicht. Aber es wird einer größeren Anstrengung der Phantasie bedürfen, als diese Zeitungskorrespondenten ahnen konnten. Die Stadt trägt inzwischen einen anderen Namen. Das Ansehen Stalins ist dahin, seine Standbilder sind verschwunden. Der Gedanke, die Rote Armee habe die europäische Kultur und England gerettet, wirkt auf uns heute seltsam und an den Haaren herbeigezogen. Fünfzig Jahre nach den Ereignissen von 1942/43 muß eine Abhandlung über die Auswirkungen der Schlacht von Stalingrad auf Großbritannien zunächst untersuchen, welchen Rang sie als öffentliches Ereignis hatte und wie sie das Denken und die Gefühle der britischen Bevölkerung beeinflußte. Zweitens ist zu fragen, welche strategische Bedeutung sie vom britischen Standpunkt aus hatte.

I.

Die Schlacht von Stalingrad wurde der britischen Bevölkerung am anschaulichsten durch Wochenschauen präsentiert, die in der Sowjetunion gedreht und dann für die Vorführung in britischen Kinos bearbeitet worden waren. Im Laufe des Jahres 1942 begannen sowjetische Kcamerateams mit der direkten Berichterstattung über die Kämpfe an der Front, wobei sie starke Verluste erlitten — bis Kriegsende fielen rund vierzig russische Kameraleute. Die Härte des Häuserkampfes in Stalingrad wurde durch einige bemerkenswerte Filme dokumentiert, und Bilder von gefangenen Generälen und endlosen, sich durch die schneebedeckte Landschaft windenden Reihen von Kriegsgefangenen zeigten schließlich die Kapitulation der Deutschen. Manche Szenen wurden für die Filmkameras gestellt; aber die Gesamtwirkung war eindrucksvoll, und nach fünfzig Jahren vermitteln uns diese Wochenschauen wohl am besten, welchen Eindruck die Schlacht auf die damaligen Menschen machte. Sie stießen in Großbritannien auf ungeheures Interesse: 1940 hatten die britischen Kinos durchschnittlich etwa 21 Millionen Besucher pro Woche; bis 1946 stieg ihre Zahl auf 31,4 Millionen.[1]

Auch der Rundfunk fand ein riesiges Publikum; gewöhnlich hörten 30 bis 50 Prozent der Erwachsenen die Nachrichtensendungen um 18 Uhr und 21 Uhr. Fast jede Woche gab es während der besten Sendezeit — im Anschluß an die 21-Uhr-Nachrichten — einen »Rußlandkommentar« von Alexander Werth, einem Journalisten der Linken, der stark mit der Sowjetunion sympathisierte. Werth lieferte zahlreiche »atmosphärische« Schilderungen der Schlacht (zum Beispiel »Das menschliche Drama von Stalingrad«) und ihrer Bedeutung (»Was der Kaukasus für Rußland bedeutet«). Nicht zuletzt gab er seinen Hörern eine Vorstellung von der Intensität sowjetischer Gefühle:

»Die Russen haben allen Grund, die Deutschen zu hassen. Soldaten und Zivilisten kennen nur einen einzigen Gedanken — töten, töten, töten und sich rächen.«[2]

So vermittelten Kino und Rundfunk starke Eindrücke von Stalingrad. Die Berichterstattung der Presse war weniger anschaulich, lieferte jedoch ein deutlicheres Bild vom Verlauf der Schlacht. Im Vordergrund der Zeitungsberichte standen die amtlichen Verlautbarungen der beiden Seiten, ergänzt durch Kommentare, und daraus ließen sich drei Phasen des Kampfes ablesen.

Die erste war die deutsche Offensive von Ende August bis Mitte Oktober 1942. Während dieses Zeitabschnitts betonte die Presse, der Ausgang der Schlacht stehe auf des Messers Schneide und er habe schwerwiegende Konsequenzen. Wenn die Deutschen Stalingrad eroberten, würden sie die Volga beherrschen und dadurch die Verbindungslinien zwischen dem Kaukasus, dem Kaspischen Meer und dem übrigen Rußland abschneiden; vor allem aber würden sie den Ölnachschub aus Baku sperren.[3]

Mitte Oktober begann die zweite Kampfphase: eine Phase des Gleichgewichts, während der die Presse hervorhob, daß es den Deutschen nicht gelinge, ihre Ziele zu erreichen, und daß der Winter bevorstehe. Am 18. Oktober erklärte ein Artikel im Sunday Express, da den Deutschen die Einnahme Stalingrads trotz gewaltiger Anstrengungen immer noch nicht gelungen sei, »sei eine Phase des Krieges abgeschlossen«. Am 19. Oktober behauptete Negley Farson im Daily Mail, die Deutschen könnten in den Ruinen von Stalingrad nicht überwintern und die Zeit werde für sie knapp. Am gleichen Tag urteilte ein Leitartikel der Times, die Deutschen würden sich jetzt darauf beschränken, eine Linie zu erreichen, die sie ohne verheerende Verluste halten könnten — ihr Ziel sei nunmehr, ihre Eroberungen nicht weiter auszudehnen, sondern zu verteidigen. Am 19. November schrieb der Daily Express, das deutsche Heer sei nicht mehr das, was es im Juni 1942 gewesen sei — es sei müde und vorsichtig geworden, und die russische Gegenwehr habe sein Selbstvertrauen und seine Lebenskraft untergraben.[4]

Am 23. November, als die Rote Armee ihre eigenen Offensiven nördlich und südlich von Stalingrad ankündigte, begann dann die dritte Phase. Zum Jahresende gab die sowjetische Regierung Einzelheiten ihrer Siege frei. Der Daily Mirror (die populärste britische Tageszeitung) füllte fast seine ganze Titelseite mit der Überschrift: »Stalingrad. Hunnisches Heer vernichtend geschlagen. 175000 Gefallen, 137000 in Kriegsgefangenschaft, 2000 Panzer verloren.« Der Bericht begann mit den Worten:

»Hitlers Armee in Stalingrad hat eine vernichtende Niederlage erlitten. Diese phantastische Nachricht wurde gestern abend von Radio Moskau verkündet [...] Innerhalb von sechs Wochen haben die Russen einen dreifachen Sieg errungen, der jeden bisherigen Erfolg in diesem Krieg übertrifft.«

Danach brachte man britische Zeitungsleute nach Stalingrad; am 18. Januar 1943 und an den folgenden Tagen veröffentlichten sie Schilderungen der Ruinen von Stalingrad, des wiedererwachenden Lebens der Bevölkerung und der russischen Soldaten, die den Sieg errungen hatten. Über die Kapitulation berichtete die Presse am 5. Februar; dabei hob sie die Massen der Gefangenen hervor: »Diese wie Vogelscheuchen aussehenden Männer repräsentierten die Blüte der deutschen Wehrmacht.«[5]

Im Daily Express vom 13. Februar 1943 schrieb der Korrespondent dieses Blattes in der Sowjetunion, Paul Holt, bei seinem Besuch in Stalingrad habe er ein Plakat gesehen, auf dem in großen Lettern stand: »Volk von Stalingrad! Wir haben eine Botschaft an Stalin geschickt, und Stalin dankt uns.« Das Thema der Identifizierung Stalins mit der Stadt, die seinen Namen trug, war schon am 28. November 1942 in einem langen Leitartikel der Times entwickelt worden. »Herr Stalin — nicht Herr Hitler — hat das Schicksal von Stalingrad entschieden.«

Ein Vierteljahrhundert früher, so hieß es in dem Artikel, sei Stalin von Lenin beauftragt worden, die Stadt (die damals Caricyn hieß) zu halten — »Stalin hielt sie damals, so wie er sie heute hält.« Der erstaunlichste Beleg für dieses Leitmotiv erschien im Daily Herald (29. Januar 1943), der an auffallender Stelle berichtete, die Verteidiger der Stadt seien von dem Glauben erfüllt gewesen, Stalin selbst befinde sich unter ihnen. Der Artikel wiederholte eine Geschichte aus der Pravda:

»Selbst nun, da Stalingrad gerettet ist, weiß nur eine Handvoll verschwiegener Männer, ob diese Geschichte eine Legende war oder auf Wahrheit beruhte. Aber die Soldaten glaubten daran. Manche behaupteten, sie hätten gesehen, wie Stalin kaltblütig die vorderen Verteidigungsstellungen inspizierte«.

Am 9. Februar brachten die meisten Zeitungen ein Interview mit General Žukov, in dem dieser erklärte: Hitler sei von Stalin geschlagen worden, der die Offensivoperationen persönlich geleitet habe.

Zweifellos wurde Stalingrad in der britischen Presse als ein persönlicher Sieg Stalins — sei es nun seiner mystischen Gegenwart oder seines strategischen Genies — dargestellt. Aber das war nicht alles. Von hier war es nur ein Schritt bis zu dem zweiten Leitmotiv, diese militärische Leistung habe ihre Kraft aus dem Charakter des Sowjetsystems bezogen. Der Korrespondent des Daily Telegraph (10. Februar 1943) schrieb: »Wie stark und zäh diese Russen — die Generale wie die Truppen — doch sind!« Und dann verglich er die Apathie der deutschen Kriegsgefangenen mit der »glühenden Zuversicht unserer Verbündeten«. Im Evening Standard (13. Februar) verkündete Godfrey Blunden:

»Die meisten russischen Generäle sind die Söhne von Bauern und Arbeitern; sie mußten von Jugend auf hart arbeiten, um die Chancen [...] zu bekommen, die den Söhnen anderer Länder in die Wiege gelegt werden.«

Die stark prosowjetische Zeitung News Chronicle (11. Februar) hob lobend hervor, daß »Offiziere nicht nur aufgrund ihrer Führungsqualitäten, sondern auch aufgrund ihrer politischen Qualitäten ausgewählt werden«. Stalingrad war somit ein Sieg für Stalin und für das von ihm repräsentierte System. Als der Ausgang der Schlacht noch offen war, am 10. Oktober 1942, faßte der Economist — keineswegs ein Blatt der extremen Linken — die Situation in einem Leitartikel folgendermaßen zusammen:

»Die Russen glauben, daß sie im Begriffe sind, eine neue und bessere Ordnung aufzubauen [...] Tief in ihren Herzen lebt die Hoffnung, daß alle ihre Opfer und Leiden nur die notwendigen Übel einer Übergangszeit, nur die Geburtswehen einer neuen Gesellschaft sind. Dies ist der Schlüssel zum Geheimnis der russischen Kampfmoral, die Hitler und seine Verbündeten so sehr verblüfft. Was die Verteidiger von Sevastopol und Stalingrad beseelt hat, ist eine doppelte Hoffnung: für den sozialen Fortschritt zu kämpfen und das Vaterland zu retten.«

Wie reagierte die britische Öffentlichkeit auf diese Darstellung der Schlacht? Schon die große Schlacht vor Moskau Ende 1941 hatte die Aufmerksamkeit der Briten gefesselt und war mit höchstem Interesse und tiefer Besorgnis verfolgt worden. Während der ersten Hälfte des Jahres 1942 verzeichneten die Lageberichte des Inlandsnachrichtendienstes (Home Intelligence Reports) des britischen Informationsministeriums, die ein wertvolles Bild der Stimmung in Großbritannien lieferten, eine weit verbreitete Bewunderung für den energischen und hartnäckigen Widerstand, den die Russen den deutschen Armeen entgegensetzten.[6] Die Schlacht um Stalingrad konzentrierte diese allgemeine Aufmerksamkeit und Bewunderung auf ein einziges Thema. Zunächst schwang ein Ton der Besorgnis mit. Der Monatsbericht über die Stimmung der Bevölkerung, der Ende August 1942 dem Kriegskabinett vorgelegt wurde, gelangte zu der Schlußfolgerung: »Obgleich Sympathie und Bewunderung für das russische Volk immer noch groß sind, rechnen jetzt viele Menschen stark mit der Möglichkeit eines russischen Zusammenbruchs.« Im September und Oktober wuchs jedoch die öffentliche Zuversicht, obwohl nach den Zeitungsberichten der Ausgang der Schlacht völlig offen war, und die Lageberichte meldeten ein Ansteigen der Hoffnung, daß Stalingrad aushalten werde. Anfang Oktober war die Schlacht fast schon zu einer fixen Idee geworden; sie beherrschte das öffentliche Interesse und verdrängte praktisch alle anderen Kriegsnachrichten. Die Postzensur stellte fest, daß in fast jedem Brief die Russen gerühmt wurden.[7] Die Schlacht von El Alamein und die anglo-amerikanischen Landungen in Nordafrika (Oktober und November 1942) beendeten diese totale Konzentration auf Stalingrad; als jedoch der verbissene Widerstand der Roten Armee zum Sieg führte, kannte die Bewunderung der Briten keine Grenzen mehr. »Übermenschen« (supermen) war das Wort, das nach Meinung des britischen Inlandsnachrichtendienstes die Meinung der Briten über ihre Alliierten am besten charakterisierte, und während der Monate Januar und Februar 1943 war die öffentliche Begeisterung für die russischen Armeen ungeheuer.[8]

Wie in den Nachrichtenmedien erstreckte sich diese Bewunderung auch auf das Regime, das eine so starke Armee und einen so gewaltigen Kampfgeist hervorbrachte. Im Mai 1942 meldete eine Spezialuntersuchung über die Stimmung in Südwestengland, man glaube allenthalben, der Erfolg der russischen Armeen sei auf das politische System der Sowjetunion zurückzuführen. Im Juni stellte der britische Inlandsnachrichtendienst eine »linke Tendenz« der öffentlichen Meinung fest; er führte diese auf den Glauben zurück, das politische System der Russen sei für ihre militärischen Erfolge verantwortlich. Stalingrad verstärkte diese Eindrücke. Im Dezember 1942 und Januar 1943 gab es Meldungen über starke Sympathie für Rußland (»das wahre Land der gewöhnlichen Menschen«) unter den Industriearbeitern und über ein lebhaftes Interesse an dem sozialen und politischen System, für das Menschen so verbissen kämpften. Der Inlandsnachrichtendienst fand auch zahlreiche Belege für die Popularität Stalins (übrigens nicht zuletzt wegen seiner notorischen Skrupellosigkeit gegenüber den Deutschen).[9]

Im März und April 1943 — bald nach dem Sieg von Stalingrad — wurde die Bewunderung der britischen Öffentlichkeit für die militärische Leistung der Russen durch zwei Gallup-Umfragen eindrucksvoll bestätigt.

März 1943. Welches Land versucht — unter Berücksichtigung dessen, was das jeweilige Land leisten könnte — nach Ihrer Auffassung am entschlossensten, den Krieg zu gewinnen: Rußland, China, die USA oder Großbritannien?

Rußland 60%; China 5%; USA 3%; Großbritannien 33%.

April 1943. Welches Land der Vereinten Nationen hat nach Ihrer Auffassung bisher den größten Einzelbeitrag zum Sieg in diesem Krieg geleistet?

Rußland 50%; China 5%, USA 3%; Großbritannien 42%.

Diese beiden Antwortenreihen vergaben den ersten Platz — sowohl hinsichtlich der militärischen Anstrengung (März) als auch hinsichtlich der militärischen Leistung (April) — eindeutig an Rußland, den zweiten an Großbritannien, während die Vereinigten Staaten weit abgeschlagen auf dem letzten Platz landeten.[10] Es ist hervorzuheben, daß bei anderen Gelegenheiten während des Krieges die Briten sich ihre eigenen Meinungen bildeten — unabhängig von (und manchmal im Gegensatz zu) denjenigen, die sie in Presse, Rundfunk und Kino oder in der offiziellen Propaganda vorfanden. In der Zeit von Stalingrad konstatieren wir eine eindrucksvolle Identität zwischen der von den Medien verbreiteten Meinung und dem Denken der Bevölkerung.

Die öffentliche Reaktion auf Stalingrad äußerte sich in zwei bemerkenswerten Phänomenen, die gleichzeitig einen offiziellen und einen populären Charakter hatten: im Begehen des Tages der Roten Armee am 21. Februar 1943 und im Stalingradschwert. Gegen Ende des Jahres 1942 einigte sich die britische Regierung darauf, anläßlich des Tages der Roten Armee eine grandiose öffentliche Demonstration zu veranstalten, die sich zumindest grundsätzlich auf die unbezweifelbaren militärischen Leistungen der Sowjetunion konzentrieren und politischen Fragen hinsichtlich des kommunistischen Systems möglichst ausweichen sollte. Die Feiern wurden schließlich spektakulärer, als man sich das im Kriegskabinett vorgestellt hatte, und die Farbe Rot beherrschte die Szene weit mehr, als man gewünscht hatte. Die sowjetische Flagge wehte über öffentlichen Gebäuden, und am Ende eines Festzuges wurde sie vor der Albert Hall gehißt; mehrfach erklang die Internationale. Im ganzen Land waren die Feiern stark besucht, und die Bevölkerung sah in dem Tag offenbar ein angemessenes Symbol ihrer Bewunderung für die Rote Armee.[11]

Das Stalingradschwert war ein kombiniertes Manöver der Propaganda und der Außenpolitik. Propagandistisch war es ein Brennpunkt für prorussische Gefühle in Großbritannien, wo der Kommunismus nur geringen Einfluß besaß. Politisch paßte es zu der vom Foreign Office und von der britischen Botschaft in Moskau vertretenen Konzeption, man müsse den Sowjets irgendwie das Gefühl vermitteln, daß sie »Klubmitglieder« seien, sie dadurch von ihrem Mißtrauen und ihren Minderwertigkeitsgefühlen abbringen und zu einer Zusammenarbeit zwischen gleichrangigen Partnern bewegen. Seit September 1942 schlugen verschiedene Personen in Briefen an Churchill vor, der Stadt Stalingrad eine Auszeichnung zu verleihen — so wie man der Insel Malta das Georgskreuz verliehen habe. Am 28. November schlug ein Leitartikel in der Times für Stalingrad das Georgskreuz vor, und zwischen dem 5. und dem 11. Dezember wurde diese Empfehlung von Churchill und Eden ernsthaft erörtert. Die protokollarischen Probleme, die eine Verleihung des Georgskreuzes mit sich gebracht hätte, wurden schließlich umgangen durch den Vorschlag, der Stadt Stalingrad ein »Ehrenschwert mit passender Verzierung und Inschrift« zu offerieren, dem Eden, Churchill und der König schließlich zustimmten. Am 20. Februar 1943 notierte Chuchill: »Gut. Aber vergewissert euch, daß es ein würdiges Symbol ist!« Um dieses Ziel zu erreichen, scheute man keine Mühe. In Fragen der Formgebung konsultierte man nicht nur den Direktor des Victoria and Albert Museums, sondern auch den Stellvertretenden Leiter des Königlichen Münzamtes und die Zunft der Goldschmiede. Die Inschrift wurde vom Premierminister persönlich verfaßt: »Den stahlharten Bürgern von Stalingrad, gestiftet von König Georg VI., als Zeichen der Hochachtung des britischen Volkes.«

Um die linguistischen Probleme zu lösen, die diese knappe Inschrift aufwarf, engagierte man die besten Kenner der russischen Sprache, bis man schließlich eine befriedigende Übersetzung fand. Besonders wichtig war die Nennung des Königs als Stifter; denn sie garantierte den Empfängern, daß diese Ehrung von der Spitze der britischen Gesellschaft gutgeheißen wurde. Das Schwert wurde in zahlreichen Städten Großbritanniens ausgestellt und während der Konferenz in Teheran von Churchill feierlich Stalin übergeben (Stalin reichte es an Marschall Vorošilov weiter, der es beinahe fallen ließ). Der ganze Vorgang wurde gefilmt und in den Kinos gezeigt. Es war ein gut inszeniertes Propagandamanöver; die Reaktion der Bevölkerung bewies jedoch, daß die Propaganda dem wirklichen Volksempfinden in vollem Maße entsprach. Nach den offiziellen Zählungen defilierten insgesamt 491 457 Menschen an dem Schwert vorüber, während es in Großbritannien ausgestellt war, und das Informationsministerium wurde von Stadtverwaltungen mit Anträgen bombardiert, man möge das Schwert auch in ihrer Stadt ausstellen. Der britischen Regierung war es gelungen, für die Würdigung des Sieges von Stalingrad ein offizielles Symbol zu finden, das von einem großen Teil des britischen Volkes gebilligt wurde. Es wäre interessant zu wissen, was die Russen von alledem hielten — falls sie überhaupt davon Notiz nahmen.[12]

Die Reaktionen der britischen Öffentlichkeit auf die Schlacht von Stalingrad markierten den Höhepunkt der Russomanie, die das Land zwischen Ende 1941 und Anfang 1943 ergriff. Diese Stimmung hatte allerdings stets ihre Grenzen und vermochte nie alle Bedenken gegen die sowjetische Politik oder gegen das kommunistische Regime auszuräumen. Die Agitation für eine »Zweite Front jetzt«, die im Sommer 1942 ihren Höhepunkt erreichte, ließ während der Schlacht von Stalingrad sogar nach. Der Hitler-Stalin-Pakt vom August 1939 war nicht völlig vergessen, und die Angst vor den langfristigen Absichten der Sowjetunion war selbst in Zeiten vorhanden, da man dies kaum noch erwartet hätte. Im Januar 1942 (als es den Russen mit knapper Not gelungen war, Moskau zu halten) fiel eine von düsterem Humor erfüllte Bemerkung; »Wird Onkel Joe am Ärmelkanal haltmachen?«[13] Aber trotz solcher Bedenken war die prosowjetische Stimmung in Großbritannien ungeheuer stark, und die durch die Schlacht von Stalingrad erzeugte Bewunderung führte sie auf ihren Höhepunkt.

So viel über die öffentliche Meinung. Wir wollen nun hinter die Kulissen blicken und untersuchen, wie die professionellen militärischen Berater der britischen Regierung die Bedeutung von Stalingrad einschätzten.

Den direkten Kontakt zum sowjetischen Generalstab und zur Ostfront hielt prinzipiell die britische Militärmission in Moskau aufrecht, der Offiziere aller drei Waffengattungen angehörten. Diese Mission mußte feststellen, daß die Russen eigentlich sehr unkooperativ waren; sie verbrachte die meiste Zeit in einem unerfreulichen, weitgehend vergeblichen Ringen um bruchstückhafte Informationen und gelegentliche Frontbesuche.[14] General Mason-Macfarlane, der erste Chef der Militärmission, berichtete am 27. März 1942, nichts könne die Russen dazu bewegen, irgendwelche Informationen über ihre Truppenaufstellung, ihre militärischen Reserven oder ihre Rüstungsproduktion zu liefern; dies sei zumindest teilweise darauf zurückzuführen, daß sie glaubten, alles, was man den Briten vertraulich mitteilte, werde zwangsläufig zum Gegner durchsickern.[15]

Nach Kriegsende bezeichnete Brigadegeneral Firebrace, langjähriger britischer Militärattaché in Moskau, die Haltung der Verbindungsabteilung des sowjetischen Generalstabs als »eine präzise definierte Politik der vorsätzlichen Obstruktion«. Diese entsprang seiner Ansicht nach hauptsächlich der Überzeugung der Russen, die militärische Anstrengung der Briten sei im Vergleich mit der ihrigen unbedeutend und deshalb würden die Verpflichtungen ganz bei der britischen Seite liegen.[16] General Brooke — während fast der gesamten Dauer des Krieges Chef des Empire-Generalstabs (Imperial General Staff) — schrieb einige Jahre später, während des ganzen Krieges habe er von den Russen nie eine Aufstellung über die Disposition ihrer Truppen erhalten; dafür habe er sich auf abgehörte deutsche Funksprüche verlassen müssen. »Aufgrund dieser abgehörten Funksprüche des Gegners zeichnete ich auf meiner Kriegskarte ein, wie die Truppen unseres Verbündeten verteilt waren!« Unter diesen Umständen klagten die Mitglieder der britischen Militärmission wiederholt über ihre Probleme; das Foreign Office reagierte darauf mit einer Rüge und der Aufforderung, Geduld zu zeigen.[17]

Die Lageberichte, die die britische Militärmission liefern konnte, waren daher starken Einschränkungen unterworfen. Vor dem Beginn der Schlacht um Stalingrad waren die allgemeinen Eindrücke der Mission von den sowjetischen Streitkräften positiv. Am 1. Februar 1942 berichtete Mason-Macfarlane, die Russen hätten wieder Fuß gefaßt und seien unter den Bedingungen des harten Winters jetzt den Deutschen überlegen. Am 13. Februar bezeichnete er die Kampfmoral der Russen als »unerwartet zufriedenstellend«. Im Juni bestätigte er, ihre Moral sei noch immer hoch und sie hätten eine große Geschicklichkeit im Abwehrkampf entwickelt. Ein britischer Offizier, der im gleichen Monat frontnahe Gebiete bei Borodino besuchen durfte, bescheinigte den russischen Truppen Zähigkeit, hervorragende Disziplin und eine zuversichtliche Stimmung. Sowohl in den Berichten der Militärmission als auch in einer vertraulichen Anweisung an die Nachrichtenmedien in London vom 7. September wurden einige Töne des Zweifels laut, aber die allgemeine Bilanz war positiv.[18]

Die Eröffnung der Schlacht um Stalingrad führte bald zu einer Verbesserung der Kontakte zwischen der britischen Militärmission und dem sowjetischen Generalstab. Am 7. September berichtete die Mission, sieben Wochen lang habe es kein einziges Gespräch mit dem zuständigen russischen Verbindungsoffizier gegeben; in der darauffolgenden Woche wurde jedoch ein neuer Verbindungsoffizier, General Dubrinin, ernannt, und das erwies sich als der Beginn regelmäßiger Kontakte — obwohl die Informationen nur spärlich flossen. Am 15. September rückte Dubrinin mit der banalen Neuigkeit heraus, Stalingrad sei die entscheidende Schlacht und der Ausgang sei noch ungewiß. Am 23. erklärte er, die Kämpfe seien äußerst heftig und es hätten erfolgreiche sowjetische Gegenangriffe stattgefunden.[19] Mehrere Wochen lang gab es beruhigende Kommentare dieser Art. Als am 19. November 1942 die große sowjetische Offensive einsetzte, konnte die britische Militärmission lediglich die Verlautbarungen der Presse und des Rundfunks wiederholen und sich darüber beklagen, daß die Russen nicht bereit seien, die bei den Kämpfen angeblich aufgeriebenen deutschen Divisionen zu identifizieren. Erst am 31. Dezember veröffentlichte die sowjetische Presse einen ausführlichen Bericht über die Operationen, in dem die vernichteten Divisionen aufgelistet waren. Selbst das erzeugte auf britischer Seite eine gewisse Irritation; denn die Russen behaupteten, einige der von ihnen identifizierten Divisionen seien aus Westeuropa nach Stalingrad verlegt worden — das hieß soviel wie: Die Briten versäumten es, deutsche Truppen im Westen zu binden.[20]

Von Zeit zu Zeit versuchte die britische Militärmission, über dieses dürftige Melden von Ereignissen hinauszukommen und die strategische Lage zu analysieren. Eine entscheidende Frage war die, welche Qualität die Niederlage der Deutschen hatte. Standen ihre Truppen kurz vor dem Zusammenbruch? Am 20. Januar 1943 antwortete General Dubrinin auf diesbezügliche Fragen, die deutschen Truppen bei Stalingrad leisteten verzweifelt Widerstand und kämpften oft bis zum Ende — im Gegensatz zu italienischen oder rumänischen Einheiten, die in aussichtsloser Lage kapitulierten. Am 2. Februar ergaben sich jedoch die letzten deutschen Truppen, zusammen mit ihren Kommandeuren. Als der britische Missionschef (Admiral Miles) wissen wollte, ob dies den Zusammenbruch der deutschen Kampfmoral bedeute, gab Dubrinin zu, daß seine früheren Aussagen, die Deutschen würden niemals kapitulieren, nicht mehr stimmten. Aber schon vierzehn Tage später betonte er wieder, die Deutschen kämpften immer noch hartnäckig und könnten auf genügend Reserven zurückgreifen, um auch schwer angeschlagene Divisionen wieder aufzufüllen. Schließlich gewann die britische Militärmission den Eindruck, daß die deutsche Wehrmacht zwar eine äußerst schwere Niederlage erlitten hatte, aber keineswegs zerschlagen war.[21]

Angesichts der Schlacht um Stalingrad revidierte die britische Militärmission auch ihre Urteile über die Rote Armee. Als die Novemberoffensive begann, notierte die Militärmission, diese sei ein deutlicher Beweis für die immensen Reserven der russischen Armee, fügte jedoch hinzu: »Es bleibt abzuwarten, ob das sowjetische Oberkommando diesmal seinen Anfangserfolg zu einem erfolgreichen Abschluß bringen kann.« Schließlich stellte sich heraus, daß diese Frage bejaht werden mußte. In ihrem Rückblick auf das Jahr 1943 zog die Militärmission die Schlußfolgerung, im Januar und Februar habe das sowjetische Oberkommando folgende Strategie verfolgt: Wenn eine russische Offensive auslief oder gestoppt wurde, setzte man die Reserven in der Weise ein, daß eine neue Offensive beginnen konnte — um den Deutschen keine Chance zu geben, sich zu erholen und ihre Position zu stabilisieren. Dieses System ineinandergreifender Offensiven hatte bemerkenswerte Erfolge erzielt, ohne freilich den entscheidenden Sieg herbeizuführen: »Es drückte einfach die Frontlinie zurück.« Und die britische Militärmission fragte sich, ob die Sowjets überhaupt die Mittel oder die Technik besäßen, um mit einer anderen Methode Erfolge zu erzielen. Keine Zweifel hatte man an der Kampfmoral und Leistungsfähigkeit der Roten Armee. Ein spezieller Bericht über diese Punkte vom 12. März 1943 nannte als Grundelemente ihrer Kampfmoral im einzelnen: einen tiefen russischen Patriotismus; Haß gegen den Feind, der auf dem alten Haß der Slawen gegen die Germanen beruhe; eine ungeheure Ausdauer, die aus jahrhundertelanger Gewöhnung an primitive Lebensbedingungen und an ein hartes Klima stamme. Die militärische Leistungs-fähigkeit der Russen verdanke auch viel dem Ausbildungsniveau; die-ses sei nicht hoch, aber breit, und bringe gute Unteroffiziere und tüch-tige Fachleute hervor. Dies habe — zusammen mit der eisernen Diszi-plin des Regimes — eine beträchtliche Erhöhung des Leistungsstandards bewirkt.[22]

Diese Berichte der Militärmission bildeten die wichtigste Grundla-ge für die wöchentlichen Resümees der militärischen Lage, die der Aus-schuß der Stabschefs dem Kriegskabinett vorlegte. Im September 1942 bezeichneten diese Berichte die Situation als kritisch — der Fall von Stalingrad sei durchaus möglich. Aber selbst wenn es dazu komme, mache es die Hartnäckigkeit des russischen Widerstandes immer un-wahrscheinlicher, daß die Deutschen ihren Erfolg ausnützen könnten — sei es durch einen Angriff auf Moskau oder durch einen Vorstoß über den Kaukasus auf Persien und seine Ölfelder (die letztere Mög-lichkeit beunruhigte die Briten mehr als alles andere). Am 23. Oktober behauptete ein Bericht von Oberst Pika, dem Vertreter des tschechoslo-wakischen Militärs in der Sowjetunion, die Russen hätten die Situa-tion bei Stalingrad bereits gemeistert, und der militärische Nachrich-tendienst der Briten neigte dazu, dieser Einschätzung zuzustimmen. Mitte November wurde ein Patt vorausgesagt; diese Aussicht änderte sich jedoch rasch infolge der sowjetischen Offensive, die schließlich die Schlacht gewann. Die Einkesselung und Kapitulation der deutschen 6. Armee wurde in den Resümees der Stabschefs genau verfolgt. In die-sem Zusammenhang ergaben sich zwei Fragen: Wie schwer waren die Deutschen geschlagen und demoralisiert? Und wie weit konnten die Russen — nach einer langen Periode harter Kämpfe — ihren Druck aufrechterhalten?[23]

Am 7. Februar 1943 war das Kriegskabinett vom Ausmaß des Sieges so beeindruckt, daß es einen förmlichen Lagebericht über die Situa-tion an der Ostfront — insbesondere über die Wahrscheinlichkeit eines deutschen Zusammenbruchs — anforderte. Daraufhin schätzte der Aus-schuß der Vereinigten Nachrichtendienste (Joint Intelligence Commit-tee) am 15. Februar, die Deutschen hätten etwa 40 Divisionen verlo-ren, von denen sie wahrscheinlich 15 ersetzen könnten. Sie würden sich bald wieder ungefähr auf ihrer Ausgangslinie von 1942 befinden, das heißt, sie würden mit nur 160, großenteils unvollständigen Divi-sionen eine mehr als 2200 Kilometer lange Front verteidigen müssen. Der Ausschuß räumte ein, er wisse wenig über die andere Seite der Gleichung: die russischen Streitkräfte; er schätzte jedoch, selbst wenn die Russen — wie die Deutschen — 40 Divisionen verloren hätten, stünden ihnen immer noch 200 zur Verfügung, das heißt, sie seien zahlenmäßig beträchtlich überlegen. Ihre Kampfmoral sei hoch und das russiche Oberkommando habe sich beim strategischen Einsatz seiner Truppen als sehr fähig erwiesen. Das Joint Intelligence Committee kam zu dem Ergebnis, die Deutschen hätten eine Niederlage erlitten, die nicht wiedergutzumachen sei. Sie hätten in Rußland

»die größte und umfassendste Militärmaschine aller Zeiten eingesetzt. Diese ist in einem solchen Ausmaß zerschmettert und beschädigt worden, daß man sich fragen muß, ob sie jemals repariert werden kann.«

Unter diesen Umständen seien die Deutschen möglicherweise überhaupt nicht imstande, ihre Frontlinie zu stabilisieren; in diesem Falle würde der systematische deutsche Widerstand in Rußland zusammenbrechen. Dieser Schlußfolgerung fügten die Stabschefs die vorsichtige Einschränkung hinzu, sie sei zu einem Zeitpunkt geschrieben worden, als das Kriegsglück der Deutschen einen Tiefpunkt erreicht hatte, und werde sich vielleicht als zu optimistisch erweisen.[24]

Diese Warnung war durchaus berechtigt. Man konnte nie mit Sicherheit annehmen, die deutsche Wehrmacht sei erledigt, und es zeigte sich, daß sie noch mehr als zwei Jahre lang verbissen kämpfte. Trotzdem fand General Brooke in seinem privaten Tagebuch gute Gründe für gedämpfte Zufriedenheit. Am 5. Juli 1942 hatte er an General Wavell geschrieben:

»Manchmal wünsche ich mir, ich könnte an einem Morgen im kommenden Oktober aufwachen und feststellen, daß die Deutschen in Rußland gestoppt worden sind und daß Ägypten außer Gefahr ist! Es wäre eine große Freude, wenn man mit dem Bauen beginnen könnte, anstatt zu reparieren und zu kitten.«

Eine solche Veränderung trat im Oktober noch nicht ein. Aber in seinem Tagebucheintrag vom 1. Januar 1943 konnte Brooke konstatieren:

»Wir fangen das Jahr 1943 unter Bedingungen an, die ich nie zu erhoffen gewagt hätte. Rußland hat standgehalten, und Ägypten ist vorläufig nicht mehr gefährdet. Es besteht die Hoffnung, Nordafrika in naher Zukunft von den Deutschen zu befreien«.

Bei dieser Veränderung der Situation hatte Stalingrad eine wichtige Rolle gespielt.[25]

Diese Beurteilungen der Ereignisse in Rußland waren begleitet von einer Erörterung ihrer voraussichtlichen Konsequenzen für Großbritannien. Dabei diskutierte man hauptsächlich zwei Themen: erstens die potentiellen Auswirkungen einer russischen Niederlage, zweitens die eventuellen Konsequenzen eines russischen Sieges.

Im Fall einer sowjetischen Niederlage richtete sich die Hauptsorge der Briten nicht auf Stalingrad selbst, sondern darauf, daß die Einnahme dieser Stadt es den Deutschen ermöglichen würde, über den Kaukasus nach Persien vorzustoßen. Dort stand für die Briten viel auf dem Spiel: die Sicherheit Abadans und der persischen Ölfelder, deren Produktion für die gesamte britische Kiegführung entscheidend war. Wenn sie verlorengingen, schien es keine Chance zu geben, das Defizit durch amerikanische Öllieferungen wettzumachen, denn es fehlte an Tankern und die deutschen Unterseeboote fügten den alliierten Transporten schwere Verluste zu. Rückblickend formulierte es Brooke so: »Wenn wir das persische Öl verloren hätten, hätten wir Ägypten und die Herrschaft über den Indischen Ozean verloren.«[26] Das britische Oberkommando im Nahen Osten glaubte Anfang Juli 1942, schlimmstenfalls könnte man vor der Alternative stehen, entweder Truppen zum Schutze Persiens nach Norden zu verlegen und damit den Verlust Ägyptens zu riskieren oder Ägypten weiterhin zu halten und damit den Verlust Persiens zu riskieren. Die Stabschefs urteilten (29. Juli), letzten Endes müßten die persischen Ölgebiete gerettet werden, selbst wenn man damit den Verlust Ägyptens riskiere; sie glaubten jedoch nicht, daß diese Entscheidung bereits in allernächster Zukunft getroffen werden müsse.[27]

In diesem Stadium sah es ganz danach aus, als könne man die Entscheidung noch einige Monate aufschieben. Anfang August 1942 meinten die Stabschefs, sogar wenn der Widerstand der Russen sofort zusammenbreche, würden die Deutschen zwölf Wochen brauchen, um Baku zu erreichen; dann sei man vielleicht imstande, Anfang November drei oder vier Divisionen ins nördliche Persien zu verlegen. Die Stabschefs hielten es jedoch für wahrscheinlicher, daß der Widerstand der Russen stark genug sein werde, um eine ernsthafte Bedrohung Persiens vor dem Frühjahr 1943 auszuschließen. Trotzdem mußten Brooke in London und Auchinleck, der Oberbefehlshaber im Nahen Osten, sich überlegen, welche Maßnahmen zu ergreifen waren, falls diese Bedrohung aktuell wurde. Brooke (17. Juli 1942) meinte, man könne vier Divisionen aus Großbritannien und Indien zusammenkratzen.

»Dies könnte dazu beitragen, ein Vordringen der Deutschen nach Persien zunächst aufzuhalten, wenn Rußland zusammenbricht; aber damit wird man nicht weit kommen.«

Auchinleck glaubte, um einen Vorstoß der Deutschen über den Kaukasus nach Persien zu verhindern, benötige man mindestens zwei Panzer- und sieben Infanteriedivisionen (vielleicht war er hier übervorsichtig); für ihn stand fest, daß man eine solche Streitmacht nicht bereitstellen konnte, solange der Kampf in Nordafrika andauerte. Auchinleck äußerte seine Ansichten in einem privaten Brief an Brooke vom 25. Juli:

>Unter diesen Umständen setzen wir einfach hundertprozentig darauf, daß den Deutschen die Kraft zu einem Vorstoß über den Kaukasus fehlt, und falls wir nicht ohne Wenn und Aber bereit sind, Ägypten preiszugeben, sehe ich keine Alternative.<[28]

Bei allen diesen Überlegungen hing viel davon ab, ob die Russen die Kaukasuspässe halten konnten. Auf seiner Reise nach Moskau im August 1942 war Brooke über dieses Gebiet geflogen; dabei war er zu der Überzeugung gelangt, daß es dort keine ernstzunehmenden Verteidigungsanlagen gab. Nach dem Krieg schrieb er, Hitler habe eine einmalige Gelegenheit verstreichen lassen, indem er gegen Stalingrad vorstieß statt gegen Persien — >eine große strategische Beute, die praktisch ungeschützt vor ihm lag<. Churchill hingegen neigte dazu, das Risiko geringer zu veranschlagen; in seinen Memoiren schreibt er, er habe nie an ein Vordringen der Deutschen bis Baku geglaubt, und behauptet, er habe darauf eine ständige Wette mit Brooke gehalten und ihn bei den wöchentlichen Kabinettssitzungen immer wieder neckisch gefragt: >Wie steht unsere Wette diese Woche?<[29]

Falls diese Wette jemals eingelöst wurde, gewann sie Churchill. Ende November 1942 hatte die sowjetische Offensive bei Stalingrad die Gefahr für den Kaukasus beseitigt; und der britische Sieg bei El Alamein hatte das Hasardspiel gerechtfertigt, sich auf Ägypten zu konzentrieren und in Persien ein Risiko einzugehen. Die eventuellen Konsequenzen einer russischen Niederlage für Großbritannien blieben lediglich ein >worst-case<-Szenario in den damaligen Planspielen des Generalstabes. Trotzdem war man eine Zeitlang sehr besorgt, und es lag nahe, daß die Briten Überlegungen anstellten, wie sie den Russen direkt helfen könnten, den Kaukasus zu verteidigen. Während Churchills Besuch in Moskau im August 1942 hatten die Briten ziemlich vage vorgeschlagen, ein anglo-amerikanisches Fliegerkontingent in den Kaukasus zu entsenden; am 8. Oktober formulierte man diesen Vorschlag als ein präzises Angebot: neun Jagdflieger- und fünf Bomberstaffeln der Royal Air Force sowie ein Geschwader schwerer Bomber und ein Transportgeschwader der US Army Air Force. Am 8. November akzeptierte Stalin dieses Angebot — ein bemerkenswerter Schritt (normalerweise war er nämlich nicht bereit, fremde Streitkräfte auf sowjetischem Boden zu dulden) und vielleicht ein Hinweis darauf, wie er seine Lage damals einschätzte. Rasch wurde eine Delegation der anglo-amerikanischen Luftstreitkräfte nach Moskau entsandt (sie traf zwischen dem 19. und dem 21. November ein), um die Einzelheiten der Aufstellung dieser Truppe auszuarbeiten. Sie mußte freilich erkennen, daß die Stabsoffiziere der sowjetischen Luftwaffe wenig kooperativ waren; diese baten vielmehr, man möge ihnen eine entsprechende Anzahl von Flugzugen liefern, die dann von sowjetischen Piloten geflogen werden sollten. Am Ende des Jahres intervenierte Molotov und erklärte der anglo-amerikanischen Delegation, seine Regierung sei an dem Projekt nicht mehr interessiert. Dieser Vorschlag (mit dem britischen Decknamen »Operation Velvet«) scheiterte also vollständig und blieb lediglich eine interessante Möglichkeit.[30]

Für die Briten gab es praktisch keine Alternative. Während der Schlacht um Stalingrad mußten sie sogar eine ihrer Nachschubrouten nach Rußland — die Geleitzüge durch das Nördliche Eismeer — vorübergehend einstellen. Solange die Operation »Torch« (die Landung in Nordafrika), die eine gewaltige Menge von Transport- und Geleitschiffen erforderte, vorbereitet und durchgeführt wurde, konnte man keine Geleitzüge nach Murmansk schicken. (Das Ausmaß des Problems wird deutlich, wenn man bedenkt, daß PQ 18 — der letzte Geleitzug vor der Suspendierung — 77 Kriegsschiffe als Geleitschutz benötigte.) Churchill mußte daher Stalin mitteilen, daß es von September 1942 bis Januar 1943 — das heißt faktisch fast während der gesamten Dauer der Schlacht von Stalingrad — keine Geleitzüge mehr geben werde. Der britische Premierminister vertrat die Auffassung (wie er Roosevelt am 22. September 1942 erklärte), es sei »sehr gefährlich«, Stalin einfach mitzuteilen, man werde in diesem Jahr keine Geleitzüge mehr schicken; er wollte diese bittere Pille versüßen, indem er den Russen vorschlug, Stabsgespräche über eine Invasion in Nordnorwegen zu eröffnen, und indem er erneut eine Landung in Frankreich im Laufe des Jahres 1943 erwog. Nordnorwegen (Operation »Jupiter«) war eine von Churchills Lieblingsideen, die er von Zeit zu Zeit vorbrachte — zum Entsetzen seiner Stabschefs, die darin (gewiß mit Recht) ein undurchführbares Projekt sahen, das — wenn man es aufgriff — mit einer Katastrophe enden mußte. Im September 1942 verfolgte Churchill diese Idee hartnäckig, da er bemüht war, die Russen wenigstens mit einer Geste zufriedenzustellen. In Brookes Tagebuch finden sich zahlreiche Hinweise auf seine Anstrengungen, Churchills Norwegenprojekt zu durchkreuzen; und als der britische Premierminister bei seinen eigenen militärischen Beratern nichts erreichte, versuchte er den kanadischen General McNaughton für seine Zwecke einzuspannen, in der Hoffnung, dieser werde mehr Risikobereitschaft zeigen. Aber es geschah nichts, und die Operation »Jupiter« blieb lediglich eine von Churchills weniger glanzvollen Ideen.[31]

Als eine sowjetische Niederlage bei Stalingrad immer unwahrscheinlicher wurde, begann man über die Frage nachzudenken, ob ein russischer Sieg bei Stalingrad neue Perspektiven für die britische Strategie im Westen eröffnen würde. Der wichtigste Punkt war, wie sich die sowjetischen Erfolge auf die Aussichten einer alliierten Invasion in Nordfrankeich auswirken würden. Im Laufe des Jahres 1942 hatten die Briten und Amerikaner beschlossen, daß ihr wichtigstes gemeinsames Unternehmen in diesem Jahr die Landung in Nordafrika sein würde, die dann im November stattfand. Dabei blieb offen, ob sie die Operation in Nordafrika als Selbstzweck betrachten und nach ihrem Abschluß beenden würden, um sich auf die Invasion in Nordfrankreich zu konzentrieren, oder ob sie ein Sprungbrett für weitere Operationen im Mittelmeerraum sein sollte. Anfang Dezember 1942 machte sich Churchill — angesichts der Ereignisse bei Stalingrad — allmählich den Standpunkt zu eigen, man könne *sowohl* weitere Operationen im Mittelmeerraum *als auch* einen Angriff auf die nordfranzösische Küste unternehmen. Er dachte mit Unbehagen daran, daß er Stalin vorschnell eine Invasion Frankreichs für 1943 versprochen hatte, und er wollte nicht wortbrüchig erscheinen; außerdem glaubte er jetzt, die Schlacht von Stalingrad habe die Gesamtsituation verbessert. Am 3. Dezember trug er den Stabschefs seinen Standpunkt vor. Bisher, so legte er dar, sei man davon ausgegangen, daß nach dem Beginn der Operation »Torch« eine Invasion in Nordfrankreich 1943 unmöglich sein würde, weil Rußland so schwach sei, daß Hitler jederzeit starke Truppen aus dem Osten in den Westen verlegen könne. Eine Landung in Frankreich werde deshalb mehr Truppen erfordern, als tatsächlich verfügbar seien. Aber — so argumentierte Churchill — die russischen Erfolge bei Stalingrad Ende November hätten diese Situation verändert. Die Deutschen hätten schon jetzt eine schwere Niederlage erlitten, und bis zum Jahresende würden sie es sich wahrscheinlich nicht mehr leisten können, 1943 starke Kräfte nach Westeuropa abzuziehen. Dies — so schloß der Premierminister — »sei ein neues Faktum von äußerster Wichtigkeit«[32].

Wäre diese Argumentation akzeptiert worden, dann hätten sich schon die ersten Phasen des sowjetischen Sieges bei Stalingrad entscheidend auf die strategische Planung der Briten ausgewirkt. Churchill behauptete praktisch, Stalingrad eröffne den Weg zu einer Invasion in Nordfrankreich 1943. Aber seine Argumentation vermochte seine Gesprächspartner nicht zu überzeugen. Kein russischer Sieg konnte die grundsätzlichen Einschränkungen beseitigen, die die verfügbaren Truppen, Transportschiffe und Landungsboote der anglo-amerikanischen Strategie auferlegten. Brooke und seine Kollegen mußten diese Einschränkungen immer wieder erläutern, und vielleicht ist es auch heute noch notwendig, sie zu betonen. Sechs Monate früher, im Juli 1942, hatte Brooke in seinem Tagebuch notiert:

»Rußland, die USA und die Presse — alle schreien nach einer ›Front im Westen‹, ohne zu bedenken, was dies bedeutet oder was deren Konsequenzen sind! Man könnte meinen, wir wollten über den Kanal fahren, um in Le Touquet Bakkarat zu spielen oder an der französischen Nordseeküste zu baden! Kein Mensch überlegt sich, was man mit rund 6 Divisionen gegen vielleicht 20 bis 30 überhaupt ausrichten kann.«

Die Zahl der Invasionstruppen hing nicht von der Lage an der Ostfront, sondern von der Zahl der Landungsboote ab. Und nicht einmal Churchills »neue Fakten« würden die Zahl der deutschen Divisionen unter 20 bis 30 drücken. Die Stabschefs erklärten — nicht zum ersten Mal — geduldig, es sei höchst zweifelhaft, ob man gegen eine intakte deutsche Wehrmacht im Juli 1943 eine erfolgreiche Invasion starten könne, selbst wenn man auf alle Operationen im Mittelmeerraum verzichte. Beides durchzuführen, wie Churchill vorschlug, sei völlig ausgeschlossen. Widerstrebend beugte sich der Premierminister der Logik dieser Tatsachen.[33]

Als sich die Briten im Januar 1943 auf der Konferenz von Casablanca mit den Amerikanern trafen, waren sie davon überzeugt, daß der sowjetische Sieg bei Stalingrad die Strategie, auf die sie sich festgelegt hatten, nicht ernstlich beeinflusse. Brooke vertrat den Standpunkt, die Deutschen (deren Stärke in Frankreich er auf 44 Divisionen schätzte) würden mit allem, was die Alliierten landen könnten, fertig werden, ohne irgendwelche Truppen aus Rußland abziehen zu müssen. Deshalb glaubte er, die beste Strategie sei, Italien aus dem Krieg auszuschalten und dadurch deutsche Truppen nach Italien und auf die Balkanhalbinsel zu ziehen. Er trat daher für eine Landung auf Sizilien ein, und dies war tatsächlich die wichtigste militärische Entscheidung der Konferenz von Casablanca.[34] Daß auf der Konferenz auch die Doktrin von der »bedingungslosen Kapitulation« der Achsenmächte verkündet wurde, war teilweise eine politische Geste gegenüber Stalin, die ihn dafür entschädigen sollte, daß die von ihm erwarteten militärischen Entscheidungen nicht erfolgten.

III.

In den Augen der britischen Öffentlichkeit war die Schlacht von Stalingrad ein Wendepunkt des Krieges, der durch die Bilder des Films stark propagiert und durch feierliche Zeremonien hervorgehoben wurde. Im Laufe der verflossenen fünfzig Jahre ist diese Auffassung bestätigt worden. Die deutsche Wehrmacht erlitt nicht nur eine militärische, sondern auch eine psychologische Niederlage. Der Mythos von der Unbesiegbarkeit der Deutschen, der seit dem Sommer 1940 so verbreitet war, zerbrach in Stalingrad und konnte nie wiederaufgebaut werden. Die unmittelbare Auswirkung dieses bemerkenswerten Ereignisses auf die britische Strategie war jedoch gering. Dies scheint eine widersinnige Aussage zu sein, ist es aber nicht. Wenn sich in der britischen Öffentlichkeit der Eindruck festsetzte, Stalingrad sei ein entscheidendes Ereignis des Krieges, war das richtig. Wenn die Stabschefs meinten, dieses Ereignis habe wenig Einfluß auf das, was sie damals tatsächlich tun konnten, war das ebenfalls richtig. Die beiden Schlußfolgerungen repräsentierten zwei verschiedene Ebenen der Wahrnehmung und der Wirklichkeit.

Es gab noch eine dritte Ebene der Wirklichkeit. Die Außenpolitik muß sich stets an der Strategie und an den tatsächlichen Machtverhältnissen orientieren. Die britische Regierung war sich schon lange darüber im klaren, daß es für sie eine sowjetische Frage gab. Bei dem Besuch von Außenminister Eden in Moskau im Dezember 1941 war völlig deutlich geworden: Wenn Rußland den Krieg im Osten gewann, würde Stalin mindestens die Grenzen vom Juni 1941 fordern, das heißt das ganze Baltikum, die östliche Hälfte Polens und die den Rumänen entrissene Nordbukowina. Dies war das Minimum; wahrscheinlich würde die Sowjetunion eine Einflußsphäre beanspruchen, die darüber hinausging. Damals konnte man die Frage, wie man sich gegenüber diesen Forderungen verhalten sollte, aufschieben; und im Mai 1942 — als Großbritannien und die Sowjetunion einen Vertrag unterzeichneten, der keine Grenzen erwähnte — wurde sie abermals aufgeschoben. Stalingrad bedeutete, daß die Zeit des Aufschiebens sich ihrem Ende näherte. Die Russen würden den Krieg im Osten gewinnen, und die Briten würden in naher Zukunft einige schwierige Entscheidungen treffen müssen.

Aber es zeigte sich bald, daß Stalingrad für die britische Außenpolitik noch viel weitreichendere Konsequenzen haben würde. Am 4. Februar 1943 — unmittelbar nach dem Ende der deutschen 6. Armee — schickte

Eden an den britischen Botschafter in Moskau wichtige Instruktionen. Sie liefen darauf hinaus, daß die Zeit gekommen sei, die Sowjetregierung als gleichrangigen Partner neben den Vereinigten Staaten zu behandeln und ganz selbstverständlich Pläne mit ihr zu erörtern. Nur so werde es möglich sein, »die Kruste des Mißtrauens aufzubrechen«, die zwischen den beiden Ländern bestehe. Vielleicht werde man einige Angelegenheiten immer noch den Vereinigten Staaten zuerst vorlegen müssen; dies sollte jedoch inoffiziell geschehen. Grundsätzlich wollte man »beide Regierungen gleichzeitig konsultieren«[35].

Diese Prinzipien einer Koalitionsdiplomatie waren nicht zu beanstanden; zweifelhafter war, ob sie sich in der Praxis anwenden ließen — es war nicht einfach, die Sowjetregierung zu konsultieren. Der schwächste Punkt in den Annahmen Edens war jedoch ein anderer. Was würde passieren, wenn die Vereinigten Staaten sich entschlossen, zuerst die Sowjetunion zu konsultieren, und damit Großbritannien zum Außenseiter degradierten? Im Mai 1943 trat Präsident Roosevelt an Stalin mit dem Vorschlag heran, in der Beringstraße eine Konferenz ohne Churchill abzuhalten. Stalin lehnte ab; der Vorschlag war jedoch ein böses Vorzeichen. Es kann kein Zufall gewesen sein, daß er bald nach dem Sieg von Stalingrad gemacht wurde. Die Sowjetunion würde ihren Krieg gewinnen und danach eine Großmacht sein, und Roosevelt beeilte sich, die neuen Machtverhältnisse zu berücksichtigen. Das ließ für die Position Großbritanniens in der Anti-Hitler-Koalition Schlimmes ahnen. Bedeutende Siege haben, wenn sie von nur einem Bündnispartner errungen werden, ihren Preis.

Anmerkungen

[*] Aus dem Englischen übersetzt von Karl Nicolai.
[1] Die Berichterstattung über die Sowjetunion in britischen Wochenschauen wird illustriert durch Philip M. H. Bell, Ralph White, Images of the Soviet Union at War, 1941—1945, London 1990 (Inter-University History Film Consortium, Studies in Film No. 8; Film mit Begleitheft). Zu sowjetischen Wochenschauen und ihrer Verbreitung in Großbritannien vgl. D. W. Spring, Soviet Newsreel and the Great Patriotic War, in: Propaganda, Politics and Film, 1918—1945, ed. by Nicholas Pronay, D. W. Spring, London 1982.
[2] Alexander Werth, Russian Commentary, The Listener, 24. 9. 1942, 15. 10. 1942; vgl. auch ebd., 18. 2. und 11. 3. 1943. Zur politischen Einstellung Werths vgl. Philip M. H. Bell, John Bull and the Bear: British Public Opinion, Foreign Policy and the Soviet Union, 1941—1945, London 1990, S. 71 f. Dieses Werk behandelt das ganze Problem der öffentlichen Meinung in Großbritannien

und der britischen Politik gegenüber der Sowjetunion während des Zweiten Weltkriegs; das vorliegende Kapitel stützt sich weitgehend auf diese Darstellung.

3 Zu Beispielen für die Diskussion über die Bedeutung der Schlacht vgl. Negley Farson in: Daily Mail, 4.9.1942; Alexander Werth in: Sunday Times, 6.9.1942; The Times, 9.10.1942.

4 Man darf nicht vergessen, daß der Daily Express und der Sunday Express Lord Beaverbrook gehörten und eine sehr positive Einstellung zur Sowjetunion hatten; auch die Times, weitgehend unter dem Einfluß von E.H. Carr, befand sich damals in einer sehr prosowjetischen Phase. Vgl. Alan Foster, The Times and Appeasement: The Second Phase, in: The Second World War: Essays in Military and Political History, ed. by Walter Laqueur, London 1982.

5 Zu Zeitungsartikeln über Besuche in Stalingrad vgl. etwa Daily Telegraph und News Chronicle, 18.1.1943; Daily Herald, 19. und 20.1.1943; Sunday Times, 24.1.1943. Das Zitat »Die Blüte der deutschen Wehrmacht« stammt aus dem Daily Telegraph vom 5.2.1943.

6 Eine Darstellung und Bewertung der wöchentlichen Berichte des britischen Inlandsnachrichtendienstes (Home Intelligence Reports) findet man bei Bell, John Bull and the Bear (wie Anm. 2), S. 11. Sie stützten sich auf eine große Auswahl diverser Quellen, die miteinander verglichen wurden; wegen ihrer Regelmäßigkeit sind sie besonders nützlich, wenn man Tendenzen der öffentlichen Meinung zu bewerten sucht.

7 Die Berichte der Postzensur beruhten auf Stichproben von Briefen, die von Großbritannien ins Ausland geschickt wurden, d.h. während des Zweiten Weltkriegs hauptsächlich in die USA, die Dominions und die Republik Irland.

8 Home Intelligence (HI) Reports, Public Record Office (PRO), INF 1/292, S. 104f., 113—116, 121ff.

9 PRO, INF 1/292, HI Reports 85, S. 114, 119f.

10 HI, British Public Feeling about America, Frage 25 (eine Umfrage, durchgeführt vom British Institute of Public Opinion, d.h. der Gallup Poll-Organisation in Großbritannien); Gallup Archive, BIPO Survey 98; vgl. PRO, INF 1/292, HI Report 139, wo man weitere Einzelheiten aus der Umfrage vom April 1943 findet.

11 Vgl. die Schilderungen des Tages der Roten Armee und seiner Vorgeschichte bei Bell, John Bull and the Bear (wie Anm. 2), S. 68f., 90, sowie die Filmausschnitte bei Bell, White, Images of the Soviet Union at War (wie Anm. 1).

12 Zum Stalingradschwert vgl. PRO, FO 371/33035, und besonders alle Dokumente in FO 372/3531f., die den Schriftwechsel über die Gestaltung und Ausstellung des Schwertes enthalten.

13 Zu einer Erörterung des Rückgangs der Agitation für eine »Zweite Front« und der Besorgnis über die Absichten der Sowjetunion vgl. Bell, John Bull and the Bear (wie Anm. 2), S. 83—87, 94ff.

14 Das Kriegstagebuch (War Diary) der Militärmission in Moskau, das einen umfangreichen Schriftwechsel enthält, findet sich in PRO, WO 178/26f. Es ist eine sehr ergiebige und wertvolle Quelle.

[15] Macfarlane an den Chef des Militärischen Nachrichtendienstes (Director of Military Intelligence, DMI), 27.3.1942, PRO, WO 178/26. Vgl. auch FO 371/32955, wo man eine Fülle von Berichten darüber findet, wie schwierig es war, Informationen von den Russen zu bekommen.

[16] Firebrace an Brimelow, 12.10.1945, PRO, FO 371/47911, N 14195/441/38.

[17] King's College, London, Liddell Hart Archive, Alanbrooke Papers, 3/A/6, Notes on my Life, Notiz vom 13.8.1942. Derjenige Teil des Zitats, der abgehörte deutsche Funksprüche erwähnt, fehlt in dem Auszug bei Arthur Bryant, The Turn of the Tide, 1939–1943, London 1957, S. 461f. Zu einem Beispiel dafür, wie die Militärmission zu Geduld ermahnt wurde, vgl. den Entwurf von Dew und Strang für ein Schreiben von Collier an den Stellvertretenden Stabschef der Royal Air Force, 1.2.1942, PRO, FO 371/32897, N 708/23/38.

[18] Macfarlane an DMI, 13.2.1942; Exham an DMI, 26.6.1942; beide in PRO, WO 178/26. Zu Bemerkungen über schwache Kampfmoral vgl. ebd., War Diary, 30.8.1942. Zu der vertraulichen Anweisung: BBC Written Archives, Caversham Park, 830/16, Background Notes, 7.9.1942.

[19] Military Mission, War Diary, 7. und 15.9.1942; Miles an DMI, 16.9.1942; Exham an DMI, 23.9.1942 — alles in PRO, WO 178/26.

[20] Military Mission, War Diary, 22.11. und 31.12.1942, PRO, WO 178/26.

[21] Military Mission, Gespräche mit Dubrinin, 20.1., 2. und 24.2.1943, PRO, WO 178/27.

[22] Military Mission, Gespräch mit Dubrinin, 24.11.1942; Exham an War Office, 12.3.1943, PRO, WO 178/26927; Clark Kerr an Eden, 4.12.1944, mit einem Rückblick auf das Jahr 1943, PRO, FO 371/43449, N 7946/7946/38.

[23] Chiefs of Staff (COS), Wöchentliches Resümee für das Kriegskabinett, 10., 17. und 24. Sept., 8. Okt., 12. und 26. Nov. 1942, 28. Jan., 4. und 11. Febr. 1943 — alle in PRO, CAB 66/28-34, WP (42) und WP (43). Bericht von Pika mit den dazugehörigen Notizen: FO 371/32915, N 5532/30/30.

[24] Bericht der Stabschefs, 22.2.1943, mit einer Analyse des Joint Intelligence Committee vom 15.2.1943, PRO, CAB 66/34, WP (43) 76.

[25] Brooke an Wavell, 5.7.1942, zit. bei Bryant, Turn of the Tide (wie Anm. 17), S. 487; Alanbrooke Papers (wie Anm. 17), 5/6A, Notes on my Life, zum 1.1.1943.

[26] Alanbrooke Papers, ebd., 3/A/6, Notes on my Life, zum 4.8.1942.

[27] Michael Howard, Grand Strategy, Bd 4: August 1942–September 1943, London 1972, S. 53f.

[28] Ebd., S. 55. Brooke an Auchinleck, 17.7.1942; Auchinleck an Brooke 25.7. und 14.8.1942, Alanbrooke Papers (wie Anm. 17), 6/D4 (f).

[29] Winston S. Churchill, The Second World War, 6 Bde, London 1950–1955. Bd 4: The Hinge of Fate, London 1951, S. 514.

[30] Zur Operation »Velvet« vgl. Howard, Grand Strategy (wie Anm. 27), Bd 4, S. 36–40; Churchill, Hinge of Fate (wie Anm. 29), S. 506ff., 514–519; Clark Kerr an Eden, 23.5.1943, mit einem Rückblick auf das Jahr 1942, dessen Abschnitt 24 sich mit »Velvet« befaßt, PRO, FO 371/37032/ N 3670/38.

[31] Zu den Geleitzügen nach Murmansk und zur Operation »Jupiter« vgl. Howard, Grand Strategy (wie Anm. 27), Bd 4, S. 43; Alanbrooke Papers (wie Anm. 17), 5/6A, Notes on my Life, zum 16., 17., 23. und 25.9.1943.

32 Howard, Grand Strategy (wie Anm. 27), Bd 4, S. 210.

33 Ebd., S. 211—216; Alanbrooke Papers (wie Anm. 17), 5/6A, Notes on my Life, zum 1.7.1942.

34 Zu Brooke in Casablanca vgl. Howard, Grand Strategy (wie Anm. 27), Bd 4, S. 252—255; David Fraser, Alanbrooke, London 1983, S. 311, 320—323.

35 Eden an Clark Kerr, 4.2.1943, abgedr. in: The Foreign Office and the Kremlin: British Documents on Anglo-Soviet Relations, 1941—45, ed. by Graham Ross, Cambridge 1984, S. 121.

Sechster Teil

Die Wirkung von Stalingrad auf Neutrale

Klaus-Richard Böhme

Stalingrad und Schweden

I.

Der deutsche Überfall auf die Sowjetunion im Juni 1941 hatte in Schweden zwiespältige Gefühle hervorgerufen. Einerseits beendete er die in Schweden zunächst für undenkbar gehaltene und dann für Nordeuropa so gefährliche Zusammenarbeit zwischen diesen beiden totalitären Großmächten. Andererseits verstärkte sich nun der deutsche Druck auf Schweden. Stockholm hatte dem deutschen Drängen, sich dem »Kreuzzug gegen dem Bolschewismus« anzuschließen, nicht nachgegeben und sogar seine Distanzierung markiert, indem es die Rolle der diplomatischen Schutzmacht für die Sowjetunion in Deutschland übernommen hatte, aber es hatte im Zusammenhang mit dem deutschen Aufmarsch, wie schon nach der Besetzung Dänemarks und Norwegens im Vorjahr, wiederum erhebliche, mit der erklärten Neutralität schwerlich in Einklang zu bringende Zugeständnisse machen müssen. Der deutsche Druck war besonders fühlbar geworden, weil er von Finnland unterstützt wurde, das Schweden vergeblich versucht hatte, davon abzuhalten, mit Deutschland gemeinsame Sache gegen die Sowjetunion zu machen.[1]

Die schwedische öffentliche Meinung zum deutsch-sowjetischen Krieg unterschied sich allerdings in manchen Punkten nicht grundlegend von der finnischen. Außer den wenigen und politisch bedeutungslosen Nationalsozialisten gab es durchaus führende schwedische Persönlichkeiten, die eine Kriegsteilnahme an Deutschlands Seite wünschten. So argumentierte der Oberbefehlshaber, General Olof Thörnell, Deutschland werde den Krieg schnell gewinnen und die dann erfolgende Neuordnung Europas werde Schweden nur dann beeinflussen können, wenn es sich vorher aktiv am Kampf gegen die Sowjetunion beteiligt habe.[2] Mit dieser Ansicht dürfte er im Offizierskorps nicht allein gestanden haben. Einer der Offiziere, der sie teilte, war übrigens der schwedische Marineattaché in Berlin, Korvettenkapitän Anders Forshell, der allerdings im Gegensatz zu Thörnell in seinem Tagebuch zugab, daß er mit den Nationalsozialisten sympathisierte und Hitler bewunderte.[3] So weit gingen zweifellos die meisten seiner Kameraden nicht, doch waren auch sie davon überzeugt, daß Deutschland den Krieg schnell gewinnen würde, und sie begrüßten die zu erwartende Niederlage der Sowjetunion und des Kommunismus. Mit dieser Ansicht und dieser Hoffnung stand das Militär keineswegs allein, vielmehr entsprach dies einer in bürgerlichen Kreisen allgemein vertretenen, aber auch unter Sozialdemokraten anzutreffenden Auffassung. So meinten selbst liberale und sonst mit England sympathisierende und das nationalsozialistische Deutschland kritisierende Blätter, da man nun einmal zwischen zwei Übeln zu wählen habe, müsse man Deutschland gegen die Bolschewisten unterstützen. Dabei hegte man mitunter die Hoffnung, Deutschland werde den Sieg über die Sowjetunion so teuer bezahlen müssen, daß es zu weiterer Expansion nicht fähig sei und daß im günstigsten Fall die Nationalsozialisten abtreten müßten.[4]

Daher gab es auch im Reichstag und in der nach dem sowjetischen Angriff auf Finnland im Dezember 1939 von den Sozialdemokraten mit den drei bürgerlichen Parteien, den Konservativen, der Bauernpartei und den Liberalen, gebildeten Regierung sehr verschiedene Ansichten darüber, wie weit man den deutschen Forderungen nachgeben sollte. Dem Ministerpräsidenten Per Albin Hansson gelang es nur mit großem taktischem Geschick, einen Bruch der Koalition zu vermeiden.[5]

Berlin versuchte natürlich, den traditionellen Russenschreck und die Angst der meisten Schweden vor dem Kommunismus auszunutzen. Das gelang jedoch nur begrenzt. So lehnte es Schweden — im Unterschied zu Spanien — ab, Freiwilligenverbände auf deutscher Seite in Rußland kämpfen zu lassen.[6] Schweden weigerte sich auch im November 1941, dem Antikominternpakt beizutreten. Damit nicht genug, zum besonderen Ärger des Auswärtigen Amts in Berlin kritisierten schwedische Zeitungen aller politischen Richtungen Dänemark und vor allem Finnland, weil sie sich diesem Pakt angeschlossen hatten.[7]

II.

Im November 1941 wußten allerdings Regierung und militärische Führung Schwedens aus bester Quelle, daß der deutsche Angriff keineswegs so glatt vorankam, wie Goebbels' Propaganda es glauben machen wollte. Schweden hatte im Sommer 1940 die Benutzung seines Fernsprechnetzes für die Nachrichtenverbindung zwischen Berlin und in Norwegen stationierten deutschen Stäben und Verbänden zugestehen müssen. Dieses Zugeständnis war Schweden sogar recht gewesen, denn dadurch erhielt man die Möglichkeit, den deutschen Nachrichtenverkehr mitzuhören. Schweden gelang es ziemlich schnell, den deutschen Code zu brechen und so unter anderem die Berichte über die Lage an der Ostfront mitzuschreiben. Allerdings mußte die Kenntnis über den starken sowjetischen Widerstand und die hohen deutschen Verluste einem sehr begrenzten Personenkreis vorbehalten werden, um die Deutschen nicht auf ihren Fehler aufmerksam zu machen. Im Sommer 1942 wurde Berlin dann von einem finnischen Offizier auf die schwedische Abhörmöglichkeit hingewiesen und vermied nun die Benutzung des schwedischen Fernmeldenetzes für die Übermittlung geheimer Mitteilungen.[8]

Die politische und die militärische Führung Schwedens waren sich schon früh im klaren darüber, daß die Wehrmacht im Winter 1941/42 einen erheblich schwereren Rückschlag erlitten hatte, als Deutschland zugeben wollte. Als Berlin dann auch noch Washington den Krieg erklärte, rechneten die führenden Politiker langfristig mit einer Niederlage Deutschlands, auch wenn sie das nicht offen aussprachen. Dagegen glaubten der Oberbefehlshaber Thörnell und viele Offiziere offenbar den deutschen Versicherungen, man werde die Sowjetunion 1942 endgültig schlagen. Andererseits hofften in der ohnehin überwiegend gegen das nationalsozialistische Deutschland eingestellten Presse vereinzelte Stimmen auf einen baldigen deutschen Zusammenbruch. Vor allem aber verschärfte sich, nicht zuletzt unter dem Eindruck der deutschen Besatzungspolitik in Norwegen, die Kritik sowohl an Deutschland als auch an der schwedischen Regierung, der vorgeworfen wurde, deutschen Forderungen zu leicht nachzugeben.[9]

Für die schwedische Regierung stellte sich das Problem Deutschland komplizierter dar als für die Presse. Angesichts der deutschen Hegemonie auf dem europäischen Kontinent und des Bestrebens, Schweden aus dem Krieg herauszuhalten, hatte sie Deutschland Zugeständnisse gemacht, die schwerlich mit der erklärten Neutralität zu vereinbaren oder der Mehrheit der schwedischen Bevölkerung gegenüber zu vertreten waren. Die Regierung war durchaus gewillt, deutsche Forderungen restriktiver zu behandeln und schon gewährte Zugeständnisse wieder zurückzunehmen, zumal sie diesbezügliche Forderungen der Alliierten voraussah; sie mußte aber die immer noch beachtliche Stärke Deutschlands berücksichtigen und auch damit rechnen, daß Berlin, gerade wenn es in die Defensive gedrängt wurde, ein großes Interesse daran haben würde, Norwegen zu behaupten und Finnland auf seiner Seite zu halten, weshalb sich sein Druck auf Schweden verstärken konnte. Noch war nicht abzusehen, wie lange Deutschland den Krieg fortsetzen konnte; doch scheint keiner der Minister, unter denen die Meinungen darüber, wie weit man Deutschland beziehungsweise den Alliierten entgegenkommen sollte, durchaus erheblich auseinandergingen, mit einem baldigen Zusammenbruch Deutschlands gerechnet zu haben. Bei dieser Ungewißheit und den Meinungsverschiedenheiten im Kabinett war es nur natürlich, daß man sich nicht auf Diskussionen und Spekulationen über den Kriegsausgang und die Nachkriegszeit einließ, sondern versuchte, die während des Krieges anfallenden Fragen direkt mit den Kriegführenden zu lösen.[10]

Im Außenministerium jedoch wurden im Frühjahr 1942 Überlegungen angestellt, welche Lage in Zentraleuropa entstünde, falls die Sowjetunion Deutschland besiegte. Angeregt wurden sie durch eine vom Stellvertretenden Chef der Politischen Abteilung, Ragnar Kumlin, mit Billigung des Außenministers, des parteilosen Berufsdiplomaten Christian Günther, und seines Staatssekretärs Erik Boheman vorgelegte Denkschrift vom 12. März 1942, die offenbar den leitenden Beamten des Ministeriums und den Chefs der wichtigsten Auslandsvertretungen zugestellt wurde.

Kumlin räumte zwar zunächst ein, daß die Möglichkeiten der Angelsachsen, in Europa offensiv zu werden, stark beeinträchtigt würden, falls es Deutschland gelänge, im bevorstehenden Sommerfeldzug die Sowjetunion militärisch auszuschalten, hielt jedoch einen derartigen Ausgang offensichtlich für höchst unwahrscheinlich. Vielmehr ging er davon aus, daß die Sowjetunion Deutschland schlagen werde. Zunächst hob Kumlin hervor, daß man bisher sowohl auf deutscher als auch auf neutraler Seite die militärische Stärke der Sowjetunion ständig unterschätzt habe. Es gäbe überhaupt keine zuverlässige Einschätzung des russischen Kriegspotentials und der jetzigen sowjetischen Kampfkraft. Möglicherweise könnten die Deutschen 1942 zum Gegenstoß ansetzen und ähnliche Erfolge erzielen wie 1941. Aber wieso rechnete man eigentlich nur mit einer deutschen Offensive und nicht auch damit, daß die Sowjets, die den ganzen Winter über die Initiative gehabt hatten, zum Großangriff übergingen? Außerdem würden den Deutschen auch noch so große militärische Erfolge nichts nutzen, solange die sowjetische Kriegsmacht nicht vernichtet sei. Damit aber rechnete Kumlin offenbar nicht. Er führte nämlich weiter aus, Deutschland würde weder mit der Sowjetunion noch mit den Westmächten einen Separatfrieden schließen. Ausdrücklich wandte sich Kumlin auch gegen die Auffassung, Deutschland und die Sowjetunion würden sich in diesem Kampf gegenseitig ermatten und das so eintretende Gleichgewicht dann in einem Friedensvertrag bestätigen. Vielmehr werde die deutsche Kampfkraft voraussichtlich innerhalb von zwei bis drei Jahren in einem sich stetig steigerndem Maße erlahmen, woraufhin die Sowjetunion das besiegte Deutschland beherrschen würde. Nachdrücklich widersprach Kumlin auch allen, die glaubten, es werde eine ähnliche Lage eintreten wie 1918, das heißt Deutschland wäre zwar geschlagen, bliebe aber als souveräner Staat erhalten. Stalin würde nicht riskieren, daß Deutschland jemals wieder zum Aufmarschgebiet für einen Angriff gegen die Sowjetunion würde, und die Westmächte würden die sowjetische Vormachtstellung in Deutschland weder militärisch noch psychologisch verhindern können. Durch den Sieg über Deutschland würde somit die Hegemonie in Zentraleuropa auf die Sowjetunion übergehen.[11]

Es läßt sich weder feststellen, welche Personen diese Denkschrift gelesen und eventuell kommentiert haben, noch wie Kumlin zu seiner Einschätzung der militärischen Lage gekommen war. Doch darf man davon ausgehen, daß in der schwedischen Vertretung in Berlin der Gesandte, Arvid Richert, und der Militärattaché, Oberst i. G. Curt Juhlin-Dannfelt, die Denkschrift kannten. Es ist auch durchaus denkbar, daß Kumlins Beurteilung in ihren militärischen Teilen im wesentlichen auf die Berichte Juhlin-Dannfelts zurückging. Jedenfalls läßt sich unschwer zeigen, daß dieser bereits um die Jahreswende 1941/42 die Lage an der deutsch-sowjetischen Front und den weiteren Kriegsverlauf ähnlich einschätzte wie Kumlin im März 1942. Diese Beurteilung wiederholte er, möglicherweise auf Kumlins Denkschrift hin, in einem Bericht vom 2. April 1942, in dem er ausführlich die Lage Deutschlands behandelte und dessen Möglichkeiten, den Krieg gegen die Sowjetunion erfolgreich zu beenden, nach wie zuvor skeptisch einschätzte.[12]

In Stockholm kann Juhlin-Dannfelts Beurteilung nicht überrascht haben. Er tat seit den zwanziger Jahren Dienst als Militärattaché, zunächst in den baltischen Staaten und seit dem 27. Januar 1933 in Berlin, wohin er als frisch ernannter Major versetzt worden war. Durch sein geschicktes Auftreten und seine großen Sprachkenntnisse, unter anderem sprach er fließend Russisch, verfügte er über zahlreiche, ausgezeichnete Kontakte und erhielt so trotz der sich nach und nach verschärfenden Überwachung wertvolle Informationen, die er durch sorgfältiges Lesen deutscher Provinzzeitungen und Abhören ausländischer Sender kontrollierte und ergänzte. Seine Rapporte informierten zuverlässig und abgewogen.

In ihren offiziellen Rapporten durften die Waffenattachés nur mit Einverständnis des Gesandten politische Beurteilungen abgeben. Richert schätzte aber schon bald Juhlin-Dannfelts Urteilsvermögen so hoch ein, daß er seine politischen Beurteilungen nicht nur billigte, sondern sie mitunter übernahm. Zu der hier behandelten Zeit war Juhlin-Dannfelt nicht nur der dienstälteste, sondern vor allem der erfahrenste und urteilssicherste schwedische Militärattaché. Seit Beginn der deutschen Aufrüstung vertrat er die Ansicht, Deutschland könne einen Weltkrieg nicht gewinnen. Die militärische und politische Entwicklung der Lage seit Herbst 1941 hatte ihn in diesem Urteil nur bestärkt. Doch warnte auch er davor, Deutschlands Widerstandskraft zu unterschätzen und mit einem baldigen Sieg der Alliierten zu rechnen. Der Krieg würde sich zweifellos noch einige Jahre hinziehen.[13]

Ende Mai 1942 konnte Juhlin-Dannfelt mitteilen, die deutsche Offensive werde nicht vor Juni anlaufen. Einen Monat später wußte er, daß sie nicht entlang der ganzen Front geführt, sondern sich im Süden gegen Stalingrad richten würde. Juhlin-Dannfelt und der Luftattaché, Oberst Erik Gärdin, konnten weiter melden, daß die deutschen Offiziere, mit denen sie sprachen, die Aussichten der Wehrmacht im bevorstehenden Feldzug im Osten wieder optimistisch einschätzten. Allerdings entging ihnen nicht, daß sie erstaunlich oft argumentierten: »Wir werden siegen, weil wir siegen müssen«, und nicht verhehlten, daß im Falle einer erneuten Niederlage Deutschland den Krieg verloren hätte.

Auch Forshell meldete im Juni, daß Marineoffiziere anscheinend den Krieg für verloren hielten, würde er nicht in diesem Jahr zugunsten der Achse entschieden. Er selbst glaubte an den Sieg der Achse und sah sich darin durch die deutschen Anfangserfolge im Osten, vor allem aber durch die Versenkungsziffern der deutschen und japanischen U-Boote bestätigt. Er übernahm die offizielle deutsche Auffassung, Amerikaner und Briten würden diese Tonnageverluste nicht ersetzen und daher in Europa nicht nur nicht landen können, sondern schließlich den Krieg verlieren. Diese Auffassung teilten weder Juhlin-Dannfelt noch Richert. Da der Gesandte verhinderte, daß Forshell sie offiziell nach Stockholm weitergab, wandte sich dieser an einen Kameraden, den Fregattenkapitän Stig H:son Ericson, Chef der Marineoperationsabteilung im Verteidigungsstab, und beklagte sich im April 1942, Stockholm werde einseitig unterrichtet, da Juhlin-Dannfelt bei seinen Beurteilungen marinestrategische Gesichtspunkte außer acht lasse.[14] Da das anscheinend nichts bewirkte, schrieb Forshell am 10. August 1942 direkt an den Chef der Nachrichtenabteilung, Oberst i. G. Carlos Adlercreutz. Im Juli hätten die Tonnageverluste der Alliierten nahezu 1 Million Bruttoregistertonnen betragen. Es sei leicht einzusehen, daß derartige Verluste nicht durch Neubauten zu ersetzen, geschweige denn zu übertreffen seien. In dem Schreiben ging es Forshell anscheinend auch darum, die Wirkung der alliierten Bombenangriffe auf Deutschland zu relativieren. Denn er betonte ausdrücklich, daß eine derart hohe Versenkungsziffer einem Einsatz von 66000 Bombern entspräche. Doch auch dieses Schreiben führte zu nichts. Übrigens wurde Forshell am 1. Oktober zum Fregattenkapitän befördert und planmäßig durch den Korvettenkapitän Mauritz Östberg als Marineattaché abgelöst.

Über die zunehmenden und immer schwereren Luftangriffe gegen Deutschland berichteten Juhlin-Dannfelt und vor allem Gärdin. Sie hatten auch in Erfahrung gebracht, daß die Luftwaffe nur durch Abzug von Kräften an anderen Frontabschnitten die deutsche Offensive in Rußland einigermaßen ausreichend unterstützen konnte. Im Gegensatz zu Forshell äußerte sich Gärdin kaum, und wenn, nur sehr allgemein, über die mögliche Entwicklung der militärischen Lage und schloß sich im übrigen anscheinend weitgehend den Beurteilungen von Juhlin-Dannfelt an. Dieser ließ sich von den groß herausgestellten deutschen Anfangserfolgen nicht beeindrucken. Er erkannte sehr bald, daß sich die Russen — anders als 1941 — geschickt den deutschen Einkesselungsversuchen entzogen und härteren Widerstand leisteten, als es die Deutschen erwartet hatten. Auch entging ihm nicht, daß die Deutschen schon bald nach Beginn der Offensive nicht mehr davon sprachen, daß der Krieg gegen die Sowjetunion noch 1942 siegreich abgeschlossen sein würde, sondern sich auf einen weiteren Kriegswinter vorbereiteten. Als Hitler Ende 1942 der Attachéabteilung des Generalstabs befahl, die offiziellen Lagevorträge für die Militärattachés einzustellen, wertete Juhlin-Dannfelt das als weiteren Beweis dafür, daß die deutsche Offensive nicht wie erhofft vorankam. Seine Einschätzung änderte sich auch nicht, als er vom 22. Juli bis zum 6. August an einer für die Militär- und Marineattachés arrangierten Reise durch die 1942 von den Deutschen eroberten Gebiete teilnahm, die ihn und Forshell bis auf die Krim, aber nicht an die Front führte. Zwar sei, so urteilte Juhlin-Dannfelt, die militärische Lage an der Ostfront im Augenblick für Deutschland günstig, aber die Entscheidung werde erst bei Stalingrad fallen. Auch sei zweifelhaft, ob die Deutschen aus den eroberten Gebieten den erhofften wirtschaftlichen Nutzen würden ziehen können, der nach ihren eigenen Angaben unerläßlich sei, um den Krieg gegen die

Westmächte siegreich zu beenden. Die Industrieproduktion in den neu-besetzten Gebieten sei noch kaum wieder angelaufen. Von der Land-wirtschaft seien dagegen Überschüsse zu erwarten. Aber die harte und ungeschickte deutsche Besatzungspolitik könne bei der an sich zur Zusammenarbeit bereiten Bevölkerung in eine antideutsche Stimmung umschlagen. Schließlich seien die für die deutsche Kriegführung so not-wendigen Erdölfelder noch gar nicht erobert.

Seine Beurteilung fand Juhlin-Dannfelt am 29. August durch ein Ge-spräch mit dem Chef der Attachéabteilung, Oberst i. G. v. Mellenthin, bestätigt. Dieser äußerte zwar entsprechend der offiziellen Sprachre-gelung, »Deutschland könnte militärisch nicht besiegt werden«, erklärte aber gleichzeitig, die Offensive koste erhebliche Verluste und »der rus-sische Widerstand [sei] noch keineswegs gebrochen«. Auf Juhlin-Dann-felts Frage, ob die Sowjetunion weitere Reserven in den Kampf werfen könne, räumte er ein, daß man deutscherseits nichts über das Kriegs-potential des Gegners wußte.

Am 11. September erfuhr Juhlin-Dannfelt, daß die Deutschen damit gerechnet hatten, Stalingrad zwischen dem 15. und 20. August zu neh-men. Vierzehn Tage später konnte er berichten, daß nach Ansicht deut-scher Offiziere die Lage bei Stalingrad »nicht zufriedenstellend« sei und daß die Sowjets heftige Gegenangriffe führten. Am 5. Oktober schrieb er, offenbar habe sich die Operation gegen Stalingrad völlig anders ent-wickelt, als die Deutschen geplant hätten. Es könne nun festgestellt werden, daß die Offensive ihr Ziel nicht erreicht habe. Die Eroberung von Stalingrad und der Durchbruch in den Kaukasus seien nicht gelun-gen. Vor allem aber sei die kriegsentscheidende Ausschaltung der sowje-tischen Streitkräfte nicht erreicht worden.

Um sich eine Auffassung über die sowjetische Kampfkraft zu bil-den, sprach Juhlin-Dannfelt auch mit dem ehemaligen schwedischen Militärattaché in Moskau, Major i. G. Engelbrekt Flodström, als dieser nach seiner turnusgemäßen Ablösung Ende September 1942 über Berlin nach Schweden zurückkehrte. Flodströms Möglichkeiten, sich über den sowjetischen Rüstungsstand zu informieren, waren zwar äußerst gering gewesen und nach der Evakuierung der schwedischen Gesandtschaft von Moskau nach Kujbyšev im Herbst 1941 weiter eingeschränkt wor-den. Als Information hielten die Russen die den Militärattachés zuge-stellten offiziellen Kommuniqués für ausreichend. Persönliche Kon-takte mit sowjetischen Staatsbürgern waren natürlich untersagt, so daß Flodström auf offizielle Angaben, Aussagen anderer Attachés und weni-ge eigene Beobachtungen angewiesen war. Aber er konnte mitteilen, daß der sowjetische Widerstand nicht gebrochen sei. Neue Truppen würden ausgebildet. Große Ölvorräte seien vorhanden. Außerdem würde weiterhin Öl bei Baku gefördert, denn die Russen rechneten nicht damit, daß die Deutschen bis dahin vorstoßen würden und hätten daher die Förderungsanlagen nicht unbrauchbar gemacht. Die sowjetische Panzerproduktion beliefe sich auf 3000 Stück im Monat, allerdings gäbe es Engpässe bei ihrer Bewaffnung. Die Versorgung der Bevölkerung mit Brot sei ausreichend, mit Fleisch schlechter.[15] Juhlin-Dannfelt betonte, daß andererseits die deutschen Personalreserven ausgeschöpft sein dürften. Das wiederholte er einige Tage später und faßte die deutsche Personallage dahingehend zusammen, daß auf jeden Fall in den nächsten Monaten keine vollwertigen Felddivisionen neuaufgestellt werden könnten. Mitte Oktober meldete er, daß kaum einer seiner deutschen Gesprächspartner, die meisten Nationalsozialisten eingeschlossen, noch mit einem deutschen Sieg über die Sowjetunion rechne, sondern man einen Separatfrieden erwarte.

Am 4. November 1942 faßte Juhlin-Dannfelt diese Angaben in einer Meldung an den Verteidigungsminister zusammen und fügte seine Beurteilung über die weitere Entwicklung der militärischen Lage in Rußland hinzu: Aufgrund des Mangels an Treibstoff und der ungeheuer langen Verbindungslinien könnten die Deutschen Schwierigkeiten bekommen. Auch würde die quantitative Überlegenheit der Sowjets zunehmen und langfristig den Ausschlag geben. Vorläufig aber könnten die Deutschen die zahlenmäßige Überlegenheit des Gegners durch die bessere Qualität ihrer Truppen und ihrer operativen Führung ausgleichen. Die militärische Kraft Deutschlands sei somit noch ungebrochen, und es sei auch nicht zu erwarten, daß sich die Lage an der deutsch-russischen Front im bevorstehenden Winter entscheidend ändern werde.

Diese Einschätzung veranlaßte Juhlin-Dannfelt, einige Tage später seinen bisher immer wieder aufgeschobenen dreiwöchigen Jahresurlaub in Schweden anzutreten. Als die Russen am 19. November mit ihrer Gegenoffensive ansetzten, befand er sich in Stockholm. In Berlin versuchte sein Mitarbeiter, Rittmeister Dr. Hans v. Schwerin, etwas über die Lage an der deutschen Ostfront zu erfahren. Am 26. November gab Major Silvius v. Albedyll von der Attachéabteilung ihm gegenüber zu: »Wir haben eine Panne gehabt.« Er fügte hinzu, die russischen und englischen Angaben über Gefangene und Beute seien stark übertrieben. Die Entscheidung würde in der nächsten Woche fallen; gewännen die Deutschen nicht, wäre Stalingrad für sie verloren.

III.

Es dauerte noch einige Wochen, ehe die schwedischen Waffenattachés in Berlin das ganze Ausmaß der deutschen Katastrophe bei Stalingrad erkannten. Das lag zweifellos nicht nur an den Schwierigkeiten, ausreichende und zuverlässige Informationen zu erhalten, sondern auch daran, daß sie von der sowjetischen Kampfkraft überrascht worden waren. Als Juhlin-Dannfelt gegen Ende Januar 1943 klar wurde, wie ernst die Lage der Deutschen bei Stalingrad war, lag das vor allem auch daran, daß deutsche Offiziere jetzt mit mehr Respekt über den Gegner sprachen als bisher. Das wiederum hing damit zusammen, daß, wie Juhlin-Dannfelt am 27. Januar melden konnte, Goebbels die Propaganda umgestellt hatte. Seit dem 20. Januar schlug die deutsche Presse in den Berichten von der Ostfront einen anderen Ton an. Durch größere Offenheit, brutale und Schrecken einjagende Ausdrucksweise wurde die Schwere des »antikommunistischen Schicksalskampfes« herausgestellt. Dazu paßten natürlich die Herabsetzung des Gegners und das bisherige Wunschdenken schlecht.

Am 3. Februar 1943 verfaßte Juhlin-Dannfelt eine ausführliche Lagebeurteilung. Er war überzeugt davon, daß Deutschland sich den Winter über halten werde, denn noch verfüge es über beachtliche Kräfte. Aber es sei nicht sicher, ob die Deutschen 1943 wieder zur Offensive übergehen könnten, denn sie würden die erlittenen Verluste weder quantitativ noch qualitativ ausgleichen können. Ihre Personalreserven seien weitgehend erschöpft, vor allem an Panzern seien sie den Russen weit unterlegen, und es bestehe Mangel an Treibstoff. Die Deutschen würden zweifellos versuchen, ihre Verbündeten zu stärkerem Einsatz zu bewegen, doch sei dieser kaum zu erwarten, wohl aber, daß sich die enttäuschten Verbündeten von Deutschland lossagten. Dagegen seien noch keine Anzeichen von Demoralisierung unter der deutschen Bevölkerung bemerkbar, im Gegenteil scheine Goebbels' Propaganda zunächst Erfolg gehabt und den Widerstandswillen gestärkt zu haben.[16]

Der offizielle deutsche Standpunkt war weiterhin, man werde den Krieg gewinnen. Um von der Ostfront abzulenken, aber auch um zu demonstrieren, daß eine alliierte Landung in Frankreich zum Scheitern verurteilt sei, unternahm die Attachéabteilung mit den in Berlin akkreditierten Attachés vom 4. bis zum 10. Februar 1943 ein Reise an den Atlantikwall. Die dortigen Befestigungsanlagen wurden als unüberwindlich hingestellt. Außerdem hielten die Deutschen daran fest, ihr U-Bootkrieg sei so erfolgreich, daß die Angelsachsen die verlorene Tonnage nicht ersetzen und daher den Krieg nicht gewinnen könnten. Juhlin-Dannfelt überzeugte das natürlich nicht. Während des Besuchs am Atlantikwall will er, wie er in seinen unveröffentlichten Memoiren angibt, v. Mellenthin direkt gesagt haben, daß er nicht an einen deutschen Sieg glaube. Mellenthin habe das »vernünftig« aufgenommen.[17]

Der Marineattaché Östberg hielt die deutschen Hoffnungen im U-Bootkrieg in einem Bericht vom 15. März 1943 ebenfalls für trügerisch. Monatlich müsse die Kriegsmarine mindestens 1,5 Millionen Handelstonnage versenken, um allein den Zuwachs an Neubauten der Angelsachsen auszugleichen. Derartige Versenkungserfolge seien unwahrscheinlich.

In Stockholm war man vor allem an zwei Beurteilungen interessiert: 1. Wie lange würde der Krieg noch dauern? 2. Welche Gefahr bestand, daß Deutschland Schweden angriff? Am 16. März 1943 schrieb Juhlin-Dannfelt, es werde voraussichtlich noch zwei bis drei Jahre dauern, ehe Deutschland zusammenbreche. Bereits 1942 hatte Juhlin-Dannfelt einen deutschen Angriff auf Schweden für wenig wahrscheinlich gehalten. Nach Stalingrad sah er das nicht anders. Allerdings gab es einen Unsicherheitsfaktor. Die Deutschen würden die »Festung Europa« so lange wie möglich halten und daher ihre Positionen stärken wollen. Das habe der deutsche Einmarsch in das unbesetzte Frankreich im November 1942 gezeigt. Selbstverständlich würde Deutschland alles tun, um Norwegen zu behaupten und Finnland bei der Stange zu halten. Daher könne ein militärisches Vorgehen gegen Schweden nicht völlig ausgeschlossen werden. In diesem Zusammenhang wies er auch darauf hin, daß, wie er es diplomatisch umschrieb, »die unangenehmen Seiten der Neuordnung Europas deutlicher hervortreten werden«, je mehr Deutschland in die Verteidigung gedrängt werde. Zweifellos meinte er damit die deutsche Besatzungspolitik, den Mord an den Juden und das Vorgehen gegen Oppositionelle.

Juhlin-Dannfelt entging nicht, daß die deutschen Zeitungen den Einsatz der Waffen-SS jetzt stärker herausstellten. So wurde in den Wehrmachtberichten die Formel »Verbände der Wehrmacht und der Waffen-SS« gebräuchlich. Auch wurde die Überwachung durch die Gestapo immer spürbarer, was auch seine Möglichkeiten, sich zu informieren, einschränkte. Gleichzeitig wurden die Kontakte zur Attachéabteilung frostiger. Dort war Mellenthin am 1. März 1943 durch Oberst Schuchardt abgelöst worden. Dieser hatte als Offiziersanwärter an dem nationalsozialistischen Putschversuch von 1923 teilgenommen und war Träger des Blutordens. Schuchardt mußte also als Anhänger Hitlers gelten. Von ihm erhielt Juhlin-Dannfelt bewußt wenig Informationen, da Schweden von deutscher Seite nicht mehr als neutral, sondern als mehr und mehr ins alliierte Lager abgleitend eingeschätzt wurde. Ende Februar teilte Juhlin-Dannfelt dem Chef der Auslandsabteilung im Verteidigungsstab, Oberst i. G. Gustaf Berggren mit, er sei von einem deutschen Offizier gewarnt worden, seine Berichte seien der Gestapo bekannt. Juhlin-Dannfelt wurde daher in seiner Berichterstattung noch vorsichtiger als bisher. Die Schweden versuchten vergeblich herauszufinden, wie die Meldungen den Deutschen bekannt wurden. Erst nach dem Krieg stellte sich heraus, daß eine der Sekretärinnen an der Gesandtschaft, der man gestattet hatte, einen Deutschen zu heiraten, die Informantin war.[18]

Wenn selbst ein so erfahrener und für gewöhnlich so sicher urteilender Offizier wie Juhlin-Dannfelt von der Kraft der sowjetischen Offensive und dem Ausmaß der deutschen Katastrophe überrascht wurde, verwundert es kaum, daß viele schwedische Militärs noch erstaunter und in einigen Fällen ungläubig darauf reagierten. Der ehemalige Adjutant des Oberbefehlshabers, Major Börje Furtenbach, der zu dieser Zeit als Bataillonskommandeur an der schwedisch-norwegischen Grenze Dienst tat, dürfte mit seiner Tagebucheintragung vom 30.1.1943 diese Überraschung und die dadurch ausgelöste Stimmung drastisch, aber treffend wiedergegeben haben:

»Die Russen setzen ihre Offensive mit unverminderter Kraft fort. Woher, um Gottes Willen, haben sie ihre unerschöpflichen Ressourcen? Ist das Gesindel denn nicht totzukriegen? Ist die deutsche Armee am Ende oder handelt es sich um einen freiwilligen Rückzug? Persönlich glaube ich eher letzteres, aber alle Deutschenfresser in unserer Presse und die Wankelmütigen in meinen Kreisen jubeln oder schütteln den Kopf, je nach Charakter.«[19]

Diese Überraschung erklärt sich damit, daß, wie oben erwähnt, die meisten Militärs den deutschen Sieg nicht nur erwarteten, sondern auch wünschten, wobei dieser Wunsch zumindest in einigen Fällen die Einschätzung der sowjetischen Kampfkraft beeinflußte. Obwohl Rußland seit jeher als potentieller Angreifer galt und diese Gefahr nach Ansicht der Militärs durch die Bildung der kommunistischen Sowjetunion noch gewachsen war, unternahmen die Stäbe bis Ende 1943 niemals den Versuch, die militärischen Ressourcen der östlichen Großmacht systematisch zu analysieren.[20] Wenn Kumlin in seiner oben referierten Denkschrift darauf hinwies, es gebe keine zuverlässige Beurteilung des sowjetischen Kräftepotentials und bisher habe man sowohl auf deutscher als auch auf neutraler Seite die sowjetische Kampfkraft unterschätzt, lag darin eine kaum versteckte Kritik am Verteidigungsstab, denn mit »neutral« meinte er zweifellos »schwedisch«.

Daß ausgerechnet der Oberbefehlshaber die deutsche Kampfkraft über- und die sowjetische unterschätzt hatte, stärkte nicht gerade seine Position der Regierung gegenüber. Außenminister Günther, der ohnehin Thörnells Lagebeurteilungen und darauf gestützte Forderungen meist skeptisch aufgenommen und zurückgewiesen hatte, fühlte sich in seiner Haltung bestärkt.[21] Als Thörnell im November und Dezember 1942 unter Hinweis auf eine drohende alliierte Landung in Norwegen spätestens am 1. März 1943 und einen dadurch zu erwartenden Angriff Deutschlands forderte, die militärische Bereitschaft zu erhöhen, sprach sich zwar Günther dagegen aus, setzte sich damit aber in der Regierung nicht völlig durch, die am 22. Dezember allerdings eine gewisse und zeitlich begrenzte Verstärkung der militärischen Bereitschaft beschloß. In den hierüber geführten Diskussionen warnte Günther davor, sich zu sehr auf militärische Vorhersagen zu verlassen. Nicht ohne eine gewisse Genugtuung wies er darauf hin, daß selbst die besten Militärs von der alliierten Landung in Nordafrika völlig überrascht worden seien.[22] Nur um Thörnell nicht allzu auffällig zu verletzen, versagte er sich auch den Hinweis auf die Überraschung des Verteidigungsstabes durch die sowjetische Offensive bei Stalingrad.

Die schwedische Befürchtung, Hitler würde, um Norwegen leichter verteidigen zu können, Schweden besetzen, war keineswegs neu und basierte auf der richtigen Annahme, daß Hitler ernstlich mit einer alliierten Landung in Skandinavien rechnete. Das Außenministerium und Richert hatten auch bereits im August 1942 gemeint, Deutschland könne gerade, wenn es in die Verteidigung gedrängt werde, versucht sein, Schweden zu okkupieren, um die »Festung Europa« stärker abzusichern. Dennoch hatte Schweden bereits 1942 begonnen, seinen außenpolitischen Kurs vorsichtig umzulegen. Deutsche Wünsche, zum Beispiel nach dem Transit von Truppen und Material nach Nordfinnland und dem Verbot der kommunistischen Partei, wurden abgelehnt. Man forderte von Deutschland die strikte Einhaltung getroffener Abmachungen. Damit kam man sowohl alliierten Forderungen als auch der öffentlichen Meinung Schwedens entgegen.

Diese veränderte Einstellung zeigte sich beispielhaft an der Behandlung der Frage von zehn norwegischen Frachtern, die beim deutschen Überfall auf die Sowjetunion nach Schweden geflohen waren. Sowohl die deutsche als auch die englische Regierung, die die Schiffe von der norwegischen Exilregierung gechartert hatte, verlangten die Auslieferung der Frachter und machten die Angelegenheit zu einer prinzipiellen Frage, was sie von der Substanz her schwerlich war. Die schwedische Regierung belegte die Schiffe zunächst mit einem Embargo und ließ dann gerichtlich entscheiden, wer über sie verfügen dürfe. Der Oberste Gerichtshof gab die Frachter frei, die daraufhin ungehindert nach England ausliefen. Allerdings erreichten nur zwei ihren Zielhafen, sechs gingen verloren und zwei kehrten nach Göteborg zurück. Trotz wiederholter deutscher Aufforderungen lieferte Schweden sie nicht aus. Damit kam man auch der öffentlichen Meinung entgegen, die immer eindeutiger gegen Deutschland und für das besetzte Norwegen Stellung nahm.

Am deutlichsten läßt sich der innenpolitische Umschwung an der Pressepolitik ablesen. Seit die Nationalsozialisten in Deutschland an die Macht gekommen waren, hatten sie versucht, kritische schwedische Zeitungen zum Schweigen zu bringen. Sowohl die Gesandtschaft in Berlin als auch die Regierung in Stockholm hatten auch aus der Befürchtung heraus, Deutschland könne durch allzu kritische Zeitungsartikel zu einem Angriff auf Schweden provoziert werden, vor allem von 1939 bis 1941 eine Kontrolle der Presse gefordert. Die Regierung versuchte jedoch, zunächst mit gewissem Erfolg, durch Überredung und durch besondere staatliche Behörden, die Presse zur Zurückhaltung gegenüber Deutschland zu bewegen. Seit 1940 hatte die Regierung auch die gesetzliche Möglichkeit, zu verhindern, daß Zeitungen und Zeitschriften ausgeliefert wurden, machte davon aber selten Gebrauch. Im Jahr 1941 war zwar das Grundgesetz geändert worden, um eine direkte Pressezensur zu ermöglichen, doch wurde diese niemals ausgeübt. Dagegen berief sich die Regierung wiederholt auf einen nahezu vergessenen Paragraphen im Pressegesetz, der die Beschlagnahme von Schriften erlaubte, durch die sich eine »ausländische Macht gekränkt fühlte«. Das bedeutete, daß die Regierung abwarten mußte, ob sich der deutsche Gesandte über eine Publikation beschwerte. Günther und der Justizminister Karl Gustaf Westman von der Bauernpartei, die in erster Linie für diese Fragen zuständig waren, griffen bis Anfang 1942 verhältnismäßig oft ein, und mitunter, ohne deutsche Vorstellungen abzuwarten. In Schweden wuchs allerdings die Kritik an der Pressepolitik der Regierung, vor allem nach der Häufung von Beschlagnahmungen im Zusammenhang mit Zeitungsberichten über die sich verschärfende deutsche Besatzungspolitik in Norwegen. Nachdem Westman im März 1942 nochmals 17 Zeitungen wegen derartiger Berichte hatte beschlagnahmen lassen, wurde diese Politik innenpolitisch unmöglich. Zwar wollte Westman an ihr festhalten, unterstützt unter anderem von Thörnell, aber Günther hatte offenbar erkannt, daß sie nicht mehr durchzusetzen war. Allerdings suchte die Regierung weiterhin, die Presse zur Zurückhaltung anzuhalten. Erst nach Stalingrad gab sie nach und nach auch diese Linie auf, um schließlich Ende 1943 deutsche Forderungen unter Hinweis auf die öffentliche Meinung zurückzuweisen.

In diesem Zusammenhang ist interessant, daß Richert und Juhlin-Dannfelt, die 1939/40 immer wieder und nachdrücklich gefordert hatten, die Presse zu kontrollieren, bereits 1942 diese Forderung nicht oder in Richerts Fall nur noch Anfang des Jahres wiederholten. Dagegen war Forshell weiterhin besorgt, schwedische Publizisten könnten Hitler zu einem Angriff auf Schweden provozieren. Nach Stalingrad verschärfte man auch auf schwedischer Seite den Ton bei der Zurückweisung deutscher Beschwerden über die schwedischen Publikationen. So wies Richert im Frühjahr 1943 Staatssekretär v. Weizsäcker vom Auswärtigen Amt ausdrücklich daraufhin, daß von der schwedischen Presse schwerlich verlangt werden könne, zur deutschen Besatzungspolitik in Norwegen zu schweigen, etwa zur Schließung der Osloer Universität und zur Verhaftung von Studenten, Professoren, Geistlichen und Juden. Weizsäcker nahm das kommentarlos zur Kenntnis. Deutscherseits sah man schließlich auch ein, daß man in dieser Frage nichts erreichen konnte und erklärte schließlich resignierend, man erwarte nicht, daß die schwedische Presse sich den deutschen Standpunkt zu eigen mache, aber daß sie neutral berichte.[23] Das schloß allerdings nicht aus, daß die deutsche Presse schwedische Zeitungsartikel scharf angriff, die kein Verständnis für den »deutschen Abwehrkampf gegen den Kommunismus« zeigten.

Die Regierung gab der öffentlichen Meinung 1942 auch noch in einem weiteren Punkt nach. Seit langem hatten vor allem Liberale und Sozialdemokraten (und natürlich die Kommunisten) Militär und Polizei vorgeworfen, dem nationalsozialistischen Deutschland gegenüber zu verständnisvoll und nachgiebig, wenn nicht gar selbst nationalsozialistisch zu sein. Im August 1942 setzte die Regierung eine parlamentarische Kommission ein mit dem Auftrag, die politische Einstellung der Polizei zu untersuchen. Die Kommission hatte natürlich eine im Grunde unmögliche Aufgabe, denn die befragten Polizisten verneinten selbstverständlich nationalsozialistische Sympathien, und die gegen einzelne Beamten erhobenen Beschuldigungen waren meist vage und konnten nicht erhärtet werden. In ihrem Abschlußbericht, den sie im Mai 1943 vorlegte, gab die Kommission dennoch an, von etwa 430

untersuchten Polizisten hätten rund 90 Sympathien für die Nationalsozialisten gezeigt. Maßnahmen gegen sie schlug die Kommission nicht
vor, und für die Betroffenen hatte die Untersuchung keine Folgen. Wohl
aber brachte sie Unruhe in die Polizei, während sie andererseits ihre
Kritiker nicht befriedigte.[24]

Eine derartige Untersuchung der Streitkräfte wollte die Regierung
anscheinend vermeiden, doch erhielt der Oberbefehlshaber im August
1942 den Auftrag, eine Zusammenstellung über diejenigen Offiziere und
Unteroffiziere anzulegen, die, falls es mit den Alliierten beziehungsweise
mit Deutschland zum Krieg käme, als unzuverlässig gelten müßten.[25]

Die Regierung erwog Anfang 1943 auch, Polizisten und Militärs die
Zugehörigkeit zu kommunistischen oder nationalsozialistischen Parteien zu verbieten. In der Praxis hätte sich dieses Verbot natürlich nur
gegen die Nationalsozialisten gerichtet. Zwei der sozialdemokratischen
Mitglieder des Kabinetts, der Sozialminister Gustav Möller und der
Verteidigungsminister Per Edvin Sköld, setzten sich vor allem für ein
derartiges Gesetz ein. Die Mehrheit der Minister folgte aber dem Premierminister, der es aus prinzipiellen Gründen ablehnte.[26]

Eine andere, immer stärker kritisierte Praxis der Streitkräfte stellte
die Regierung 1942 ab: Nach Ausbruch des Krieges, vor allem aber
nach dem sowjetischen Überfall auf Finnland 1939, hatte das Militär
unter Ausnutzung der allgemeinen Abneigung gegen die Kommunisten kommunistische Wehrpflichtige oder solche, die sie dafür hielt,
in sogenannten Arbeitskompanien zusammengefaßt und isoliert. Zwar
behauptete das Militär, auch Nationalsozialisten würden so behandelt.
Den Kritikern dieser Praxis, die rechtlich gesehen äußerst zweifelhaft
war und über die die Regierung nie richtig aufgeklärt wurde, war es
aber leicht, das Gegenteil nachzuweisen. 1942 ließ der Verteidigungsminister diese Kompanien auflösen.[27]

Auch einige der im Sommer 1942 vorgenommenen personellen Veränderungen in der Spitze der Streitkräfte nahmen Rücksicht auf die
Alliierten und die schwedische öffentliche Meinung, ohne den Deutschen zu auffällig die neue Haltung zu demonstrieren. Am 3. August
1942 meldete der deutsche Militärattaché, Generalleutnant Bruno
v. Uthmann, in einem Geheimschreiben, das von den Schweden mitge-
lesen wurde, der Chef des Kommandoamts des Heeres im Verteidigungs-
ministerium, Henry Kellgren, der sich »in deutschem Interesse wiederholt« bewährt habe, sei zwar zum Generalmajor befördert worden, aber
seine Kompetenzen seien zugunsten des Chefs des Marinekommando-
amts, Konteradmiral Marc Giron, beschnitten worden — offiziell, weil

dieser rangälter sei. Dies sei jedoch eine politische Entscheidung: »Steigen Deutschlands Siegesaussichten, wird Kellgrens Stellung erweitert, steigen angelsächsische Aussichten, verschwindet Kellgren.« Besonders negativ bewertete v. Uthmann die Ernennung von Oberst Carl August Ehrensvärd zum Stellvertretenden Chef des Verteidigungsstabes. Er bezeichnete ihn als »nicht deutschverständnisvoll« und »Konjunkturmann« und hielt es außerdem für unglücklich, daß auch sein Vetter, Generalleutnant Archibald Douglas, ein hohes Kommando in Stockholm übernommen hatte. Allerdings hoffte er, daß Ehrensvärd nicht versuchen werde, sich gegen den neuen Chef des Verteidigungsstabes, Generalmajor Axel Bredberg, und den Oberbefehlshaber durchzusetzen. Auf jeden Fall sei es daher sehr im deutschen Interesse, daß Thörnell über das Frühjahr 1943 hinaus Oberbefehlshaber bliebe.[28]

Ideologisch gesehen mußte es den Deutschen allerdings gewisse Schwierigkeiten machen, etwas an Ehrensvärd auszusetzen. Dieser hatte nämlich sowohl 1918 als auch 1939/40 in Finnland gegen die Kommunisten gekämpft. Allerdings gehörte er unter den schwedischen Militärs zu den Kritikern Thörnells, die den Oberbefehlshaber als zu vorsichtig Deutschland gegenüber hielten. Entgegen der Erwartung Uthmanns setzte sich Ehrensvärd mit seiner Auffassung, einem deutschen Angriff müßte und könnte Widerstand geleistet werden, sehr wohl durch. Im Dezember 1942 erging ein entsprechender Befehl, der auch darauf hinwies, daß jede Behauptung, der Kampf sei aufzugeben, falsch sei. Im Frühjahr 1943 veröffentlichte Ehrensvärd ein Buch in diesem Geist: »Hart gegen Hart. Blitzangriff und Blitzverteidigung«, zu dem er Thörnell ein Vorwort schreiben ließ.[29] Ehrensvärd kam auch bereitwillig dem im Herbst 1942 vom Außenministerium geäußerten Wunsch nach, seitens des Verteidigungsstabes alle ausländischen Militärattachés gleich zu behandeln und nicht wie bisher die der Achsenmächte zu bevorzugen.[30]

Thörnell wurde allerdings nicht abgelöst, sondern seine Amtszeit ab 1. April 1943 um ein Jahr verlängert, obwohl in der Regierung vor allem der sozialdemokratische Finanzminister Ernst Wigforss und der Kultusminister und Vorsitzende der Konservativen, Gösta Bagge, einen Wechsel auf diesem Posten wünschten. Der Verteidigungsminister aber trat für ihn ein, da er keinen der Nachfolgekandidaten akzeptieren wollte, von denen er mit Recht annahm, daß keiner von ihnen sich so folgsam an seine Linie halten würde wie Thörnell. Außerdem konnte so der schwedische Kurswechsel den Deutschen gegenüber etwas bemäntelt werden.[31]

In Fragen, die die deutschen Interessen stärker und direkt berührten, taktierte die Regierung auch nach Stalingrad zunächst vorsichtig. Die Alliierten, vor allem die USA, und die öffentliche Meinung in Schweden forderten immer stärker die Einschränkung der Handelsbeziehungen mit Deutschland und Finnland sowie die Kündigung der Abkommen über Transporte deutscher Urlauber und deutschen Kriegsmaterials nach Norwegen. Der Handel mit Deutschland wurde zwar eingeschränkt, vor allem indem Schweden keine neuen Kredite gewährte. Die Transitabkommen wurden aber erst im August 1943 gekündigt, nachdem sich die militärische Lage Deutschlands weiter verschlechtert hatte.[32]

Die wichtigste außenpolitische Frage nach Stalingrad war jedoch für die schwedische Regierung und besonders für Außenminister Günther, wie Finnland davor bewahrt werden könnte, in die deutsche Katastrophe hineingezogen zu werden. Er und sein Staatssekretär, Boheman, rechneten in den ersten Wochen nach der deutschen Niederlage offenbar mit schnellen und bedeutenden sowjetischen Erfolgen und befürchteten, daß die Sowjetunion schon bald Zentraleuropa beherrschen werde. Am 9. Februar 1943 ließ Günther im Kabinett die finnische Frage diskutieren. In diesem Zusammenhang erklärte er zum ersten Mal eindeutig, Deutschland werde den Krieg verlieren. Seiner Ansicht nach sollte schnell gehandelt werden, um Finnland einen Separatfrieden zu ermöglichen. Vor allem der Ministerpräsident Hansson wollte aber von Eile nichts wissen und warnte davor, das deutsche Kriegspotential zu unterschätzen. Die Regierung beschloß denn auch, vorläufig abzuwarten. Es stellte sich auch schon bald heraus, daß Finnland die Zeit noch nicht für reif hielt, einen Sonderfrieden zu schließen, und Schweden direkt aufforderte, keine Initiative in dieser Frage zu ergreifen. Auch die Sowjetunion wollte von schwedischer Vermittlung zunächst nichts wissen. Dagegen forderte sie nun, Schweden solle jegliche Unterstützung für Finnland und auch den Handel mit ihm einstellen. Diese Forderung wurde von den USA und Großbritannien unterstützt, und es gelang Schweden nur mit gewissen Schwierigkeiten, seinen Standpunkt aufrechtzuerhalten, es könne Finnland nicht fallen lassen. Erst im November 1943 kam es dank schwedischer Vermittlung zu den finnisch-sowjetischen Kontakten, die am 19. September 1944 zu einem Waffenstillstandsvertrag führten.[33]

Seit Ausbruch des Krieges war Schweden natürlich ein Tummelplatz für die Geheimdienste der kriegführenden Mächte sowie für alle möglichen Versuche, Kontakte zur anderen Seite herzustellen, unter anderem um über einen deutsch-sowjetischen Separatfrieden zu verhandeln.[34] Natürlich gab es auch Kontakte zu den verschiedenen Richtungen des deutschen Widerstands. Schwedische Polizei und Regierung waren recht gut darüber informiert, zumal einige dieser Kontakte über die Gesandtschaft in Berlin liefen. Zu den Gewährsmännern Richerts gehörte zum Beispiel Fabian v. Schlabrendorff. Auch Juhlin-Dannfelt hatte bereits spätestens seit 1938 Informationen über die Opposition gegen Hitler und mit Sicherheit gewisse Verbindungen zu Admiral Wilhelm Canaris. Bezeichend für Richert und Juhlin-Dannfelt ist, daß sie niemals daran glaubten, daß sich diese Opposition gegen Hitler durchsetzen könnte. In dieser Beurteilung und auch in der Auffassung, Deutschland werde keinen Separatfrieden mit der Sowjetunion schließen, war sich Juhlin-Dannfelt völlig einig mit Richert. Allerdings hatte Juhlin-Dannfelt im Winter 1939/40 für kurze Zeit gehofft, die Wehrmacht könnte Hitlers Macht zumindest einschränken. Aber schon bald war er der Ansicht, nur empfindliche Niederlagen könnten, wenn überhaupt, in Deutschland zu einem Umsturzversuch führen, dessen Aussichten auf Erfolg höchst ungewiß seien. Selbst nach Stalingrad sahen Richert und Juhlin-Dannfelt keine Aussichten für einen derartigen Versuch, denn noch stünde die Mehrheit der Deutschen zum nationalsozialistischen Regime und außerdem werde angesichts der immer schärferen Überwachung durch die Gestapo ein Putschversuch zunehmend schwieriger. Die Stockholmer Regierung sah das nicht anders und verhielt sich daher gegenüber den Versuchen deutscher Oppositioneller, über sie Kontakt zu den Westmächten aufzunehmen, ablehnend.[35]

Zusammenfassend ist festzustellen: Schweden hatte es 1941 abgelehnt, sich an Deutschlands Seite am Krieg gegen die Sowjetunion zu beteiligen. Regierung und militärische Führung wußten schon kurz nach Beginn des deutschen Feldzugs, daß er nicht so zügig vorankam, wie die deutsche Propaganda geltend machte. Während aber die Militärs den deutschen Versicherungen Glauben schenkten, Rußland würde 1942 endgültig besiegt werden, zweifelte das Außenministerium daran und stellte Überlegungen über die Lage in Zentraleuropa nach einem sowjetischen Sieg an. Von dieser Annahme ausgehend sowie steigendem politischem und wirtschaftlichem Druck der Westmächte, aber auch immer stärkerer Kritik seitens der öffentlichen Meinung im eigenen Land ausgesetzt, begann die Regierung bereits 1942 trotz der zunächst beachtlichen Erfolge der deutschen Offensive in Rußland, sich vorsichtig von Deutschland zu distanzieren.

Das Ausmaß der deutschen Katastrophe bei Stalingrad beziehungsweise die sowjetische Offensivkraft überraschte alle, sowohl die Militärs, von denen die meisten mit der Niederlage der Sowjetunion gerechnet hatten, als auch diejenigen, die davon ausgegangen waren, daß die Sowjetunion auf lange Sicht den Krieg gewinnen würde. Im Außenministerium war man nun zunächst der Auffassung, die Sowjetunion werde schon bald Zentraleuropa beherrschen. Nach den Lagebeurteilungen der Gesandtschaft in Berlin mußte man sich jedoch auf zwei bis drei weitere Kriegsjahre einstellen. Weder die Gesandtschaft in Berlin noch das Außenministerium glaubte an einen deutschen Separatfrieden mit Moskau oder an einen erfolgreichen Staatsstreich gegen Hitler. Selbstverständlich konnte man nach Stalingrad den bereits 1942 eingeschlagenen Kurs der Distanzierung von Deutschland und der Annäherung an die Westmächte beibehalten und beschleunigen. Doch in Anbetracht der zunächst immer noch beachtlichen militärischen Stärke Deutschlands meinte man, dabei nicht zu schnell und zu brüsk vorgehen zu dürfen. So kündigte man die Transportabkommen mit Deutschland über den militärischen Transitverkehr nach Norwegen erst im Sommer 1943. Noch behutsamer trat man in der finnischen Frage auf. Hauptsächliches Anliegen der schwedischen Außenpolitik blieb auch nach Stalingrad, dem Land einen Krieg zu ersparen.

Anmerkungen

[1] Vgl. W. M. Carlgren, Svensk utrikespolitik 1939–1945, Stockholm 1973, S. 220 ff.; A. W. Johansson, Per Albin och kriget, Stockholm 1984, S. 236 ff.; und ders., Transiteringar, eskorteringar och det svenska territorialvattnet, in: Stormaktstryck och småstatspolitik, hrsg. von S. Ekman, Stockholm 1986, S. 119 ff.

[2] Vgl. Carlgren, Svensk utrikespolitik (wie Anm. 1), S. 270 ff., und Johansson, Per Albin och kriget (wie Anm. 1), S. 248 ff.

[3] K.-R. Böhme, Underrättelser från Berlin, in: Urladdning, hrsg. von B. Hugemark, Stockholm 1990, S. 168 ff. Alle Angaben über schwedische Offiziere, so nicht anders erwähnt, nach Svenska försvarsväsendets rulla 1941–1943.

[4] Vgl. T. Nybom, Motstånd — anpassning — uppslutning, Stockholm 1978, S. 129 ff. Selbst ein so ausgesprochener Gegner des nationalsozialistischen Deutschlands wie der Fregattenkapitän Gustaf Emil Boldt-Christmas, der seiner Einstellung wegen gewisse Schwierigkeiten in der Marine hatte, ging in seinem 1941 veröffentlichten Buch: Rysslands dilemma, S. 23 f., davon aus, daß Deutschland die Sowjetunion besiegen, dann aber von den Seemächten Großbritannien und den USA geschlagen werden würde.

[5] Vgl. Johansson, Per Abin och kriget (wie Anm. 1), S. 236 ff.

6 Vgl. Carlgren, Svensk utrikespolitik (wie Anm. 1), S. 314 ff.

7 Vgl. K.-R. Böhme, Svensk polis och Gestapo, in: I orkanens öga, hrsg. von B. Hugemark, Stockholm 1992, S. 66 f.

8 W. M. Carlgren, Svensk underrättelsetjänst 1939—1945, Stockholm 1985, S. 66 ff. und 81 ff.

9 Vgl. ebd., S. 114, und ders., Die Einschätzung der Lage Deutschlands in der zweiten Kriegshälfte aus schwedischer Sicht, in: Die Zukunft des Reiches: Gegner, Verbündete und Neutrale (1943—1945), hrsg. von M. Messerschmidt und E. Guth, Herford, Bonn 1990, S. 177—193, hier S. 178.

10 Vgl. Carlgren, Svensk utrikespolitik (wie Anm. 1), S. 327 ff., und Johansson, Per Albin och kriget (wie Anm. 1), S. 291 ff.

11 Abgedr. in: Ragmar Kumlin, Småstatsdiplomat i storkmaktskrig, in: Historisk Tidskrift, Stockholm 1977, S. 440 ff. Vgl. Carlgren, Einschätzung (wie Anm. 9), S. 177 f.

12 Die Waffenattachés schrieben offizielle Rapporte an den Verteidigungsminister und den Chef des Nachrichtendienstes (ab 1942 der Auslandsabteilung) im Verteidigungsstab. Diese Rapporte wurden über den Gesandten eingereicht. Daneben war es besonders bis zum Sommer 1942 üblich, den Chef des Nachrichtendienstes bzw. der Auslandsabteilung mit sogenannten Handschreiben zu informieren. Die hier aktuellen Schreiben liegen im schwedischen Kriegsarchiv, Stockholm (KrA): Försvars stabens hemliga arkiv. Underrättelseavdelningen, ab 1943 Utrikesavdelningen, Serie E I:18 und E II:18. Die folgenden Hinweise auf Rapporte der Waffenattachés beziehen sich, so nicht anders angegeben, auf diese Serien. Vgl. Carlgren, Svensk underrättelsetjänst (wie Anm. 8), S. 100 ff.

13 Vgl. K.-R. Böhme, Tysklands expansion börjar, in: Stormvarning, hrsg. von B. Hugemark, Stockholm 1989, S. 44 ff., und Böhme, Underråttelser från Berlin (wie Anm. 3), S. 172 ff.

14 Vgl. Stig H:son Ericsons arkiv, Bd 16: A. Forshell an S. H. Ericson, 29. 4. 1942, und Anders Forshells arkiv, Bd 6: Tagebuch 1942, beide im KrA.

15 Zu den Arbeitsbedingungen usw. der schwedischen Waffenattachés in der Sowjetunion siehe A. Tengbom, Militärattachérapporteringen från Moskva 1941—1945 (ungedruckte Jahresarbeit, Militärhochschule, HSK 2A 89—91, Stockholm 1990), und Carlgren, Svensk underrättelsetjänst (wie Anm. 8), S. 162 f.

16 Juhlin-Dannfelt hatte guten Kontakt zu den Militärattachés der deutschen Verbündeten in Berlin. Außerdem wurde Stockholm durch seine Militärattachés in Helsinki, Rom, Budapest, Bukarest und Sofia sowie durch die Marineattachés in Helsinki und Rom informiert. Vgl. Carlgren, Svensk utrikespolitik (wie Anm. 1), S. 388, und ders., Svensk underrättelsetjänst (wie Anm. 8), S. 12 f.

17 Curt Juhlin-Dannfelts arkiv, Bd 2: Utkast till memoarer, S. 274, KrA.

18 Vgl. Carlgren, Svensk underrättelsetjänst (wie Anm. 8), S. 194 ff.

19 Bredskapsverket, Bd 4, Börje Furtenbachs dagbok, KrA.

20 Axel Bredbergs arkiv, Bd 45: Befolkningsuppgifter Sovjetunionen och Tyskland 30.12 1943, ebd.

21 Vgl. Carlgren, Svensk utrikespolitik (wie Anm. 1), S. 587. In seinen unveröffentlichten Memoiren behauptet Juhlin-Dannfelt, Thörnell habe selbst

um Weihnachten 1943 noch nicht an die militärische Niederlage Deutschlands glauben wollen. Vgl. KrA, Curt Juhlin-Dannfelts arkiv, Bd 2: Utkast till memoarer, S. 301 f.

22 Gösta Bagges samling, Bd 3: Minnesanteckningar 1941–942, in: Riksarkivet (RA). Vgl. Carlgren, Svensk utrikespolitik (wie Anm. 1), S. 365 ff.
23 Vgl. Olof Thörnells arkiv, Bd 21: Anteckningar från beredskapstiden, 14. 10. 1942, KrA; Carlgren, Svensk utrikespolitik (wie Anm. 1), S. 319 ff.; Johansson, Per Albin och kriget (wie Anm. 1), S. 100 ff., 191 ff., 291 ff., und Böhme, Underråttelser från Berlin (wie Anm. 3), S. 178.
24 Vgl. Böhme, Svensk polis (wie Anm. 7), S. 68.
25 Olof Thörnells arkiv, Bd 18: Dagbok, 31. 8. 1942, und Bd 21: Anteckningar från beredskapstiden, 31. 8. 1942, KrA.
26 Gösta Bagges samling, Bd 4: Minnesanteckningar 1943–1944, 13. 4. 1943, RA.
27 Vgl. Böhme, Svensk polis (wie Anm. 7), S. 57.
28 Tosterupsamlingen. General C. A. Ehrensvärd, Bd 4: Mitschrift 66/42 GKdos, RA, und C. A. Ehrensvärd, I rikets tjänst, Stockholm 1965, S. 191 ff. Vgl. Carl August Ehrensvärd, Dagbokantechningar 1938–1957, hrsg. von E. Norberg, Stockholm 1991, S. 163 ff.
29 Vgl. Carlgren, Svensk utrikespolitik (wie Anm. 1), S. 370; Johansson, Per Albin och kriget (wie Anm. 1), S. 302 f; Ehrensvärd, I rikets tjänst (wie Anm. 28), S. 33 ff., 125 ff., und ders., Dagbokantechningar (wie Anm. 28), S. 149 ff., 170 ff.
30 Vgl. Carlgren, Svensk underrättelsetjänst (wie Anm. 8), S. 100.
31 Gösta Bagges samling, Bd 4: Minnesanteckningar 1943–1944, 18. 2. 1943, RA, sowie Olof Thörnells arkiv, Bd 18: Dagbok, 17. 2. 1943, und Bd 21: Anteckningar från beredskapstiden, 17. 2. 1943, KrA.
32 Vgl. Carlgren, Svensk utrikespolitik (wie Anm. 1), S. 358 ff., und ders., Einschätzung (wie Anm. 9), S. 181.
33 Vgl. Carlgren, Svensk utrikespolitik (wie Anm. 1), S. 460 ff., und ders., Einschätzung (wie Anm. 9), S. 179 f., 185, sowie den Beitrag von Bernd Wegner in diesem Band.
34 Siehe hierzu Ingeborg Fleischhauer, Die Chance des Sonderfriedens. Deutschsowjetische Geheimgespräche 1941–1945, Berlin 1986.
35 Carlgren, Svensk utrikespolitik (wie Anm. 1), S. 388, 419; Böhme, Tysklands expansion (wie Anm. 13), S. 51; ders., Underråttelser från Berlin (wie Anm. 3), S. 177 f.; Carlgren, Einschätzung (wie Anm. 9), S. 179, 182 f.

Klaus Schönherr

Die Türkei im Schatten Stalingrads. Von der »aktiven Neutralität« zum Kriegseintritt

Die militärischen Ereignisse von Stalingrad wirkten sich nicht nur gravierend auf die direkt beteiligten Mächte aus, sondern beeinflußten auch die neutrale Türkei. Wie Schweden lag sie aufgrund ihrer geostrategischen Lage im unmittelbaren Spannungsfeld des Zweiten Weltkrieges. Um die politische Handlungsweise Ankaras, die mit den Ereignissen in Stalingrad, im Kaukasus und in Nordafrika eng zusammenhingen, einordnen zu können, muß auf die türkische Außenpolitik in der Zeit davor kurz eingegangen werden.[1]

»Nonbelligerence« und »aktive Neutralität«

Nachdem Ende 1941 der militärische Konflikt zum Weltkrieg eskaliert war und die Wehrmacht weite Gebiete des europäischen Teils der UdSSR erobert hatte, hielt die Türkei noch strikter an ihrer Neutralität fest. In Anbetracht der militärischen Situation begrüßte Ankara einerseits die deutschen Erfolge, da das Land die Ausschaltung des Machtfaktors »Sowjetunion« erhoffte, befürchtete aber andererseits, daß im Falle eines deutschen Sieges die Republik dem politischen und militärischen Druck des Reiches vollständig ausgeliefert sein würde. Allerdings trug auch die britisch-sowjetische Übereinkunft vom Juli 1941 sowie der Moskaubesuch des englischen Außenministers Eden im Dezember zur Verunsicherung bei. Zur Beruhigung Ankaras erklärte Eden zwar am 8. Januar 1942, daß die territoriale Integrität der Republik weder durch Großbritannien noch durch die UdSSR bedroht sei, aber überzeugt war man in der türkischen Hauptstadt davon nicht.[2]

Die von den Achsenmächten 1942 errungenen Erfolge in Rußland und in Nordafrika führten in der Türkei zu der Befürchtung, daß das Land in naher Zukunft ganz vom Machtbereich der Achse eingeschlossen sein könnte. Deshalb bemühte sich die Staatsführung in Ankara, einen Kompromißfrieden zwischen Großbritannien und Deutschland zu vermitteln, um damit der Gefahr vorzubeugen, in den Krieg hineingezogen zu werden.[3] Obwohl der kleinasiatische Staat hoffte, daß sowohl das Deutsche Reich als auch die Sowjetunion geschwächt aus dem militärischen Konflikt hervorgingen, damit beide keinen Bedrohungsfaktor mehr für die türkischen Sicherheitsinteressen darstellten, sah sich Ankara bis Ende 1942 fast ausschließlich deutschem Druck ausgesetzt. Im Zenit seiner Macht stehend drängte das »Dritte Reich« vehement darauf, daß die Republik aktiv an der Seite der Achsenmächte in den Krieg eingriff. Da Deutschland kriegsbedingt die Mittel fehlten, die Türkei zu diesem Schritt zu zwingen, mußte es sich auf diplomatische Mittel beschränken. Trotz allen Druckes und versteckter Drohungen gelang es Berlin nicht, Ankara von seinem Neutralitätskurs abzubringen.[4]

In dieser Situation verkündete die türkische Staatsführung ab Sommer 1942 ihre »aktive Neutralität«. Unter dieser Politik, die Außenminister Menemencioglu gedanklich konzipierte, war zu verstehen, daß die Türkei sich nicht damit zufrieden gab, einfach neutral zu bleiben und die äußeren Ereignisse passiv abzuwarten. Menemencioglu sah es vielmehr als notwendig an, daß die Republik in die politischen Ereignisse außerhalb des Landes soweit korrigierend eingriff, wie es für die eigenen Interessen nützlich war. Der Kurs der »aktiven Neutralität« schloß eine aktive Kriegsteilnahme generell aus.[5]

»An active neutral has a foot in both camps. It is permissible for him to have an alliance with one of the belligerents so long as he has a pact of friendship with the other«[6],

stellte das britische Außenministerium kritisch fest.

Die 1942 von Ankara gegenüber Berlin vertretene wohlwollende Haltung veranlaßte die deutsche Führung zu der Hoffnung, daß sich die Republik allmählich den Achsenmächten anschließen würde.[7] Hierbei verkannte das »Dritte Reich« die politische Haltung Ankaras vollkommen, die sich lediglich der militärischen Situation in Europa und Nordafrika angepaßt hatte. Da man die alliierte Position zumindest bis in die zweite Hälfte 1942 als relativ schwach einschätzte, wandte sich die Staatsführung hauptsächlich den Achsenmächten zu. Die Türkei wollte mit ihrem Verhalten verhindern, daß sie in der Nachkriegszeit Opfer einer deutschen Hegemonialpolitik wurde. Eine politische und ökonomische Neuordnung im nationalsozialistischen Sinne, so befürchtete man in Ankara, würde die Republik zu einem deutschen Satellitenstaat degradieren.[8] Nicht nur die hegemonialen Ambitionen Deutschlands, sondern auch die sich abzeichnenden Niederlagen in Stalingrad und in Nordafrika veranlaßten Ankara, die Akzente in der

Außenpolitik allmählich zu verändern. Man beteuerte gegenüber Berlin zwar ständig seine freundschaftlichen Beziehungen, dennoch war eine langsame Distanzierung von den Achsenmächten nicht zu übersehen. Gleichzeitig verstärkte Großbritannien den politischen Druck auf die Türkei, damit diese ihre vertraglichen Verpflichtungen erfüllte. Ende 1942 zeigte London keine Bereitschaft mehr, Waffen an die Türkei zu liefern und dafür lediglich die »Nichtkriegführung« zu bekommen.[9]

Die türkisch-sowjetischen Beziehungen waren 1942 ausschließlich von gegenseitigem Mißtrauen gekennzeichnet. Während Ankara bei einem Sieg der UdSSR dessen Hegemonialherrschaft in Ost und Südosteuropa sowie die sowjetische Kontrolle der Meerengen[10] fürchtete, ging Moskau davon aus, daß bei einem militärischen Erfolg Deutschlands die Türkei Ansprüche auf die turkstämmigen Gebiete stellen würde. Dennoch erwies sich die türkische Neutralität auch für die Sowjetunion von Vorteil, denn das Land schirmte die alliierten Nachschubwege durch den Iran in die UdSSR gegen einen deutschen Schlag ab.[11]

1942 gelang es der fast vollständig isolierten Türkei, durch geschicktes Ausspielen der Interessen beider kriegführenden Parteien die Periode eindeutiger Überlegenheit der Achsenmächte unbeschadet zu überstehen und die territoriale Integrität zu wahren.

Turanismus, Deutschland und der Ostfeldzug

Der Turanismus[12], der das Ziel verfolgte, alle turkstämmigen Völker politisch und kulturell zu vereinigen, entwickelte sich um 1880 in Rußland. Auf der Grundlage eines türkischen — zum Teil rassistischen — Nationalismus wandte er sich besonders an die turkstämmige Bevölkerung Rußlands.[13] Die turanische Bewegung erreichte während des Ersten Weltkrieges ihren Höhepunkt. Sie wurde nach 1923 von Atatürk unterdrückt, der nicht zu Unrecht befürchtete, daß der Panturismus sich negativ auf seine sowjetfreundliche Politik auswirken könnte.

Mit dem deutschen Überfall auf die Sowjetunion lebte die turanische Bewegung wieder auf und wurde zu einer gefährlichen Herausforderung für die türkische Politik der Nichtkriegführung. Das Deutsche Reich unterstützte nämlich ab Mitte 1941 mit propagandistischen Mitteln den Panturanismus, um einerseits in der Türkei die Bereitschaft zu wecken, sich an der Seite der Achsenmächte am Krieg zu beteiligen. Andererseits sollten die Separatismusbestrebungen der sowjetischen

Turkstämme die UdSSR im Inneren schwächen und somit zur Verwirklichung der deutschen Kriegsziele beitragen. Die Vertreter des Turanismus erhofften, mit deutscher Hilfe die Chance zu erhalten, eigene Staaten oder zumindest autonome Gebiete gründen zu können. In dieser gesamten Problematik nahm die Regierung in Ankara eine ambivalente Haltung ein. Inoffiziell identifizierte sie sich mit den panturanistischen Zielen, die ihr die Möglichkeit boten, ihren eigenen politischen und kulturellen Einflußbereich — wenn nicht sogar das eigene Territorium — zu erweitern. Offiziell vermied sie aber jede Handlung, die die Republik bei der UdSSR diskreditieren konnte. Dahinter stand die Befürchtung, daß die Sowjetunion die diplomatischen Beziehungen abbrechen und der Republik trotz des bilateralen Nichtangriffspaktes von 1925[14] den Krieg erklären könnte. Während sich die türkische Regierung äußerst reserviert verhielt, sympathisierte besonders die Armee mit der turanischen Bewegung. Hier wirkte sich die Einstellung des Generalstabschefs, Marschall Fevzi Cakmak, prägend aus, der ein überzeugter Panturist war.[15]

Allerdings war auch die deutsche Politik in der Panturanismusproblematik nicht eindeutig. Während sich das Auswärtige Amt für die Ziele der turanischen Bewegung einsetzte und eine Selbstverwaltung der turkstämmigen Gebiete in der UdSSR befürwortete, verfolgte das Reichsministerium für die besetzten Ostgebiete eine konsequente nationalsozialistische Politik, die eine deutsche Besiedlung großer Teile des eroberten Territoriums sowie dessen wirtschaftliche Ausbeutung vorsah.[16]

In der zweiten Hälfte 1941 versuchte Berlin, die Regierung des kleinasiatischen Staates zu einer eindeutigen Haltung in der turanischen Frage zu zwingen. Ankara entzog sich den deutschen Bemühungen, indem es offiziell erklärte, daß es zwar keine territorialen Ambitionen, aber Interesse am Schicksal von 40 Millionen Türken in der UdSSR habe. Inoffiziell förderte und unterstützte es die Kontakte führender Turanisten zur deutschen Regierung, um sich bei einem eventuellen deutschen Sieg alle Optionen offenzuhalten.

Berlin wiederum bemühte sich, bei Vertretern des Turanismus die Hoffnung zu wecken und aufrechtzuerhalten, daß sie ihre politischen Ziele mit deutscher Hilfe verwirklichen könnten, um auf diese Weise viele Turkstämmige für den Kampf in der deutschen Wehrmacht zu gewinnen.[17] Allerdings führte die deutsche Besatzungspolitik auf der Krim, wo sich die dort lebenden Krimtataren eine autonome Verwaltung erhofft hatten[18], zu einer Desillusionierung innerhalb der turanischen Bewegung.

Bis zur eindeutigen Klärung der militärischen Lage in der Sowjetunion Ende 1942 enthielt sich die türkische Regierung also offizieller Stellungnahmen in der turanischen Frage. Zu dieser abwartenden Haltung trug auch die Erkenntnis bei, daß die deutsche Seite den Panturismus ausschließlich für ihre eigenen Interessen ausnutzte. Die scharfen Angriffe der sowjetischen Presse gegen die turanische Bewegung nach der Rückeroberung Stalingrads führten in der Türkei zur Eindämmung der Bewegung und zur Verfolgung ihrer Anhänger. Im Zusammenhang mit den sowjetischen militärischen Erfolgen an der Ostfront 1943 und 1944 verlor der Turanismus in der Türkei weiter an Einfluß.[19] Nach dem Abbruch der Beziehungen zu Deutschland im August 1944 ging die Regierung massiv gegen diese Bewegung vor.[20]

Der türkische Generalstab und die deutsche Operationsführung im Osten

Während die türkische Regierung aufgrund ihrer Balance-Politik offiziell die einseitige Bevorzugung einer der kriegführenden Parteien vermied, sympathisierte die Armeeführung mit der deutschen Seite. Die germanophile Einstellung des türkischen Generalstabes war besonders durch die Waffenbrüderschaft während des Ersten Weltkrieges geprägt worden. Auch die Niederlage in Stalingrad änderte daran nichts. Noch 1943 war die türkische Armee nicht bereit, »eine Kugel auf einen Deutschen abzugeben«[21]. Trotz seiner deutschfreundlichen Haltung kritisierte der türkische Generalstab äußerst heftig die deutsche Operationsführung in Rußland. Im Zusammenhang mit den Ereignissen in Stalingrad und an der Kaukasusfront bemängelte der stellvertretende Generalstabschef, Generaloberst Assim Gündüz, das operative Vorgehen der Wehrmacht.

»Der deutsche Generalstab hat entgegen den allgemeinen Regeln der klassischen Strategie gehandelt, weil es ihm nicht gelungen ist, die nötigen Schwerpunkte innerhalb der lebenswichtigen Abschnitte der Kriegsschauplätze zu bilden.«[22]

Die türkische Armeeführung vertrat schon im Dezember 1942 die Meinung, daß Stalingrad kein strategisches Ziel mehr sei und dort überflüssigerweise für einen längeren Zeitraum erhebliche Kräfte gebunden würden, die nutzbringender an der Kaukasusfront einzusetzen wären, um die sowjetische Offensive in diesem Frontabschnitt aufzuhalten.[23] Diese kritische Bewertung erfolgte nicht aus reiner Selbstlosigkeit, sondern offenbarte die Interessenlage der militärischen Führung in Ankara. Sowohl der Generalstab als auch das Offizierkorps sympathisierten in seiner Mehrheit mit dem Turanismus und hatten deshalb gehofft, daß der Kaukasus vollständig von der deutschen Wehrmacht erobert und okkupiert würde, damit die dort lebende turkstämmige Bevölkerung die Chance erhielt, eigene Staaten oder zumindest autonome Gebiete — unter türkischer Protektion — bilden zu können.[24]

Nach den mililtärischen Rückschlägen in Rußland unternahm die Armeeführung in Ankara ab Ende 1942 sowohl beim deutschen Botschafter als auch beim Militärattaché wiederholt den Versuch, darauf hinzuwirken, daß die Wehrmacht sich ausschließlich auf den bewaffneten Konflikt mit der UdSSR konzentrierte.[25] Marschall Cakmak schlug vor, Deutschland solle sich im Kampf gegen die Westalliierten auf das beschränken, »was es zur Abwehr unbedingt brauche und alles im Osten einsetzen, um dort mit Rußland fertig zu werden«[26]. Die gegenteilige Entwicklung an der Ostfront bereitete dem türkischen Generalstab erhebliche Sorgen, da er — wie auch die Regierung in Ankara — eine militärische Niederlage der Sowjetunion erhofft hatte. Nach seiner Auffassung war die deutsche Armee die einzige, die »die Türkei vor russischem Druck bewahren«[27] konnte. Die militärische Lage seit Stalingrad zwang den türkischen Generalstab, sich allmählich den Westalliierten zuzuwenden, obwohl er bis zur Entlassung Marschall Cakmaks im Januar 1944 weiterhin mit dem »Dritten Reich« sympathisierte.

Das kritische Jahr 1943

Für die im Spannungsfeld der kriegführenden Parteien stehende Türkei erwies sich 1943 im Hinblick auf ihre außenpolitische Situation als ein äußerst kritisches Jahr. Aufgrund ihrer militärischen Erfolge bemühte sich die Anti-Hitler-Koalition, Ankara zu veranlassen, ihre engen Beziehungen zum Deutschen Reich aufzugeben sowie als britischer Verbündeter in den Krieg einzutreten. Demgegenüber setzten die Achsenmächte alle diplomatischen Mittel ein, damit die Türkei an der »aktiven Neutralität« festhielt. Obwohl Ankara auch 1943 den »Nonbelligerence«-Status nicht aufgab, wirkte sich die veränderte militärische Lage auf seine Außenpolitik aus. Einerseits mußte der wiedergewonnenen Stärke der Alliierten Rechnung getragen werden, wenn die Republik sich nicht vollständig isolieren wollte, und andererseits galt es, die Belange der Achsenmächte in die politische Kalkulation miteinzubeziehen. Deutschland und sein Verbündeter Bulgarien stellten in den Augen Ankaras noch immer einen Bedrohungsfaktor dar. Deren militärisches Potential reichte aus, um die Türkei mit Aussicht auf einen zumindest begrenzten Erfolg angreifen zu können. Außerdem sah sich Ankara einem zunehmenden Druck der Alliierten ausgesetzt, die wiederholt zum Kriegseintritt aufforderten. Unter dieser neuen Konstellation verlangte das Deutsche Reich, nachdem es 1941 und 1942 mit seinen Bemühungen gescheitert war, die Türkei als Bündnispartner zu gewinnen, daß die Republik ihren »Neutralitäts«-Kurs beibehielt.[28]

Obwohl die Türkei den Hegemonialbestrebungen sowohl der Achsenmächte als auch der Sowjetunion mißtrauisch gegenüberstand und ein politisches Übergewicht einer der beiden Mächte als unvereinbar mit ihren Sicherheitsinteressen ansah, hegte sie dennoch gegenüber Deutschland größere politische Sympathien. Denn Ansprüche der UdSSR zur Kontrolle der Meerengen sowie deren geopolitisches Interesse an der Balkanhalbinsel bedrohten die Integrität des Landes in erheblicherem Maße als die deutschen Ziele in dieser Region. Bis zur sowjetischen Gegenoffensive vom 19. November 1942 im Raum Stalingrad war die Türkei davon überzeugt, daß die UdSSR nicht mehr fähig sei, die militärische Wende herbeizuführen. Obwohl Ankara aufgrund seiner Balance-Politik keine eindeutige Stellung zugunsten einer der kriegführenden Parteien bezogen hatte, wurde die Offensive der Roten Armee als Bedrohung empfunden. Deshalb war es nicht verwunderlich, daß Menemencioglu »infolge der Meldungen über [die] Anfangserfolge [der] russischen Offensive beiderseits Stalingrad höchst nervös«[29] wurde. Es beunruhigte ihn außerordentlich, feststellen zu müssen, daß die Sowjets trotz der ständigen Niederlagen in den letzten 17 Monaten noch fähig waren, solche Operationen erfolgreich durchzuführen.[30] Die Einschließung Stalingrads, der Rückzug der Wehrmacht aus dem Kaukasus, der erfolglose deutsche Entsatzversuch sowie die Vernichtung der 6. Armee in Stalingrad[31] verdeutlichten Ankara, daß der Kulminationspunkt des deutschen Hegemonialstrebens überschritten war. Aufgrund der weiteren sowjetischen Erfolge zeichnete sich die Möglichkeit eines Vordringens der Roten Armee in Richtung auf den Balkan ab. Auch der Rückzug der Achsenmächte in Nordafrika wirkte sich auf die politischen Überlegungen Ankaras aus.

In dieser Situation befaßte sich die Türkei wieder mit ihren außenpolitischen Zielen der Vorkriegszeit: ein kollektives Sicherheitssystem in Südosteuropa.[32] Bereits Anfang Januar 1943, als in Stalingrad noch gekämpft wurde, aber eine deutsche Niederlage unvermeidlich schien, erneuerte Menemencioglu die Idee, daß sich alle Balkanstaaten in einer einheitlichen Organisation zusammenschließen sollten, um die Eroberung und Hegemonialisierung der Balkanhalbinsel durch die UdSSR zu verhindern.[33] Da Ankara die deutsche Offensivkraft sehr pessimistisch einschätzte[34], forcierte es seine diplomatischen Aktivitäten auf dem Balkan. Mit Ungarn, Rumänien und Bulgarien wurden Sondierungsgespräche über ein Abkommen geführt, »das sich gegen den Bolschewismus richten«[35] sollte. Die militärische Wende an der Ostfront hatte Ankara verdeutlicht, daß die wiedererstarkte UdSSR zu einem Bedrohungsfaktor für die Integrität des Landes werden konnte. Es wurde bezweifelt, daß die Achsenmächte weiterhin die Fähigkeit besäßen, die sowjetische Gefahr auszuschalten.[36] Aus diesem Grunde sondierte die Republik bei den Balkanstaaten und bei Italien die Bereitschaft, eine Konföderation einzugehen, um im Falle weiterer militärischer Niederlagen der Achse in Osteuropa ein Instrumentarium zu besitzen, das die Möglichkeit bot, den russischen Expansionsbestrebungen in Südosteuropa Widerstand zu leisten.[37] Der Plan Menemencioglus sah eine

»Blockbildung zwischen Italien, Südosteuropa und der Türkei [vor]. Der dabei verfolgte Gedanke ging dahin, daß diese Staaten einen Weg der Verständigung mit England suchen und dann Gewehr bei Fuß zur Abwehr eines russischen Angriffs auf dem Balkan stehen sollten.«[38]

Der Türkei kam es bei dem geplanten Projekt insbesondere darauf an, daß die Balkankonföderation von allen Großmächten unabhängig sei.[39]

Die türkische Konföderationsidee kollidierte allerdings mit dem deutschen Interesse an Südosteuropa. In den nationalsozialistischen Vorstellungen gehörte diese Region zum deutschen Großraum, der als wirtschaftlicher Ergänzungsraum von Deutschland beansprucht wurde.[40] Daher versuchte die Regierung in Berlin auf Ankara einzuwirken, dieses Projekt nicht weiterzuverfolgen, das sie lediglich als ein diplomatisches Manöver einstufte.[41]

In der Konkretisierung seiner Pläne verhielt sich Ankara äußerst ambivalent. Während einerseits die türkischen Botschafter in Sofia, Bukarest, Budapest und Rom mit Vertretern der jeweiligen Regierungen das Projekt erörterten und die politischen Möglichkeiten für die Verwirklichung dieser Idee sondierten, bestritt Menemencioglu andererseits gegenüber dem deutschen Botschafter, daß er einen entsprechenden Auftrag erteilt hätte. Es handele sich ausschließlich um Überlegungen, die er mit den Botschaftern seines Landes erörtert habe.[42]

Im Frühjahr 1943 stellte Ankara das Projekt wieder ein. Ausschlaggebend dafür dürfte in erster Linie die Stabilisierung der militärischen Lage im Südabschnitt der deutschen Ostfront gewesen sein, die zur Beruhigung der Türkei beitrug und das Vertrauen in die Defensivkraft der Wehrmacht gegenüber der Roten Armee erneuerte. Außerdem verdeutlichten die negativen Reaktionen Bulgariens, Rumäniens, Ungarns und Italiens, daß diese Staaten nicht gewillt waren, die Bündnisverträge mit dem Deutschen Reich zugunsten einer Balkankonföderation aufzukündigen. Hierbei spielten der deutsche Druck und die schlechten Erfahrungen mit dem Balkanpakt von 1934 eine entscheidende Rolle. Es war die Türkei gewesen, die ihre vertraglichen Verpflichtungen 1940/41 nicht erfüllt hatte.[43] Das dadurch erzeugte Mißtrauen bei den Balkanstaaten dürfte letztendlich dafür ausschlaggebend gewesen sein, daß die Idee einer Balkankonföderation bereits im Ansatz zum Scheitern verurteilt war.

Als Reaktion auf die deutschen Niederlagen in Stalingrad und in Nordafrika korrigierte die Türkei allmählich ihre Außenpolitik, indem sie sich in immer stärkerem Maße den Westalliierten zuwandte, ohne dabei die Beziehungen zum »Dritten Reich« vorerst vollständig abzubrechen. Die erfolgreiche Invasion im November 1942 in Nordafrika hatte Churchill veranlaßt, seinen Plan zu reaktivieren, die Türkei aufgrund ihrer im Herbst 1939 eingegangenen Allianzverpflichtungen aktiv in den militärischen Konflikt einzubeziehen. Er erhielt auf der Konferenz in Casablanca (14.—24. Januar 1943) auch die amerikanische Zustimmung. Beide westlichen Staatsmänner einigten sich, daß in erster Linie das Vereinigte Königreich für die Türkeiproblematik verantwortlich sein sollte. Hierbei hatte sich Churchill das Ziel gesetzt, daß der kleinasiatische Staat seine »Nonbelligerence«-Politik aufgab und spätestens ab Frühjahr 1943 in den Krieg eingriff.[44]

Im Anschluß an die anglo-amerikanischen Besprechungen in Casablanca konferierte Churchill mit der türkischen Führungsspitze in Adana (30./31. Januar 1943). Die im Schatten der sich abzeichnenden deutschen Niederlagen in Rußland und Tunesien stehende Zusammenkunft fiel für die britischen Erwartungen enttäuschend aus. Erneut gelangte der englische Premier zu der Erkenntnis, daß Ankara nicht gewillt war, seine Außenpolitik grundlegend zu revidieren. Obwohl Staatspräsident Inönü und Ministerpräsident Saracoglu aus taktischen Gründen die britischen Forderungen nur indirekt zurückwiesen, versuchten sie mit politischen, militärischen und ökonomischen Argumenten, sich den Wünschen Churchills zu entziehen. Sicherlich berührten die nicht weit von

Istanbul stehenden bulgarischen und deutschen Verbände die türkischen Sicherheitsinteressen, dennoch zeigte Ankara keine Risikobereitschaft, sich offen auf die Seite der Alliierten zu stellen. Insbesondere fürchtete die Türkei im Falle einer deutschen Schwächung, daß sich die Sowjetunion bis auf den Balkan ausdehnen und die Integrität des Landes bedrohen könnte.[45]

Bei den Besprechungen in Adana gewann Churchill den Eindruck, daß insbesondere die türkische Furcht vor den Ambitionen der UdSSR eine Änderung der politischen Position Ankaras verhinderte. Deshalb setzte sich der britische Premier bei Stalin dafür ein, einen Ausgleich mit der Türkei anzustreben. Es zeigte sich aber, daß Moskau nach dem Sieg bei Stalingrad noch weniger als jemals zuvor zu einer Verständigung mit Ankara bereit war. Das tiefe Mißtrauen der sowjetischen Politiker gegenüber dem kleinasiatischen Staat, dem man vertragliche Bindungen zu allen kriegführenden europäischen Mächten vorwarf, vergiftete die bilateralen Beziehungen.[46]

Als Resultat der Konferenz von Adana erfolgte vorerst die Respektierung der türkischen Position, da weder London noch Washington — ohne die Spannungen zu erhöhen — Chancen sahen, Ankara zur Revision seiner Außenpolitik zu zwingen. Obwohl sie das türkische Verhalten mißbilligten, unterstützten sie die Republik weiterhin mit Waffen- und Munitionslieferungen, in der Hoffnung, daß sie ihre Politik ändere. Auch während der anglo-amerikanischen Konferenzen in Washington (12.–25. Mai 1943), Algier (Ende Mai 1943) und Quebec (19.–24. August 1943) gehörte die türkische Problematik zu den Besprechungspunkten, wobei eine Einigung dahingehend erfolgte, die Republik weiterhin mit Rüstungsmaterial zu beliefern, aber nicht mehr auf einem baldigen Kriegseintritt zu beharren. Diese ganz im Sinne der türkischen außenpolitischen Position getroffene Entscheidung korrelierte mit den deutschen Hoffnungen. Nach Stalingrad und Tunis sowie den Rückzugskämpfen an der Ostfront und in Italien 1943 war Berlin bestrebt, daß die Türkei solange wie möglich an ihrem nichtkriegführenden Status festhielt. Ihre Teilnahme am bewaffneten Konflikt hätte die Errichtung einer weiteren Front bedeutet und die angespannte personelle und materielle Lage Deutschlands weiter verschärft. Deshalb forcierte Berlin seine Anstrengungen, Ankara in seinem außenpolitischen Kurs zu bestätigen.[47]

Um die westalliierten Forderungen nach einer aktiven Kriegsteilnahme nicht erfüllen zu müssen sowie aus der politischen Defensive herauszukommen, unterbreitete die Türkei im Mai 1943 erneut den Vorschlag, der mit Deutschland abgesprochen worden war, daß die anglo-amerikanischen Verbündeten mit dem »Dritten Reich« einen Kompromißfrieden aushandeln sollten. Mit dem diplomatischen Vorgehen erhoffte sich Ankara einerseits, die UdSSR würde durch den Krieg dermaßen geschwächt sein, daß sie für die Türkei ein minimales Sicherheitsrisiko darstellte, und andererseits, daß sich die beherrschende Position des »Dritten Reiches« in Europa verringere. Dadurch sollten sich die aggressiven Mächte in Europa gegenseitig paralysieren. Die diplomatischen Absichten Ankaras scheiterten an der restriktiven Handhabung des Beschlusses von Casablanca in London und Washington, der eine bedingungslose Kapitulation Deutschlands forderte.[48]

Moskau beteiligte sich bis zum Spätsommer 1943 nicht an der Diskussion um eine türkische Kriegsbeteiligung, sondern überließ dies Großbritannien. Erst im Vorfeld der im Oktober 1943 stattfindenen Moskauer Außenministerkonferenz startete die Sowjetunion eine Pressekampagne, in der die Neutralitätspolitik Ankaras heftig angegriffen wurde. So ließ die Moskauer Zeitschrift »Krieg und Arbeiterklasse« verlauten, daß die türkische Neutralitätspolitik einstmals vorteilhaft gewesen sei, nun aber in Anbetracht der deutschen Niederlagen lediglich Hitler nützen würde.[49] Damit bereitete der Kreml die Aktion Molotovs vor, der am ersten Tag der Moskauer Konferenz (19.–31. Oktober 1943) überraschenderweise den Vorschlag unterbreitete, Ankara aufzufordern, umgehend in den Krieg einzutreten. Die beiden Westmächte lehnten das sowjetische Begehren in dieser Art ab, wobei sich Eden und Molotov in der Frage eines türkischen Kriegsbeitrages auf einen Kompromiß einigten.[50]

Im Anschluß an die Moskauer Konferenz führte Eden in Kairo (5.–7. November 1943) mit Menemencioglu Besprechungen, in denen die türkische Regierung ihr prinzipielles Einverständnis gab, sich am Krieg zu beteiligen. Dabei machte Ankara seine Bereitschaft aber von der Erfüllung einiger Bedingungen abhängig. So forderte die Türkei von den Westmächten, daß diese den Schutz des Landes für den vorhersehbaren Fall eines deutschen Angriffs garantierten und darüberhinaus einen Plan für die militärische Zusammenarbeit auf dem Balkan vorlegten.[51]

Als Teil der alliierten Gesamtstrategie erörterten Stalin, Roosevelt und Churchill während der Konferenz von Teheran (28. November–1. Dezember 1943) die Türkeiproblematik. Hierbei zeigten sich gravierende Auffassungsunterschiede innerhalb der Anti-Hitler-Koalition. Da Moskau bestrebt war, eine Balkanstrategie unter Beteiligung der

Türkei zu verhindern, und Washington sich ausschließlich auf die Invasionsplanung in Westeuropa konzentrierte, war London isoliert. Besonders die sowjetische Position deutete darauf hin, daß Moskau aufgrund des günstigen Kriegsverlaufes eigene Ambitionen auf dem Balkan verfolgte, die ein türkischer Kriegseintritt nur gestört hätte. Trotz seiner diplomatischen Niederlage in Teheran hielt Churchill an seinen Vorstellungen fest.[52]

Churchill und Roosevelt teilten der Türkei die Konferenzergebnisse bei Besprechungen in Kairo (4.–7. Dezember 1943) mit. Der britische Premier forderte Inönü definitiv auf, sein Land für alliierte Luftstreitkräfte zu öffnen und bis zum 15. Februar 1944 am Krieg teilzunehmen. Der türkische Staatspräsident sah sich gezwungen, die gestellten Bedingungen partiell zu akzeptieren, wenn er den Abbruch der bilateralen Beziehungen vermeiden wollte. Obwohl Inönü nicht beabsichtigte, vom Kurs der »aktiven Neutralität« abzuweichen, mußte er im politischen Interesse des Landes den Forderungen entgegenkommen, da die Republik angesichts der gegebenen Mächtekonstellation auf den britischen Rückhalt angewiesen war. Deshalb signalisierte Inönü die generelle Bereitschaft zu einer Kriegsbeteiligung, wobei er jedoch die Stationierung alliierter Militärflugzeuge mit dem Argument eines dann drohenden deutschen Angriffs ablehnte. Aufgrund des amerikanischen Desinteresses konnte Inönü seine politische Position verhältnismäßig leicht behaupten.[53]

Das türkische Verhältnis zu den Alliierten
Anfang 1944

Das Beharren Ankaras auf seiner Neutralitätspolitik hatte zwar 1943 zu erheblichen Spannungen in den Beziehungen zu den Alliierten geführt, erreichte aber erst 1944 seinen Tiefpunkt. Mit aller Finesse versuchte die Türkei, den von Churchill gesetzten Termin zum Kriegseintritt zu umgehen, ohne dabei ihre Allianz mit dem Vereinigten Königreich in Frage zu stellen; sie zeigte aber auch keine Bereitschaft, den britischen Wünschen entgegenzukommen. Diesen politischen Spielraum besaß Ankara nur deshalb, weil die Alliierten in der Türkeifrage keine einheitliche Strategie verfolgten. Während für London die Kriegsbeteiligung der Türkei eminent wichtig war, behandelten sowohl Washington als auch Moskau diesen Komplex äußerst dilatorisch. Eine entscheidende Rolle spielten dabei die unterschiedlichen Interessen der einzelnen Verbündeten. Die UdSSR und Großbritannien hofften, im Verlauf des Krieges ihren Einflußbereich auf dem Balkan ausdehnen zu können. Für Moskau bot sich die Chance, seine Vorstellungen mit eigener Kraft zu verwirklichen, während London die militärische Hilfe Ankaras benötigte, um dieses Ziel zu erreichen. Das politisch-militärische Denken Washingtons beschränkte sich in bezug auf den europäischen Kriegsschauplatz Anfang 1944 ausschließlich auf die Invasion in Frankreich. Diese aus türkischer Sicht positive Konstellation hatte vordergründig den Vorteil, das Land einer Kriegsteilnahme erfolgreich zu entziehen, barg aber gleichzeitig die Gefahr, im weiteren Verlauf des militärischen Konflikts dem sowjetischen Hegemonialstreben schutzlos ausgesetzt zu sein.[54]

Nachdem der kleinasiatische Staat bis zum 15. Februar 1944 weder die diplomatischen Beziehungen zum Deutschen Reich abgebrochen noch den Achsenmächten den Krieg erklärt hatte, stellten die Westmächte ihre Waffenlieferungen ein und verhängten ein Importembargo über die wichtigsten türkischen Ausfuhrwaren.[55] Da das anglo-amerikanische Wirtschaftsembargo strikt eingehalten wurde, hatte die Türkei im Frühjahr 1944 mit erheblichen ökonomischen Schwierigkeiten zu kämpfen.[56] Die von den Alliierten getroffenen Maßnahmen bedeuteten für Ankara ein Scheitern seiner Balance-Politik. Es lag nun im vitalen Interesse des Landes, die Beziehungen zu den Westmächten und der UdSSR zu verbessern. Um dieses Ziel zu erreichen, mußte der diplomatische und ökonomische Verkehr mit Berlin abgebrochen werden.[57] Trotz der prekären Situation zog die türkische Führung nicht sofort diese erforderliche Konsequenz, sondern setzte die diplomatische Verzögerungstaktik bis zum Juli 1944 fort.

Das Ende der türkischen Neutralität

Von fundamentaler Bedeutung für die politische Situation der Türkei erwies sich die militärische Lage an der Ostfront im Winter und Frühjahr 1943/44. Insbesondere das Vordringen der Roten Armee bis an die Prut und die Rückeroberung der Krim berührten die türkischen Sicherheitsinteressen ganz erheblich. Es zeichnete sich die Gefahr ab, daß die UdSSR ihr angestrebtes Ziel, die Meerengen in Besitz zu nehmen, verwirklichen könnte.

Am 13. Januar 1944 entließ Staatspräsident Inönü den Chef des Generalstabes, Marschall Cakmak.[58] Bereits im Zusammenhang mit der deutschen Niederlage in Stalingrad hatte es in Ankara Gerüchte gegeben, daß der türkische Oberbefehlshaber entlassen werden sollte.[59] Die sich für die Achsenmächte immer ungünstiger entwickelnde Kriegslage nahm Inönü zum Anlaß, sich von dem als äußerst deutschfreundlich geltenden und als Sympathisant der turanischen Bewegung bekannten Marschall zu trennen. Als Nachfolger ernannte der Staatspräsident General Kazim Orbay, der das Vertrauen Großbritanniens besaß. Mit der Umbesetzung an der Spitze des Generalstabes signalisierte Ankara eine politische Kursänderung, obwohl Inönü vorerst noch an seinem als germanophil eingestuften Außenminister festhielt. Aber auch Menemencioglu mußte einsehen, daß dem politischen Druck der Alliierten nur noch mit dem Abbruch der bilateralen Beziehungen zum Deutschen Reich begegnet werden konnte. Als erster Schritt in diese Richtung erfolgten im April 1944 die Einstellung des Chromexportes und die Reduzierung der Warenausfuhr nach Deutschland um 50 Prozent.[60] Gerade der Lieferstop des Chromerzes traf die deutsche Rüstungsindustrie in entscheidendem Maße, da sie fast vollständig auf die türkischen Lieferungen angewiesen war. Zwei Monate später verbot Ankara allen Schiffen, die unter deutscher Flagge fuhren, die Passage durch die Meerengen.[61] In diesem Zusammenhang nahm Inönü am 16. Juni auch das Entlassungsgesuch seines Außenministers an. Der Rücktritt Menemencioglus wurde besonders von Großbritannien begrüßt.[62] Die Türkei, die bis zum Sommer 1944 noch ihre »Nonbelligerence«-Politik praktizierte und damit zwischen den kriegführenden Parteien agierte, sah sich durch die absehbare Niederlage der Achsenmächte gezwungen, ihre Außenpolitik der veränderten internationalen Situation anzupassen. Wollte sie am Ende des Krieges nicht zu den Verlierern gehören, mußte sie eindeutig die alliierte Seite bevorzugen.

Erst als die Westmächte die türkische Forderung nach Waffenlieferungen erfüllten und die Sowjetunion nicht mehr auf ihrem Maximalanspruch eines sofortigen Kriegseintrittes bestand, brach Ankara am 2. August 1944 die diplomatischen Beziehungen zum Deutschen Reich ab.[63] Diese Entscheidung wurde von anglo-amerikanischer Seite begrüßt, während die offiziöse sowjetische Presse sie angriff.[64] In einem politischen Kommentar ließ Tass verlauten:

»Es ist vollkommen offensichtlich, daß der jetzige Entschluß der türkischen Regierung zum Abbruch der diplomatischen und wirtschaftlichen Beziehungen mit Deutschland in erster Linie und stärker als durch irgend etwas anderes von der Furcht einer politischen Isolation in der Nachkriegszeit diktiert worden ist.«[65]

Voraussetzung für den außenpolitischen Schritt Ankaras dürfte neben dem diplomatischen Druck Londons einerseits die erfolgreiche Invasion in Frankreich und andererseits das Eindringen der Roten Armee in Rumänien gewesen sein. Besonders das sowjetische Vordringen auf dem Balkan berührte das Sicherheitsempfinden des kleinasiatischen Staates direkt, da die Forderungen des Kremls vom Herbst 1939, die Meerengen gemeinsam zu kontrollieren, in Ankara nicht in Vergessenheit geraten waren. Aus türkischer Sicht konnten lediglich Großbritannien und möglicherweise auch die USA die Republik vor Ansprüchen der UdSSR schützen. Hatten die Westmächte allerdings gehofft, daß dem diplomatischen Bruch mit Deutschland umgehend die Kriegsbeteiligung folgte, so mußten sie erkennen, daß die Türkei auch in dieser Frage eine äußerst dilatorische Haltung einnahm. Erst der Beschluß der Konferenz in Jalta, nur diejenigen Länder in die UNO aufzunehmen, die Deutschland den Krieg erklärt hatten, veranlaßte die türkische Regierung, am 25. Februar 1945 diesen Schritt zu tun.[66]

Schlußbetrachtung

Die türkische Außenpolitik war während des Zweiten Weltkrieges von der Zielsetzung geprägt, das Land nicht in den militärischen Konflikt hineinziehen zu lassen. Mit ihrer Balance-Politik, die als »aktive Neutralität« apostrophiert wurde, versuchte die Republik, sich dem politischen Druck aller kriegführenden Parteien zu entziehen. Allerdings zeigte der kleinasiatische Staat bis zum Winter 1942/43 ausgeprägte Sympathien für das »Dritte Reich«. Dies war nicht nur durch die traditionelle Freundschaft zu Deutschland bedingt, sondern ergab sich auch aus der geostrategischen Lage in der ersten Hälfte des Krieges, bei der die Achsenmächte einen erheblichen Bedrohungsfaktor für die Integrität des Landes darstellten. Besonders die Erfolge der Wehrmacht zu Beginn des Rußlandfeldzuges wirkten sich auf die politische Haltung der Türkei aus, da dadurch die aggressiven Machtbestrebungen der Sowjetunion gegenüber dem südlichen Nachbarn kompensiert und ausgeschaltet wurden. Auch die Hoffnungen Ankaras, von einem deutschen Sieg über die UdSSR profitieren zu können, beeinflußten die türkische Außenpolitik.

Mit der deutschen Niederlage bei Stalingrad und dem Rückzug der Wehrmacht aus dem Kaukasus im Winter 1942/43 mußte die Türkei erkennen, daß der Kulminationspunkt des deutschen Expansionsstrebens überschritten war, da sich gleichzeitig auch die militärische Lage in Nordafrika negativ für die Achsenmächte entwickelte. Im Zusammenhang damit verstärkten Großbritannien und die USA ihren politischen Druck auf die Türkei, der sich in der Folgezeit proportional mit der für Deutschland schlechteren Kriegslage erhöhte. Unter diesen Prämissen vollzog sich in Ankara ein politischer Umdenkungsprozeß, der zu einer allmählichen Abkehr von Deutschland führte.

Stalingrad und der deutsche Rückzug aus dem Kaukasus stellten einen entscheidenden Faktor für die Revision der türkischen Außenpolitik dar. Die weiteren Niederlagen der Wehrmacht führten konsequenterweise zum Abbruch der diplomatischen Beziehungen mit Berlin und zum Eintritt in den Krieg. Allerdings handelte es sich dabei lediglich um einen symbolischen Akt, der keine effektiven Auswirkungen mehr auf das aktive Kriegsgeschehen hatte.

Anmerkungen

[1] Näheres zur türkischen Außenpolitik am Vorabend und in der ersten Phase des Zweiten Weltkrieges, siehe: Klaus Schönherr, Neutralität, »Nonbelligerence« oder Krieg: Die Türkei im Spannungsfeld der europäischen Mächte 1939 bis 1941, in: Zwei Wege nach Moskau. Vom Hitler-Stalin-Pakt zum »Unternehmen Barbarossa«. Im Auftrag des Militärgeschichtlichen Forschungsamtes hrsg. von Bernd Wegner, München, Zürich 1991, S. 501—518.

[2] Selim Deringil, Turkish foreign policy during the Second World War. An »active« neutrality, Cambridge u. a. 1989, S. 133.

[3] Lothar Krecker, Deutschland und die Türkei im Zweiten Weltkrieg, Frankfurt a. M. 1964, S. 224; Deringil (wie Anm. 2), S. 133 ff.

[4] Akten zur deutschen auswärtigen Politik 1918—1945 (ADAP). Aus dem Archiv des Deutschen Auswärtigen Amtes. Serie E: 1941—1945, 8 Bde, Göttingen 1969—1979, Bd 3, Dok. 79, S. 13 f., Dok. 87, S. 147 ff., Dok. 196, S. 330 ff., Dok. 223, S. 399—402. Vgl. Zehra Önder, Die türkische Außenpolitik im Zweiten Weltkrieg, München 1977, S. 127—138; Johannes Glasneck, Die Türkei im deutsch-anglo-amerikanischen Spannungsfeld; in: ders., Inge Kircheisen, Türkei und Afghanistan — Brennpunkte der Orientpolitik im Zweiten Weltkrieg, Berlin (Ost) 1968, S. 86—89.

[5] Deringil (wie Anm. 2), S. 136—140.

[6] Ebd., S. 136.

[7] Ebd.

[8] Die türkischen Befürchtungen wurden durch einen Artikel zur Neuordnung Europas im Völkischen Beobachter im Dezember 1942 verstärkt, der sich mit den hegemonialen Ansprüchen Deutschlands nach dem Kriege befaßte. Zu den türkischen Pressereaktionen siehe: 194. Wochenbericht »Naher Osten« (14.—22. 1. 1943), hrsg. von der Pressestelle der Korrespondenzstelle Wien des Auswärtigen Amtes, S. 15, Bundesarchiv Koblenz (BA), R 63/356, Bl. 262.

[9] 188. Wochenbericht »Naher Osten« (3.—10.12.1942), S. 13f. BA, R 63/356, Bl. 152f.

[10] Zur Problematik der Meerengenfrage in den türkisch-sowjetischen Beziehungen siehe Schönherr (wie Anm. 1), S. 508.

[11] Hans Sturmhöfel, Die Türkei und die Sowjetunion 1939—1954, in: Osteuropa, 5 (1955), S. 25.

[12] Es wird häufig auch der Begriff »Panturanismus« oder »Panturismus« verwendet.

[13] Hierzu zählen: Azerbajdžaner, Dagestaner, Ingušen, Karakalpaken, Kazachen, Kirgizen, Krimtataren, Tadžiken, Turkmenen, Uzbeken, Wolgatataren und Cečenen.

[14] Der Vertrag war noch bis 1945 gültig.

[15] Önder (wie Anm. 4), S. 146.

[16] Näheres zu dieser Problematik siehe: Rolf-Dieter Müller, Hitlers Ostkrieg und die deutsche Siedlungspolitik, Frankfurt a.M. 1991.

[17] Hierzu ausführlicher: Joachim Hoffmann, Ostlegionen 1941—1943, Turkotataren, Kaukasier und Wolgafinnen im deutschen Heer, Freiburg ³1986; ders., Kaukasien 1942/43. Das deutsche Heer und die Orientvölker der Sowjetunion, Freiburg 1991.

[18] Zur deutschen Siedlungspolitik auf der Krim: Müller (wie Anm. 16), S. 32, 112, 163, 171ff.

[19] 171. und 172. Wochenbericht »Naher Osten« (8.—21.7.1942), S. 22, Zentralarchiv des Verteidigungsministeriums der UdSSR, Podol'sk (CAMO), Fond 500, Findbuch 12450, Akte 329, Bl. 13.

[20] Deringil (wie Anm. 2), S. 129—133, 173f.; Krecker (wie Anm. 3), S. 205—222; Önder (wie Anm. 4), S. 142—151.

[21] Dt. Botschafter in Ankara, Tel.Nr. 546 vom 14.4.1943, in: Politisches Archiv des Auswärtigen Amtes, Bonn (PA), Büro Staatssekretär (St.S.) Türkei, Bd 8.

[22] Dt. Botschafter in Ankara, Tel.Nr. 717 vom 2.12.1942, in: Documents secrets du Ministère des Affaires étrangères d'Allemagne. I. Turquie, Paris 1946, S. 113.

[23] Ebd.

[24] Dt. Botschafter in Ankara, Tel.Nr. 434 vom 27.3.1943, PA, St.S. Türkei, Bd 7.

[25] Militärattaché Ankara Tel.Nr. 192 vom 5.2.43, Tel.Nr. 86 vom 18.2.1943; Dt. Botschafter in Ankara, Tel.Nr. 505 vom 7.4.1943, Tel.Nr. 546 vom 14.4.1943, PA, St.S. Türkei, Bd 8.

[26] Deutsche Botschaft Ankara, Marineattaché vom 16.3.1943, Bundesarchiv-Militärarchiv Freiburg (BA-MA), RM 7/97, Bl. 228.

[27] Dt. Botschafter in Ankara, Tel.Nr. 546 vom 14.4.1943, PA, St.S. Türkei, Bd 8.

[28] 1943 ergriff das Deutsche Reich mehrere diplomatische Initiativen, um die »Neutralität« der Türkei zu erhalten; siehe: ADAP, Serie E, Bd 5, Dok. 22, S. 42f., Dok. 91, S. 163—165, Dok. 144, S. 248—255, Dok. 283, S. 539f., Dok. 317, S. 664f.; Bd 6, Dok. 20, S. 47f., Dok. 236, S. 418; Bd 7, Dok. 23, S. 47f., Dok. 126, S. 244, Dok. 135, S. 259.

[29] Dt. Botschafter in Ankara, Tel.Nr. 1626 vom 24.11.1942, PA, St.S. Türkei, Bd 7.

[30] Ebd.

[31] Näheres dazu siehe: Das Deutsche Reich und der Zweite Weltkrieg, Bd 6, Stuttgart 1990, S. 962—1082 (Beitrag Wegner), und die entsprechenden Beiträge in diesem Band.

[32] Schönherr (wie Anm. 1), S. 502 f.

[33] Bericht des dt. Botschafters in Ankara, Nr. 1/43 vom 12.1.1943, PA, Büro Unterstaatssekretär (U. St. S.) Türkei; Bericht Weizsäckers vom 8.2.1943, St. S. No. 87, PA, St. S. Türkei, Bd 7. Vgl. Jürgen Förster, Stalingrad. Risse im Bündnis 1942/43, Freiburg 1975, S. 87 ff.

[34] Dt. Botschafter in Ankara, Tel. Nr. 192 vom 5.2.1943, PA, St. S. Türkei, Bd 7.

[35] Ribbentrop, Tel. Nr. 385 vom 12.3.1943, ebd.

[36] Dt. Botschafter in Ankara, Tel. Nr. 410 vom 23.3.1943, ebd.

[37] Dt. Botschafter in Ankara, Tel. Nr. 132 vom 22.3.1943, PA, Botschaft Ankara 154/3.

[38] Bericht Sonnleithner RAM 418/43 vom 1.10.1943, PA, St. S. Türkei, Bd 8.

[39] Auswärtiges Amt, Unterstaatssekretär Politische Abteilung Nr. 404 vom 17.3.1943, PA, Botschaft Ankara 154/3.

[40] Siehe hierzu: Hans-Joachim Hoppe, Die Balkanstaaten Rumänien, Jugoslawien, Bulgarien — Nationale Gegensätze und NS-Großraumpolitik, in: Innen- und Außenpolitik unter nationalsozialistischer Bedrohung, hrsg. von E. Fondran u. a., Opladen 1977, S. 161—175.

[41] Dt. Botschaft in Ankara, Aufzeichnung vom 6.1.1943, PA, Botschaft Ankara 154/2; Dt. Botschaft in Ankara, Tel. Nr. 388 vom 19.3.1943, und Ribbentrop, Tel. Nr. 402 vom 17.3.1943, PA, Botschaft Ankara 154/3.

[42] Dt. Botschafter in Ankara, Tel. Nr. 388 vom 19.3.1943, Tel. Nr. 132 vom 22.3.1943, Tel. Nr. 411 vom 23.3.1943, Ribbentrop, Tel. Nr. 484 vom 27.3.1943, PA, Botschaft Ankara 154/3; St.S.Nr. 233 vom 12.4.1943, PA, St. S. Türkei, Bd 8; siehe auch Anm. 39.

[43] Schönherr (wie Anm. 1), S. 502 f., 505 f., 512.

[44] Foreign Relation of the United States (FRUS). The Conferences of Washington, 1941—1942, and Casablanca, 1943, Washington 1968, S. 629—634; Önder (wie Anm. 4), S. 180.

[45] Cevat Acikalin, Turkey's international relations, in: International Affairs, XXIII (1947), S. 485; Glasneck (wie Anm. 4), S. 128 ff.; Önder (wie Anm. 4), S. 180 ff.; Deringil (wie Anm. 2), S. 145 ff. Die türkisch-britische Position in dieser Frage behandelt aus sowjetischer Sicht: V. J. Sipols, Die sowjetische Diplomatie im 2. Weltkrieg, Köln 1985, S. 138—142.

[46] Önder (wie Anm. 4), S. 182 f.

[47] Sturmhöfel (wie Anm. 11), S. 26.

[48] Rainer Pöschl, Vom Neutralismus zur Blockpolitik. Hintergründe der Wende in der türkischen Außenpolitik nach Kemal Atatürk, München 1985, S. 181; Glasneck (wie Anm. 4), S. 137. Zu den anglo-amerikanischen Forderungen einer bedingungslosen Kapitulation Deutschlands siehe: Das Deutsche Reich und der Zweite Weltkrieg, Bd 6 (wie Anm. 31), S. 82—85 (Beitrag Boog).

[49] 230. Wochenbericht »Naher Osten« (18.—25.9.43), S. 10—13, BA, R 63/359, Bl. 140 ff.; Sturmhöfel (wie Anm. 11), S. 26; Glasneck (wie Anm. 4), S. 131.

[50] Deringil (wie Anm. 2), S. 152 ff.; Acikalin (wie Anm. 45), S. 485; Sipols (wie Anm. 45), S. 173—180.

[51] Sturmhöfel (wie Anm. 11), S. 26; Önder (wie Anm. 4), S. 201 f.

[52] Sipols (wie Anm. 45), S. 181—243; Önder (wie Anm. 4), S. 206—208; Deringil (wie Anm. 2), S. 156—159.

[53] Deringil (wie Anm. 2), S. 159—165; Glasneck (wie Anm. 4), S. 134 ff.

[54] 248. Wochenbericht »Naher Osten« (15.—21. 1. 1944), S. 11 ff., BA, R 63/360, Bl. 36 f.; 249. Wochenbericht »Naher Osten« (5.—11. 2. 1944), S. 14—19, ebd., Bl. 152—155; 250. Wochenbericht »Naher Osten« (12.—18. 2. 1944), S. 6—14, ebd., Bl. 171—175; Krecker (wie Anm. 3), S. 245 f.; Önder (wie Anm. 4), S. 213 f., 223.

[55] 253. Wochenbericht »Naher Osten« (4.—10. 3. 1944), S. 10 f., BA, R 63/360, Bl. 200 f.; 254. Wochenbericht »Naher Osten« (11.—17. 3. 1944), S. I f., 8—13, ebd., Bl. 214, 218—221.

[56] Önder (wie Anm. 4), S. 229.

[57] 260. Wochenbericht »Naher Osten« (22.—29. 4. 1944), S. 10, BA, R 63/361, Bl. 81; 261. Wochenbericht »Naher Osten« (29. 4.—5. 5. 1944), S. 8 f., ebd., Bl. 97.

[58] 245. Wochenbericht »Naher Osten« (8.—14. 1. 1944), S. 1, 4, 8 ff., BA, R 63/360, Bl. 94, 96, 98 f.

[59] Dt. Botschafter in Ankara, Tel. Nr. 546 vom 14. 4. 1943, Tel. Nr. 582 vom 19. 4. 1943; Dt. Gesandter in Sofia, Tel. Nr. 619 vom 20. 4. 1943, PA, St. S. Türkei, Bd 8.

[60] 257. Wochenbericht »Naher Osten« (1.—7. 4. 1944), S. 2, BA, R 63/361, Bl. 35; 258. Wochenbericht »Naher Osten« (8.—14. 4. 1944), S. 5 f., ebd., Bl. 49; 259. Wochenbericht »Naher Osten« (15.—21. 4. 1944), S. 1 f., 9—19, ebd., Bl. 56 f., 60—64; 260. Wochenbericht »Naher Osten« (22.—29. 4. 1944), S. 5 ff., 10—13, ebd., Bl. 79 f., 81 ff; Krecker (wie Anm. 3), S. 247 ff.; Deringil (wie Anm. 2), S. 168 f.

[61] 267. Wochenbericht »Naher Osten« (11.—17. 6. 1944), S. 5 f., BA, R 63/361, Bl. 153 f.; Deringil (wie Anm. 2), S. 250 ff.; Önder (wie Anm. 4), S. 230 f.

[62] 267. Wochenbericht »Naher Osten« (11.—17. 6. 1944), S. I f., BA, R 63/361, Bl. 150.

[63] 274. Wochenbericht »Naher Osten« (29. 7.—4. 8. 1944), S. I, 5—9, BA, R 63/362, Bl. 61, 63 ff.; 275. und 276. Wochenbericht »Naher Osten« (5.—18. 8. 1944), S. 7 ff., ebd., Bl. 82 f.; Harry N. Howard, Germany, The Soviet Union and Turkey during World War II, in: The Department of State Bulletin, Vol. XIX, No. 472, vom 18. 7. 1948, S. 72 f.; Önder (wie Anm. 4), S. 231—237; Deringil (wie Anm. 2), S. 172 f.

[64] Zu den sowjetischen Presseangriffen siehe: 279. Wochenbericht »Naher Osten« (2.—9. 9. 1944), S. 1 f., CAMO, 500/12 450/329, Bl. 158 f.

[65] 275. und 276. Wochenbericht »Naher Osten« (5.—18. 8. 1944), S. 13, BA, R 63/362, Bl. 85.

[66] Deringil (wie Anm. 2), S. 175—179; Önder (wie Anm. 4), S. 237—240.

Siebter Teil

Stalingrad:
Erleben und Verarbeitung

Rüdiger Overmans

Das andere Gesicht des Krieges:
Leben und Sterben der 6. Armee

Als die deutschen Soldaten Ende Januar/Anfang Februar 1943 in Kriegsgefangenschaft gingen, waren sie dem Tod näher als dem Leben. Das
Leiden der »Stalingrader« (im deutschen Sprachgebrauch ein fester Begriff für die Soldaten der 6. Armee in Stalingrad) begann nicht erst
mit der Gefangenschaft, sondern die unzureichende Versorgung der
6. Armee vor der sowjetischen Offensive und die katastrophalen Zustände im Kessel waren eine wesentliche Voraussetzung dafür, daß letztlich nur 5000 von 170000 deutschen Wehrmachtangehörigen heim-
kehrten.

Wenn man der Frage nachgeht, wie die Eingeschlossenen im Kessel
und in der anschließenden Gefangenschaft lebten, dann ergibt sich eine
eigenartige Diskrepanz: Einerseits hat rund die Hälfte der Heimkehrer mehr oder weniger umfangreiche Berichte vorgelegt — ein Prozentsatz, der wohl einmalig sein dürfte[1] — andererseits liegen zwar zahlreiche wissenschaftliche Publikationen zur Operationsführung vor,
nicht jedoch zu den Lebensumständen im Kessel oder den Ereignissen
in der Gefangenschaft. Die folgenden Ausführungen stellen insofern
einen ersten Versuch dar, das Schicksal der Stalingrader systematisch
darzustellen — sie beziehen sich in erster Linie auf die deutschen Soldaten. Damit sollen nicht die Leiden der Soldaten anderer Nationen
und der sowjetischen Zivilbevölkerung ignoriert werden; zur erstgenannten Gruppe sei auf die einschlägigen Beiträge in diesem Sammelband verwiesen, zur zweiten Gruppe liegen bis heute nur wenige Informationen vor, so daß sie im folgenden nur ansatzweise berücksichtigt
werden kann.

1. Das Leben im Kessel

Über die Versorgungsprobleme der 6. Armee im Kessel liegen ausführliche Berichte vor, weniger bekannt ist jedoch, daß sie schon in den
Monaten vorher existierten. So findet sich ein erster Hinweis auf Ver-
pflegungsengpässe bereits im Juli 1942, und im Oktober 1942 meldet

die 6. Armee an das Oberkommando des Heeres (OKH), die Truppe sei seit August nicht mehr voll verpflegt worden: »die Lebensbedingungen sind im gesamten Bereich der 6. Armee gleichmäßig schlecht«[2]. Nicht einmal mehr aus dem Lande konnten zusätzliche Lebensmittel requiriert werden.[3] Das Armeeoberkommando (AOK) 6 beantragte daher, die tägliche Brotration von 600 auf 750 Gramm zu erhöhen mit dem Ziel, dadurch größere Lebensmittelzuweisungen zu erhalten. Verbunden war der Antrag mit dem Hinweis, daß die Verpflegungssätze Maximalzuweisungen darstellten, die nicht überschritten werden durften, aber in der spezifischen Situation der 6. Armee durchaus regelmäßig unterschritten wurden.[4] So erklärt es sich, daß ein Arzt schon für September 1942 die tatsächliche Lebensmittelzuteilung auf durchschnittlich circa 1 800 Kalorien täglich schätzte.[5] Zum Vergleich: 500 Gramm Brot zusammen mit den sonstigen Teilen der Tagesration ergaben circa 2 500 Kalorien, 3 000 bis 4 000 Kalorien pro Tag wären jedoch der körperlichen Belastung angemessen gewesen.[6]

Der nächste Abschnitt der Entwicklung begann mit der Einkesselung, bei der die Depots der 6. Armee — soweit sie nicht außerhalb des Kessels lagen — zerstört wurden. Ab 26. November 1942 mußte daher der Verpflegungssatz auf 350 Gramm Brot und 120 Gramm Fleisch reduziert werden, eine Menge, mit der die Truppe nach Meinung des Oberquartiermeisters im Kessel, Major v. Kunowski, circa zwei Wochen in Stalingrad aushalten konnte.[7] Am 1. Dezember wurde die Zuteilung nochmals — diesmal auf 300 Gramm — gesenkt, und ab 8. Dezember 1942 betrug die Ration 200 Gramm, das heißt eine dicke, beziehungsweise zwei dünne Scheiben Brot täglich — ein Drittel der normalen Portionen.[8] Zu Weihnachten trat dann zwischenzeitlich eine Verbesserung ein, Kämpfer erhielten eine Zulage von 100 Gramm täglich, und es wurden Zusatzportionen verteilt.[9] Gleichzeitig berichten allerdings andere Stalingrader, sie hätten bereits ab Mitte Dezember nur noch 50 oder 100 Gramm Brot erhalten.[10]

Das Ergebnis dieses »Hungerexperiments großen Stils«, wie es das AOK 6 ausdrückte[11], zeigte sich bald. Schon am 12. sowie am 14. Dezember 1942 meldete die 79. Infanteriedivision (ID), sie sei aufgrund der dauernden Kämpfe und der mangelhaften Verpflegung nicht mehr in der Lage, die bisherigen Stellungen zu halten — die Unterernährung mache sich inzwischen schon bei körperlicher Arbeit oder beim Marschieren bemerkbar.[12]

Am 20. Dezember berichtete das IV. Armeekorps (AK), »zwei Soldaten seien durch Entkräftung gestorben« — die ersten Hungertoten, bei denen der Tod auch offiziell auf diese Ursache zurückgeführt wurde.[13] Fälle, in denen Soldaten beim Postenstehen ohne erkennbare Ursache tot umfielen, hatte es allerdings auch schon vorher gegeben.[14] Am 22. Dezember waren es dann schon 56 registrierte Todesfälle seit dem 26. November, »bei denen der Ernährungszustand eine wesentliche Rolle« gespielt hatte — mit anderen Worten: Hungertote gab es schon einen Monat vor dem Ende des Kessels. Bis zum 24. Dezember stieg die Zahl dann auf 64 Tote.[15]

Die Führung reagierte auf die Einkesselung ihren Soldaten gegenüber zunächst mit Durchhalteparolen; allen Stalingradern wurde das Fernschreiben Hitlers vom 27. November bekanngegeben: »Was in meiner Macht liegt, geschieht alles, um Euch in Eurem heldenhaften Ringen zu unterstützen.«[16] Während der Oberquartiermeister in den ersten Tagen die Versorgungslage nicht als problematisch angesehen hatte, war es vielleicht die Nachricht über die Hungertoten — zusammen mit der Kenntnis vom Scheitern der Entsatzoffensive —, die Major v. Kunowski am 26. Dezember zu folgender Bemerkung im Fernschreibgespräch mit seinem Vorgesetzten außerhalb des Kessels, Oberst Finckh, veranlaßte: »Ich bitte mit allen Mitteln dafür zu sorgen, daß morgen uns 200 to zugeflogen werden [....] ich habe noch nie so tief in der Scheisse gesessen.«[17]

Die Masse der Soldaten vertraute allerdings noch bis in die Weihnachtstage hinein auf das Führerwort; allenfalls die wenigen, die vom Scheitern der Entsatzoffensive wußten, waren enttäuscht.[18] Jedoch wurden bereits am 26. November Versuche von Leichtkranken registriert, sich durch Täuschung die Evakuierung aus dem Kessel zu erschleichen, und auch Fälle von Selbstverstümmelung mit dem Ziel, ausfliegen zu dürfen, wurden festgestellt.[19] Überläufer scheint es dagegen in diesem Zeitraum noch nicht gegeben zu haben.

Die nächste Phase der Entwicklung begann nach Weihnachten. Die Lage verschärfte sich weiter, das LI. AK berichtete am 8. Januar 1943, in der Zeit vom 1. bis 7. Januar habe es im Durchschnitt täglich pro Person 175 Gramm Brot, 9 Gramm Fett, 35 Gramm Abendkost, 48 Gramm Gemüse und 14,2 Gramm Zucker — ein Rohgewicht von insgesamt 281 Gramm — ausgeben können, der normale Tagessatz betrug jedoch insgesamt 800 Gramm Rohgewicht.[20] Verglichen mit der Situation in anderen Einheiten stand das LI. AK noch relativ gut da, im Durchschnitt der 6. Armee sank die tägliche Brotration nämlich in den Tagen um den Jahreswechsel auf 50 bis 100 Gramm, nur Frontkämpfer erhielten mitunter noch 200 Gramm.[21]

Gleichzeitig gab es aber auch noch bis zum Schluß gut ernährte Soldaten. Diese Diskrepanz, die bereits in den ersten Januartagen festzustellen ist, kennzeichnet die Situation der letzten Wochen zwischen Weihnachten und dem Ende in zunehmendem Maße. Sie ist bedingt durch den allgemeinen Zusammenbruch des Versorgungsystems. Anfangs hatte es im Kessel noch Kraftfahrzeuge und Pferde gegeben, um die Verpflegung zu transportieren — immerhin betrug die Entfernung vom Flughafen Pitomnik zur weitest entfernten Front circa 35 Kilometer Luftlinie, die Menge der eingeflogenen Versorgungsgüter lag pro Tag zwischen null und circa 350 Tonnen. Im Laufe der Kämpfe wurden dann aber die Pferde, für die es ohnehin kein Futter mehr gab, abgeschlachtet und die Fahrzeuge mangels Betriebsstoff stillgelegt. Damit wurde nicht nur die Verteilung der Verpflegung immer schwieriger, auch die Versorgung mit anderen Gütern litt. In dem hier interessierenden Zusammenhang war das vor allem die Brennstoffversorgung, denn die Truppe befand sich entweder in mehr oder weniger gut ausgebauten Stellungen oder in Erdbunkern. Heizmaterial war in der Steppe vor Stalingrad nicht vorhanden, so daß Holz aus den Trümmern von Stalingrad herangeschafft werden mußte. Bereits Anfang/Mitte Dezember war die Beschaffung wegen der abnehmenden Brennholzbestände und des fehlenden Sprits zunehmend schwieriger geworden, nun aber entwickelte sie sich zu einem zentralen Problem.[22]

Wichtig für den Schutz gegen die Kälte war jedoch nicht nur die Brennstoffversorgung, sondern auch die Bekleidung. Aus dem letzten Winter hatte man insofern gelernt, als die Truppe schon seit Anfang Oktober mit der normalen Winterbekleidung ausgestattet war, aber erst seit 25. Dezember 1942 besaß sie die zusätzliche Winterbekleidung.[23] Trotzdem gab es Einheiten, die auch danach noch nicht vollständig ausgerüstet waren; beseitigt war der Mangel erst, als es so viele Tote gab, daß jeder Lebende sich ausstatten konnte.[24]

Die Unterernährung, die fehlende Brennstoffversorgung und die anfangs unzureichende Bekleidung führten dazu, daß die Soldaten bitterlich froren. Augenzeugen berichten übereinstimmend, im November und Dezember hätten die Temperaturen zwischen 0 Grad, beziehungsweise Tauwetter und minus 20 Grad geschwankt, ab Weihnachten aber sei es zu einem Kälteeinbruch mit Temperaturen bis minus 30 oder minus 40 Grad gekommen.[25] Die meteorologischen Daten widerlegen allerdings diese Berichte; die vorliegenden Meßergebnisse zeigen einen relativ regelmäßigen Schwankungsrhythmus von drei bis vier Tagen: circa 0 Grad am 5. Dezember, minus 9 Grad in der Nacht vom 10. auf den 11. Dezember, Anstieg bis auf 0 Grad am 15. Dezember 1942 und erneutes Absinken. Diese Wellenbewegungen setzten sich fort, wobei es im Januar tendenziell kälter war als im Dezember, so zum Beispiel minus 23 Grad am 14./15. Januar und minus 22 am 25./26. Januar 1943. Durchschnittlich lagen aber die Tagestemperaturen bei 0 bis minus 5 Grad und die Nachttemperaturen bei minus 10 Grad.[26] Ergänzend sei allerdings bemerkt, daß oft ein kalter Wind durch die Steppe vor Stalingrad fegte, der die Temperaturen subjektiv kälter erscheinen ließ. Wenn sie von den Augenzeugen dennoch als weitaus kälter empfunden wurden, als sie es tatsächlich waren, dann ist dies nur ein weiteres Indiz für den körperlichen Zustand dieser Soldaten, die keine Möglichkeiten mehr hatten, sich richtig aufzuwärmen und sattzuessen.

Das Leben in unzureichend geheizten Bunkern hatte nur einen Vorteil, es linderte die Ungezieferplage. Die 6. Armee war nämlich nicht nur schlecht ernährt, sie war auch schon seit Oktober/November zunehmend verlaust. Selbst Fleckfieber und andere Infektionskrankheiten, die alle durch Ungeziefer übertragen werden und später in den sowjetischen Lagern Zehntausende von Todesopfern forderten, wurden in Einzelfällen schon vor der Einschließung im November festgestellt.[27]

All diese Faktoren bewirkten eine weitere Verschlechterung der gesundheitlichen Lage in der Zeit nach Weihnachten 1942. Bezeichnenderweise hielt der Kommandierende General (KG) des IV. AK bereits am 27. Dezember »die physische Kraft der Infanteristen für mehrere Marschtage für nicht ausreichend. Bei ›Donnerschlag‹ müßte zum mindesten streckenweiser Transport auf heizbaren Lkw. vorgesehen werden«[28].

In ähnlicher Weise berichtet ein Offizier, daß eine Infanteriekompanie für einen Marsch über sechs Kilometer ohne Feindeinwirkung vom frühen Morgen bis zum Mittag unterwegs war. Derselbe Offizier war nach seinem Ausflug aus dem Kessel Anfang Januar aufgrund seines körperlichen Zustandes tagelang nicht in der Lage, normale Nahrung zu sich zu nehmen.[29] Auch im Kriegstagebuch (KTB) des AOK 6 finden sich immer wieder Vermerke, daß Einheiten am Ende ihrer Kräfte waren und daher ihre Stellungen aufgeben mußten.[30]

Die Reaktion der Führung bestand in Durchhalteparolen — Hitler telegraphierte:

»Sie und Ihre Soldaten aber sollen in das neue Jahr eintreten mit dem felsenfesten Vertrauen, daß ich und die ganze deutsche Wehrmacht alle Kräfte einsetzen werden, um die Verteidiger von Stalingrad zu entsetzen«[31], und Paulus ergänzte: »Der Führer hat aber noch immer seine Versprechungen gehalten und wird es auch diesmal tun!«[32] Ein Kessel-Propagandaamt wurde am 3. Januar 1943 ebenfalls geschaffen.[33] Gleichzeitig verging nun kein Tag, ohne daß die 6. Armee auf ihren verschiedenen Meldewegen ungeschminkt auf ihre Situation aufmerksam machte. So wies der Verbindungsoffizier des OKH beim AOK 6 am 7. Januar darauf hin, daß die Zahl der Hungertoten nunmehr auf 120 Fälle angestiegen sei, und der Oberquartiermeister meldete der Heeresgruppe am 13. Januar: »Wir haben kein Brot, keine Mun. und keinen Betriebsstoff.«[34] Darüber hinaus wurde versucht, durch organisatorische Maßnahmen die Luftbrücke in den Kessel effizienter zu gestalten.

Wie reagierten nun die Soldaten auf die weitere Verschärfung der Lage? Einerseits stellte die Feldpostprüfstelle »ab 1. Januarwoche ein wesentliches Absinken der Zuversicht« fest, andererseits verfehlte aber auch das erneute Versprechen des Führers seine Wirkung nicht.[35] Ein Briefschreiber drückte es so aus: »Unser Führer hat uns machmal warten lassen, man war bald verzweifelt und dann war es doch immer richtig. So wird es auch diesmal sein.«[36]

Natürlich nahmen die Versuche zu, sich dieser unerträglichen Situation zu entziehen. Durch Täuschung einen Platz im Flugzeug zu ergattern, war kaum mehr möglich, weil der Flugbetrieb in dieser Phase relativ gut organisiert und kontrolliert war. Überläufer waren ebenfalls noch selten — im Fall des Mißerfolgs erwartete sie die Todesstrafe. Dagegen häuften sich die Erfrierungsfälle, die auf Selbstverstümmelung zurückzuführen waren.[37]

Eine neue Stufe der Entwicklung setzte ein mit der sowjetischen Offensive Mitte Januar 1943. Diese Phase war gekennzeichnet von einer Auflösung der Strukturen: Bis zum 18. Januar war der Kessel auf die Hälfte seiner Fläche reduziert und der Flughafen Pitomnik verloren, bis zum 23. Januar abends schrumpfte der Kessel auf ein Viertel seiner ursprünglichen Größe und auch die letzten Flughäfen, Gumrak und Stalingradskij, waren aufgegeben.

Die Versorgungslage wurde noch prekärer, als sie es vorher gewesen war; ab circa 15. Januar — und damit circa zwei Wochen vor dem endgültigen Ende — erhielt ein Teil der Truppe nichts mehr zu essen. Im KTB finden sich Bemerkungen wie: »Auch heute kann die Armee keine Zuweisungen von Versorgungsgütern austeilen, da nichts vorhanden.«[38]

Verursacht wurde diese Entwicklung zunächst einmal dadurch, daß die Zahl der Flugzeuge, die in Stalingrad eintrafen, drastisch abnahm.

Nach dem Verlust von Pitomnik waren sie auf den wesentlich kleineren und schlechter ausgestatteten Flugplatz Gumrak angewiesen. Selbst wenn die Landung dort gelang, blieben Maschinen trotz der Luftbedrohung durch sowjetische Flugzeuge mitunter stundenlang stehen, weil niemand da war, um sie auszuladen. Ein Flugzeugführer beschrieb die Situation so: »Befehle werden im allgemeinen schlecht befolgt, da Soldaten schon zu apathisch, kein Entladekommando.«[39]

In zunehmendem Umfang landeten die Flugzeuge nicht mehr, sondern warfen nur noch Versorgungsbomben ab. Diese fielen nun oft nicht auf die vorgesehenen Plätze, sondern irgendwohin. Soldaten, die diese Bomben fanden, waren zwar durch Befehl strikt gehalten, den Fundort zu melden, Augenzeugen berichteten jedoch in der Regel, daß solche Bomben, falls sie Verpflegung enthielten, geplündert wurden. Da dies streng verboten war, konnten Soldaten, die eine solche Bombe gefunden und geplündert hatten, ihre Kenntnisse nur an wenige unbedingt vertrauenswürdige Kameraden weitergeben, auf keinen Fall ihren Vorgesetzten melden und auch aus Transportgründen nur relativ wenig Verpflegung an sich nehmen. Die Masse des Inhalts war damit verloren. Aber auch wenn die Fundorte gemeldet wurden, half dies kaum weiter, die 6. Armee war nicht mehr in der Lage, die Versorgungsgüter zu bergen und zu verteilen.[40]

Der körperliche Verfall der Soldaten schritt weiter fort. Einige Beispiele dafür: Die Einteilung zum Postendienst durfte nicht mehr länger als 30 Minuten dauern, weil sonst die Gefahr bestand, daß die Soldaten einschliefen und erfroren.[41] Für einen Marsch über 1500 Meter — frei von Bedrohung durch sowjetische Waffenwirkung — während des Rückzugs in Richtung Stalingrad gab ein Kompaniechef die Parole aus: »Den, der zurückbleibt, müssen wir liegen lassen; der erfriert.«[42] Bei einem anderen Marsch am 23. Januar benötigte dieselbe Kompanie den Zeitraum von morgens 6 Uhr bis in die Abenddämmerung, um einen Weg von vier Kilometer Luftlinie zurückzulegen.[43]

Die Überlegung liegt nahe, daß ein regelmäßiger Personalaustausch zwischen der Front und den rückwärtigen Teilen zur Regeneration der Soldaten beigetragen hätte. Die Frontsoldaten waren jedoch nicht daran interessiert, sich zum Ausruhen oder zur Behandlung von Verwundungen in Lazarette oder rückwärtige Versorgungseinrichtungen zu begeben, weil sie hier noch weniger Verpflegung erhielten als an der Front.[44]

Generell wurde gerade in dieser Rückzugsphase die Situation der Kranken und Verwundeten noch unerträglicher als die der »Gesunden«, denn sie wurden schlechter versorgt und waren noch weniger in der Lage, den Rückzug zu bewältigen. Insbesondere in den Tagen vor dem 23. Januar, als sich die Front dem zentralen Lazarett Gumrak — gleichzeitig dem letzten nennenswerten Flughafen — näherte, spielten sich grauenhafte Szenen ab. Abfliegende Maschinen wurden von Verwundeten gestürmt, wobei sich oft diejenigen durchsetzten, deren körperliche Verfassung einen Ausflug am wenigsten rechtfertigte.[45] Der Start der Flugzeuge konnte mitunter erst erfolgen, nachdem die Passagierzahl mit vorgehaltener Waffe so reduziert worden war, daß die Maschine abheben konnte.[46] Die andere Möglichkeit für die Kranken und Verwundeten aus Gumrak, aber auch aus den anderen Lazaretten in Frontnähe, bestand darin, auf irgendeine Weise die Stadt Stalingrad zu erreichen. Seine Erlebnisse auf der Fahrt dorthin beschreibt ein Arzt so:

»Auf dem ausgefahrenen, vereisten Weg nach Stalingrad, den wir nun mit den Resten der Einheit zurücklegten, lagen an den Straßen überall und in grauenhaftem Umfang Verwundete, Erfrorene und Erfrierende, die unseren langsam fahrenden Wagen den Weg mit ihren Leibern versperrten, die sie mitten auf die Fahrbahn gewälzt hatten. Ihre Schreie, sie zu überfahren oder mitzunehmen, wiederholten sich in ähnlichen Bildern über die ganze Strecke. Viele hatten die Hände, verbunden mit durchfeuchteten Verbänden, flehend erhoben, manche schüttelten die Fäuste, manche rührten sich gar nicht.«[47]

Die Armeeführung reagierte auf diese Entwicklung zum einen mit erneuten Durchhaltebefehlen: »Haltet aus! Wenn wir wie eine verschworene Schicksalsgemeinschaft zusammenhalten, [...] werden wir es schaffen!«[48] Auf der anderen Seite ließ das AOK 6, das unter anderem durch regelmäßige Frontbesuche des Oberbefehlshabers über die Realität gut informiert war, die Heeresgruppe über den Zustand der Truppe nicht im unklaren. Die 6. Armee berichtete nicht nur mehrfach, daß sie nicht mehr in der Lage sei, die Truppe zu versorgen, sie meldete auch, daß die Todesfälle durch Erschöpfung und anschließende Erfrierung laufend zunähmen, die Widerstandskraft der Truppe nur noch ganz gering sei oder Meldungen über personelle Verluste und die Belegung von Lazaretteinrichtungen nicht möglich seien, weil man hierüber keinen Überblick mehr habe.[49]

In dieser Phase des Rückzugs und des allgegenwärtigen Zerfalls der Strukturen ist erstmals ein generelles Absinken der Moral bei den Soldaten festzustellen. Hierzu gehören die zunehmend brutaleren Kämpfe um die freien Plätze in den Flugzeugen, aber auch die deutlich sinkende Stimmung in den Feldpostbriefen.[50] Über den Umfang von Selbstverstümmelungen und Desertionen liegen keine Informationen vor, in weiten Bereichen gab es keine Strukuren mehr, um derartiges zu registrieren oder darauf zu reagieren. Ein Großteil reagierte wohl mit der Flucht in Phantastereien bar jeden Realitätsgehalts. Ein Augenzeuge schreibt:

»Merkwürdig, was da an Gerüchten von Mund zu Mund ging: Wir würden bald befreit; wenige Kilometer nur seien die deutschen Panzertruppen entfernt. — Urlauber, die eingeflogen worden sind, hätten die anrollende Hilfe vom Flugzeug aus gesehen. [...] Ein sonst ernst zu nehmender Hptm. unserer Artillerie berichete mir: ›Ja, ich habe die uns befreienden Panzertruppen bei meinem Einflug dort und dort gesehen‹.«[51]

Die letzte Phase des Zusammenbruch ab dem 23./24. Januar 1943 — nach dem Verlust der letzten Flughäfen Gumrak und Stalingradskij — war gekennzeichnet von völliger Aussichtslosigkeit.

Die Menge der nach Stalingrad geflogenen Versorgungsgüter war in diesem Zeitraum so gering nicht, im Durchschnitt waren es im Zeitraum 24. Januar bis 3. Februar 1943 immerhin 72 Tonnen pro Tag mit Spitzen bis zu 130 Tonnen am 31. Januar.[52] Da die Flugzeuge nicht mehr landen konnten und der Kessel immer mehr schrumpfte, wurden nur noch recht ungenau plazierte Verpflegungsbomben abgeworfen, die zum Teil hinter den feindlichen Linien niedergingen. Selbst diejenigen Güter, die geborgen werden konnten, waren nur von beschränktem Nutzen, weil ein Versorgungssystem nicht mehr existierte.[53]

Die Ernährungssituation war dementsprechend heterogen. Während der eine berichtet, er habe in den letzten Tagen noch ausreichend zu essen erhalten, weil Verpflegung auch für die bereits Toten geliefert worden sei, berichten andere über Brotportionen von 38 Gramm oder über die Notwendigkeit, ein Brot und eine dreiviertel Dose Schoka-Kola auf 23 Mann aufzuteilen.[54] Zum Schluß wurde sogar das für den menschlichen Körper ungenießbare Härteöl aus der Metallverarbeitung als Delikatesse gehandelt; für diesen Zeitraum berichet auch erstmals ein Augenzeuge über Kannibalismus im Kessel.[55] Ab 28. Januar war es dann soweit, daß Verpflegung generell nur noch an Kämpfer ausgegeben wurde, mit anderen Worten: Bei der späteren Gefangennahme hatten viele Kranke bereits seit drei bis fünf Tagen keine Verpflegung mehr erhalten.[56]

An dieser Stelle ist es notwendig, nochmals auf die Situation der Verwundeten und Kranken einzugehen. Die Kampfhandlungen, die verlausungsbedingt zunehmenden Infektionskrankheiten und der allgemeine Gesundheitszustand hatten schon seit Dezember dazu geführt, daß bis zu 20000 Kranke und Verwundete zu versorgen waren. Solange es den Flughafen Pitomnik gab, konnten pro Tag bis zu 1000 Soldaten — mitunter auch mehr — ausgeflogen werden.[57] Durch die Rückzugskämpfe, den Verlust der Flughäfen und die ernährungsbedingten Krankheiten stieg die Zahl der Kranken und Verwundeten weiter an. Sie sammelten sich in den Trümmern von Stalingrad, irrten von einem überfüllten Lazarett zum nächsten und verkrochen sich zum Schluß in den Häuserruinen. Das AOK 6, das selbst keinen exakten Überblick mehr über die Sitation hatte, schätzte ihre Zahl am 26. Januar 1943 auf circa 30 bis 40000.[58] In der Mehrzahl dürften sie dort gestorben oder das Opfer sowjetischer Bombenangriffe geworden sein — allein bei der Bombardierung des zentralen Lazaretts in Stalingrad, einer mehrstöckigen Gebäuderuine, sollen 3000 Kranke und Verwundete verbrannt sein.[59]

Unter den »Gesunden« machte sich die Dystrophie in Form von chronischer Ermüdung, Desorientierung, Wahrnehmungsschwierigkeiten sowie der Verlangsamung aller Funktionen und Reaktionen massiv bemerkbar. Der Zeitbedarf eines Dystrophikers für den Entschluß aufzustehen und dies auch durchzuführen, lag bei 30 bis 60 Minuten.[60] Ein Arzt im Timošenko-Bunker in Stalingrad beschreibt das Verhalten seiner Patienten so:

»sie wollten nichts mehr. Sie sollen mit der Maschinenpistole kommen und uns erschießen, so redeten sie. Am Plätzchen tappten sie wie Kinder nach allem, was eßbar oder verwertbar erschien, blieben ohne Grund stehen oder gingen in die falsche Richtung, taub für jeden Zuspruch.«[61]

Eine einheitliche Führung existierte in dieser apokalyptischen Situation nicht mehr, die Palette der Befehle und Ratschläge reichte von der Androhung, jeden Kapitulationswilligen zu erschießen, bis zur Aufforderung an die Soldaten, sich nach eigener Wahl nach Westen durchzuschlagen, gefangenzugeben oder nach Stalingrad-Mitte zurückzuziehen.[62] An die Heeresgruppe Don und das OKH sandte das AOK nicht nur martialische Fernschreiben, sondern auch realistische Lagemeldungen, wie:

»Nach Meldung zahlreicher Truppenführer ist die Widerstandskraft ihrer zusammengewürfelten Männer so am Ende, daß sie sich nach Verschuß ihrer Munition trotz schärfster Gegenmaßnahmen willenlos gefangen geben.«[63]

Die Stimmungslage der Soldaten und ihre Reaktion auf die ausweglose Situation — Feldpostbriefe liegen nur äußerst wenige vor — waren zumindest zwischen den Dienstgradgruppen uneinheitlich.[64] Vorwiegend unter den Offizieren wurde die Frage diskutiert, ob es statthaft sei, sich gefangenzugeben. Neben dem spektakulären Einzelfall, daß ein

General sich auf einen Bahndamm stellte und auf jeden Angreifer schoß, bis er selbst fiel, kam es zu Selbstmorden — jedoch in weitaus geringerem Umfang als aufgrund der vorhergehenden Diskussionen anzunehmen gewesen wäre.[65] Andere planten den Ausbruch nach Westen, ein Unternehmen, von dem Realisten angesichts der 500 Kilometer Luftlinie zwischen Stalingrad und den deutschen Linien abrieten. Einige wenige Gruppen versuchten es, keiner gelang es durchzukommen. Die Frage, ob es statthaft sei, sich gefangenzugeben, scheint für die Mannschaftsdienstgrade nicht so zentral gewesen zu sein, sie hatten einfach Angst um ihr Leben und vor der Zukunft. Neben Panikreaktionen bis hin zu Kettenselbstmorden scheint die Mehrzahl apathisch auf das Ende gewartet zu haben.[66]

In einem Punkt sind sich jedoch alle Augenzeugen einig: Das zentrale Ereignis war die Rede Görings — desjenigen, der mehrfach versichert hatte, die Luftwaffe könne die 6. Armee versorgen — anläßlich des Jahrestages der »Machtergreifung« am 30. Januar 1943. Wer bisher noch gehofft hatte, dem wurde deutlich, daß die Stalingrader von der deutschen Führung aufgegeben worden waren. Ein Augenzeuge beschreibt dieses Erlebnis so:

»Wer kann sich in unsere Lage versetzen, als wir am 30. Januar in einem Kellergewölbe unserer eigenen Grabesrede lauschten, die man in der fernen Heimat hielt, uns mit den spartanischen Helden verglich und dann von den Lebenden abstrich.«[67]

Da es keine offizielle Kapitulation gab, kam das Ende irgendwann in den Tagen bis zum 2. Februar 1943. Die einen verschossen ihre letzte Munition und begaben sich in Gefangenschaft, andere warteten apathisch in Häuserruinen oder Bunkern ab, bis Soldaten der Roten Armee kamen und sie abführten.[68]

Wenn man sich die Frage stellt, was die Soldaten angesichts der dargestellten Entwicklung überhaupt dazu bewogen hat, so lange auszuhalten, kann man verschiedene Antworten finden. Den deutschen Soldaten des Zweiten Weltkriegs war das Leid der deutschen Kriegsgefangenen in Sibirien während und nach dem Ersten Weltkrieg noch präsent — der eine oder andere hatte es selbst erlebt. Hinzu kam die starke Beeinflussung durch die nationalsozialistische Propaganda, die die deutschen Soldaten befürchten ließ, sie würden nach der Gefangennahme samt und sonders umgebracht. Der dritte Grund war das bisherige eigene Erleben der Siege und der Vormärsche und der Glaube daran, daß der »Führer« sein Versprechen einhalten würde; Niederlagen und Rückzüge waren bis zu diesem Zeitpunkt unvorstellbar. Aus all diesen Gründen beschreiben Augenzeugen das Ende — auch wenn es seit Wochen und Tagen absehbar war — als Schock, es war für sie der »physische und psychische Zusammenbruch in einem kaum vorstellbaren Ausmaß«[69].

2. Die Gefangennahme

Irgendwann kam der Moment, vor dem viele der Eingekesselten mehr Angst gehabt hatten als vor dem Tod: die Gefangennahme. So sehr sich die Berichte darüber ansonsten unterscheiden, in einer Hinsicht stimmen sie überein: Sie wurden gefilzt. Die wenigen, die zunächst verschont blieben, wurden Opfer der zahllosen späteren Plünderungen. Abgenommen wurden Wertgegenstände wie Uhren, Schmuck, Eheringe, etc. In vielen Fällen mußten die Gefangenen zusätzlich die Teile ihrer Winterbekleidung, die nicht eindeutig Uniformstücke waren, oder die letzten Lebensmittel abgeben. Zur großen Verbitterung der anderen stellte sich dabei heraus, daß es einigen Gefangenen gelungen war, all die Wochen des Hungers relativ wohlgenährt und mit Lebensmitteln gut ausgestattet zu überleben. Auch der Anblick einiger Generale, die mit Adjutanten, Burschen und Gepäck per Kfz abtransportiert wurden, während die Soldaten sich vor Schwäche kaum auf den Beinen halten konnten, trug zur Demoralisierung bei.[70]

In einigen Fällen wurde auch versucht, die Offiziere von den Unteroffizieren und Mannschaften zu trennen, was aber nicht immer gelang, da sich nicht alle Offiziere zu erkennen gaben — sei es aus Furcht, unverzüglich erschossen zu werden, oder aus Verantwortungsgefühl gegenüber ihren Soldaten, die sie nicht im Stich lassen wollten.

Mit dem Beginn der Gefangenschaft erhielt nun auf einmal ein bisher weniger wichtiger Umstand erhöhte Bedeutung: die Nationalitätenzugehörigkeit. In Stalingrad waren nämlich keineswegs nur deutsche Soldaten, sondern ein Konglomerat unterschiedlichster Nationalitäten eingeschlossen worden. Neben einigen wenigen Italienern und westeuropäischen Zivilarbeitern der Organisation Todt (OT) handelte es sich um Kroaten und Rumänen sowie — quantitativ die gewichtigste Gruppe — um sowjetische Hilfswillige der Wehrmacht, hinzu kamen die sowjetischen Kriegsgefangenen der 6. Armee.

Über die Behandlung dieser Gruppen durch die Sowjets liegen widersprüchliche Aussagen vor. Während in einigen Fällen alle Gefangenen gemeinsam auf den Marsch in die Lager geschickt wurden, berichten andere von einer sofortigen Trennung. Insbesondere die sowjetischen Hilfswilligen sollen ausgesondert und sofort erschossen worden sein. Wiederum andere schreiben, sie hätten in späteren Jahren solche Hilfswillige als Strafgefangene in sowjetischen Gefängnissen kennengelernt. Wieder andere berichten, die Hilfswilligen hätten sich mit den Soldaten der Roten Armee verbündet und seien von diesen als Hilfskräfte und Dolmetscher eingesetzt worden.[71] Bedenkt man allerdings die Einstellung der sowjetischen Führung dieser Personengruppe gegenüber, so ist nicht anzunehmen, daß sie ein günstiges Schicksal erwartete.

Über die Haltung der sowjetischen Soldaten von der Don-Front gibt es die unterschiedlichsten Berichte. Zunächst einmal befanden sie sich in einem wohl verständlichen Siegesrausch, der vom Stolz über den Sieg bis zu brutalen Exzessen wie Scheinerschießungen und realen Tötungen reichte. Es kam auch vor, daß sie deutschen Soldaten die Stiefel abnahmen — mit dem Ergebnis, daß diese nach einigen Kilometern Marsch durch den Schnee mit ihren inzwischen erfrorenen Füßen nicht mehr weiterlaufen konnten und umkamen. Daneben liegen aber auch Berichte über sehr menschliche und mitleidvolle Reaktionen sowjetischer Soldaten vor.[72]

3. Die Gefangenschaft

Was das weitere Schicksal der Stalingrader betrifft, so haben die ersten Veröffentlichungen über Stalingrad Ende der 40er Jahre einen Topos geschaffen, der sich auch in den folgenden Jahrzehnten in der Literatur gehalten hat. Demnach wurden die Gefangenen auf Todesmärschen tage- oder wochenlang ohne Verpflegung im Kreis um die Stadt herumgeführt, wobei jeder, der liegenblieb, erschossen wurde. Erklärt wird diese Maßnahme entweder als reiner Racheakt oder als Notwendigkeit, die Soldaten während des Wartens auf den Abtransport durch Bewegung vor dem Erfrieren zu bewahren.[73]

Die Berichte von Augenzeugen bestätigen diese Darstellung allerdings nicht, bei allen Unterschieden in den Details lassen die vielen vorliegenden Aussagen jedoch die anders geartete Handlungsmaxime der Sowjets recht deutlich erkennen.[74] Nach der Gefangennahme wurden diejenigen, die in irgendeiner Weise laufen konnten, zu Sammelplätzen an der Peripherie von Stalingrad geschickt. Für diejenigen aus dem Nordkessel waren dies vor allem Gumrak und Gorodišče, circa fünf bis zehn Kilometer nördlich, beziehungsweise westlich der Stadt. Von dort aus wurden sie weitergeleitet in die Auffanglager Buraki, Barbukin, Kotluban', Dubovka und andere, die circa 20 bis 40 Kilometer Luftlinie von Stalingrad entfernt waren. Eine Ausnahme bildet eine relativ kleine Gruppe, die bis in das circa 65 Kilometer Luftlinie von Stalingrad entfernte Kisljakovskaja marschieren mußte. Diejenigen, die in das über 100 Kilometer entfernte Frolovo kamen, wurden über einen Teil der Strecke mit der Bahn transportiert.

Das Schicksal der Gefangenen aus dem größeren, südlichen Kessel war günstiger, die allermeisten wurden direkt in das zentrale — nur knapp zehn Kilometer von Stalingrad entfernte — Lager Beketovka verbracht, ein kleinerer Teil — vor allem Offiziere — kam in das nur wenig weiter entfernte Krasnoarmejsk.

Diejenigen unter den Gefangenen, die in keiner Weise mehr in der Lage waren zu gehen, verblieben in ihren bisherigen »Lazaretten« in den Trümmern von Stalingrad; zeitweise gab es sechs davon. Binnen weniger Wochen leerten sich die Lazarette und Lager, weil die Gefangenen massenhaft starben. Beginnend ab Mitte, vorwiegend aber ab Ende März — also circa einen Monat nach dem Marsch in die Gefangenschaft — wurden die Lager im Norden und Westen Stalingrads aufgelöst, die Gefangenen marschierten über Stalingrad zum zentralen, südlich Stalingrad gelegenen Lager Beketovka. Von dort aus wurden sie entweder unmittelbar oder auch nach Wochen per Bahn in Lager wie Krasnogorsk, Oranki, Kissner, Suzdal' und Elabuga — für Offiziere — und Taškent, Pachta-Aral, Tschuama, Džambul, Kokand, Karaganda oder Begovat für Unteroffiziere und Mannschaften verbracht.

Diejenigen unter den Kranken, die gesundeten, wurden von Stalingrad weg zu den anderen Gefangenen nach Beketovka geschickt, die anderen wurden nach Il'men', Arsk oder Vol'sk, einem sowjetischen Lazarett an der Volga in der Nähe von Engel's, der Hauptstadt der ehemaligen deutschen Wolgarepublik, gebracht.

Aus der heutigen Perspektive erscheint die Handlungsweise der Sowjets als durchaus schlüssig, furchtbar waren »nur« die konkreten Umstände der Realisierung. Das Leiden begann schon mit der Gefangennahme und setzte sich auf dem Marsch zu den Lagern fort. Der DDR-Schriftsteller Weinert beschrieb diesen Vorgang recht euphemistisch so: »Die Stärkeren wurden mit einem Laib Brot unter dem Arm nach Karpovka in Marsch gesetzt.«[75] Die Realität sah allerdings anders aus. Die Gefangenen, die mitunter schon seit Tagen nichts oder kaum etwas gegessen hatten, wurden in der Regel auch von den Sowjets nicht verpflegt. Im Gegenteil, in mehr als einem Fall wurden ihnen die restlichen Lebensmittel auch noch genommen. Dann begann der Marsch — auf russischen Befehl unter Führung von Offizieren.[76]

Die Szenen, die sich dabei abspielten, sind nur schwer zu beschreiben:

»Nein, die Bezeichnung ›Marschierer‹ paßte nicht auf diese komischen Gestalten. Humpeln, schleppen, schleichen, taumeln oder schwanken klingt wohl unangenehmer, aber trifft in jedem Fall zu.«[77]

Zunehmend machten sich die Symptome der Dystrophie und der Infektionskrankheiten bemerkbar, die später Zehntausende hinwegrafften. Viele berichten von Halluzinationen; Marschierende, die Häuser zu sehen glaubten und sich darin verkriechen wollten, verließen die Kolonne und wurden erschossen.[78] Oder:

»Einige Schritte vor mir ging ein riesenlanger Feuerwerker. Plötzlich warf er seinen Rucksack in den Schnee, zog Mantel und Feldbluse aus mit der Ausrede, es sei ihm viel zu warm. Und das bei 30 Grad Kälte. Er war noch keine hundert Meter gegangen, als er auch Stiefel und Strümpfe auszog und behauptete, jetzt könne er viel besser marschieren. Schon nach einigen Schritten setzte er sich wieder in den Schnee. Eine russische Pistole knallte, der lange Feuerwerker hatte seinen Genickschuss und war nicht mehr.«[79]

Daß Zurückbleibende von den Bewachern erschossen wurden, sahen die allermeisten nicht als Grausamkeit an. In dieser Situation, in der ihnen doch nicht geholfen werden konnte, galt Erschießen als Akt der Gnade verglichen mit der Alternative, langsam zu erfrieren.

Obwohl die Auffanglager nur circa 20 bis 30 Kilometer Luftlinie von den Sammelpunkten entfernt waren, berichten die meisten Augenzeugen von tagelangen Märschen.[80] Diese scheinbare Diskrepanz erklärt sich aus dem körperlichen Zustand der Gefangenen, deren Marschtempo bei circa einem Kilometer pro Stunde lag — die Geschwindigkeit eines Spaziergängers beträgt vier Kilometer pro Stunde.[81] Das Ergebnis waren mehrtägige Märsche für Strecken, die ein Gesunder in einem Tag zurückgelegt hätte, und Übernachtungen im Freien — in der Regel ohne Verpflegung. Während dieser Pausen versuchten die völlig erschöpften und übermüdeten Gefangenen zu schlafen, was aber mit dem Risiko verbunden war, im Schlaf zu erfrieren. Ein Augenzeuge beschreibt den Aufbruch nach einer solchen Nacht so: »An jedem Morgen das gleiche Bild: Ein Teil stand mit letzten Kräften auf, ein schwarzer Fleck von Toten blieb zurück.«[82]

Die Auffanglager, in denen die Gefangenen untergebracht wurden, waren von unterschiedlicher Qualität. So bestand das Lager Dubovka aus Steinbaracken mit Dächern, aber ohne Fenster und Türen, in Krasnoarmejsk waren es Hallen ohne Dächer, in Beketovka vorwiegend Teile eines geräumten Dorfes, anderswo auch Erdbunker oder ehemalige Kasernen — in der Regel allerdings ungeheizt.[83] Noch grauenhafter war jedoch die Situation in den »Lazaretten« in Stalingrad, deren bekanntestes der Timošenko-Bunker war. Dabei handelte es sich um ein System von Luftschutzbunkern, mit einer Gesamtlänge von vier Kilometern. Die ursprünglich vorhandene Infrastruktur (Elektrizität, Wasser, Abwasser) war von den Sowjets vor dem Anmarsch der Deutschen zerstört worden. Auf dem nackten Boden lag ein Kranker neben dem anderen.

»Wärme kam von den vielen Menschen und dem Niederschlag ihrer Ausdünstungen, der als ekliges Wasser von den dunklen Wänden troff [...] Alte Leitungsdrähte wurden von den Wänden gerissen, die Isolierung als Fackel verwendet. Aber schon herrschte tiefe Finsternis in den letzten Gängen am Ende des Bunkers.«[84]

Die Verpflegung war anfangs unregelmäßig und zu knapp bemessen, vor allem aber dem Körperzustand der Gefangenen nicht angepaßt. Ein Gefangener berichtet von ungemahlenem Getreide:

»Es ist verständlich, daß die einzelnen Getreidekörner von dem geschwächten Magen nicht verdaut werden konnten und in demselben Zustand den Körper wieder verließen, wie sie aufgenommen worden waren. Der menschliche Kot wurde ausgewaschen und dieselben Getreidekörner nochmals gekocht.«[85]

Unter diesen Umständen war das gesamte Denken und Handeln der Gefangenen darauf ausgerichtet, sich zusätzliche Nahrungsmittel zu verschaffen. Was in dieser Not möglich war, sei an einem Beispiel erläutert:

»Dort lag ein schwarzer und glitschiger Haufen, aus dem ich die noch etwas festen Kartoffeln herausbuddelte. Im Kochgeschirr kochten wir sie so lange, bis sie ganz breiig waren. Sie schmeckten uns bestens, doch Karl bekam sie nicht herunter. Der grauschwarze, fast bläuliche unappetitlich aussehende Brei knirschte zwischen den Zähnen, aber was machte das schon.«[86]

Die andere Alternative war der Kannibalismus, der für mehrere Lager bezeugt ist.[87] Auch andere negative Randerscheinungen gab es, wie deutsches und sowjetisches Lagerpersonal, das Lebensmittel verpraßte und verschob, oder Ärzte, die ihre Medikamente nur gegen Bezahlung in Form von Lebensmitteln verabreichten.[88]

Einen weiteren Anlaß für Streit bot das Verhältnis der Offiziere zu den Mannschaften und Unteroffizieren. In der Wehrmacht war die Verpflegung prinzipiell für alle gleich gewesen, in der Gefangenschaft galten aber die sowjetischen Regeln, nach denen Offizieren eine bessere Verpflegung zustand. Soweit diese Regelung angewandt wurde, waren deren Rationen zwar nur unwesentlich größer, aber in einer derartigen Mangelsituation konnte dies den Unterschied zwischen Tod und Überleben bedeuten.[89]

Nach ein bis zwei Wochen brachen in den Lagern die Krankheiten vollends durch, die in Ansätzen bereits im Kessel vorhanden gewesen waren.[90] Neben Dystrophie und Bauchtyphus spielte das Fleckfieber wohl die wichtigste Rolle. Der Krankheitsverlauf war gekennzeichnet von Verwirrungszuständen, Gedächtnisverlust, hohem Fieber und unerträglichen Kopfschmerzen und endete nach 60 bis 100 Tagen in der Regel mit dem Tod:

»Mancher wurde durch das hohe Fieber völlig irre, wußte nicht mehr, was er tat, kroch auf allen Vieren umher, redete alles durcheinander, fand seinen Platz nicht wieder und starb da, wo er sich als Fremder aufhielt.«[91]

Der Begriff »Fremder« kennzeichnet einen weiteren wesentlichen Aspekt des Lagerlebens: Fleckfieber hatte ähnlich wie die Dystrophie eine Reduktion von Außenkontakten und emotionaler Zuwendung zur Folge; Kameradschaft oder Solidarität, die manches hätten ausgleichen können, gab es daher nicht — allgegenwärtig und zentral im Denken war nur der Hunger.[92]

Die wenigen, die ihre erste Krankheit überlebten, erkrankten aufgrund ihres geschwächten Zustandes nach dem Fleckfieber in der Regel an anderen Infektionskrankheiten, wie vor allem Bauchtyphus, oder wurden Dystrophiker. Kaum einer war in der Lage, auch nur für die minimale Hygiene zu sorgen:

»Nur wenige konnten sich vom Krankenlager erheben und sich zu den bereitgestellten Bedürfniseimern schleppen. Oft geschah es, daß die sogenannten Sanitäter während ihres Dienstes ebenfalls vom Fleckfieber erfaßt wurden und niemand mehr da war, der die Eimer herausbringen konnte. Sie liefen über, und der Kot mischte sich unter die Kranken. Die meisten lagen ohnedies in ihrem eigenen Dreck, wenn sie unter sich machten.«[93]

Es war auch kaum noch einer körperlich in der Lage, die Toten wegzutragen und zu beerdigen:

»Durchschnittlich trugen wir [zu zweit, der Verf.] täglich drei bis vier über den Flur, die lange Treppe hinunter über den Hof bis vors Tor. Bis mittags waren wir damit beschäftigt.«[94]

Die Zahl der Todesfälle war immens, einer der wenigen Überlebenden beschreibt einen Spaziergang auf der Hauptlagerstraße nach seiner Genesung vom Fleckfieber so:

»Ich vermochte zunächst gar nicht zu unterscheiden, was das war, was ich da sah. Es sah alles so ganz anders aus. Besonders konnte ich mir die Dämme beiderseits der Straße, die sich etwa 500 m hinzogen, nicht erklären. Erst als ich ganz nahe hinkam, merkte ich, daß das einfach Tote waren. Leichen, die den ganzen Graben ausfüllten und zu etwa 1 m hohen Dämmen aufgestapelt zu beiden Seiten der Straße lagen.«[95]

Im März 1943 begannen die Sowjets mit dem Abtransport der Überlebenden. Vom zentralen Lager Beketovka gingen die Tranporte zu den Kriegsgefangenenlagern, die sich teilweise weit entfernt in den asiatischen Republiken befanden. Die Zustände in den Zügen waren allerdings nicht besser als in den Lagern: »40 bis 50 Mann wurden in einen Viehwagen gepfercht. Kein Stroh, keine Decken, nichts als der nackte Fußboden.«[96] Auf der Fahrt, die je nach Ziel zwischen wenigen Tagen und mehreren Wochen dauerte, gab es nur unregelmäßig zu trinken oder zu essen; den Waggon für die Notdurft zu verlassen, war in der Regel nicht gestattet:

»Ich kam auch in einen von diesen Waggons — [mit je 100 Mann, der Verf.] und nach ungefähr drei Wochen waren es ungefähr noch 50—60 Mann, die aussteigen konnten. Der Rest war unterwegs als Leichen ausgeladen worden.«[97]

Die Reaktion der sowjetischen Lagerverwaltung und Ärzte auf das Massensterben war uneinheitlich. Natürlich gab es »Načalniks« (Lagerleiter), denen diese Entwicklung gleichgültig war oder die sie billigten. Augenzeugen berichten jedoch auch von Sorge oder Entsetzen auf seiten der Lagerverwaltungen und Ärzte. Die einen unter den Sowjets befürchteten, auch die sowjetische Zivilbevölkerung könnte infiziert werden, die anderen wollten die Kriegsgefangenen als Arbeitskräfte oder als Propagandaargument gegenüber den noch kämpfenden deutschen Truppen erhalten sehen; aber viele hatten auch Mitleid und leisteten im Rahmen ihrer geringen Möglichkeiten ihr Bestes, um die Situation der Gefangenen zu verbessern.[98]

Ab April/Mai 1943 wurden dann die verbliebenen Gefangenen registriert, Todesfälle, die sich jetzt ereigneten, mußten gemeldet und die Leichen seziert werden. Auch wenn dies keine unmittelbare Verbesserung der Versorgung bedeutete, so wurden doch die Veruntreuung von Lebensmitteln und die willkürlichen Mißhandlungen durch das Lagerpersonal eingedämmt; von nun an war die Lagerleitung daran interessiert, nicht durch hohe Sterbezahlen aufzufallen.[99]

Einen weiteren wesentlichen Fortschritt stellte die Einführung der 10. Essensnorm im Juni 1943 mit erheblich gesteigerten Rationen dar. Die Sterberate sank rapide, die Kranken unter den Überlebenden wurden in der Regel in sowjetischen Krankenhäusern oder Lazaretten versorgt.[100] Gleichzeitig verlegte man einen erheblichen Teil der Stalingrader in andere Lager, die bestehenden Lager wurden mit neuen Gefangenen aufgefüllt.

Die massive Verbesserung der Situation ab Mai 1943 bedeutete nun aber nicht das Ende aller Leiden — das besondere Schicksal der Stalingrader ging nun auf in der allgemeinen Geschichte der Kriegsgefangenen in der Sowjetunion, deren Situation der Stalingrad-Arzt Hans Dibold so beschreibt:

»Körperliche Arbeit, etwa im Torf; Kälte, Nässe, weite Anmarschwege, Müdigkeit, zu wenig Schlaf, Schlaf auf dem Zementboden, auf Brettern oder Rundhölzern, auf zwei- und dreistöckigen Pritschen (in Kleidern und Stiefeln, damit sie nicht gestohlen werden) [...] Unmögliche Klamotten, klaffende Stiefel, innen mit herausstehenden Nagelspitzen. Kahlgeschoren, Bartstoppeln. Kein Messer, keine Nadel, kein Faden, kein Taschentuch [...] Geraufe um die Portionen, um die Eßplätze, Essen im Stehen, Teeverteilung ohne Becher, Suppe in die Mütze, Durchfall in die Hose, Wechsel von Angst und Hoffnung, keine Post, Heimweh, Sorgen, Einsamkeit, dabei dicht an dicht zusammengepfercht mit Brotdieben, Denunzianten, stolzen Luftverstinkern, ansteckend Kranken. Strafen. Furcht vor Denunzierung.«[101]

Läßt man die Entwicklung der Lebenssituation der Stalingrader von Beginn des Kessels bis ins Frühjahr 1943 Revue passieren, dann stellen sich Fragen wie: Was waren die wesentlichen Ursachen für den Tod von Zehntausenden von Soldaten, die nicht durch Kampfhandlungen, sondern durch Krankheiten und Hunger umkamen? Wer war für diese Katastrophe verantwortlich? Hätte sie verhindert werden können?

Zu den Ursachen für das Massensterben: Zunächst einmal ist hier der Gesundheitszustand der Stalingrader zu berücksichtigen. Die Eingeschlossenen, unter denen ja bereits vor Weihnachten die ersten Hungertoten festzustellen waren, hatten seit dem Beginn des großen Rückzugs nach Stalingrad Mitte Januar kaum noch oder gar nichts mehr zu essen erhalten. Sie befanden sich in einer derartigen körperlichen Mangelsituation, daß sie nicht mehr in der Lage waren, normale Verpflegung zu sich zu nehmen und zu verarbeiten. Wären sie also Ende Januar nicht in Gefangenschaft gegangen, sondern befreit worden, dann wäre vermutlich dennoch ein Teil von ihnen an den Folgen der Unterernährung und den bereits im Ansatz vorhandenen Infektionskrankheiten gestorben.

Statt der Freiheit kam aber die Gefangenschaft und der Marsch in die Lager. Viele Augenzeugen sind sich in einem einig: Während der Kesselzeit hatten die Hoffnung auf Befreiung und die Angst vor der Gefangenschaft bei vielen Stalingradern die letzten Reserven mobilisiert; von der Gefangenschaft erwartete man, daß sie schlimmer sei als der sofortige Tod. Die Kriegsgefangenschaft bedeutete dann den totalen psychischen Zusammenbruch, es gab nichts mehr, wofür es sich zu leben lohnte.

Die Verhältnisse auf den Märschen, in den Lagern und während der Transporte bestätigten diese Erwartungen großenteils auch. Dabei wird allerdings von den Augenzeugen kaum gewürdigt, daß die Ernährung anscheinend nicht schlechter als in der Kesselzeit war. Auch die sanitätsdienstliche Versorgung war vor und nach der Gefangennahme wohl annähernd gleichermaßen katastrophal. Von daher ist es wohl gerechtfertigt festzustellen, daß ein Teil der Soldaten selbst dann nicht überlebt hätte, wenn er nach der Kesselzeit angemessen versorgt worden wäre. Andererseits hätte eine bei guter Gesundheit in Gefangenschaft geratene Gruppe die Behandlung durch die Sowjets weitaus besser überstanden als die schon völlig entkräfteten Stalingrader. Insgesamt können daher die Unterversorgung im Kessel, der psychische Zusammenbruch durch die Gefangennahme und die Behandlung in der Gefangenschaft als sich gegenseitig bedingende Faktoren benannt werden, von denen jeder einzelne zwar den Tod eines Teiles der Stalingrader verursacht hätte, die aber nur in dieser Konstellation den Tod fast aller herbeiführten.[102]

Als zweites stellt sich die Frage, ob diese Verluste hätten vermieden werden können. Hierzu läßt sich feststellen, daß eine Kapitulation bereits zu Weihnachten 1942 auf jeden Fall den Effekt gehabt hätte, daß die Soldaten in einem wesentlich besseren Gesundheitszustand in Gefangenschaft geraten und daher die Gesamtverluste unter den Stalingradern — sowohl im Kessel als auch in der Gefangenschaft — sicherlich weitaus niedriger gewesen wären. Auf die Frage, warum die Kapitulation jedoch nicht erfolgte, wird an anderer Stelle eingegangen. Auch die Annahme des sowjetischen Kapitulationsangebots hätte einen zwar geringeren, aber dennoch positiven Effekt gehabt.

In ähnlicher Weise stellt sich die Frage, ob es der sowjetischen Seite möglich gewesen wäre, bessere Lebensbedingungen für die Gefangenen zu schaffen. Hierzu ist zunächst festzustellen, daß über die sowjetische Politik in der Behandlung der Kriegsgefangenen kaum etwas bekannt ist, die folgenden Aussagen beruhen daher lediglich auf den Berichten von Augenzeugen. Soweit Kriegsgefangene in den ersten Jahren überhaupt mit sowjetischer Zivilbevölkerung Kontakt hatten, stellten sie in der Regel fest, daß zwar die Soldaten der Roten Armee relativ gut genährt waren, die Zivilbevölkerung in der Sowjetunion aber auch hungerte. Ärzte berichten, daß ihnen die Symptome von Krankheiten, die ihnen bis dahin unbekannt gewesen waren — wie etwa Skorbut — von sowjetischen Ärzten anhand von sowjetischen Patienten vorgeführt wurden.[103] Von daher erscheint die Einschätzung gerechtfertigt, daß das Massensterben der Gefangenen nicht ein Ergebnis gezielter Politik, sondern die Konsequenz der allgemein katastrophalen Lage der Sowjetunion in diesen Jahren war.[104] Ob dieses Urteil trägt und ob die Sowjetunion Alternativen zu ihrer Handlungsweise gehabt hätte, das kann erst eine Studie auf der Basis sowjetischer Akten erweisen.

4. Die Verluste unter den Stalingradkämpfern

Literaturangaben über die Zahl der im Kessel von Stalingrad Eingeschlossenen sind ebenso zahlreich wie widersprüchlich: In westdeutschen Veröffentlichungen reichen sie von circa 200000 bis 380000 Mann für die Summe der Eingeschlossenen; sowjetische Quellen gehen in der Regel von 330000 Soldaten im Kessel aus — eine Zahl, die von neueren deutschen Veröffentlichungen übernommen wurde, ohne die offensichtlichen Diskrepanzen zwischen den vorliegenden Angaben zu hinterfragen.[105]

Nur eine einzige Publikation — Kehrigs »Stalingrad« — widmet den Zahlen einige Aufmerksamkeit, sie wird daher im folgenden zusammen mit den sowjetischen Angaben näher analysiert. Es existiert aber noch eine dritte Quelle, die bisher in wissenschaftlichen Publikationen nicht berücksichtigt worden ist — die Akten des Abwicklungsstabes Stalingrad, der sich in den Jahren 1943 bis 1944 bemüht hat, die personenstandsrechtlichen Fragen der Vermißten zu klären und zu einem ganz anderen Ergebnis als Kehrig kam.[106] In der nachfolgenden Tabelle 1 sind die drei wesentlichen Zahlenreihen zusammengefaßt:

Tabelle 1: Der Verbleib der Stalingradkämpfer[107]

Autor	Einge-schlossen im Kessel	Ausge-flogen	Verblieben im Kessel	Gefallen im Kessel	Gefangen-genommen
Kehrig	ca. 300000	24497	265503	58110	201191
Telpuchovski	330000	?	› 233000	› 142000	› 91000
Abwicklungs-stab	183049	16353	166696	11036	155660

In Tabelle 1 werden die Unterschiede nochmals deutlich: die Differenz zwischen den Angaben des Abwicklungsstabes und Telpuchovski zu den Eingekesselten beträgt circa 147 000 Mann; nach Kehrig gerieten circa 200 000 Deutsche in Gefangenschaft, laut Telpuchovski waren es weniger als 100 000.

Zur Zuverlässigkeit der obigen Zahlenreihen: Die Angaben von Telpuchovski können hier nicht näher analysiert werden, weil über ihre Entstehung nichts bekannt ist. Kehrig dagegen legt die Angaben der 6. Armee über ihre Verpflegungsstärke sowie die gemeldete Zahl der Ausgeflogenen und der Verluste zugrunde. Der Wert dieser Meldungen ist jedoch aus mehreren Gründen zweifelhaft: Anfangs war nicht einmal dem AOK 6 die tatsächliche Verpflegungsstärke der Verbände im Kessel bekannt, und später schwankten die Angaben im Kriegstagebuch des AOK 6 zwischen circa 200 000 und 275 000 Mann im Dezember 1942, ohne daß sich die Differenz durch die Ausgeflogenen oder die Gefallenen erklären ließe.[108] Die Verwendung von Verpflegungsstärken ist ohnehin fragwürdig, weil die Truppe — so der ehemalige Generalstabschef der 6. Armee, Schmidt — immer mehr Mann meldete, als tatsächlich vorhanden waren.[109]

Daneben sind jedoch noch einige weitere Aspekte zu berücksichtigen, die bisher vernachlässigt worden sind. Zunächst einmal wird allzuleicht die Stärke der 6. Armee vor der Einkesselung als Berechnungsgrundlage genommen. Dies ist jedoch ungerechtfertigt, weil große Teile der Armee nicht im Kessel eingeschlossen waren.[110] Des weiteren wird davon ausgegangen, daß es sich bei den Eingeschlossenen ausschließlich um Wehrmachtangehörige handelte und diese wiederum Deutsche waren — was jedoch falsch ist. In Stalingrad selbst befanden sich neben deutschen Wehrmachtangehörigen auch OT-Einheiten in Stärke von circa 1 100 Mann, die zwar vorwiegend aus Deutschen, aber auch aus Ausländern — bis hin zu Belgiern — bestanden.[111] Hinzu kamen 30 Soldaten einer italienischen Kfz-Kolonne, die durch widrige Umstände mit eingeschlossen worden waren, sowie das kroatische Infanterieregiment 369, dessen 800 bis 900 Soldaten im Verband der 100. Jägerdivision kämpften.[112] Quantitativ bedeutsamer waren die zwei rumänischen Divisionen, die sich ebenfalls im Kessel befanden — nach deutschen Angaben handelte es sich um circa 5 000 Soldaten, andere Quellen nennen 10 000 bis 13 000 Mann.[113] (Bezeichnenderweise spielte der deutsche Rundfunk bei der Bekanntgabe des Falls von Stalingrad hintereinander die deutsche, die rumänische und die kroatische Nationalhymne.[114])

Den bei weitem größten Anteil unter den Nicht-Deutschen stellten allerdings die sowjetischen Staatsbürger selbst. Neben Teilen der Zivilbevölkerung, die im Chaos des Kessels aushielten, gab es vor allem Zehntausende von Hilfswilligen, die in der Wehrmacht dienten. Ihr Anteil lag zum Zeitpunkt der Einschließung ausweislich der Akten des AOK 6 in den Kampfdivisionen immerhin bei 51 780 Mann, das heißt 27,2 Prozent der Gesamtpersonalstärke.[115] Legt man diesen Prozentsatz auch für die Einheiten zugrunde, für die Angaben fehlen, dann erhöht sich die Zahl der Hilfswilligen in der 6. Armee auf circa 77 000 Mann. Hinzu kommen die Kriegsgefangenen der 6. Armee im Kessel. Deren Zahl betrug Ende November 1942 circa 2 000, für den Monat Dezember meldete das AOK 6 nochmals 2 312 Gefangene.[116] Die nur lückenhaft vorliegenden weiteren Meldungen über eingebrachte Kriegsgefangene reichen bis Mitte Januar, insgesamt kann es sich also um circa 5 000 Personen gehandelt haben.[117] Sie waren im Dulag 205 bei Voporonovo interniert und sollen dort den wenigen vorliegenden Berichten nach so korrekt wie unter den gegebenen Umständen möglich behandelt worden sein. Als sich dann Mitte Januar 1943 die Front nach Voporonovo verlagerte, scheint dieses Lager aufgelöst worden zu sein, es finden sich zwar vereinzelt Meldungen, man habe »entlaufene Kriegsgefangene aufgegriffen«, aber keine Nachricht über eine Verlegung des Lagers.[118] In den letzten Tagen soll der Versuch unternommen worden sein, sie an die Rote Armee zu übergeben, was jedoch scheiterte.[119] Das weitere Schicksal von Dulag 205 und seinen Menschen bleibt im dunkeln.

In der nachfolgenden Tabelle wird nun versucht, all diese Informationen zu einen Gesamtbild zusammenzusetzen. Dabei sind die Italiener, Kroaten und OT-Angehörigen wegen der jeweils geringen Gruppenstärken in den Zahlen für die Deutschen enthalten; die sowjetischen Kriegsgefangenen sind nicht berücksichtigt, weil über sie zu wenig Informationen vorliegen. Die als Kehrig-1 bezeichnete Variante geht von der Annahme aus, daß der Anteil der Hilfswilligen in allen Einheiten der 6. Armee dem Prozentsatz in den Kampfdivisionen entsprach; Kehrig-2 bezeichnet die Alternative, daß sich nur dort Hilfswillige befanden, wo sie nachgewiesen sind, das heißt nur in den Divisionen:

Tabelle 2: Der Verbleib der Eingeschlossenen[120]

Autor	Einge- schlossen im Kessel	Ausge- flogen	Verblie- ben im Kessel	Gestor- ben im Kessel	Gefan- genge- nommen	Gestor- ben in Gef.	Über- lebende
Kehrig-1							
Deutsche	206 605	24 497	182 108	58 110	123 998	?	?
Hilfswillige	77 193	-	77 193	77 193		?	?
Rumänen	10 000	?	max. 10 000	max. 10 000	?	?	?
Summe	293 798	24 497	269 301	?	?	?	?
Kehrig-2							
Deutsche	232 018	24 497	207 521	58 110	149 411	?	?
Hilfswillige	51 780	-	51 780	51 780		?	?
Rumänen	10 000	?	max. 10 000	max. 10 000	?	?	?
Summe	293 798	24 497	269 301	?	?	?	?
Abwicklungsstab							
(Deutsche)	183 049	16 353	166 696	11 036	155 660		
Overmans[121]							
Deutsche	195 000	25 000	170 000	60 000	110 000	105 000	5 000
Hilfswillige	50 000	-	50 000	50 000		?	?
Rumänen	5 000	?	max. 5 000	2 000	3 000	?	?
Summe	250 000	25 000	225 000	?	?	?	?

Betrachtet man die obige Tabelle und die vielen mit Fragezeichen ver-
sehenen Felder, dann wird deutlich, wie lückenhaft die vorliegenden
Informationen sind. Etwas günstiger stellt sich die Situation nur für
die Gruppe der Deutschen dar, auf die sich auch die folgenden Ausführungen beschränken. Hier haben sich die Angaben der verschiedenen Autoren durch die Differenzierung nach Nationalitäten erheblich
angenähert.

Die unter Overmans ausgewiesene Zahlenreihe stellt nun den Versuch einer Synthese dar; sie geht von folgender Überlegung aus[122]: Der
Arbeitsstab Stalingrad hat in circa zweijähriger Arbeit unter Inanspruch-

nahme aller administrativen Möglichkeiten und der Mithilfe der Verwandten von Vermißten namentliche Listen der Stalingradkämpfer erstellt und kam zu dem Ergebnis, daß abzüglich der Ausgeflogenen insgesamt 166 695 Wehrmachtangehörige im Kessel verblieben waren. Natürlich wird es bei der damaligen chaotischen Lage in diesem Bereich der Ostfront einige Soldaten gegeben haben, die von ihren Verbänden an ganz anderer Stelle als vermißt gemeldet waren, tatsächlich aber in Stalingrad eingeschlossen wurden, oder solche, für die mangels Verwandter niemand einen Nachforschungsantrag gestellt hat. Deren Anzahl dürfte aber nicht allzu groß gewesen sein. Von daher erscheint es gerechtfertigt, von circa 170 000 Deutschen auszugehen, die endgültig in Stalingrad eingeschlossen waren.

Anders verhält es sich mit den Ausgeflogenen. Hier gibt der Abwicklungsstab nur circa 16 000 Personen an, Kehrig dagegen circa 24 000. Bei den Angaben des Abwicklungsstabes ist zu berücksichtigen, daß insbesondere diejenigen unter den Evakuierten, die sich den Ausflug erschlichen hatten, kaum ein Interesse daran besaßen, der Aufforderung zur Meldung beim Abwicklungsstab zu folgen. Zum einen kam es hier nicht darauf an, ein ungewisses Schicksal zu klären, zum anderen hätte die Meldung bei Soldaten, denen es gelungen war, ohne schwere Verletzung oder sonstige Berechtigung auszufliegen, unerwünschte Nachforschungen zur Folge haben können. Von daher sind die Angaben des Abwicklungsstabes vermutlich zu niedrig angesetzt.

Hinsichtlich der Kehrig-Zahlen ist folgendes zu berücksichtigen: Die Zahl von circa 24 000 Ausflügen enthält jedoch nur die vom AOK 6 gezählten Passagiere. Vor allem in der Endphase war Abfertigungspersonal, das gezählt hätte oder hätte zählen können, oft nicht vorhanden. Hinzu kommt, daß es im Zeitraum vom 13. bis 23. Januar 1943 mindestens 150 Flugzeugen gelang, im Kessel zu landen und Soldaten auszufliegen, ohne daß der Abtransport von Verwundeten im KTB des AOK 6 vermerkt ist.[123] Von daher war die Zahl der tatsächlich Ausgeflogenen noch höher als von Kehrig angegeben. Ein gegenläufiger Effekt ist allerdings auch zu berücksichtigen: Eine unbekannte Zahl unter den Evakuierten waren Rumänen, die Summe der Ausgeflogenen darf daher nicht ohne weiteres als Summe der evakuierten Deutschen angesehen werden. Unter Berücksichtigung dieser beiden Einflußgrößen ist in der obigen Darstellung die Zahl der Ausgeflogenen daher mit circa 25 000 leicht oberhalb der Kehrig-Zahlen angenommen.[124]

Daraus ergibt sich, daß circa 195 000 deutsche Wehrmachtangehörige im November 1942 im Kessel eingeschlossen worden waren.

Wie verhält es sich nun mit dem Schicksal der im Kessel verbliebenen circa 170000 Deutschen? Die Angaben des Abwicklungsststabes zu den Todesfällen vor und nach der Einstellung der Kämpfe umfassen nur diejenigen Fälle, in denen der Tod bereits vor dem Ende der Kämpfe festgestellt wurde. Angesichts der wenigen aus dem Kessel vorliegenden Informationen konnte das nur in einem geringen Teil der Fälle gelingen. Kehrig dagegen geht von 38110 durch das AOK 6 für die Zeit bis zum 12. Januar 1943 gemeldeten Todesfällen aus und addiert weitere 20000 für den restlichen Zeitraum, eine Schätzung, die angesichts des Gesundheitszustandes der Stalingrader und großer Verluste — wie etwa der Brand des Zentralen Lazaretts mit Tausenden von Toten — eher zu niedrig liegen dürfte. Im folgenden werden die Verluste daher mit 60000 angenommen. Als Differenz verbleibt die Summe von circa 110000 Deutschen, die bei der Einstellung der Kämpfe noch lebten und somit in sowjetische Kriegsgefangenschaft gerieten. Für die Zahl der Heimkehrer liegen keine exakten Werte vor; der ehemalige Divisionsintendant Binder hat immerhin 4000 Überlebende namentlich ermittelt, andere Schätzungen gehen von 5 bis 6000 Heimkehrern aus, so daß die Annahme gerechtfertigt scheint, es könnten 5000 zurückgekehrt sein.

Mit mehr Unsicherheit behaftet sind die Angaben zu den anderen Nationalitäten; es handelt sich um Schätzwerte, die sicherlich noch einer Überprüfung durch weitere Untersuchungen bedürfen.[125]

Das Gesamtergebnis weicht von der — auch in der westlichen Literatur — oft angeführten Zahl von circa 91000 Gefangenen ab. Der scheinbare Widerspruch löst sich auf, wenn man bedenkt, daß sich diese Angabe nur auf die Zahl der Gefangenen im Zeitraum vom 10. Januar bis 2. Februar 1943 bezieht. Hinzu kommen weitere 144050 Gefangene im Zeitraum vom 19. November 1942 bis 5. Januar 1943, von denen ein unbekannter Teil aus dem Kessel stammt.[126] Darüber hinaus ist zu berücksichtigen, daß es in den letzten Tagen der Kämpfe von Stalingrad wohl kaum möglich war, die Gefangenen exakt zu zählen oder angesichts einer Leiche zu entscheiden, ob ein Erfrorener vor der Einstellung der Kämpfe oder erst in der Nacht nach der Gefangennahme gestorben war. Bedenkt man den Gesundheitszustand der Stalingradkämpfer Ende Januar/Anfang Februar, dann erscheint eine solche Unterscheidung auch fraglich.

Für das weitere Schicksal der Stalingrader liegen keine wissenschaftlich gesicherten Ergebnisse vor, sondern nur zwei Schätzungen des DRK-Suchdienstes aus den Jahren 1951 und 1954, die allerdings ein hohes Maß an Plausibilität für sich beanspruchen können. Sie weisen allerdings eine Inkonsistenz auf: Angaben über die Verluste auf dem Marsch fehlen leider, die Berechnungen gehen unter Berufung auf die sowjetischen Angaben davon aus, daß sich 93 000 Gefangene in den Lagern befanden. Diese sowjetische Zahl bezieht sich dagegen auf die Zeit vor den Todesmärschen.

Unter Berücksichtigung der Augenzeugenberichte erscheint folgende Überlegung berechtigt: Von den 110 000 in Stalingrad in Gefangenschaft geratenen Deutschen kamen auf den Märschen circa 17 000 ums Leben.[127] Von den circa 93 000, die in den Lagern ankamen, starben nach Schätzungen des DRK-Suchdienstes in den Lagern und Lazaretten:[128]

Beketovka und Krasnoarmejsk	ca. 42 000—45 000
Dubovka	ca. 10 000—12 000
Frolovo	ca. 4 500
alle anderen Lager/Lazaratte	ca. 7 000
Summe	ca. 65 000—66 000

In der Regel wurden sie in Massengräbern in der Nähe der Lager verscharrt, während die Toten des Kessels großenteils bei Gumrak und Gorodišče begraben sind.

Im Frühjahr 1943 lebten dann noch circa 27 000, nach einer späteren Schätzung des DRK-Suchdienstes können es auch 33 000 Gefangene gewesen sein.[129] Weitere Berechnungen auf der Basis von 33 000 Überlebenden gehen davon aus, daß circa zwei Drittel nach Begovat, ein Sechstel nach Astrachan' und der Rest zu den anderen Lagern abtransportiert wurde. Überlebt haben die Strapazen des Transportes vermutlich nur 18 000, die 15 000 anderen starben. Im Laufe der weiteren Gefangenschaftsjahre kamen dann weitere 12 000 um, so daß der DRK-Suchdienst die Zahl der Heimkehrer mit circa 6 000 angibt.[130] Andere Quellen legen die Vermutung nahe, daß diese Zahl eventuell zu hoch gegriffen ist und die tatsächliche Zahl der Heimkehrer bei circa 5 000 liegt, aber eine solche quantitativ marginale Differenz beeinträchtigt den Wert der DRK-Schätzung nicht.

Bisher wurde immer die Gruppe der deutschen Stalingrader global und ohne weitere Differenzierung betrachtet, die Daten des Abwicklungsstabes Stalingrad bieten jedoch die Möglichkeit, das Schicksal der Stalingrader noch detaillierter zu analysieren. Eine Differenzierung nach Dienstgradgruppen ergibt in Verbindung mit einer anderen Schätzung folgendes Bild:

Tabelle 3: Die Wehrmachtangehörigen nach Dienstgradgruppen[131]

	Einge-schlossen	Ausge-flogen	Ver-blieben	Gef. im Kessel	Gefangen-schaft	Heim-gekehrt
Offiziere	5689	926	4763	465	4298	2800
	(100%)	(16,3%)	(83,7%)	(8,2%)	(75,5%)	(49,2%)
Unteroff./M.	175975	15371	160604	10551	150053	2200
	(100%)	(8,7%)	(91,3%)	(6,0%)	(85,3%)	(1,3%)
Beamte	1385	56	1329	20	1309	?
	(100%)	(4,0%)	(96,0%)	(1,4%)	(94,5%)	(?)
Summe	183049	16353	166696	11036	155660	5000
	(100%)	(8,9%)	(91,1%)	(6,0%)	(85,0%)	(2,7%)
Overmans	195000	25000	170000	60000	110000	5000
	(100%)	(12,8%)	(77,2%)	(30,8%)	(69,2%)	(2,6%)

Die Angaben der Tabelle 3 sind zwar hinsichtlich der Ausgeflogenen und der im Kessel Gefallenen unvollständig, trotzdem geben sie einen Eindruck von der Unterschiedlichkeit der Schicksale. In der Kesselzeit waren die Verluste unter den Offizieren ähnlich hoch wie bei den Unteroffizieren und Mannschaften, wesentliche Unterschiede ergaben sich erst in der Gefangenschaft.[132] Als Erklärung hierfür kommen die drei verschiedenen Verpflegungssätze für Generale, Offiziere und Unteroffiziere/Mannschaften in Betracht. Darüber hinaus beachtete die Sowjetunion in der Regel die kriegsvölkerrechtliche Vorschrift, daß Offiziere nicht zur Arbeit für die Gewahrsamsmacht gezwungen werden dürfen. Auch wurden einige hundert Prominente — in der Mehrzahl Offiziere — bevorzugt behandelt. Dies mögen die Gründe dafür gewesen sein, daß — bezogen auf die Zahl der Gefangenen nach Angaben des Abwicklungsstabes — von den Generalen in der Gefangenschaft nur einer starb, von den Offizieren zwei Drittel und von den Mannschaften circa 85 Prozent.[133]

Faßt man nun alle quantitativen Angaben zusammen, so hat Stalingrad und die nachfolgende Gefangenschaft circa 165000 eingekesselten Deutschen das Leben gekostet, nicht gerechnet die Verluste der Luftwaffe bei der Versorgung Stalingrads und des Heeres bei gescheiterten Entsatzversuchen, die nach dem Ausflug an ihren Verwundungen Gestorbenen, sowie die Toten unter den sowjetischen Hilfswilligen und den verbündeten Italienern, Rumänen und Kroaten.

5. Stalingrad und die Stalingrader

Zieht man nun den Vergleich zur Situation anderer Gruppen von Kriegsgefangenen, so ergeben sich einige interessante Resultate. Im Ersten Weltkrieg hatte die Sterberate der deutschen Kriegsgefangenen in russischer Hand bei 40 Prozent gelegen, im Durchschnitt der Zweiten Weltkriegs waren es »nur« circa 30 Prozent.[134] Unter den deutschen Kriegsgefangenen des Zweiten Weltkriegs nehmen die Stalingrader jedoch eine Sonderstellung ein, denn die durchschnittliche Todesrate der 1943 in Gefangenschaft geratenen Deutschen lag bei circa 60 bis 70 Prozent[135], bei den Stalingradern dagegen starben 105 000 von 110 000, das heißt 95 Prozent. Vergleicht man nun die Zeit des Kessels mit der Gefangenschaft, dann zeigt sich, daß vor dem Ende der Kämpfe circa 60 000 deutsche Soldaten, das heißt 35 Prozent umkamen, in der Gefangenschaft betrug diese Quote jedoch 95 Prozent. Insgesamt kehrten von 170 000 eingeschlossenen — und nicht ausgeflogenen — Deutschen nur circa 5 000, das heißt 3 Prozent nach Hause zurück.

Vergleicht man nun das Schicksal der deutschen Stalingrader mit dem der anderen Nationalitäten, die entweder in Stalingrad oder zeitgleich an anderen Stellen der Ostfront in Gefangenschaft gerieten, so scheinen alle Gruppen zunächst annähernd dieselbe Behandlung erfahren zu haben. Später allerdings waren es gerade die Kommandeure der bei und im Zusammenhang mit Stalingrad in Gefangenschaft geratenen Verbände, die die ersten jugoslawischen oder rumänischen Verbände auf sowjetischer Seite führten.[136]

Welchen Stellenwert hatte nun Stalingrad für die Stalingrader selbst, wie haben sie ihre Erlebnisse verarbeitet, welche Konsequenz haben sie daraus gezogen? Dazu ein Augenzeuge: »Wir haben in Stalingrad nicht allzuviel nach dem Sinn des Geschehens gefragt oder darüber nachgedacht. Das kam erst später.«[137] Und die Konsequenzen, die gezogen wurden, waren unterschiedlich. Einige feierten trotz der allgemein als Verrat empfundenen Aufgabe Stalingrads durch die deutsche Führung noch am 20. April 1944 »Führers Geburtstag«, verwahrten trotz der damit verbundenen Gefahren im sowjetischen Kriegsgefangenenlager ein Exemplar von »Mein Kampf« und glaubten mitunter bis zur Kapitulation 1945 noch an den deutschen Sieg[138]; andere wandten sich dem Nationalkomitee Freies Deutschland oder dem Bund Deutscher Offiziere zu. Die Masse versuchte, sich nicht zu exponieren und zu überleben. Eines jedoch war ihnen allen gemeinsam — ein Stalingrader zu sein, hatte auch später noch seinen eigenen Stellenwert.[139]

Anmerkungen

[1] Insgesamt liegen 3000 Stalingrad-Heimkehreraussagen vor; vgl. Kurt W. Böhme, Die deutschen Kriegsgefangenen in sowjetischer Hand. Eine Bilanz, München 1966 (= Zur Geschichte der deutschen Kriegsgefangenen des Zweiten Weltkriegs, Bd 7), S. 9.

[2] Alle Aktensignaturen (RW, RH, B 205, MSg 200, etc.) beziehen sich auf das Bundesarchiv-Militärarchiv Freiburg (BA-MA); AOK 6/OQu Nr. 5242/42 geh. an O.K.H./Gen.St.d.H./Gen.Qu. vom 21.10.1942, Betr.: Versorgungsbericht, S. 7, RH 20—6/791; AOK 6 an Stab Don vom 5.10.1942, Betr.: Brotportion, RH 20—6/888.

[3] AOK 6/OQu Nr. 5744/42 geh. an O.K.H./Gen.St.d.H./Gen.Qu. vom 9.11.1942, Betr.: Versorgungsbericht, S. 6, RH 20—6/792.

[4] AOK 6 an Stab Don vom 5.10.1942, Betr.: Brotportion, RH 20—6/888.

[5] Dibold, Arzt in Stalingrad. Passion einer Gefangenschaft, Salzburg 1949, S. 17.

[6] Friedrich Paulus, »Ich stehe hier auf Befehl!«, Frankfurt a.M. 1960, S. 255.

[7] A.O.K. 6/Qu. 1 an A.O.K. 6, Reststab Morosowskaja vom 27.11.1942, RH 20—6/795.

[8] FS AOK 6/OQu Nr. 07054/42 geh. an unterstellte Verbände vom 6.12.1942, RH 20—6/795.

[9] FS AOK 6/O.Qu/IVa Nr. 07125/42 geh. an unterstellte Verbände vom 20.12.1942, RH 20—6/795.

[10] Es finden sich auch Angaben, die 6. Armee habe bereits seit Ende November nur 200 gr. Brot täglich erhalten, was aber wohl für die Masse der Soldaten nicht zutrifft. In mehr als einem Fall sind Angaben über die Lebensmittelversorgung von dem monatelangen allgegenwärtigen Hungergefühl überschattet. Ebenfalls nicht übersehen werden darf, daß auch außerhalb des Kessels gekürzte Verpflegungsrationen ausgegeben wurden.

[11] AOK 6/OQu/IVb Nr. 029/43 geh. vom 6.1.1943 an OQu, RH 20—65/796.

[12] Ähnliche Aussagen liegen für die 44. ID und die 376. ID vor, siehe 79. Inf. Div. Ia Nr. 767/42 geh. vom 18.12.1942 an Gen.Kdo. LI. A.K., RH 20—6/237; Fahrtbericht OB 6. Armee vom 12.12.1942, RH 20—6/965.

[13] A.O.K. 6/Ia, Morgenmeldung vom 20.12.1942, RH 20—6/241.

[14] WKS-1088 (= Berichtsnummer der Wissenschaftlichen Kommission für deutsche Kriegsgefangenengeschichte), S. 1, B 205/v. 220.

[15] KTB A.O.K. 6/OQu (Festung Stalingrad) vom 24.12.1942, RH 20—6/274; FS VOb. AOK 6 an OKH vom 16.1.1942, RH 20—6/244D.

[16] AOK 6/Ia vom 27.11.1942 an unterstellte Verbände, RH 20—6/241.

[17] Fernschreibgespräch Major v. Kunowski—Oberst Finckh vom 26.12.1942, RH 20—6/796.

[18] Adelbert Holl, Als Infanterist in Stalingrad, Erlangen 1978, S. 87; Burkhart Angermann, Stalingrad. November 1942—Juli 1943. Ein Bericht, MSg 200/159, S. 6.

[19] FS Armeearzt 6 an alle Korps vom 26.11.1942, Betr.: Versorgung und Abtransport Verwundeter und Kranker, RH 20—6/795. Nach Angaben eines Divisionspfarrers führte die zunehmende Zahl von Selbstverstümmelungen dazu, daß am 11./12.12.1942 ein Soldat wegen dieses Deliktes zum Tode ver-

urteilt wurde, siehe Auszug aus einem Bericht des Kriegspfarrers Altmann, kommandiert zur 113. I.D. aus Stalingrad vom 10.1.1943, RW 4/v. 264.

[20] Hinzu kam Pferdefleisch aus den Restbeständen des Korps, siehe Gen.Kdo-LI. A.K./IVa, Nr. 9/43 g. vom 8.1.1943 an A.O.K. 6, Betr.: Unzureichende Verpflegung, RH 20—6/796; AOK 6/IVb Nr. 029/43 geh. vom 6.1.1943 an O.Qu, S. 3, RH 20—6/796.

[21] KTB AOK 6/OQu (Festung Stalingrad) vom 30.12.1942, 3.1.1943 und 6.1.1943, RH 20—6/794.

[22] KTB AOK 6/OQu (Festung Stalingrad) vom 16.12.1942 und 5.1.1943, RH 20—6/794; KTB AOK 6 (Festung Stalingrad) vom 27.12.1942, RH 20—6/236.

[23] KTB AOK 6/OQu vom 9.10.1942 und 25.12.1942, RH 20—6/777.

[24] Holl, Infanterist (wie Anm. 18), S. 84.

[25] Günter Toepke, Stalingrad wie es wirklich war, Stade 1949, S. 67.

[26] Lfl.Kdo. 4, IW, Nr. 123/43 geh., Betr.: Witterungsverlauf während der Luftversorgung der Festung Stalingrad, RL 30/3. Zum Vergleich: Stalingrad liegt etwa auf derselben geographischen Breite wie München, bezogen auf den Meeresspiegel jedoch weitaus niedriger.

[27] AOK 6/OQu Nr. 5242/42 geh. vom 21.10.1942 an O.K.H./Gen.St.d.H./Gen.Qu., Betr.: Versorgungsbericht, S. 19, RH 20—6/791; AOK 6/OQu Nr. 5744/42 geh. vom 9.11.1942 an O.K.H./Gen.St.d.H./Gen.Qu., Betr.: Versorgungsbericht, S. 12, RH 20—6/792.

[28] Fahrbericht OB 6. Armee vom 27.12.1942, RH 20—6/965.

[29] Toepke (wie Anm. 25), S. 78 und 102.

[30] KTB AOK 6 vom 29.12.1942 und 6.1.1943, RH 20—6/236; KTB AOK 6/OQu (Festung Stalingrad) vom 11.1.1943, RH 20—6/794.

[31] KTB AOK 6 vom 31.12.1942, RH 20—6/236.

[32] AOK 6/IIa vom 31.12.1942, Neujahrsbefehl, RH 20—6/240.

[33] KTB AOK 6 vom 3.1.1943, RH 20—6/236.

[34] FS AOK 6/OQu-Festung, Nr. 047/43 g.kdos vom 13.1.1943 an HGr Don/OQu, RH 20—6/796.

[35] 3. Zwischenbericht der Feldpostprüfstelle beim Pz.-Armeeoberkommando 4 über 11 237 Kesselpostsendungen Front-Heimat vom 30.12.1942—16.1.1943 in der Prüfzeit vom 12.—17.1.1943, RW 4/v. 264; vgl. Robert Brendel, Die Schlacht von Stalingrad als Problem der NS-Propaganda, Magisterarbeit LMU München 1985, S. 102.

[36] Auszug aus Tätigkeitsbericht der Feldpostprüfstelle bei Pz. AOK. 4 für Januar 1943, S. 3, RW 4/v. 264.

[37] Angermann (wie Anm. 18), S. 7; KTB AOK 6 vom 3.1.1943, RH 20—6/236; FS A.O.K. 6/Ia/O.Qu. geheim vom 3.1.1943 an alle unterstellten Verbände, RH 20—6/796; Fahrtberichte OB AOK 6 vom 3. und 4.1.1943, RH 20—6/240.

[38] KTB AOK 6/OQu (Festung Stalingrad) vom 18.1.1943, RH 20—6/794.

[39] Paulus (wie Anm. 6), S. 245.

[40] KTB AOK 6/OQu (Festung Stalingrad) vom 17.1.1943, RH 20—6/794; vgl. Günter J. Diez, Der Marsch der VI. Armee auf Stalingrad und die Ereignisse in der Gefangenschaft (1. Teil), in: Wehrmedizinische Monatsschrift, 1989, S. 376—383, hier S. 380; Toepke (wie Anm. 25), S. 126.

[41] Toepke (wie Anm. 25), S. 115.

[42] Holl, Infanterist (wie Anm. 18), S. 100.

[43] Ebd., S. 103.

[44] Diez (wie Anm. 40), S. 381; Josef Probst, Von Stalingrad nach Saratow, o. O., o. J., MSg 200/725, S. 38.

[45] In einem Fall wurde ein Soldat noch in den letzten Tagen mit der Diagnose »Gehirnerschütterung« ausgeflogen; siehe KTB AOK 6/OQu vom 23. 1. 1943, RH 20—6/797.

[46] Hptm Mayer, Staffelkpt. 9./K. G. 27 vom 21. 1. 1943, Bericht über die Platzverhältnisse in Gumrak, RL 30/3.

[47] Angermann (wie Anm. 18), S. 11.

[48] Armeebefehl AOK 6 vom 22. 1. 1943, siehe Manfred Kehrig, Stalingrad. Analyse und Dokumentation einer Schlacht, Stuttgart 1974 (= Beiträge zur Militär- und Kriegsgeschichte, Bd 15), S. 631, Dokument 65.

[49] FS AOK 6/Abt. Ia vom 12. 1. 1943 an HGr Don, RH 20—6/242; FS VO b. AOK 6 vom 15. 1. 1943 an OKH, RH 20—6/965; AOK 6/OQu, Nr. 059/43 geheim vom 18. 1. 1943, an Heeresgruppe Don/OQu, Tagesmeldung für den 18. 1. 1943, RH 20—6/796.

[50] Auszug aus Tätigkeitsbericht der Feldpostprüfstelle bei Pz. A. O. K. 4 für Januar 1943, S. 4, RW 4/v. 264; Brendel (wie Anm. 35), S. 102.

[51] WKS-1088, S. 2, B 205/v. 220.

[52] Kehrig (wie Anm. 48), S. 670.

[53] GFM Milch, Nr. 239/43 g. Kdos. vom 24. 1. 1943 an Führerhauptquartier, 14. Meldung betr. Versorgung Stalingrad, RL 30/3; vgl. Walther von Seydlitz, Stalingrad. Konflikt und Konsequenzen. Erinnerungen, Hamburg 1977, S. 246.

[54] Holl, Infanterist (wie Anm. 18), S. 115; Joachim Wieder, Die Tragödie von Stalingrad. Erinnerungen eines Überlebenden, Deggendorf 1955, S. 104.

[55] Diez (wie Anm. 40), S. 379 f.

[56] Kehrig (wie Anm. 48), S. 524; Paulus (wie Anm. 25), S. 90.

[57] Kehrig (wie Anm. 25), S. 670.

[58] AOK 6 an HGr Don vom 26. 1. 1943, RW 4/v. 264; vgl. Wilhelm Adam, Der schwere Entschluß, Berlin 1965, S. 336, und Joachim Wieder, Stalingrad und die Verantwortung des Soldaten, München ²1962, S. 117.

[59] Vgl. Heinz Schröter, Stalingrad »... bis zur letzten Patrone«, Lengerich 1954, S. 216.

[60] Vgl. Ulrich Gries, Abbau der Persönlichkeit, München, Basel 1957, S. 47 ff.

[61] Dibold (wie Anm. 5), S. 65.

[62] Angermann (wie Anm. 18), S. 15 f.; Kehrig (wie Anm. 48), S. 541; Schröter (wie Anm. 59), S. 175; Wieder, Verantwortung (wie Anm. 58), S. 86.

[63] FS V. O. b. AOK. 6. vom 30. 1. 1943 an OKH, RH 20—6/965.

[64] Auf die »Letzten Briefe aus Stalingrad«, Gütersloh 1950, auszugsweise bereits veröffentlicht in: Der Spiegel, Nr. 5 (1949), S. 14, wird nicht eingegangen, weil sie mit hoher Wahrscheinlichkeit gefälscht sind; siehe auch Jens Ebert, Zwischen Mythos und Wirklichkeit. Die Schlacht von Stalingrad in deutschsprachigen authentischen und literarischen Texten, 2 Bde, Diss. Humboldt-Universität Berlin 1989, S. 32. Vgl. den Beitrag von Thomas A. Kohut und Jürgen Reulecke in diesem Band.

[65] FS AOK 6/Ia vom 26. 1. 1943 an HGr Don, RW 4/v. 264.

[66] Angermann (wie Anm. 18), S. 15.

[67] WKS-271, S. 4, B 205/v. 117b; WKS-1088, S. 3, B 205/v. 220; Holl, Infanterist (wie Anm. 18), S. 116; Gerhard Mösch, Stalingrad. Ein Erlebnis und seine Konsequenzen, Kassel o. J., S. 7.

[68] Schröter (wie Anm. 59), S. 206 ff.; vgl. auch Luitpold Steidle, Entscheidung an der Wolga, Berlin (Ost) 1969, S. 267.

[69] Steidle (wie Anm. 68), S. 277; ähnlich bei Diether Cartellieri, Die deutschen Kriegsgefangenen in der Sowjetunion. Die Lagergesellschaft, München 1967 (= Zur Geschichte der deutschen Kriegsgefangenen des Zweiten Weltkrieges, Bd 2), S. 24 und 27; Mösch (wie Anm. 67), S. 20; Peter Steinbach, Zur Sozialgeschichte der deutschen Kriegsgefangenschaft in der Sowjetunion im Zweiten Weltkrieg und in der Frühgeschichte der Bundesrepublik Deutschland. Ein Beitrag zum Problem historischer Kontinuität, in: Zeitgeschichte, 17 (1989), S. 1–18, hier S. 5; Deutsche im Zweiten Weltkrieg. Zeitzeugen sprechen, hrsg. von Johannes Steinhoff, u. a., München 1989, S. 254; WKS-323tb, S. 2, B 205/v. 124b.

[70] Angermann (wie Anm. 18), S. 29; Dibold (wie Anm. 5), S. 76; Adelbert Holl, Was geschah nach Stalingrad, Erlangen ²1965, S. 11; Kehrig (wie Anm. 48), S. 545; Edgar Klaus, Durch die Hölle des Krieges — Erinnerungen eines deutschen Unternehmers an Stalingrad, Gefangenschaft und Wiederaufbau, Berlin 1991, S. 206; Seydlitz (wie Anm. 53), S. 258 f.; Wieder, Tragödie (wie Anm. 54), S. 106.

[71] Paul Hauschild, Meine Erlebnisse als erster deutscher Stabsoffizier seit dem 3. August 1941 in Kriegsgefangenschaft bei den Sowjetrussen, o. O., o. J., MSg 200/226, S. 50; Klaus (wie Anm. 70), S. 89.

[72] Cartellieri (wie Anm. 69), S. 52; Peter Steinbach, Deutsche Kriegsgefangene in der Sowjetunion. Ein Beitrag zur deutsch-sowjetischen Beziehungsgeschichte, in: Aus Politik und Zeitgeschichte, B 24/91, S. 37–52, hier S. 42.

[73] Prägend waren zwei Veröffentlichungen, die zu den ersten im Westen erschienenen gehören: Kurt Joachim Fischer, Der Gefangene von Stalingrad. Bericht eines Heimgekehrten, Willsbach 1948, und Philipp Humbert, Ich bitte erschossen zu werden, in: Der Spiegel, Nr. 5 (1949), S. 16–19.

[74] Die einzige und gleichzeitig umfassende, bisher aber kaum zur Kenntnis genommene Darstellung dieser Vorgänge findet sich in: Zur Geschichte der Kriegsgefangenen im Osten, Teil 1: Vom Ort der Gefangennahme ins Kriegsgefangenenlager, hrsg. vom Deutschen Roten Kreuz-Suchdienst, als Manuskr. gedr., Bielefeld 1954, S. 28–43.

[75] Erich Weinert, Memento Stalingrad, Berlin 1951, S. 167.

[76] Holl, Was geschah (wie Anm. 70), S. 10; K. K. Rokossovski, Soldatenpflicht, 2 Bde, dt. Übers. Berlin (Ost) 1973, S. 232.

[77] WKS-271, S. 9, B 205/v. 117b.

[78] Werner Gerlach, Das dunkle Tal, Erlangen o. J. (ca. 1976), S. 15.

[79] WKS-271, S. 8, B 205/v. 117b.

[80] Mitunter glaubten die Gefangenen auch, im Kreis herum geführt zu werden — ein Eindruck, der einer Überprüfung nicht standhält. So berichtet ein Augenzeuge, drei Tage lang im Kreis marschiert und am Ende in Kisljakovskaja angekommen zu sein. Diese Zeit benötigten aber auch diejenigen,

die nach eigenen Aussagen auf direktem Weg dorthin geführt wurden, siehe WKS-1088, S. 5f., B 205/v. 220.

[81] Holl, Was geschah (wie Anm. 70), S. 35ff.

[82] Klaus (wie Anm. 70), S. 91.

[83] Cartellieri (wie Anm. 69), S. 56f.; Das Kriegsgefangenen-Lager am Rande der Steppe. Stalingrad-Beketowka 108/2. Hrsg.: Lagergemeinschaft der Kameraden des ehemaligen Kriegsgefangenen-Lagers Stalingrad-Beketowka 108/2, Frankfurt a.M. 1988.

[84] Dibold (wie Anm. 5), S. 39f.

[85] WKS-271, S. 10, B 205/v. 117b.

[86] Probst (wie Anm. 44), S. 71f.

[87] WKS-271, S. 12, B 205/v. 117b; WKS-1045tb, S. 13, B 205/v. 215.

[88] Cartellieri (wie Anm. 69), S. 71 und 246; Probst (wie Anm. 44), S. 61, 75ff. und 79; MSg 200/1086, S. 9.

[89] Cartellieri (wie Anm. 69), S. 45; Klaus (wie Anm. 70), S. 198.

[90] Diez (wie Anm. 40), S. 377 und 379; vgl. Versorgungsbericht AOK 6/OQu (wie Anm. 27).

[91] Probst (wie Anm. 44), S. 61.

[92] Cartellieri (wie Anm. 69), S. 264; Gries (wie Anm. 60), S. 53.

[93] Klaus (wie Anm. 70), S. 113f.

[94] Probst (wie Anm. 44), S. 62.

[95] Angermann (wie Anm. 18), S. 45.

[96] Klaus (wie Anm. 70), S. 99.

[97] WKS-325tb, S. 5, B 205/v. 124a.

[98] Häufig wird in Berichten die positive Rolle jüdisch-sowjetischer Ärzte und jüdischer Ärzte aus Rumänien hervorgehoben, die als Angehörige von rumänischen Baubataillonen an der Ostfront in sowjetische Gefangenschaft geraten waren, siehe MSg 200/1086, S. 22; WKS-271, S. 12, B 205/v. 117b; Dibold (wie Anm. 5), S. 66; Klaus (wie Anm. 70), S. 115.

[99] Angermann (wie Anm. 18), S. 58; Klaus (wie Anm. 70), S. 159; Josef Leitner, Ein Stalingrad-Heimkehrer blickt zurück, in: Stalingradbund Österreich, Nr. 6 (1985), S. 8f., hier S. 8.

[100] Rudolf Siekers, Gefangen — Schicksal in der Sowjetunion, MSg 200/671, S. 2; Klaus (wie Anm. 79), S. 159; Leitner (wie Anm. 99), S. 8; Probst (wie Anm. 44), S. 75 und 92; Das Schicksal der deutschen Kriegsgefangenen in der Sowjetunion, verf. vom Deutschen Büro für Friedensfragen in Stuttgart, April 1949, S. 43.

[101] Hans Dibold, Der Gesundheitszustand der ehemaligen Stalingradkämpfer. Ursachen und Folgen. Festvortrag anläßlich des 10. Bundestreffens ehemaliger Stalingradkämpfer e.V. Deutschland am 18./19.9.1976.

[102] Helmut Bohn, Die Letzten. Was wurde aus den deutschen Gefangenen in Sowjet-Russland?, Köln 1954, S. 24; Helmut Gollwitzer, ... und führen, wohin Du nicht willst, München 1956, S. 110; Wieder, Tragödie (wie Anm. 54), S. 112.

[103] Zur Ernährungssituation in der Sowjetunion siehe William Moskoff, The Bread of Affliction: The Food Supply in the USSR during World War II, New York 1990, S. 220—235; Angermann (wie Anm. 18), S. 59; Dibold (wie Anm. 5), S. 124; Hedwig Fleischhacker, Die deutschen Kriegsgefangenen

in der Sowjetunion. Der Faktor Hunger, München 1965 (= Zur Geschichte der deutschen Kriegsgefangenen des Zweiten Weltkrieges, Bd 3), S. XXV, XXX—XXXI, XXXIV und XLI; Holl, Was geschah (wie Anm. 70), S. 116; Klaus (wie Anm. 70), S. 265; Probst (wie Anm. 44), S. 115; Deutsche im Zweiten Weltkrieg (wie Anm. 69), S. 253.

[104] Fleischhacker (wie Anm. 103), S. XXXIV; Steinbach, Kriegsgefangene (wie Anm. 72), S. 51.

[105] Häufig wird eine Statistik der Abteilung Wehrmachtverlustwesen im OKW zitiert, derzufolge 207 106 Soldaten in Stalingrad vermißt seien. Dabei handelt es sich jedoch um die Fehlinterpretation einer globalen Angabe zu den Vermißten des gesamten Heeres im Dezember 1942 und Januar 1943, deren extremer Anstieg mit dem Hinweis auf Stalingrad erklärt wird; siehe OKW/AWA/WVW (V) Nr. 47 geheime Kommandosache, Betr.: Gefechtsausfälle des Heeres in Russland an Gefallenen, Verwundeten und Vermissten, RW 6/v. 180. Zu den sowjetischen Angaben siehe Boris Semjonowitsch Telpuchovski, Die sowjetische Geschichte des Großen Vaterländischen Krieges 1941—1945, dt. Übers. Frankfurt a. M. 1961, S. 183, 196; in einer neueren sowjetischen Veröffentlichung finden sich allerdings niedrigerere Angaben, siehe V.P. Galickij, Feindliche Kriegsgefangene in der Sowjetunion (1941—1945), in: Voenno-istoričeskij žurnal, 1990, H. 9, S. 39—46 (Für die Übersetzung danke ich Frau Karin Hepp, MGFA).

[106] Die Nachforschungen wurden ausweislich des letzten vorliegenden Tätigkeitsberichts mindestens bis 28. 2. 1945 fortgesetzt, ohne daß noch größere Änderungen eintraten, siehe OKH/Abwicklungsstab Gruppe A/B(Stalingrad u. Tunis)/Sch./1 vom 1. 3. 1945, Betr.: Meldung über den Stand der Abwicklungs-Arbeiten für die Zeit vom 16.—28. 2. 1945, RH 15/290.

[107] Zu Kehrig: In der Summe von 300 000 Mann sind 10 000 Rumänen enthalten, die in den weiteren Kategorien nicht berücksichtigt sind. Die korrekte Addition aller Einzelangaben einschließlich der Rumänen ergibt allerdings nur 293 798 Soldaten, siehe Kehrig (wie Anm. 48), S. 670 ff. Zu Telpuchovski: Die Angabe »91 000 Gefangene« bezieht sich nur auf den Zeitraum 10. 1. 1943—2. 2. 1943, die Summe der Gefangenen und die der Eingekesselten muß daher größer sein; nach Telpuchovski wurden 142 000 Tote von den Sowjets bestattet; die tatsächliche Anzahl der im Kessel Umgekommenen muß aber größer gewesen sein, weil in der Zeit vor Einstellung der Kämpfe Tote durch die Wehrmacht bestattet wurden, siehe Telpuchovski (wie Anm. 105), S. 183, 193 und 196. Zum Abwicklungsstab: Die wenigen ungeklärten Fälle sind unter »Vermißt« ausgewiesen; alle Angaben beziehen sich nur auf deutsche Wehrmachtangehörige, siehe Oberkommando des Heeres (Chef H Rüst und BdE)/AHA/Abwicklungsstab/Ia-Gruppe A/B, Nr. 101/44 geh. vom 1. 11. 1944, und Nr. 104/44 geh. vom 9. 11. 1944, RW 6/v. 565. Veröffentlichungen der Maschke-Kommission sind nicht berücksichtigt, weil sie keine Zahlen speziell für den Kessel ausweisen.

[108] Das Deutsche Reich und der Zweite Weltkrieg, Bd 6, Stuttgart 1990, S. 761—1102, S. 1047 (Beitrag Wegner).

[109] Bemerkungen von Arthur Schmidt zu »Stalingrad von Dr. Kehrig«, S. 12, N 601/v. 30

[110] Am 21.12.1942 befanden sich allein ca. 26000 Urlauber der 6. Armee außerhalb des Kessels, hinzu kommen die Einheiten der 6. Armee, die nicht eingeschlossen wurden, FS Stab Pfeiffer vom 21.12.1942 an A.O.K. 6/Ia, RH 20—6/235. Hinzu kommen Truppenteile, die ursprünglich nicht der 6. Armee, sondern der 4. Panzerarmee unterstellt waren.

[111] Bericht über die Geschehnisse beim OT-Einsatz Hakelberg nach dem 20.11.1942, S. 8 und 12, RW 4/v. 264.

[112] Kehrig (wie Anm. 48), S. 670f.; Wieder, Tragödie (wie Anm. 54), S. 102.

[113] Tagesmeldung LI. A.K. vom 1.12.1942, RH 20—67/239; Peter Gosztony, Hitlers Fremde Heere, Düsseldorf, Wien 1976, S. 353.

[114] Toepke (wie Anm. 25), S. 42; Wieder, Tragödie (wie Anm. 54), S. 102.

[115] Kehrig (wie Anm. 48), S. 662.

[116] FS AOK 6/Ia vom 27.11.1943 an HGr Don, Betr.: Tagesmeldung, RH 20—6/238; siehe AOK 6/Ic/AO vom 10.1.1943 an HGr Don Ic, Betr.: Feindpropaganda und Gegenmaßnahmen des AOK, RW 4/v. 264.

[117] Siehe A.O.K. 6/Ia vom 12.1.1943, Betr.: Tagesmeldung VIII. AK, RH 20—6/242.

[118] KTB AOK 6/OQu (Festung Stalingrad) vom 9.12.1942, RH 20—6/794; für den Zeitraum 20.—31.12.1942 meldete die 71. I.D. sogar 434 aufgegriffene Kriegsgefangene, siehe A.O.K./Ia vom 31.12.1942, Betr.: Tagesmeldung LI. A.K., RH 20—6/241.

[119] Adam (wie Anm. 58), S. 251.

[120] Im Gegensatz zu den anderen Angaben beziehen sich die Zahlen des Abwicklungsstabes ausschließlich auf die deutschen Wehrmachtangehörigen. In der Spalte »Ausgeflogen« ist bei den Rumänen ein »?« eingetragen, weil feststeht, daß auch Rumänen ausgeflogen worden sind, deren Anzahl jedoch unbekannt ist. Daher wird die Zahl der im Kessel verbliebenen Rumänen mit »maximal 10000« angegeben, siehe FS AOK 6/OQu Nr. 6301/42 geh. vom 8.12.1942 an O.K.H./GenQu, Betr.: Ziff. 1 zur Tagesmeldung vom 8.12.1942, RH 20—6/793.

[121] Zu den Verlusten der Rumänen im Kessel siehe Gosztony, Fremde Heere (wie Anm. 113), S. 353.

[122] Es ist nicht zu verkennen, daß die folgenden Überlegungen eher eine Annäherung an die Wahrheit als gesicherte Erkenntnisse darstellen. Es ist jedoch zu hoffen, daß sie der Wahrheit so nahe kommen, wie dies derzeit möglich ist.

[123] Sonderstab GFM Milch, KTB vom 15.1.—3.2.1943, Anlagenbd 2, RL 30/3.

[124] In der Literatur finden sich auch wesentlich höhere Angaben, am häufigsten die evtl. von Toepke erstmals erwähnten »34000 Ausgeflogenen«, siehe Toepke (wie Anm. 25), S. 131.

[125] Siehe hierzu auch die anderen Beiträge in diesem Band.

[126] Böhme (wie Anm. 1), S. 18. Vereinzelt berichten zwar Augenzeugen, sie seien in Stalingrad nach der Gefangennahme gezählt worden, eine gründliche Registrierung gab es jedoch erst im Frühjahr 1943, siehe Bohn (wie Anm. 102), S. 93 f.

[127] Augenzeugen berichten in der Regel von höheren Sterbezahlen, hier ist jedoch zu berücksichtigen, daß solche Angaben auch die Toten der anderen Nationalitäten, die in den Kolonnen mitmarschierten, beinhalten.

[128] Die Vermißten von Stalingrad, in: Deutsche Suchdienstzeitung vom 31.7.1951, S. 1f.; Geschichte der Kriegsgefangenen im Osten (wie Anm. 74), S. 33—40.

[129] Geschichte der Kriegsgefangenen im Osten (wie Anm. 74), S. 39.

[130] Ebd., S. 43; ähnlich Böhme (wie Anm. 1), S. 53.

[131] Alle Prozentangaben beziehen sich auf die in der ersten Spalte ausgewiesenen Werte. Da die Zahlen in der letzten Spalte auf einer anderen Datenbasis beruhen, addieren sich die Spalten nicht zu 100%; zum Vergleich sind unter Overmans nochmals die in der vorstehenden Ausführung erarbeiteten Zahlen angegeben; Unteroff./M. = Unteroffiziere und Mannschaften; die Gruppe der Generale ist nicht separat, sondern bei den Offizieren ausgewiesen; siehe Oberkommando des Heeres (Chef H Rüst und BdE)/AHA/ Abwicklungsstab/Ia-Gruppe A/B, Nr. 101/44 geh. vom 1.11.1944, und Nr. 104/44 geh. vom 9.11.1944, RW 6/v. 565. Von den kroatischen Offizieren wurden 5 verwundet und 6 unverwundet ausgeflogen, 21 verblieben im Kessel, siehe Oberkommando des Heeres (Chef H Rüst und BdE)/AHA/Abwickl.Stab 6. Armee und Hegru. Afrika — Der Kommandeur, Az IIa/HO Nr. 30/43 geh. IV Ang. vom 8.3.1944, RW 6/v. 565; Humbert (wie Anm. 73); Klaus (wie Anm. 70), S. 86 und 112.

[132] Der Anteil der Gefallenen an den im Kessel Verbliebenen liegt nach den Statistiken des Abwicklungsstabes bei 9,8%, bei den Unteroffizieren und Mannschaften sind es 6,6%. Da aber der Informationsstand über das Schicksal der Offiziere besser sein dürfte als der über die Unteroffiziere und Mannschaften, wird von einer gleich hohen Todesrate für alle Dienstgradgruppen ausgegangen, siehe Oberkommando des Heeres (Chef H Rüst und BdE)/ AHA/Abwicklungsstab/Ia-Gruppe A/B, Nr. 101/44 geh. vom 1.11.1944, und Nr. 104/44 geh. vom 9.11.1944, RW 6/v. 565.

[133] Generaloberst Heitz starb an Krebs.

[134] Fleischhacker (wie Anm. 103), S. XII.

[135] Böhme (wie Anm. 1), S. 110.

[136] Gosztony, Fremde Heere (wie Anm. 113), S. 456ff.; Das Schicksal der Kriegsgefangenen in der Sowjetunion (wie Anm. 100), S. 23f.; Roman Viorel, Rumänien im Spannungsfeld der Großmächte, Bd 2, 1878—1944: Von der okzidentalischen Peripherie zum orientalischen Sozialismus, Offenbach 1989, S. 160.

[137] Wilhelm Raimund Beyer, Stalingrad. Unten, wo das Leben konkret war, Frankfurt a.M. 1987, S. 60.

[138] Hauschild (wie Anm. 71), S. 23; Holl, Was geschah (wie Anm. 70), S. 72 und 84; WKS-1045tb, S. 39, B 205/v. 215.

[139] Beyer (wie Anm. 137), S. 60; Cartellieri (wie Anm. 69), S. 89 und 91; Klaus (wie Anm. 70), S. 234.

Thomas A. Kohut/Jürgen Reulecke

»Sterben wie eine Ratte, die der Bauer ertappt«[1].
Letzte Briefe aus Stalingrad

Glasnost und Perestrojka führten seit 1988 nicht nur dazu, daß aus den »Giftschränken« der offiziellen Archive der UdSSR bisher streng geheimgehaltene Materialien bekannt und in den Medien veröffentlicht wurden[2], sondern auch zu ersten Hinweisen auf ein bisher völlig unbekanntes sowjetisches Staatssonderarchiv im Nordwesten Moskaus.[3] Glasnost und Perestrojka ermöglichten es auch, im Vorfeld der fünfzigsten Wiederkehr des Tages, an dem 1941 das nationalsozialistische Deutschland die bolschewistische Sowjetunion überfiel, der deutschen Öffentlichkeit einen historisch-politisch zwar unbedeutenden, mentalitätsgeschichtlich aber wichtigen und menschlich sehr anrührenden Spezialbestand dieses Sonderarchivs zu präsentieren: eine Sammlung von Kriegsbriefen, die Soldaten der Roten Armee in den Brieftaschen toter deutscher Soldaten oder in erbeuteten Postsäcken gefunden und bei ihren Vorgesetzten abgegeben hatten. Solche Briefe dienten damals auch der Information über die Lage an der deutschen Front und im »Reich«, wurden entsprechend ausgewertet und zum Teil auch für Propagandazwecke benutzt. Ein beträchtlicher Teil der insgesamt über 5000 in Moskau liegenden Briefe stammt aus Stalingrad.

Eine Mülheimer Initiative für deutsch-sowjetische Freundschaft entwickelte 1990 die Idee, eine Auswahl dieser Briefe als Zeichen der »Verständigung und Versöhnung« und als Beleg für »Vertrauen und Offenheit« zum Jahrestag des 22. Juni 1941 in Deutschland veröffentlichen zu lassen. Dieses humanitäre Ziel war der Hintergrund, das zwar spektakuläre, politisch aber nicht brisante Material der Anlaß beziehungsweise der Schlüssel, der im Herbst 1990 erstmalig Benutzern die Türen des Archivs öffnen half.[4] Im Frühjahr 1991 konnte dann ein Sammelband mit dem Titel *»Ich will raus aus diesem Wahnsinn«*[5] erscheinen. In ihm sind knapp 200 Front- und Heimatbriefe jeweils komplett, das heißt ohne Kürzungen und unter Beibehaltung aller orthographischen und stilistischen Besonderheiten — abgesehen von der Verschlüsselung vorkommender Familiennamen — abgedruckt. Etwas mehr als die Hälfte der Briefe sind Soldatenbriefe, das heißt von Frontsoldaten geschriebene, nicht mehr abgeschickte und deshalb auch nie beim Adressaten angelangte Briefe; die übrigen stammen aus der Heimat, also von Ehefrauen, nahen Angehörigen, Freundinnen und Freunden.[6] Zum Komplex Stalingrad finden sich in dem Band insgesamt 67 Soldatenbriefe, die — wie die Inhalte beziehungsweise die (seltenen) Angaben über den Aufenthaltsort des Schreibers belegen — vermutlich tatsächlich aus dem »Kessel« stammen.[7]

Die Publikation von Kriegsbriefen — meist von Soldatenbriefen, sehr viel seltener von Heimatbriefen — hat eine weit über hundertjährige Tradition.[8] Lange Zeit verfolgte sie den Zweck, Opferbereitschaft, Vaterlandsliebe und Heldenmut der Soldaten zu dokumentieren, Kampfschilderungen aus erster Hand zu liefern und gleichzeitig der nachlebenden Generation ethische Maßstäbe anzubieten. Die Schreiber der Briefe waren durchweg Männer aus den gehobenen Bildungsschichten, die über ein hohes Maß an Reflexionsfähigkeit verfügten. Charakteristisch hierfür ist die berühmte Sammlung des Freiburger Germanistikprofessors Philipp Witkop, die 1916 erstmalig erschien, nach dem Ersten Weltkrieg mehrere weitere, ergänzte und veränderte Auflagen erlebte und bis 1942 eine Auflagenhöhe von circa 200 000 Exemplaren erreichte.[9] An ihr orientierte sich 1952 die Veröffentlichung von Briefen von Studenten aus dem Zweiten Weltkrieg. Sie sollte — so die Herausgeber — »sichtbar machen, wie unsere gefallene Jugend den Wirklichkeiten des Krieges begegnet ist«, und ihr »beständiges Suchen nach den tieferen Lebensgrundlagen« dokumentieren.[10] Berüchtigt ist dagegen jene, mit einem Geleitwort von Goebbels versehene Edition von Kriegsbriefen, die Ende 1941 erschien und in massiver propagandistischer Weise »Kronzeugen gegen den Bolschewismus« präsentierte. Es ging dem Herausgeber darum, die »Notwendigkeit dieses Ringens« angesichts der angeblich die Heimat bedrohenden »bolschewistische[n] Walze von Kampfwagen und Mordbrennern« zu beweisen.[11] Von der Erzeugung von Haß auf den Feind bis zur Erzeugung von Mitgefühl mit den jungen Gefallenen konnte also das Spektrum der beabsichtigten Wirkungen von Kriegsbriefeditionen reichen.

Eine besonders tiefgehende Betroffenheit sollte 1954 offenbar ein schmales Bändchen mit dem Titel »Letzte Briefe aus Stalingrad« wecken und hat dies wohl auch getan.[12] 39 Briefe aus den angeblich letzten aus Stalingrad ausgeflogenen Postsäcken sind hier abgedruckt. Die Säcke seien, so berichtet ein Nachwort des Verlags ohne Autorenangabe, auf Befehl des Führerhauptquartiers beschlagnahmt und nach Briefen durchsucht worden, die den heroischen Durchhaltewillen der Soldaten im Kessel widerspiegelten. Da jedoch nur noch 2,1 Prozent der

457

Schreiber positiv zum Krieg eingestellt gewesen seien, habe man den Plan einer Veröffentlichung fallengelassen, und das Briefpaket sei dann in das »Heeresarchiv Potsdam« gewandert, von wo es kurz vor der Einnahme Berlins »in Sicherheit gebracht« worden sei. Kenner der Verhältnisse im Kessel von Stalingrad bezweifelten schon früh die Authentizität dieser Briefe. Offenbar hatte der Heeresberichterstatter der 6. Armee, Heinz Schröter, bei der Edition seine Hand im Spiel. Von ihm stammt ein ähnlicher, etwas differenzierterer Bericht über die abenteuerliche Briefaktion in seinem ebenfalls 1954 erschienenen Buch.[13] Die von Wilhelm Raimund Beyer jüngst zusammengestellten Zweifel an der Echtheit beziehen sich vor allem auf sachliche Ungereimtheiten und auf den zum Teil theatralischen, zum Teil »kessen«, »schnoddrigen« und »überheblichen« Stil, der angesichts der Lage im Kessel im Januar 1943 und der geistigen Befindlichkeit der Soldaten alles andere als glaubwürdig sei.[14]

Wie dem auch sei: Keiner der in Moskau lagernden Briefe aus Stalingrad ist mit denen der Edition von 1954 vergleichbar; alle eingesehenen Briefe liefern keine abgehobene, quasi philosophische Reflexion, keine großen Abrechnungen, keine pathetischen Abschiedsworte, sondern sind von beeindruckender Direktheit und Schlichtheit angesichts des drohenden physischen und psychischen Endes. In ihnen spiegeln sich krasse Verzweiflung, Sehnsucht nach Zuhause und die den Menschen auf seine einfachsten Bedürfnisse zurückwerfenden grauenhaften Verhältnisse wider. Doch dies ist bereits ein Hinweis auf Auswertungsversuche, die im folgenden unternommen werden sollen.

Eine Analyse der Soldatenbriefe, die in dem Sammelband »*Ich will raus aus diesem Wahnsinn*« abgedruckt sind, ist keine leichte Aufgabe.[15] Wenn man diese Briefe lediglich liest, so ist dies eine bewegende und oft erschütternde Erfahrung. Erheblich schwieriger ist es jedoch, sie mit der notwendigen wissenschaftlichen Distanz zu interpretieren. Welches Recht hat der Forscher eigentlich, so fragt man sich, innerste Gedanken und intime Gefühle zu analysieren, die in Texten überliefert werden, die nicht von Personen öffentlichen Interesses geschrieben worden sind und auch nicht zur Veröffentlichung bestimmt waren, beziehungsweise oft von der Person oder den Personen, an die sie gerichtet waren, nicht einmal gelesen werden konnten? Noch ein weiteres: Diese Sammlung ist wissenschaftlich nicht zuletzt deshalb so schwer zu analysieren, weil die Briefe Texte ohne Kontext präsentieren: Alles, was man über diese Briefe weiß, steht in den Briefen selbst.[16] Folglich steht der Historiker vor der Alternative, sich entweder ganz auf die

Texte zu konzentrieren und die Briefinhalte einfach zu referieren oder die Texte selbst zu vernachlässigen, um darüber hinaus Aussagen über ihre allgemeine Bedeutung zu treffen. Die erste Möglichkeit birgt die Gefahr, Offensichtliches zu wiederholen, die zweite, unangebrachte Spekulation zu betreiben. Im folgenden wollen wir uns darum bemühen, zwischen den Polen einer Konstatierung des Trivialen und einer nicht mehr vertretbaren Spekulation hindurchzusteuern. Wenn einige unserer Feststellungen über die Erfahrungen der Briefschreiber nicht sehr überraschend ausfallen, sollte man sich daran erinnern, daß die Inhalte der Briefe darüber hinausgehende, ebenfalls zu erwartende Folgerungen eben nicht zulassen. Und falls andere Bemerkungen eher spekulativ erscheinen, sollte man sich klar machen, daß diese notwendigerweise auf bloßen Vermutungen beruhen; denn wir haben es mit isolierten Texten zu tun, denen die entsprechenden Kontexte fehlen, die manche Urteile erlaubt hätten, andere aber unwahrscheinlich erscheinen ließen. Wir hoffen allerdings, daß wir einfühlsame und plausible Vermutungen liefern können, auch wenn es letztlich Vermutungen bleiben.

In einer frühen Version seiner verherrlichenden Darstellung des soldatischen Mannes, *In Stahlgewittern*, behauptet Ernst Jünger, Frauen und Krieg paßten nicht zusammen:

> »Trotzdem ich kein Weiberfeind bin, irritierte mich jedesmal das weibliche Wesen, wenn mich das Schicksal der Schlacht in das Bett eines Krankensaales geworfen hatte. Nach dem männlichen, zielbewußten und zweckmäßigen Handeln des Krieges tauchte man in eine Atmosphäre undefinierbarer Ausstrahlungen.«[17]

Der Kontakt mit Frauen entmanne den Soldaten und lasse Gefühle entstehen, die unvereinbar seien mit der Härte und der Selbstentäußerung, die einen effektiven Kampf und die soldatische Vervollkommnung erst ermöglichten — so Jünger mit Blick auf die Schützengräben an der Westfront während des Ersten Weltkriegs.

Die Situation, in der die Stalingradbriefe geschrieben wurden, legt die Annahme nahe, daß die Soldaten des Jahres 1942/43 mit einer im Sinne Jüngers geradezu idealen kriegerischen Situation konfrontiert waren: ein totaler Krieg, unbarmherzige Härte und äußerste Hoffnungslosigkeit.[18] Und dennoch unterschied sich die Art und Weise, in der die Soldaten an der Ostfront diese Situation erlebten, von jener Art und Weise, in der Jünger den Krieg im Westen ein Vierteljahrhundert vorher angeblich erlebt hatte. Im Gegensatz zu jenem Hochgefühl, jener Selbstachtung und heroischen Selbstüberwindung, die Jünger beschrieben hat, sehnten sich diese Soldaten intensiv nach der Heimat, nach ihrer Familie, nach Geborgenheit und ... nach Kuchen. Weit davon entfernt, Frauen als Gegenwelt des Krieges zu hassen, sehnten sie sich nach ihnen gerade deshalb, weil sie diese Gegenwelt verkörperten. Und in einigen Fällen wünschten sich die Männer in ihrer extremen Lage vor allem auch zurück zu ihren Müttern.

Eines der auffallendsten Merkmale in diesen Soldatenbriefen des Zweiten Weltkrieges ist das Fehlen von Reflexionen über die heroische Kriegserfahrung, die uns Jüngers und andere Berichte über Kriege des 20. Jahrhunderts erwarten ließen. Es ist bemerkenswert, wie wenig Briefe Beschreibungen von Kampferfahrungen enthalten[19], wie selten die Männer Begeisterung über das Kriegserlebnis ausdrückten, wie wenig Stolz sie offenbar mit ihren militärischen Siegen, Orden und Beförderungen verbanden, wie wenig Hinweise auf die psychische und moralische Bedeutung der Kameradschaft zu finden sind, wie selten vom Feind in verächtlichen oder kraß abwertenden Ausdrücken gesprochen, beziehungsweise wie selten er überhaupt erwähnt wird und wie wenig chauvinistische Äußerungen gegenüber Frauen vorkommen.

Statt dessen fallen dem Leser zwei oft wiederholte Wörter auf. Das erste ist »noch«: »Sonst geht es mir noch gut«, oder »Gott sei Dank noch am Leben und noch soweit gesund«; ich bin »noch« gesund, unverwundet, am Leben, so informierten die Schreiber ihre Freunde und Liebsten, aber dieses »noch« drückte auch die Möglichkeit aus, daß sich die Lage jeden Moment ändern konnte; es gab die Ahnung der Soldaten um die Zerbrechlichkeit, die Launenhaftigkeit und die Unvorhersehbarkeit des Lebens an der Ostfront wieder.

Das andere Wort, das bemerkenswert oft in den Briefen auftaucht, ist »Hoffnung«. Die Männer hofften, aus dem Kessel von Stalingrad befreit zu werden, auf das Ende des Krieges, auf den Schutz Gottes, auf bessere Zeiten, auf das »Beste«. Selten hofften sie dagegen auf etwas Konkretes und Naheliegendes, das sie wirklich hätte retten können, etwa auf den Zusammenbruch der Sowjetarmee, auf konkrete Verstärkungen oder auf einen Ausbruch aus dem Kessel. Da nichts davon gewiß war, da die Versprechungen vom Sieg oder von einer bevorstehenden Befreiung so dürftig waren, blieben als einzige solch globale Hoffnungen übrig. »Hoffnung« in diesen Briefen war letztlich Ausdruck von Verzweiflung. Hinter dem Wort stand die Befürchtung der Soldaten, daß der Krieg sich inzwischen außerhalb jeder menschlichen Kontrolle befand. Verstandesmäßige Entscheidungen und Aktionen schienen nutzlos zu sein. Der Zufall herrschte an der Ostfront, und alles, was den Soldaten scheinbar noch blieb, war »Hoffnung« in einem abgehobenen Sinn.

Der Leser von *Ich will raus aus diesem Wahnsinn* und anderen Sammlungen stößt jedoch nicht nur auf die überraschend häufige Verwendung von »noch« und »Hoffnung«, sondern auch auf eine intensive gedankliche Beschäftigung der Soldaten mit der Feldpost und ihrer Verläßlichkeit. Offensichtlich war die Feldpost ein Gegenstand von zentraler Bedeutung — dies vor allem deshalb, weil viele Briefe bei den Soldaten nicht ankamen und umgekehrt viele Briefe von ihnen nicht die Heimat erreichten. Mit der Feldpost wurden natürlich auch Pakete befördert und im Kessel von Stalingrad dringend herbeigesehnte Lebensmittel.

»Schreiben tu ich auf den Knien. Post ist auch schon über acht Tage nicht angekommen. Verluste haben wir fast jeden Tag. Viele Kameraden sind schon tot u. verwundet. Auch erfrorene Glieder. [...] Wenn nur erst wieder mal Post käme u. die lieben Päckchen. Manchmal ist mirs zum Verzweifeln. Die Hoffnung auf Befreiung schwindet immer mehr.«[20]

Psychologisch gesehen, stellte die Feldpost den Bezug zu der Welt außerhalb des Kessels her, die einzige Verbindung zur Heimat und zur Familie. »Unheimlich viel Post fehlt«, schrieb ein Soldat kurz vor dem Ende Stalingrads; das Adjektiv spiegelt die Angst der Entfremdung, die er mit dem Zusammenbruch der Verbindung erlebte. Ebenso wie die Worte »noch« und »Hoffnung« geben also auch die Klagen über den Zusammenbruch der Feldpost das Erlebnis völliger Unkalkulierbarkeit der Verhältnisse an der Front wieder. Die Männer waren hilflos und auf sich zurückgeworfen. »Wenn doch nur einmal wenigstens ein Brief ankäme«, schrieb ein Soldat am 19. Januar, »aber nichts dergleichen. Es ist, als ob sich im Jahre 1943 alles gegen mich verschworen hat.«[21]

Die Briefe vermitteln letztlich den Eindruck, daß ein großer Teil der Angst der Männer aus dem Gefühl herrührt, lediglich passive Figuren in einem reinen Glücksspiel zu sein. Dementspechend sehnten sie sich nach geordneten Verhältnissen, danach, daß alles wieder »seinen geregelten Gang« geht.[22] »Wäre der Krieg nur schon zu Ende«, schrieb ein Soldat, »wie schön wäre es doch, wenn alles wieder seinen geregelten Gang ginge. [...] wenn nur die Ungewißheit nicht wäre.« »Denn in Rußland ist mit Allem zu rechnen«, »es kommen ja immer unvorhergesehene Ereignisse dazu«, und »man weiß ja nie, was die nächste Minute bringen wird.« In einem Brief vom 4. Januar 1943 brachte ein Soldat, der bei Stalingrad eingekesselt war, das, was die Männer zwar befürchteten, aber selten zugaben, auf einen treffenden Nenner. Mit seiner Assoziation zum wechselnden und unvorhersehbaren Wetter drückte er gleichzeitig seine Zukunftserwartung aus:

»wenn die Stunde da ist, müssen wir gehen, ob wir wollen oder nicht und wo ist auch ganz gleich. Bei uns ist das Wetter immer so wechselnd. Einmal Regen, einmal Schnee, einmal Frost, einmal Sonnenschein.«[23]

Mit der zunehmenden Verzweiflung ging das Gefühl einher, daß die eigene Tätigkeit nutzlos und belanglos war, daß man in Stalingrad allenfalls noch auf eine übermenschliche Erlösung hoffen konnte. Zwei der Soldaten, deren Briefe in der Sammlung veröffentlicht sind, hofften, daß Hitler eine solche wunderbare Lösung finden würde. Andere vertrauten dagegen auf Gott, der sie schützen und sicher nach Hause bringen sollte. Die Vorstellung, in Gottes Hand gegeben zu sein, scheint ihr Gefühl der Isolation und Hoffnungslosigkeit, des Ausgeliefertseins an die Willkür der Verhältnisse gemildert zu haben. Sie half ihnen, sich mit der ständigen Todesgefahr abzufinden. Manche ergaben sich dem »Schicksal« und verstanden darunter so etwas wie eine höhere, rationale, wenn auch für die Menschen undurchschaubare Macht. Zwei der Soldaten versuchten, mit ihren Ängsten fertigzuwerden und ihrem Tun wieder einen Sinn zu geben, indem sie annahmen, sie müßten irgendeine Schuld auf sich geladen haben, für die sie nun bestraft würden: Sie suchten also in sich selbst den Grund, der letztendlich wieder Ordnung und Sinn in den Wahnsinn bringen würde. Wieder andere erwarteten ganz offensichtlich, bald sterben zu müssen; angesichts der Wahrscheinlichkeit ihres Todes fanden sie es sinnvoll, sich psychisch darauf vorzubereiten — vielleicht, um gerade dadurch dem Zufall zu entkommen.

Der Fatalismus und der Mangel an individueller Initiative, die sich in dem Wort »Hoffnung«, in der Unterwerfung unter Gottes Willen beziehungsweise das »Schicksal« und in der Vorbereitung auf den Tod offenbaren, finden ihren Ausdruck auch in der Überzeugung, daß »seine Pflicht zu tun« die einzige Alternative war, die den Männern als Sinnstiftung noch blieb. Sie erlebten grauenhafte Szenen und waren dem Verhungern nahe; »viele sind schon aus den Latschen gekippt«, schrieb einer aus dem Stalingradkessel am 7. Januar 1943, »trotzdem müssen wir aushalten und unsere Pflicht tun, denn wir dürfen hier nicht zu grunde gehn.« Eine Woche später schrieb ein offenbar schwerkranker und sehr deprimierter Soldat seiner Frau:

»Nun dauert es schon 8 Wochen und immer ist unsre Lage und unser trauriges Schicksal noch unverändert. Noch nie in meinem Leben hat mich das Schicksal so schwer bestraft und noch nie hat uns der Hunger so gequält als jetzt. Jetzt zeigt uns der Krieg seine ernste Seite, aber nun heißt es immer fester den Stahlhelm zu schnallen, denn nur so gibt es eine Erlösung.«[24]

Im Einsatz zu sein und seine Pflicht zu tun, bedeutete für die Soldaten, handeln zu können und weiterzukämpfen. In ihrer Phantasie aber
sehnten sich die Männer intensiv nach Heim und Familie als Alternative zum Krieg. Der Gedanke an die Rückkehr half ihnen, die Situation zu ertragen:

»Uns schwebt immer noch unser Ideal des gemütlichen Familienlebens vor
Augen, darum noch mal kurz auf die Zähne gebissen und dann ist es bald
soweit das für uns alle ein neues Leben anfängt das wir uns dann nach eigenem Gutdünken gestalten.«[25]

Heimat und Familie wurden als Gegenpol zu einer entfremdeten Umgebung erlebt, als ordentlicher, geregelter und überschaubarer Ort, als
eine Welt der Liebe, Fürsorge und Behaglichkeit. Die Vorstellung von
Heimat und Familie gab ihnen die Möglichkeit, wenn auch nur in ihren
Gedanken und Träumen, der Realität der Front zu entfliehen:

»Liebe Eltern. Jeden Tag jede Stunde bin ich bei Euch in Gedanken und möchte
so gerne mit Euch zumittesitzen. Danach sehne ich mich so sehr ja so sehr.«

Ein weiterer Soldat schrieb aus dem Stalingradkessel im Januar 1943:

»Ich hatte einen wunderbaren Traum. Ich war in Gedanken auf Urlaub. Erst
zu Hause und dann bei Dir. Es waren herliche Tage. Wie ich träumte sind
wir beide jeden Morgen nach dem Kaffeetrinken einige Stunden spazieren
gegangen.«[26]

In einem anderen Brief erscheinen Heimat und Familie als vertraute,
verständliche, begreifbare, schöpferische Welten, wo das Individuum
noch zählt, als warme und freundliche Refugien, dem Leben an der
Ostfront kraß entgegengestellt:

»Gestern sagte zu mir einer, er würde ja auf alles verzichten, würde die dreckig-
sten Arbeiten ausführen als Handlanger oder Stiefelputzer oder sonst irgend
etwas, wenn er nur nach Hause käme, einmal wieder unter Bekannte sein dürfte,
Deutsche Laute hören, deutsche Kultur sehen könnte! ›Deutschland‹, ›Heimat‹ so schreit es aus jedem einzelnen von uns heraus. Und dann gibt man
sich den Illusionen hin, denkt wie schön es sein könnte, wenn ..., macht Pläne, schmiedet, baut Häuser, ein Haus über dem anderen, bis die Gedanken
zu weit gehen, bis sie einstürzen und dann kommt wieder die Wirklichkeit,
nackt, brutal, grausam, ohne Rücksicht auf den einzelnen und nur eines ist
geblieben, daß es einmal doch wieder anders kommen kann, und dann muß
es so werden, wie wir Tag und Nacht davon träumen, ein häusliches, stilles
Glück, ohne viel Aufhebens nach außen, unbekümmert um das Geschwätz
der andern.«[27]

Oft betonen die Soldaten in ihren Briefen auch die Distanz, die sie
von der Heimat und ihren Familien trennte; sie schreiben »aus der Ferne«, »aus weiter Ferne« oder »aus dem fernen Osten«. Ein Soldat wußte
genau, wieviele Kilometer er von der deutschen Grenze entfernt war.

Klima und Landschaft verkörperten die Entfremdung: Rußland war »Feindesland«, eine »Wildniß« und hatte ein »Höllenklima«. Der Osten war wie eine Mondlandschaft, die jeden einzelnen in ihrer »weiten rußischen Steppe« erdrückte; sie bot statt Nahrung »nur Steppe«, war kalt und verwüstet, war eine »öde trostlose Steppe«[28]. Ein Soldat schrieb am 19. Januar 1943:

»Und sonst bin ich mit meiner Stimmung mal wieder auf dem Nullpunkt. Es ist ja so, Hilde, dass man mal wieder plötzlich ganz down ist. Man kann sich dann selber soviel Mut und Glauben zusprechen, aber das alles nutzt auch nichts. Die Gedanken an die Lieben kommen, der Vergleich wie man hier lebt und wie man ohne Krieg leben könnte. Die schöne Wohnung, überhaupt die herrliche Heimat stellt man sich vor. Hier nur weiße Flächen, Bunker, Elend, kein richtiges Zuhause. Das muß ja den Geist dann auch langsam aber sicher ruinieren. Man kommt nicht mehr dagegen an. Aber danach fragt uns hier ja kein Mensch. Wir müssen auch dann, wenn es unmöglich erscheint.«[29]

Von wesentlicher Bedeutung für die Soldaten war, daß Heimat und Familie als Orte der Sicherheit, Stabilität und Ordnung intakt und unverändert blieben, frei von jedem Hauch aus dem Osten mit seinen Gefahren, seiner Fremdheit und seinen chaotischen Perspektiven. Es war wichtig, daß die geliebten Personen gesund blieben, die Ehefrauen und Geliebten treu. »Sei mir nicht böße wenn ich dich jetzt Frage: Wirst du mir auch Untreu?« schrieb ein Soldat seiner Freundin 1942:

»Ich habe so viel Angst um dich. Was würde ich machen ohne dich? Ich würde es nicht ertragen. [...] Du mußt mich sehr lieb haben, denn ohne dich könnte ich bestimmt nicht leben. [...] Liebe Rosl du mußt mich lieben. Wenn ich bei dir währe dann hätte ich keine Angst, den da würde ich kämpfen bis aufs letzte aber ich bin so weit von dir weg und kann dich nicht sehen.«[30]

Bei den bedrohlichen und verwirrenden Verhältnissen an der Front gab das Bewußtsein, jemanden in der Heimat zu haben, auf den man sich verlassen konnte, Halt. »Denn wenn mal schwere Stunden kommen, und die kommen in der augenblicklichen Lage oft«, schrieb ein Soldat aus dem Kessel, »dann ist es ein beruhigendes Gefühl zu wissen, daß in der Heimat jemand ist, der einen lieb hat und auf den man noch Vertrauen setzen kann.«[31] »Wenn ich Dich nicht hätte«, schrieb ein anderer aus Stalingrad, »wäre ich schon verzweifelt. Der Gedanke an Dich reißt mich immer wieder hoch.«

Dennoch: Obwohl die Gedanken an Heimat und Familie den Soldaten Kraft zum Durchhalten gaben, scheint es für sie schwer gewesen zu sein, nach Hause zu schreiben. Teilweise lag das daran, daß sie ihre Situation einfach nicht in Worte fassen konnten.

»Was ich eigentlich schreiben soll weiß ich selbst nicht.« »Liebe Mama ich weis überhaupt nicht mehr was ich schreiben soll Pferde haben wir keine mehr sind alle geschlachtet worden zum Essen.« »Denn man weiß wirklich nicht was man anders als einen Gruß schreiben soll.« »Was ich Dir nun noch eigentlich schreiben soll, weiß ich bald nicht mehr.«

Die starke Zurückhaltung der Soldaten, mit der sie über ihre Lage schrieben, mag zwar teilweise mit ihrem Wissen über die militärische Briefzensur zusammenhängen. Vielleicht wollten sie auch nicht ihre Freunde und Verwandten durch krasse Zustandsbeschreibungen beunruhigen. Nicht unwahrscheinlich ist auch, daß die Männer vor dem Eingeständnis ihrer verzweifelten Situation und vor der Reflexion darüber zurückschreckten. Ein Soldat schrieb seinem Bruder bereits im Januar 1942:

»Die ganze Lage in der wir seit mitte November stecken und die dazugehörigen Strapazen und Ereignisse haben bei mir die Lust am Schreiben so fast zum erliegen gebracht, bis auf das Nötigste [...] Wenn ich Dir das alles aufzählen wollte, würde es zu weit führen, ich kann Dir nur versichern es war eine sehr schlechte und ist noch eine schwere Zeit.«[32]

Weil Krieg und Heimat polare Welten darstellten, mußten die Männer beim Schreiben eine schwierige gedankliche Umstellung von einer Lebenswelt in die andere bewältigen; dabei war es für sie offenbar schmerzlich, sich allzu intensiv und ausführlich vorstellen zu müssen, wo sie herstammten und wo sie jetzt waren.

»Um für einige Minuten wieder andere Gedanken zu fassen, habe ich mir eine Pfeife Maisblätter angesteckt und schreibe in meinem Bunker diese Zeilen [...] Habt Ihr in diesem Jahr wieder eine Festgans gehabt? An solche Dinge darf ich gar nicht denken. Ich habe z.B. gestern abend seit 5 Tagen wieder das erste Stückchen Brot gegessen«[33],

schrieb ein Soldat seinen Eltern im Januar 1943 aus dem Stalingradkessel. Es ist bemerkenswert, daß die Speise, nach der sich die hungernden Soldaten am meisten sehnten, Kuchen gewesen zu sein scheint.

»Ich möchte so gern wieder einmal Kuchen essen oder ein gutes Mittagessen genießen.« »Liebe Wally wenn ich gesund nach Hause kommen solte und wir verheiratet sind mußt Du dann fleißig Kuchenbacken den noch nie habe ich so ein starken Kuchenappetit wie jetzt.« »Und einen Appetit habe ich jetzt auf ein schönes Stück Kuchen aber für uns scheint es nur Entbehrungen zu geben.«

Kuchen zu essen bedeutete, daß man satt, in Sicherheit und zu Hause war. Mit dem Wort »Kuchen« assoziierte man gerade nicht den Krieg und andere »männliche« Aktivitäten, sondern Kuchen genoß man mit

Kaffee am Sonntagnachmittag zusammen mit der Familie, den Frauen, der Mutter.

Tatsächlich war es in vielen Fällen die Mutter als Verkörperung von Heimat und Familie, als ursprünglichste Quelle von Schutz, Geborgenheit und Nahrung, nach der sich viele Soldaten in ihren Briefen am leidenschaftlichsten sehnten. »Wenn man in der Fremde ist und ganz für sich alleine ist, merkt man erst recht was eine Mutter wert ist«, schrieb ein Soldat seinem Bruder im Frühjahr 1942. In dem Augenblick, als sich die Männer allein und hilflos fühlten, begannen sie ihre Mutter als früheste Bezugsperson in besonders eindringlicher Weise zu schätzen.

»Sollte ich lb. Mutter nochmal das Glück haben nach Hause, zu Dir hin zu kommen, dann brauchst Du mich nicht mehr zu fragen was Du kochen sollst — alles werde ich essen ohne mit den Wimpern zu zucken, u. nicht mehr meckern. Jeden abend wenn ich mich hinlege lb. Mutter bin ich alle Stunden lang wenn ich nicht ein schlafen kann, mit den Gedanken bei Dir. Jetzt erst weiß ich es wie gut ich es einst bei Dir hatte. [...] Nu, lb. Mutter, will ich Euch nicht länger kränken diese Zeilen schrieb ich mit schwerem Herzen. Du kannst mir ja doch hier nicht helfen! [...] Meine liebe Mutter, wird es noch einmal Tage geben, wo ich bei Dir sein kann? Wo Deine Hände mich hegen u. pflegen? Ich kann es kaum noch begreifen, daß es noch mal so schön werden kann. Alles war nur ein Traum.«[34]

Wie kindlich geradezu die Sehnsucht nach der Mutter sein konnte, zeigt sich in einem besonders ergreifenden Brief, der am 14. Januar 1943 geschrieben wurde.[35]

Der Wunsch nach mütterlicher Fürsorge drückte sich jedoch nicht nur in den an die Mütter, sondern auch in manchen an die (Ehe-)Frauen geschriebenen Briefen aus, die jetzt in diese mütterliche Rolle von ihren Männern hineingedrängt wurden. »Mein liebes Mamile!«, schrieb ein Soldat aus Stalingrad seiner Ehefrau im November 1942:

»Die ganze Umwelt kann mein Herz Dir gegenüber nicht ändern [...] Daß Du's weißt Mamile, ich geb Dich nie her. Geh, u. sag mir wieder, daß Du nur Eckel für andere empfindest. Du, Du bekommst ein recht gutes Drucki-Bussi dafür [...] Du Buzzi-Schnucki, Du. Freue mich ja schon so auf Dich. Werde Dir tagesüber viel mehr die Hände u. Wangen küssen als bisher [...] Diesmal leg ich meinen Kopf auf Deinen Schoß u. schau zu Dir hinauf. Mamile da liegt sichs aber gut u. ich druck mich ans Bauzi. Sehe, wie Du Dich über mich beugst, spüre Dein Streicheln [...] Neig Dich herab zu mir. So ein langes Bussi bekommst Du. Und nun laß meine Hände um Dich legen will mich ja fest an Dich drücken [...] Bin ja Dein braves Manti u. da muß ich Dir doch auch ganz gefallen. Gelt ja?«

Und am nächsten Tag setzte er seinen Brief fort:

»Liebe Mami! [...] Ich werde mir das Daheim zu schätzen wissen [...] Wenn Gott es nur gebe, daß es einmal so wird [...] Ich werde so lieb zu Dir sein, wie Du Dirs gar nicht ausmalen kannst. Mir kommt es vor, als könnte ich Dir mal nichts mehr tun ohne Deinen Verlangen. Ein Bussi geben, da werd ich fragen müssen. Maile ich verehre Dich! [...] Wirklich Mami, so schön bist Du! Gelt Du bist mein heiliges Mami-Körperle. Wenn ich daheim bin, dann schau ich Dich immer an [...] Wenn ich Dich gar streicheln darf od. Bussi geben, Mamile, wird das gut tun. Weibile, gönn mir dieses Himmelreich u. bring mich wieder Heim.«[36]

Dieser Brief wurde von einem Mann geschrieben, der, psychologisch gesehen, zu einem Kind geworden war; der Schreiber scheint seinen Realitätssinn verloren zu haben und versinkt in seiner Phantasie im Schoß seiner geliebten Frau, die er in die allmächtige Mutter seiner frühesten Kindheit verwandelt hat. Sicherlich stellt dieser Brief einen extremen Fall von psychischer Regression dar, zeigt ein ungewöhnlich archaisches und ursprüngliches Sehnen nach Fürsorge und Schutz durch die Mutter, und doch lassen sich vergleichbare Sehnsüchte, wenn auch in eher verdeckter Form, auch in manchen anderen Briefen aus dem Stalingradkessel auffinden.

Ein vorsichtiges Fazit dieser Beobachtungen: In gewisser Hinsicht scheinen die Briefe aus Stalingrad Ernst Jüngers oben zitierte Polarisierung von Front und Familie, Krieg und Frau, Kampf und Liebe zu bestätigen. Einige Briefe belegen sogar die von Jünger implizit behauptete Entwicklungslinie vom harten männlichen Kämpfer auf der einen zum weichen, fast schon kindlichen Liebhaber auf der anderen Seite. Und dennoch handelten diese deutschen Soldaten, die sich in ihren Gedanken, Träumen und Worten aus der harten und angeblich so männlichen Welt des Kampfes in Stalingrad lösten, nicht in dieser Weise *wegen* der Gegenwart von Frauen — so die Jüngersche Erfahrung —, sondern gerade *weil* sich die Männer in einer Situation befanden, die Jünger wahrscheinlich als eine totale und heroische gerühmt hätte, eine Situation, die sie jedoch als grauenhaft, fremd und unmenschlich, also gänzlich unheroisch erlebten. Wie bei anderen Menschen, die sich in einer Situation befinden, in der psychisch stabilisierende Strukturen und Reaktionen fehlen, kann man wohl tatsächlich auch bei einigen dieser Soldaten von einer Regression sprechen. Man sollte allerdings nicht vergessen, wo und wann genau dieser Wandel beziehungsweise diese Regression erfolgte: Es war dann, wenn die Soldaten in ihren Stellungen und Bunkern hockten, allein mit ihren Gedanken und Gefühlen, wenn sie sich nach der Heimat, der Familie, ihren Frauen und ihren Müttern sehnten und sich an diese als Ursprünge von Schutz,

Geborgenheit und Fürsorge erinnerten. Die Regression, die aus manchen Briefen erschlossen werden kann, scheint also unter diesem Blickwinkel unmittelbar aus der Erfahrung einer extremen physischen und emotionalen Mangelsituation zu folgen, verbunden mit Erinnerungen an Zeiten und Orte, wo physische und emotionale Bedürfnisse befriedigt worden waren.

Die Umstände, unter denen diese Regression erfolgte, können vielleicht helfen zu erklären, warum es für einige der Männer so wichtig war, ihre »Pflicht zu tun«, und warum so viele es als schwierig empfanden, Briefe zu schreiben: pflichtbewußtes Handeln konnte die Regression verhindern; das Schreiben hätte sie vielleicht gefördert. Es klingt paradox: Die »Pflicht« stattete die Männer offenbar mit einer gewissen psychischen Festigkeit und mit konkreten Zielen aus, ohne die sie sich deprimiert, einsam und hilflos gefühlt hätten. Die Furcht vor der Regression, das heißt vor der Erinnerung an Bedürfnisse und Wünsche, die mit der Kindheit verbunden waren, hinderte die Soldaten am ausführlichen Schreiben. Andererseits halfen die Briefe den Männern aber auch, die hoffnungslose Frontsituation zu ertragen und dort ihre Pflicht zu erfüllen. So findet sich denn in den Briefen kein Grund zur Annahme, daß die Männer, die sich in ihren Träumen vom harten männlichen Kampf lösten oder sogar mit einer Regression reagierten, als Soldaten ungeeignet gewesen wären oder ihre militärischen Pflichten nicht hätten erfüllen können. Indem sie »ihre Pflicht taten« und Seite an Seite mit ihren Kameraden weiterkämpften, bemühten sich die Soldaten erfolgreich, ihre Ängste und ihr Bedürfnis nach Schutz und Geborgenheit zu unterdrücken oder herunterzuspielen. Ein Brief war dagegen ein genau umrissenes Feld, wo Gefühle aufkommen durften und wo die Männer es sich erlauben konnten, sich verängstigt, schwach und klein zu fühlen. Die Zeugnisse in »*Ich will raus aus diesem Wahnsinn*« (besonders, wenn man sie im Zusammenhang mit der Militärgeschichte des Zweiten Weltkrieges sieht[37]) zeigen, daß sich der innere Wandel beziehungsweise die Regression — wenn überhaupt — nur auf das Schreiben eines Briefes, auf einen Traum, auf Momente von Phantasie und Sehnsucht beschränkte. Wenn sie ihren Stift zur Seite legten oder aus ihren Träumen oder Tagträumen erwachten, setzten die meisten Soldaten ihren Kampf fort, buchstäblich bis zum bitteren Ende.

Anmerkungen

[1] Diese Zeile entstammt dem Gedicht »An die deutschen Soldaten im Osten«, das Bertold Brecht unter dem Eindruck des Endes von Stalingrad im Frühjahr oder Frühsommer 1943 in seinem kalifornischen Exil niedergeschrieben hat, kurz nachdem er über Moskau und Vladivostok dort angekommen war. Unser Dank gilt neben Susan N. Kohut, John Downey und Ute Daniel vor allem Katrin Herzog und Heiner Seidel für Hilfen bei der Textbearbeitung.

[2] Siehe dazu Dietrich Geyer, Perestrojka in der sowjetischen Geschichtswissenschaft, in: Die Umwertung der sowjetischen Geschichte, hrsg. von D. Geyer, Göttingen 1991, bes. S. 19.

[3] Nach einer ersten Veröffentlichung in der Zeitung Izvestija vom 18.2.1990 erschien im August 1990 eine deutsche Übersetzung eines Berichts von Elsa Maximova über dieses Archiv in der Zeitschrift Sowjetunion heute, S. 32ff.

[4] Inzwischen erhielten weitere Benutzer Zugang. Vgl. die Berichte von Gerald Fleming, The Auschwitz Archives in Moscow, in: The Jewish Quarterly, Autumn 1991, S. 9—12, und Bernd Wegner, Deutsche Aktenbestände im Moskauer Zentralen Staatsarchiv. Ein Erfahrungsbericht, in: Vierteljahrshefte für Zeitgeschichte (VfZG), 40 (1992), S. 311—319. Das Bundesarchiv Koblenz hat inzwischen Schritte zu einer eventuellen Rückführung der deutschen Akten unternommen.

[5] »Ich will raus aus diesem Wahnsinn«. Deutsche Briefe von der Ostfront 1941—1945. Aus sowjetischen Archiven, hrsg. von Anatoly Golovchansky u.a., Wuppertal 1991.

[6] Diese Relation entspricht nicht ganz derjenigen des Moskauer Bestandes, wo sich annähernd doppelt so viele Heimatbriefe wie Frontbriefe befinden.

[7] Übrigens wurde vor einiger Zeit ebenfalls bekannt, daß sich auch im Archiv des Panorama-Museums Volgograd (= Stalingrad) einige hundert weitere Briefe befinden. Auszüge nach Kopien veröffentlichte die Zeitung Welt am Sonntag im Dezember 1990 mit vollständiger Wiedergabe von Namen und Anschrift der Briefschreiber (falls angegeben). 22 Briefe aus diesem Museum sind vollständig abgedruckt in: Stalingrad — eine deutsche Legende, hrsg. von Jens Ebert, Reinbeck 1992, S. 61ff.

[8] In den letzten Jahren wurden Kriegsbriefe vor allem im Rahmen alltags- und mentalitätsgeschichtlicher Fragestellungen als besonders ergiebige Quellen neu entdeckt. Stellvertretend für verschiedene neuere Publikationen und Editionen sei hier vor allem hingewiesen auf Ortwin Buchbender, Reinhold Sterz, Das andere Gesicht des Krieges. Deutsche Feldpostbriefe 1939—1945, München 1982. Darin befinden sich auch Informationen über die Organisation der Feldpost im Zweiten Weltkrieg, über die Zensur u.ä. Zur historischen und mentalitätsgeschichtlichen Einbindung von Kriegsbriefen vgl. Klaus Latzel, Vom Sterben im Krieg. Wandlungen in der Einstellung zum Soldatentod vom Siebenjährigen Krieg bis zum II. Weltkrieg, Warendorf 1988, und Klara Löffler, Aufgehoben: Soldatenbriefe aus dem Zweiten Weltkrieg, Bamberg 1992.

[9] Kriegsbriefe deutscher Studenten, hrsg. von Philipp Witkop, Gotha 1916; in den folgenden Auflagen lautet der Titel »Kriegsbriefe gefallener Studenten«.

[10] Kriegsbriefe gefallener Studenten 1939—1945, hrsg. von Walter Bähr, Hans W. Bähr, Tübingen, Stuttgart 1952, Zitate S. 466.

[11] Deutsche Soldaten sehen die Sowjet-Union. Feldpostbriefe aus dem Osten, hrsg. von Wolfgang Diewerge, Berlin 1941, Zitate S. 10.

[12] Letzte Briefe aus Stalingrad, Gütersloh 1954; bereits im Sommer 1954 wurde das 21.—30. Tausend verkauft; das kurze Nachwort ohne Autorenangabe befindet sich auf S. 67 f. Ein erster Abdruck von »letzten Stalingrad-Briefen« war bereits 1949 im Nachrichtenmagazin Der Spiegel, Nr. 5, S. 15, erschienen.

[13] Heinz Schröter, Stalingrad »... bis zur letzten Patrone«, o. O., o. J. (vermutlich 1954), dort zu den Kriegsbriefen S. 171 f.

[14] Wilhelm Raimund Beyer, Stalingrad. Unten, wo das Leben konkret war, Frankfurt a. M. 1987; zu Schröter (wie Anm. 13) siehe S. 46 ff., zu den »Letzte(n) Briefe(n) aus Stalingrad« ebd., S. 62—68.

[15] Zur Repräsentativität der edierten Auswahl im Hinblick auf den gesamten Moskauer Bestand »Ich will raus aus diesem Wahnsinn« (wie Anm. 5), S. 306 ff. Im folgenden werden zwar alle Soldatenbriefe des Bandes herangezogen und ausgewertet, das Schwergewicht liegt aber auf den Briefen aus Stalingrad. Einzelne zitierte Sätze oder Teile von Sätzen aus den Briefen werden in den folgenden Anmerkungen nicht nachgewiesen, nur längere Passagen.

[16] Selbstverständlich besitzen wir heute ein detailliertes Wissen über die allgemeine Lage an der Ostfront und verfügen auch über einige Forschungen zu den Verhaltensweisen, Wahrnehmungen und Erfahrungen deutscher Soldaten in der Sowjetunion. Doch über diese Briefe, ihre Schreiber und Adressaten wissen wir nur das, was aus den Briefen selbst hervorgeht. Insofern spricht jeder Brief nur für sich und ist ein in sich abgeschlossenes Dokument.

[17] Ernst Jünger, In Stahlgewittern. Aus dem Tagebuch eines Stoßtruppführers, Berlin ⁴1922, S. 247 f. In späteren Auflagen taucht diese Passage nicht mehr auf. Zur wechselhaften Editionsgeschichte von »In Stahlgewittern« siehe Johannes Volmert, Ernst Jünger: »In Stahlgewittern«, München 1985.

[18] Jüngers Überzeugung war es, daß der Soldat desto reiner den Kampf und seine eigene Erfüllung durch diesen erlebe, je hoffnungsloser die Situation sei.

[19] Es ist ohne Zweifel kein Zufall, daß solche Beschreibungen hauptsächlich in Briefen auftauchen, die Soldaten untereinander geschrieben haben. Siehe in der Briefsammlung (wie Anm. 5), bes. S. 32 f., 210 ff., 234 f., 253 ff. und 264.

[20] Briefsammlung (wie Anm. 5) (12. 1. 1943), S. 208 f.

[21] Ebd., S. 231.

[22] Ebd., S. 173.

[23] Ebd., S. 168.

[24] Ebd., S. 223. Zur Lage im Kessel vgl. die Beiträge von Manfred Kehrig und Rüdiger Overmans in diesem Band.

[25] Ebd., S. 46; ähnlich S. 47 ff., 120 und 193 f.

[26] Ebd., S. 209 f.

[27] Ebd., S. 134 (19. 11. 1942); siehe auch S. 79.

[28] Ebd., S. 183. Die Propaganda, in der die Sowjets als barbarische Horden und Untermenschen dargestellt wurden, mag zu einer brutaleren Haltung

der deutschen Soldaten beigetragen haben; man kämpfte ja nicht gegen andere menschliche Wesen, sondern gegen etwas anderes, etwas völlig Fremdes. Sie konnte aber auch das Gefühl hervorrufen, einem schrecklichen, weil unbegreiflichen Gegner gegenüberzustehen und in einer menschenabweisenden Mondlandschaft gelandet zu sein.

[29] Ebd., S. 219. Den Kampf gegen solche »flauen Gefühle« bzw. gegen »Flaumacher« haben die Nationalsozialisten bewußt und intensiv geführt — bis hin zur Verbreitung von eingängigen Liedtexten aus Filmen wie »Die große Liebe« (1942) und »Die Frau meiner Träume« (1944). Im erstgenannten singt Zarah Leander den Schlager »Davon geht die Welt nicht unter, sieht man sie manchmal auch grau...«, im zweiten Marika Rökk: »Schau' nur g'radeaus! Und, was sonst noch kommt, mach' dir nichts daraus! — Weißt du auch manchesmal weder ein noch aus, nimm's nicht allzu schwer! Mach' dir nichts daraus! — Geht dir nicht alles genau wie du's willst, nimm es hin! Irgendwo hat jedes Ding seinen Grund und seinen Sinn!« Bezeichnend ist, daß in diesen Schlagern den Frauen die Rolle zugeschoben wird, die Männer bei der Stange zu halten.

[30] Ebd., S. 67 f.; siehe auch S. 127—131 und 174.

[31] Ebd., S. 174 (5. 1. 1943).

[32] Ebd., S. 55.

[33] Ebd., S. 198 f. Vor allem während der Weihnachtstage übermannte die Sehnsucht nach Heimat und Familie die Soldaten, wie viele Briefe zeigen. So schrieb ein Soldat im Dezember 1942: »Meine liebe Paula, in ein paar Tagen ist wieder Weihnachten das schönste Fest der Familie u. ich darf wieder nicht bei Dir u. bei unseren Kindern sein, u. wie sehne ich mich nach Hause, nach Frau und Kindern.« Ebd., S. 149. Vgl. auch S. 283 f. (9. 12. 1944).

[34] Ebd., S. 207 f. (11. 1. 1943). Ein anderer Soldat bat seine Mutter, ihm seine vielen Verfehlungen als Kind zu verzeihen: »Du hast dich lange um uns gesorgt hast gearbeitet, hast uns gepflegt, hast alles für uns getan waß nur deine lieben Hände alles für uns machen konten ja sogar zur nacht auch jetzt noch falten deine müden Hände sich für uns zum Gebet für mich im Feld, aber ich konte Dir liebe Mutter noch nichts für alles Gute deiner Liebe zu uns beistehn, waß haben wir dir noch alle deine Kinder noch angetahn nur noch Sorgen und Kumer, darum meine gute Mutter vergebe mir die Jugendschmerzen die ich dir alls Kind hab angetahn.« Ebd., S. 179.

[35] Ebd., S. 216.

[36] Ebd., S. 127—130.

[37] Vgl. Das Deutsche Reich und der Zweite Weltkrieg, Bde 2—6, Stuttgart 1979—1990.

Rolf Günter Renner

Hirn und Herz.
Stalingrad als Gegenstand ideologischer und literarischer Diskurse

»Aus all diesen gigantischen Kämpfen ragt nun gleich einem Monument der Kampf um Stalingrad heraus. Es wird der größte Heroenkampf unserer Geschichte bleiben. Was dort jetzt unsere Grenadiere, Pioniere, Artilleristen, Flakartilleristen und wer sonst in dieser Stadt ist, vom General bis zum letzten Mann, leisten, ist einmalig. [...] Das europäische Schicksal liegt in unserer Hand und damit auch Deutschlands Freiheit, seine Kultur und seine Zukunft. Das ist der höchste Sinn dieses Opfers, das zu jeder Stunde und an jedem Ort ebenfalls von Euch, meine Kameraden, gefordert werden kann. Denke jeder von Euch an die Kämpfer von Stalingrad, dann wird er hart und eisern werden.«[1]

Als Göring am 10. Jahrestag der Machtergreifung, am 30. Januar 1943, im Berliner Sportpalast diese Sätze vor Offizieren und Mannschaften der deutschen Wehrmacht spricht, ist die Schlacht um Stalingrad bereits verloren, wenige Tage später treten die noch etwa 90 000 Überlebenden der 6. Armee ihren Weg in die Gefangenschaft an.

In Theodor Plieviers Roman *Stalingrad*, dessen erste Fassung bereits 1943/44 in der Moskauer Exilzeitschrift Internationale Literatur erscheint, wird die Rede Görings an zentraler Stelle zitiert. Die Soldaten, die die Übertragung aus dem Sportpalast im Radio hören, deuten Görings Worte nicht nur als Hinweis darauf, daß sie nicht kapitulieren dürfen. Sie erkennen, daß ihre Situation bereits ideologisch ausgewertet und zum nationalen Symbol wird. Was ihnen widerfährt, ist nicht einmalig: Bereits im Ersten Weltkrieg und danach wurde das Opfer deutscher Kriegsfreiwilliger bei Langemarck propagandistisch benutzt und ideologisch besetzt.[2] Es ist kennzeichnend für Görings Rede wie für vergleichbare Ideologisierungen historischer Ereignisse, daß sie entweder auf Literarisierungen drängen oder literarische Vorlagen heranziehen: Im Berliner Sportpalast wird die Schlacht vor Stalingrad mit dem Kampf der Nibelungen verglichen.

Daß solche Bezugnahmen in der Regel an der Sache vorbeigehen, braucht hier nicht verhandelt zu werden.[3] Vielmehr möchte ich den Blick auf den Sachverhalt lenken, daß auch die Ordnungen konventionellen Erzählens historische Ereignisse wie Stalingrad häufig so schematisieren, daß sie für eine ideologische Inanspruchnahme verfügbar werden. Eine Darstellung, die auf historische Kritik zielt, muß sich deshalb, so meine Überlegung, von den konventionellen Erzählmustern der Fiktionalisierung des Historischen ebenso lösen wie vom Muster des Tatsachenromans.

Gerade der Blick auf die Antikriegsliteratur unterstreicht dies; dafür liefert Plieviers Stalingradroman ein Beispiel. Nicht anders als für Göring verkürzt sich für diesen Autor das kriegsgeschichtliche Ereignis zum zentralen Zeichen in einem Diskurs, der ausschließlich binären Oppositionen, nicht aber Differenzierungen folgt. Der intertextuelle Bezug des Romans auf Görings Rede verstärkt diese Schematisierung offensichtlich. Die analytische Kraft des Textes tritt hinter einer begriffslosen Allegorisierung zurück. Es ist signifikant für den Verlust des Analytischen, daß diese mit organologischen Metaphern arbeitet. Der Erzähler schildert die deutsche Armee als ein »Riesengehirn«, als eine »graue Substanz«, die krankhafte Veränderungen erfährt:

»man kann die Deformation mit bloßem Auge erkennen und an einzelnen Zellen beobachten [...] und am Grunde der Krankheit [...] stand das gehorsame und sklavische Aufgeben des freien Willens«[4].

Auch die Linien des Kessels, der bei der Zurücknahme der deutschen Front entsteht, beschreibt der Text mit einer Organmetapher, als »Form eines menschlichen Herzens, ein aus seinem Organismus herausgerissenes und in wilden Schlägen pochendes Herz«[5]. An anderer Stelle vergleicht er eine Infanteriegruppe mit der Schale eines faulen Eis, dessen Inhalt entwichen ist: Der Gedanke an eine »Fehlzeugung« stellt sich ein.

»Ein leerer Balg hatte sich in Krämpfen gewunden und sich an Volk und Masse vergangen und nichts wird sein, nicht Licht, nicht Glück, nicht ›Fruchtbarkeit‹.«[6]

Die plakative Metaphorik Plieviers erklärt sich nur zum Teil daraus, daß die hier zitierte Erstfassung auf eine unmittelbare politische Wirkung zielt. Ernüchternder ist eine andere Beobachtung. Die metaphorische und argumentative Schematisierung, der Plievier verfällt, bringt ihr Gegenteil hervor. Sie wird dem Anspruch auf Aufklärung oder Erklärung nicht nur nicht gerecht, sondern liefert auch reduzierte Argumentationsmuster, die in anderen Texten ideologisch, rassistisch und sexistisch besetzt werden können.

Ohnehin läßt sich die erzählerische Ordnung dieses und anderer Texte über Stalingrad nur dann angemessen verstehen, wenn man sie als eine Transformation von literarischen Diskursen über Rußland liest, die sich bereits vor dem Zweiten Weltkrieg ausbilden. Deren enge Verknüpfung von Auto- und Heteroimago ist durchaus ambivalent. Sie betont nicht nur die Unterschiede, sondern auch die Nähe zwischen Deutschen und Russen, der deutschen und russischen Empfindungsart. Die nationalsozialistische Rassenideologie zieht daraus die Konsequenzen: Eine klare Abgrenzung des Deutschen vom Russischen ist ihr nur dann möglich, wenn dieses mit dem Internationalismus oder Bolschewismus in Zusammenhang gebracht wird.

Diese Verbindung von Rassegedanken und Geistesgeschichte, die ideologisch in Rosenbergs Schrift über den Bolschewismus als Aktion einer fremden Rasse vorgezeichnet ist[7], greift zustimmend wie ablehnend bestehende literarische Diskursmuster ebenso auf wie ein nationales Stereotyp, das bereits in den Zwanziger Jahren vorherrscht. Rußland und Deutschland zeigen ihre Verwandtschaft in der gemeinsamen Wendung gegen den Westen, die Demokratie und den zersetzenden Intellekt, sie repräsentieren Gefühl, Empfindung, »Seele«. Es ist ein Schema, das Thomas Manns *Betrachtungen eines Unpolitischen* 1918, im Augenblick einer politischen und persönlichen Krise, zuspitzen.[8] Analog dazu unterscheidet Rosenberg in *Pest in Rußland* zwischem dem Slawischen, dem eigentlich europäischen Charakter Rußlands, und seinem asiatischen Element, das er unmittelbar mit dem Judentum in Verbindung bringt. Lenin schildert er mit einem »ausgesprochen kalmückisch-tatarischen Schädel«, und lapidar formuliert er mit Blick auf die Zeitgeschichte: »Die asiatische Welle ist wieder in Bewegung auf den Westen zu, und wieder sieht sich das alte Europa dem bis ins Herz feindlichen Geiste gegenüber.«[9]

Dieser schematische Diskurs wirkt traditionsbildend. Seine Verklärung des Russischen, die mit der Ablehnung des Asiatischen parallel läuft, zeichnet sich in Ernst Jüngers *Kaukasische[m] Tagebuch* des Zweiten Weltkriegs ebenso ab wie nach dem Krieg in Heinrich Bölls *Gruppenbild mit Dame*. Unter dem Datum des 14. Dezember 1942, die Schlacht um Stalingrad ist in vollem Gang, notiert Ernst Jünger nach einem Artilleriegefecht im Kaukasus beim Blick auf die Natur:

»Es war heimatlich; ich hatte das Gefühl, daß ich schon oft auf solchen Eichenhängen war. Der Kaukasus ist nicht nur ein alter Hort der Völker, Sprachen, Rassen; es ruhen in ihm wie in einem Schrein auch Tiere, Pflanzen, Landschaftsbilder weiter Gebiete von Europa und Asien.«[10]

Schon vorher haben die Romane Rudolf Dwingers diese Schematisierungen fixiert. Die rassistische Abwehr der Asiaten läuft in *Zwischen Rot und Weiß* mit einer Kapitalismus- und Bolschewismuskritik parallel. Die letzten Reiter fordern eine Verteidigung der »europäischen Sendung« gegen das Asiatische. Doch trotz einer antisemitischen Haltung in *Auf halbem Wege* bleibt bei Dwinger eine Unterscheidung zwischen dem urrussischen Element, verkörpert von Tolstoi ebenso wie von den einfachen Bauern Rußlands, und dem mongolisch-asiatischen, repräsentiert in diesem Fall von Lenin, bestehen.[11]

In der dem Nationalsozialismus konformen Literatur werden somit ältere völkerpsychologische Nationalstereotypen durch politische Ideologie und Rassenlehre überformt. Die Texte über Stalingrad lassen dies noch schärfer erkennen, ohne einen völlig neuen Blickwinkel zu entwickeln. Um dies zu verdeutlichen, möchte ich zunächst den Blick auf zwei Texte lenken, die das erste Jahr des Rußlandfeldzugs schildern: August Haussleiters *An der mittleren Ostfront*[12] und Horst Slesinas *Soldaten gegen Tod und Teufel*[13].

Haussleiter schildert den Feldzug gegen die Sowjetunion in einzelnen Episoden unterschiedlicher Verfasser. In der Mehrzahl sind sie von ihm selbst verfaßt oder offensichtlich überarbeitet. Die ideologischen Diskurselemente treten bei diesem Buch unverhüllt in Erscheinung. Das Vorwort eines Generals der Infanterie spricht von der »Leistung des deutschen Soldaten«, von den »größten und erschütterndsten Kapiteln der Weltgeschichte«, der Gegner wird als »bis aufs Messer gerüstet und von dunklen Instinkten getrieben« beschrieben. Dagegen beweist der deutsche Soldat in »kühnen Einzelaktionen seine Überlegenheit«, er »erträgt« das »Elend der bolschewistischen Welt« und das »Dunkel der Sowjetwelt«[14].

Zum einen soll hier der deutsche Angriff auf Rußland als Präventivschlag gerechtfertigt werden. Ausführlich wird das Ausmaß der russischen Rüstung und des Aufmarschs an der Grenze geschildert, das neuere Forschungen bestätigen, aber unterschiedlich bewerten.[15] Der Vormarsch im russischen Gebiet erscheint als Vorwärtsverteidigung[16], die sowjetischen Fünfjahrespläne werden als »Rüstungspläne« dargestellt, als Bestandteil eines großen »Angriffskriegs der Weltrevolution«, den »machttrunkene Fanatiker« unternehmen wollen.[17]

Darüberhinaus gilt der Schlag gegen die Sowjetunion als Teil einer weltgeschichtlichen Auseinandersetzung zwischen Abendland, Asiatismus und Judentum. Der »Rationalismus der Vernichtung« und die Vernichtung des Individuellen werden gleichgesetzt. Die Zerstörung, welche die abziehenden Sowjettruppen hinterlassen, wird zum Zeichen dafür, was das Schicksal eines von diesen eroberten Deutschlands sein würde.[18] Der Krieg nimmt einen »wahrhaft eschatologischen Charakter an«[19], er ist »Schicksalskampf Europas«[20]. Bei Slesina erscheint er als »Vater aller Dinge« im Kampf um die künftige Weltordnung.[21]

So kämpft der deutsche Soldat nicht nur militärisch gegen eine stumpfe Masse, gegen Partisanen und Heckenschützen; er steht auch an einer ideologischen Front: anders als die Daheimgebliebenen »sieht« er den Feind, er nimmt »Bestien« und »jüdische Verbrechergesichter« wahr, aus »Zuchthäusern« entlassene »Schwerverbrecher«, die als Sondertrupps den Kommissaren unterstellt sind: »Verbrecher und Verbrecher gesellen sich zueinander und organisieren gegen uns den Krieg.«[22] Die Partisanenbekämpfung richtet sich gegen »vertierte Bestien«, umso strahlender können sich die »grenzenlose Überlegenheit des deutschen Kämpfers« und der »Wille des überlegenen Menschen« zeigen.[23] Keine Frage, daß es in diesem Kampf »keine Halbheiten« geben kann, daß die Soldaten »stahlhart geworden« sind, nur noch »Wille und Entschluß«. In den Reihen der Soldaten haben »Lied und Lachen« keinen Platz mehr, in ihren Augen steht das »grimmige Leuchten des Kampfes« geschrieben, »unbändiger Wille und Todesmut, der alles überwinden wird, was auch kommen mag«[24].

Auch hier verbindet sich die ideologische Bewertung des Bolschewismus mit einer Rassenideologie, die schon vorhandene Vorurteile gegen Rußland aufnimmt und übersteigert. Der russische Mensch ist Rohstoff einer »Gruppe heimatloser Intellektueller, Schriftsteller, Juden und machtgieriger Anarchisten«, die das »fürchterlichste Experiment der Weltgeschichte« unternimmt.[25] Die Weltrevolution entsteht aus einem Chaos, das über die »ganze Menschheit« gebracht werden soll, ihre Voraussetzung ist die Zerstörung der »Frömmigkeit und Gottesnähe« in der russischen Seele, die »Einebnung aller Kultur«, die »Bestialisierung aller Existenz«[26].

Gleichzeitig schlägt die rassenideologische Fixierung in ein mythisches Geschichtsbild um. Die Darstellung des Rußlandfeldzugs reiht sich in eine Reihe antagonistischer Konflikte ein, die das »Ringen mit den gestaltlosen Dämonen der Vorwelt«, die Schlacht auf den katalaunischen Feldern, den Kampf des deutschen Ritterheeres gegen Dschingis Khan in gleicher Weise den »großen und unvergänglichen Kapiteln der Menschheitsgeschichte« zuschlägt. Als handle es sich um eine Vorwegnahme der eingangs zitierten Göring-Rede, wird der Kampf der deutschen Soldaten als ein Sieg bewertet, »der sich in seiner ganzen Bedeutung erst allmählich und langsam wachsend offenbaren wird«[27].

Diese Diskursformation wird bei Slesina aufgenommen und verdichtet. Der Widerstand der Russen ist für ihn auf das Einschreiten der Politkommissare zurückzuführen, unter denen »einige Juden«[28] zu erkennen sind. Die russische Reorganisation des Lebens in Ostpolen, die Verhaftung der Gebildeten, die Verstaatlichung der Vermögen, die Umwandlung in Kolchosen wird als das Werk nicht nur der Bolschewiken, sondern wieder eines »jüdischen Verwaltungskommissars«[29] dargestellt. Die Photographien am Ende von Slesinas Buch sollen die Gleichsetzung von Bolschewismus und Judentum unterstreichen.

Charakteristisch für solche ideologischen Konstruktionen ist, daß sie eigene Unsicherheiten auf den Feind projizieren: Auffällig genug wird die eigene latente Angst vor der Technik dem Gegner zugeschrieben. Bei Slesina erscheinen die Russen als eine Masse, der die »Technisierung nur aufgepropft sein« kann, »ohne zu einer inneren Verbindung von Mensch und Maschine geführt zu haben, einer Durchdringung ihrer Zusammenhänge«[30]. Das eigene Unbehagen an der Technik verwandelt die Gegner in »Maschinenmenschen, Roboter«, in »Menschen ohne Geist und Seele«[31].

Rückblickend erscheint es wie eine makabre Vorausdeutung auf die spätere militärische Katastrophe der Deutschen, wenn auch die Darstellung der Militäroperationen zum Beweis für die Überlegenheit des deutschen Soldaten über die Sowjets wird. Eine Kesselschlacht zeigt, daß die Deutschen ein »im revolutionären Aufbruch marschierendes Volk«[32] sind, das der Masse und dem Material[33] der sowjetischen Verbände überlegen ist. Lapidar heißt es: »anschaulicher enthüllte sich kaum irgendwo die Überlegenheit der deutschen Vernichtungsstrategie als hier, im Kessel von Kijenki«[34]. Bei Slesina offenbart sich die militärische Unfähigkeit der Russen gerade darin, daß ihr Widerstand im Kessel von Smolensk nach Eroberung der großen Versorgungslager durch die Deutschen als ein Fehler dargestellt wird, als Resultat einer Kriegführung, in der es den Truppen nicht erlaubt ist, zurückzuweichen.[35]

Das binäre Diskursmuster der Texte verbindet zudem einen expliziten Antiintellektualismus mit einer ideologischen Aufladung der Heimat als Naturraum. Der Bauer ist der natürliche Feind des Juden, weil in seiner Orientierung auf organische Vorgänge die »spekulative jüdische Irrsinnslehre«[36] keinen Platz hat. Bei Haussleiter erscheint Rußland wie eine vom Bolschewismus vergewaltigte Natur[37], der Blick auf die hochsommerlichen Wiesen der russischen Weiten erinnert die Soldaten an das heimische Franken. Zwar sind die Kirchen und einfachen Bauten nicht »in den Himmel ragend wie die gotischen Dome Deutschlands«, aber »demütig hingebreitet, Symbol einer bäuerlich stillen Frömmigkeit, die ganz an die mütterliche Erde gebunden bleibt«[38]. Die bolschewistische Ordnung, symbolisiert durch zum Verfall bestimmte Gipsmonumente von Lenin und Stalin, die als »Talmi-Kostbarkeiten« und

»Tinneff« jüdischer Urheber[39] bezeichnet werden, hat die russische Volkskultur unterdrückt. Die alte russische Kathedrale in Borisov, deren byzantinischer Prunk und deren Formen zwar »fremd« erscheinen, aber »doch edel geformt in ihrer Gestalt, Denkmal einer für uns schwer begreifbaren doch alten und schöpferischen Kultur«, ist von den Bolschewiken in einen Getreidesilo und Lagerschuppen verwandelt worden.

So folgt die ideologische Darstellung einer Xenophobie, die sich Elemente der Zivilisations- und Modernekritik ebenso anverwandelt wie eine unbewußte Furcht vor dem Anderen im Menschen selbst. Das »Geheimnis der großen Sphinx Sowjetunion« ist für Slesina nicht nur auf die Gewalt der Straflager gegründet, es offenbart sich auch in einer Stadtkultur, die durch ihre Betonbauten die Zeugnisse der Tradition fast völlig ausgelöscht oder verdrängt hat und dem Gesetz der Modernisierung folgt. Aus ihm ergibt sich eine Umstürzung der sozialen Verhältnisse, die bis ins Intimleben reicht: Nicht nur die Lebensverhältnisse der russischen Arbeiter werden kritisiert, irritierend sind vor allem die zerrütteten Familienverhältnisse, das »wilde Zusammenleben der Geschlechter«, die dadurch ausgelösten Geschlechtskrankheiten, die psychische Verwandlung der Arbeiter in Sklaven, die in »Lumpen und Fetzen gekleidet« mit »stumpfen, teilnahmslosen Gesichtern zu ihrer Arbeit« gehen. Das Kolchossystem verfügt über einen modernen Maschinenpark, dessen einziges Ziel die »Erzielung höherer Bodenerträge«[40] ist. Angesichts dieser Lebensverhältnisse stehen die deutschen Eroberer »vor einer Hölle des Menschseins«[41].

Die unbewußte Angst, die in Haussleiters Text die ideologischen und rassistischen Vorurteile besetzt, wird literarisch stilisiert: Rußland ist in Erinnerung an Gogol das »Land der toten Seelen«. Die Erfahrung des Krieges enthüllt eine signifikante psychologische Disposition. Die Bewegung im scheinbar unendlichen Raum wird zu einer psychischen Grenzerfahrung, die eine unbewußte Angst hervorruft. Das Überschreiten äußerer Grenzen läßt die internalisierten Grenzen der eigenen Sozialisation als labil erscheinen, erinnert an eine Territorialisierung des Bewußtseins, die Teil der Psychogenese ist. So steht der deutsche Soldat »wie ein Robinson in der Wildnis, [...] in der Ödenei dieser Ebenen, Sümpfe und Wälder«[42]. Während das ganze Land noch »schläft«, noch »stumm« ist, noch »tief in das Vegetative eingebettet«, seine Menschen manchmal »unerwacht wie die Kinder« erscheinen und dabei eine »seltsame Passivität«, eine »weiche Grübelei« mit »jener entsetzlichen Grausamkeit« verbinden, zu der »zuweilen tierquälerische Kinder fähig sind«. Dem russischen Menschen, der durch »untätiges Dahindämmern« eine

»seltsame Maßstablosigkeit im Denken« zeigt, tritt der deutsche Soldat als Heroe des Krieges, der Phantasie und der Selbstmodellierung zugleich gegenüber. Er muß sich »Tag für Tag [...] seine Inselwelt aus dem trostlosen Nichts der dumpfen Dörfer erschaffen«[43].

Die Grenzerfahrung des Krieges, die ein Autor wie Jünger in eine ästhetische Erfahrung zu transformieren versucht, bringt hier die Angst vor dem Verlust der Stabilität des Ich hervor. Sie wird zum Kern aller Abgrenzungsversuche von anderen. Die unbewußte Angst, selbst Teil einer Maschinerie zu sein, die nicht mehr steuerbar ist, wird auf den Gegner verschoben oder in Phantasien der Selbstermächtigung eingebunden. Die Grenzen des Subjekts werden durch ideologische Abgrenzung fixiert. Dies führt bei Slesina zu einer vermutlich ungewollten literarischen Parallele. Im berühmten Schnee-Kapitel von Thomas Manns *Zauberberg* erklärt sich Hans Castorp, der sich den politischen Diskussionen mit Naphta und Settembrini vorübergehend entzieht, bekanntlich zum »Herrn der Gegensätze«; diskursiv setzt er die Idee der Humanität und der menschlichen Entscheidungsfreiheit gegen die scharf konturierten unterschiedlichen Positionen seiner Ratgeber.[44] Bei Slesina liest man, als werde jener literarische Text zitiert:

»Der Mensch ist der Herr des Schlachtfeldes. Glühendes Eisen, Wände aus dickem Stahl, was sind sie gegen die Gewalt seines Willens, gegen die Kraft seines Herzens?!«[45]

Die Bücher über den Beginn des Rußlandfeldzugs wurden deshalb so ausführlich dargestellt, um deutlich zu machen, daß auch die späteren, ideologisch, politisch und literarisch anders orientierten Texte über Stalingrad den hier vorgegebenen Schematisierungen folgen. Besonders evident wird dies beim Vergleich mit Plieviers Exilroman *Stalingrad* und Konsaliks nach dem Krieg erschienenem Roman *Der Arzt von Stalingrad*.[46]

Der dokumentarische Roman Plieviers, der aus Interviews mit Gefangenen der 6. Armee in Moskau entsteht, legt nicht nur expressive Schlachtenschilderungen vor. Er folgt auch einer politischen Argumentation, die sich als spiegelbildliche Entsprechung zu den nationalsozialistisch orientierten Texte ansehen läßt: Die Metaphorik und Schematik dieser Texte wird einfach umgedreht. Jetzt erscheinen die deutschen Soldaten als Opfer einer Verführung, als willenlose Objekte.[47] Sie sind abgestumpft, zu keiner menschlichen Reaktion mehr fähig, demoralisiert: Statt Verwundete zu retten, kümmern sie sich um privates Beutegut.[48] Dagegen zeigen sich die russischen Soldaten der sibirischen Armee diszipliniert und ruhig: »Und da waren sie und rauchten Machorka. Breite russische Köpfe, ruhige Gesichter, ruhig blickende Augen.«[49]

Diese Gegenüberstellung ist um so auffälliger, als Plievier den Deutschen eben den Durchhaltewillen und dieselbe Befähigung zum Gehorsam zuspricht, die ihnen auch die nationalsozialistischen Texte zuschreiben. Der Stalingradsoldat zeichnet sich durch »Genügsamkeit, Anpassungsfähigkeit, Zähigkeit, Ausdauer«, durch »Leidensfähigkeit, stummes Ertragen von Qualen«, durch »pünktliche Pflichterfüllung« und schließlich durch ein »Ausharren und Kämpfen bis zum Letzten«[50] aus. Nicht anders als die nationalsozialistischen Texte von Slesina und Haussleiter, die zwischen dem russischen Volk, dem einfachen Soldaten und den Kommissaren unterscheiden, trennt Plievier zwischen den deutschen Soldaten und den Offizieren. Eine Diskussion über Sinn und Unsinn des Krieges, über Hitlers Kriegführung und den Unterschied zwischen Frontoffizieren und Generalstab[51] macht dies deutlich. Die Generalstabsoffiziere reden von einem Heldenzug, haben »blasse Theorien« und »abstrakte Lagebilder«[52], während sich der einzelne Soldat bereits in auswegloser Lage weiß.

Die Einschätzung des Kampfes vor Stalingrad wird nicht anders als bei Slesina und Haussleiter in eine mythische Dimension projiziert. Der Kampf vor Stalingrad ist Fortsetzung einer sich über Jahrhunderte hinziehenden Ausbeutung. Der hier kämpfende Soldat steht in einer Generationenreihe von Ausbeutern. Sein Vater hat Seeleute angeworben und ausgebeutet, der Großvater verschifft Männer, Frauen und Kinder aus Ostgalizien, Lettland, Polen, Serbien und der Bukowina in die Neue Welt, der Urgroßvater handelt noch mit Negersklaven und entvölkerte die Insel Flores und Pico.[53] Das Ende der 6. Armee erscheint so als Strafe für historisches Unrecht, das die Deutschen anderen Völkern antaten.[54] Gleichzeitig wird das geschichtliche Ereignis als nicht kontrollierbarer Ablauf beschrieben. Die Anstrengungen der eingeschlossenen Truppen bewirken eine »Lawine des nicht endenden Wahnwitzes«, die Bewegung der Soldaten vollzieht sich über eine »nicht endende Katastrophenstraße«[55]. Stalingrad wird zum Zeichen für die Umkehrung aller Hoffnungen, erscheint als »Sprung in die Irre«, der Führer ist »des Genies bleiches Nachtgespenst«[56].

Im Hintergrund dieser emotional besetzten, nicht diskursiv entwickelten Bewertung steht die Zwei-Deutschland-Theorie, die im amerikanischen Exil zum Dissens zwischen Thomas Mann und Bertold Brecht führt. Bekanntlich bezweifelt Mann, anders als Brecht und in Übereinstimmung mit der in den USA vorherrschenden öffentlichen Meinung, noch 1943 grundsätzlich die Existenz bedeutender demokratischer Kräfte in Deutschland; er hält keine Unterscheidung zwischen einem progressiven und einem faschistischen Deutschland für möglich.[57] Für Plievier dagegen wird Stalingrad zum Zeichen für eine mögliche Umkehrung der historischen Bewegung. Nur ein von den Deutschen besiegtes Stalingrad würde »das Unrecht zu einer Institution erheben und die Unrechtträger selbst in Gendarme und Aufpasser verwandeln«, die »dem eigenen Volk den Untergang bringen«[58].

Nicht anders als Plievier steht auch der Nachkriegsroman von Konsalik im Banne einer binären ideologischen Diskursformation. Der Text, der ausdrücklich »keine Anklage und kein Mahnmal« sein will, unterscheidet sich strukturell nicht von den konträren ideologischen Schematisierungen bei Haussleiter, Slesina und Plievier. Auch hier ist die Gegenüberstellung von Deutschen und Russen entweder ideologisch oder rassistisch begründet. Die rassistische Polemik unterscheidet die Asiaten von den übrigen Russen, die durch Gefühle und Menschlichkeit den deutschen Ärzten vergleichbar sind.

Bei Konsalik werden die ideologischen und rassischen Gegensätze zudem unmißverständlich sexistisch besetzt. Die russische Ärztin Kasalinsskaja erscheint als eine unberechenbare Asiatin, bei der Grausamkeit, Schönheit und sexuelle Triebhaftigkeit eins sind. Selbst die fragile Russin Janina Salja, die sich von Sensibilität und Bildung eines Deutschen angezogen fühlt, entgeht dieser Stilisierung nicht. Drastisch formuliert dies Doktor Kressin, eine Schlüsselfigur im Antagonismus der Rassen:

»Da fängt man diese Burschen, sperrt sie aus Strafe, weil sie Mütterchen Rußland verwüsteten, ein [...] und was geschieht? Ihre bloße Anwesenheit macht die russischen Weiber zu Huren!«[59]

Die russischen Frauen können weder ihre Gefühle noch ihre Triebe kontrollieren. Keines Kommentars bedarf ein Dialog zwischen dem Deutschen Jens Schultheiß und der Russin Janina: »Jeder Mensch hat die Kraft, sich zu bezwingen. Wir sind doch keine Tiere [...]« sagt der deutsche Mann, und die russische Frau, die bereits »die Augen geschlossen« hat, entgegnet: »Ich doch, Jens, ich doch [...] Ich bin ein Tier [...].«[60]

Unberührt davon erhält sich eine antisemitische Einstellung, indem sie den Russen zugeschrieben wird. Allein der Gedanke an die »rote Fahne der Revolution« bringt den Kommissar Kuwakino dazu, »zu dem kleinen, armseligen Juden Genosse zu sagen und ihn als seinesgleichen anzuerkennen«[61]. Nicht weniger offen werden die Asiaten abgewertet. Die nationalsozialistische Beanspruchung rassischer Überlegenheit wird jetzt in die behauptete wissenschaftliche Überlegenheit der deutschen Ärzte transformiert. Es entsteht eine Situation, die der Asiate in der Sowjetarmee nicht zu verstehen vermag. Inmitten des Gefangenlagers konstituiert sich eine Gemeinschaft der humanistisch gesinnten deutschen und russischen Ärzte; der asiatische Feldwebel kann es nicht verstehen: »In das flache, sibirische Gehirn schlich die uralte Scheu des Sklaven.«[62] Keine Frage, daß der einzige Mord, der im Gefangenenlager passiert, den »Mongolen und Kirgisen« angelastet wird.[63]

Durch diese Umbesetzung innerhalb der binären Argumentationsstruktur, die gute Russen und gute Deutsche einander zuordnet, den Asiaten gegenüberstellt und keine Differenzierungen zuläßt, wachsen die gefangenen Deutschen wieder in die Rolle ein, die ihnen die nationalsozialistischen Texte ursprünglich zuschrieben. Sie erscheinen als die »geschichtlichen Lehrmeister der Russen«[64], die sie durch Frömmigkeit, Kultur und Gefühlsfähigkeit beeindrucken. Selbst der Kommissar Kuwakino senkt den Kopf, als er beim weihnachtlichen Lagergottesdienst das Kruzifix sieht und sich an seine Mutter erinnert, die während der Revolution mit dem Kreuz auf der Brust erschossen wurde.[65] Kein Wunder, daß die Frage nach der Kriegsschuld und der Schuld im Kriege jetzt nicht mehr gestellt wird. Der auf das Verhalten der Deutschen gegenüber ihren russischen Gefangenen angesprochene deutsche Arzt sagt, noch ergriffen vom Gottesdienst, zu einem russischen Offizier:

»Jetzt? Mir ist viel zu heimatlich zumute, um mit Ihnen über diese Dinge zu diskutieren. Wenn Sie wüßten, wie es jetzt, wie es jetzt in uns aussieht [...].«[66]

In Übereinstimmung mit dieser Abwehr läßt sich eine ideologische Überformung des Textes erkennen, die ihn zum Dokument der Zeit des Kalten Krieges macht. Die Auseinandersetzung mit Rußland gerät zu einer Apologie der westlichen Gesellschaftsordnung und des Kapitalismus. Dabei macht der Text vor Lächerlichkeiten nicht halt: »Eiermanns Fertigpudding« im Päckchen eines Gefangenen wird als der »deutsche Arbeiterpudding«[67] zum Zeichen für die Überlegenheit der westlichen Zivilisation wie des Sozialstaates. Dagegen erscheinen die Russen als hoffnungslos rückständig, sie sind Angehörige einer anderen Zivilisation.

»Die Rotarmisten aus den Steppen Sibiriens glotzten. Eine neue Welt tat sich vor ihnen auf [...] eine unbekannte, große, herrliche Welt des Wohlstandes und des Genusses.«[68]

In diesem Szenario hat der Sozialismus keinen Platz mehr: Während die westliche Gesellschaftsordnung die Rechte des Individuums und die Selbstbehauptung des einzelnen ermöglicht[69], führt der Sozialismus, nicht anders als in den Texten von Haussleiter und Slesina, zu einer Zerstörung des Individuums. Der Deutsche aber erscheint jetzt, paradox genug, als die bessere Seite des Russen.

»Man hat seit 1919 versucht, uns Russen die Seele zu töten, uns zu einer Maschine der Partei zu machen, zu einem Zahnrad im Gefüge der Republik. Aber die russische Seele lebt [...] es ist schrecklich, sie zu sehen [...] denn wir haben die Jahrzehnte umsonst gelebt [...] sinnlos gelebt [...].«[70]

Zentriert ist diese Diskursformation wiederum durch ein organologisches Bild, das ideologisch funktionalisiert wird. Die Überlegenheit der deutschen Ärzte beweist sich in einer Operation am offenen Gehirn: Plieviers Leitmetapher der geschichtlichen Katastrophe transformiert sich im neuen Diskurs, dem Gesetz einer einfachen binären Umcodierung folgend, zum Zeichen westlicher Überlegenheit. Das begrenzte Material und die binäre Ordnung der ideologischen Diskurse lassen ein intertextuelles Bezugsfeld entstehen, in dem die organologische Metaphorik eine mangelnde diskursive Durchdringung der historischen Katastrophe erkennen läßt. Kritik wird sistiert, läuft sich in einem Netz von Signifikanten fest. So spricht manches dafür, daß die geschichtliche Katastrophe, für die Stalingrad steht, weder mit Mitteln herkömmlichen Erzählens, noch durch das dokumentarische Erzählen angemessen erfaßt werden kann.

Alexander Kluges Differenz zu den bisher besprochenen Texten zeigt sich an seiner subversiven Aufnahme der den Diskurs über Stalingrad leitenden Metapher des Gehirns. Sie bestimmt sowohl den Text der *Schlachtbeschreibung*, auf deren zweite Fassung hier eingegangen wird, als auch eine zentrale Episode der *Neuen Geschichten*.[71] Bei Plievier erscheint der Weg der Deutschen nach Stalingrad im wörtlichen wie im metaphorischen Sinn als Eintreten in eine Eiszeit: Die unterlassene Kapitulation wird als menschheitsgeschichtlicher Rückschritt gedeutet, als ein Rückfall in die Zeit des Urmenschentums.[72] Kluge übersteigert den kritischen Effekt dieser Metapher in einer Bildmontage. In seinen *Neuen Geschichten* zeigt er drei Kartenbilder, die zunächst die Form der Eiskappe auf der Nordhalbkugel der Erde zeigen. Darunter angeordnet befindet sich eine Abbildung des Großhirns, das nach der Zytoarchitektonik in Areale eingeteilt ist, auf der folgenden Seite schließlich ist ein Kartenbild des Kessels von Stalingrad zu sehen. Die Verknüpfung dieser drei Schemata, die in ihren Umrissen fast gleich erscheinen, wird durch die Berufung auf einen fiktiven »unorthodoxen Forscher« mit Namen Gartmann in der Tat unorthodox. Die geographische Karte, das medizinische Diagramm und der militärische Lageplan werden nicht nur durch die Beschreibung ihrer Kontur miteinander verglichen, sondern als symbolische Repräsentanzen geschichtlicher Prozesse und Erfahrungen gewertet; mit ihrer assoziativen Verbindung verweist Kluge auf einen unumkehrbaren historischen Prozeß. Seine Verknüpfung des nicht Stimmigen produziert eine phantastische Konstellation, die eindringlicher ist als jede kausale Herleitung. Als Kommentar zu den ersten beiden Bildern kann man lesen: »Dreht man die Eiskappe spiegelbildlich um, hat man die Form des menschlichen Hirns.« Und weiter heißt es: »Tatsächlich ist, wie Gartmann nachweist, die Intelligenz ›in der Not‹, d. h. aus der Eiszeit entstanden«. Unter dem Lageplan des Stalingradkessels aber ist als Kommentar vermerkt:

> »Dreht man (immer dem unorthodoxen Gartmann folgend) das Hirnbild spiegelbildlich erneut herum, so hat man den Kessel von Stalingrad. ›Daraus entstand kein neuer Intelligenzschub‹ (Gartmann). ›Nicht das Lernen, sondern das Nicht-Lernen ist das erklärungsbedürftige Phänomen‹ (Habermas).«[73]

Diese Geschichte steht in unmittelbarem Zusammenhang mit Kluges Roman über Stalingrad, der ein Zentrum seiner Auseinandersetzung mit der geschichtlichen Wirklichkeit bildet. Zu Beginn der *Schlachtbeschreibung* heißt es programmatisch:

> »Das Buch hier über Stalingrad muß der Leser gegen den Strich lesen, in einem ganz unpraktischen, inaktuellen, von der BRD-Gegenwart abgewendeten, zähen Normalinteresse, so antirealistisch wie die Wünsche und die Gewißheit, daß Realitäten, die Stalingrad hervorbringen, böse Fiktionen sind. Daß ich auf Stalingrad beharre, hat den Protestgrund, daß Erinnerungslosigkeit irreal ist.«[74]

Diese Schreibhaltung geht unmittelbar aus Kluges Verständnis von »Realismus« hervor. Dieser soll nicht das einzelne geschichtliche Ereignis, sondern Prozesse mit mehreren Faktoren ins Auge fassen. Zugleich muß das realistische Schreiben die »Realität als die geschichtliche Fiktion, die sie ist« darstellen.[75] Realismus kann deshalb »nie Bestätigung der Wirklichkeit« sein, sondern allein »Protest«.[76] Nur so treten die den Menschen bestimmenden geschichtlichen »Fiktionen« hervor, wird deutlich, daß die vorherrschende Vorstellung der Geschichte selbst eine Fiktion ist.

Damit richtet sich Kluges Schreiben sowohl gegen die Macht des Faktischen als auch gegen den »Begriffsimperialismus« des Beschreibens und Klassifizierens.[77] Er will jene kausalen und finalen Strukturen aufsprengen, die Ergebnis des Erzählens auch im dokumentarischen Text sind. Die Schlacht von Stalingrad wird deshalb nicht als Ablauf und historisches Ereignis beschrieben. Montierte Texte, authentische historische Zeugnisse, fiktionale und expositorische Texte anderer Autoren, eigene Überlegungen und erfundene Geschichten umkreisen das Ereignis, ohne es diskursiv zu organisieren oder zu bewerten. Diese Schreibweise richtet sich nicht allein an den Verstand, sondern zugleich an die unmittelbare sinnliche Erfahrung: Auch der »Realismus der Sinne« muß zerstört werden.[78] Weil die Realität als Gegenstand für Kluge antagonistisch ist, wird dies auch

»jede menschliche Verarbeitungsweise dieser Realität, gleich, ob sie innerhalb der Realzusammenhänge sich abarbeitet, oder ob sie sich über die Sache stellt. Das, was das Realistische dabei ist, der Antirealismus des Motivs (Protests, Widerstands) produziert das Unrealistische daran.«[79]

Im gleichen Zug muß der »Realismus der Arbeitsweise des menschlichen Wahrnehmungsapparates« im Text »rückübersetzt« werden. Allein so können Wahrnehmung und Denken der »Protestarbeit der ganzen Menschengattung« zugeschlagen werden. An die Stelle einer Linearität und Kausalität der Entwicklung, Darstellung und Begründung tritt nach Kluges eigener Terminologie das Verfahren, »Konstellationen« herzustellen, die zu neuen Einsichten führen, indem sie die Fakten neu anordnen. »Es geht immer um eine Konstellation; eine gegenständliche Situation für sich, also die bloße Momentaufnahme, hat in sich nicht das organisierende Element, das sie konkret macht.«[80] An die Stelle eines normativen Realismus tritt ein experimentelles Verfahren.

Seine umfassende theoretische Begründung findet dieses Schreibverfahren in dem 1981 von Kluge zusammen mit Oskar Negt verfaßten Werk *Geschichte und Eigensinn,* dessen Titel auf Lukács Entwurf von Geschichte und Klassenbewußtsein antwortet.[81] Die Verfasser bestimmen dort den Begriff der Geschichte in dreifacher Hinsicht. Zum ersten materiell, indem sie die Geschichte des Arbeitsvermögens mit Blick auf den physischen und den psychischen Apparat des Menschen beschreiben. Zum zweiten schildern sie Geschichte in Orientierung an den Gesetzen der politischen Ökonomie und entfalten diese Beobachtungen durch die Beschreibung von Deutschland als Produktionsöffentlichkeit. Drittens schließlich behandeln sie unter der Überschrift »Gewalt des Zusammenhangs« nicht nur die Sachzwänge der technischen Welt, sondern auch die Schwierigkeiten einer Orientierung in der verwalteten und vom Gesetz der Ökonomie bestimmten modernen Zivilisation.

Die Geschichte folgt für Kluge und Negt einem unkontrollierbaren Moment der Gewalt, das schon Nietzsche in seiner Genealogie der Moral beschreibt.[82] Ihre Kontinuität entsteht aus einer Gewalt des Zusammenhangs, welche die geläufigen Unterscheidungen von Frieden und Krieg hinfällig macht. Schon der Friede gehört einer Geschichte an, die bereits materiell auf den Krieg hinarbeitet. Deshalb ist der Begriff der Geschichte in Anlehnung an Walter Benjamin »in der Idee der Katastrophe zu fundieren. Daß es ›so weiter‹ geht, ist die Katastrophe. Sie ist nicht das jeweils Bevorstehende, sondern das jeweils Gegebene.«[83] Gegen diesen Gewaltzusammenhang erheben sich psychische Reaktionen, die Kluge und Negt mit ihrem sozialpsychologischen Begriff des Eigensinns zu erfassen suchen. Er ist Ergebnis eines durch die gesellschaftliche Ordnung erzwungenen Verdrängungsprozesses. Doch das Verdrängte schwindet nach dieser Auffassung nicht, vielmehr arbeitet es dort weiter, wo es am geschütztesten ist, »im Subjekt. Der Eigensinn der Rebellion tritt, gleichsam verpuppt, in Gestalt des Privaten auf.«[84]

Der Doppelblick auf die Gewalt des Zusammenhangs und den diesem widerstrebenden Eigensinn der Individuen erfordert zwei unterschiedliche Methoden des Beschreibens: Die »mechanische, in Geschichten erzählbare Präzision«, die auf Modellbildungen drängt, und die statistische Zeitstruktur, die kausale Abfolgen erzählt und nicht umkehrbar ist. Keine dieser Erzählweisen kann allein für sich bestehen, jeder geht die Fähigkeit zur »Konkretion auf andere Weise« verloren. Vieles von dem, was den geschichtlichen Prozeß im Innern und materiell bestimmt, ist nicht beschreibbar, sondern nur eine fiktive Aufeinanderfolge von Resultaten.

»Bildet die wirkliche Bewegung ein Parallelogramm der Kräfte, hat sie also Ecken, so erscheint in dieser Erzählung nur die Diagonale. Sie hat es aber im wirklichen Prozeß nicht gegeben, sondern nur im Ergebnis.«[85]

Das Schreiben Kluges geht davon aus, daß es einlinig beschreibbare Zusammenhänge nicht gibt, daß weder Geschichtsprozesse »in den einzelnen Körpern« stattfinden, noch daß Gesellschaften als Geschichtskörper bezeichnet werden können: Beide sind vielmehr als »disharmonische[s] Ganze[s]« zu verstehen. Statt nach kausalen Zusammenhängen zu suchen, muß sich das Erzählen zu einem Verfahren der Überschreibung transformieren. Sein Paradigma ist Freuds Beschreibung des »Wunderblocks«: Es soll aus zufälligen Verknüpfungen momentane Bedeutungen entstehen lassen. Damit entsteht ein Inter-Text, der seine Wirkung aus der Tätigkeit des Lesers und aus dessen Vermögen zur Subversion des Faktischen bezieht.

Für die Darstellung der Schlacht von Stalingrad folgt daraus, daß sich Kluge vor allem auf den »organisatorischen Aufbau« des Unglücks konzentriert.[86] So zitiert er Richtlinien für den Winterkrieg[87] und kontrastiert die von subjektiven Eindrücken durchsetzte Schilderung der Unglückstage[88] mit authentischen Tagesbefehlen. Sie und die Rekapitulation[89] der Ereignisse treten in Kontrast zu den Planspielen[90], zur »pressemäßigen Darstellung« des Schlachtverlaufs[91] und zum abschließenden Rechenschaftsbericht[92].

Ein quellenmäßig nicht belegtes Goebbels-Zitat bezeichnet Stalingrad als ein

>Gemälde, das man aus der Nähe nicht ansehen kann, sondern von dem man abtreten muß, um es voll würdigen zu können. Auch die Schlacht bei Langemarck wurde nicht gleich, sondern erst mit zeitlichem Abstand als ganz großes Ruhmesblatt unserer Armee erkannt.«[93]

Ausgehend von diesem Zitat beschreibt Kluge das Geschehen vor Stalingrad als Sprachereignis. Er zeigt, wie die Gewalt unmittelbar aus der ideologischen Rede erwächst, die sprachliche Formel zu einer Leitformel wird, die das Denken nicht nur strukturiert, sondern zugleich Vernunft zu unterdrücken vermag. Seine Schilderung der »Sprache der höheren Führung«[94], der Unfähigkeit der Offiziere, ihre Sprachformeln überschreiten zu können, der »Militärgeistlichen Entwürfe«[95], der »Formenwelt« des militärischen Bereichs[96], enthüllt Verstellungen, die die unmittelbare Bedeutung eines Ereignisses im geschichtlichen Kontext wie für die Erfahrung des einzelnen hinter der Sprachformel verschwinden lassen. Immer wieder kritisiert er den Bau von »Begriffs-Hütten«[97], zeigt er, wie die Sprachfloskel in Mythos umschlägt und keine Kritik mehr zuläßt. Insbesondere die Reflexion über die Formel »Das Reich«[98] und die Darstellung der Barbarossa-Geschichte und ihre mythische wie ideologische Verstellung[99] gewinnen hier Bedeutung.

Eine zweite Form der Kritik besteht darin, daß beliebige Fakten und Ereignisse einander so zugeordnet werden, daß signifikante Sinnsprünge entstehen. Unter dem Datum von Görings Geburtstag verzeichnet die *Schlachtbeschreibung*, wie eine im Kessel gelandete Maschine Verwundete einlädt und beim Start abstürzt, und daß sich tags zuvor erwiesen hat, daß viele Verwundete in Höhen über eintausend Meter sterben und die rettenden Flugzeuge nur noch mit Toten landen. Parallel dazu steht die andernorts verzeichnete nüchterne Aufrechnung der für den Kessel notwendigen Luftversorgungskapazität, die von der Luftwaffe, entgegen Görings Versprechen, keinesfalls bewältigt werden kann.[100]

Die dritte Form der subversiven Kritik ist die anekdotische Verfremdung und Verzerrung des Historischen. Die Mission des »Hauptmanns i. G. Behr«[101] zeigt, wie sich der Widerspruch eines einzelnen in den Strukturen des militärischen Betriebs verliert. Eine kurze Darstellung von Hitlers Bewegungen zu Lande und in der Luft[102] suggeriert, daß dessen falsche strategische Entscheidungen nicht allein auf ideologische Ursachen, sondern auch auf eine physische und psychische Erschöpfung zurückzuführen seien. Eine bewußte Abkehr von den Deutungs- und Legitimationsversuchen anderer Stalingrad-Texte findet sich schließlich

unter der Überschrift »Ablehnung des vulgär-materialistischen Stand-
punkts durch den russischen Arzt Dr. W«. Kluge transformiert hier ein
auch bei Plievier berichtetes Faktum in eine Anekdote. Als sich bei der
Sezierung der Leiche eines deutschen Soldaten zeigt, daß sich dessen
Organe bereits durch Hunger und Auszehrung rückgebildet haben,
schließt der Arzt lapidar: »Ich kann keine direkte Todesursache finden«.
Rhetorisch setzt der Erzähler diesem Befund eine Frage entgegen:

»Waren die ›Wünsche‹, ›Informationen über Vorgenerationen‹, der ›Protest,
der nach Stalingrad in Marsch setzt‹, im verlorengegangenen Fettgewebe enthalten? Der Arzt lehnte das ab.«[103]

So verwischt Kluge systematisch die Grenze zwischen Fiktion und
Dokument. Dies gilt nicht nur für seine erzählten Geschichten und
mitgeteilten Dokumente, sondern vor allem für die Fotoserien, die sein
Buch strukturieren und die sich nur teilweise als Montagen dechiffrieren
lassen. Bei vielen Bildern ist die Entscheidung darüber, ob sie authen-
tisch oder gestellt, oder nur in einen verfremdeten Kontext aufgenommen sind, nicht möglich.[104] Andererseits wird deutlich, daß gerade die
phantastischen Bilder aus der Zukunft, das Kriegsschiff der »Raum-
Torpedoflotille«[105], das »Fragment der ehemaligen Erdkugel«[106], die
Fiktionen, die sich als Science-Fiction-Geschichten zu erkennen geben
und die später einen zentralen Ort in den *Lernprozessen mit tödlichem
Ausgang* erhalten[107], das Gesetz des geschichtlichen Prozesses fokus-
sieren. Stalingrad lebt fort, wiederholt sich an anderen Orten, ist ein
Ergebnis, das signifikant ist für den Ablauf der menschlichen Geschichte. Das Wiederkehren dieser geschichtlichen Konstellation simuliert
Kluge im Schreiben: Sowohl die Darstellung der Polarfestung[108], als
auch der Bericht über Hirnoperationen[109] und die operative »Kondi-
tionierung« der menschlichen Arbeitskraft[110] in der *Schlachtbeschreibung* wie den *Lernprozessen* sind intertextuelle Variationen vorangehen-
der literarischer Metaphorisierungen der Stalingradschlacht.

So zerstört die Ordnung von Kluges Texten nicht nur narrative und
kausale Abläufe, sie simuliert zugleich jene gestörte Ordnung, die ihr
Verfasser als Grundstruktur der Geschichte erkennt. Die phantastische
Geschichte von »Bertrams Proportionsgefühl« gibt dafür ein Beispiel.
Die Episode schildert eine gewöhnliche Deformation, wie sie menschliche Subjektivität im Lauf der Geschichte erfahren kann.[111] An der
äußeren Sozialisationsgeschichte des Hauptmanns i.G. Bertram läßt
sich nicht ablesen, was sein individuelles Handeln bestimmt. Der
schlichte Halbsatz »er hatte Proportionsgefühl« weist darauf, daß dieser Offizier nach der Erfahrung von Stalingrad alle nachfolgenden

Kriegshandlungen in Italien unter einem inneren Zwang klassifiziert, ordnet und wahrnimmt. Nach einem internalisierten Zahlen- und Proportionsverhältnis bestimmt er die Vormärsche seiner Panzer, deren vorrückende Formation und die Zahl der befehlswidrig auf italienische Kulturdenkmäler abgefeuerten Granaten. In Kluges *Neuen Geschichten* wird diese Geschichte weitererzählt. Dort zeigt sich, daß der manische Zwang, der Bertram schließlich vors Kriegsgericht führt, nichts anderes ist als die verzweifelte Antwort des enteigneten Gefühls auf die grundlegende Disproportionalität, die der Krieg erzeugt.[112]

In der »Nachbemerkung« zur *Schlachtbeschreibung* führt Kluge aus, daß sein Buch wie jedes andere ein Gitter enthalte, an das sich die Phantasie des Lesers anklammern könne.[113] Die Strukturgitter, die sein Text bereitstellt, weisen auf jenes experimentelle Verfahren der Physik, mit dem die Lichtbrechung und unterschiedliche Wellenlängen erfaßt werden: Sie lassen Linien hervortreten, die sonst nicht wahrgenommen werden. Sie isolieren die Spektren, bilden ihre Linien in einem Beobachtungsausschnitt ab. Der binären Logik, die ideologische und aufklärerische Texte gleichermaßen strukturiert, wird ein gegliedertes Wahrnehmungsfeld gegenübergestellt. Das einmalige historische Ereignis bewahrt seine Wirkungsmächtigkeit, indem es dem ideologischen wie dem diskursiven Zugriff gleichermaßen unverfügbar bleibt. Überdies hat das intertextuelle Gewebe, das das einmalige historische Ereignis überlagert, offene Ränder: Es hält Reflexion in Gang, indem es das historische Ereignis in einen intertextuellen Zusammenhang stellt, der sich bis in die Gegenwart fortschreibt.

Anmerkungen

[1] Vgl. den Abdruck bei Herbert Brackert, Altdeutscher Unterricht und imperialistische Ideologie, in: Mittelalterliche Texte im Unterricht, hrsg. von Helmut Brackert, Hannelore Christ, Horst Holzschuh, München 1973, S. 43—76 (= Literatur in der Schule, Bd 1).

[2] Vgl. dazu Herbert Lehnert, Langemarck — historisch und symbolisch, in: Orbis Litterarum, 42 (1987), S. 271—290.

[3] Brackert (wie Anm. 1), S. 83.

[4] Helmut Plievier, Stalingrad, Köln 1983, S. 369.

[5] Ebd., S. 33, vgl. auch S. 98. Vgl. die Skizze »Die Vernichtung der 6. Armee vom 9. 1. bis 28. 1. 1943« in diesem Band.

[6] Ebd., S. 105 f.

[7] Alfred Rosenberg, Der Bolschewismus als Aktion einer fremden Rasse, München 1935, S. 7.

[8] Thomas Mann, Betrachtungen eines Unpolitischen, zit. nach: T. M., Gesammelte Werke in 13 Bden, Neudruck der Ausgabe von 1960, erweitert um einen 13. Bd mit »Nachträgen«, Frankfurt a. M. 1974, Bd 12, S. 584 f.

[9] Alfred Rosenberg, Pest in Rußland. Der Bolschwismus, seine Häupter, Handlanger und Opfer, gekürzt hrsg. von Dr. Georg Leibbrandt, München 1945, S. 7, 47.

[10] Ernst Jünger, Kaukasisches Tagebuch, in: E. J., Sämtliche Werke, Stuttgart 1978 ff., Bd 2, S. 448.

[11] Vgl. dazu: »der mongolische Typ überwog entscheidend, selbst hier im westlichen Eck dieses Landes [...] Sie haben alles durcheinander gewürfelt, gleichsam das ganze Volk bastardisiert«, in: Ernst Dwinger, Wiedersehen mit Sowjetrußland, Jena 1942, S. 58. Und an anderer Stelle: »Hier hing der brutale Kopf Stalins, dort die glatte Mongolenmaske Lenins« (S. 65).

[12] August Haussleiter, An der mittleren Ostfront. Ein deutsches Korps im Kampf gegen die Sowjets, hrsg. vom stellvertretenden Generalkommando des XIII. Armeekorps im Auftrag eines fränkischen Armeekorps, Nürnberg 1942.

[13] Horst Slesina, Soldaten gegen Tod und Teufel. Unser Kampf in der Sowjetunion. Eine soldatische Deutung, Düsseldorf 1942.

[14] Haussleiter (wie Anm. 12), S. 10.

[15] Joachim Hoffmann, Die Angriffsvorbereitungen der Sowjetunion 1941, in: Zwei Wege nach Moskau. Vom Hitler-Stalin-Pakt zum »Unternehmen Barbarossa«. Im Auftrag des Militärgeschichtlichen Forschungsamtes hrsg. von Bernd Wegner, München, Zürich 1991, S. 367—388.

[16] Haussleiter (wie Anm. 12), S. 10.

[17] Ebd., S. 115.

[18] »Vor jeder brennenden Stadt, von den Bolschewisten selber in Brand gesteckt, sagen sie es sich: So wäre es uns gegangen [...] wenn wir nicht hier stünden« (ebd., S. 88).

[19] Ebd., S. 128.

[20] Ebd., S. 129.

[21] Slesina (wie Anm. 13), S. 163.

[22] Ebd., S. 164.

[23] Ebd., S. 169.

[24] Ebd., S. 164.

[25] Haussleiter (wie Anm. 12), S. 110.

[26] Ebd., S. 111.

[27] Ebd., S. 269.

[28] Slesina (wie Anm. 13), S. 65.

[29] Ebd., S. 137.

[30] Ebd., S. 136.

[31] Ebd., S. 161. Wie sehr solche Stilisierungen auch unmittelbare Wahrnehmungen beeinflussen, ist erst kürzlich belegt worden. Vgl. dazu Hans Joachim Schröder, Erfahrungen deutscher Mannschaftssoldaten während der ersten Phase des Rußlandkriegs, in: Zwei Wege nach Moskau (wie Anm. 15), S. 309—325.

[32] Slesina (wie Anm. 13), S. 176.

[33] Ebd., S. 176.

[34] Ebd., S. 180.

[35] Ebd., S. 254 f.

[36] Ebd., S. 263.

[37] Haussleiter (wie Anm. 12), S. 137.

[38] Ebd., S. 23.

[39] Slesina (wie Anm. 13), S. 146.

[40] Ebd., S. 262.

[41] Ebd.

[42] Haussleiter (wie Anm. 12), S. 107.

[43] Ebd., S. 109 f.

[44] Thomas Mann, Der Zauberberg. Werke (wie Anm. 8), Bd 3, S. 685.

[45] Slesina (wie Anm. 13), S. 56.

[46] Heinz G. Konsalik, Der Arzt von Stalingrad, München [21]1981.

[47] Plievier (wie Anm. 4), S. 105 f.

[48] Ebd., S. 153 f.

[49] Ebd., S. 409.

[50] Ebd., S. 315.

[51] Ebd., S. 310 ff.

[52] Ebd., S. 314.

[53] Ebd., S. 222 f.

[54] Ebd., S. 258 f.

[55] Ebd., S. 316.

[56] Ebd., S. 317.

[57] Thomas Mann, Briefe 1937—1947, hrsg. von Erika Mann, Frankfurt a. M. 1963, S. 340 f.

[58] Plievier (wie Anm. 4), S. 33.

[59] Konsalik (wie Anm. 46), S. 153.

[60] Ebd., S. 77.

[61] Ebd., S. 46.

[62] Ebd., S. 59.

[63] Ebd., S. 240.

[64] Ebd., S. 53.

[65] Ebd., S. 160.

[66] Ebd., S. 161.

[67] Ebd., S. 203.

[68] Ebd., S. 200 f.

[69] Ebd., S. 54.

[70] Ebd., S. 206.

[71] Alexander Kluge, Neue Geschichten, Hefte 1—18. »Unheimlichkeit der Zeit«, Frankfurt a. M. 1978. Eine Subversion der Metapher findet sich auch bei Heiner Müller, wo die Nibelungen auf einem Leichenwall sitzen und aus ihren eigenen Hirnschalen trinken. Vgl. dazu Heiner Müller, Germania Tod in Berlin, Berlin 1977 (= Heiner Müller Texte, 5), S. 49.

[72] Plievier (wie Anm. 4), S. 84 f.

[73] Kluge, Neue Geschichten (wie Anm. 71), S. 586.

[74] Alexander Kluge, Schlachtbeschreibung, Frankfurt a. M. 1983, S. 70.

[75] Alexander Kluge, Die schärfste Ideologie: daß die Realität sich auf ihren realistischen Charakter beruft, in: Alexander Kluge, hrsg von Thomas Böhm-Christl, Frankfurt a. M. 1983, S. 291—297, hier S. 291; vgl. dazu auch Rainer Stollmann, Alexander Kluge als Realist, in: ebd., S. 245—278.

[76] Kluge, Ideologie (wie Anm. 75), S. 292.

[77] Alexander Kluge, Lernprozesse mit tödlichem Ausgang, Frankfurt a. M. 1973, S. 192.

[78] Kluge, Ideologie (wie Anm. 75), S. 292.

[79] Ebd., S. 293.

[80] Ebd., S. 294.

[81] Oskar Negt, Alexander Kluge, Geschichte und Eigensinn, Frankfurt a. M. ⁹1981; vgl. zum folgenden auch Rolf Günter Renner, Die postmoderne Konstellation. Theorie, Text und Kunst im Ausgang der Moderne, Freiburg 1988, S. 285—303.

[82] »Es ging niemals ohne Blut, Martern, Opfer ab, wenn der Mensch es nötig hielt, sich ein Gedächtnis zu machen [.]« Friedrich Nietzsche, Werke in drei Bänden, hrsg. von Karl Schlechta, München ⁸1977, Bd 2, S. 802ff.

[83] Walter Benjamin, Das Passagenwerk, in: W.B., Gesammelte Schriften, unter Mitwirkung von Theodor W. Adorno und Gershom Scholem hrsg. von Rolf Tiedemann und Hermann Schweppenhäuser, Frankfurt a. M. 1980, Bd 5/1, S. 592.

[84] Kluge, Neue Geschichten (wie Anm. 71), S. 765.

[85] Negt, Kluge, Geschichte und Eigensinn (wie Anm. 81), S. 397.

[86] Kluge, Schlachtbeschreibung (wie Anm. 73), S. 8.

[87] Ebd., S. 11—31.

[88] Ebd., S. 73ff.

[89] Ebd., S. 176.

[90] Ebd., S. 202—212.

[91] Ebd., S. 332—346.

[92] Ebd., S. 347—365.

[93] Ebd., S. 73.

[94] Ebd., S. 224—244.

[95] Ebd., S. 213—223.

[96] Ebd., S. 245—261.

[97] Ebd., S. 229f.

[98] Ebd., S. 318.

[99] Ebd., S. 316.

[100] Ebd., S. 185.

[101] Ebd., S. 139.

[102] Ebd., S. 186f.

[103] Ebd., S. 302.

[104] Ebd., S. 262f.

[105] Ebd., S. 278.

[106] Ebd., S. 279.

[107] Kluge, Lernprozesse (wie Anm. 77), S. 250—367.

[108] Kluge, Schlachtbeschreibung (wie Anm. 74), S. 282.

[109] Kluge, Lernprozesse (wie Anm. 77), S. 264.

[110] Ebd., S. 314—319.

[111] Kluge, Neue Geschichten (wie Anm. 71), S. 15—20.

[112] Ebd., S. 16f.

[113] Kluge, Schlachtbeschreibung (wie Anm. 74), S. 368.

Jürgen Förster

Zeittafel

1941

30. 9.   Beginn der Schlacht um Moskau (Operation »Taifun«)
25. 10. Oberbefehlshaber des Heeres Brauchitsch genehmigt »Richtlinien für Partisanenbekämpfung«
29. 10. Befehlshaber des Ersatzheeres Fromm schlägt Brauchitsch vor, auf einen baldigen Frieden hinzuarbeiten
29. 10. Stalingrad wird — neben Majkop und Voronež — als »ideales Endziel« der Operationen der Heeresgruppe Süd noch für 1941 genannt
13. 11. Chef des Generalstabes Halder wiederholt in Orša die Besetzung dieser Städte als »dringend erwünscht«
23. 11. Halder bezeichnet die Rote Armee als entscheidend geschlagen, aber nicht völlig vernichtet
25. 11. Bulgarien, China (Nanking-Regierung), Dänemark, Finnland, Kroatien, Rumänien und die Slowakei treten dem Antikominternpakt bei
25. 11. USA beschließen den Abbruch der Verhandlungen mit Japan
29. 11. Rüstungsminister Todt, General Fromm und General Thomas fordern Hitler zu einem politischen Friedensschluß auf
5. 12.   Beginn der sowjetischen Gegenoffensive bei Moskau
7. 12.   Kriegseintritt Japans mit Überraschungsangriffen auf Pearl Harbor, Hongkong, Malaysia und die Philippinen
7. 12.   »Nacht-und-Nebel-Erlaß« des OKW zur Unterdrückung des Widerstandes in den besetzten Gebieten
8. 12.   Mit der »Weisung Nr. 39« gesteht Hitler das Scheitern des Blitzkrieges im Osten ein
9. 12.   Beginn der Massenvergasung von Juden im Vernichtungslager Chelmno
11. 12. Deutschland und Italien erklären USA den Krieg
11. 12. Abkommen zwischen Deutschland, Italien und Japan über gemeinsame Kriegführung
16. 12. Britischer Außenminister Eden trifft Stalin in Moskau
16. 12. Hitler verbietet jedweden Rückzug aus operativen Gründen

19.12.	Hitler entläßt Brauchitsch und übernimmt den Oberbefehl über das Heer
22.12.	Beginn der britisch-amerikanischen Konferenz in Washington (»Arcadia«)
28.12.	Haltebefehl Hitlers an das Ostheer

1942

1.1.	Erste Deklaration der »Vereinten Nationen« auf der Grundlage der »Atlantik-Charta« vom 12. August 1941
10.1.	Mit dem Befehl »Rüstung 1942« beginnt die Umstellung auf einen längeren Krieg
15.1.	Hitler genehmigt die Rücknahme der Front vor Moskau
18.1.	Deutsch-italienisch-japanisches Militärabkommen
20.1.	»Wannsee-Konferenz«: Heydrich tritt als »europäischer Judenkommissar« in Erscheinung und organisiert die Ausweitung der längst beschlossenen »Endlösung«
25.1.	Hitlers Erlaß über die weitere Vereinfachung der Verwaltung
8.2.	Albert Speer wird Reichsminister für Bewaffnung und Munition
21.3.	Fritz Sauckel wird Generalbevollmächtigter für den Arbeitseinsatz
28.3.	Sowjetische Führung beschließt strategische Verteidigung
28.3.	Erster britischer »area-bombing«-Angriff auf Lübeck
5.4.	Erlaß der »Weisung Nr. 41« für die deutsche Sommeroffensive im Süden der Ostfront
6.4.	Zweite drastische Kürzung der Lebensmittelrationen in Deutschland
18.4.	Erster amerikanischer Luftangriff auf das japanische Mutterland (»Doolittleraid«)
24.4.	Erster »Baedeker«-Luftangriff auf Exeter
10.5.	Weisung des OKH zur Unterstützung der Sauckel-Aktionen
12.5.	Sowjetische Offensive gegen Char'kov
15.5.	Eroberung von Kerč'
17.5.	Deutsche Gegenoffensive bei Char'kov
26.5.	Britisch-sowjetischer Bündnisvertrag
26.5.	Beginn des deutsch-italienischen Feldzuges nach El Alamein
28.5.	Ende der Kesselschlacht bei Char'kov
30.5.	Aufstellung des sowjetischen »Zentralstabes der Partisanenbewegung«

30.5.	Erster britischer »1000-Bomber-Angriff« auf Köln
3.6.	Beginn der Seeluftschlacht bei Midway
4.6.	Hitler besucht den finnischen Feldmarschall Mannerheim zu dessen 75. Geburtstag
11.6.	Sowjetisch-amerikanisches Abkommen über gegenseitige Hilfeleistung
12.6.	Himmler billigt den »Generalplan Ost«
21.6.	Eroberung von Tobruk
28.6.	Beginn der Offensive an der Ostfront in Richtung Kaukasus
1.7.	Sevastopol' wird erobert
3.7.	Deutsch-italienische Panzerarmee geht vor El Alamein zur Verteidigung über
23.7.	Rostov fällt in deutsche Hand
23.7.	Mit der »Weisung Nr. 45« wird die Offensive aufgespalten: in Richtung Stalingrad und Kaukasus
24.7.	Bei Kalač erreichen deutsche Truppen das Don-Knie
25.7.	Verbindungskonferenz in Tokyo lehnt deutschen Wunsch ab, sich am Krieg gegen die Sowjetunion zu beteiligen
28.7.	Haltebefehl Stalins
30.7.	Beginn der sowjetischen Offensive bei Ržev
31.7.	Himmler verbietet die Bezeichnung »Partisan«
7.8.	Beginn der amerikanischen Gegenoffensive im Pazifik bei Guadalcanal
9.8.	Deutsche Verbände erobern Krasnodar und Majkop
12.8.	Churchill trifft Stalin in Moskau
18.8.	Mit der »Weisung Nr. 46« wird die Bekämpfung des sowjetischen »Bandenunwesens« verstärkt
19.8.	Britischer Raid gegen Dieppe
23.8.	XIV. Panzerkorps erreicht die Volga nördlich von Stalingrad
24.8.	Stalin befiehlt das unbedingte Halten von Stalingrad
27.8.	Marschall Žukov wird stellvertretender Oberbefehlshaber der Streitkräfte
30.8.	Beginn der letzten deutsch-italienischen Offensive in Ägypten
2.9.	Hitler befiehlt die Vernichtung der männlichen Bevölkerung von Stalingrad
3.9.	6. Armee und 4. Panzerarmee vereinigen sich am westlichen Stadtrand von Stalingrad
8.9.	Hitler definiert die »grundsätzlichen Aufgaben der Verteidigung«

10.9.	XXXXVIII. Panzerkorps erreicht die Volga südlich von Stalingrad
13.9.	Sowjetische Führung beschließt eine Gegenoffensive bei Stalingrad
24.9.	Hitler entläßt Halder und ernennt General Zeitzler zu dessen Nachfolger
30.9.	Hitler verkündet öffentlich, er werde Stalingrad »berennen und nehmen«
6.10.	Hitler erklärt die »völlige Inbesitznahme« der Stadt Stalingrad zur wichtigsten Aufgabe der Heeresgruppe B
14.10.	Operationsbefehl Nr. 1 für den Winterfeldzug
14.10.	Weiterer Versuch der 6. Armee, die Stadt Stalingrad zu nehmen
18.10.	»Kommandobefehl« des OKW zur Vernichtung alliierter Kommandos
19.10.	In Deutschland können die Lebensmittelrationen wieder erhöht werden
23.10.	Himmler ernennt einen »Bevollmächtigten für die Bandenbekämpfung«
23.10.	Beginn der britischen Offensive bei El Alamein
8.11.	Alliierte Landung in Nordafrika (Operation »Torch«)
8.11.	Hitler erklärt in München, er »habe« Stalingrad bereits
11.11.	Heeresdienstvorschrift für die »Bandenbekämpfung im Osten« ergeht
17.11.	Letzter deutscher Angriff bei Stalingrad
19.11.	Beginn der sowjetischen Gegenoffensive nördlich von Stalingrad (Operation »Uranus«)
20.11.	Sowjetischer Angriff südlich von Stalingrad
21.11.	Erster »Führerentscheid« zum Halten von Stalingrad
22.11.	Brücke über den Don bei Kalač fällt in sowjetische Hand
22.11.	General v. Unruh wird zum Sonderbeauftragten für die »Nachprüfung des Kriegseinsatzes« ernannt
23.11.	6. Armee ist eingeschlossen
24.11.	Hitler bindet sie erneut an den Raum von Stalingrad
30.11.	Paulus wird zum Generaloberst befördert
12.12.	Beginn der Entsatzoffensive (Operation »Wintergewitter«)
16.12.	Sowjetischer Großangriff gegen die italienische 8. Armee (Operation »Kleiner Saturn«)
16.12.	OKW-Weisung für die »Bandenbekämpfung« mit »allerbrutalsten Mitteln«

18.12.	Aussprache über die deutsche Ostpolitik unter Vorsitz Rosenbergs
21.12.	Entsatzoffensive bleibt außerhalb des für die 6. Armee möglichen Bewegungsradius stecken
23.12.	Hitler befiehlt erneut das Halten von Stalingrad
24.12.	Feldmarschall v. Manstein stellt seine Bemühungen ein, von Hitler die Genehmigung zum Ausbruch der Armee (Operation »Donnerschlag«) zu erhalten
24.12.	Sowjetische Offensive gegen die rumänische 4. Armee
27.12.	Im Kessel wird das Antreten zum »Donnerschlag« zum letzten Mal erörtert
27.12.	Gründung des »Smolensker Komitees« unter der Leitung des ehemaligen sowjetischen Generals Vlasov
28.12.	Hitler genehmigt die Rückführung der Heeresgruppe A aus dem Kaukasus
31.12.	Japanische Führung beschließt die Räumung Guadalcanals

1943

8.1.	Sowjetische Führung fordert die 6. Armee zur Kapitulation auf. Paulus lehnt in Übereinstimmung mit den Kommandierenden Generalen der Korps ab
10.1.	Beginn des sowjetischen Angriffs zur Zerschlagung des Kessels (Operation »Ring«)
12.1.	Beginn des sowjetischen Angriffs gegen die ungarische 2. Armee
13.1.	Erlaß Hitlers über den »umfassenden Einsatz von Männern und Frauen für Aufgaben der Reichsverteidigung«. Mit der Durchführung werden Bormann, Keitel und Lammers beauftragt (»Dreierausschuß«)
14.1.	Beginn der britisch-amerikanischen Konferenz in Casablanca
15.1.	Feldmarschall Milch wird mit der Luftversorgung der 6. Armee beauftragt
18.1.	Sowjetische Verbände sprengen die Blockade von Leningrad
21.1.	Hitler fordert Japan auf, die Sowjetunion anzugreifen
22.1.	Aufruf von Paulus an die Soldaten, den Widerstand »unter keinen Umständen« aufzugeben
23.1.	Reichspressechef Dietrich spricht vom »Heldenopfer von Stalingrad«

12.4.	Marschall Antonescu werden in Kleßheim die rumänischen Friedensfühler vorgeworfen
12.4.	Bormann wird »Sekretär des Führers«
12.4.	Sowjetische Führung beschließt für den Sommer 1943 die strategische Verteidigung
12.4.	Zweiter Aufruf des »Smolensker Komitees«
13.4.	Bei Katyn werden Massengräber von erschossenen polnischen Offizieren entdeckt
15.4.	Befehl Hitlers zum Angriff im Gebiet Kursk (Operation »Zitadelle«)
15.4.	Shigemetsu wird neuer japanischer Außenminister
16.4.	Admiral Horthy wird wegen der ungarischen Friedensfühler kritisiert
28.4.	Beginn des »Bandenbekämpfungsunternehmens Cottbus«
12.5.	Beginn der amerikanisch-britischen Konferenz in Washington (»Trident«)
12.5.	Deutsche 5. Panzerarmee kapituliert in Tunis
13.5.	Italienische Verbände kapitulieren in Tunis
19.5.	Berlin wird »judenfrei« gemeldet
21.5.	Auflösung der Komintern
24.5.	U-Boot-Krieg im Atlantik wird von Großadmiral Dönitz abgebrochen
31.5.	Lebensmittelrationen in Deutschland erreichen wieder den Stand vom Frühjahr 1941
3.6.	Deklaration Rosenbergs zur neuen Agrarordnung im Osten
18.6.	Beginn der amerikanisch-britischen Konferenz in Washington
23.6.	Hitler verbietet den weiteren Ausbau der landeseigenen Verbände
5.7.	Beginn der letzten deutschen Offensive an der Ostfront
10.7.	Landung der Alliierten auf Sizilien
12.7.	Beginn der sowjetischen Gegenoffensive
12.7.	Gründung des »Nationalkomitees Freies Deutschland«
22.7.	Bach-Zelewski wird »Chef der Bandenkampfverbände«
25.7.	Sturz Mussolinis
18.8.	OKW erläßt die überarbeitete »Kampfanweisung für die Bandenbekämpfung im Osten«
3.9.	Italien schließt einen Waffenstillstand mit den Alliierten ab
25.9.	Japan beschließt, sich vom europäischen Kriegsschauplatz abzukoppeln

Autorenverzeichnis

Jean *Ancel*, Dr. phil., Wiss. Mitarbeiter, Yad Vashem, Jerusalem

Philip M. H. *Bell*, Dr. phil., Reader in History, University of Liverpool

Klaus-Richard *Böhme*, Dr. phil., Prof. und Leitender Historiker, Militärhögskolan, Stockholm

Josef *Borus*, Dr. phil., Wiss. Mitarbeiter, Institut für Geschichte, Ungarische Akademie der Wissenschaften, Budapest

Anatolij G. *Chor'kov*, Dr. sc. hist., Generalmajor und stellvertretender Leiter des Instituts für Militärgeschichte, Moskau

Jürgen *Förster*, Dr. phil., Wiss. Oberrat, Militärgeschichtliches Forschungsamt, Freiburg i. Br.

Manfred *Kehrig*, Dr. phil., Leiter des Bundesarchiv-Militärarchivs, Freiburg i. Br.

Warren F. *Kimball*, Dr. phil., Professor of History, Rutgers University, Newark, N. J.

Anatolij S. *Knjaz'kov*, Kandidat der Geschichtswissenschaft, Oberst, Institut für Militärgeschichte, Moskau

Thomas A. *Kohut*, Dr. phil., Professor of History, Williams College, Williamstown, MA

Bernhard R. *Kroener*, Dr. habil., Wiss. Oberrat, Militärgeschichtliches Forschungsamt, Freiburg i. Br.

Bernd *Martin*, Dr. phil., Prof. für Neuere und Neueste Geschichte, Universität Freiburg

Rüdiger *Overmans*, Dr. rer. pol., Major, Militärgeschichtliches Forschungsamt, Freiburg i. Br.

Valentin A. *Pron'ko*, Kandidat der Geschichtswissenschaft, Oberst, Institut für Militärgeschichte, Moskau

Rolf Günter *Renner*, Dr. phil., Prof. für Neuere Deutsche Literatur, Universität Freiburg

Jürgen *Reulecke*, Dr. phil., Prof. für Neuere und Neueste Geschichte, Universität/Gesamthochschule Siegen

Klaus *Schönherr*, M. A., Major, Militärgeschichtliches Forschungsamt, Freiburg i. Br.

Gerhard *Schreiber*, Dr. phil., Fregattenkapitän, Militärgeschichtliches Forschungsamt, Freiburg i. Br.

Eberhard *Schwarz*, Dr. phil., Gymnasiallehrer, Bergisch Gladbach-Refrath

Marlis G. *Steinert*, Dr. phil., Prof. emerit., Institut Universitaire de Hautes Etudes Internationales, Genf

Hans *Umbreit*, Dr. phil., Wiss. Direktor, Militärgeschichtliches Forschungsamt, Freiburg i. Br.

Bernd *Wegner*, Dr. phil., Wiss. Oberrat, Militärgeschichtliches Forschungsamt, Freiburg i. Br.

Kartenübersicht

Kartenübersicht

Die umfassendste Bilanz des Zweiten Weltkrieges

Das Parlament

878 Seiten. Serie Piper 811

Das vorliegende Werk faßt die Ergebnisse der Forschung
zum Thema Zweiter Weltkrieg zusammen und macht
sie einem breiten Publikum zugänglich. Von der Vorgeschichte
über den Kriegsbeginn 1939 und die Ausweitung zum
Weltkrieg 1941 bis hin zum Zusammenbruch 1945 und den
Folgen des Krieges reicht das Themenspektrum.

PIPER

Die kommentierten Goebbels-Tagebücher
im Taschenbuch

Diese Aufzeichnungen spiegeln nicht nur die Wahnwelt
Goebbels wider, sondern geben auch den Blick frei
in den inneren Zirkel der Macht.
Eine der wichtigsten Quellen der Geschichte und
Vorgeschichte des Dritten Reiches.

PIPER

Verschwörung für ein besseres Deutschland

Detlef Graf von Schwerin
»DANN SIND'S DIE BESTEN KÖPFE, DIE MAN HENKT«
Die junge Generation im deutschen Widerstand
Piper

570 Seiten mit 20 Abbildungen. Leinen

»Es ist Schwerin eindrucksvoll gelungen, den Hintergrund der Gruppe nachzuzeichnen, ihre politische Entwicklung und ihre Motive, die schließlich im 20. Juli mündeten. Diese damals jungen Männer – bei Hitlers Machtantritt waren sie gerade 30, bei ihrem Tod um die 40 – waren keine Verschwörernaturen. Es ging ihnen allen nicht um den eigenen Vorteil, sondern um Deutschland.
Schwerin hat einen nachgerade spannenden Bericht verfaßt, in dem er die Hektik, das Hin und Her der Personen von Haus zu Haus, die vielen Versuche und schließlich die letzten Wochen vor dem 20. Juli schildert.«
Süddeutsche Zeitung

PIPER